UN BÉBÉ un prénom

CHOISISSEZ LE PRÉNOM QUI LUI CORRESPOND PARMI 10 000 PROPOSITIONS !

Pour Louise et Léo.

MANGO

introduction

Léon de Luc Besson aurait-il eu le même destin s'il s'était appelé *Basile* ? Imagine-t-on *Rocky* s'appeler Robert, son vrai prénom dans le scénario ? Et *Juno* ? *Nikita* ? *Thelma et Louise* ? *Tanguy* ? *Élisa* ?

S'il y a peu de preuves démontrant que le choix d'un prénom a une réelle influence sur la personnalité de celui qui le porte (voir encadré pp. 53 et 77), ce dont on est sûr, c'est que les noms des personnages dans les films ne sont jamais choisis par hasard. Ils ont obligatoirement un sens et prédéfinissent les actes du personnage. En tant que scénariste, j'y suis particulièrement attachée. L'exemple parfait est la célèbre Scarlett O'Hara. Un tempérament de feu (le prénom Scarlett vient du latin scarlatum, « écarlate »), une pointe de folie, une volonté sans faille... Si vous avez la chance de croiser un jour une Scarlett, elle ne sera peut-être pas en tous points identique à ces traits de caractère, mais si elle est timide et réservée, vous risquez fort d'être déçu. Parce qu'on projette toujours beaucoup de qualités sur un prénom : la force, la douceur, la fantaisie, le sérieux... les scénaristes changent souvent les prénoms de leurs héros au fil de la réécriture, en fonction de l'évolution de l'intrigue. Autant Laure convient très bien à un caractère de femme douce et organisée, autant on imagine un tout autre prénom pour une personnalité excentrique qui pourrait être interprétée par Josiane Balasko. Tina ? Rita ? Oda ? Comme la truculente Oda Mae Brown (Whoopi Goldberg) dans *Ghost*. Avant de se nommer *Barry Lyndon*, le héros de Kubrick s'appela Roderick dans la première version dialoguée. Et, afin de plaire au plus grand nombre, Bruce Banner, *L'Incroyable Hulk* de la bande dessinée, se transforma en David lors de son passage à la télévision. Pourquoi tant de précautions ?

Parce qu'un prénom a nécessairement un sens. On trouve d'ailleurs beaucoup de Lucie dans les scénarios car lucius, en latin, signifie « lumière ». Or, Lucie est souvent celle qui, consciemment ou non, fera en sorte que tout s'éclaire. Qu'il s'agisse de son étymologie, d'une réponse à une mode ou à un passé familial, d'une légende… lorsqu'il entendra le prénom du héros pour la première fois, le spectateur aura déjà reçu toute une série d'informations sans même s'en rendre compte : son âge, le milieu social dont il est issu, son origine ethnique, religieuse ou régionale. Il en est de même dans la vie (voir encadré p. 41).

« Bahia, c'est brésilien ? », demande-t-on immanquablement à Sara Forestier, l'héroïne du *Nom des Gens*, de Michel Leclerc. « Non, c'est algérien », s'efforce-t-elle de corriger à chaque fois : « Bahia Benmahmoud ». Lorsqu'on se présente pour la première fois, notre interlocuteur ne peut s'empêcher de se faire un film sur notre passé à la simple évocation de nos nom et prénom. Car l'un ne va pas sans l'autre. Trouver un joli prénom ne suffit pas, faut-il encore qu'il aille avec le nom de famille. Cela paraît tellement évident ! Mais mieux vaut le répéter : un prénom ne va pas sans un nom. Et certaines sonorités sont difficilement compatibles (voir encadré p. 23). Le protagoniste du *Nom des Gens* s'appelle Arthur Martin. Au début, le héros trouve ce prénom tellement banal qu'il supplie ses parents pour qu'ils en choisissent un autre (c'est une œuvre de fiction ! L'enfant entre dans le film pour parler à ses parents adultes…) puis, en grandissant, il finit par trouver que c'est la bonne planque. Que, finalement, mis à part la référence aux cuisines Arthur Martin (une mauvaise plaisanterie qui lui collera à la peau toute sa vie), son passé est totalement gommé par ce prénom passe-partout.

Car c'est vrai. À quel point veut-on dévoiler son passé familial dans un prénom ? Souhaite-on que l'enfant affiche ses origines ? Les revendique même ? Qu'il provoque la polémique ? Comme Adolphe, le prénom que prétend avoir choisi Vincent (interprété par Patrick Bruel dans *Le Prénom*) alors qu'il est issu d'une famille juive ? Souhaite-t-on que son enfant porte un prénom original pour que les gens s'en souviennent ou pensent qu'ils ont affaire à quelqu'un de différent ? Au risque d'être par la suite déçu si la personnalité de l'enfant n'est pas la hauteur de son prénom ? Ou souhaite-t-on à son enfant un prénom caméléon pour que, malgré le nombre de Léo existants, notre Léo se démarque justement des autres par sa personnalité ? (voir encadré p. 9).

Mais – et c'est là que s'arrête toute ressemblance entre la réalité et la fiction – si dans un film un Erwann a forcément des origines bretonnes, dans la réalité, ce n'est pas toujours le cas. On peut prénommer son enfant Erwann parce qu'on aime la Bretagne et c'est tout ! Inutile d'aller chercher plus loin. Dans la vie, tout n'a pas forcément de sens. Et heureusement ! En 2017, on peut appeler son fils Mattéo ou Giovanni et sa fille Chiara ou Lara sans avoir de racines italiennes (voir encadré p. 70) ; simplement parce que c'est dans l'air du temps et que nous avons la chance de vivre dans une société cosmopolite et métissée. Et plus on continuera à vivre tous ensemble, plus on sera habitués à entendre des prénoms aux sonorités exotiques. D'autant que, depuis 1993, les parents sont libres d'inventer les prénoms qu'ils veulent (voir encadré pp. 191 et 262).

Parce que le choix du prénom est la première décision qui fait de vous des parents, ce choix est capital. Car un prénom, c'est pour la vie. Et si l'actualité (voir encadré pp. 204 et p. 223), les films (voir p. 116), les chansons (voir p. 237) ou même les séries (voir p. 116) peuvent avoir une influence, finalement c'est vous qui décidez. Alors, puisque les scénaristes prennent du temps avant de déterminer le prénom de leurs héros, pourquoi ne pas vous laisser le temps également ? Essayez un prénom pendant une semaine, testez-en un autre la semaine suivante… jusqu'à être sûrs… d'avoir laissé parler votre cœur.

Anne-Élisabeth Le Gal

QUELQUES REPÈRES :

LISTES THÉMATIQUES PP. 306 À 331

Pour chaque prénom est donnée la fréquence d'attribution à l'heure actuelle :
De 0 à 300 personnes/an : très rare
De 300 à 1 000 personnes/an : rare
De 1 000 à 2 000 personnes/an : répandu
De 2 000 à + de 5 000 personnes/an : très répandu
Il s'agit des chiffres de 2017, un prénom peut être très rare aujourd'hui alors qu'il a beaucoup été donné dans le passé, ce qui explique le nombre élevé de personnes portant ce prénom malgré une fréquence d'attribution rare.

Parce qu'il n'est pas toujours facile de s'entendre sur un prénom, chacun des parents a la possibilité de « noter » de 1 à 3 les prénoms qu'il aime bien. Pour cela il lui suffit de choisir une couleur et de colorier les étoiles (de 1 à 3) placées à côté du prénom. L'autre parent pourra faire de même de l'autre côté en choisissant une autre couleur. Ainsi au fil de vos lectures, chacun pourra « repérer » les préférences de l'autre et faire des propositions. Vous pouvez également consulter les listes thématiques à la fin du livre, elles vous donneront des idées de prénoms auxquels vous n'auriez peut-être pas pensé, pays du monde, régionaux, mythologiques, liés à la couleur, au sport, la pop…

Le livre possède également deux signets ! Très utiles, chacun des parents peut marquer où il en est. Ou bien si vous ignorez le sexe du bébé, vous pouvez marquer votre progression dans la partie Fille et dans la partie Garçon en même temps…

Filles

A

Aaliyah

Dérivés : Aalya, Aliyah, Allia, Alya, Aliya, Halya
Étymologie : en arabe, *alyy* signifie « celui qui est élevé » ; en hébreu *aaliya* « ascension »
Histoire : dans la Bible, ce prénom fait référence au retour en terre sainte. « Aaliya » signifiant littéralement « élévation spirituelle », leur fête change selon les années car elle est célébrée lors de l'Ascension, soit 40 jours après Pâques.
Caractère : volontaire, émotive, courageuse et ambitieuse
Fréquence d'attribution : très rare
Évolution : en hausse
Année record : 2010
Célébrités : la chanteuse américaine Aaliyah Dana Haughton, dite Aaliyah ; la gymnaste russe Aliya Fargatovna Mustafina.

Abby

Dérivés : Abbie, Abbi, Aby
Fête : 29 décembre
Étymologie : de l'hébreu *abigahel*, « ma joie est en Dieu »
Histoire : ce diminutif d'Abigaël typiquement irlandais fait son entrée en France au début des années 90. Aujourd'hui, Abby est un prénom à part entière.
Caractère : énergique, déterminée et sensible
Fréquence d'attribution : très rare
Évolution : stable
Année record : 2010
Célébrités : l'actrice Abby Brammel.

Abélia

Dérivés : Abélie, Abeline, Abelina, Abéla, Abella, Abelle, Abellia, Abelone
Fête : 5 août
Étymologie : de l'hébreu, « souffle », « respiration »
Histoire : forme féminine d'Abel, fils d'Adam et Eve, tué par son frère Caïn parce que Dieu aurait préféré son offrande à celle de son frère. Abélia est aussi le nom d'un arbuste de Chine qui doit son nom au voyageur britannique Clarke Abel.
Caractère : enthousiaste, combative, diplomate
Fréquence d'attribution : très rare
Évolution : en hausse
Année record : 2008
Célébrités : Abélia est un personnage de manga, de roman jeunesse et de jeu vidéo.

Abigaël

Dérivés : Abigail, Abigaïl, Abigaëlle, Abby-Gaëlle
Fête : 29 décembre
Étymologie : de l'hébreu *abigahel*, « ma joie est en Dieu »
Histoire : dans la Bible, Abigaïl épouse de Nabal, parvient à convaincre David d'épargner son mari qui s'était montré mauvais. Elle deviendra par la suite la femme de David.
Caractère : indépendante, passionnée, créative.
Fréquence d'attribution : très rare
Évolution : en hausse
Année record : 2010
Célébrités : les personnages d'Abigail Lockhart dans la série *Urgences* et Abigail Sciuto dans *NCIS*.

Abra

Dérivés : Abram, Afra, Apra
Fête : 12 décembre
Étymologie : de l'hébreu « mère des nations »
Histoire : Abra, fille de l'évangéliste saint Hilaire de Poitiers, se convertit au christianisme vers 350 ap. J.-C.
Caractère : volontaire, indépendante, séductrice
Fréquence d'attribution : très rare
Évolution : en baisse
Année record : 1890
Célébrités : la chanteuse et musicienne Abra Moore ; Abra, un des personnages du jeu vidéo Pokémon.

Acacia

Dérivés : Acacya, Akasya
Fête : 5 octobre
Étymologie : du grec *akis*, « pointe » en référence aux épines de la fleur
Histoire : ce nouveau prénom n'a été adopté qu'à partir des années 2000, avant il désignait simplement la fleur rapportée d'Amérique en France au début du XIIe siècle.

Caractère : généreuse, droite, rêveuse, émotive
Fréquence d'attribution : très rare
Évolution : stable
Année record : 2010
Célébrités : la blogueuse Acacia Brinley Clark.

☆☆☆ Adélaïde ☆☆☆

Dérivés : Adelaida, Adelaig, Adalaïs, Adelaïdo, Alaïdo
Fête : 16 décembre
Étymologie : de par ses origines germaniques *adal*, « noble » et *haid*, « lande »
Histoire : veuve du roi d'Italie Lothaire et de l'empereur Otton Ier, sainte Adélaïde fonda de nombreux monastères au xe siècle ap. J.-C. Ce prénom a longtemps été cantonné à l'aristocratie.
Caractère : curieuse, vive, énergique
Fréquence d'attribution : rare
Évolution : en baisse
Année record : 1986
Célébrités : la poétesse Adélaïde-Gillette Billet Dufrénoy ; la princesse Adélaïde, quatrième fille de Louis XV ; l'actrice Adélaïde Leroux.

☆☆☆ Adèle ☆☆☆

Dérivés : Adélia, Adela, Adelia, Adélie
Fête : 24 décembre
Étymologie : du germanique *adal*, « noble »
Histoire : beaucoup donné au début du xxe siècle, il fut par la suite délaissé pour exploser dans les années 2000. En 2017, il quitte le top 20 des prénoms préférés des Français après avoir été à la 19e place en 2016.
Caractère : passionnée, anti-conformiste, tolérante
Fréquence d'attribution : répandu
Évolution : en hausse
Année record : 2010
Célébrités : la chanteuse Adèle ; les héroïnes des films *La vie d'Adèle* et *Adèle Blanc-Sec* ; la seconde fille de Victor Hugo.

☆☆☆ Adeline ☆☆☆

Dérivés : Adélina
Fête : 20 octobre
Étymologie : du germanique *adal*, « noble »
Histoire : sainte Adeline fut au xiie siècle la première abbesse de l'abbaye des Dames Blanches, à Mortain, en Normandie.
Caractère : fidèle, discrète et généreuse
Fréquence d'attribution : très rare
Évolution : en baisse
Année record : 1991
Célébrités : l'actrice Adeline Blondiau, ex-femme de Johnny Hallyday.

☆☆☆ Adolphine ☆☆☆

Dérivés : Adelphine, Adelphia, Adelphina, Adolpha
Fête : 30 juin
Étymologie : du germanique *adal*, « noble » et *wolf*, « loup »
Histoire : la religieuse Marie-Adolphine fut exécutée en 1900 en Chine lors de la révolte des Boxers.
Caractère : communicative, enthousiaste, pragmatique
Fréquence d'attribution : très rare
Évolution : en baisse
Année record : 1901
Célébrités : Madame Adolphine, personnage du journal de Spirou.

LE TOP 20 DES PRÉNOMS DE FILLES

Comme en 2016, Louise reste en tête du classement 2017 pour la deuxième année consécutive. Avec Alice et Rose, elle confirme l'engouement des Français pour les prénoms rétro. Longtemps au premier rang, Emma et Léa sont toujours là. Avec Lina, Lola, Léna, Sarah et Julia, elles ancrent durablement la mode des prénoms en « a » dans notre quotidien. Les prénoms courts, dynamiques et simples à retenir et à prononcer, ont toujours la cote. En revanche, on oublie les prénoms classiques tels Marie, encore portés par les nouveaux parents à la recherche d'autres inspirations. Le classement 2017 : Louise, Jade, Emma, Chloé, Alice, Inès, Léa, Manon, Lina, Mila, Léna, Anna, Camille, Lola, Rose, Zoé, Lucie, Julia, Sarah, Juliette.

☆☆☆ Adriana ☆☆☆

Dérivés : Adrienne, Adrienna
Fête : 8 septembre
Étymologie : du latin *Adrianus*, originaire de la ville d'Adria
Histoire : au bord de la mer Adriatique, au VIe siècle av J.-C, les Étrusques fondèrent la cité d'Adria ou Hadria, qui est aujourd'hui encore une ville de Vénétie.
Caractère : diplomate, optimiste, créative
Fréquence d'attribution : très rare
Évolution : stable
Année record : 2000
Célébrités : l'animatrice télé et mannequin, Adriana Karembeu.

☆☆☆ Aëla ☆☆☆

Dérivé : Aela, Aella, Aelle, Aël, Aëlle, Aélia, Aëlig, Aëlaïg, Aëllaïg, Aelez
Fête : 5 mai
Étymologie : du grec *agellos*, « messager, ange »
Histoire : cette forme bretonne du prénom Ange fait partie des « nouveaux » prénoms puisqu'il n'est attribué que depuis les années 90.
Caractère : curieuse, ambitieuse, créative
Fréquence d'attribution : très rare
Évolution : stable
Année record : 2010
Célébrités : l'héroïne de la BD éponyme Aëla ; Aël, la fille de Florent Pagny.

☆☆☆ Aélis ☆☆☆

Dérivés : Aélys, Aëlis, Aelis
Fête : 9 janvier
Étymologie : forme occitane d'Alice, « de noble lignée »
Histoire : au XVIe siècle, dans les Vosges, sainte Alix était la créatrice d'une institution pour jeunes filles pauvres.
Caractère : dynamique, audacieuse, indépendante
Fréquence d'attribution : très rare
Évolution : stable
Année record : 2009
Célébrités : Aélis est l'une des maîtresses du roi Arthur dans la série *Kaamelott* ; Aélis de Blois, l'une des filles d'Aliénor d'Aquitaine.

☆☆☆ Agathe ☆☆☆

Dérivés : Agatha, Agatta, Agata, Agate, Agacia, Ageda, Aggie
Fête : 5 février
Étymologie : du grec *aghatè, aghatos*, « bonne » ou « brave »
Histoire : la belle sicilienne sainte Agathe de Catane préféra qu'on lui coupe les seins plutôt que de renoncer à son vœu de chasteté. Elle est aujourd'hui la patronne des nourrices et des jeunes mamans qui invoquent son nom pour avoir du lait.
Caractère : consciencieuse, sensible, bienveillante
Fréquence d'attribution : répandu
Évolution : en baisse
Année record : 2000
Célébrités : l'actrice Agathe de La Boulaye ; la romancière Agatha Christie.

☆☆☆ Aglaé ☆☆☆

Dérivés : Aglaée, Aglaïa, Aglaïane, Aglaïs
Fête : 14 mai
Étymologie : du grec *aglaia*, « rayonnante de beauté »
Histoire : dans la mythologie grecque, Aglaé est avec Thalie et Euphrosyne, l'une des trois Grâces, les déesses des plaisirs de la vie.
Caractère : fière, déterminée, rusée, sensible
Fréquence d'attribution : très rare
Évolution : en baisse
Année record : 2000
Célébrités : le personnage de la série télé *Aglaé et Sidonie*.

☆☆☆ Agnès ☆☆☆

Dérivés : Agnela, Agnesa, Agnesina, Agneska
Fête : 21 janvier
Étymologie : du grec *agnê*, « sacré »
Histoire : née en 290 à Rome, sainte Agnès est un symbole de chasteté pour avoir repoussé les avances du fils du préfet romain. Aujourd'hui plus rare, ce prénom a été extrêmement attribué dans les années 60.
Caractère : intelligente, sensible, autoritaire
Fréquence d'attribution : très rare
Évolution : en baisse
Année record : 1964
Célébrités : l'actrice Agnès Soral ; la réalisatrice Agnès Varda.

☆☆☆ Aïcha ☆☆☆

Dérivés : Aicha, Aïsha, Aïshah, Aisiah, Asha, Ashaha, Aïché
Fête : 7 septembre
Étymologie : de l'arabe « pleine de vie »
Histoire : considérée par de nombreux musulmans comme la mère des croyants, Aïcha est la troisième épouse du prophète Mahomet.
Caractère : fine, organisée, travailleuse
Fréquence d'attribution : rare
Évolution : en hausse
Année record : 2010
Célébrités : le personnage de la chanson de Khaled *Aïcha*.

☆☆☆ Aïda ☆☆☆

Dérivé : Aouda
Fête : 16 décembre
Étymologie : en arabe, *aïda* est synonyme de « récompense », « pardon » ou « rétribution »
Histoire : ce prénom s'est diffusé dans le monde entier grâce à l'exceptionnel succès de l'opéra de Verdi *Aida* lors de sa première représentation, au Caire, en 1871. Aujourd'hui, ce prénom est très peu attribué.
Caractère : sensible, généreuse, idéaliste et courageuse
Fréquence d'attribution : très rare
Évolution : stable
Année record : 2009
Célébrités : l'héroïne de l'opéra de Verdi *Aida*, la journaliste Aïda Touihri.

☆☆☆ Aïko ☆☆☆

Dérivé : Aïkel
Étymologie : du japonais, « enfant de l'amour » (*aï*, « amour », *ko*, « enfant »)
Histoire : très courant au Japon, ce prénom est celui de l'actuelle princesse Aïko de Toshi. Née en 2001, cette petite fille est l'enfant unique du prince héritier du Japon, Naruhito et de son épouse la princesse Masako.
Caractère : généreuse, idéaliste, dévouée et intègre
Fréquence d'attribution : très rare
Évolution : en baisse
Année record : 2009
Célébrités : l'héroïne du roman *Aïko, la jeune fille à l'éventail* ; la femme robot Aïko Chihira ; la skieuse acrobatique Aïko Uemura.

☆☆☆ Ainoa ☆☆☆

Dérivés : Ahinoa, Ainhoa, Ainoha
Fête : 15 août
Étymologie : du basque « Vierge à l'aubépine »
Histoire : avant d'être un prénom, Ainhoa est le nom d'un village basque, situé à côté d'Espelette où la Vierge Marie serait apparue à un berger, dans un buisson d'aubépine.
Caractère : séductrice, charismatique, curieuse
Fréquence d'attribution : très rare
Évolution : stable
Année record : 2008

☆☆☆ Aïssatou ☆☆☆

Dérivés : Aïssa, Aïssata, Ayse, Aisse, Haize, Aysu, Aysha, Aiza, Haissa, Aise
Étymologie : de l'hébreu « Dieu sauve »
Histoire : souvent classé parmi les prénoms arabes, ce prénom tire son origine de *Aïssa* qui vient lui-même de l'hébreu, *Yehoshua*, Jésus. Aïssatou est beaucoup porté en Afrique noire.
Caractère : charmeuse, rusée, combattive
Fréquence d'attribution : très rare
Évolution : en hausse
Année record : 2010
Célébrités : la romancière Aïssatou Cissé.

☆☆☆ Alba ☆☆☆

Dérivés : Albe, Alva, Albane, Albana, Albina, Albine, Albinia
Fête : 22 juin
Étymologie : du latin *alba*, « blanche »
Histoire : rivale de Rome, la ville antique d'Albe était alors construite sur une colline calcaire, ce prénom renvoie d'abord à cette cité faite de falaises blanches mais il signifie aussi « aube » en espagnol et en italien.
Caractère : énergique, originale, organisée
Fréquence d'attribution : très rare
Évolution : en baisse
Année record : 2008

☆☆☆ Albertine ☆☆☆

Dérivés : Albertina, Alberte, Alberta, Elbertina, Elberta
Fête : 15 novembre
Étymologie : du germanique *al*, « noble » et *behrt* « célèbre »
Histoire : forme féminine d'Albert, ce prénom est totalement tombé dans l'oubli alors qu'il était très en vogue au début du XXe siècle.
Caractère : sensible et idéaliste
Fréquence d'attribution : très rare
Évolution : en baisse
Année record : 1908
Célébrités : l'écrivain Albertine Sarrazin ; *Albertine disparue*, le sixième tome de l'œuvre de Proust, *À la Recherche du temps perdu*.

☆☆☆ Alda ☆☆☆

Fête : 26 avril
Étymologie : du germanique *adal*, « noble » et *alt*, «vieux »
Histoire : originaire de Toscane, sainte Alda décida, à la mort de son mari, de consacrer sa vie aux malades de l'hôpital de Sienne. Un prénom encore peu donné bien que sa double sonorité en « a » le rende très actuel.
Caractère : lucide, franche, sage
Fréquence d'attribution : très rare
Évolution : stable
Année record : 1973
Célébrités : Alda, l'héroïne du film *Alda et Maria*.

☆☆☆ Alexandra ☆☆☆

Dérivés : Alessandra, Aleksandra, Aléandra, Alexandrine, Alexandrina, Alessia
Fête : 20 mars
Étymologie : « qui défend les hommes » (du grec *alexein*, « défendre » et *andros* « homme »)
Histoire : martyre, sainte Alexandra d'Aminsos fut exécutée en Asie mineure par l'empereur Maximin, au IVe siècle. Dans les années 80, ce prénom explosa allant jusqu'à 4500 naissances de petites Alexandra par an. Si ce prénom se fait plus discret, elles seraient aujourd'hui 90 000 en France.
Caractère : combative, exigeante, franche et directe
Fréquence d'attribution : rare
Évolution : en baisse
Année record : 1978
Célébrités : les actrices Alexandra Lamy et Alexandra Vandernoot ; l'animatrice télé Alessandra Sublet.

☆☆☆ Alexane ☆☆☆

Dérivés : Alexana, Alexanna, Alexanne
Fête : 17 février
Étymologie : Alexane correspond à la réunion des prénoms Alex (« la protection ») et Anne (« la grâce »)
Histoire : venu d'Outre-Manche, le prénom Alexane est apparu en France en 1973. Il reste aujourd'hui encore assez peu donné, bien que totalement dans l'air du temps.
Caractère : appliquée, volontaire, studieuse
Fréquence d'attribution : très rare
Évolution : en baisse
Année record : 2003

☆☆☆ Alexia ☆☆☆

Dérivés : Alexe, Alexya, Alessia
Fête : 17 février
Étymologie : du grec *alexein*, « défendre », « qui protège »
Histoire : cette forme féminine du prénom Alexis a pris le relais d'Alexandra dans les années 90.
Caractère : combative, curieuse, franche et directe
Fréquence d'attribution : rare
Évolution : en baisse
Année record : 1996
Célébrités : la productrice de télévision Alexia Laroche-Joubert.

☆☆☆ Ali ☆☆☆

Dérivés : Ally, Alia, Alie, Aly, Hala, Alla, Halla
Étymologie : de l'arabe *alyy*, « celui qui est élevé »
Histoire : cousin de Mahomet et époux de sa fille Fatimah, Ali fut le quatrième calife orthodoxe de l'islam. À sa mort naquit le chiisme qui est, avec le sunnisme, l'une des deux grandes branches de l'Islam. À l'origine, masculin, ce prénom devient aussi féminin dans les années 2000.
Caractère : curieuse, honnête, courageuse
Fréquence d'attribution : rare
Évolution : en hausse
Année record : 2009
Célébrités : l'actrice Ali MacGraw, ex-épouse de Steeve McQueen.

☆☆☆ Alice ☆☆☆

Dérivés : Allice, Allyce, Alis, Alysse, Alyse, Alyze, Alisse, Halise
Fête : 16 décembre
Étymologie : du germanique *adal*, « noble »
Histoire : très couru au début du XXe siècle, ce prénom a toujours eu du succès malgré une forte baisse d'attribution dans les années 70. Aujourd'hui, sa cote est telle qu'il est même le huitième prénom féminin préféré des Français.
Caractère : douce, optimiste et pragmatique
Fréquence d'attribution : très répandu
Évolution : en hausse
Année record : 1908
Célébrités : l'actrice Alice Sapritch, la chanteuse Alice Dona, l'héroïne du roman *Alice au pays des merveilles*, la danseuse étoile Alice Renavand.

☆☆☆ Alicia ☆☆☆

Dérivés : Alycia, Alyssia, Alissia, Allycia, Alissya, Allyssia, Alizia, Alisia, Alysia, Allicia, Allissia, Alisya
Fête : 16 décembre
Étymologie : du germanique *adal*, « noble »
Histoire : apparu en France dès la fin du XIXe, Alicia a mis du temps à se faire apprécier. Mais depuis les années 90, ce prénom est très en vogue. Aujourd'hui il fait même partie des 50 prénoms préférés des Français.
Caractère : joyeuse, affectueuse, fine stratège
Fréquence d'attribution : répandu
Évolution : stable
Année record : 2002
Célébrités : la chanteuse Alicia Keys.

☆☆☆ Aline ☆☆☆

Dérivés : Aleen, Allen, Alina, Alyna, Alyne, Halina, Haline, Alline
Fête : 20 octobre
Étymologie : du germanique *adal*, « noble » et *lind*, la « douceur »
Histoire : au VIIe siècle, Aline de Dilbeek se fit baptiser par un ermite contre la volonté de son père, un païen, qui la fit arrêter en 640.
Caractère : courageuse, vive et douce
Fréquence d'attribution : très rare
Évolution : en baisse
Année record : 1980
Célébrités : *Aline*, l'héroïne de la chanson de Christophe.

☆☆☆ Alix ☆☆☆

Dérivés : Alixe, Alyx, Allix, Alixen, Alixia
Fête : 9 janvier
Étymologie : du germanique *adal*, « noble »
Histoire : au XVIe siècle, sainte Alix quitta le confort dû à son rang pour se consacrer à l'éducation des jeunes filles démunies. Ce dérivé d'Alice était présent dès le Moyen Âge. Il fut longtemps donné dans la noblesse française.
Caractère : organisée, sincère et drôle
Fréquence d'attribution : rare
Évolution : stable
Année record : 2004
Célébrités : la journaliste Alix Girod de l'Ain.

☆☆☆ Alizée ☆☆☆

Dérivés : Alizé, Alizéa, Aliséa, Alisée, Aliza, Alize
Fête : 16 décembre
Étymologie : de l'ancien français *alis*, « douce » qui donna le mot « alizé », la brise légère qui souffle sur les Caraïbes
Histoire : si ce prénom a connu une explosion en 2000 avec la sortie du tube *Moi, Lolita* interprété par la chanteuse Alizée, il se fait à nouveau discret.
Caractère : timide, perfectionniste, fidèle en amitié
Fréquence d'attribution : très rare
Évolution : stable
Année record : 2001
Célébrités : la chanteuse Alizée ; la fille du champion de planche à voile Arnaud de Rosnay ; la joueuse de tennis Alizée Cornet.

☆☆☆ Alma ☆☆☆

Dérivés : Almaé
Fête : 1er août
Étymologie : du latin *alma mater*, « mère nourricière »
Histoire : alors qu'au Moyen Âge, *alma mater* désignait la Vierge Marie, mère de Jésus de Nazareth, c'est au XIXe siècle que ce prénom connut une vague de succès, surtout en Angleterre. Aujourd'hui, c'est l'un des prénoms féminins préférés des Suédois tandis qu'en France il progresse toujours doucement.
Caractère : ambitieuse, généreuse, passionnée
Fréquence d'attribution : très rare
Évolution : en hausse
Année record : 2010
Célébrités : Alma Hitchcock, épouse du réalisateur Alfred Hitchcock ; Alma Mahler, épouse du musicien Gustav Mahler.

☆☆☆ Alyssa ☆☆☆

Dérivés : Alissa, Alisa
Fête : 16 décembre
Étymologie : comme Alice dont c'est la version italienne, Alyssa vient du germanique *adal*, « noble »
Histoire : la légende gréco-romaine selon laquelle Elyssa aurait fondé Carthage a sans doute contribué à la propagation du prénom Alyssa, phonétiquement proche, en Europe.
Caractère : intuitive, spirituelle et douce
Fréquence d'attribution : rare
Évolution : stable
Année record : 2005
Célébrités : l'actrice Alyssa Milano.

☆☆☆ Alysson ☆☆☆

Dérivés : Alison, Alisson, Allison, Allyson, Alysone, Alissone, Alisone, Allisson, Alyssone, Allysson, Allisone, Alizon, Alisonne
Fête : 9 janvier
Étymologie : du germanique *adal*, « noble » comme Alix dont il est dérivé
Histoire : le prénom Alysson serait apparu en France en 1980 via la série américaine *Peyton Place*.
Caractère : séductrice, originale, tendre et réfléchie
Fréquence d'attribution : très rare
Évolution : stable
Année record : 2005
Célébrités : l'actrice Alysson Paradis, sœur de Vanessa ; le personnage d'Allison Mackenzie dans la série *Peyton Place*.

☆☆☆ Amanda ☆☆☆

Dérivés : Amandine, Amandyne, Amande, Amance, Amandin, Amand
Fête : 9 juillet
Étymologie : du latin *amandus*, « qui doit être aimée »
Histoire : Amanda se diffusa en France grâce à la notoriété de sœur Amandine, missionnaire belge du XIXe siècle. En 1980, ce prénom devint si populaire qu'il réussit à intégrer le top 100 des prénoms féminins les plus attribués. Aujourd'hui, les Amanda se font rares.
Caractère : réfléchie, astucieuse, indépendante
Fréquence d'attribution : très rare
Évolution : en baisse
Année record : 1986
Célébrités : l'auteur Amanda Sthers ; les chanteuses Amanda Lear et Amandine Bourgeois.

☆☆☆ Amaryliss ☆☆☆

Dérivés : Amarillys
Fête : 5 octobre
Étymologie : à l'origine, désigne une plante à fleurs rouges
Histoire : la première apparition de ce prénom vient des *Bucoliques* de Virgile (-37 av J.-C.) qui nomma ainsi l'une de ses bergères. Il faudra ensuite attendre 1978 pour que ce nom de fleur réapparaisse en France comme prénom.
Caractère : gracieuse, spontanée et sérieuse
Fréquence d'attribution : très rare
Évolution : en baisse
Année record : 2002
Célébrités : Amarillys, personnage du jeu vidéo *Pokémon*.

☆☆☆ Ambre ☆☆☆

Dérivés : Ambrine, Ambroisie, Ambroisine, Amber
Fête : 7 décembre
Étymologie : de l'arabe *anbar*, ce prénom désigne l'ambre gris, une pierre précieuse, mais certaines sources lui prêtent aussi une origine grecque. Il serait alors issu du terme *a-brotos*, « immortel » qui désigne également l'ambroisie (*ambrôsios*), la boisson immortelle des dieux.
Histoire : totalement inconnu jusqu'à la fin du XXe siècle, ce prénom se révèle en France depuis 2000 où il est désormais très courant. Il est aussi en vogue aux États-Unis, mais sous la forme Amber.
Caractère : créative, spirituelle, éloquente
Fréquence d'attribution : très répandu
Évolution : en hausse
Année record : 2006
Célébrités : Amber Heard, l'ex femme de Johnny Depp.

☆☆☆ Amel ☆☆☆

Dérivés : Amelle, Amal, Amela, Amele, Amell, Ammel, Ahmel, Hamelle, Hamel
Fête : 25 mai
Étymologie : de l'arabe *amâl*, « espoir », « espérance »
Histoire : introduit dans les années 1960 en France, ce prénom a connu une progression régulière. En 2005, Amel a enregistré un pic d'attributions juste après la sortie du tube « Ma philosophie » d'Amel Bent, en 2004.
Caractère : efficace, persévérante, honnête
Fréquence d'attribution : rare
Évolution : stable
Année record : 2005
Célébrités : la chanteuse Amel Bent.

☆☆☆ Amélie ☆☆☆

Dérivés : Amely, Amelys, Amilia, Amélia, Amelina, Ameline, Amelinda, Amelicia
Fête : 19 septembre
Étymologie : du latin *aemulus*, « émule »
Histoire : au VIIe siècle, Amélie, la fille de Pépin de Landen, ancêtre de Charlemagne renonça à son mariage et à ses sept enfants pour consacrer sa vie à Dieu. Elle fonda un monastère dans la Meuse. Plutôt rares aujourd'hui, les Amélie sont près de 80 000 en France.
Caractère : discrète, fidèle et intuitive
Fréquence d'attribution : rare
Évolution : en baisse
Année record : 1991
Célébrités : la joueuse de tennis Amélie Mauresmo ; l'héroïne du film *Le fabuleux destin d'Amélie Poulain* ; la romancière Amélie Nothomb.

☆☆☆ Amina ☆☆☆

Dérivés : Aminah, Amyna, Hamina, Aminata
Fête : 27 octobre
Étymologie : de l'arabe *amin*, « digne de confiance »
Histoire : dans la religion musulmane, Amina est la mère du prophète Mahomet. En France, ce prénom qui est courant dans les pays arabes n'a commencé à être populaire que dans les années 70.
Caractère : intuitive, fidèle, idéaliste
Fréquence d'attribution : rare
Évolution : en hausse
Année record : 2010
Célébrités : la chanteuse Amina Annabi ; la poétesse Amina Saïd ; la romancière Amina Sow Mbaye.

☆☆☆ Amira ☆☆☆

Dérivés : Amyra, Hamira
Fête : 18 mai
Étymologie : version féminine du prénom Amir qui signifie « prince » en arabe, « cime des arbres » en hébreu et « celui qui ne mourra jamais » en perse
Histoire : apparu en France dans les années 70, ce prénom progresse régulièrement depuis.
Caractère : énergique, séductrice et courageuse
Fréquence d'attribution : très rare
Évolution : en hausse
Année record : 2010
Célébrités : l'actrice Amira Casar.

☆☆☆ Amy ☆☆☆

Dérivés : Amie, Amye, Aimee, Amicie, Ama
Fête : 20 février
Étymologie : du latin *amata*, « qui est aimée des dieux »
Histoire : cette variation anglaise du prénom français Aimée fait partie, aux États-Unis, des prénoms les plus appréciés ; en France, le succès de l'album d'Amy Winehouse, *Back to Black* sorti en 2006 explique, en partie, le boom de ce prénom qui reste malgré tout, rare.
Caractère : optimiste, créative et bonne communicante
Fréquence d'attribution : très rare
Évolution : en hausse
Année record : 2009
Célébrités : la chanteuse Amy Winehouse.

☆☆☆ Anabelle ☆☆☆

Dérivés : Annabelle, Annabel, Anabel, Annabella, Anabela, Anabella, Annabele, Anabele
Fête : 26 juillet
Étymologie : de l'hébreu *hannah*, la « grâce »
Histoire : très en vogue dans les années 70, y compris aux États-Unis sous la forme Annabella, ce prénom qui est porté par 2000 personnes en France plaît toujours.
Caractère : optimiste, créative, pragmatique
Fréquence d'attribution : très rare
Évolution : stable
Année record : 1973
Célébrités : l'écrivain et chanteuse Annabel Buffet, femme du peintre.

☆☆☆ Anaé ☆☆☆

Dérivés : Anae, Hanae, Hanaa, Annae, Hannae, Anahe, Anahi, Hannaa
Fête : 26 juillet
Étymologie : de l'hébreu *hannah*, la « grâce »
Histoire : ce nouveau prénom, apparu seulement depuis les années 90, connaît une croissance telle qu'il figure aujourd'hui dans le top 100 des prénoms féminins les plus donnés.
Caractère : généreuse, vive, joyeuse
Fréquence d'attribution : rare
Évolution : en hausse
Année record : 2010
Célébrités : l'actrice Hanae Atkins.

☆☆☆ Anaëlle ☆☆☆

Dérivés : Annaëlle, Anaël, Anaële, Annael, Hanaelle, Annaele, Hanael, Anaell
Fête : 26 juillet
Étymologie : de l'hébreu *hannah*, la « grâce »
Histoire : considérée comme la version bretonne de Anne-Ange, (*ael* signifie « ange » en breton) Anaëlle ne cesse de progresser en France, depuis 1980 et le retour en force des prénoms celtes.
Caractère : festive, gaie, rieuse
Fréquence d'attribution : répandu
Évolution : stable
Année record : 2003

PRÉNOM OU POSTNOM ?

Dans la plupart des pays du monde, le prénom est, comme son nom l'indique, ce qui précède le nom. Les Anglo-Saxons l'appellent d'ailleurs *first name*, ce qui semble une évidence. Mais dans certains pays, comme la Hongrie, le prénom suit toujours et obligatoirement le nom de famille, et nos habitudes semblent étranges aux populations locales.

☆☆☆ Anaïs ☆☆☆

Dérivés : Anaya, Anaia, Annais, Anays, Anahit, Anahid, Anaid, Anaiz
Fête : 26 juillet
Étymologie : de l'hébreu *hannah*, la « grâce »
Histoire : la courbe de ce prénom a littéralement décollé lors la sortie du parfum de Cacharel en 1980 « Anaïs, Anaïs », depuis on compte plus de 120 000 Anaïs en France et ce prénom plaît toujours autant.
Caractère : sentimentale, créative et énergique
Fréquence d'attribution : très répandu
Évolution : en baisse
Année record : 1993
Célébrités : l'écrivain Anaïs Nin.

☆☆☆ Anastasia ☆☆☆

Dérivés : Anastassia, Anastacia, Anastasie, Anasthasia, Anastazia, Anastasya, Annastasia, Anasthasie, Anastasy, Anasthasy, Anastasiane, Aanastaise
Fête : 15 avril
Étymologie : du grec *anastasis*, « résurrection »
Histoire : en 67, sur ordre de Néron, sainte Anastasie fut persécutée pour avoir enseveli les corps de chrétiens. Apparu dans les années 20 en France, ce prénom a connu une forte progression à la fin des années 80.
Caractère : méthodique, stable, tenace
Fréquence d'attribution : très rare
Évolution : en baisse
Année record : 1989
Célébrités : la princesse Anastasia Romanov ; l'héroïne du film d'animation *Anastasia* ; la joueuse de tennis Anastasia Andreïevna Myskina.

☆☆☆ Andréa ☆☆☆

Dérivés : Andréane, Andréanne, Andreva, Andria, Andrea, Andreea, Andrée, Andhree, Andrey
Fête : 30 novembre
Étymologie : du grec *andros*, « homme viril »
Histoire : bien que ce prénom soit à l'origine un prénom d'homme, il est donné aux petites filles depuis le XVIIIe siècle. Il connaît, en France, un regain d'intérêt depuis les années 2000.
Caractère : réfléchie, studieuse, réservée
Fréquence d'attribution : rare
Évolution : en baisse
Année record : 2008
Célébrités : l'actrice Andréa Ferreol.

☆☆☆ Angèle ☆☆☆

Dérivés : Angel, Angela, Ange, Angy, Angelle, Angely, Angella, Angeles
Fête : 27 janvier
Étymologie : des termes grecs *angelos* et *aggelos* signifiant « ange » et « messager »
Histoire : Angèle Merici, religieuse franciscaine du XVIe siècle, a consacré sa vie à la catéchèse des pauvres. Elle a fondé l'ordre des moniales Ursulines pour l'enseignement et l'éducation des adolescentes. Très répandu au début du XXe siècle, les Angèle se font plus discrètes aujourd'hui.
Caractère : dynamique, responsable, ambitieuse
Fréquence d'attribution : rare
Évolution : stable
Année record : 1904
Célébrités : l'héroïne du film de Marcel Pagnol *Angèle* ; Angèle Herry, la fille de Miou-Miou et de Patrick Dewaere.

☆☆☆ Angelina ☆☆☆

Dérivés : Angeline, Angelyna, Angelyne, Angellina, Angelines
Fête : 27 janvier
Étymologie : des termes grecs *angelos* et *aggelos* signifiant « ange » et « messager »
Histoire : attribuée depuis le début du XXe siècle, Angelina a connu un boom entre 2000 et 2006, période qui correspond à l'explosion médiatique de l'actrice Angelina Jolie
Caractère : altruiste, battante, déterminée, rigoureuse
Fréquence d'attribution : rare
Évolution : en baisse
Année record : 2006
Célébrités : la comédienne Angelina Jolie.

☆☆☆ Angélique ☆☆☆

Dérivés : Angelica, Angélika, Angeliqua
Fête : 27 janvier
Étymologie : des termes grecs *angelos* et *aggelos* signifiant « ange » et « messager »
Histoire : lors de la Révolution française, sainte Angélique fut chassée de son couvent de Compiègne, puis décapitée. Très répandu dans les années 80, ce prénom est désormais plus rare. On compte près de 90 000 Angélique en France.
Caractère : réservée, délicate, déterminée.
Fréquence d'attribution : rare
Évolution : en baisse
Année record : 1981
Célébrités : l'héroïne des romans et des films *Angélique, Marquise des Anges* ; l'actrice Anjelica Huston.

☆☆☆ Anissa ☆☆☆

Dérivés : Anyssa, Anisa, Anisha, Annissa, Hanissa, Annyssa, Anissah, Annise, Anyse, Anise Anicia
Fête : 21 janvier
Étymologie : de l'arabe *anis*, « aimable »
Histoire : le prénom Anissa est apparu en France au début des années 50. Depuis, même s'il n'est pas si répandu, il plaît toujours autant.
Caractère : optimiste, altruiste, enjouée
Fréquence d'attribution : rare
Évolution : stable
Année record : 1993
Célébrités : la chroniqueuse Anissa Arfaoui ; la chanteuse Anissa Stili.

☆☆☆ Anita ☆☆☆

Dérivés : Anyta, Annita, Anitta, Anya, Annette, Anitha, Anite
Fête : 26 juillet
Étymologie : de l'hébreu *hannah*, la « grâce »
Histoire : diminutif d'Anne, ce prénom connut un vrai boom en 1960 avec 951 attributions ; depuis, les Anita se font rares.
Caractère : rêveuse, originale, altruiste
Fréquence d'attribution : très rare
Évolution : en baisse
Année record : 1960
Célébrités : le mannequin Anita Pallenberg, ex-compagne de Keith Richards ; l'actrice Anita Ekberg.

☆☆☆ Anna ☆☆☆

Dérivés : Ana, Hanna, Hannah, Hana, Annah, Hanah, Anah
Fête : 26 juillet
Étymologie : de l'hébreu *hannah*, la « grâce »
Histoire : depuis 1980, Anna a détrôné la très populaire Anne. Particulièrement apprécié par les petites filles et leurs parents depuis la sortie du film de Disney *La Reine des neiges*, en 2013, c'est aujourd'hui le 18e prénom féminin le plus attribué.
Caractère : spirituelle, passionnée, curieuse
Fréquence d'attribution : très répandu
Évolution : en hausse
Année record : 1905
Célébrités : Anna, l'une des héroïnes de *La Reine des neiges* ; l'actrice Anna Mouglalis ; l'héroïne du roman de Tolstoï *Anna Karénine*.

☆☆☆ Anne ☆☆☆

Dérivés : Anes, Anh, An, Han, Ann
Fête : 26 juillet
Étymologie : de l'hébreu *hannah*, la « grâce »
Histoire : sainte Anne est la mère de la Vierge Marie. Quittée par son mari parce qu'elle ne pouvait pas avoir d'enfant, un ange lui apparut, un jour, pour lui annoncer qu'elle aurait une descendance. Elle enfanta alors Marie. Ce prénom fut tellement donné au cours du XXe siècle qu'on compte aujourd'hui plus de 270 000 Anne en France.
Caractère : réfléchie, intuitive, exigeante
Fréquence d'attribution : très rare
Évolution : en baisse
Année record : 1971
Célébrités : la journaliste Anne Sinclair ; l'actrice Anne Parillaud ; l'humoriste Anne Roumanoff.

☆☆☆ Anne-Claire ☆☆☆

Dérivés : Anna-Clara
Fête : 26 juillet ou/et 11 août
Étymologie : prénom composé d'Anne (« la grâce ») et de Claire (« brillant »)
Histoire : 6 000 personnes ont porté ce prénom depuis le début du XXe siècle.
Caractère : énergique, ambitieuse, autoritaire
Fréquence d'attribution : très rare
Évolution : en baisse
Année record : 1982
Célébrités : la journaliste Anne-Claire Coudray.

☆☆☆ Anne-Élisabeth ☆☆☆

Dérivés : Anne-Elizabeth
Fête : 26 juillet ou/et 17 novembre
Étymologie : prénom composé d'Anne (« la grâce ») et d'Élisabeth (« Dieu est mon serment »)
Histoire : même au plus fort moment de la vague des prénoms composés, dans les années 70, Anne-Élisabeth a toujours été un prénom extrêmement rare, porté par 600 personnes, en France.
Caractère : spirituelle, sensible, déterminée
Fréquence d'attribution : très rare
Évolution : en baisse
Année record : 1970
Célébrités : la chroniqueuse de télévision Anne-Élisabeth Lemoine.

☆☆☆ Anne-Gaëlle ☆☆☆

Dérivés : Anne-Gaele, Anne-Gael
Fête : 26 juillet ou/et 17 décembre
Étymologie : prénom composé d'Anne (« la grâce ») et de Gaëlle (« seigneur généreux »)
Histoire : surtout donné entre 1960 et 1980, on compte près de 3 000 Anne-Gaëlle en France.
Caractère : engagée, fiable, volontaire
Fréquence d'attribution : très rare
Évolution : en baisse
Année record : 1982
Célébrités : l'animatrice de télévision Anne-Gaëlle Riccio.

☆☆☆ Anne-Laure ☆☆☆

Fête : 26 juillet ou/et 19 octobre
Étymologie : prénom composé d'Anne (« la grâce ») et de Laure (« le laurier »)
Histoire : après Anne-Marie et Anne-Sophie, c'est le troisième prénom composé le plus donné en France au XXe siècle, il est porté par plus de 19 000 femmes.
Caractère : réservée, brillante, ambitieuse
Fréquence d'attribution : très rare
Évolution : en baisse
Année record : 1984
Célébrités : la chanteuse Anne-Laure Sibon.

☆☆☆ Anne-Lise ☆☆☆

Dérivés : Anne-Lyse, Annelyse
Fête : 26 juillet ou/et 17 novembre
Étymologie : prénom composé d'Anne (« la grâce) et de Lise (« Dieu est mon serment »)
Histoire : bien que 8 000 personnes portent ce prénom, il est très peu donné aujourd'hui.
Caractère : curieuse, volontaire, audacieuse
Fréquence d'attribution : très rare
Évolution : en baisse
Année record : 1984
Célébrités : l'escrimeuse Anne-Lise Touya.

☆☆☆ Anne-Marie ☆☆☆

Dérivés : Anne-Maria
Fête : 26 juillet ou/et 15 août
Étymologie : prénom composé d'Anne (« la grâce ») et Marie (« celle qui élève »)
Histoire : extrêmement répandu au milieu du XXe siècle, ce prénom est désormais rare. Depuis les années 2000, moins de cinquante bébés sont prénommés Anne-Marie.
Caractère : intuitive, passionnée, volontaire
Fréquence d'attribution : très rare
Évolution : en baisse
Année record : 1954
Célébrités : la journaliste et écrivain Anne-Marie Revol.

☆☆☆ Anne-Sophie ☆☆☆

Fête : 26 juillet ou/et 25 mai
Étymologie : prénom composé d'Anne (« la grâce ») et de Sophie (« la sagesse »)
Histoire : un prénom qui n'est presque plus attribué aujourd'hui alors qu'elles sont 30 000 en France.
Caractère : séductrice, indépendante, déterminée
Fréquence d'attribution : très rare
Évolution : en baisse
Année record : 1987
Célébrités : la journaliste Anne-Sophie Lapix.

☆☆☆ Anouk ☆☆☆

Dérivés : Anouck, Anouchka, Anouch, Annouk, Annouck, Anouche, Annouchka
Fête : 26 juillet
Étymologie : de l'hébreu *hannah*, la « grâce »
Histoire : dérivé du prénom russe Anouchka (Anne), Anouk est arrivé en France dans les années 50 mais il faudra attendre les années 90 pour constater une réelle progression. Un prénom très courant au Pays-Bas.
Caractère : déterminée, organisée, pleine de vie
Fréquence d'attribution : rare
Évolution : en hausse
Année record : 2008
Célébrités : les actrices Anouk Aimée et Anouk Grinberg.

☆☆☆ Antoinette ☆☆☆

Dérivés : Antoinet, Antonia, Antonella, Antonienne, Antonie, Antonine, Antonina, Toinette, Toinon
Fête : 27 octobre
Étymologie : du latin *antonius*, « inestimable »
Histoire : couramment donné entre 1900 et 1940, le prénom Antoinette n'est presque plus attribué malgré la mode des prénoms anciens.
Caractère : timide, raffinée, sensible
Fréquence d'attribution : très rare
Évolution : en baisse
Année record : 1920
Célébrités : la femme de lettres Antoinette Des Houlières ; Antoinette de Langeais, l'un des personnages de *La Comédie humaine* de Balzac.

☆☆☆ Apolline ☆☆☆

Dérivés : Apoline, Apollina, Appoline, Appolonia, Apoline, Apollonie
Fête : 9 février
Étymologie : forme féminine d'Apollon, dieu grec de la beauté
Histoire : au IIIe siècle, sainte Apolline fut persécutée comme de nombreux chrétiens. Aujourd'hui Apolline figure dans le top 100 des prénoms féminins les plus appréciés.
Caractère : curieuse, dynamique, déterminée
Fréquence d'attribution : rare
Évolution : en hausse
Année record : 2010
Célébrités : la journaliste Apolline de Malherbe.

☆☆☆ Ariane ☆☆☆

Dérivés : Ariana, Arianna, Arianne, Aryana
Fête : 18 septembre
Étymologie : d'Ariane, le nom de la fille du roi Minos de Crète
Histoire : dans la mythologie grecque, Ariane aida Thésée à sortir du labyrinthe grâce à son fameux fil. On en compte 9 000 en France.
Caractère : généreuse, originale, créative
Fréquence d'attribution : très rare
Évolution : en baisse
Année record : 1958
Célébrités : l'animatrice de télévision Ariane Massenet ; l'actrice Louise Bourgoin, de son vrai nom Ariane Bourgoin.

☆☆☆ Arielle ☆☆☆

Dérivés : Ariella, Ariel, Ariela, Ariele
Fête : 1er octobre
Étymologie : de l'hébreu *ari* « lion » et *el*, « Dieu » : « lion de Dieu »
Histoire : le prénom Arielle remonterait au VIIe siècle lorsque naquit la sœur du roi Judicaël. Il a toujours été rare au XXe siècle.
Caractère : prudente, vive, enjouée
Fréquence d'attribution : très rare
Évolution : stable
Année record : 1963
Célébrités : l'actrice Arielle Dombasle.

Arlette

Dérivés : Harlette, Arletty, Arlete
Fête : 17 juillet
Étymologie : du germanique *karl*, « fort, vigoureux »
Histoire : ce prénom est en fait, l'une des formes féminine de Charles. Très répandues dans les années 50, les Arlette se font désormais discrètes.
Caractère : indépendante, insouciante, ambitieuse
Fréquence d'attribution : très rare
Évolution : en baisse
Année record : 1947
Célébrités : la femme politique Arlette Laguiller ; la journaliste Arlette Chabot ; Arlette Léonie Bathiat dite « Arletty ».

Armande

Dérivés : Armandine, Armantine, Arminda, Armance, Armantia, Armence, Harmance, Armandine, Armantine, Arminda
Fête : 23 décembre
Étymologie : forme féminine d'Armand qui vient lui-même du germanique *hart*, « fort » et *mann* « homme » : « homme fort »
Histoire : moine franciscain du XIIe siècle, saint Armand s'attacha à réformer les communautés de l'ordre des chanoines réguliers de saint Augustin.
Caractère : fiable, sensible et indépendante
Fréquence d'attribution : très rare
Évolution : stable
Année record : 1906
Célébrités : la chanteuse Armande Altaï.

Armelle

Dérivés : Armael, Armaelle, Armeline, Arzelle, Arzhela, Armella, Armilla
Fête : 16 août
Étymologie : du breton *arz*, « ours » et *mael*, « prince »
Histoire : saint Armel vient du pays de Galles au VIe siècle. Il est le fondateur de Ploërmel (Plou Armel). Au départ masculin, ce prénom a connu son heure de gloire dans les années 70.
Caractère : indépendante, fine, intuitive
Fréquence d'attribution : très rare
Évolution : en baisse
Année record : 1972
Célébrités : l'humoriste Armelle ; la comédienne Armelle Deutsch.

Arsinoé

Dérivé : Arsinoë, Arsinoe
Fête : 19 juillet
Étymologie : du grec, *Arsinóê*, ancien nom de la ville de Suez
Histoire : ce prénom d'origine orientale est apparu en France dans les années 2000. Il est encore extrêmement rare aujourd'hui. Il fut porté par quatre princesses égyptiennes de la dynastie des Lagides entre IIIe et le Ier siècle av. J.-C.
Caractère : discrète, romantique, volontaire
Fréquence d'attribution : très rare
Évolution : stable
Année record : 2010
Célébrités : Arsinoé, l'un des personnages du *Misanthrope* de Molière ; *Arsinoe, Queen of Cyprus*, un opéra de Thomas Clayton.

Artémise

Dérivés : Artémis, Arthémise, Artémisa, Artimisia
Fête : 25 janvier
Étymologie : d'Artémis, nom d'une divinité grecque
Histoire : dans la mythologie grecque, la sœur d'Apollon est la déesse de la lune et de la chasse, elle correspond à Diane dans la mythologie romaine.
Caractère : curieuse, vive, séductrice
Fréquence d'attribution : très rare
Évolution : en hausse
Année record : 2010
Célébrités : Artémise, le personnage interprété par Eva Green dans le film *300 : Rise of an Empire*.

☆☆☆ Ashley ☆☆☆

Dérivés : Ashlea, Ashlee, Ashleigh, Ashlie, Ashly
Étymologie : du celte *aesc*, « cendre » et *leah*, « bois », en référence au « bois de frêne »
Histoire : apparu à la fin du XIXe siècle en Bretagne, ce prénom anglo-saxon était d'abord exclusivement masculin, c'est devenu le contraire aujourd'hui. Aux États-Unis, c'est même l'un des prénoms féminins préférés des Américains. En France, on en compte 3 000.
Caractère : curieuse, réfléchie, discrète
Fréquence d'attribution : très rare
Évolution : en hausse
Année record : 2010
Célébrités : les actrices Ashley Benson, Ashley Greene et Ashley Olsen, la sœur jumelle de Mary-Kate.

☆☆☆ Asma ☆☆☆

Dérivés : Asmaa, Assma, Asmah, Hasma
Fête : 21 octobre
Étymologie : de l'arabe *asma*, « qui est belle », ce prénom est considéré comme l'équivalent arabe de Céline
Histoire : au VIIe siècle, Asma fut la sœur ainée d'Aïcha et la troisième épouse de Mahomet. Un prénom en forte progression.
Caractère : chaleureuse, sensible et compréhensive
Fréquence d'attribution : rare
Évolution : en hausse
Année record : 2010
Célébrités : la handballeuse Asma Elghaoui ; l'actrice Asma Ben Othman.

☆☆☆ Assia ☆☆☆

Dérivés : Assya, Asya, Assiya, Asia, Asiya, Azia, Asiye, Acia, Hassia
Fête : 15 avril
Étymologie : de l'arabe *assia*, « celle qui soigne »
Histoire : le prénom Assia vient d'Asiya, épouse de Pharaon qui vint au secours de Moïse et le recueillit. Assia fit son apparition en France dans les années 60. Depuis 2000, ce prénom connait une forte croissance, il atteint presque les 800 attributions par an.
Caractère : courageuse, réfléchie, passionnée
Fréquence d'attribution : rare
Évolution : en hausse
Année record : 2010
Célébrités : la chanteuse Assia.

☆☆☆ Astrid ☆☆☆

Dérivés : Astri, Astrud, Astryd
Fête : 27 novembre
Étymologie : du prénom scandinave *Astrithr*, « beauté divine »
Histoire : au Xe siècle, sainte Astrid, reine de Norvège consacra sa vie aux plus pauvres. En France, ce prénom a longtemps été réservé à l'aristocratie.
Caractère : charmeuse, volontaire et courageuse
Fréquence d'attribution : très rare
Évolution : en baisse
Année record : 1989
Célébrités : l'actrice Astrid Veillon ; la princesse Astrid de Belgique.

☆☆☆ Athéna ☆☆☆

Dérivés : Athena, Athène, Athénéa, Athina
Fête : 3 mars
Étymologie : d'Athéna, nom d'une divinité grecque
Histoire : dans la mythologie grecque, Athéna, fille de Zeus, est la déesse des arts et de la pensée mais aussi des sciences et de la guerre.
Caractère : généreuse, engagée, fiable
Fréquence d'attribution : très rare
Évolution : en baisse
Année record : 2006
Célébrités : Athéna, le personnage de la série *Les chevaliers du Zodiaque*.

☆☆☆ Athénaïs ☆☆☆

Dérivés : Athanaïs, Athanasia, Athanase, Athanasie, Athénaïse
Fête : 3 mars
Étymologie : du grec *athanos* « immortel »
Histoire : Arthéllaïs, qui aurait inspiré Athénaïs, est l'autre nom d'Athéna, fille de Zeus et déesse des arts, de la pensée mais aussi des sciences et de la guerre.
Caractère : audacieuse, attentive, énergique
Fréquence d'attribution : très rare
Évolution : en hausse
Année record : 2006
Célébrités : la marquise Athénaïs de Montespan, favorite de Louis XIV.

☆☆☆ Aube ☆☆☆

Dérivés : Aubane, Aubeline, Auberi, Aubérie, Aubert, Auberte, Aubéry, Aubierge, Aubry
Fête : 22 novembre
Étymologie : du latin *albus*, « blanc »
Histoire : au VIIe siècle, saint Aubeu, un moine irlandais prêcha l'Évangile aux païens de l'Artois. Il est honoré à Arras.
Caractère : discrète, courageuse, efficace
Fréquence d'attribution : très rare
Évolution : stable
Année record : 2009
Célébrités : le personnage de la série *American Crime*, Aubry Taylor.

☆☆☆ Aude ☆☆☆

Dérivés : Hauda, Aulde, Haude, Aoda, Aodez
Fête : 18 novembre
Étymologie : du germanique *ald*, « ancien »
Histoire : au VIe siècle, sainte Aude fut une disciple de sainte Geneviève, à Paris.
Caractère : réfléchie, énergique et rigoureuse
Fréquence d'attribution : très rare
Évolution : en baisse
Année record : 1979
Célébrités : la journaliste Aude Lancelin ; l'actrice Aude Thirion ; la dessinatrice de BD, Aude Samama.

☆☆☆ Audrey ☆☆☆

Dérivés : Audraine, Audrena, Audric, Audrica, Audrie, Audry, Awdrey, Audrée, Audren
Fête : 23 juin
Étymologie : du celt *halt* et *roen* : « haut » et « royal » ou du germain *adal*, « noble », et horod, « glorieux », ce prénom s'est diffusé en Angleterre avec la conquête normande, sous sa forme première Etheldreda
Histoire : parce que sainte Audrey se maria en seconde noce avec un époux qui ne souhaita pas respecter son vœu de chasteté, elle s'enfuit sur l'île d'Ely pour y fonder un couvent. Très répandu dans les années 80, les Audrey ont moins la cote aujourd'hui. Elles sont tout de même 139 000 en France.
Caractère : intuitive, affectueuse, bonne communicante
Fréquence d'attribution : très rare
Évolution : en baisse
Année record : 1984
Célébrités : les actrices Audrey Hepburn, Audrey Tautou et Audrey Fleurot.

ATTENTION AUX SONORITÉS !

Une étude canadienne de 2015 a prouvé que les gens associaient facilement des caractères à des sonorités. Après avoir soumis à un échantillon de testeurs des prénoms aux sonorités « douces » comme Molly ou Leo et d'autres aux sonorités « dures » comme Kate ou Kirk, le résultat était sans appel ! Les personnes interrogées trouvaient que les prénoms Molly ou Leo collaient davantage à des personnes conciliantes et gentilles alors qu'ils attribuaient aux Kate et aux Kirk des caractères plus volontaires et sarcastiques. Le choix des sonorités doit donc vous guider pour trouver le prénom idéal. Les prénoms finissant par le son « or » comme Victor ou Éléonore sembleront précieux. Enfin, pour qu'il soit en accord avec le nom, évitez les allitérations (la répétition de consonnes) comme Ava Vavin ou Marta Martin qui pourraient donner lieu à de lourdes plaisanteries.

Augustine

Dérivés : Agustunia, Augusta, Augustia, Agusta
Fête : 28 août
Étymologie : du latin *augustus*, vénérable
Histoire : Augustine était un prénom extrêmement courant au début du xxe siècle. Il a complètement chuté en 1950 pour rebondir dans les années 2000 ; mais il reste aujourd'hui timide.
Caractère : généreuse, sensible et fine observatrice
Fréquence d'attribution : très rare
Évolution : en hausse
Année record : 1901
Célébrités : Augustine, la mère de Marcel Pagnol et héroïne de son roman *Le Château de ma mère*.

☆☆☆ Auriane ☆☆☆

Dérivés : Aurianne, Auriana, Auryane, Aurianna, Orianne, Oriane, Oriana
Fête : 4 octobre
Étymologie : du latin *aurum*, « or »
Histoire : née en Syrie vers 630, sainte Aure de Paris est la première abbesse du monastère de Saint-Martial de Paris fondé par saint Eloi. Elle est considérée comme la seconde patronne de Paris après sainte Geneviève.
Caractère : sensible, sereine et très attachée à la famille
Fréquence d'attribution : très rare
Évolution : en baisse
Année record : 1997
Célébrités : la nageuse Auriane de Premilhat.

☆☆☆ Aurélie ☆☆☆

Dérivés : Aurélia, Aurély, Aurèle, Auréline, Orélie, Aurielle, Oriel
Fête : 15 octobre
Étymologie : du latin *aurum*, « or »
Histoire : Aurélie est porté par plus de 175 000 personnes en France aujourd'hui et a vécu son heure de gloire entre 1983 et 1986 durant la vogue des prénoms en « i ». Il n'est quasiment plus attribué.
Caractère : déterminée, élégante et charmeuse
Fréquence d'attribution : très rare
Évolution : en baisse
Année record : 1983
Célébrités : la danseuse étoile Aurélie Dupont ; la femme politique Aurélie Filippetti.

☆☆☆ Aurore ☆☆☆

Dérivés : Aurora, Aura, Auréa, Auria
Fête : 4 octobre
Étymologie : du latin *aurora*, « l'aurore »
Histoire : Aurore commença sa progression dans les années 60, juste après la sortie du film de Walt Disney *La belle au bois dormant* (1959) et son héroïne Aurore. On en compte plus de 60 000 en France.
Caractère : curieuse, généreuse et affectueuse
Fréquence d'attribution : rare
Évolution : en baisse
Année record : 1986
Célébrités : Aurore, l'héroïne de *La belle au bois dormant* de Disney ; Aurore Auteuil, la fille de l'acteur Daniel Auteuil ; la nageuse Aurore Mongel.

☆☆☆ Auria ☆☆☆

Dérivés : Hauria
Fête : 4 octobre
Étymologie : du latin *aurum*, « or »
Histoire : ce prénom est surtout connu au Pays basque. Il reste extrêmement rare avec moins de 20 attributions par an. On en compte 250 en France.
Caractère : féminine, efficace, subtile
Fréquence d'attribution : très rare
Évolution : en baisse
Année record : 1971

☆☆☆ Automne ☆☆☆

Dérivés : Autumn
Fête : 22 septembre
Étymologie : du latin *automnus*, « l'automne »
Histoire : donné seulement 90 fois depuis 1946, Automne est un prénom extrêmement rare. Depuis 2010, il suit la mode des prénoms « issus de la nature ».
Caractère : charmeuse, charismatique et imaginative
Fréquence d'attribution : très rare
Évolution : stable
Année record : 2010
Célébrités : la magicienne Autumn Morning Star.

☆☆☆ Auxane (mixte) ☆☆☆

Dérivés : Auxanne, Auxana, Euxane
Fête : 3 septembre
Étymologie : du grec *euxenos*, « hospitalier »
Histoire : saint Auxane fut nommé évêque de Milan en 557. Il mourut peu de temps après. Longtemps masculin, Auxane est résolument mixte aujourd'hui.
Caractère : calme, communicative et réfléchie
Fréquence d'attribution : très rare
Évolution : stable
Année record : 2009

☆☆☆ Ava ☆☆☆

Dérivés : Hawa, Awa, Hava, Havva, Ahava, Avah, Avelina, Avia, Aviva, Avelina, Aveline
Fête : 29 avril
Étymologie : dérivé d'Eve, Ava viendrait de l'hébreu *hawwâh*, « vivante ».
Histoire : au IXe siècle, sainte Ava recouvra miraculeusement la vue lors d'un pèlerinage à Denain, en Artois. Elle décida alors d'entrer au couvent. Depuis 1990, ce prénom plaît toujours autant.
Caractère : romantique, sage, diplomate
Fréquence d'attribution : rare
Évolution : en hausse
Année record : 2010
Célébrités : l'actrice Ava Gardner.

☆☆☆ Avril ☆☆☆

Dérivés : Avrile, April
Étymologie : du latin *aprilis*, « qui bourgeonne »
Histoire : venu d'outre Atlantique dès 1954, ce prénom répond à la mode des prénoms en harmonie avec la nature.
Caractère : joyeuse, tendre, fine stratège
Fréquence d'attribution : très rare
Évolution : en baisse
Année record : 2006
Célébrités : la chanteuse Avril Lavigne ; l'héroïne du film d'animation *Avril et le monde truqué*.

☆☆☆ Axelle ☆☆☆

Dérivés : Akselle, Axele, Axelia, Axeliane, Axeline, Axella, Axellane
Fête : 21 mars
Étymologie : version féminine d'Axel, lui-même dérivé du prénom Absalon (en hébreu *ab* : « père » et *shalom* : « paix ») « père de la paix »
Histoire : saint Absalon, ecclésiastique danois qui vécut au XIIe siècle, participa à l'agrandissement de la ville de Copenhague. En son honneur fut érigé le château d'Axelhuus. Le prénom Axel était alors si courant au Danemark qu'on appela ses habitants Axelssönerna, « fils d'Axel ». Elles sont 22 000 en France.
Caractère : vive, sensible, adaptable
Fréquence d'attribution : rare
Évolution : stable
Année record : 2003
Célébrités : l'humoriste Axelle Laffont ; la chanteuse Axelle Red.

☆☆☆ Aya ☆☆☆

Dérivés : Ayah, Aya, Haya, Aiya, Ayo, Aaya, Aia, Ayia, Ayana
Fête : 18 avril
Étymologie : en japonais, *aya* veut dire « soie tissée » ; en arabe, aya désigne un verset du Coran ; en hébreu *aya* signifie « vautour »
Histoire : sainte Aye (ou sainte Aya) épousa Hidulphe avec lequel elle vécut dans la chasteté. Lorsque Hidulphe se retira à l'abbaye de Lobbes en 665, Aya partit retrouver sa famille. Aujourd'hui, Aya fait partie des 100 prénoms les plus donnés en France.
Caractère : optimiste, imaginative, sociable
Fréquence d'attribution : rare
Évolution : stable
Année record : 2009
Célébrités : le mannequin Aya Jones ; la boxeuse et écrivain Aya Cissoko.

☆☆☆ Azalée ☆☆☆

Dérivés : Azélie, Azeline, Azella, Azaléa
Fête : 5 octobre
Étymologie : du nom de la fleur, azalée
Histoire : ce nouveau prénom colle à la tendance « verte » et « bio » des prénoms issus de la nature amorcée depuis l'an 2000, il reste très marginal.
Caractère : discrète, délicate, gaie
Fréquence d'attribution : très rare
Évolution : stable
Année record : 2007
Célébrités : Azalée, le personnage de la vache dans *Le Manège enchanté*.

☆☆☆ Azénor ☆☆☆

Dérivés : Azénorig, Azéor
Fête : 7 décembre
Étymologie : dérivé d'Honoré qui vient du celte *enor*, « l'honneur »
Histoire : au VIe siècle, jetée à la mer dans un tonneau, Azénor, la fille du roi de Brest échoua en Irlande où elle mit au monde son fils Budoc (« sauvé des eaux »).
Caractère : gentille, douce, sensible
Fréquence d'attribution : très rare
Évolution : stable
Année record : 2008
Célébrités : Azénor, la maîtresse d'Arthur dans la série télé *Kaamelott*.

LES PRÉNOMS DE FLEURS

Ce sont en général les petites filles qui reçoivent des prénoms de fleurs. Les exceptions sont rares : Hyacinthe (« fleur » en grec) ou Jasmin (inventé en 1792 sous la Révolution). Narcisse peut venir à l'esprit mais le prénom signifiait « torpeur » en grec avant de désigner la fleur.
Certains sont très anciens et remontent à l'Antiquité gréco-romaine : Fleur, Flore, Flora, Florence, Florent, Florian, Floriane, Rose ou Chloé.
D'autres sont nés avec la Révolution française, car le poète Fabre d'Églantine inventa un nouveau calendrier, utilisé de fin 1793 à fin 1805. Il attribuait à chaque jour un nom de fleur, de plante ou d'outil, pris parfois pour prénom par des parents voulant marquer leur attachement aux nouvelles idées ou imposés par des officiers d'état civil farouchement révolutionnaires. Bien sûr, on ne donne plus Épinard ou Artichaut comme prénom, mais certains noms de fleurs se sont maintenus ou ont réapparu dans les années 1970 : Amande, Amaranthe, Anémone (qui revient dans les années 1970, l'épouse du président de la République Valéry Giscard d'Estaing se nommant Anne-Aymone...), Églantine, Gentiane, Muguette, Pâquerette, Pensée, Pervenche (mais le prénom s'effondre en 1981 avec l'arrivée de contractuelles surnommées « Les pervenches », à cause de la couleur de leur uniforme), Pimprenelle (une plante à fleurs rouges avant d'être dans les années 1960 la compagne de Nounours et Nicolas dans *Bonne nuit les petits*), Réséda, Valériane, Violette...
D'autres enfin sont apparus récemment, nés dans des langues locales (Bleuenn en breton) ou reprenant des fleurs jusqu'ici absentes de nos prénoms maintenant que l'on peut les choisir librement pour ses enfants.
L'avantage de tous ces prénoms est que, même s'ils sont tout neufs, ils ont un jour de fête dans le calendrier : le 5 octobre, jour de sainte Fleur.

B

Fréquence d'attribution : très rare
Évolution : en baisse
Année record : 1981

☆☆☆ Babette ☆☆☆

Dérivé : Babeth
Fête : 17 novembre
Étymologie : diminutif d'Élisabeth, « Dieu est mon serment »
Histoire : présent depuis le début du XXe siècle, Babette n'a pas encore connu le succès d'Élisabeth. Il colle pourtant à la tendance des diminutifs devenus prénoms.
Caractère : femme-enfant, optimiste, dynamique
Fréquence d'attribution : très rare
Évolution : en hausse
Année record : 1982
Célébrités : la chef Babette de Rozières ; l'héroïne du film *Babette s'en va-t-en guerre*.

☆☆☆ Bachira ☆☆☆

Dérivés : Bachra, Béchira, Bouchra, Bosra
Fête : 5 mai
Étymologie : de l'arabe *bachira*, « qui apporte une bonne nouvelle »
Histoire : très peu donné depuis les années 70, ce prénom est la forme féminine de Bachir, une des appellations du prophète Mahomet.
Caractère : responsable, organisée, équilibrée
Fréquence d'attribution : très rare
Évolution : stable
Année record : 1979

☆☆☆ Badra ☆☆☆

Fête : 9 juin
Étymologie : de l'arabe *badr*, « pleine lune »
Histoire : si Mohammed al Badr est l'un des noms de Mahomet, par son étymologie, Badra se rapproche de la déesse romaine Diane, « celle qui protège la nature ».
Caractère : volontaire, féminine, maternelle

☆☆☆ Baïa ☆☆☆

Dérivés : Bahia, Baya, Baïa, Bahiya, Bahya
Étymologie : de l'arabe *bahia* « belle » ou *baia* « serment » ; du turc *baya* « noble »
Histoire : malgré ses origines orientales, ce prénom évoque immanquablement un état du Brésil. Il plaît pour sa forme courte, ses sonorités et son invitation au voyage ; en forte croissance ces dernières années.
Caractère : joyeuse, intuitive, fiable
Fréquence d'attribution : très rare
Évolution : en hausse
Année record : 2010
Célébrités : Bahia Benmahmoud, l'héroïne du film *Le Nom des gens*.

☆☆☆ Barbara ☆☆☆

Dérivés : Barbarella, Barbe, Berberine, Barbie, Barbarina, Barbra, Basha, Bab
Fête : 4 décembre
Étymologie : du du latin *barbari*, « barbares » ou du grec *barbaros*, « barbare », « étrangère»
Histoire : au IVe siècle, Barbe préféra faire vœu de chasteté plutôt que d'épouser l'homme choisi par son père. Furieux, celui-ci l'enferma dans une tour et y mit le feu. Plus courant aux États-Unis qu'en France, Barbara est toujours attribué.
Caractère : timide, indépendante, réfléchie
Fréquence d'attribution : très rare
Évolution : stable
Année record : 1972
Célébrités : les chanteuses Barbara Hendricks, Barbara Streisand et Barbara ; la chanson des Beach Boys *Barbara Ann*.

☆☆☆ Basma ☆☆☆

Dérivés : Baasma, Basmat, Bassmath
Étymologie : de l'hébreu *basmat* « parfum » ou de l'arabe *basma* « sourire »
Histoire : dans la Bible, Basmat est l'une des filles du roi Salomon. Depuis 2004, ce prénom connaît une forte poussée. En France, les Basma seraient près de 1200.
Caractère : solitaire, dynamique, astucieuse
Fréquence d'attribution : très rare
Évolution : en hausse
Année record : 2010

☆☆☆ Bathilde ☆☆☆

Dérivés : Batilde, Bathilda, Bathille, Balthilde
Fête : 30 janvier
Étymologie : du germanique *bald*, « audacieux » et *hild*, « combat » : « audacieux combat »
Histoire : au VIIe siècle, Bathilde, après avoir été vendue comme esclave, épousa le roi Clovis II et lui donna trois fils. Ses fils élevés, elle entra au couvent.
Caractère : sensible, spirituelle, engagée
Fréquence d'attribution : très rare
Évolution : en hausse
Année record : 1902
Célébrités : Bathilde Amédée, personnage de *À la recherche du temps perdu* de Marcel Proust.

☆☆☆ Béatrice ☆☆☆

Dérivés : Beatrice, Bea, Beat, Béatrix, Béatrixe, Béata, Béatriz, Béatris
Fête : 13 février
Étymologie : du latin *beatus*, « heureux » ou « celle qui rend heureux »
Histoire : Béatrice a longtemps eu un caractère religieux, *beatus* faisant référence aux saints béatifiés. Très répandu entre 1950 et 1975, Béatrice n'est presque plus attribué.
Caractère : droite, méthodique, altruiste
Fréquence d'attribution : très rare
Évolution : stable
Année record : 1963
Célébrités : la comédienne Béatrice Dalle ; Beatrice Mills, fille de Paul McCartney et Heather Mills.

☆☆☆ Béline ☆☆☆

Dérivés : Belina, Belinda, Bélinde, Bélise
Fête : 8 septembre
Étymologie : de Belenos, dieu celte du soleil et de la santé
Histoire : au VIIIe siècle, sainte Béline se fit tuer pour avoir prononcé, après son baptême, un vœu de chasteté. Beaucoup plus rares que les Bélinda, les Béline seraient moins de 100, en France.
Caractère : communicative, intuitive, organisée
Fréquence d'attribution : très rare
Évolution : stable
Année record : 2002
Célébrités : Béline, le personnage du *Malade imaginaire* de Molière.

☆☆☆ Bella ☆☆☆

Dérivés : Bela, Belle, Bellen
Fête : 17 novembre
Étymologie : du latin *bella*, « belle »
Histoire : alors qu'il était plutôt discret depuis 1922, ces dernières années, Bella a connu une énorme progression coïncidant avec la sortie du premier *Twilight*, en 2008.
Caractère : audacieuse, énergique, courageuse
Fréquence d'attribution : très rare
Évolution : en hausse
Année record : 2010
Célébrités : Bella Swan, l'héroïne de la saga *Twilight*.

☆☆☆ Bénédicte ☆☆☆

Dérivés : Benedita, Benedek, Benedetta, Benedict, Benedith, Benita, Benedikte, Benedicta, Bénédig, Binidig
Fête : 16 mars
Étymologie : du latin *benedicta*, « protégée par Dieu », « bénie »
Histoire : dérivé de sa forme initiale Benoîte (« bénie »), Bénédicte s'est très vite propagé en Europe. Courant dans les années 70, les Bénédicte sont plus rares aujourd'hui.
Caractère : déterminée, fidèle, hypersensible
Fréquence d'attribution : très rare
Évolution : stable
Année record : 1972
Célébrités : l'actrice et réalisatrice Bénédicte Delmas.

☆☆☆ Benjamine ☆☆☆

Dérivés : Benjamina, Beniamina, Benja, Benjamina
Fête : 31 mars
Étymologie : de l'hébreu *ben'yamin*, « fils de la main droite » et, par extension, « fils de la chance »
Histoire : extrêmement rare (elles seraient moins de 600 en France), Benjamine n'a pas encore connu le succès de son pendant masculin, Benjamin.
Caractère : affectueuse, déterminée, réfléchie
Fréquence d'attribution : très rare
Évolution : stable
Année record : 1908

☆☆☆ Benoîte ☆☆☆

Dérivés : Bénate, Beniga, Benigez
Fête : 11 juillet
Étymologie : du latin *benedicta*, « protégée par Dieu », « bénie »
Histoire : populaire au début du siècle, ce prénom s'est peu à peu vu remplacer par Bénédicte qui a la même signification.
Caractère : indépendante, curieuse, réfléchie
Fréquence d'attribution : très rare
Évolution : stable
Année record : 1900
Célébrités : l'écrivain Benoîte Groult.

☆☆☆ Bérengère ☆☆☆

Dérivés : Bérangère
Fête : 26 mai
Étymologie : du germanique *ber*, « ours » et *gari*, « lance » : « lance de l'ours »
Histoire : au XIe siècle, Bérenger de Saint-Papoul, dans l'Aude, était un moine connu pour ses miracles. Longtemps masculin, Béranger s'est éclipsé pour sa version féminine.
Caractère : pragmatique, enthousiaste, résolue
Fréquence d'attribution : très rare
Évolution : stable
Année record : 1979
Célébrités : l'humoriste Bérengère Krieff.

☆☆☆ Bérénice ☆☆☆

Dérivés : Berenyce, Bernice, Berezi, Berenike, Bernie, Berny
Fête : 4 octobre
Étymologie : de l'ancien nom grec *Berenikê*, « qui apporte la victoire »
Histoire : bien que très ancien (Bérénice a été donné à plusieurs princesses égyptiennes au IIIe av. J.-C.), ce prénom ne sera pas introduit en France avant 1950. Depuis 1990, il plaît de plus en plus.
Caractère : franche, émouvante, indépendante
Fréquence d'attribution : très rare
Évolution : stable
Année record : 1997
Célébrités : l'actrice Bérénice Bejo ; *Bérénice*, l'héroïne de la pièce de Jean Racine.

☆☆☆ Bernadette ☆☆☆

Dérivés : Bernarda, Bernarde, Bernardine, Bernardina, Bernadita, Bernardeta
Fête : 18 février
Étymologie : féminin de Bernard, du germanique *ber*, « ours » et *hard*, « courageux »
Histoire : c'est la canonisation de Bernadette Soubirous (connue pour avoir vu la Vierge 18 fois) en 1933 qui lança la mode de ce prénom. Ainsi, Bernadette fut très répandue dans les années 50 et 60 tant et si bien qu'elles seraient près de 120 000.
Caractère : méthodique, fiable, réfléchie
Fréquence d'attribution : très rare
Évolution : stable
Année record : 1949
Célébrités : l'ex-femme du président de la République, Bernadette Chirac ; l'actrice Bernadette Lafont.

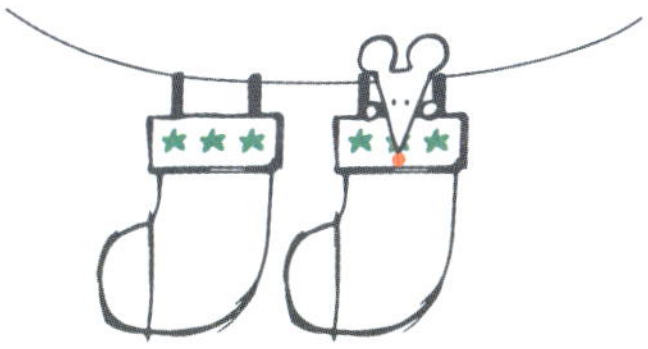

☆☆☆ Berthe ☆☆☆

Dérivés : Bertrade, Bertille, Berthille, Berteline, Berthilde, Bertila, Bertile, Bertilia, Bertille, Berta, Bertha
Fête : 4 juillet
Étymologie : du germanique *berht*, « brillant »
Histoire : mère de Charlemagne et épouse de Pépin le Bref, Bertrade de Laon, dite « Berthe au Grand Pied », eut une grande influence politique sur la France. Un prénom tombé dans l'oubli aujourd'hui.
Caractère : subtile, engagée, fidèle
Fréquence d'attribution : très rare
Évolution : en baisse
Année record : 1901
Célébrités : Berthe Morisot, artiste peintre immortalisée par Édouard Manet.

☆☆☆ Bertille ☆☆☆

Dérivés : Berthille, Berthile, Bertile, Berthilde, Bertila, Bertilia
Fête : 6 novembre
Étymologie : du germanique *berht*, « brillant » et *til*, « habile »
Histoire : au VIIe siècle, sainte Bertille se vit confier la gouvernance de l'abbaye de Chelles. En France, ce prénom connaît une seconde vie depuis les années 90 avec près de 200 Bertille par an ces dernières années.
Caractère : altruiste, généreuse, douée d'un esprit critique
Fréquence d'attribution : très rare
Évolution : en hausse
Année record : 2008
Célébrités : l'actrice Bertille Chabert.

☆☆☆ Béryl (mixte) ☆☆☆

Dérivés : Beryl, Beril, Beryle
Fête : 29 juin
Étymologie : du grec *berrulos*, « pierre précieuse »
Histoire : ce nouveau « prénom de la nature » (car il peut désigner autant l'émeraude que l'aigue-marine ou la morganite) connaît un engouement récent, depuis 1990. Légèrement plus attribué à des garçons qu'à des filles, Béryl est un prénom mixte.
Caractère : rêveuse, perfectionniste, hyper active
Fréquence d'attribution : très rare
Évolution : stable
Année record : 2008
Célébrités : la cycliste Beryl Burton.

☆☆☆ Béthanie ☆☆☆

Dérivés : Bethany, Bettany, Bethanie
Étymologie : du nom d'un village de Jérusalem où vécurent Marthe, Marie et Lazare
Histoire : ce toponyme devenu prénom au XIXe siècle est très répandu aux États-Unis. En France, il revient doucement dans les statistiques depuis 1990.
Caractère : dynamique, engagée, curieuse
Fréquence d'attribution : très rare
Évolution : stable
Année record : 2009
Célébrités : la surfeuse Bethany Hamilton ; la blogueuse beauté Bethany Mota.

☆☆☆ Betty ☆☆☆

Dérivés : Bettie, Beth, Bethy, Bety, Bessie, Betsy, Bettina
Fête : 17 novembre
Étymologie : diminutif d'Élisabeth, « Dieu est mon serment »
Histoire : très apprécié aux États-Unis, Betty est beaucoup moins courant en France bien qu'elles soient tout de même presque 15 000.
Caractère : tendre, optimiste, volontaire
Fréquence d'attribution : très rare
Évolution : en baisse
Année record : 1976
Célébrités : l'actrice Betty Mars ; l'héroïne de dessins-animés Betty Boop ; l'héroïne de la série *Ugly Betty*, Betty Suarez.

☆☆☆ Beverly ☆☆☆

Dérivé : Beverley
Étymologie : du nom d'un lieu Beverly, issu du vieil anglais *beaver stream*, « la rivière aux castors »
Histoire : la première trace de ce prénom se trouve en Grande-Bretagne au XVIIIe siècle. En France, les Beverly apparaissent vers 1950 et reviennent après les années 80. Aujourd'hui, elles sont peu nombreuses.

Caractère : passionnée, ambitieuse, affectueuse
Fréquence d'attribution : très rare
Évolution : stable
Année record : 2006
Célébrités : l'actrice Beverley Mitchell ; les chanteuses Beverley Craven et Beverley Knight.

☆☆☆ Billie ☆☆☆

Dérivé : Billy
Fête : 10 janvier
Étymologie : diminutif de William, du germanique *will*, « volonté », et *helm*, « protection »
Histoire : Billy n'est attribuée à des petites filles que depuis 1985 alors que sa version masculine est connue depuis 1940. De par ses sonorités et son profil court, Billie est promis à un bel avenir.
Caractère : intuitive, imaginative, séductrice
Fréquence d'attribution : très rare
Évolution : en hausse
Année record : 2006
Célébrités : la chanteuse Billie Holiday ; Billie, la fille de Matthieu Chedid ; l'héroïne de la chanson de Michael Jackson *Billie Jean*.

☆☆☆ Bintou ☆☆☆

Dérivé : Binta, Bineta, Bine, Binh, Binti
Étymologie : de l'arabe *bint*, « fille »
Histoire : très répandu en Afrique et dans les familles de confession musulmane, Bintou plaît de plus en plus depuis les années 70 avec, depuis 2005, près de 80 nouvelles petites filles nommées Bintou par an.
Caractère : juste, dévouée, résolue
Fréquence d'attribution : très rare
Évolution : en hausse
Année record : 2005
Célébrités : Bintou Ba, actrice qui joue dans la série *Pep's*.

☆☆☆ Blanche ☆☆☆

Dérivés : Blanca, Bianca, Bianka, Branca, Blanchette
Fête : 3 octobre
Étymologie : du germanique *blank*, « clair »
Histoire : ce prénom doit beaucoup à Blanche de Castille, la mère de Saint-Louis, qui l'a popularisé au XIIIe siècle. Il était beaucoup plus répandu au début du XXe siècle qu'aujourd'hui.
Caractère : généreuse, affectueuse, engagée
Fréquence d'attribution : très rare
Évolution : en hausse
Année record : 1902
Célébrités : l'humoriste Blanche Gardin ; l'héroïne de Louis Aragon *Blanche ou l'oubli* ; le personnage de Blanche Marci dans le feuilleton *Plus belle la vie*.

☆☆☆ Blandine ☆☆☆

Dérivés : Blanda, Blandina, Blondine
Fête : 2 juin
Étymologie : du latin *blandus* « flatteur »
Histoire : sainte Blandine était une martyre lyonnaise du IIe siècle. Plus populaire que Blanche, Blandine a toujours été appréciée, même si elle reste discrète.
Caractère : réfléchie, volontaire, intellectuelle
Fréquence d'attribution : très rare
Évolution : en baisse
Année record : 1986
Célébrités : Blandine Bellavoir, héroïne de la série *Les Petits Meurtres d'Agatha Christie* ; Blandine, personnage de la série *Sous le soleil*.

Bleuenn

Dérivés : Bleuen, Bleuene, Bleuzenn, Bleunvenn, Bleunienn
Fête : 24 novembre
Étymologie : du vieux breton *bleun*, « fleur », *gwenn*, « blanche »
Histoire : dans la légende de *Tristan et Iseult*, Bleunwenn, ou Blanchefleur, sœur du roi Marc, meurt en couches et laisse un fils, Tristan. Un prénom à la mode depuis les années 70 avec l'arrivée des prénoms bretons sur les calendriers.
Caractère : altruiste, charismatique, rêveuse
Fréquence d'attribution : très rare
Évolution : stable
Année record : 1948
Célébrités : la chef Martine-Bleuzen du Pontavice.

Bonnie

Dérivés : Bonny, Bonne, Bona, Bonita
Fête : 3 janvier
Étymologie : du latin *bonus*, « bonne »
Histoire : au xve siècle, sainte Bonne entra chez les Clarisses de Lézignan. Encore marginal, le prénom Bonnie pourrait devenir très tendance : il figure dans les 2000 prénoms préférés des Français.
Caractère : énergique, audacieuse, originale
Fréquence d'attribution : très rare
Évolution : en hausse
Année record : 1997
Célébrités : la chanteuse Bonnie Tyler ; l'héroïne du film et de la chanson *Bonnie and Clyde* ; Bonnie Blue, la fille de Scarlett O'Hara dans *Autant en emporte le vent*.

Bréanne

Dérivés : Bréanna, Briana, Brianna, Bryana, Bryanna, Brihanna, Brianne
Fête : 17 décembre
Étymologie : version féminine de Brian, du celte *bri*, « considération », « estime »
Histoire : ce nouveau prénom venu des États-Unis n'est présent en France que depuis 1999, pour l'instant extrêmement rare.
Caractère : aventurière, curieuse, adaptable
Fréquence d'attribution : très rare
Évolution : en hausse
Année record : 2010

Brenda

Dérivés : Brendana, Brendy
Fête : 16 mai
Étymologie : du scandinave *brandr*, « épée »
Histoire : Brenda a décollé lors de la découverte du personnage de Brenda Walsh lors de la diffusion française de la série *Beverly Hills 90210*. Plus répandu en Norvège, en Suède et aux États-Unis qu'en France, bien qu'elles soient près de 4000.
Caractère : spontanée, créative, battante
Fréquence d'attribution : très rare
Évolution : en baisse
Année record : 1995
Célébrités : la chanteuse Brenda Lee ; Brenda Walsh, l'une des héroïnes de la série *Beverly Hills 90210*.

Brigitte

Dérivés : Brigit, Bridget, Briega, Briegen, Birgit, Birgitta, Brigida, Brigide
Fête : 23 juillet
Étymologie : du celte *bri*, « considération », « estime »
Histoire : sainte Brigitte est la patronne de l'Irlande mais la Brigitte la plus connue reste Brigitte Bardot. Star mondiale des années 60, elle a fortement contribué à l'explosion du nombre de petites filles prénommées Brigitte. Elles seraient près de 200 000 en France.
Caractère : généreuse, humaine, tolérante
Fréquence d'attribution : très rare
Évolution : stable
Année record : 1959
Célébrités : le duo Les Brigitte ; l'actrice Brigitte Bardot ; la chanteuse Brigitte Fontaine.

Britney

Étymologie : du latin *britto*, « originaire de Bretagne » (sous-entendu de Grande-Bretagne)
Histoire : arrivé en France en 1999, au même moment que l'album *Baby one more time* de la chanteuse Britney Spears, Britney reste un prénom rare en France. Elles sont près de 300.
Caractère : joyeuse, adaptable, imaginative

Fréquence d'attribution : très rare
Évolution : en baisse
Année record : 2000
Célébrités : la chanteuse Britney Spears.

LES PRÉNOMS EN COULEUR

Vous voulez mettre de la couleur dans le prénom de votre enfant ? Si vous voyez la vie en noir et blanc, optez pour le sombre avec Brune et ses variantes ou pour Mélanie qui a le même sens (« la brune » en grec, évitez de le donner à une blondinette !) – ou pour le blanc avec Alba ou Blanche, cette couleur étant symbole de pureté depuis l'Antiquité.
Les autres teintes étaient plus rares en France autrefois. Rose et Violette rappelaient les fleurs plutôt que les couleurs. Ambre qui veut dire « immortel » en grec évoque plutôt la matière précieuse que la couleur aujourd'hui.
Dans le reste de l'Europe, on donnait aux petites filles les mêmes prénoms colorés qu'en France : Blanca et Rosa en Espagne et au Portugal, Alba et Rosa en Italie, Lily ou Rosie en Grande-Bretagne, Ljunbinka (Violette) en serbo-croate, Bela ou Blanka (Blanche), Ruzena (Rose) en Slovaquie, Rozalia en Grèce, Blanka, Roza, Rozsa en Hongrie... et pour les garçons Azul (bleu) en Espagne, Albano (blanc) en Italie...
En Asie, on privilégie les couleurs précieuses qui brillent et on les donne comme prénom aux garçons : Kin (or) et Gin (argent) au Japon, Kim ou Keum (or) en Corée...
Le vert n'est jamais choisi comme couleur de prénom, sauf dans les pays arabes où il rappelle la couleur de l'islam : Kihdr (vert), Khadira (verte). Mais on y trouve aussi les couleurs des autres pays, comme Bayâd (blanc), Baydâ (blanche), Zurayq (bleu), Shaqîra (roux), Sahbâ' (rouge), Sawdâ' (noire), Shahlâ' (bleu foncé ou noir)...
Tous les pays du monde ont mis de la couleur dans leurs prénoms, sauf les Inuits : trop de neige, trop de nuit... même le noir et le blanc sont absents des noms donnés aux enfants.

☆☆☆ Brooke ☆☆☆

Dérivé : Broocke
Étymologie : de l'anglais *brook*, « ruisseau »
Histoire : venu des États-Unis où il figure parmi les 100 prénoms les plus donnés, ce prénom arrive doucement en France.
Les Brooke seraient une soixantaine pour l'instant.
Caractère : sensible, audacieuse, imprévisible
Fréquence d'attribution : très rare
Évolution : stable
Année record : 2009
Célébrités : l'actrice Brooke Shields.

☆☆☆ Brune ☆☆☆

Dérivés : Bruna, Brunella, Brunelle, Brunetta, Brunette, Brunehaut, Brunehilde, Brunehilda
Fête : 6 octobre
Étymologie : du germanique *brun*, « bouclier » ou du latin *brunus*, « brun »
Histoire : ces dernières années, ce prénom venu du Moyen Âge connaît une ascension fulgurante. Elles seraient 1 000 à s'appeler ainsi.
Caractère : exigeante, énergique, passionnée
Fréquence d'attribution : très rare
Évolution : en hausse
Année record : 2010
Célébrités : la chanteuse Brune.

C

☆☆☆ Calie ☆☆☆

Dérivés : Callie, Cali, Kali, Kalie, Kalya, Kalia, Calia, Kalys, Khalya
Fête : 14 octobre
Étymologie : signifie en grec « qui a une belle voix » ou en sanskrit « énergie »
Histoire : ce nouveau prénom, apparu en France en 2004, connaît une formidable progression : elles seraient déjà plus de 1 000 en France.
Caractère : active, dynamique, attachée à sa famille
Fréquence d'attribution : très rare
Évolution : en hausse
Année record : 2010
Célébrités : Callie Torres, personnage de la série *Grey's Anatomy* ; le mannequin Callie Mahoney.

☆☆☆ Callista ☆☆☆

Dérivés : Calista, Calysta, Kalista, Kalysta, Kalliste, Kallista, Caliste, Callisto, Calixte, Calixthe, Callistine
Fête : 14 octobre
Étymologie : féminin du grec *kallistos* « le plus beau », Callista est donc « la plus belle »
Histoire : dans la mythologie grecque, Callisto est cette muse dont tombe amoureux Zeus et qu'il finit par transformer en constellation : La Grande Ourse.
Caractère : sociable, organisée, audacieuse
Fréquence d'attribution : très rare
Évolution : stable
Année record : 2004
Célébrités : l'actrice Calista Flockhart ; la romancière Calixthe Beyala.

☆☆☆ Calypso ☆☆☆

Dérivés : Calipso, Callypso
Fête : 10 novembre
Étymologie : du grec *kaluptô* « qui dissimule »
Histoire : dans la mythologie grecque, Calypso recueille Ulysse après un naufrage. Amoureuse, elle lui promet l'immortalité s'il reste avec elle. Il finit par partir pour Pénélope. En France, on compte 1 000 Calypso.
Caractère : créative, curieuse, active
Fréquence d'attribution : très rare
Évolution : en hausse
Année record : 2003
Célébrités : la Calypso, célèbre navire du commandant Cousteau ; la chanson de France Gall *Calypso*.

☆☆☆ Camélia ☆☆☆

Dérivés : Camellia, Kamelia, Camélia, Camélie, Kamelia, Kamilia, Kamélia, Kamélya
Fête : 5 octobre
Étymologie : du latin *camelia*, du nom de la fleur du même nom
Histoire : la fleur ramenée d'Asie par Joseph Kamel au XVIIe siècle est devenue un prénom dès le début du XXe siècle. Depuis les années 80, Camélia connaît une croissance continue. On en dénombre actuellement 6 000.
Caractère : passionnée, subtile, juste
Fréquence d'attribution : rare
Évolution : en hausse
Année record : 2010
Célébrités : la chanteuse Camélia Jordana.

☆☆☆ Camille ☆☆☆

Dérivés : Kamila, Camilla, Camilia, Kamilia, Kamille, Kamill, Cammie
Fête : 14 juillet
Étymologie : du latin *camillus* désignant le jeune Romain qui assistait le prêtre lors des sacrifices païens
Histoire : patron des infirmiers, saint Camille voua sa vie aux malades. Jusqu'en 1980, Camille était surtout destiné aux garçons. En 2017, c'est le 13e prénom féminin préféré des Français.
Caractère : protectrice, responsable, travailleuse
Fréquence d'attribution : rare
Évolution : en hausse
Année record : 1910
Célébrités : la sculptrice Camille Claudel, la nageuse Camille Muffat.

☆☆☆ Candice ☆☆☆

Dérivés : Candyce, Kandice, Kandyce, Kandys, Candie, Candy, Candace, Candide
Fête : 3 octobre
Étymologie : du latin *candidus*, « blanc »
Histoire : plus courant en Angleterre sous la forme de Candace, Candice reste un prénom original depuis son arrivée en France dans les années 70. On en compte près de 17 000.
Caractère : réaliste, optimiste, généreuse
Fréquence d'attribution : rare
Évolution : en baisse
Année record : 2004
Célébrités : l'héroïne de la série *Candice Renoir* ; la danseuse Candice Pascal.

☆☆☆ Cannelle ☆☆☆

Dérivés : Canelle, Kanelle, Kanel, Cinnamone
Fête : 5 octobre
Étymologie : de l'épice du même nom, la cannelle
Histoire : utilisé comme prénom depuis les années 80, Cannelle plaît pour son côté « exotique » et nature. Cinnamone est, lui, plus souvent donné en Israël.
Caractère : optimiste, imprévisible, attachée à sa famille
Fréquence d'attribution : très rare
Évolution : en baisse
Année record : 2003
Célébrités : le personnage de la chanson d'Antoine *Je l'appelle Cannelle*.

☆☆☆ Capucine ☆☆☆

Fête : 5 octobre
Étymologie : de l'italien *cappuccino*, « capuchon », du nom de la coiffe portée par les moines Capucins qui donnèrent leur nom à la fleur rouge
Histoire : apparu dans les années 60, ce prénom connaît une progression fulgurante depuis 2000 – avec près de 1 000 attributions par an – et relance la mode des prénoms de fleurs, bien avant Rose.
Caractère : rêveuse, altruiste, droite
Fréquence d'attribution : répandu
Évolution : en hausse
Année record : 2010
Célébrités : l'actrice et mannequin Capucine ; l'héroïne de livres pour enfants *Capucine*.

☆☆☆ Carla ☆☆☆

Dérivés : Karla, Carlotta, Carlota
Fête : 17 juillet
Étymologie : du germanique *karl*, « viril »
Histoire : Carla, version italienne de Charlotte, a explosé en France entre 2005 et 2008, suivant la mode des prénoms italiens. Elles seraient près de 20 000 en France.
Caractère : passionnée, franche, ambitieuse
Fréquence d'attribution : rare
Évolution : en baisse
Année record : 2004
Célébrités : la chanteuse et mannequin Carla Bruni-Sarkozy.

☆☆☆ Carmen ☆☆☆

Dérivés : Carmene, Karmen, Carma, Carmencita, Carmina, Carmine
Fête : 16 juillet
Étymologie : du latin *carmen*, « chant »
Histoire : courant en Espagne, Carmen a vécu son heure de gloire entre 1920 et 1930, le temps que l'opéra de Bizet trouve son public, car lors de sa première en 1875, Carmen n'eut pas du tout de succès en France.
Caractère : idéaliste, spirituelle, volontaire
Fréquence d'attribution : très rare
Évolution : en hausse
Année record : 1930
Célébrités : *Carmen*, la nouvelle de Prosper Mérimée qui donna le célèbre opéra de Bizet.

☆☆☆ Carole ☆☆☆

Dérivés : Carolle, Carol, Karoll, Carola, Karol, Karole, Caroll
Fête : 17 juillet
Étymologie : du germanique *karl*, « viril »
Histoire : populaire dans les pays de l'Est dès le Moyen Âge, Carole attendit les années 70 pour devenir tendance, en France. Mais dès 1980, elle se fit piquer la vedette par Caroline. Elles sont plus de 100 000.
Caractère : réfléchie, résolue, intègre
Fréquence d'attribution : très rare
Évolution : en baisse
Année record : 1970
Célébrités : les actrices Carole Bouquet et Carole Laure ; la journaliste Carole Gaessler ; les skieuses Carole Merle et Carole Montillet.

☆☆☆ Caroline ☆☆☆

Dérivés : Carolyne, Carolyn, Karolyn, Karolyne, Carolina, Karolina, Karoline
Fête : 18 novembre
Étymologie : du germanique *karl*, « viril »
Histoire : connue dès le XIXe siècle, Caroline revint à la mode entre 1970 et 1990. Aujourd'hui, bien qu'elles soient plus de 140 000, les Caroline se font plus discrètes.
Caractère : courageuse, dynamique, fidèle
Fréquence d'attribution : très rare
Évolution : en baisse
Année record : 1978
Célébrités : Caroline de Monaco, princesse de Hanovre ; la journaliste Caroline Fourest ; la chanteuse Caroline Loeb.

☆☆☆ Cassandre ☆☆☆

Dérivés : Cassandra, Kassandra, Kassandre, Kasandra, Casandra, Cassie, Cassy, Kass, Kassie
Étymologie : du grec *kassandra*, « celle qui aide les hommes »
Histoire : dans la mythologie grecque, Cassandre se refusa à Apollon. Or, elle avait le don de lire l'avenir. Pour se venger, Apollon fit en sorte que personne ne la crût. Elle avait pourtant vu la destruction de Troie…
Caractère : vive, charmeuse, optimiste
Fréquence d'attribution : rare
Évolution : en hausse
Année record : 2000
Célébrité : Cassandre Salviati qui a inspiré à Pierre de Ronsard, *Les Amours de Cassandre.*

☆☆☆ Cassiopée ☆☆☆

Fête : 11 mai
Étymologie : du nom de la constellation d'étoiles, Cassiopée
Histoire : dans la mythologie grecque, Cassiopée se vanta d'avoir une fille, Andromède, plus belle que celles de Poséidon. Fou de colère, celui-ci abandonna Andromède à un dragon de mer et, pour que tous se souviennent du péché de vanité, il baptisa une constellation du nom de Cassiopée.
Caractère : sympathique, sensible, fragile
Fréquence d'attribution : très rare
Évolution : en hausse
Année record : 2002

☆☆☆ Catherine ☆☆☆

Dérivés : Katherine, Catherina, Katerina, Caterina, Katerine, Caterine, Katherina, Catalina, Catarina, Cateline, Caterina, Cathleen, Caitlin
Fête : 25 novembre
Étymologie : du grec *katharos*, « pur »
Histoire : au XVIe siècle, la renommée de Catherine de Médicis fit beaucoup pour ce prénom qui connut, en France, une explosion dans les années 60 avec jusqu'à 20 000 bébés par an se prénommant ainsi. Conséquence : les Catherine sont près de 360 000.
Caractère : diplomate, altruiste, volontaire
Fréquence d'attribution : très rare
Évolution : en baisse
Année record : 1963
Célébrités : l'alpiniste Catherine Destivelle.

☆☆☆ Cécile ☆☆☆

Dérivés : Cecile, Cecilia, Cécily, Cecila, Cecille, Secil, Ceci, Cecil, Ceciliane, Cecilienne, Cecily
Fête : 22 novembre

Étymologie : du nom d'une célèbre famille latine Caecili, du latin *caecus*, « aveugle »
Histoire : patronne des musiciens, Cécile est devenue ultra tendance à partir de 1962 avec le tube de Claude Nougaro *Cécile, ma fille*. Elles seraient près de 140 000.
Caractère : créative, ambitieuse, indépendante
Fréquence d'attribution : très rare
Évolution : en baisse
Année record : 1971
Célébrités : la chanteuse Cécile Cassel dite HollySiz ; l'actrice Cécile de France.

☆☆☆ Céleste ☆☆☆

Dérivés : Célesta, Célestine
Fête : 19 mai
Étymologie : du latin *caelestis*, « qui vient du ciel »
Histoire : longtemps mixte, Céleste est plutôt réservée aux filles depuis le XVIIIe siècle. Un temps disparu, il revient sur le devant de la scène depuis les années 90.
Caractère : douce, passionnée, équilibrée
Fréquence d'attribution : rare
Évolution : en hausse
Année record : 2010
Célébrités : Céleste, personnage du livre et du dessin animé *Babar* ; Célestine, la souris héroïne des livres jeunesse *Ernest et Célestine*.

☆☆☆ Célia ☆☆☆

Dérivés : Celya, Cilia, Selya, Cellia, Cellya, Seliha
Fête : 22 novembre
Étymologie : de la même racine que Cécile, du latin *caecus*, « aveugle »
Histoire : apparu au XVIIe siècle en Angleterre comme diminutif de Cécilia, Célia a depuis volé la vedette à Cécile et devrait continuer à progresser ces prochaines années.
Caractère : généreuse, enthousiaste, communicative
Fréquence d'attribution : répandu
Évolution : stable
Année record : 2006
Célébrités : l'écrivain Célia Bertin ; la fondeuse Célia Bourgeois.

☆☆☆ Céline ☆☆☆

Dérivés : Célina, Selin, Sélina, Celyna, Seline, Selyna, Celyne, Ceylin
Fête : 21 octobre
Étymologie : du grec *séléné*, « la lune »
Histoire : ce prénom qui remonte au Ve siècle a déjà été plusieurs fois à la mode. D'abord, au XIXe puis à la fin des années 60, peu après la sortie du tube de Hugues Aufray *Céline*. On en dénombre plus de 220 000.
Caractère : joyeuse, pragmatique, adaptable
Fréquence d'attribution : très rare
Évolution : en baisse
Année record : 1979
Célébrités : la journaliste Céline Bosquet ; la chanteuse Céline Dion.

☆☆☆ Cerise ☆☆☆

Dérivé : Cherrie, Cherry, Cheryl, Sheryl
Fête : 5 octobre
Étymologie : du latin *cesarum*, « cerise »
Histoire : attribué depuis les années 80, Cerise, qui évoque le printemps, fait partie de ces prénoms, issus de la nature de plus en plus en vogue.
Caractère : curieuse, fantaisiste, énergique
Fréquence d'attribution : très rare
Évolution : stable
Année record : 2007
Célébrités : la chanteuse Sheryl Crow.

☆☆☆ Chanel ☆☆☆

Dérivés : Chanelle, Channel, Chanele, Chanael, Chanaelle, Shanel
Étymologie : du nom de la styliste Gabrielle Chanel
Histoire : c'est aux États-Unis, en 1986, que ce prénom est donné pour la première fois. Quelques mois plus tard, Chanel traverse l'Atlantique et est attribué à quatre petites filles. Depuis, elles sont plus de 100 chaque année à se voir prénommer ainsi.
Caractère : responsable, exigeante, réfléchie
Fréquence d'attribution : très rare
Évolution : en hausse
Année record : 2009
Célébrités : Chanel, la fille du rappeur Ice-T.

☆☆☆ Charlotte ☆☆☆

Dérivés : Charletta, Charlette, Karlotta, Karlota, Lotte, Lottie
Fête : 17 juillet
Étymologie : du germanique *karl*, « viril »
Histoire : connu depuis le Moyen Âge, Charlotte a traversé les siècles et semble pour le moment indémodable.
Caractère : optimiste, logique, attentionnée
Fréquence d'attribution : répandu
Évolution : stable
Année record : 1987
Célébrités : la chanteuse et actrice Charlotte Gainsbourg ; les actrices Charlotte Le Bon, Charlotte de Turckheim et Charlotte Rampling ; la princesse Charlotte Casiraghi.

☆☆☆ Charlie ☆☆☆

Dérivés : Charly, Charlye, Charline, Charlyne, Charlène, Charlize
Fête : 4 novembre
Étymologie : du germanique *karl*, « viril »
Histoire : ce diminutif de Charles, devenu prénom dans les années 30, a pris son envol dans les années 90 puis en 2005. Depuis les attentats de Charlie Hebdo, en janvier 2015, le prénom Charlie voit sa cote progresser.
Caractère : assurée, gracieuse, intuitive
Fréquence d'attribution : rare
Évolution : en hausse
Année record : 2010
Célébrités : l'actrice Charlize Theron ; Charlie, la fille de l'animatrice Alessandra Sublet.

☆☆☆ Chelsea ☆☆☆

Dérivés : Chelsy, Kelsey, Chelsey
Étymologie : de l'anglais *chelsea* « port de pêche » ou du nom d'un quartier de New York City
Histoire : ce toponyme devenu prénom est arrivé en France dans les années 90. Plus répandu en Angleterre et aux États-Unis, Chelsea est depuis 2010 attribué à 100 nouveaux bébés par an en France.
Caractère : meneuse, fine stratège, déterminée
Fréquence d'attribution : très rare
Évolution : en hausse
Année record : 2010
Célébrités : Chelsea Clinton, la fille de Bill et Hillary Clinton.

☆☆☆ Chiara ☆☆☆

Dérivés : Chiarra, Kiara, Kyara, Khiara, Cyara, Kiarra, Cara, Kara, Karah
Fête : 11 août
Étymologie : du latin *clara* « claire »
Histoire : prénom italien arrivé en France dans les années 60, Chiara connaît un pic de popularité depuis 2006 et la vague des prénoms italiens.
Caractère : imaginative, déterminée, engagée
Fréquence d'attribution : rare
Évolution : stable
Année record : 2006
Célébrités : l'actrice Chiara Mastroianni; le mannequin Cara Delevingne.

☆☆☆ Chloé ☆☆☆

Dérivés : Chloée, Kloé, Choélia, Cloélia, Cloé, Chloë
Fête : 5 octobre
Étymologie : du grec *khloé*, « jeune pousse » ou « herbe naissante »
Histoire : déesse des fleurs dans la mythologie grecque, Chloé est le quatrième prénom féminin préféré des Français en 2017. Elles seraient près de 130 000.
Caractère : lunaire, vive, indépendante
Fréquence d'attribution : très répandu
Évolution : stable
Année record : 2000
Célébrités : Chloé, l'héroïne du roman de Boris Vian *L'Écume des Jours* ; Chloe Delevingne, sœur de Cara, mannequin et actrice ; l'actrice Chloë Sevigny.

☆☆☆ Christelle ☆☆☆

Dérivés : Christel, Krystel, Cristelle, Kristel, Kristell, Chrystelle, Christèle, Krystelle, Christela, Kristèle, Christell, Cristela, Krystell, Crystèle, Crystel, Cristele, Crystelle, Kristelle, Cristel, Christella
Fête : 24 juillet
Étymologie : du latin *christianus*, « chrétien » ou du grec *kristos*, « messie »

Histoire : connu depuis le ve siècle, Christelle a connu son heure de gloire entre les années 70 et 80. Elles seraient plus de 150 000.
Caractère : rigoureuse, fiable, sensible
Fréquence d'attribution : très rare
Évolution : en baisse
Année record : 1972
Célébrités : la comédienne et humoriste Christelle Chollet.

☆☆☆ Christine ☆☆☆

Dérivés : Kristin, Christina, Kristina, Cristina, Krystina, Kristine, Chrystina, Chrystine, Krystyna, Christinne, Cristine, Christiane, Christianne, Christina, Kristina, Christie
Fête : 24 juillet
Étymologie : du latin *christianus*, « chrétien » ou du grec *kristos*, « messie »
Histoire : sainte Christine aurait, au XIIIe siècle, lévité pendant la messe de son enterrement. Christine a été détrônée par Christelle dans les années 70.
Caractère : bienveillante, attentionnée, généreuse
Fréquence d'attribution : très rare
Évolution : en baisse
Année record : 1963
Célébrités : l'athlète Christine Arron ; l'actrice Kristin Scott Thomas.

☆☆☆ Cindy ☆☆☆

Dérivés : Cyndi, Sindi, Syndi, Cindi, Syndy, Sinda, Sindy, Synda, Cinda
Fête : 10 novembre
Étymologie : du germanique *sind*, « chemin »
Histoire : venu des États-Unis, Cindy – qui est aussi le diminutif de Cinderella dite « Cendrillon » – connut un franc succès en France, entre 1980 et 1990, jusqu'à devenir très répandu. Il n'est presque plus attribué aujourd'hui.
Caractère : dynamique, audacieuse, affectueuse
Fréquence d'attribution : très rarc
Évolution : en baisse
Année record : 1987
Célébrités : le mannequin Cindy Crawford ; la chanteuse Cyndi Lauper.

☆☆☆ Claire ☆☆☆

Dérivés : Clair, Claira, Klaar, Clare, Clarie, Clarita
Fête : 11 août
Étymologie : du latin *clara*, « claire »
Histoire : au XIIIe siècle, sainte Claire fonda l'ordre des Clarisses. Connu depuis des siècles, ce prénom a survécu à toutes les époques. Elles seraient plus de 130 000.
Caractère : créative, réaliste, passionnée
Fréquence d'attribution : rare
Évolution : stable
Année record : 1984
Célébrités : la journaliste Claire Chazal ; la romancière Claire Castillon ; les actrices Claire Keim et Claire Danes.

☆☆☆ Clara ☆☆☆

Dérivés : Klara, Clary
Fête : 11 août
Étymologie : du latin *clara*, « claire »
Histoire : présente en France depuis le début du siècle, c'est dans les années 80 que Clara prendra réellement son envol. Depuis, ce prénom est toujours au top et figure parmi les 50 préférés des Français.
Caractère : ambitieuse, habile, forte
Fréquence d'attribution : très répandu
Évolution : stable
Année record : 2006
Célébrités : l'héroïne de la série télé *Clara Sheller*.

☆☆☆ Clarence (mixte) ☆☆☆

Fête : 26 avril
Étymologie : du latin *clara*, « claire »
Histoire : prénom mixte d'origine américaine, Clarence vient des milieux aisés. Ce n'est qu'au XIXe qu'il devint populaire. En France, même s'il est présent dès les années 50, c'est dans les années 90 qu'il prendra de l'envergure. Les Clarence restent rares.
Caractère : joyeuse, curieuse, changeante
Fréquence d'attribution : très rare
Évolution : en baisse
Année record : 2009
Célébrités : la journaliste Clarence Rodriguez.

☆☆☆ Clarisse ☆☆☆

Dérivés : Clarysse, Clarice, Clarissa, Claryce, Klarisse, Clarissa, Clarinda, Clarita, Clarrie
Fête : 12 août
Étymologie : du latin *clara*, « claire »
Histoire : ce prénom, qui a toujours été présent au XXe siècle, a connu un pic de popularité dans les années 70 puis dans les années 2000. Elles seraient 25 000.
Caractère : énergique, curieuse, active
Fréquence d'attribution : rare
Évolution : en baisse
Année record : 2001
Célébrités : la joueuse de basket Clarisse Costaz.

☆☆☆ Claudie ☆☆☆

Dérivés : Claudy, Claudye, Claudine, Claudia, Klaudia, Claudette, Claude
Fête : 15 février
Étymologie : du nom d'une illustre famille romaine Claudius, du latin *claudus*, « boiteux »
Histoire : dérivé du prénom Claude qui remonte à l'Antiquité, Claudie fait partie des prénoms des baby-boomeurs très attribués entre 1945 et 1960. Elles sont près de 25 000.
Caractère : affirmée, ambitieuse, énergique
Fréquence d'attribution : très rare
Évolution : en baisse
Année record : 1953
Célébrités : la scientifique Claudie André-Deshays ; la romancière Claudie Gallay.

☆☆☆ Cléa ☆☆☆

Dérivés : Chlea, Klea, Clea
Fête : 13 juillet
Étymologie : du latin *clavem*, « clé » ou du grec *kléos*, « la bonne renommée »
Histoire : si Cléa est présente dès l'Empire romain, ce n'est qu'au XXe siècle qu'on retrouve sa trace en France. Depuis 1982, elle ne cesse de plaire. Elles seraient 7000.
Caractère : généreuse, douce, adaptable
Fréquence d'attribution : rare
Évolution : en hausse
Année record : 2008
Célébrités : l'actrice Clea DuVall.

☆☆☆ Clélia ☆☆☆

Dérivés : Clélie, Clelya, Chloelia, Cloelia, Klelia, Klelya
Fête : 13 juillet
Étymologie : du latin Cloelia, du nom d'une famille romaine très connue
Histoire : Clélia Barbieri créa au XIXe siècle l'ordre des Minimes de Notre-Dame des douleurs. Grâce à ses sonorités, ce prénom court devrait continuer son ascension.
Caractère : consciencieuse, enjouée, déterminée
Fréquence d'attribution : très rare
Évolution : en hausse
Année record : 2008
Célébrités : Clélia Ventura, la fille de Lino Ventura ; Clélia Conti, l'héroïne de *la Chartreuse de Parme* de Stendhal.

LES PRÉNOMS QUI RÉUSSISSENT LE MIEUX AU BAC

Les Camille, Marie ou Léa ont plus de chances que les Alison, Cindy ou Sabrina de décrocher la mention « Très bien » au bac. C'est ce que révèle une étude du sociologue Baptiste Coulmont, chercheur au CNRS. En 2015, selon cette étude, les Mathilde, Juliette, Clara, Chloé, Pauline, Julie, Lucie, Louise, Alice, Claire, Clémence, Charlotte ont obtenu plus de mentions TB que les autres. Ainsi que les Joséphine, Diane, Apolline et Alix. Pour les garçons, les meilleurs élèves s'appelaient Thomas, Antoine, Paul, Pierre, Nicolas, Hugo, Théo, Clément, Louis, Maxime, Alexandre, Quentin, Julien, Lucas, Guillaume, Romain, Alexis, Valentin, Augustin et Théophile. Mais ce n'est pas parce que vous appelez votre enfant Bryan qu'il va moins bien réussir à l'école. En fait, ces statistiques confirment le fait que le prénom est bien le reflet de l'origine sociale des parents.

☆☆☆ Clémence ☆☆☆

Dérivés : Clémensa, Clemenza, Clémente, Clémentia
Fête : 23 novembre
Étymologie : du latin *clemens*, « doux »
Histoire : cet ancien prénom connaît un franc succès depuis 1980. Il est même, en 2017, dans le top 50 des prénoms les plus donnés en France.
Caractère : bienveillante, consciencieuse, sage
Fréquence d'attribution : très répandu
Évolution : stable
Année record : 2006
Célébrités : l'actrice Clémence Poésy.

☆☆☆ Clémentine ☆☆☆

Dérivés : Clémente, Clémentina, Clemmie
Fête : 23 novembre
Étymologie : du latin *clemens*, « doux »
Histoire : ce prénom connu depuis le XVIIIe siècle ne vient pas du fruit du même nom puisque ce n'est qu'en 1892 que la clémentine prend le nom du frère Clément. Moins populaire aujourd'hui que dans les années 80.
Caractère : indépendante, dynamique, sûre d'elle
Fréquence d'attribution : rare
Évolution : en baisse
Année record : 1995
Célébrités : la comédienne Clémentine Célarié ; l'héroïne du dessin animé *Clémentine*.

☆☆☆ Cléo ☆☆☆

Dérivés : Chleo, Kleo, Cleo, Cléonice, Cléopâtre
Fête : 19 octobre
Étymologie : vient soit du grec *kléos*, « la bonne renommée » ou est un diminutif de Cléopâtre dont la signification est « qui célèbre sa patrie »
Histoire : très à la mode dans les années 50 en Angleterre et aux États-Unis, Cléo n'arrive en France qu'à la fin des années 70. Depuis, ce prénom est tendance.
Caractère : stratège, pragmatique, entière
Fréquence d'attribution : très rare
Évolution : en hausse
Année record : 2002
Célébrités : l'héroïne du film d'Agnès Varda, *Cléo de 5 à 7*.

☆☆☆ Cléophée ☆☆☆

Dérivé : Cleophee
Fête : 2 décembre
Étymologie : du grec *kléos*, « la bonne renommée » et *phasis* « levée d'une étoile » : « qui célèbre le jour »
Histoire : arrivé en France dans les années 90, ce prénom connaît une croissance régulière tant et si bien que l'on compte aujourd'hui près de 600 Cléophée.
Caractère : optimiste, agréable, sage
Fréquence d'attribution : très rare
Évolution : en hausse
Année record : 2010
Célébrités : la journaliste Cléophée de Turckheim, sœur de l'actrice Charlotte.

☆☆☆ Clio ☆☆☆

Dérivé : Clyo, Kléio
Fête : 10 novembre
Étymologie : du nom de la muse des arts et de l'histoire dans la mythologie grecque
Histoire : ce prénom, qui a fait son apparition en France dans les années 80, a vu sa progression stoppée net par l'apparition de la Renault Clio en 1990.
Caractère : intrépide, affectueuse, curieuse
Fréquence d'attribution : très rare
Évolution : stable
Année record : 1983
Célébrités : Clio, personnage de la série animée *Albator, le corsaire de l'espace*.

☆☆☆ Clothilde ☆☆☆

Dérivés : Clothilde, Clotilda, Chlodehilde, Klothilde, Clotilde, Klotilda, Tilda, Tilde
Fête : 4 juin
Étymologie : du prénom germanique Hlothilda, de *hold*, « gloire » et *hild*, « combat »
Histoire : connu depuis le Moyen Âge, Clothilde est devenu populaire en France entre 1980 et 2000. Cependant, il reste discret et n'a pas le même succès que Mathilde.
Caractère : fine, énergique, érudite
Fréquence d'attribution : très rare
Évolution : en baisse
Année record : 1998
Célébrités : les actrices Clothilde Courau et Clothilde Hesme.

☆☆☆ Coline ☆☆☆

Dérivés : Colyne, Colline, Collyne, Koline, Kolyne, Colynn, Colinne, Colleen
Fête : 6 mars
Étymologie : féminin de Colin qui vient lui-même de Nicolas, du grec *nikê*, « la victoire »
Histoire : d'origine américaine (*colleen* signifie « jeune fille » en anglais), Colleen est arrivé en France dans les années 80 et a vite été francisé en Coline, tant et si bien qu'aujourd'hui c'est son côté nature qui plaît.
Caractère : sensible, prudente, volontaire
Fréquence d'attribution : rare
Évolution : en baisse
Année record : 1998
Célébrités : la cinéaste Coline Serreau.

☆☆☆ Colombe ☆☆☆

Dérivés : Colombine, Colomba, Colombina, Columbina, Colombelle, Collie
Fête : 26 septembre
Étymologie : du latin *columba*, « colombe »
Histoire : Colombe est chargé de symbole. Dans l'Ancien Testament, c'est une colombe qui annonce la fin du déluge à Noé. Chez les Chrétiens, c'est le symbole du Saint-Esprit. C'est aussi l'image de la paix. Un prénom bien dans l'air du temps.
Caractère : imaginative, ambitieuse, fidèle
Fréquence d'attribution : très rare
Évolution : en hausse
Année record : 2008
Célébrités : les journalistes Colombe Schneck et Colombe Pringle.

☆☆☆ Constance ☆☆☆

Dérivés : Constancia, Constante, Constantina, Constantine, Consuelo, Connie
Fête : 23 septembre
Étymologie : du latin *constantina*, « constante »
Histoire : prénom de reine, telles Constance d'Arles au XIe siècle ou Constance de Castille au XIIe, Constance a repris des forces depuis les années 70.
Caractère : dynamique, travailleuse, engagée
Fréquence d'attribution : rare
Évolution : en hausse
Année record : 1997
Célébrités : Constance Bonacieux, personnage des *Trois Mousquetaires* d'Alexandre Dumas.

☆☆☆ Coralie ☆☆☆

Dérivés : Coralye, Cora, Corail, Coraline, Coralise, Coralia, Corélie, Corélia, Koralie, Coraline, Coralyne, Coco
Fête : 18 mai
Étymologie : de l'anglais *coral*, « corail »
Histoire : apparu dans les années 70 en France, ce prénom est resté discret malgré un pic en 1990 (plus de 2 500 attributions par an). Elles seraient plus de 50 000 en France.
Caractère : séductrice, altruiste, intègre
Fréquence d'attribution : rare
Évolution : en baisse
Année record : 1990
Célébrités : la chanteuse Coralie Clément.

☆☆☆ Corinne ☆☆☆

Dérivés : Corina, Corine, Corinna, Corynne, Korine, Corrinne, Coryne, Corrine
Fête : 18 mai
Étymologie : du grec *korê*, « jeune fille »
Histoire : au XIXe siècle, la publication de *Corinne ou l'Italie* de Madame de Staël donne un coup de projecteur à ce prénom. Corinne fut ensuite beaucoup donné entre 1960 et 1970. On en dénombre 160 000 environ.
Caractère : sage, intuitive, sensible
Fréquence d'attribution : très rare
Évolution : en baisse
Année record : 1963
Célébrités : l'actrice Corinne Touzet ; la chanteuse Corynne Charby.

☆☆☆ Cybèle ☆☆☆

Dérivés : Cybelle, Cybélia
Fête : 10 novembre
Étymologie : du nom d'une déesse grecque Kybélê, « gardienne des savoirs »
Histoire : dans la mythologie grecque, Cybèle est la mère de tous les dieux. Un prénom encore marginal aujourd'hui.
Caractère : imaginative, sociable, spirituelle
Fréquence d'attribution : très rare
Évolution : stable
Année record : 1973

☆☆☆ Cynthia ☆☆☆

Dérivés : Cinthia, Cintia, Cinzia, Cinthia, Cinthya, Cyntia, Synthia
Fête : 30 janvier
Étymologie : du grec *kynthios*, « qui vient du mont Kynthos »
Histoire : venu d'outre-Atlantique, Cynthia est apparu en France dès les années 50 mais a réellement pris son envol entre 1980 et 2000. Durant cette période, ce prénom était courant.
Caractère : attentive, dynamique, courageuse
Fréquence d'attribution : très rare
Évolution : en baisse
Année record : 1989
Célébrités : l'actrice de *Sex and the City*, Cynthia Nixon.

☆☆☆ Cyrielle ☆☆☆

Dérivés : Cyrile, Cyrièle, Cyria, Cyriel, Cyriele, Cyrille, Cyrine, Cirilia
Fête : 18 mars
Étymologie : du grec *kurios*, « maître » ou « seigneur »
Histoire : apparu dans les années 40, le prénom Cyrielle s'est lancé dans les années 80. Aujourd'hui, on en dénombrerait 11 000.
Caractère : vive, affectueuse, adaptable
Fréquence d'attribution : très rare
Évolution : stable
Année record : 1984
Célébrités : la comédienne Cyrielle Clair.

LES PRÉNOMS « PARLANTS »

À moins d'avoir lu et retenu tout le contenu de ce livre, vous ne savez peut-être pas que Corinne signifie « jeune fille ». La plupart de nos prénoms ont ainsi un sens souvent hermétique pour nous, parce que la langue dans laquelle ils ont été créés (le grec ancien pour Corinne) nous est inconnue. Certains en revanche sont « parlants » parce que leur signification nous semble évidente, par exemple les prénoms de couleur ou de fleurs (même si certains sont trompeurs : le très ancien prénom grec Marguerite signifiait « perle » et ne désignait pas la fleur). D'autres enfin, qui rappellent une qualité, sont venus à la mode de 1850 à 1920 surtout : Aimé, Constance, Clément, Clémence, Désiré(e), Prosper, Prudent, Prudence, Modeste, Victoire...

D

☆☆☆ Dalia ☆☆☆

Dérivés : Dahlia, Dalya, Dalhia, Dhalia, Dallia, Daliane, Dalie
Fête : 5 octobre
Étymologie : du nom de la fleur, le dahlia, donné par le botaniste suédois Anders Dahl
Histoire : apparu au XIXe siècle, ce prénom s'est propagé dès 1920 dans plusieurs pays d'Europe. Arrivé en France vers 1950, il progresse doucement.
Caractère : rêveuse, généreuse, franche
Fréquence d'attribution : très rare
Évolution : stable
Année record : 2009
Célébrités : Dalia Royce, personnage de la série *Suburgatory*.

☆☆☆ Dalila ☆☆☆

Dérivés : Dalilah, Dalilla, Dhalila, Dalhila, Dahlila, Dalilha, Dallila, Delila, Delilah
Étymologie : de l'hébreu *delilah*, « coquette » ou de l'arabe, « guide »
Histoire : dans l'Ancien Testament, Dalila trahit Samson en lui coupant les cheveux pendant son sommeil et en le livrant à l'ennemi. Courant entre 1970 et 1980, il est un peu plus discret aujourd'hui. On compte 11 000 Dalila.
Caractère : charmeuse, déterminée, enthousiaste
Fréquence d'attribution : très rare
Évolution : stable
Année record : 1968
Célébrités : la journaliste Dalila Kerchouche.

☆☆☆ Damia ☆☆☆

Dérivés : Damya, Dami, Damy, Damielle, Damienne, Damiette
Fête : 25 septembre
Étymologie : du nom de la déesse romaine de la terre et de la fertilité, Damia
Histoire : attribué depuis les années 70, Damia reste un prénom encore extrêmement discret. Elles seraient moins de 200 en France.
Caractère : dynamique, intrépide, sûre d'elle
Fréquence d'attribution : très rare
Évolution : stable
Année record : 1990
Célébrités : la chanteuse Damia.

☆☆☆ Daïna ☆☆☆

Dérivés : Dayna, Dahina, Daïana, Dayana
Fête : 11 décembre
Étymologie : de l'hébreu *dayân, dan*, « juge »
Histoire : ce nom donné aux chansons folkloriques lettones est attribué comme prénom depuis 1970, en France. Il ne cesse de plaire depuis.
Caractère : fidèle, intuitive, résolue
Fréquence d'attribution : très rare
Évolution : en hausse
Année record : 2009

☆☆☆ Dana ☆☆☆

Dérivés : Danna, Danaëlle, Dannaëlle
Fête : 11 décembre
Étymologie : de l'hébreu *dayân, dan*, « juge »
Histoire : ce prénom anglo-saxon est le féminin de Dane, dont le sens premier est : « qui vient du Danemark ». Il est encore discret en France.
Caractère : attentive, loyale, généreuse
Fréquence d'attribution : très rare
Évolution : en baisse
Année record : 1999
Célébrités : l'actrice Dana Delany, vue notamment dans *Desperate Housewives*.

☆☆☆ Danaé ☆☆☆

Dérivés : Danaée, Danaë
Fête : 10 novembre
Étymologie : de l'hébreu *dayân, dan*, « juge »
Histoire : dans la mythologie grecque, Danaé est celle qui enfanta

Persée. Présent depuis 1970, en France, Danaé bénéficie, ces dernières années, du retour en force des prénoms mythologiques. On en dénombre près de 1500.
Caractère : originale, spirituelle, sage
Fréquence d'attribution : très rare
Évolution : stable
Année record : 1999
Célébrités : Danaé, le célèbre tableau de Tintoret.

☆☆☆ Danielle ☆☆☆

Dérivés : Danièle, Danyelle, Dannielle, Danyele, Danielle, Daniella, Daniela
Fête : 11 décembre
Étymologie : de l'hébreu *dayân, dan*, « juge » et *El*, « Dieu » : « Dieu est seul juge »
Histoire : cinquième prénom le plus donné en 1947, Danielle a quasiment disparu aujourd'hui. Elles seraient près de 150 000.
Caractère : optimiste, enjouée, ambitieuse
Fréquence d'attribution : très rare
Évolution : en baisse
Année record : 1947
Célébrités : les actrices Danielle Darrieux et Danièle Evenou ; la réalisatrice Danièle Thompson.

☆☆☆ Dany ☆☆☆

Dérivés : Dani, Danie, Danny
Fête : 11 décembre
Étymologie : de l'hébreu *dayân, dan*, « juge » et *El*, « Dieu » : « Dieu est seul juge »
Histoire : ce diminutif de Danielle devenu prénom est parvenu à se maintenir dans les prénoms appréciés avec plus de 300 attributions par an entre 1950 et 1990. En légère perte de vitesse malgré la vogue des prénoms courts.
Caractère : bienveillante, organisée, efficace
Fréquence d'attribution : très rare
Évolution : stable
Année record : 1969
Célébrités : la chanteuse Dani.

☆☆☆ Daphné ☆☆☆

Dérivés : Daphnée, Dafné, Daphney, Dafnis, Dafne
Fête : 10 novembre
Étymologie : du grec *daphné*, « laurier »
Histoire : dans la mythologie grecque, pour fuir les avances d'Apollon, Daphné se transforma en laurier. Depuis les années 70, Daphné devient de plus en plus populaire.
Caractère : courageuse, passionnée, habile
Fréquence d'attribution : rare
Évolution : en hausse
Année record : 2010
Célébrités : l'auteur Daphne Du Maurier ; la chanteuse Daphné ; les journalistes Daphné Roulier et Daphné Bürki.

☆☆☆ Daria ☆☆☆

Dérivés : Darya, Dari, Darie, Dariane
Fête : 25 octobre
Étymologie : du perse antique *daraya*, « posséder »
Histoire : très apprécié en Italie, en Corse, en Russie et dans les pays slaves, Daria est pour l'instant moins connu en France. Court et avec une finale en « a », il a toutes les chances de s'imposer ces prochaines années.
Caractère : idéaliste, généreuse, bienveillante
Fréquence d'attribution : très rare
Évolution : en hausse
Année record : 2010
Célébrités : le mannequin Daria Werbowy.

☆☆☆ Darlène ☆☆☆

Dérivés : Darlaine, Darlane, Darline, Darleen, Darlène, Darlene
Étymologie : prénom américain dérivé du mot *darling*, « chéri »
Histoire : ce prénom, extrêmement populaire aux États-Unis, peine à trouver son public en France. Elles seraient moins de 500 actuellement.
Caractère : vive, enthousiaste, indépendante
Fréquence d'attribution : très rare
Évolution : en baisse
Année record : 1993
Célébrités : l'actrice Darlene Conley.

☆☆☆ Davina ☆☆☆

Dérivés : Daviane, Davia, Davida, Davena, Daviana, Davia, Davidka, Davinia
Fête : 29 décembre
Étymologie : forme féminine de David, de l'hébreu *daoud* ou *yadad*, « aimé », « chéri »
Histoire : ce prénom, arrivé en France à la fin des années 70, a connu un pic d'attribution en 1984, année où l'émission *Gym Tonic* animée par Véronique et Davina cartonnait. Il reste rare, depuis.
Caractère : équilibrée, influente, attachée à sa famille
Fréquence d'attribution : très rare
Évolution : stable
Année record : 1983
Célébrités : Davina Delor, l'ancienne animatrice de *Gym Tonic*.

☆☆☆ Dawn ☆☆☆

Fête : 4 octobre
Étymologie : de l'anglais *dawn*, « l'aube »
Histoire : équivalent américain du prénom Aurore, Dawn est attribué en France pour la première fois en 1955. Il disparaît en 1966. Depuis 2004, il renaît de ses cendres.
Caractère : exigeante, perfectionniste, responsable
Fréquence d'attribution : très rare
Évolution : stable
Année record : 1964
Célébrités : Dawn-Laurel Jones, la femme de l'acteur Tommy Lee Jones ; la romancière Dawn Porter ; Dawn Summers, personnage de la série *Buffy contre les vampires*.

☆☆☆ Déborah ☆☆☆

Dérivés : Deborah, Débora, Debhora, Deborha, Deborrah, Debbie, Debby, Devora, Debra
Fête : 6 septembre
Étymologie : de l'hébreu *deborah*, « abeille »
Histoire : dans la Bible, Deborah permit la victoire des Hébreux sur les Cananéens et leur offrit quarante ans de paix. Venu des États-Unis, Déborah arriva en France vers 1950. Elles seraient 30 000.
Caractère : vive, attentionnée, sincère
Fréquence d'attribution : très rare
Évolution : en baisse
Année record : 1989
Célébrités : l'actrice Déborah François ; la skieuse Deborah Compagnoni.

☆☆☆ Délia ☆☆☆

Dérivés : Delya, Delhia, Dhelia, Dehlia, Delhya, Dellya, Dellia, Deliah, Deliane, Della, Dee
Fête : 9 juin
Étymologie : du grec *delios*, « originaire de l'île de Delos » ou de l'arabe, « fleur » ou « vigne »
Histoire : répandu dans l'Antiquité grecque et latine, ce prénom original commence une progression intéressante depuis les années 2000.
Caractère : persévérante, structurée, équilibrée
Fréquence d'attribution : très rare
Évolution : en hausse
Année record : 2008

☆☆☆ Delphine ☆☆☆

Dérivés : Delfine, Delphyne, Delphina, Delfina, Delphe, Delphy, Dauphine
Fête : 26 novembre
Étymologie : du grec *delfis* ou du latin *delphinus*, « dauphin »
Histoire : connu dès le Moyen Âge, ce prénom eut beaucoup de succès en France entre 1970 et 1990 avec jusqu'à 7 000 attributions par an. Elles seraient plus de 120 000.
Caractère : créative, affectueuse, spontanée
Fréquence d'attribution : très rare
Évolution : en baisse
Année record : 1977
Célébrités : Delphine, héroïne du film *Delphine 1, Yvan 0* ; Delphine, l'une des héroïnes dans *Les Contes du chat perché* de Marcel Aymé ; *Delphine*, le roman de Madame de Staël.

☆☆☆ Denise ☆☆☆

Dérivés : Denisa, Denissa, Denize, Denyse, Denitza, Denitsa, Danisa, Denezza, Denissia, Denyse, Dionisa, Dionisia, Dionysia
Fête : 15 mai
Étymologie : du grec Dionysos, Dieu du vin et de la vigne

Histoire : apparu au XIXe siècle, Denise fut l'un des cinq prénoms préférés des Français entre 1924 et 1935. Il a presque disparu aujourd'hui.
Caractère : énergique, intuitive, pragmatique
Fréquence d'attribution : très rare
Évolution : stable
Année record : 1927
Célébrités : l'actrice Denise Grey ; la speakerine Denise Fabre ; la danseuse Denitsa Ikonomova.

☆☆☆ Déva ☆☆☆

Dérivés : Deva, Devi
Étymologie : du sanskrit *deiwos*, « divine »
Histoire : dans la religion hindoue, déva est un terme qui désigne les Dieux. Ce prénom indien apparu en France en 1985 connaît une progression timide. Il est, pourtant, très tendance.
Caractère : épicurienne, indépendante, aventurière
Fréquence d'attribution : très rare
Évolution : en hausse
Année record : 2008
Célébrités : Deva, la fille de Monica Belluci et Vincent Cassel.

LES JOURS DE FÊTE

Jusqu'à l'entre-deux-guerres, on ne fêtait pas les anniversaires (prendre un an de plus ne réjouissait personne...), mais on n'oubliait pas les bons vœux ou les cadeaux pour la fête du prénom, c'est-à-dire celle du saint qui le portait. Il semble simple, lorsque l'on veut connaître le jour de fête d'un prénom, de regarder le calendrier puisque chaque date porte le prénom d'un saint protecteur... Or il n'y a que 365 jours dans le calendrier alors qu'il existe plus de 40 000 saints ! Le site http://nominis.cef.fr en donne la liste complète avec les dates. Ceux qui aiment les gâteaux au chocolat et les cadeaux verront que certains prénoms ont parfois quasiment autant de fêtes que de jours de l'année ! 455 fêtes pour Marie et Maria réunies, 304 pour Guillaume, 302 pour Jean... Vous pouvez même choisir votre jour de fête en fonction de votre saint préféré !

☆☆☆ Diane ☆☆☆

Dérivés : Diana, Diyana, Dianna, Dyana, Diany, Dyane, Dianne
Fête : 9 juin
Étymologie : de Diana, déesse romaine de la chasse
Histoire : très apprécié à la Renaissance, Diane commence sa progression à partir de 1950. Depuis, ce prénom est attribué à plus de 300 bébés par an. On en compte 17 000.
Caractère : rigoureuse, aimable, déterminée
Fréquence d'attribution : rare
Évolution : stable
Année record : 1987
Célébrités : les comédiennes Diane Kruger et Diane Keaton.

☆☆☆ Dina ☆☆☆

Dérivés : Dyna, Dinah, Dinna
Fête : 20 mars
Étymologie : de l'hébreu *din* « le jugement », « la loi »
Histoire : dans la Bible, Dinah est enlevée et violée par Shechem. Pour se venger, son père Jacob exécute tous les hommes de la ville. Un prénom courant aux États-Unis.
Caractère : audacieuse, déterminée, vive
Fréquence d'attribution : très rare
Évolution : en hausse
Année record : 2010
Célébrités : la danseuse Dina Talaat.

☆☆☆ Dita ☆☆☆

Fête : 16 septembre
Étymologie : forme tchèque d'Édith, du germanique *ed* « richesses » et *guth* « combat »
Histoire : ce nouveau prénom vient tout juste d'apparaître en France. Sa forme courte et sa finale en « a » lui promet un bel avenir.
Caractère : spirituelle, précise, réfléchie
Fréquence d'attribution : très rare
Évolution : en hausse
Année record : 2010
Célébrités : la danseuse Dita von Teese.

☆☆☆ Djamila ☆☆☆

Dérivés : Djamilah, Djamilla, Djemila, Jamila, Jémila
Fête : 14 octobre
Étymologie : de l'arabe *jamîla*, « belle »
Histoire : au VIIe siècle, Djamila était une esclave qui s'est affranchie grâce à ses talents musicaux. Depuis les années 60, ce prénom est moins attribué, même si les Djamila sont plus de 6000.
Caractère : curieuse, dynamique, brave
Fréquence d'attribution : très rare
Évolution : stable
Année record : 1962
Célébrités : le film de Youssef Chahine, *Djamila l'Algérienne*.

☆☆☆ Domitille ☆☆☆

Dérivés : Domitie, Domitile Dometilla, Dometille, Domitilla
Fête : 7 mai
Étymologie : du latin *domitilla*, « petite maison »
Histoire : membre d'une grande famille romaine, Flavia Domitilla est considérée comme une sainte pour s'être convertie au christianisme dès le Ier siècle et avoir refusé d'abjurer. Domitille plaît depuis les années 80, on en dénombre près de 3000.
Caractère : élégante, changeante, sensible
Fréquence d'attribution : très rare
Évolution : en hausse
Année record : 2006
Célébrités : la dessinatrice de BD Domitille Collardey.

☆☆☆ Dolly ☆☆☆

Dérivé : Dollie, Doly
Fête : 15 septembre
Étymologie : prénom issu de Dolores, du latin *dolor*, « la douleur »
Histoire : présent tout au long du XXe siècle, le prénom Dolly commençait à décoller lorsque naquit la première brebis clonée Dolly en 1996. Celle-ci lui a coupé les pattes !
Caractère : douce, originale, charmeuse
Fréquence d'attribution : très rare
Évolution : stable
Année record : 1935
Célébrités : Dolly Levi, le personnage de la comédie musicale *Hello, Dolly !* ; la chanteuse Dolly Parton.

☆☆☆ Donatienne ☆☆☆

Dérivés : Donatille, Donatella, Donata
Fête : 24 mai
Étymologie : du latin *donatus*, « donné »
Histoire : présent dès le XIXe siècle, Donatienne était surtout à la mode au début du XXe siècle. Mais il a vite été dépassé par Adrienne.
Caractère : déterminée, optimiste, charmeuse
Fréquence d'attribution : très rare
Évolution : stable
Année record : 1914
Célébrités : la comédienne Donatienne Dupont

☆☆☆ Dominique ☆☆☆

Dérivés : Dominika, Dominica, Dominixa, Dominixe, Domenga, Doma
Fête : 8 août
Étymologie : du latin *dominicus*, « qui appartient au Seigneur »
Histoire : recensé dès le Moyen Âge, Dominique s'affirma entre 1950 et 1970 avec plus de 12 000 naissances par an. Les Dominique seraient près de 160 000.
Caractère : séductrice, forte, organisée
Fréquence d'attribution : très rare
Évolution : en baisse
Année record : 1958
Célébrités : la comédienne Dominique Lavanant ; la femme politique Dominique Voynet.

☆☆☆ Donna ☆☆☆

Dérivés : Dona, Done, Donia
Fête : 28 décembre
Étymologie : du latin *domina*, « maîtresse de maison », qui a donné l'italien *donna*, « madame »
Histoire : connu depuis les années 50 en Angleterre et en Australie, Donna a progressé en France entre 1990 et 2000. En perte de vitesse aujourd'hui.
Caractère : impulsive, enjoué, pragmatique
Fréquence d'attribution : très rare
Évolution : en baisse
Année record : 1960
Célébrités : la chanteuse Donna Summer.

☆☆☆ Dora ☆☆☆

Dérivés : Dorra, Doria, Dorya, Doriane
Fête : 6 février
Étymologie : variante de Dorothée, du grec *doron*, « cadeau » et *theos*, « Dieu » : « cadeau de Dieu »
Histoire : encore peu attribué en France, Dora a toujours été là depuis le début du XXe siècle. Après un pic en 2004, il est moins donné ces dernières années.
Caractère : calme, travailleuse, opportuniste
Fréquence d'attribution : très rare
Évolution : en baisse
Année record : 2004
Célébrités : la photographe et muse de Picasso, Dora Maar ; l'héroïne du célèbre dessin-animé *Dora*.

☆☆☆ Doris ☆☆☆

Dérivés : Dorris, Dorrys, Dorees, Dorys, Dorith, Dory, Doreen, Dorine
Fête : 6 février
Étymologie : variante de Dorothée, du grec *doron*, « cadeau » et *theos*, « Dieu » : « cadeau de Dieu »
Histoire : dans la mythologie grecque, Doris était la fille du dieu Océan et de la déesse Thétys. Utilisée par les poètes, Doris symbolise souvent la mer.
Caractère : passionnée, généreuse, courageuse
Fréquence d'attribution : très rare
Évolution : en baisse
Année record : 1961
Célébrités : l'écrivain Doris Lessing ; le personnage de Dory dans *Le Monde de Némo*.

☆☆☆ Dorothée ☆☆☆

Dérivés : Dorothéa, Dorothy, Dot, Dottie
Fête : 6 février
Étymologie : du grec *doron*, « cadeau » et *theos*, « Dieu » : « cadeau de Dieu »
Histoire : ce prénom a connu son âge d'or entre 1980 et 1983, vraisemblablement grâce à l'animatrice Dorothée dont les émissions pour enfants étaient très regardées.
Caractère : sensible, affectueuse, franche
Fréquence d'attribution : très rare
Évolution : en baisse
Année record : 1982
Célébrités : la danseuse étoile Dorothée Gilbert ; Dorothée, l'animatrice de télévision et chanteuse pour enfants ; Dorothy, l'héroïne du *Magicien d'Oz*.

☆☆☆ Dounia ☆☆☆

Dérivé : Dounya
Étymologie : de l'arabe, « le monde »
Histoire : depuis 1970, Dounia connaît une formidable progression, à tel point qu'elles sont aujourd'hui 8000 à porter ce prénom, en France.
Caractère : énergique, ambitieuse, déterminée
Fréquence d'attribution : rare
Évolution : en hausse
Année record : 2002
Célébrités : l'actrice Dounia Coesens.

☆☆☆ Dulce ☆☆☆

Dérivés : Douce, Dolce, Dulcie, Dulcina, Douceline
Fête : 1er septembre
Étymologie : du latin *dulcis*, « doux »
Histoire : au XIIe siècle, Douceline consacre sa vie à Dieu en se mettant au service des pauvres. D'origine italienne, Dulce est un peu moins rare que son homologue français Douce. Il reste tout de même peu commun.
Caractère : sociable, créative, rêveuse
Fréquence d'attribution : très rare
Évolution : en hausse
Année record : 1972

☆☆☆ Dune ☆☆☆

Dérivés : Duna, Dunia
Étymologie : du celte *dun* qui signifie « colline »
Histoire : ce nouveau prénom progresse depuis qu'il est apparu en France pour la première fois en 1994. Ces prochaines années, il pourrait bénéficier de la tendance « prénoms issus de la nature ».
Caractère : vive, sociable, autoritaire
Fréquence d'attribution : très rare
Évolution : en hausse
Année record : 2005
Célébrités : *Dune*, le roman de science-fiction de Franck Herbert adapté par David Lynch.

E

Édith

Dérivés : Elda, Heda, Edda
Fête : 16 septembre
Étymologie : du germanique *ed*, « biens », « richesses », et *guth*, « combat »
Histoire : présent en France depuis le début du siècle, Eda était rarissime jusqu'en 1983. Depuis, il ne cesse de plaire. Sa forme courte en « a » pourrait lui assurer des belles années.
Caractère : sûre d'elle, indépendante, dynamique
Fréquence d'attribution : très rare
Évolution : en hausse
Année record : 2010

Édith

Dérivés : Edita, Edite, Edit, Edyta, Edika, Aldith
Fête : 16 septembre
Étymologie : du germanique *ed*, « biens », « richesses », et *guth*, « combat »
Histoire : prénom royal qui remonte au Xe siècle (sainte Edith était la fille du roi Edgar d'Angleterre), Édith a traversé les époques et les océans. Aujourd'hui, en perte de vitesse, elles seraient 45 000.
Caractère : combative, dynamique, intègre
Fréquence d'attribution : en baisse
Évolution : en baisse
Année record : 1950
Célébrités : la femme politique Édith Cresson ; la chanteuse Édith Piaf.

Edmée

Dérivés : Edma, Edmé, Edméa, Edmonde, Edmondine, Edmonda, Esmée
Fête : 20 novembre
Étymologie : du germanique *ed*, « richesses » et *mund* « protection » : « riche protectrice »
Histoire : recensée depuis le XVIIIe siècle, cette variante d'Edmonde était surtout donnée dans l'aristocratie. Depuis les années 60, les Edmée se font rares mais pourraient revenir sur le devant de la scène avec la mode des prénoms rétro.
Caractère : sensible, courageuse, responsable
Fréquence d'attribution : très rare
Évolution : en baisse
Année record : 1922
Célébrités : la romancière Edmonde Charles-Roux.

Edwige

Dérivés : Edvige, Hedwige, Edwiga, Edwig, Hedvige, Hedwig
Fête : 16 octobre
Étymologie : du germanique *ed*, « biens », « richesses » et *wig*, « combat »
Histoire : très attribuée dans les familles aisées, Edwige a beaucoup été donné entre 1970 et 1980. Elles seraient près de 20 000.
Caractère : énergique, brave, passionnée
Fréquence d'attribution : très rare
Évolution : en baisse
Année record : 1972
Célébrités : l'actrice Edwige Feuillère.

Effie

Dérivé : Effy
Fête : 8 décembre
Étymologie : du grec « qui parle avec justesse »
Histoire : ce prénom ancien est apparu à la fin des années 90. Il est porté par une centaine de personnes pour le moment.
Caractère : esthète, extravertie, engagée
Fréquence d'attribution : très rare
Évolution : en hausse
Année record : 2010
Célébrités : Effie Trinklet, personnage extravagant de la série de films *Hunger Games*.

Églantine

Dérivés : Églé, Égléa, Eglantina, Eglentyne
Fête : 5 octobre

Étymologie : du nom de la fleur d'églantine, du latin *aculentum*, « munie d'épines ».
Histoire : utilisé comme prénom depuis la Révolution française, Églantine s'est faite plus discrète au XXe siècle, mais elle est toujours là.
Caractère : bienveillante, vive, fine
Fréquence d'attribution : très rare
Évolution : stable
Année record : 2006
Célébrités : l'animatrice de télévision Églantine Éméyé.

☆☆☆ Eileen ☆☆☆

Dérivés : Ellyn, Elyne, Eyleen, Éline, Aileen
Fête : 18 août
Étymologie : du grec *hélê*, « éclat du soleil »
Histoire : cette variante anglaise d'Hélène a commencé une jolie progression depuis les années 80. Grâce à ses sonorités douces, elle devrait continuer sur sa lancée.
Caractère : curieuse, indépendante, ambitieuse
Fréquence d'attribution : très rare
Évolution : en hausse
Année record : 2010
Célébrités : l'astronaute américaine Eileen Collins ; l'actrice Eileen Daly.

☆☆☆ Éléa ☆☆☆

Dérivés : Elléa, Elea, Helea, Ellea, Heley, Élhea, Éleah
Fête : 25 juin
Étymologie : du grec *eleos*, « compassion »
Histoire : ce nouveau prénom, apparu dans les années 80, commence à connaître un certain succès. Elles seraient déjà près de 9000.
Caractère : courageuse, dynamique, curieuse
Fréquence d'attribution : rare
Évolution : en hausse
Année record : 2010
Célébrités : Eléa, l'héroïne du roman *La nuit des temps* de Barjavel.

☆☆☆ Éléonore ☆☆☆

Dérivés : Éléonor, Éllénor, Heleonore, Éléona, Éléonora, Eleanor, Eléanore, Eleanore
Fête : 25 juin
Étymologie : du grec *eleos*, « compassion »
Histoire : épouse d'Henri III, roi d'Angleterre, sainte Éléonore se retira dans un couvent à la mort de ses proches, au XIIIe siècle. Ce prénom ancien est très en vogue depuis les années 2000. On en dénombrerait 16 000.
Caractère : passionnée, pragmatique, impatiente
Fréquence d'attribution : rare
Évolution : en hausse
Année record : 2007
Célébrités : la comédienne Éléonore Gosset.

☆☆☆ Élia ☆☆☆

Dérivés : Élya, Éliette, Hélia, Ellia, Elyah, Ellya, Éliya, Helya, Éliyah
Fête : 20 juillet
Étymologie : de l'hébreu *elischeba* (*Eli*, « Dieu » et *sheva*, « serment ») : « Dieu est mon serment »
Histoire : depuis 1990, cette variante d'Élie, très connue en Italie et en Corse, plaît à nouveau. Elles seraient environ 4000.
Caractère : juste, courageuse, engagée
Fréquence d'attribution : rare
Évolution : en hausse
Année record : 2010

☆☆☆ Éliane ☆☆☆

Dérivés : Éliana, Élyana, Heliana, Élyane, Élianne, Hélianne, Élyanne, Élliane, Héliane
Fête : 20 juillet
Étymologie : soit du grec *eleos*, « compassion » ou *hélê*, « éclat du soleil » ; ou d'Élisabeth, de l'hébreu *elischeba* (*Eli*, « Dieu » et *sheva*, « serment ») « Dieu est mon serment »
Histoire : ce prénom qui a été très populaire entre 1930 et 1960 (plus de 2000 attributions par an) a quasiment disparu aujourd'hui.
Caractère : volontaire, créative, zen
Fréquence d'attribution : très rare
Évolution : en baisse
Année record : 1949
Célébrités : la chanteuse Eliane Elias.

☆☆☆ Élisabeth ☆☆☆

Dérivés : Elizabeth, Élysabeth, Elizabet, Élisabet
Fête : 17 novembre
Étymologie : de l'hébreu *elischeba* (*Eli*, « Dieu » et *sheva*, « serment ») : « Dieu est mon serment »
Histoire : épouse de Zacharie et cousine de la Vierge Marie, Élisabeth est la mère de saint Jean le Baptiste. Cet ancien prénom biblique fut attribué à de nombreuses saintes et engendra de très nombreux prénoms. Aujourd'hui encore, Élisabeth demeure un classique, même s'il est beaucoup moins attribué qu'en 1970.
Caractère : sensible, généreuse, déterminée
Fréquence d'attribution : très rare
Évolution : stable
Année record : 2003
Célébrités : la Reine d'Angleterre Élisabeth II ; les femmes politiques Élisabeth Badinter et Élisabeth Guigou ; la réalisatrice Élisabeth Rappeneau.

☆☆☆ Élisa ☆☆☆

Dérivés : Eliza, Élisia, Élicia, Élissia, Élise, Éliséa, Élissa, Élisea, Élissa, Alisha, Elisha, Élise, Éliz, Élis
Fête : 17 novembre
Étymologie : diminutif d'Élisabeth, de l'hébreu *elischeba* (*Eli*, « Dieu » et *sheva*, « serment ») : « Dieu est mon serment »
Histoire : depuis le XVIe siècle, Élisa a connu de nombreuses périodes de succès. La dernière en date remonte à l'an 2000 et est toujours en cours. Avec plus de 1 500 naissances par an, Élisa est beaucoup plus attribué qu'Élisabeth.
Caractère : discrète, élégante, créative
Fréquence d'attribution : répandu
Évolution : stable
Année record : 2003
Célébrités : la comédienne Élisa Tovati ; *Élisa*, la chanson de Gainsbourg et le film de Jean Becker.

☆☆☆ Elsa ☆☆☆

Dérivés : Elza, Elsy, Else, Elsi, Elssa
Fête : 17 novembre
Étymologie : dérivé d'Élisabeth, de l'hébreu *elischeba* (*Eli*, « Dieu » et *sheva*, « serment ») « Dieu est mon serment »
Histoire : connu depuis le Moyen Âge, Elsa commence son ascension dans les années 70. Depuis, il est toujours à la mode, notamment grâce à *La Reine des Neiges*, le dixième film le plus vu dans le monde !
Caractère : énergique, sensible, volontaire
Fréquence d'attribution : répandu
Évolution : en hausse
Année record : 1988
Célébrités : Elsa Triolet qui inspira à Aragon *Les yeux d'Elsa* ; la chanteuse Elsa ; Elsa, l'héroïne de *La Reine des neiges* de Disney.

☆☆☆ Ella ☆☆☆

Dérivés : Ela, Hella, Hela, Elle
Fête : 1er février
Étymologie : du grec *hélê*, « éclat du soleil »
Histoire : au XIIIe siècle, Ella de Laycock qui épousa le frère de Richard Cœur de Lion contribua à diffuser ce prénom. Longtemps oublié, Ella reprend des forces depuis 2000. Il est très tendance.
Caractère : enjouée, généreuse, sociable
Fréquence d'attribution : rare
Évolution : en hausse
Année record : 2010
Célébrités : la chanteuse Ella Fitzgerald qui donna le tube *Ella, elle l'a*, chanté par France Gall.

☆☆☆ Ellie ☆☆☆

Dérivés : Élie, Elly, Elli, Éllie
Fête : 18 août
Étymologie : du grec *hélê*, « éclat du soleil » ou de l'hébreu *elischeba* (*Eli*, « Dieu » et *sheva*, « serment ») : « Dieu est mon serment »
Histoire : apparu en France dans les années 80, Ellie était resté discret jusqu'en 2005. Depuis, il est en forte en croissance chez les filles, même si on le rencontre davantage chez les petits garçons.
Caractère : réfléchie, persévérante, sage
Fréquence d'attribution : très rare
Évolution : en hausse
Année record : 2010
Célébrités : l'actrice Ellie Goulding.

☆☆☆ Élodie ☆☆☆

Dérivés : Élody, Élodia, Alodia, Alodie, Helodie, Elodye, Elodia
Fête : 22 octobre
Étymologie : du latin *alodis*, « propriété », ou du grec *elodié*, « fleur fragile »
Histoire : sainte Élodie fut une martyre du IXe siècle. Longtemps oublié, Élodie réapparut dans les années 70. Aujourd'hui, elles seraient plus de 155 000.
Caractère : critique, vive, adaptable
Fréquence d'attribution : très rare
Évolution : en baisse
Année record : 1988
Célébrités : l'animatrice de télévision Élodie Gossuin ; l'actrice Élodie Bouchez ; la chanteuse Élodie Frégé.

☆☆☆ Éloïse ☆☆☆

Dérivés : Héloïse, Eloisha, Éloisa, Éloyse, Eloize, Aloyse, Aloïse
Fête : 15 mars
Étymologie : dérivé de Louise, du germanique *hold*, « illustre » et *wig*, « combat » : « illustre au combat »
Histoire : cette version moderne de Louise a pris son envol dans les années 70. Depuis l'an 2000, plus de 1 000 bébés sont, tous les ans, appelés Éloïse. Elles seraient 26 000.
Caractère : indépendante, altruiste, attentive
Fréquence d'attribution : répandu
Évolution : stable
Année record : 2006
Célébrités : l'éditrice Héloïse d'Ormesson, fille de l'écrivain Jean d'Ormesson.

☆☆☆ Elvire ☆☆☆

Dérivés : Elvyre, Elwire, Elvira, Elvyra, Elbira, Elbireta, Alvira, Elvie, Elvine
Fête : 16 juillet
Étymologie : du germanique *ali*, « étranger » et *wer*, « vrai »
Histoire : au XIIe siècle, sainte Elvire fut abbesse d'un monastère en Rhénanie. Ce prénom ancien qui a toujours été présent en France est plutôt discret aujourd'hui.
Caractère : forte, décidée, déterminée
Fréquence d'attribution : très rare
Évolution : en baisse
Année record : 1972
Célébrités : la comédienne Elvire Popesco.

☆☆☆ Émeline ☆☆☆

Dérivés : Emelyn, Émelyne, Emmeline, Emelie, Hémeline, Emelina, Ameline, Amélina
Fête : 27 octobre
Étymologie : issu du prénom germanique Amelina ; de *amal*, « labeur »
Histoire : connu et apprécié depuis de nombreux siècles, Émeline a fait son « come back » dans les années 70 en France. Après une vague de succès entre 1990 et 2000, il est moins donné aujourd'hui.
Caractère : sensuelle, émotive, fantaisiste
Fréquence d'attribution : rare
Évolution : en baisse
Année record : 1905
Célébrités : le mannequin Émeline Ghesquière.

UN PRÉNOM FORGE-T-IL UN CARACTÈRE ?

Cela dépend ! Des études menées dans plusieurs pays ont démontré que les personnes portant des prénoms « compliqués » essayaient de se démarquer dans la vie pour mieux assumer leur identité. Une famille américaine ayant appelé son cinquième enfant Loser (« perdant ») et son sixième Winner (« gagnant ») a expérimenté ce phénomène. Alors que Loser est allé à l'université et est devenu policier, Winner, lui, a passé plusieurs années derrière les barreaux. L'idée que le prénom détermine un caractère est donc en partie vraie, mais surtout si l'enfant s'est vu attribuer un prénom vraiment hors du commun qu'il va devoir assumer ou un prénom qui ne collera pas du tout avec son physique. Appeler sa fille Brune, pourquoi pas ? Mais si elle est blonde, cela risque de lui compliquer la vie. À elle de se forger, par la suite, son caractère.

☆☆☆ Émilie ☆☆☆

Dérivés : Emily, Emylie, Emilye
Fête : 19 septembre
Étymologie : du latin *aemulus*, « rival »
Histoire : au XVIIIe, sainte Émilie fonda l'ordre des sœurs de la Sainte Famille pour éduquer les enfants. Très apprécié au XVIIIe et XIXe siècle, Émilie est un classique qui est toujours régulièrement attribué.
Caractère : affirmée, énergique, réfléchie
Fréquence d'attribution : répandu
Évolution : en baisse
Année record : 1980
Célébrités : l'actrice Émilie Dequenne ; *Émilie Jolie*, l'héroïne du conte musical éponyme.

☆☆☆ Emma ☆☆☆

Dérivés : Emmy, Emy, Emmie, Emi, Emie
Fête : 19 avril
Étymologie : du germanique *ermen*, « universelle » ou de l'hébreu *immanu-el*, « Dieu est avec nous » (dans ce cas, il serait un diminutif d'Emmanuelle)
Histoire : troisième prénom préféré des Français en 2017, Emma, qui était déjà en vogue au XIXe siècle, pourrait être concurrencée ses prochaines années par Emmie, sa variante anglaise.
Caractère : vive, audacieuse, séductrice
Fréquence d'attribution : très répandu
Évolution : stable
Année record : 2006
Célébrités : Emma Bovary, l'héroïne de *Madame Bovary* de G. Flaubert ; les actrices Emma de Caunes et Emma Thompson.

☆☆☆ Emmanuelle ☆☆☆

Dérivés : Emmanuella, Emmanuela, Emanuela, Emanuella, Emanuelle, Emanuele, Emmannuelle, Emmanuele, Manuella
Fête : 25 décembre
Étymologie : de l'hébreu *imanu-el*, « Dieu est avec nous »
Histoire : sa présence dans la Bible a fortement contribué à la diffusion de ce prénom. D'abord masculin, Emmanuelle se féminise et devient un classique dans les années 70, aujourd'hui détrôné par Emma.
Caractère : adaptable, fidèle, philosophe
Fréquence d'attribution : très rare
Évolution : en baisse
Année record : 1980
Célébrités : Sœur Emmanuelle ; les actrices Emmanuelle Béart et Emmanuelle Seigner.

☆☆☆ Émeraude ☆☆☆

Fête : 29 juin
Étymologie : du grec *smaragdos*, « émeraude », du nom de la pierre précieuse
Histoire : ce nouveau prénom apparu dans les années 1970 a connu une forte progression jusqu'en 2009. Depuis, il est en légère baisse. On compterait plus de 500 Émeraude.
Caractère : curieuse, droite, déterminée
Fréquence d'attribution : très rare
Évolution : en baisse
Année record : 2009

☆☆☆ Émilia ☆☆☆

Dérivés : Émilya, Émylia
Fête : 19 septembre
Étymologie : du latin *aemulus*, « rival »
Histoire : très en vogue au début du siècle, Émilia fait partie des prénoms rétro remis au goût du jour en 2000. Il est encore rare bien que très apprécié.
Caractère : fiable, méthodique, volontaire
Fréquence d'attribution : très rare
Évolution : stable
Année record : 1904

☆☆☆ Enora ☆☆☆

Dérivés : Enorah, Henora, Énora, Enola
Fête : 14 octobre
Étymologie : forme bretonne d'Éléonore ou d'Honorine
Histoire : patronne des nourrices, Enora est la chaste femme de saint Efflam, le fils d'un roi irlandais. Ce prénom breton qui peut également revendiquer des origines italiennes n'est apparu en France que dans les années 70. Elles seraient près de 10 000.
Caractère : énergique, fine stratège, déterminée

Fréquence d'attribution : rare
Évolution : en hausse
Année record : 2005
Célébrités : l'animatrice de télévision Enora Malagré.

☆☆☆ Erika ☆☆☆

Dérivés : Erica, Érica, Érika, Ericka, Eryka, Erique
Fête : 18 mai
Étymologie : du germanique *aina*, « unique, total », et *rik*, « roi »
Histoire : courant dans les pays scandinaves, Erika est apparu au début du XXe siècle aux États-Unis. En France, ce prénom connut un pic entre 1980 et 1990.
Caractère : décidée, intellectuelle, séductrice
Fréquence d'attribution : très rare
Évolution : en baisse
Année record : 1983
Célébrités : la chanteuse Princess Erika.

☆☆☆ Érine ☆☆☆

Dérivés : Erin, Eryne, Erina, Eryn, Erynn, Erinn, Eryna, Herine, Erinne, Erinna
Fête : 5 avril
Étymologie : du celte *eirann*, « l'île de l'Ouest »
Histoire : apparu en France en 1994, Érine a bénéficié de « l'effet *Erin Brockovich* » personnage interprété par Julia Roberts. Juste après la sortie de ce film, en 2000, Érine a commencé à prendre son envol.
Caractère : consciencieuse, bienveillante, indépendante
Fréquence d'attribution : très rare
Évolution : en baisse
Année record : 2008
Célébrités : l'héroïne du film *Erin Brockovich, seule contre tous*.

☆☆☆ Esmeralda ☆☆☆

Dérivé : Smeralda
Fête : 10 mars
Étymologie : prénom d'origine espagnole qui signifie « émeraude », ou du grec *smaragdos*
Histoire : le succès de la comédie musicale *Notre Dame de Paris* a donné, en l'an 2000, un coup de pouce à ce prénom présent depuis 1950 en France.
Caractère : équilibrée, influente, attachée à sa famille
Fréquence d'attribution : en baisse
Évolution : très rare
Année record : 1999
Célébrités : Esmeralda, l'héroïne du roman de Victor Hugo, *Notre Dame de Paris*.

☆☆☆ Estelle ☆☆☆

Dérivés : Estella, Estel, Estela, Estele, Esthelle, Esthel, Esterelle
Fête : 11 mai
Étymologie : du latin *stella*, « étoile »
Histoire : au XIXe, le prénom Estelle se répand surtout en Grande-Bretagne après la sortie du livre de Charles Dickens *Les Grandes Espérances*. En France, Estelle connut un succès fou entre 1970 et 2000.
Caractère : équilibrée, attachée à sa famille, ayant un sens aigu de la morale
Fréquence d'attribution : rare
Évolution : en baisse
Année record : 1973
Célébrités : le top model Estelle Lefébure.

☆☆☆ Esther ☆☆☆

Dérivés : Ester, Estera, Esthere, Eister, Esssa, Ettie, Hester, Hesther, Esteria
Fête : 1er juillet
Étymologie : du perse *ester*, « étoile »
Histoire : personnage biblique, Esther, la femme du roi de Perse Assuérus parvint à le convaincre d'épargner le peuple juif. Ce prénom présent en France pendant tout le XXe siècle est toujours très apprécié.
Caractère : réservée, franche, mystérieuse
Fréquence d'attribution : très rare
Évolution : en baisse
Année record : 2006
Célébrités : la nageuse Esther Baron ; Esther, l'héroïne de la tragédie de Racine.

☆☆☆ Ethel ☆☆☆

Dérivés : Etel, Ethela, Ethelda, Étheline
Fête : 24 décembre
Étymologie : du germanique *adal*, « noble » ou du vieil anglais *aethel*, « noble »
Histoire : à l'origine, Ethel est le diminutif anglais de plusieurs prénoms médiévaux aujourd'hui disparus : Etheldreda, Ethelinda, Etheberta, Ethelbruge. Prénom à part entière, il est encore peu connu en France.
Caractère : charmante, indépendante, vive
Fréquence d'attribution : très rare
Évolution : en hausse
Année record : 2010
Célébrités : la scénariste Ethel Hill.

☆☆☆ Eugénie ☆☆☆

Dérivé : Eugénia
Fête : 7 février
Étymologie : grec *eugenês*, « bien né »
Histoire : très répandu au début du XXe siècle, Eugénie a presque disparu dans les années 60 pour réapparaître en 1980. Depuis, même s'il fait partie des prénoms rétro, il est encore peu choisi.
Caractère : ordonnée, autonome, joyeuse
Fréquence d'attribution : très rare
Évolution : stable
Année record : 1902
Célébrités : *Eugénie Grandet*, l'héroïne du roman de Balzac.

☆☆☆ Eulalie ☆☆☆

Dérivé : Eulali, Eulalia
Fête : 12 février
Étymologie : du grec *eulalos*, « qui parle bien » ou *eulalia*, « la bonne parole »
Histoire : Eulalie a douze ans lorsqu'elle se rebelle contre le massacre des Chrétiens d'Occident au IVe siècle. Martyre, elle inspira au IXe siècle la Cantilène de sainte Eulalie, le plus ancien poème en langue d'oïl.
Caractère : tranchée, active, sensible
Fréquence d'attribution : très rare
Évolution : en baisse
Année record : 2007

☆☆☆ Eurydice ☆☆☆

Dérivé : Euridice
Étymologie : du grec, *eurudikè*, « la justice (ou la vengeance) sans bornes »
Histoire : mordue par un serpent dans la mythologie grecque, Eurydice ne sera pas sauvée des Enfers par Orphée qui tentera pourtant de venir la chercher. Elles seraient plus de 400 en France.
Caractère : idéaliste, intègre, altruiste
Fréquence d'attribution : très rare
Évolution : stable
Année record : 1999

☆☆☆ Eve ☆☆☆

Dérivé : Ève
Fête : 6 septembre
Étymologie : de l'hébreu, *H'wwah* ou *hayyah*, « vivante » ou « source de vie »
Histoire : personnage biblique, Eve se répandit très tôt dans les pays chrétiens, juifs et musulmans. En France, elle commença son essor en 1970. Aujourd'hui, Eve est toujours là, même si elle est détrônée par Eva.
Caractère : tolérante, rêveuse, humaine
Fréquence d'attribution : rare
Évolution : en baisse
Année record : 2003
Célébrités : le personnage de la chanson de Julie Piétri, *Eve, lève-toi*.

☆☆☆ Eva ☆☆☆

Dérivés : Éva, Heva
Fête : 6 septembre
Étymologie : de l'hébreu, *H'wwah* ou *hayyah*, « vivante » ou « source de vie »
Histoire : cette variante internationale d'Eve rencontre un grand succès, en France, depuis la fin des années 90. C'est le 16e prénom féminin préféré des Français.
Caractère : optimiste, énergique, sensible
Fréquence d'attribution : très répandu
Évolution : stable
Année record : 2003
Célébrités : les actrices Eva Green et Eva Longoria.

☆☆☆ Évelyne ☆☆☆

Dérivés : Evelina, Éveline, Evelyn, Evelyna
Fête : 6 septembre
Étymologie : de l'hébreu, *H'wwah* ou *hayyah*, « vivante » ou « source de vie »
Histoire : Évelyne a connu son heure de gloire entre 1940 et 1965. Ces dernières années, il a quasiment disparu des statistiques. On en recense plus de 120 000.
Caractère : généreuse, vive, idéaliste
Fréquence d'attribution : très rare
Évolution : en baisse
Année record : 1953
Célébrités : l'animatrice de télévision Évelyne Leclercq ; l'actrice Évelyne Bouix.

☆☆☆ Evita ☆☆☆

Fête : 6 septembre
Étymologie : de l'hébreu, *H'wwah* ou *hayyah*, « vivante » ou « source de vie »
Histoire : extrêmement peu nombreuses en France, Evita a connu un petit « pic » de popularité en 1998, peu après la sortie du film d'Alan Parker en 1996.
Caractère : joyeuse, rêveuse, altruiste
Fréquence d'attribution : très rare
Évolution : stable
Année record : 2005
Célébrités : *Evita*, le film d'Alan Parker qui raconte la vie d'Eva Peron.

L'APPARITION DES MODES

C'est au XIXe siècle que les phénomènes de mode apparaissent dans les prénoms : c'est la notoriété de Chateaubriand qui amène le succès de René dès 1820, celle d'Hugo le succès de Victor à partir des années 1850, on doit l'engouement de Pauline à Bonaparte à la Restauration et la mode des Eugénie à l'impératrice du même nom à partir du Second Empire et ainsi de suite. Avant cette époque, les mêmes prénoms se transmettaient d'une génération à une autre. Vers 1810, les deux tiers des garçons se partageaient onze prénoms : Jean, Pierre, François, Louis, Joseph, Antoine, Jacques, Charles, Étienne, Guillaume et André. Les deux tiers des filles seulement neuf : Marie, Jeanne, Anne, Françoise, Catherine, Marguerite, Louise, Madeleine et Élisabeth. On ne dépassait pas les 500 prénoms en France, contre 11 000 aujourd'hui.

☆☆☆ Evy ☆☆☆

Dérivés : Evie, Hevi
Fête : 6 septembre
Étymologie : de l'hébreu, *H'wwah* ou *hayyah*, « vivante » ou « source de vie »
Histoire : Evy est apparu en France dans les années 70. Elles seraient près de 600.
Caractère : originale, philosophe, sage
Fréquence d'attribution : très rare
Évolution : en hausse
Année record : 2009

☆☆☆ Ewa ☆☆☆

Étymologie : du nom d'un Dieu gaulois, variante d'Awa ou d'Iwa ou de l'hébreu, *H'wwah* ou *hayyah*, « vivante » ou « source de vie »
Histoire : présent en France depuis la fin des années 80, Ewa, qui est l'équivalent d'Eve en polonais, est encore peu attribué en France malgré ses atouts de « prénom court » et sa sonorité en « a ». Elles seraient près de 300.
Caractère : généreuse,
Fréquence d'attribution : très rare
Évolution : en hausse
Année record : 2010

F

Fréquence d'attribution : très rare
Évolution : en baisse
Année record : 2009

☆☆☆ Fabienne ☆☆☆

Dérivés : Fabiene, Fabiane, Fabiana, Fabianna, Fava
Fête : 20 janvier
Étymologie : du latin *faba*, « fève » ou du nom d'une illustre famille romaine
Histoire : ce féminin de Fabien est typiquement français. Fabienne a connu son âge d'or entre 1960 et 1980 allant jusqu'à 7000 naissances par an. Depuis, il n'est presque plus attribué.
Caractère : timide, réservée, rêveuse
Fréquence d'attribution : très rare
Évolution : stable
Année record : 1965
Célébrités : l'actrice Fabienne Carat, la chanteuse Fabienne Thibeault.

☆☆☆ Fabiola ☆☆☆

Dérivés : Faba, Fabia, Fabie
Fête : 27 décembre
Étymologie : du latin *faba*, « fève » ou du nom d'une illustre famille romaine
Histoire : au ve siècle, sainte Fabiola fonda, à Ostie, le premier hôpital pour les plus démunis. Fabiola reste un prénom peu attribué en France.
Caractère : dynamique, audacieuse, logique
Fréquence d'attribution : très rare
Évolution : en baisse
Année record : 1971

☆☆☆ Faith ☆☆☆

Dérivés : Faye, Foy, Fae
Étymologie : de l'anglais *faith*, « la foi »
Histoire : fréquemment attribué aux États-Unis, au Canada et en Angleterre jusqu'au xixe siècle, Faith n'est arrivé en France qu'en 1998. Il reste extrêmement rare.
Caractère : confiante, fiable, engagée

☆☆☆ Faïza ☆☆☆

Dérivés : Fayza, Faysa, Faizah, Fahiza, Faisa
Étymologie : de l'arabe *fa'iz, fa'iza*, « victorieux, victorieuse »
Histoire : ce prénom récent, connu depuis les années 50, a pour l'instant atteint son pic en 1980 avec un maximum de 100 petites Faïza. Il est en perte de vitesse aujourd'hui.
Caractère : sûre d'elle, généreuse, loyale
Fréquence d'attribution : très rare
Évolution : en baisse
Année record : 1980

☆☆☆ Fanny ☆☆☆

Dérivés : Fany, Fanni, Fani
Fête : 6 janvier
Étymologie : dérivé de Frances ou Françoise, du latin *Francisus*, « Francs »
Histoire : venu d'Angleterre, Fanny a eu du mal à trouver ses marques, et ce même après la sortie du film *Fanny* de Marcel Pagnol en 1932. Il décolle en 1970 et devient ensuite très répandu jusqu'en 1990.
Caractère : responsable, aventurière, rêveuse
Fréquence d'attribution : rare
Évolution : en baisse
Année record : 1987
Célébrités : les comédiennes Fanny Ardant ; *Fanny*, l'œuvre de Marcel Pagnol.

☆☆☆ Fanta ☆☆☆

Fête : 11 novembre
Étymologie : variante bretonne de Françoise, du latin *Francisus*, « Francs »
Histoire : attribué depuis 1965, Fanta a beaucoup progressé depuis même si ce prénom est donné à moins de 100 petites filles par an.
Caractère : consciencieuse, calme, pacifique

Fréquence d'attribution : très rare
Évolution : en baisse
Année record : 2005

☆☆☆ Fantine ☆☆☆

Fête : 30 août
Étymologie : du latin *infans*, « enfant »
Histoire : recensé depuis 1979, Fantine a gagné en popularité à partir de 2000, cinq ans après la sortie de l'adaptation des Misérables de Claude Lelouch. Elles seraient 2000.
Caractère : équilibrée, responsable, influente
Fréquence d'attribution : très rare
Évolution : en baisse
Année record : 2007
Célébrités : Fantine, le personnage du roman *Les Misérables* de Victor Hugo.

☆☆☆ Farah ☆☆☆

Dérivés : Fara, Farhat, Fare, Faara, Farrah
Étymologie : de l'arabe *farah*, « la joie »
Histoire : arrivé en France dans les années 60, Farah a véritablement décollé à partir de 1980. Depuis, ce prénom est régulièrement donné. Elles seraient 7000 en France.
Caractère : courageuse, fière, indépendante
Fréquence d'attribution : rare
Évolution : en hausse
Année record : 2009
Célébrités : l'actrice Farrah Fawcett.

☆☆☆ Fatima ☆☆☆

Dérivés : Fatim, Fatimata, Fatma, Fattouma, Fatou, Fatouma
Étymologie : de l'arabe, « petite chamelle qui vient d'être sevrée »
Histoire : fille de Mahomet, Fatima est aussi un village au Portugal où plusieurs bergers disent avoir vu la Vierge. Ce prénom prit son envol dans les années 60. Il est moins populaire aujourd'hui.
Caractère : indépendante, curieuse, attachée à sa famille
Fréquence d'attribution : rare
Évolution : en hausse
Année record : 1983

☆☆☆ Faustine ☆☆☆

Dérivé : Fausta, Fauste
Fête : 15 janvier
Étymologie : du latin *faustus*, « favorable »
Histoire : Faustine a commencé à plaire dans les années 80. Depuis 2005, ce prénom connaît une progression spectaculaire.
Caractère : intuitive, rapide, courageuse
Fréquence d'attribution : répandu
Évolution : en hausse
Année record : 2010
Célébrités : l'animatrice Faustine Bollaert.

☆☆☆ Félicie ☆☆☆

Dérivés : Félicie, Félicia, Felixia, Felicidad, Félixine, Félice
Fête : 10 mai
Étymologie : du latin *felicia*, « heureuse »
Histoire : ce prénom ancien connu depuis l'Antiquité est très répandu en Allemagne. En France, il était plus populaire au début du siècle. Il est toujours attribué.
Caractère : sociable, optimiste, timide
Fréquence d'attribution : très rare
Évolution : stable
Année record : 1902
Célébrités : l'héroïne de la chanson de Fernandel, *Félicie aussi*.

☆☆☆ Félicité ☆☆☆

Dérivés : Felicity, Félicita
Fête : 7 mars
Étymologie : du latin *felicitas*, « chance »
Histoire : esclave convertie au christianisme au IIIe siècle, sainte Félicité fut jetée dans une arène au milieu de taureaux. Félicité a traversé toutes les époques. Moins courant qu'au début du siècle, ce prénom est toujours donné.
Caractère : attachée à sa famille, responsable, structurée
Fréquence d'attribution : très rare
Évolution : stable
Année record : 1900
Célébrités : l'une des actrices de la série *Desperate Housewives*, Felicity Huffman.

☆☆☆ Fiona ☆☆☆

Dérivés : Fyona, Fionna
Étymologie : du gaélique *fionu*, « blanc », « éclatant »
Histoire : venu d'Ecosse, Fiona est apparu en 1985. Il a connu son plus gros succès à la fin des années 90. Elles seraient plus de 10 000 en France.
Caractère : originale, fine, aventurière
Fréquence d'attribution : très rare
Évolution : en baisse
Année record : 1997
Célébrités : la comédienne Fiona Gélin.

☆☆☆ Fleur ☆☆☆

Dérivés : Fleure, Floriane, Florianne
Fête : 5 octobre
Étymologie : du latin *flos*, « fleur »
Histoire : au XIVe siècle, Fleur d'Issendolus était une religieuse connue pour sa bonté et son humilité. Depuis les années 70, Fleur plaît de plus en plus mais elle reste rare.
Caractère : énergique, joyeuse, optimiste
Fréquence d'attribution : très rare
Évolution : en hausse
Année record : 2006
Célébrités : la ministre Fleur Pellerin.

☆☆☆ Flora ☆☆☆

Dérivés : Floria, Floriana, Florine, Florie, Flore, Flory, Flor, Flores
Fête : 24 novembre
Étymologie : du latin *flos*, « fleur »
Histoire : déesse de la végétation dans la mythologie grecque, Flora a traversé le XXe siècle en étant régulièrement attribué. Depuis 1990, elle est un peu plus populaire.
Caractère : secrète, philosophe, attachée à sa famille
Fréquence d'attribution : rare
Évolution : stable
Année record : 2006
Célébrités : l'écrivain Flora Groult.

☆☆☆ Florence ☆☆☆

Dérivés : Florenza, Fleurence, Fiorenza, Florencia, Florencianne, Florencienne, Florentia, Florentine, Florianne
Fête : 1er décembre
Étymologie : du latin *flos*, « fleur »
Histoire : Florence a connu son âge d'or entre 1960 et 1980 avec plus de 8 000 attributions par an. Aujourd'hui, il est très rare. Elles seraient plus de 140 000.
Caractère : sensible, réactive, idéaliste
Fréquence d'attribution : très rare
Évolution : en baisse
Année record : 1986
Célébrités : la navigatrice Florence Arthaud ; l'humoriste Florence Foresti.

☆☆☆ Francesca ☆☆☆

Dérivés : Franceska
Fête : 9 mars
Étymologie : du latin *francus*, « homme libre »
Histoire : variante italienne de Françoise, ce prénom était à l'origine un adjectif qui désignait les Français. Depuis les années 2000, il est un peu plus populaire.
Caractère : spirituelle, déterminée, utopiste
Fréquence d'attribution : très rare
Évolution : en baisse
Année record : 2007
Célébrités : la chanteuse et animatrice Francesca Antoniotti.

☆☆☆ Françoise ☆☆☆

Fête : 9 mars
Étymologie : du latin *francus*, « homme libre »
Histoire : Françoise fut porté par neuf saintes. Répandu au début du XXe siècle, Françoise explosa après la Seconde guerre mondiale. Elle fut le deuxième prénom le plus donné à l'époque. On en compte plus de 330 000.
Caractère : généreuse, idéaliste, logique
Fréquence d'attribution : très rare
Évolution : stable
Année record : 1949
Célébrités : l'actrice Françoise Dorléac, la chanteuse Françoise Hardy.

LES PRÉNOMS SELON LES GUERRES

Les dernières guerres ont influé, plus qu'on ne le croit souvent, dans les choix des prénoms donnés aux enfants. Le prénom France connaît ses meilleurs scores après la guerre de 1870-1871 et lors des deux guerres mondiales, comme un prénom patriotique face à l'ennemi ! S'il était mixte autrefois, il est plutôt féminin depuis 1945.
Le maréchal Joffre connaît une telle popularité en 1918 comme vainqueur de la Grande Guerre qu'on transforme son nom en prénom : c'est le boom des Joffre, Joffret – on trouve même des Joffrette pour les petites filles.
Napoléon aussi a inspiré les parents. Son nom devient populaire lorsqu'il accède au pouvoir, s'effondre à partir de 1809 quand les Français en ont vraiment assez des guerres, puis repart après son décès en 1821, avec la nostalgie bonapartiste. Après 1870, à cause de Napoléon Ier qui vient de perdre la guerre, on n'a guère envie de le donner, et la propagande républicaine des années 1880 renforce la tendance.
Prénom du vainqueur de 1870, Guillaume connaît pourtant une spectaculaire dégringolade (l'empereur prussien Guillaume Ier incarnait l'ennemi par excellence !), qui se poursuit après 1914-1918 (l'opposant était cette fois Guillaume II). Il faut attendre 1960 pour voir sa popularité remonter, ce qui n'empêche pas des oppositions tardives. En 1991 encore, un jeune cousin voulait appeler Guillaume son fils à naître et l'annonce à ses grands-parents : « Guillaume ? Comme le kaiser ? », demande le grand-père, pourtant combattant de la Seconde Guerre mondiale et non de la Première, mais né en 1908. Le bébé s'est finalement appelé Jean-Philippe...
Quant à Adolphe, il disparaît totalement après 1945. Et il n'est pas près de revenir, comme le soulignait avec humour le film d'Alexandre de la Patellière et de Matthieu Delaporte, *Le Prénom* sorti en 2012.

☆☆☆ Frédérique ☆☆☆

Dérivés : Frédérika, Frédérica, Fredericka, Fredericke, Frederike, Fredericque, Freddie, Frika, Frikka
Fête : 18 juillet
Étymologie : du germanique *fried*, « protecteur » et *ric*, « puissant » ou *rik*, « roi »
Histoire : il connut un pic d'attribution entre 1960 et 1980 avec jusqu'à 2 500 Frédérique par an. Elles seraient près de 48 000.
Caractère : droite, engagée, rêveuse
Fréquence d'attribution : très rare
Évolution : en baisse
Année record : 1969
Célébrités : la comédienne Frédérique Bel.

☆☆☆ Frieda ☆☆☆

Dérivés : Frida
Fête : 18 juillet
Étymologie : du germanique *fried*, « protecteur » et *ric*, « puissant » ou *rik*, « roi »
Histoire : prénom médiéval dérivé de Frédérique, Frieda a été beaucoup donné au début du XXe siècle. Il n'est presque plus attribué aujourd'hui.
Caractère : fidèle, intuitive, volontaire
Fréquence d'attribution : rare
Évolution : stable
Année record : 1910
Célébrités : l'artiste peintre Frida Kahlo.

G

☆☆☆ Gabrielle ☆☆☆

Dérivés : Gabriella, Gabriela, Gabriele, Gabryelle, Gaby, Gabi
Fête : 29 septembre
Étymologie : de l'hébreu *gavar*, « force » et *el*, « Dieu » : « force de Dieu »
Histoire : dans la Bible, l'ange Gabriel annonça à Marie la naissance de Jésus. Très répandu entre 1900 et 1920, Gabrielle réapparaît dans les années 80. Depuis, elle ne cesse de plaire.
Caractère : organisée, courageuse, volontaire
Fréquence d'attribution : répandu
Évolution : en hausse
Année record : 1905
Célébrités : la couturière Gabrielle Chanel, Gabrielle Solis, l'une des *Desperate Housewives*.

☆☆☆ Gaëlle ☆☆☆

Dérivés : Gaelle, Gaëlla, Gaële, Gaell, Gaëla
Fête : 17 décembre
Étymologie : des Gaëls, un vieux peuple celte établi en Irlande depuis le ve siècle av J.-C., dérivé de *geal* qui signifie « blanc » en gaëlique
Histoire : prénom breton par excellence, Gaëlle fut très attribué entre 1970 et 1990 avec jusqu'à 3 000 naissances par an. Depuis, il est en chute libre. Elles seraient 60 000.
Caractère : généreuse, consciencieuse, bienveillante
Fréquence d'attribution : très rare
Évolution : en baisse
Année record : 1982
Célébrités : la romancière Gaëlle Obiégly.

☆☆☆ Gaétane ☆☆☆

Dérivés : Gaëtane, Gaëtanne, Gaetana
Fête : 7 août
Étymologie : du latin *Caietanus*, « originaire de Caieta », une ville d'Italie
Histoire : présent pendant tout le xxe siècle, Gaétane n'était presque plus donné en 2005. Après un pic spectaculaire et inattendu en 2008, Gaétane reste rare.
Caractère : idéaliste, aventurière, fine stratège
Fréquence d'attribution : très rare
Évolution : en baisse
Année record : 2008
Célébrités : la footballeuse Gaëtane Thiney.

☆☆☆ Gaïa ☆☆☆

Dérivés : Gaia, Algaïa, Gaea, Gaïane, Gaya,
Étymologie : du grec *Gaïa*, la terre nourricière
Histoire : dans la mythologie grecque, Gaïa est la déesse de la terre. Apparu à la fin des années 70, Gaïa devrait continuer à progresser ces prochaines années. Court, issu de la mythologie, avec une finale en « a » et un message écologique, il est très tendance.
Caractère : rêveuse, généreuse, humaine
Fréquence d'attribution : très rare
Évolution : en hausse
Année record : 2009
Célébrité : le mannequin et actrice Gaia Weiss.

☆☆☆ Gala ☆☆☆

Dérivés : Gally, Galla
Fête : 5 octobre
Étymologie : du latin *galane*, nom d'une plante, ou diminutif de Galina, féminin de Galen, nom porté par Claudius Galenus, docteur romain au IIe siècle av. J-C.
Histoire : ce prénom ancien a été très peu présent au xxe siècle. C'est à partir de 1979 qu'il est recensé dans les statistiques. Depuis, il est en progression constante.
Caractère : indépendante, fantaisiste, charmeuse
Fréquence d'attribution : très rare
Évolution : en hausse
Année record : 2006
Célébrités : Gala Dalí, la muse et épouse du peintre Salvator Dalí.

☆☆☆ Garance ☆☆☆

Dérivés : Garancia, Garantia
Fête : 5 octobre
Étymologie : du latin *warantia*, du nom d'une plante rampante dont la fleur rouge servait à teindre les uniformes français entre 1815 et 1915
Histoire : apparu pour la première fois dans le calendrier révolutionnaire, Garance a commencé à être attribué dans les années 70. Il plaît de plus en plus.
Caractère : calme, curieuse, courageuse
Fréquence d'attribution : rare
Évolution : en hausse
Année record : 2010
Célébrités : l'actrice Garance Clavel.

☆☆☆ Geneviève ☆☆☆

Dérivés : Genevièvre, Guenièvre, Genovera, Guenovera
Fête : 3 janvier
Étymologie : du celte, « claire », « douce »
Histoire : patronne de Paris, sainte Geneviève convainquit les Parisiens de ne pas abandonner leur ville aux Huns au Ve siècle. Très répandu jusqu'en 1950, Geneviève a aujourd'hui quasiment disparu.
Caractère : fiable, efficace
Fréquence d'attribution : très rare
Évolution : stable
Année record : 1947
Célébrités : Geneviève de Fontenay, ancienne présidente des Miss France.

☆☆☆ Gemma ☆☆☆

Dérivés : Gemme, Gema, Jema, Jemma
Fête : 14 mai
Étymologie : du latin *gemma*, du nom de la pierre précieuse
Histoire : sainte Gemma était une religieuse toscane qui vécut au XIXe siècle. Ce prénom qui date de la Renaissance est très courant en Italie. En France, il a toujours été donné de manière très irrégulière. Il est totalement dans l'air du temps.
Caractère : séductrice, fiable, fidèle
Fréquence d'attribution : très rare
Évolution : stable
Année record : 1937
Célébrités : *Gemma Bovary*, l'héroïne du film d'Anne Fontaine.

☆☆☆ Georgia ☆☆☆

Dérivés : Georgiane, Georgie, Giorgia, Georgette, Georgina, Jorane
Fête : 23 avril
Étymologie : du grec *giorgios*, « celui qui laboure la terre »
Histoire : la chanson de 1930, *Georgia on my mind*, interprétée par Ray Charles en 1960 contribua à populariser ce prénom qui connut un pic en 1963. Depuis, Georgia est toujours là, bien qu'un peu moins présent.
Caractère : habile, ambitieuse, créative
Fréquence d'attribution : très rare
Évolution : en baisse
Année record : 1963
Célébrités : *Georgia on my mind*, l'héroïne de la chanson.

☆☆☆ Gena ☆☆☆

Dérivés : Genna, Geena, Genny
Étymologie : de l'arabe, « petit oiseau »
Histoire : apparu en France en 1985, Gena est un prénom qui est encore très peu porté. Sa modernité, sa forme courte en « a » et sa douceur pourraient lui assurer un bel avenir. Elles seraient moins de 300.
Caractère : séductrice, honnête, structurée
Fréquence d'attribution : très rare
Évolution : en baisse
Année record : 2001
Célébrités : l'actrice Gena Rowlands.

☆☆☆ Géraldine ☆☆☆

Dérivés : Géralda, Géraldina, Gérardine, Gérarda, Gérarde, Géraldina
Fête : 29 mai
Étymologie : du germanique *ger*, « la lance » et *hart*, « fort »
Histoire : au XIIIe siècle, sainte Géraldine et son époux étaient si pieux qu'ils se séparèrent et entrèrent au couvent. Géraldine connut son âge d'or entre 1970 et 1980. Aujourd'hui, il n'est presque plus attribué.
Caractère : joyeux, adaptable, intègre
Fréquence d'attribution : très rare
Évolution : en baisse
Année record : 1975
Célébrités : l'actrice et réalisatrice Géraldine Nakache.

☆☆☆ Germaine ☆☆☆

Dérivés : Germana, Germanie, Germina, Guermana
Fête : 15 juin
Étymologie : soit du germanique *gari*, « lance » et *mundo*, « protection » ; soit du latin *germanus*, « issu du même sang » ou encore *germanicus*, « le germain »
Histoire : au XVIe siècle, sainte Germaine serait à l'origine de nombreux miracles. Prénom extrêmement répandu entre 1900 et 1920, Germaine a totalement disparu depuis 1980.
Caractère : rêveuse, altruiste, droite
Fréquence d'attribution : très rare
Évolution : stable
Année record : 1902
Célébrités : la romancière Germaine de Staël.

☆☆☆ Ghislaine ☆☆☆

Dérivés : Gislaine, Guillaine, Guislaine, Guylaine, Ghizlaine, Gishlaine, Gyslaine, Gislhaine, Ghyslaine
Fête : 10 octobre
Étymologie : du germanique *gisil*, « otage »
Histoire : très répandu dans les années 50-60, Ghislaine n'est plus présente dans les maternités aujourd'hui. Elles seraient près de 60 000.
Caractère : élégante, impulsive, affirmée
Fréquence d'attribution : très rare
Évolution : en baisse
Année record : 1956
Célébrités : la journaliste Ghislaine Ottenheimer.

☆☆☆ Gilda ☆☆☆

Fête : 29 janvier
Étymologie : du celte *gwelt*, « chevelure »
Histoire : Gilda a commencé sa progression dans les années 50, peu après la sortie du film de Charles Vidor, *Gilda*. Moins populaire aujourd'hui, il reste un prénom rare. On compterait 2 000 Gilda en France.
Caractère : équilibrée, influente, attachée à sa famille
Fréquence d'attribution : très rare
Évolution : stable
Année record : 1956
Célébrités : *Gilda*, l'héroïne du film éponyme, interprétée par Rita Hayworth.

☆☆☆ Gilliane ☆☆☆

Dérivés : Gilian, Gill, Giliane, Gilliane, Gillianne
Fête : 8 avril
Étymologie : se rapporte à la famille romaine Iule
Histoire : arrivé en France dans les années 30, Gilliane a connu un record d'attribution juste après la diffusion de la série *X Files* (avec Gillian Anderson) à la fin des années 90.
Caractère : bienveillante, pacifique, consciencieuse
Fréquence d'attribution : très rare
Évolution : en baisse
Année record : 1997
Célébrités : l'actrice de la série *X Files*, Gillian Anderson.

☆☆☆ Gina ☆☆☆

Dérivés : Ginna, Gine, Génia, Génie, Genny, Geena, Ginia, Jina
Fête : 3 janvier
Étymologie : soit du germanique *gen*, « jeune » ou *geno*, « race » ; soit du celte « claire », « douce »
Histoire : plus répandu en Italie et dans les pays anglophones, Gina a toujours été régulièrement attribué en France. Moins populaire que dans les années 60, Gina a cependant toujours la cote.

Caractère : émotive, volontaire, ayant le sens de la morale
Fréquence d'attribution : très rare
Évolution : en hausse
Année record : 1958
Célébrités : les actrices Geena Davis et Gina Lollobrigida.

☆☆☆ Ginette ☆☆☆

Dérivés : Ginnette, Gynette, Ginetta, Ginete
Fête : 3 janvier
Étymologie : soit du germanique *gen*, « jeune » ou *geno*, « race » ; soit du celte « claire », « douce »
Histoire : très courant entre 1930 et 1940, le prénom Ginette a décliné jusque dans les années 70. Il n'est presque plus donné aujourd'hui.
Caractère : vive, courageuse, ambitieuse
Fréquence d'attribution : très rare
Évolution : stable
Année record : 1930
Célébrités : la comédienne Ginette Garcin.

☆☆☆ Giovanna ☆☆☆

Dérivés : Jovana, Jovanna, Gia
Fête : 24 juin
Étymologie : déclinaison féminine de Jean, de l'hébreu, « Dieu pardonne »
Histoire : prénom italien par excellence, Giovanna atteignit son record en 1960 avec « seulement » 60 naissances dans l'année. Si Giovanna est toujours rare aujourd'hui, son caractère latin l'impose comme un prénom dans l'air du temps.
Caractère : sensible, sociable, diplomate
Fréquence d'attribution : très rare
Évolution : stable
Année record : 1960

☆☆☆ Gisèle ☆☆☆

Dérivés : Giselle, Gisel, Ghisele, Gyselle, Gizele, Gizelle, Gysele, Gisela, Gisella, Gisla
Fête : 7 mai
Étymologie : du germanique *ghil*, « otage » et *hard*, « dur »
Histoire : c'est le ballet Giselle (créé en 1841) qui contribua à populariser ce prénom en France entre 1930 et 1940. Aujourd'hui, bien que Gisèle ne soit presque plus attribué, il serait porté par près de 100 000 femmes.
Caractère : spontanée, rêveuse, gaie
Fréquence d'attribution : très rare
Évolution : en baisse
Année record : 1930
Célébrités : le mannequin Gisele Bündchen.

☆☆☆ Giulia ☆☆☆

Dérivé : Iulia, Ghjulia, Julia, Juliana, Julianie, Julianne, Julianna
Fête : 8 avril
Étymologie : se rapporte à la famille romaine Iule
Histoire : déjà connu sous l'Empire romain, ce prénom n'est apparu en France que dans les années 60. Ces dernières années, il connaît une croissance spectaculaire, notamment depuis que Carla Bruni-Sarkozy a choisi d'appeler sa fille ainsi.
Caractère : curieuse, dynamique, audacieuse
Fréquence d'attribution : rare
Évolution : en hausse
Année record : 2010
Célébrités : Giulia Sarkozy, fille de Carla Bruni et Nicolas Sarkozy.

☆☆☆ Gladys ☆☆☆

Dérivés : Gladez, Gladis, Gwladys, Glady, Gladie
Fête : 29 mars
Étymologie : du celte *glad*, « richesse » ou du gallois *gwladys*, « chef »
Histoire : présent dès le début du XXe siècle, le prénom Gladys fut surtout populaire dans les années 70. Depuis, il est en légère perte de vitesse.
Caractère : originale, naturelle, persévérante
Fréquence d'attribution : très rare
Évolution : stable
Année record : 1974
Célébrités : la comédienne Gladys Cohen.

☆☆☆ Gloria ☆☆☆

Dérivés : Gloire, Glorie
Fête : 11 mars
Étymologie : du latin *gloria*, « gloire »
Histoire : venu de Grande-Bretagne, Gloria est apparu en France pour la première fois dans les années 20. Il n'a cessé de progresser depuis.
Caractère : volontaire, énergique
Fréquence d'attribution : très rare
Évolution : en hausse
Année record : 2004
Célébrités : la chanteuse Gloria Gaynor.

☆☆☆ Grâce ☆☆☆

Dérivés : Grâce, Gracia, Graciane, Grazia, Graziella
Fête : 21 août
Étymologie : du latin *gratia*, « la grâce »
Histoire : utilisé dès le Vᵉ siècle, Grâce s'est d'abord propagé en Italie et en Espagne. En France, on retrouve sa trace dès 1900 de façon très timide, puis surtout à partir de 1960. Toujours apprécié, il reste peu donné aujourd'hui.
Caractère : fine, logique, élégante
Fréquence d'attribution : très rare
Évolution : stable
Année record : 2005
Célébrités : l'actrice Grace Kelly, la chanteuse Grace Jones.

☆☆☆ Greta ☆☆☆

Dérivés : Gretta, Grete, Gretchen, Gretel, Grethel
Fête : 16 novembre
Étymologie : diminutif de Marguerite, du grec *margaritê*, « perle »
Histoire : originaire d'Allemagne, Greta a été très irrégulièrement donné au cours du XXᵉ siècle. Même s'il plaît toujours, Greta n'est pas très populaire. Elles seraient 300.
Caractère : pacifique, bienveillante, engagée
Fréquence d'attribution : très rare
Évolution : en hausse
Année record : 1990
Célébrités : la comédienne Greta Garbo.

COMBIEN DE PRÉNOMS ?

Combien de prénoms a-t-on le droit de donner à son enfant ? En France, l'état civil n'en accepte au maximum que quatre – ce qui peut quand même faire cinq si vous choisissez un prénom composé pour le premier, comme Jean-Baptiste + trois autres, ou bien Lily-Rose + trois autres aussi.
Or, si les parents attachent toujours beaucoup d'attention au choix du premier prénom du bébé, ils se trouvent parfois démunis quand on leur demande à la maternité d'indiquer le ou les suivant(s). Comment choisir ? Autrefois, les prénoms suivants étaient ceux des grands-parents, ce qui fait qu'un garçon pouvait se retrouver avec les prénoms des deux grands-mères, dans leur version masculine, si son frère aîné avait déjà eu ceux des deux grands-pères. Ou bien il recevait ceux du parrain et de la marraine. Une carte d'identité peut du coup indiquer Emma Thierry Nathalie si le prénom du grand-père ou du parrain n'existe pas en version féminine…
Mais la règle varie selon les pays. En Suisse, on doit donner au maximum quatre prénoms comme en France, avec une contrainte en plus : si le premier prénom est mixte, ceux qui suivent doivent obligatoirement être féminins ou masculins pour que l'administration reconnaisse sans erreur le sexe de l'enfant. Impossible par exemple de nommer son bébé Dominique Claude, il faut trancher entre Dominique Léa ou Dominique Thomas ou leurs équivalents.
Au Pays-Bas, le nombre de prénoms que les parents peuvent choisir est illimité depuis 1815. Une règle qui a entraîné une hausse régulière du nombre de prénoms (quatre en moyenne depuis 1945), et qui a parfois donné lieu à quelques excès : en 1970, un père sportif a ainsi donné à son fils comme prénom ceux de chacun des onze joueurs de l'équipe de football des Pays-Bas !

☆☆☆ Guillemette ☆☆☆

Dérivé : Guillaumette
Fête : 10 janvier
Étymologie : du germanique *will*, « volonté » et *helm*, « protection »
Histoire : ce dérivé féminin de Guillaume a traversé les époques. Bien que rare, il est toujours régulièrement attribué. On en compterait 3000 en France.
Caractère : joyeuse, imaginative, affectueuse
Fréquence d'attribution : très rare
Évolution : en baisse
Année record : 1955
Célébrités : la journaliste Guillemette Faure.

☆☆☆ Gwenn (mixte) ☆☆☆

Dérivé : Gwen
Fête : 21 février
Étymologie : du celte *gwenn*, « blanc »
Histoire : ce prénom breton est réapparu dans les années 70. Il plaît pour sa forme courte, ses sonorités douces et son caractère mixte, même s'il est plus donné aux petites filles (1 000) qu'aux petits garçons (400).
Caractère : généreuse, rêveuse, fiable
Fréquence d'attribution : très rare
Évolution : en hausse
Année record : 2005
Célébrités : la chanteuse Gwen Stefani.

☆☆☆ Gwenaëlle ☆☆☆

Dérivés : Gwennaelle, Gwennaele, Gwenaella, Gwenhaelle, Gwenaëla, Gwenhaël, Gwenaële, Gwenhael, Gwanaelle, Gwenaela, Gwenaele, Gwenaël
Fête : 3 novembre
Étymologie : du celte *gwenn*, « blanc » et *ael*, « ange » : « ange blanc »
Histoire : très attribué dans les années 70, Gwenaëlle ne cesse de baisser dans les statistiques. Ce classique breton reste porté par près de 1 500 personnes.
Caractère : passionnée, curieuse, éveillée
Fréquence d'attribution : très rare
Évolution : en baisse
Année record : 1976
Célébrités : la romancière Gwenaëlle Aubry.

☆☆☆ Gwendoline ☆☆☆

Dérivés : Gwendolyne, Gwendolyn, Gwendolina, Gwendolynn, Gwendaline, Gwendolyne, Gwendolina
Fête : 14 octobre
Étymologie : du celte *gwenn*, « blanc » et *dolyn*, « cercle » : « cercle blanc »
Histoire : bien qu'ancien, ce prénom n'apparut, en France, que dans les années 70. Il connut un vif succès entre 1985 et 1995 puis chuta. On en compte près de 20 000.
Caractère : sensible, créative, mystérieuse
Fréquence d'attribution : très rare
Évolution : en baisse
Année record : 1990
Célébrités : l'actrice Gwendoline Hamon.

H

Habiba

Dérivés : Habibata, Habibatou, Habibe, Abiba
Fête : 27 mars
Étymologie : de l'arabe *abba*, « aimer »
Histoire : arrivé timidement en France dans les années 50, Habiba est un prénom qui a été régulièrement donné jusque dans les années 80. Il est plus rare aujourd'hui.
Caractère : curieuse, courageuse, dynamique
Fréquence d'attribution : très rare
Évolution : en hausse
Année record : 1974

Hafida

Dérivé : Hafidha, Afida
Étymologie : de l'arabe, « celle qui protège »
Histoire : Hafida n'a pas arrêté de gagner du terrain entre 1955 et 1985. Elle est depuis en perte de vitesse. On en dénombrerait 2 000.
Caractère : fidèle, intuitive, adaptable
Fréquence d'attribution : très rare
Évolution : stable
Année record : 1970
Célébrités : la chanteuse Afida Turner.

Hajar

Dérivés : Hajare, Ajar, Hajjar, Hagar, Hager, Hadjer, Hajer, Hajar, Hadjar
Étymologie : de l'hébreu, « effusion »
Histoire : dans la Bible, Sarah, pensant qu'elle ne pourrait jamais avoir d'enfant, donna Hajar (ou Hagar), sa servante à son époux. Lorsque Sarah eut finalement un fils, elle la répudia. Depuis la fin des années 70, Hajar connaît une jolie ascension. Il est en passe de devenir populaire.
Caractère : sociable, loyale
Fréquence d'attribution : très rare
Évolution : en hausse
Année record : 2010

Hakima

Dérivé : Akima
Étymologie : de l'arabe *hakim*, « sage »
Histoire : apparu dans les années 60, Hakima a progressé jusque dans les années 80. Depuis, les Hakima se font plus discrètes.
Caractère : originale, spirituelle, intellectuelle
Fréquence d'attribution : très rare
Évolution : en baisse
Année record : 1982

Halima

Dérivés : Halimata, Halimatou, Halime, Alima, Halime, Ahlima, Alime
Étymologie : de l'arabe, « indulgente »
Histoire : Halima était la nourrice du prophète Mahomet. Connu depuis le VIIe siècle, ce prénom progresse régulièrement depuis les années 50. Elles seraient 4 000.
Caractère : forte, habile, passionnée
Fréquence d'attribution : très rare
Évolution : en hausse
Année record : 2010

Harmonie

Dérivés : Harmony, Armony, Armonie, Armonia
Fête : 10 novembre
Étymologie : du grec *armonia*, « l'harmonie »
Histoire : fille d'Aphrodite et d'Arès dans la mythologie grecque, Harmonie est apparue en France dans les années 80. Les Harmonie seraient environ 1 500.
Caractère : structuré, volontaire, ambitieuse
Fréquence d'attribution : très rare
Évolution : en hausse
Année record : 1988

☆☆☆ Heather ☆☆☆

Fête : 5 octobre
Étymologie : de l'anglais *heather*, « bruyère »
Histoire : redécouverte dans les années 90, Heather a sans doute bénéficié de la diffusion de la série *Melrose Place* entre 1995 et 2000 et de la popularité de son actrice principale, Heather Locklear.
Caractère : fine, intuitive, sensible
Fréquence d'attribution : très rare
Évolution : en baisse
Année record : 2003
Célébrités : la comédienne Heather Locklear.

☆☆☆ Helga ☆☆☆

Dérivés : Elga, Helge, Hella, Helle
Fête : 11 juillet
Étymologie : du germanique *heil*, « chance », « bonheur »
Histoire : couramment répandu en Allemagne et dans les pays du Nord, Helga a connu un pic de popularité dans les années 40. Aujourd'hui, ce prénom n'est presque plus attribué.
Caractère : fidèle, stable, affectueuse
Fréquence d'attribution : très rare
Évolution : stable
Année record : 1943
Célébrités : Helga Pataki, personnage du dessin animé *Hé Arnold !*

☆☆☆ Heidi ☆☆☆

Dérivés : Heïdi, Heidy, Heide
Fête : 16 octobre
Étymologie : du germanique *adalheit*, « noble »
Histoire : connu depuis les années 70 et la diffusion du dessin animé *Heidi* mettant en scène une petite fille joyeuse et énergique, Heidi reste un prénom peu courant.
Caractère : énergique, indépendante, habile
Fréquence d'attribution : très rare
Évolution : stable
Année record : 1988
Célébrités : *Heidi*, l'héroïne du dessin animé éponyme.

☆☆☆ Hélia ☆☆☆

Dérivés : Élia, Elya, Ellie, Eliz, Ellia, Elyah, Ellya, Eliya, Helya, Eliyah
Fête : 18 août
Étymologie : du grec *hélê*, « éclat du soleil »
Histoire : ce prénom, qui a toujours été rare, a commencé à prendre son envol dans les années 2000. Les Hélia seraient moins de 500.
Caractère : énergique, déterminée, fine stratège
Fréquence d'attribution : très rare
Évolution : en baisse
Année record : 2003

☆☆☆ Hélène ☆☆☆

Dérivés : Helen, Helèna, Helena, Helenia, Héliéna, Hélina, Éléna, Elena, Héléna, Elen, Ellen, Elene, Helen, Ellena, Eleni, Elenna, Eleen, Helenne, Hellen, Hellene
Fête : 18 août
Étymologie : du grec *hélê*, « éclat du soleil »
Histoire : la première Hélène célèbre fut celle décrite par Homère dans L'Iliade au IXe siècle av J.-C. Ce classique du répertoire français fut très répandu jusque dans les années 90. Les Hélène sont beaucoup plus rares aujourd'hui. Elles seraient plus de 180 000.
Caractère : structurée, humaine, ouverte d'esprit
Fréquence d'attribution : très rare
Évolution : en baisse
Année record : 1920
Célébrités : le chef Hélène Darroze ; la chanteuse Hélène Ségara.

☆☆☆ Henriette ☆☆☆

Dérivés : Henrietta, Ariette, Hariette, Henriet, Henrika
Fête : 17 juillet
Étymologie : du germanique *heim*, « maison », et *rik*, « roi »
Histoire : très répandu à la fin du XIXe siècle et au début du XXe, Henriette a disparu dans les années 70. La mode des prénoms rétro la remettra t-elle au goût du jour ?
Caractère : affectueuse, courageuse, curieuse
Fréquence d'attribution : très rare
Évolution : en baisse
Année record : 1920

Hermance

Dérivé : Ermance
Fête : 25 septembre
Étymologie : du germanique *hari*, « armée » et *mann*, « homme »
Histoire : cette forme féminine d'Hermann n'a jamais été très populaire en France. Depuis 2000, elle connaît, pourtant, une forte progression.
Caractère : efficace, prudente, sensible
Fréquence d'attribution : très rare
Évolution : en hausse
Année record : 1901

Hermine

Dérivés : Ermine, Hermina, Ermina
Fête : 9 juillet
Étymologie : du latin *armenius mus* : « le rat d'Arménie », « l'hermine »
Histoire : sainte Hermine était une missionnaire franciscaine en Chine qui vécut à la fin du XIXe siècle. Symbole de blancheur et de pureté, l'hermine qui figure sur de nombreux blasons cantonna pendant longtemps ce prénom aux classes les plus aisées.
Caractère : fiable, généreuse, intellectuelle
Fréquence d'attribution : très rare
Évolution : en hausse
Année record : 1907
Célébrités : la chroniqueuse Hermine de Clermont-Tonnerre.

Hermione

Dérivés : Hermiene, Herminia, Herminie
Fête : 4 septembre
Étymologie : du germanique *irmin*, « très grand »
Histoire : dans la Grèce Antique, Hermione était la fille du roi Ménélas et d'Hélène de Troie. C'était aussi le nom d'une cité. Ces dernières années, Hermione a bénéficié de l'effet *Harry Potter* puisque ce prénom a commencé à décoller juste après la sortie des premiers films de la saga, en 2001.
Caractère : raffinée, sensible, courageuse
Fréquence d'attribution : très rare
Évolution : en baisse
Année record : 2007
Célébrités : Hermione Granger, l'héroïne de la saga *Harry Potter*.

Herveline

Dérivé : Hervelyne, Hervée, Hervea
Étymologie : du celte *haer*, « fort » et *ber*, « ardent »
Histoire : ce prénom typiquement breton a été attribué assez régulièrement jusqu'en 1960. Depuis, les Herveline sont assez discrètes. Elles seraient près de 700.
Caractère : forte, énergique, directive
Fréquence d'attribution : très rare
Évolution : stable
Année record : 1921

Hiba

Dérivé : Hyba
Étymologie : de l'arabe « cadeau »
Histoire : connu depuis les années 80, Hiba plaît de plus en plus. Sa progression est fulgurante depuis 2005. Elle n'est pas loin de devenir populaire.
Caractère : sociable, loyale, généreuse

LA VOGUE ITALIENNE

Depuis l'an 2000, plus besoin d'avoir des racines italiennes pour appeler son enfant Mattéo, Angelo, Leandro ou Carla, Lina, Eva. En fait, ces prénoms répondent à plusieurs attentes des parents : ils sont courts et simples à retenir et ont des sonorités douces en « o » ou en « a ». Entre 2005 et 2008, on a donc connu une explosion de cette vague italienne, mais les prénoms espagnols ne sont pas en reste ! Parce qu'ils ont les mêmes sonorités, on trouve aussi beaucoup plus de Diego, Dario, Alvaro qu'avant... En France, actuellement 40 % des petites filles qui naissent ont un prénom qui se termine par un « a ». Et même si les cycles des prénoms sont de plus en plus courts (un prénom à la mode l'était pendant quarante ans auparavant, aujourd'hui c'est quinze ans maximum), on peut quand même penser qu'on n'en n'a pas fini avec ces prénoms en « o » et en « a » !

Fréquence d'attribution : très rare
Évolution : en hausse
Année record : 2010

☆☆☆ Hilda ☆☆☆

Dérivés : Hild, Hilde, Hildelita, Hildie, Hylda, Ida, Ilda, Idda, Yda, Ide
Fête : 17 novembre
Étymologie : du germanique *hilde*, « le combat »
Histoire : au VIIe siècle, sainte Hilda, abbesse de Whitby en Angleterre, contribua au ralliement des celtes à l'Église romaine. Plus courant en Allemagne, aux Pays-Bas et en Scandinavie qu'en France, Hilda, bien que peu commun, est régulièrement donné.
Caractère : élégante, exigeante, imprévisible
Fréquence d'attribution : très rare
Évolution : en hausse
Année record : 1927

☆☆☆ Hillary ☆☆☆

Dérivés : Hilary, Hilarie
Fête : 13 janvier
Étymologie : du latin *hillaris*, « gai »
Histoire : apparue, en France, depuis les années 90, Hillary reste, pour le moment, un prénom très rare. Elles seraient moins de 300.
Caractère : optimiste, ambitieuse, efficace
Fréquence d'attribution : très rare
Évolution : en baisse
Année record : 1998
Célébrités : la femme politique Hillary Clinton.

☆☆☆ Hina ☆☆☆

Dérivé : Yna, Ina
Étymologie : du nom d'une déesse tahitienne
Histoire : en tahitien, Hina est la déesse de la Lune. Arrivé en France dans les années 80, Hina plaît de plus en plus, sans doute pour ses sonorités douces en « i » et en « a ».
Caractère : curieuse, vive, originale

Fréquence d'attribution : très rare
Évolution : en hausse
Année record : 2010

☆☆☆ Hisaé ☆☆☆

Dérivés : Hisae, Isae
Étymologie : du japonais « qui vivra longtemps »
Histoire : ce prénom japonais connu seulement depuis 2005 en France, a énormément progressé ces dernières années. Il devrait plaire de plus en plus.
Caractère : équilibrée, attachée à sa famille, charismatique
Fréquence d'attribution : très rare
Évolution : en hausse
Année record : 2010

☆☆☆ Holly ☆☆☆

Dérivés : Hollie, Holie, Holy
Fête : 5 octobre
Étymologie : du vieil anglais *hollen*, « houx »
Histoire : venu des États-Unis dès les années 50, Holly devra attendre les années 90 pour être régulièrement attribué. Il reste un prénom extrêmement rare.
Caractère : humaine, idéaliste, volontaire
Fréquence d'attribution : très rare
Évolution : en hausse
Année record : 2010
Célébrité : l'actrice Holly Hunter.

☆☆☆ Honorine ☆☆☆

Dérivés : Honorée, Honora
Fête : 27 février
Étymologie : du latin *honoratus*, « honoré »
Histoire : sainte Honorine, religieuse du IVe siècle, donna son nom à la ville de Conflans-Sainte-Honorine. Un prénom de nouveau dans l'air du temps depuis 2000 et la vague des prénoms rétro.
Caractère : vive, altruiste, engagée
Fréquence d'attribution : très rare
Évolution : en baisse
Année record : 2000

☆☆☆ Hortense ☆☆☆

Dérivés : Hortence, Orthense, Hortensja, Hortenzia, Ortens, Ortensia
Fête : 11 janvier
Étymologie : du latin *hortus*, « le jardin »
Histoire : cet ancien prénom qui remonte au XVIIIe siècle existait bien avant la fleur du même nom. Couramment donné au début du XXe siècle, Hortense renoue avec le succès depuis les années 2000.
Caractère : joyeuse, courageuse, attentive
Fréquence d'attribution : très rare
Évolution : stable
Année record : 1901
Célébrités : Hortense de Beauharnais, « la reine Hortense ».

☆☆☆ Houria ☆☆☆

Dérivés : Houriya, Hourya, Ouria, Horya, Houriya, Horia
Étymologie : du persan, « feu » ou de l'arabe, « d'une grande beauté »
Histoire : apparu dans les années 50 en France, Houria reste un prénom peu courant.
Caractère : fiable, audacieuse, libre
Fréquence d'attribution : très rare
Évolution : en baisse
Année record : 1962

☆☆☆ Huberte ☆☆☆

Dérivés : Huberta, Hubertine
Fête : 3 novembre
Étymologie : du germanique *hug*, « intelligence » et *behrt*, « brillant »
Histoire : cette déclinaison féminine d'Hubert était populaire au début du siècle et a complètement disparu aujourd'hui.
Caractère : spirituelle, originale, brillante
Fréquence d'attribution : très rare
Évolution : stable
Année record : 1926

☆☆☆ Huguette ☆☆☆

Dérivé : Uguette
Fête : 1er avril
Étymologie : du germanique *hug*, « intelligence »
Histoire : cette variante féminine d'Hughes a connu un grand succès entre 1920 et 1950 lors de la mode des prénoms en « ette » (Ginette, etc). Il a quasiment disparu aujourd'hui. Les Huguette seraient plus de 60 000.
Caractère : ambitieuse, habile, sensible
Fréquence d'attribution : très rare
Évolution : stable
Année record : 1930
Célébrité : la femme politique Huguette Bouchardeau.

☆☆☆ Hyacinthe ☆☆☆

Dérivés : Yacinthe, Yacintha, Jacinthe, Jacinte, Jacinta
Fête : 17 août
Étymologie : grec *huakinthos*, du nom de la pierre précieuse « hyacinthe » et de la fleur, « jacinthe »
Histoire : à l'origine masculin (saint Hyacinthe fonda le couvent de Gdansk en Pologne au XIIIe siècle), Hyacinthe fait partie des prénoms du calendrier révolutionnaire. Elles seraient moins de 500.
Caractère : fine, joyeuse, adaptable
Fréquence d'attribution : très rare
Évolution : stable
Année record : 1903

I

☆☆☆ Ida ☆☆☆

Dérivés : Hilda, Ilda, Idda, Yda, Ide, Hilde, Idaia, Idda, Idalia, Idaline, Idy
Fête : 13 avril
Étymologie : du germanique idh, « celle qui travaille »
Histoire : au XIe siècle, sainte Ida a fondé de nombreuses abbayes, sur ses fonds propres. Venu d'Allemagne, Ida, qui est aussi un prénom traditionnel corse, était beaucoup plus donné au début du siècle qu'aujourd'hui. On en compterait 6000.
Caractère : vive, curieuse, indépendante
Fréquence d'attribution : très rare
Évolution : stable
Année record : 1908
Célébrités : la danseuse Ida Rubinstein.

☆☆☆ Ielena ☆☆☆

Dérivés : Yélèna, Yeleen, Yelen, Yeelen
Fête : 18 août
Étymologie : du grec *hélê*, « éclat du soleil »
Histoire : cette variante russe d'Hélène est très récente en France. On la rencontre seulement depuis 1997. Un prénom encore rarissime.
Caractère : sensible, audacieuse, dynamique
Fréquence d'attribution : en hausse
Évolution : très rare
Année record : 2006

☆☆☆ Ikram ☆☆☆

Dérivés : Ikrame, Icrame, Icram
Étymologie : de l'arabe, « déférence », « respect »
Histoire : arrivé en France dans les années 70, Ikram connaît une progression constante. Elle devrait encore continuer sa course. Les Ikram seraient près de 2000.
Caractère : douce, originale, enthousiaste
Fréquence d'attribution : très rare
Évolution : en hausse
Année record : 1972

☆☆☆ Ilana ☆☆☆

Dérivés : Ylana, Illana, Ylanna, Hilana, Hylana, Ilanna, Ilhana, Yllana, Ilanah
Fête : 26 novembre
Étymologie : de l'hébreu *ilan*, « arbre »
Histoire : cette version féminine d'Ilan ne caracole pas encore en tête des prénoms les plus donnés comme Ilan mais elle progresse sûrement et devrait continuer à séduire grâce à ses sonorités douces.
Caractère : secrète, optimiste, indépendante
Fréquence d'attribution : très rare
Évolution : en hausse
Année record : 2010
Célébrités : Ilana Verdansky, l'un des personnages de la série *Lost*.

☆☆☆ Iliana ☆☆☆

Dérivés : Ilyana, Yliana, Illyana, Illiana, Ilyanna, Ylliana, Hyliana, Ilianna, Iliane
Étymologie : de l'hébreu *Eliyahu*, « le Seigneur est mon Dieu »
Histoire : cette déclinaison d'Ilian est plus répandue dans les pays de l'Est et aux États-Unis qu'en France. Mais, depuis 2000, elle progresse de façon spectaculaire.
Caractère : sérieuse, intuitive, fiable
Fréquence d'attribution : très rare
Évolution : en hausse
Année record : 2009
Célébrités : la comédienne Iliana Zabeth.

☆☆☆ Ilona ☆☆☆

Dérivés : Ylona, Illona, Ilonna, Yllona, Ylonna, Hylona, Ilhona, Illhona, Ylona, Ilouna, Liona
Fête : 18 août
Étymologie : du grec *hélê*, « éclat du soleil »
Histoire : cette variante hongroise d'Hélène apparue en France en 1925 resta très longtemps dans l'ombre. Puis, quelques temps après la naissance d'Ilona Smet (la fille d'Estelle Lefébure et de David Hallyday), en 1995, elle devint très populaire.
Caractère : sensible, discrète, généreuse
Fréquence d'attribution : rare
Évolution : stable
Année record : 2004
Célébrités : le mannequin Ilona Smet, la chanteuse Ilona Mitrecey.

☆☆☆ Imane ☆☆☆

Dérivés : Iman, Imen, Imene, Imanne, Ymane, Imane, Imani, Imany, Yman, Imaan, Himane, Imanne, Imman, Imann
Étymologie : de l'arabe, « qui a la foi »
Histoire : ce prénom, qui n'est pas sans rappeler l'imam, celui qui dans la religion musulmane dirige la prière, connaît une forte croissance depuis les années 70. Elles seraient près de 9000.
Caractère : bienveillante,
Fréquence d'attribution : rare
Évolution : en baisse
Année record : 2002

☆☆☆ Inaya ☆☆☆

Dérivés : Inaia, Inaïa, Inayah, Innaya, Hinaya
Fête : 7 février
Étymologie : de l'arabe *inaya*, « attention », « sollicitude »
Histoire : attribué depuis la fin des années 90 en France, Inaya est devenu très apprécié en moins de dix ans et devrait continuer sur sa lancée ces prochaines années.
Caractère : curieuse, courageuse, volontaire
Fréquence d'attribution : répandu
Évolution : en hausse
Année record : 2010
Célébrités : la chanteuse Inaya Day.

☆☆☆ India ☆☆☆

Dérivés : Indie, Indy, Indiana, Indya
Étymologie : du fleuve indien, l'Indus
Histoire : venu des colonies indiennes, ce prénom britannique recensé depuis le XIXe siècle est arrivé en France dans les années 80. Il reste très peu attribué pour le moment.
Caractère : spontané, malicieuse, affirmée
Fréquence d'attribution : très rare
Évolution : en baisse
Année record : 2006

☆☆☆ Indira ☆☆☆

Dérivés : Indra, Indrani, Indrany
Étymologie : du sanscrit, « beauté »
Histoire : dérivé d'Indra, Dieu de la foudre, des orages et de la pluie dans la mythologie hindoue, Indira est connu depuis les années 70. Elles seraient près de 500.
Caractère : indépendante, vive, originale
Fréquence d'attribution : très rare
Évolution : en baisse
Année record : 2005
Célébrités : la femme politique Indira Gandhi.

☆☆☆ Inès ☆☆☆

Dérivés : Inës, Iness, Inesse, Ynès, Yness, Ynesse
Fête : 10 septembre
Étymologie : du grec *agné*, « chaste », « pure » ou de l'arabe *ines*, « sympathique »
Histoire : cette variante espagnole d'Agnès a commencé à plaire aux Français en 1985 alors qu'Inès de La Fressange était l'égérie de Chanel. Depuis, c'est le cinquième prénom féminin préféré des Français. On en compte plus de 80 000.
Caractère : douce, fiable, généreuse
Fréquence d'attribution : très répandue
Évolution : en hausse
Année record : 2010
Célébrités : le mannequin Inès de La Fressange.

☆☆☆ Ingrid ☆☆☆

Dérivés : Inger, Ingerld
Fête : 2 septembre
Étymologie : du scandinave *Ing*, « Dieu de la fertilité » et *rig*, « cavalier » : « cavalier du Dieu Ing »
Histoire : petite fille du roi de Suède, sainte Ingrid créa un couvent dans son pays au XIIIe siècle. Venue de Scandinavie, Ingrid connut un boom dans les années 80-90. Elle est aujourd'hui en perte de vitesse.
Caractère : spirituelle, philosophe, perspicace
Fréquence d'attribution : très rare
Évolution : en baisse
Année record : 1976
Célébrités : les actrices Ingrid Bergman et Ingrid Chauvin.

☆☆☆ Iphigénie ☆☆☆

Dérivés : Iphigéni, Ifigénie
Fête : 9 juillet
Étymologie : du grec *iphi*, « vaillamment » et *genos*, « naissance » : « courageuse »
Histoire : dans la mythologie grecque, Iphigénie est la fille d'Agamemnon et de Clytemnestre. Elle fut sauvée par Artémis qui la remplaça par une biche au moment de son sacrifice. Un prénom encore peu commun en France.
Caractère : exigeante, loyale, ambitieuse
Fréquence d'attribution : très rare
Évolution : en baisse
Année record : 2008
Célébrités : *Iphigénie*, héroïne de la tragédie éponyme de Racine.

☆☆☆ Irène ☆☆☆

Dérivés : Irene, Iren, Irénée, Irina, Eirina, Erena, Iréna, Irenne, Yrene
Fête : 5 octobre
Étymologie : du grec *eirênê*, « la paix »
Histoire : connu depuis Irène l'Athénienne, une impératrice prête à tout pour faire régner la paix au VIIIe siècle, ce prénom se propagea dans le monde entier au XIXe. En France, il eut du succès jusqu'en 1960. Il n'est presque plus donné.
Caractère : sage, bienveillante, émotive
Fréquence d'attribution : très rare
Évolution : en baisse
Année record : 1930
Célébrités : la chanteuse Irene Cara ; l'auteur Irène Frain.

☆☆☆ Iris ☆☆☆

Dérivés : Iriss, Irys, Iréa, Irès, Yris, Iria
Fête : 4 septembre
Étymologie : du grec *iridos*, « arc-en-ciel »
Histoire : dans la mythologie grecque, l'arc-en-ciel est la trace du pied d'Iris, la messagère des Dieux, descendant sur la Terre. Un prénom qui plaît de plus en plus. On en compte environ 8000.
Caractère : affectueuse, douce et optimiste.
Fréquence d'attribution : rare
Évolution : en hausse
Année record : 2010
Célébrités : Iris Mittenaere, Miss France 2016 ; la styliste Iris Apfel.

☆☆☆ Irma ☆☆☆

Dérivés : Hirma, Irme, Irmela, Irmeline, Irmine
Fête : 9 juillet
Étymologie : du germanique *irmin*, « énorme », « majestueux »
Histoire : redécouvert au XIXe siècle, ce prénom médiéval fut surtout attribué au début du XXe siècle. Il ne cesse de chuter depuis.
Caractère : énergique, indépendante, curieuse
Fréquence d'attribution : très rare
Évolution : en baisse
Année record : 1901
Célébrités : *Irma la douce*, l'héroïne de la comédie musicale du même nom.

Isabelle

Dérivés : Isabel, Isa, Isabeau, Isabella, Isabela, Izabel, Ysabel, Isabella, Isabela, Izabela, Izabella, Izabelle, Ysabelle, Isabele
Fête : 22 février
Étymologie : variante d'Élisabeth, de l'hébreu *elischeba*, « Dieu est mon serment »
Histoire : sœur du roi saint Louis, Isabelle fit bâtir un couvent à Longchamp au XIIIe siècle. Prénom médiéval par excellence, Isabelle connut un boom entre 1960 et 1980 avec plus de 6000 naissances par an. Elles seraient près de 400 000.
Caractère : idéaliste, sensible, généreuse
Fréquence d'attribution : très rare
Évolution : en baisse
Année record : 1965
Célébrités : l'actrice Isabelle Adjani ; la chanteuse Isabelle Boulay.

Isadora

Dérivés : Isidora, Isidaura, Isidorine
Fête : 4 avril
Étymologie : du grec *isidôres*, « don d'Isis »
Histoire : ce féminin d'Isidore est arrivé en France dans les années 70. Il est plus courant en Espagne et au Portugal qu'en France, où il reste encore peu commun.
Caractère : sincère, exigeante, engagée
Fréquence d'attribution : très rare
Évolution : stable
Année record : 2006
Célébrités : la danseuse Isadora Duncan.

Isaline

Dérivés : Ysaline, Isalyne, Izaline, Isalia, Isolina, Izaline
Fête : 22 février
Étymologie : déclinaison d'Isabelle, lui-même dérivé d'Élisabeth, de l'hébreu *elischeba*, « Dieu est mon serment »
Histoire : réapparu dans les années 70, Isaline trouve un nouveau souffle depuis les années 2000. Elle ne cesse de progresser et devrait encore plaire dans le futur.
Caractère : consciencieuse, sensible, passionnée
Fréquence d'attribution : très rare
Évolution : en hausse
Année record : 2006

Isaure

Dérivés : Ysaure, Isaura, Isaurie, Isore
Fête : 17 juin
Étymologie : du grec *isaura*, habitante d'une ville d'Asie Mineure
Histoire : redécouvert depuis 1980, Isaure est un prénom très ancien (issu du nom d'une région d'Asie Mineure) en passe de devenir populaire.
Caractère : perfectionniste, indépendante, attachée à sa famille
Fréquence d'attribution : très rare
Évolution : en hausse
Année record : 2008
Célébrités : l'écrivain Isaure de Saint-Pierre.

Isée

Dérivés : Ysee, Yzea, Isea, Ysea
Étymologie : du nom de l'orateur grec Isée
Histoire : orateur grec du IVe siècle av. J.-C., Isée fut célèbre pour ses plaidoiries. Apparu à la fin des années 90, Isée connaît une croissance régulière. Elles seraient 160.
Caractère : fiable, intuitive, déterminée
Fréquence d'attribution : très rare
Évolution : en hausse
Année record : 2009

Isis

Dérivés : Ysis, Isys, Izie
Fête : 28 mars
Étymologie : du grec *esi*, « souveraine »
Histoire : dans la mythologie égyptienne, Isis est une déesse très importante qui protège les pharaons. Elle est considérée comme leur mère. Ce prénom est en forte croissance.
Caractère : généreuse, sociable, loyale
Fréquence d'attribution : très rare
Évolution : en hausse
Année record : 2009
Célébrités : la chanteuse Isis Gee.

LE PRÉNOM, UN MARQUEUR SOCIAL ?

Dans les années 1950, même si le monde rural choisissait les prénoms à la mode cinq ans plus tôt, la population partageait un même ensemble de prénoms et ceux-ci rassemblaient plus qu'ils ne divisaient. Aujourd'hui, les choix sont cloisonnés et clivants. Parce qu'ils peuvent rappeler une origine étrangère (les projets de lois sur les CV anonymes l'évoquent indirectement). Mais surtout parce qu'ils deviennent des marqueurs sociaux très nets : plus un enfant naît dans une catégorie sociale défavorisée, plus son prénom sera lié aux programmes télévisés ou s'affichera comme atypique et volontairement singulier (totalement inventé ou avec une orthographe modifiée). Certains prénoms ne seront jamais choisis par les catégories les plus éduquées, et d'autres jamais pris par ceux qui n'ont aucun diplôme – ce qui catalogue l'enfant et peut lui nuire plus tard. À tel point que des parents de classe moyenne cherchent maintenant pour leur bébé des prénoms pouvant s'intégrer dix-huit ans plus tard dans les parcours d'excellence des grandes écoles ! Parce qu'il veut afficher une singularité, manifester qu'il est unique, jouer avec les lettres et l'orthographe ou copier le héros de la dernière série TV, le choix d'un prénom cesse d'être un moment de choix joyeux en famille pour devenir la première ligne du CV d'un futur adulte... qui bénéficiera ou subira les choix plus ou moins heureux de ses parents.

Quelques conseils : évitez de modifier l'orthographe d'un prénom courant ; si les prénoms intemporels vous semblent trop classiques, puisez dans leurs variantes venues d'ailleurs ou dans les prénoms régionaux ; si vous voulez inventer un prénom, parlez-en dans votre entourage avant la naissance : quelqu'un peut faire une remarque judicieuse sur l'image bonne ou mauvaise que peut donner la sonorité envisagée...

☆☆☆ Isolde ☆☆☆

Dérivés : Isold, Izold, Izolda
Fête : 22 février
Étymologie : du celte « belle »
Histoire : cette variante d'Iseult a déjà eu du succès dans les années 40. Il faudra ensuite attendre les années 90 pour retrouver des traces d'Isolde qui reste, pour le moment, un prénom original. Elles seraient une centaine.
Caractère : émotive, créative, ambitieuse
Fréquence d'attribution : très rare
Évolution : stable
Année record : 1943
Célébrités : la skieuse Isolde Kostner.

☆☆☆ Ivy ☆☆☆

Dérivés : Ivie, Iva, Yva
Étymologie : de l'anglais, « lierre »
Histoire : après une courte percée en 1975, ce prénom très courant en Angleterre est revenu en France en 2004. Il est en progression. Les Ivy seraient actuellement 200.
Caractère : fidèle, intuitive, adaptable
Fréquence d'attribution : très rare
Évolution : stable
Année record : 2006

☆☆☆ Izia ☆☆☆

Dérivés : Isia, Izïa, Izya, Iscia, Hizia, Hizya, Hiziya, Issia
Étymologie : du grec *esi*, « souveraine »
Histoire : attribué depuis 2003 seulement, ce nouveau prénom est en train de véritablement décoller. La notoriété de la chanteuse Izïa, la fille de Jacques Higelin n'y est sans doute pas étrangère On en dénombrerait 1 000.
Caractère : réfléchie, généreuse, utopiste
Fréquence d'attribution : très rare
Évolution : en hausse
Année record : 2010
Célébrités : la chanteuse Izïa Higelin.

J

☆☆☆ Jacky (mixte) ☆☆☆

Dérivés : Jackye, Jakie, Jacquie, Jackie
Fête : 8 février
Étymologie : de l'hébreu *yaacov*, « Dieu protège »
Histoire : ce prénom mixte, plus courant chez les garçons (60 000) que chez les filles (1 500), a connu son âge d'or entre 1940 et 1960. Il a presque disparu aujourd'hui.
Caractère : courageuse, dynamique, active
Fréquence d'attribution : très rare
Évolution : stable
Année record : 1947
Célébrités : *Jackie Brown*, l'héroïne du film de Tarentino ; la première dame Jackie Kennedy (de son vrai nom Jacqueline)

☆☆☆ Jacqueline ☆☆☆

Dérivés : Jackaleen, Jackalyn, Jackleen, Jeacquelyne, Jacquine, Jacquemine, Jaqueline, Jacquelina, Jacquelène
Fête : 8 février
Étymologie : de l'hébreu *yaacov*, « Dieu protège »
Histoire : apparu en Italie, au XIe siècle sous la forme de Giacomina, Jacqueline arrive en Allemagne et en Angleterre au XVe siècle avant de conquérir la France entre 1920 et 1960. Elles seraient plus de 280 000.
Caractère : énergique, fine, originale
Fréquence d'attribution : très rare
Évolution : en baisse
Année record : 1946
Célébrités : la comédienne Jacqueline Bisset.

☆☆☆ Jade ☆☆☆

Dérivés : Jada, Jahde, Jhade, Jaden, Jeanne, Jhade
Fête : 29 juin
Étymologie : de l'espagnol *ljada*, « pierre de jade »
Histoire : Jade a commencé à prendre son envol dans les années 80, peu après la naissance de la fille de Mick Jagger. Extrêmement populaire (chaque année plus de 4 000 petites filles sont appelées ainsi), c'est le septième prénom préféré des Français.
Caractère : calme, juste, passionnée
Fréquence d'attribution : très répandu
Évolution : en hausse
Année record : 2009
Célébrités : le mannequin Jade Foret ; Jade Hallyday, la fille de Johnny ; l'actrice Jada Pinkett Smith.

☆☆☆ Jaimie ☆☆☆

Dérivé : Jamie
Fête : 8 février
Étymologie : de l'hébreu *yaacov*, « Dieu protège »
Histoire : d'origine anglo-saxonne, cette forme féminine de James est attribuée en France depuis la fin des années 70, ce qui correspond exactement à la diffusion de la série télé *Super Jaimie*. Un prénom encore peu commun encore aujourd'hui.
Caractère : intuitive, fidèle, adaptable
Fréquence d'attribution : très rare
Évolution : stable
Année record : 1987
Célébrités : l'héroïne de la série *Super Jaimie*.

☆☆☆ Jana ☆☆☆

Dérivés : Janna, Jane, Jannah, Janah, Jann, Jahna, Janna, Janka, Juana
Fête : 30 mai
Étymologie : de l'hébreu *yohanân*, « Dieu fait grâce »
Histoire : cette variante plus moderne de Jeanne connaît un succès assez spectaculaire depuis les années 2000. Elles seraient déjà près de 1 000.
Caractère : ambitieuse, habile, forte
Fréquence d'attribution : très rare
Évolution : en hausse
Année record : 2010
Célébrité : Jana Fisher, personnage de la série *Les Feux de l'Amour*.

☆☆☆ Janelle ☆☆☆

Dérivés : Janel, Janele
Fête : 30 mai
Étymologie : de l'hébreu *yohanân*, « Dieu fait grâce »
Histoire : très courant dans les pays anglo-saxons, Janelle est moins connu en France. En forte progression depuis les années 2000. Elles seraient environ 1 500.
Caractère : généreuse, joyeuse, audacieuse
Fréquence d'attribution : très rare
Évolution : en hausse
Année record : 2007
Célébrités : Janelle, l'une des filles de la chanteuse Axelle Red.

☆☆☆ Jasmine ☆☆☆

Dérivés : Jasmina, Jasmin, Jasmyne, Jasmée, Yasmine, Yasmina
Fête : 5 octobre
Étymologie : du perse *yâsamin*, « jasmin »
Histoire : depuis la fin des années 90 et la sortie du Disney *Aladdin* dont l'héroïne s'appelle Jasmine, ce prénom plaît de plus en plus. Elles seraient près de 7 000.
Caractère : sage, maternelle, déterminée
Fréquence d'attribution : rare
Évolution : en hausse
Année record : 2005
Célébrités : l'actrice de la série *Vampire Diaries*, Jasmine Guy ; l'auteur Yasmina Reza.

☆☆☆ Janis ☆☆☆

Dérivés : Janice, Janyce, Janisse, Jannice
Fête : 30 mai
Étymologie : de l'hébreu *yohanân*, « Dieu fait grâce »
Histoire : redécouvert dans les années 90, Janis est un prénom anglais rendu célèbre par l'auteur-compositeur Janis Joplin. Elles seraient près de 600.
Caractère : ambitieuse, passionnée, forte
Fréquence d'attribution : très rare
Évolution : en baisse
Année record : 2009
Célébrités : la chanteuse Janis Joplin ; la petite amie de Chandler dans la série *Friends*.

☆☆☆ Jeanne ☆☆☆

Dérivés : Jehanne, Jeannie, Jane, Jeane, Jehane, Jeanna, Jeany, Jeanny, Janny, Jany
Fête : 30 mai
Étymologie : de l'hébreu *yohanân*, « Dieu fait grâce »
Histoire : Jeanne a connu plusieurs vagues de succès, et ce dès le Moyen Âge. En 1920, on alla jusqu'à attribuer à plus de 16 000 petites filles par an le prénom Jeanne. C'est l'un des dix prénoms les plus donnés à Paris. On en compte près de 200 000.
Caractère : engagée, persévérante, fiable
Fréquence d'attribution : très répandu
Évolution : stable
Année record : 1920
Célébrités : Jeanne d'Arc ; l'actrice Jeanne Moreau.

☆☆☆ Jennifer ☆☆☆

Dérivés : Jennyfer, Jenifer, Jenyfer, Jeniffer, Jenniffer, Djennifer, Jennyfer
Fête : 3 janvier
Étymologie : du gallois *gwenhwyfar*, « silhouette blanche »
Histoire : ce prénom qui descend du médiéval Guenièvre a connu un boom entre 1980 et 1990 allant jusqu'à plus de 6 000 naissances par an.
Caractère : rêveuse, douce, déterminée
Fréquence d'attribution : très rare
Évolution : stable
Année record : 1985
Célébrités : la chanteuse Jenifer ; la tenniswoman Jennifer Capriati.

Jenny

Dérivé : Jennie
Fête : 3 janvier
Étymologie : variante de Jennifer, du gallois *gwenhwyfar*, « silhouette blanche »
Histoire : venu d'Angleterre, Jenny commença à décoller en France dans les années 70. Moins populaire que dans les années 80, Jenny résiste bien. Elles seraient 7 000.
Caractère : douce, optimiste, enthousiaste
Fréquence d'attribution : rare
Évolution : en baisse
Année record : 1981
Célébrités : l'animatrice de télévision Jenny McCarthy ; Jenny l'amie de Forrest dans *Forrest Gump*.

Jéromine

Dérivés : Geromina, Gerry, Girometta, Jermina, Jeromia
Fête : 30 septembre
Étymologie : du grec *hieros*, « sacré » et *onoma*, « nom » : « nom sacré »
Histoire : cette version féminine de Jérôme a connu un pic en 1990. Depuis, il reste assez irrégulièrement attribué. On en dénombrerait près de 1 000.
Caractère : fine stratège, volontaire, déterminée
Fréquence d'attribution : très rare
Évolution : en baisse
Année record : 1990
Célébrités : la skieuse Jéromine Géroudet.

Jessica

Dérivés : Jessyca, Jessika, Jessyka, Jessicka, Jesica
Fête : 4 novembre
Étymologie : de l'hébreu *yichaï*, « cadeau »
Histoire : c'est Shakespeare qui utilisa le premier ce prénom pour l'une de ses héroïnes dans sa pièce *Le Marchand de Venise*. En France, Jessica connut un vrai succès dans les années 80 avec jusqu'à 5 000 attributions par an. Elles seraient 70 000.
Caractère : séductrice, secrète, fiable
Fréquence d'attribution : très rare
Évolution : en baisse
Année record : 1982
Célébrités : les actrices Jessica Alba et Jessica Lange.

Jessie (mixte)

Dérivés : Jesse, Jess, Jessi, Jessia, Jessye, Djessy
Fête : 4 novembre
Étymologie : de l'hébreu *yichaï*, « cadeau »
Histoire : venu d'outre-Atlantique Jessie s'est implanté en France dans les années 70. Il reste un prénom rarissime.
Caractère : pudique, sérieuse, épicurienne
Fréquence d'attribution : très rare
Évolution : en baisse
Année record : 1987
Célébrités : *Jessie*, l'héroïne du roman éponyme de Stephen King.

Jezabel

Dérivés : Jésabel, Jézabelle, Jésabelle
Fête : 17 décembre
Étymologie : de l'hébreu, « impassible »
Histoire : d'origine anglo-saxone, Jezabel n'a pour l'instant pas trouvé écho en France. Elles seraient moins de 500.
Caractère : organisée, fine, diplomate
Fréquence d'attribution : très rare
Évolution : en hausse
Année record : 1972

Jihane

Dérivés : Jihan, Jihanne, Jihène, Jinane
Étymologie : de l'arabe, « la vie sur terre »
Histoire : apparu dans les années 70, ce prénom arabe d'origine perse connaît un certain succès ces dernières années. Elles seraient environ 2000.
Caractère : loyale, conciliante, idéaliste
Fréquence d'attribution : très rare
Évolution : en hausse
Année record : 2010

Jill

Dérivés : Jil, Jilly, Djill
Fête : 1er septembre

Étymologie : du nom d'une famille romaine qui disait descendre du fils d'Énée, Iule.
Histoire : plus courant en Angleterre et aux Pays-Bas qu'en France, Jill reste un prénom peu commun. Elles seraient environ 600.
Caractère : indépendante, sage, curieuse
Fréquence d'attribution : très rare
Évolution : stable
Année record : 1989
Célébrités : la chanteuse Jil Caplan.

☆☆☆ Joachime ☆☆☆

Dérivés : Joachim, Joakim, Joaquim, Joackim, Johakim, Joakym, Joacquim, Joakima, Joaquina
Fête : 26 juillet
Étymologie : de l'hébreu *yehoyagim*, « Iahvé met debout »
Histoire : rarissime, Joachime a très peu été attribué au féminin depuis le début du XXe siècle. Depuis 1960, il n'est même plus recensé chez les petites filles.
Caractère : énergique, courageuse, libre
Fréquence d'attribution : très rare
Évolution : stable
Année record : 1926

☆☆☆ Jocelyne ☆☆☆

Dérivés : Josceline, Joscelyne, Joceline, Josselyne, Joseline, Joselyne, Josseline
Fête : 13 décembre
Étymologie : du germanique *ing*, « fils, fille de » et *Gauz*, un dieu païen ancêtre des Goths
Histoire : féminin de Josselin, issu de saint Josse, fils du roi breton Judhaël qui, au VIIe siècle, refusa le trône et préféra s'installer comme ermite en Picardie. Jocelyne connut son âge d'or entre 1940 et 1970. Elles seraient près de 100 000.
Caractère : vive, sympathique, raisonnable
Fréquence d'attribution : très rare
Évolution : en baisse
Année record : 1954
Célébrités : la chanteuse Jocelyne Béroard, membre du groupe Kassav'.

☆☆☆ Jocya ☆☆☆

Dérivés : Jocia, Jocie
Fête : 13 décembre
Étymologie : du germanique *ing*, « fils, fille de » et *Gauz*, un dieu païen ancêtre des Goths
Histoire : attribué depuis 1965, Jocya reste un prénom très peu courant. Elles seraient seulement 300.
Caractère : intègre, altruiste, dévouée
Fréquence d'attribution : très rare
Évolution : stable
Année record : 1968

☆☆☆ Jodie ☆☆☆

Dérivés : Joddie, Jody
Fête : 5 mai
Étymologie : de l'hébreu *yehouda*, « je remercierai Dieu » : « louée », « félicitée »
Histoire : à l'origine diminutif anglo-saxon de Judith, Jodie trouva sa place comme prénom à part entière dans les années 70. Après un pic en 1998 avec 120 naissances cette année là, elle est moins populaire aujourd'hui.
Caractère : éloquente, volontaire, créative
Fréquence d'attribution : très rare
Évolution : en baisse
Année record : 1988
Célébrités : la comédienne Jodie Foster.

☆☆☆ Joëlle ☆☆☆

Dérivés : Joële, Joéla, Joélina, Joélie, Joéline, Joély, Joélyne
Fête : 13 juillet
Étymologie : de l'hébreu *yô'el*, « Yahvé est Dieu » ou « Seigneur Dieu »
Histoire : ce féminin de Joël est bien plus récent que son homologue masculin connu dès le vᵉ siècle av. J.-C. (c'est l'un des douze « petits » prophètes de la Bible). Alors que les Joëlle sont près de 90 000, ce prénom est aujourd'hui complètement tombé dans l'oubli.
Caractère : mystérieuse, lunatique, loyale
Fréquence d'attribution : très rare
Évolution : en baisse
Année record : 1952
Célébrités : Joëlle Mogensen, la chanteuse du groupe Il était une fois ; l'auteur Joëlle Goron.

☆☆☆ Johanna ☆☆☆

Dérivés : Joana, Joanna, Johana
Fête : 30 mai
Étymologie : de l'hébreu *yohanân*, « Dieu fait grâce »
Histoire : variante de Jeanne, ce prénom fut très populaire entre 1980 et 2000. Il l'est un peu moins aujourd'hui. On en compterait près de 25 000.
Caractère : originale, structurée, généreuse
Fréquence d'attribution : très rare
Évolution : stable
Année record : 1993
Célébrités : l'écrivain Johanna Spyri, auteur du roman *Heidi*.

☆☆☆ Jordane ☆☆☆

Dérivés : Jordane, Jordanne, Jordana, Jordanna, Jordaine
Fête : 15 février
Étymologie : de l'hébreu *yarden*, « Jourdain », du nom du fleuve qui coule en Palestine
Histoire : pour baptiser les enfants, de l'eau du Jourdain fut ramenée des croisades. D'où le prénom Jourdain qui donna Jordane, encore peu courant. Elles seraient 1 500.
Caractère : vive, engagée, ambitieuse
Fréquence d'attribution : très rare
Évolution : en baisse
Année record : 1989

☆☆☆ José (mixte) ☆☆☆

Dérivé : Josée
Fête : 19 mars
Étymologie : de l'hébreu *yosseph*, « Dieu ajoutera »
Histoire : très répandu entre 1960 et 1970, José a pris la suite de Josiane qui avait elle-même démodé Joséphine. Un prénom aujourd'hui tombé dans l'oubli.
Caractère : sensible, sérieuse, exigeante
Fréquence d'attribution : très rare
Évolution : en baisse
Année record : 1956
Célébrités : la réalisatrice Josée Dayan.

☆☆☆ Joséphine ☆☆☆

Dérivés : Joséfine, Joséphina, Joséfina
Fête : 19 mars
Étymologie : de l'hébreu *yosseph*, « Dieu ajoutera »
Histoire : ce féminin de Joseph extrêmement populaire au début du xxᵉ siècle signe son retour depuis les années 90. Elles seraient plus de 30 000.
Caractère : douce, fine et forte
Fréquence d'attribution : rare
Évolution : stable
Année record : 1902
Célébrités : l'impératrice Joséphine de Beauharnais ; la chanteuse Joséphine Baker.

☆☆☆ Josiane ☆☆☆

Dérivés : Josianne, Josanne, Josine, Josyane, Josette
Fête : 19 mars
Étymologie : de l'hébreu *yosseph*, « Dieu ajoutera »
Histoire : très populaire entre 1940 et 1960 avec près 7 000 naissances par an, Josiane détrôna Joséphine. Bien qu'elles soient plus de 110 000, ce prénom a quasiment disparu des registres de naissances actuels.
Caractère : énergique, drôle, optimiste
Fréquence d'attribution : très rare
Évolution : stable
Année record : 1948
Célébrités : la comédienne Josiane Balasko.

☆☆☆ Joy ☆☆☆

Dérivé : Joyce
Fête : 18 août
Étymologie : de l'anglais, *joy*, « la joie »
Histoire : apparu dès le Moyen Âge en Grande-Bretagne, notamment pour sa version masculine, Joy reste un prénom exceptionnel en France. Elles seraient environ 3 000.
Caractère : appliquée, organisée, originale
Fréquence d'attribution : très rare
Évolution : en hausse
Année record : 1992
Célébrités : Joy, l'une des filles de l'actrice Marlène Jobert ; la chanteuse Joyce Johnatan ; le personnage du film éponyme avec Jennifer Lawrence.

☆☆☆ Judicaëlle ☆☆☆

Dérivés : Judikaelle, Judicaele
Fête : 16 décembre
Étymologie : du vieux breton *lud*, « seigneur », et *hael*, « généreux »
Histoire : féminin de Judicaël, qui était l'un des principaux rois de Bretagne au VIIe siècle. Ce prénom qui apparut dans les années 70 revient timidement aujourd'hui.
Caractère : audacieuse
Fréquence d'attribution : très rare
Évolution : en hausse
Année record : 1996

☆☆☆ Judith ☆☆☆

Fête : 5 mai
Étymologie : de l'hébreu *yehouda*, « je remercierai Dieu » : « louée », « félicitée »
Histoire : religieuse allemande au XIIIe siècle, sainte Judith qui fut veuve très jeune vendit tous sens biens pour se consacrer aux bonnes œuvres. D'abord courant en Allemagne, Judith connut un pic dans les années 70 en France.
Caractère : sensible, dévouée, idéaliste
Fréquence d'attribution : très rare
Évolution : stable
Année record : 1970
Célébrités : l'actrice Judith Godrèche.

☆☆☆ Julia ☆☆☆

Dérivés : Julya, Jullia, Guillia
Fête : 8 avril
Étymologie : du nom d'une famille romaine qui disait descendre du fils d'Énée, Iule
Histoire : connu dès l'Antiquité, Julia a été redécouvert dans les années 80. Alors qu'en Angleterre, aux États-Unis et en Espagne, Julia est très populaire, elle l'est un peu moins en France. Les Julia seraient tout de même près de 40 000.
Caractère : affirmée, déterminée, ambitieuse
Fréquence d'attribution : répandu
Évolution : en hausse
Année record : 2010
Célébrités : l'actrice Julia Roberts.

☆☆☆ Julie ☆☆☆

Fête : 8 avril
Étymologie : du nom d'une famille romaine qui disait descendre du fils d'Énée, Iule
Histoire : depuis 1980, naissent plus de 2 000 petites Julie par an. Un classique qui semble résister au temps puisque ce prénom a été porté par de nombreuses saintes depuis le IIIe siècle.
Caractère : épicurienne, réaliste, raisonnable
Fréquence d'attribution : très répandue
Évolution : en baisse
Année record : 1987
Célébrités : la chanteuse Julie Zenatti ; l'actrice Julie Depardieu.

☆☆☆ Juliette ☆☆☆

Dérivés : Juliet, Julietta
Fête : 30 juillet
Étymologie : du nom d'une famille romaine qui disait descendre du fils d'Énée, Iule
Histoire : rendue célèbre au XVIe siècle par William Shakespeare avec sa pièce *Roméo et Juliette*, Juliette est aujourd'hui le douzième prénom préféré des Français. Elles seraient 91 000.
Caractère : pratique, sensible, optimiste
Fréquence d'attribution : très répandu
Évolution : en hausse
Année record : 2000
Célébrités : les chanteuses Juliette et Juliette Gréco ; l'actrice Juliette Binoche.

☆☆☆ July ☆☆☆

Dérivés : Jully
Fête : 8 avril
Étymologie : du nom d'une famille romaine qui disait descendre du fils d'Énée, Iule ou de l'anglais, « juillet »
Histoire : ce prénom, qui est la version américaine de Julie (et qui désigne aussi le mois de juillet), est apparu en France dans les années 70. Il reste exceptionnel.
Caractère : indépendante, affirmée, courageuse
Fréquence d'attribution : très rare
Évolution : en baisse
Année record : 1996

☆☆☆ June ☆☆☆

Dérivés : Juna, Junie, Juno
Étymologie : de l'anglais, « juin », le mois de juin se nommant ainsi en l'honneur de Junon, déesse romaine du mariage et des femmes,
Histoire : connue en Angleterre depuis 1920, June ne décolle en France que depuis les années 2 000. Comme April et May, ce prénom rend hommage à un mois du printemps.
Caractère : aventurière, dynamique, sûre d'elle
Fréquence d'attribution : très rare
Évolution : en hausse
Année record : 2010
Célébrités : la chanteuse June Carter et épouse de Johnny Cash.

☆☆☆ Justine ☆☆☆

Dérivés : Justyne, Justina
Fête : 12 mars
Étymologie : du latin *justus*, « juste », « qui respecte le droit »
Histoire : rendu célèbre au XVIIIe siècle grâce au Marquis de Sade qui l'attribua à l'un de ses personnages, Justine traversa les époques. Son succès reprit dans les années 90. On en dénombrerait plus de 80 000.
Caractère : habile, organisée, sincère
Fréquence d'attribution : répandu
Évolution : en baisse
Année record : 1992
Célébrités : la romancière Justine Levy.

RACONTER LE CHOIX

Il est important de raconter aux enfants l'origine de leur prénom et les raisons du choix : cela permet aux petits de s'inscrire dans une histoire familiale, ils comprennent qu'ils étaient attendus, et qu'on pensait à eux bien avant leur naissance.
Quand ils grandissent, on peut aussi leur expliquer la signification étymologique de leur prénom – que vous pouvez trouver au fil des pages de ce livre. Elle est à la fois le rappel de l'origine linguistique et d'une histoire qui dépasse celle de la famille.
L'enfant est souvent très fier de connaître ce sens, surtout s'il est mystérieux ou décalé par rapport à la signification apparente : Agathe semble renvoyer à la pierre précieuse alors que ce prénom vient du grec *agathê* et signifie « bon et généreux » ; Marguerite n'évoque pas la fleur mais veut dire « la perle » en grec...

K

☆☆☆ Kahina ☆☆☆

Dérivés : Kaina, Kayna, Chaina, Kahyna, Chayna, Chaines, Khaina, Chahina, Chaynes, Chahines, Caina, Cahina
Étymologie : de l'hébreu, « prêtresse »
Histoire : au VIIe siècle, Kahina était une Kabyle qui lutta contre l'invasion arabe. Kahina croît régulièrement depuis les années 70. Elle devrait encore continuer à progresser. Elles seraient 3 000.
Caractère : sensible, habile, ambitieuse
Fréquence d'attribution : très rare
Évolution : en hausse
Année record : 2006

☆☆☆ Kaori ☆☆☆

Étymologie : du japonais *ka*, « parfum » et *ori*, « tissu brodé »
Histoire : ce prénom japonais recensé en France depuis 2004 seulement est encore extrêmement rare. Elles seraient un peu moins de 100.
Caractère : émotive, exigeante, idéaliste
Fréquence d'attribution : très rare
Évolution : stable
Année record : 2009
Célébrités : la chef Kaori Endo.

☆☆☆ Karen ☆☆☆

Dérivés : Karène, Caren, Carenne, Karenne, Karenn, Kareen, Carène
Fête : 7 novembre
Étymologie : du grec *katharos*, « pure »
Histoire : cette forme scandinave de Carine, lui-même dérivé de Catherine, a connu un certain succès dans les années 70. Aujourd'hui, les Karen se font plus discrètes. Elles seraient plus de 10 000.
Caractère : énergique, spontanée, curieuse
Fréquence d'attribution : très rare
Évolution : en baisse
Année record : 1975
Célébrités : le mannequin Karen Mulder ; l'écrivain Karen Blixen.

☆☆☆ Karima ☆☆☆

Dérivés : Carima, Karama, Karem, Karema
Étymologie : de l'arabe, « généreuse »
Histoire : arrivée en France dans les années 50, Karima a surtout été populaire entre 1970 et 1990. Elle a moins la cote aujourd'hui.
Caractère : intuitive, directe, sûre d'elle
Fréquence d'attribution : très rare
Évolution : en baisse
Année record : 1983

☆☆☆ Karine ☆☆☆

Dérivés : Carine, Carina, Karyne, Karina, Karin, Karinn, Carrine, Carin, Karyn, Karyne, Karinne, Carinne
Fête : 7 novembre
Étymologie : du grec *katharos*, « pure »
Histoire : très répandue aux États-Unis dans les années 40, Karine fut tellement populaire en France dans les années 70 qu'elle figura dans les cinq prénoms les plus donnés. Elles seraient près de 120 000. Aujourd'hui, ce prénom n'est presque plus attribué.
Caractère : joyeuse, organisée, perfectionniste
Fréquence d'attribution : très rare
Évolution : en baisse
Année record : 1972
Célébrités : les animatrices télé Karine Ferri et Karine Le Marchand.

☆☆☆ Kate ☆☆☆

Dérivés : Cate, Kâthe, Keet
Fête : 29 avril
Étymologie : du grec *katharos*, « pure »
Histoire : cette déclinaison anglo-saxonne de Catherine ne cesse de plaire depuis son introduction en France, dans les années 40. Encore peu nombreuses, elles seraient 500.
Caractère : affirmée, indépendante, active
Fréquence d'attribution : très rare
Évolution : en baisse
Année record : 2008
Célébrités : le mannequin Kate Moss ; les actrices Kate Winslet et Cate Blanchett ; la princesse Middleton.

☆☆☆ Katell ☆☆☆

Dérivés : Katel, Kathel, Kathell, Cathel, Cathelle
Fête : 29 avril
Étymologie : du grec *katharos*, « pure »
Histoire : redécouverte dans les années 70, cette variante bretonne de Catherine a encore du mal à s'imposer. Katell est pourtant toujours régulièrement attribué. Elles seraient 3 000.
Caractère : émotive, déterminée, sincère
Fréquence d'attribution : très rare
Évolution : stable
Année record : 1973
Célébrités : la réalisatrice Katell Quillévéré.

☆☆☆ Katia ☆☆☆

Dérivés : Kathia, Kathya, Kattia, Katya, Catia, Cathia, Cathya, Kattie, Catie, Kattia, Kathie Katinka
Fête : 24 mars
Étymologie : du grec *katharos*, « pure »
Histoire : Katia a pris le relais de Catherine (dont elle est issue) dans les années 70 où elle fut très populaire. Aujourd'hui, elle est plus rare. On en dénombrerait 30 000.
Caractère : perspicace, sensible, juste
Fréquence d'attribution : très rare
Évolution : en baisse
Année record : 1971
Célébrité : Katia Shriver, personnage de la série *R.I.S, Police scientifique*.

☆☆☆ Kayla ☆☆☆

Dérivés : Kelya, Kayliah, Kyla, Kaila, Kaily, Chaili, Kahila, Kaylah, Chaily, Kaili, Kahyla, Kaylla, Khaila
Étymologie : de l'hébreu, « couronne »
Histoire : apparu en 1997, ce prénom connaît une croissance spectaculaire. Il devrait continuer à séduire les jeunes parents ces prochaines années.
Caractère : vive, organisée, charismatique
Fréquence d'attribution : très rare
Évolution : en hausse
Année record : 2009
Célébrités : l'actrice de la série *Vampire Diaries*, Kayla Ewell.

☆☆☆ Kelly ☆☆☆

Dérivés : Kaylee, Keily, Kiley, Kella, Kely, Chelly, Cheli
Fête : 8 juillet
Étymologie : de l'irlandais *ceallagh*, de *ceall*, « le couvent »
Histoire : exclusivement masculin jusque dans les années 30, Kelly figura en 1980 dans le top 5 des prénoms féminins aux États-Unis. En France, c'est la série *Santa Barbara* qui permit à Kelly de s'envoler jusqu'aux années 2000.
Caractère : imaginative, sincère, ambitieuse
Fréquence d'attribution : rare
Évolution : stable
Année record : 1995
Célébrités : l'actrice Kelly McGillis ; Kelly Capwell, l'une des héroïnes de la série *Santa Barbara*.

☆☆☆ Kenza ☆☆☆

Dérivés : Kanza, Kenzy, Kensy
Étymologie : de l'arabe *kanz*, « le trésor », « la merveille »
Histoire : avec plus de 1 000 naissances en 2000, Kenza était plutôt bien partie pour continuer à progresser mais la première émission de télé-réalité *Loft Story* en 2001 lui coupa l'herbe sous le pied. Depuis 2010, elle remonte un peu.
Caractère : enjouée, fine, adaptable
Fréquence d'attribution : rare
Évolution : en baisse
Année record : 2000
Célébrités : l'animatrice radio Kenza Braiga découverte dans *Loft Story*.

☆☆☆ Keren ☆☆☆

Dérivé : Kerene
Étymologie : de l'hébreu, « rayon de soleil »
Histoire : attribué depuis 1975, Keren progressa jusqu'en 2006. Depuis, ce prénom, déjà peu commun, se fait discret. Elles seraient moins de 1 000.
Caractère : sensible, volontaire, habile
Fréquence d'attribution : très rare
Évolution : en baisse
Année record : 2006
Célébrités : la chanteuse Keren Ann.

☆☆☆ Ketsia ☆☆☆

Dérivés : Ketsya, Kezia, Kesia, Keshia, Kessya, Kesya, Keziah
Étymologie : de l'hébreu, « arbuste dont l'écorce produit des épices »
Histoire : apparu pour la première fois à la fin des années 70, Ketsia a connu une belle progression jusqu'en 2007. Aujourd'hui, elles seraient moins de 1 000.
Caractère : fiable, résolue, sociable
Fréquence d'attribution : très rare
Évolution : en baisse
Année record : 2007

☆☆☆ Khadija ☆☆☆

Dérivés : Kadija, Khadijah, Khadjijatou, Khadija, Khadidja, Khedidja
Étymologie : de l'arabe *radija*, « précoce », « prématurée »
Histoire : dans la culture musulmane, ce prénom s'est vite propagé grâce à la première épouse du prophète Mahomet : Khadija bint Khuwaylid. En France, Khadija a fait son apparition dans les années 50. On en dénombrerait environ 6 000.
Caractère : affirmée, passionnée, cartésienne
Fréquence d'attribution : très rare
Évolution : en hausse
Année record : 2010

☆☆☆ Kim (mixte) ☆☆☆

Dérivés : Kimy, Kimmy, Kym, Kimi, Kimie, Kimmie, Chima
Fête : 29 juin
Étymologie : de l'afrikaans, « plaine royale » ou du vietnamien, « or »
Histoire : à l'origine, diminutif de Kimberley, Kim devint un prénom à part entière dans les années 50. Plus connu dans les pays anglophones, Kim reste un prénom peu commun malgré une forme courte tendance. Elles seraient près de 4000.
Caractère : fière, curieuse, sûre d'elle
Fréquence d'attribution : très rare
Évolution : en hausse
Année record : 2010
Célébrités : les actrices Kim Basinger et Kim Cattral ; la réalisatrice Kim Massee.

NOMS DE VOITURES OU PRÉNOMS TENDANCE ?

Depuis les années 90, l'industrie automobile essaie de créer un lien affectif entre ses machines et ses consommateurs en attribuant à ses voitures des prénoms tendance.
Problème : Clio, un prénom en pleine progression dans les années 80, a totalement chuté en 1990 après la sortie de la Renault Clio. Megan, qui était en train de passer le cap des 2 000 attributions en 1995, n'a plus la cote depuis. Et Logan a été totalement banalisé par la sortie du véhicule du même nom en 2006. On comprend mieux pourquoi certains parents regroupés au sein de l'association Adnp (Association pour la défense de nos prénoms) sont allés au tribunal dès 2010 pour contrer l'utilisation du prénom Zoé à des fins commerciales. Sortie en 2013, la dernière voiture électrique de Renault n'a pour l'instant pas eu d'impact sur le prénom Zoé qui culminait encore à 3 069 naissances la même année...

☆☆☆ Kimberley ☆☆☆

Dérivés : Kimberlay, Kimberly, Kimberlee
Fête : 29 juin
Étymologie : de l'afrikaans, « plaine royale » ou du nom d'une ville d'Afrique du Sud
Histoire : de 1985 à 2000, Kimberley, dopée par les séries télé américaines de l'époque (type *Melrose Place*) connut son âge d'or. Depuis, elle a moins la cote.
Caractère : dynamique, affectueuse, indépendante
Fréquence d'attribution : en baisse
Évolution : très rare
Année record : 1997
Célébrités : Kimberly Shaw (Marcia Cross), personnage de la série *Melrose Place*.

☆☆☆ Kylie ☆☆☆

Dérivés : Kylia, Kyllia, Kilia, Kyliana, Kyliane
Étymologie : de l'irlandais, « élancée »
Histoire : très courant en Angleterre et aux États-Unis, ce prénom est arrivé en France à la fin des années 80. Elle est encore très discrète. Les Kylie seraient près de 300.
Caractère : engagée, forte, ambitieuse
Fréquence d'attribution : très rare
Évolution : en hausse
Année record : 2010
Célébrités : la chanteuse Kylie Minogue.

☆☆☆ Kyra ☆☆☆

Dérivés : Kira, Kiria, Kiriah, Chira
Fête : 12 février
Étymologie : forme féminine russe de Cyr, du grec « maîtresse »
Histoire : attribué seulement depuis l'an 2000 en France, Kyra connaît une formidable progression qui devrait continuer ces prochaines années. Elles seraient déjà plus de 300.
Caractère : audacieuse, sûre d'elle, impulsive
Fréquence d'attribution : très rare
Évolution : en hausse
Année record : 2010

LES PRÉNOMS MIXTES

Certains prénoms ont une sonorité identique pour filles et garçons, mais une orthographe différente selon le sexe : André/Andrée, René/Renée, Michel/Michèle (ou Michelle), Pascal/Pascale, Daniel/Danièle (ou Danielle), Joël/Joëlle, Noël/Noëlle, Frédéric/Frédérique, etc. D'autres peuvent se donner indifféremment aux filles et aux garçons sans changer d'orthographe (on parle de prénoms épicènes), comme Camille, Claude, Dominique, France, Maxime, Morgan... même si les attributions ne se font jamais à égalité entre filles et garçons et varient selon les époques. Ainsi, Camille était masculin dans 90 % des cas au XIXe siècle. Depuis les années 1980, c'est l'inverse, il est féminin à 92 %. Le prénom France, qui réapparaît au moment des guerres, a été donné plutôt à des garçons au moment de la Première Guerre mondiale et plutôt à des filles lors de la Seconde. Réapparu dans les années 1960, le prénom mixte Morgan n'est féminin que dans 7 % des cas, les parents de petites filles préférant ajouter un e à la fin du prénom. Si l'on regarde les évolutions de prénoms à l'échelle d'un millénaire, on constate aussi des inversions (des prénoms masculins au départ deviennent féminins ou l'inverse) ou des prénoms mixtes qui cessent de l'être. Quelques exemples... Anne, Céleste ou Philippe étaient attribués aussi bien à des filles qu'à des garçons au Moyen Âge, alors qu'ils sont devenus féminins pour les deux premiers, exclusivement masculin pour l'autre. Adélaïde était un prénom mixte (un commandant des mousquetaires noirs de Louis XIII se prénommait Adélaïde) alors qu'il est aujourd'hui uniquement féminin. Son diminutif Alix reste mixte, mais trois fois plus donné à des filles qu'à des garçons. Ambre et Tiphaine étaient masculins il y a mille ans, féminins aujourd'hui.

L

☆☆☆ Laetitia ☆☆☆

Dérivés : Laeticia, Laëtitia, Laettitia, Laetitianne, Laetitienne, Leticia, Letizia
Fête : 18 août
Étymologie : du latin *laetitia*, « la joie »
Histoire : répertorié depuis le XIIe siècle, Laetitia connut son âge d'or dans les années 80 avec plus de 9 000 attributions par an. Elles seraient plus de 140 000.
Caractère : organisée, équilibrée, attachée à sa famille
Fréquence d'attribution : très rare
Évolution : en baisse
Année record : 1982
Célébrités : Læticia Hallyday, la femme de Johnny ; le mannequin Laetitia Casta.

☆☆☆ Laly ☆☆☆

Dérivés : Lallie, Lally, Lali
Fête : 10 décembre
Étymologie : du latin, « belle parole »
Histoire : apparu pour la première fois en 1994, à la fin de la diffusion de la série *Hélène et les garçons*, dans laquelle l'une des héroïnes s'appelait Laly, ce prénom prit son envol vers l'an 2000. De plus en plus nombreuses, elles seraient désormais près de 4 000.
Caractère : spirituelle, philosophe, pratique
Fréquence d'attribution : très rare
Évolution : en baisse
Année record : 2008
Célébrité : l'actrice Laly Meignan qui interprétait Laly dans *Hélène et les garçons*.

☆☆☆ Lana ☆☆☆

Dérivés : Lahna, Lanna, Lhana, Lanah, Lannah, Lani, Lan, Layana, Laïna, Laina
Fête : 18 août
Étymologie : du grec *hêlê*, « éclat du soleil »
Histoire : venu d'Angleterre dans les années 80, ce prénom aux sonorités slaves connaît une belle notoriété. Depuis 2010, plus de 1600 petites Lana naissent chaque année en France, les parents étant sans doute inspirés par le succès de Lana Del Ray. Elles seraient près de 14 000.
Caractère : ambitieuse, vive, indépendante
Fréquence d'attribution : répandu
Évolution : en hausse
Année record : 2010
Célébrités : la chanteuse Lana Del Rey.

☆☆☆ Lara ☆☆☆

Dérivé : Larissa
Fête : 26 mars
Étymologie : du grec *laros*, « la mouette »
Histoire : dans la mythologie grecque, Lara est la déesse du silence car elle se fit couper la langue par Jupiter pour avoir été trop bavarde. Elle est aussi la mère des lares, les divinités qui protègent le foyer. Lara est de plus en plus à la mode depuis 2000.
Caractère : sensible, créative, originale
Fréquence d'attribution : rare
Évolution : en hausse
Année record : 1998
Célébrités : la chanteuse Lara Fabian ; personnage du jeu vidéo Lara Croft.

☆☆☆ Laura ☆☆☆

Dérivé : Laora
Fête : 10 août
Étymologie : du latin *laurus*, « laurier »
Histoire : c'est en 1988, un an après la sortie du tube de Johnny Hallyday *Laura* que ce prénom connut un pic d'attributions. Depuis, il est un peu moins donné mais toujours aussi apprécié. Elles seraient plus de 140 000.
Caractère : fine stratège, énergique, séductrice
Fréquence d'attribution : très répandu
Évolution : en baisse
Année record : 1988
Célébrités : l'actrice Laura Smet, fille de Johnny Hallyday et Nathalie Baye.

Laure

Dérivé : Lore
Fête : 10 août
Étymologie : du latin *laurus*, « laurier »
Histoire : de par son origine, Laure est depuis longtemps symbole de victoire. Il a vécu une grande période de succès entre 1970 et 1990 mais a depuis été évincé par Laura.
Caractère : dynamique, gaie, émotive
Fréquence d'attribution : très rare
Évolution : en baisse
Année record : 1982
Célébrités : la nageuse Laure Manaudou.

Laurie

Dérivés : Laury, Lorie, Lorrie, Laurine, Lauryn, Lauryne
Fête : 10 août
Étymologie : du latin *laurus*, « laurier »
Histoire : venu d'outre-Atlantique dans les années 70, Laurie connut un succès fulgurant jusqu'en 2005. Depuis, elle est en chute libre. Laurie aurait 30 000 représentantes.
Caractère : charmeuse, éloquente, intuitive
Fréquence d'attribution : très rare
Évolution : en baisse
Année record : 1989
Célébrités : la chanteuse Lorie.

Laurence

Dérivé : Laurenza
Fête : 10 août
Étymologie : du latin *laurus*, « laurier »
Histoire : utilisé parfois au masculin dans les pays anglo-saxons, Laurence est exclusivement féminin en France. Extrêmement populaire entre 1960 et 1990 avec plus de 12 000 naissance par an à la fin des années 60, Laurence a perdu de sa superbe et n'est presque plus donné. Elles sont tout de même plus de 170 000.
Caractère : optimiste, engagée, fidèle
Fréquence d'attribution : très rare
Évolution : en baisse
Année record : 1966
Célébrités : la comédienne Laurence Badie ; l'animatrice télé Laurence Boccolini.

Laurène

Dérivés : Laureen, Laurena, Lauren, Laurenna, Laurenn, Laurenne, Laureena, Laureene, Lorraine, Lorena, Lauriane
Fête : 10 août
Étymologie : du latin *laurus*, « laurier »
Histoire : cette variante anglo-saxonne de Laure a surtout été populaire dans les années 90. Depuis, elle est plus timide.
Caractère : précise, créative, observatrice
Fréquence d'attribution : très rare
Évolution : en baisse
Année record : 1995
Célébrités : l'actrice Lauren Bacall.

Layana

Dérivés : Layanah, Layanna, Layane, Laiana
Étymologie : du latin, « belle parole »
Histoire : ce prénom recensé seulement depuis les années 90, connaît une croissance spectaculaire depuis une dizaine d'années. Elles seraient déjà près de 800.
Caractère : affectueuse, curieuse, humaine
Fréquence d'attribution : très rare
Évolution : en hausse
Année record : 2010

Léa

Dérivés : Leah, Lhea, Leha, Lia, Liah, Léane, Leane, Leanne, Leana, Léana
Fête : 22 mars
Étymologie : de l'hébreu *lé'ah*, « vache sauvage » ou du latin *lea*, « lionne »
Histoire : dans la Bible, Léa, la cousine de Jacob, devint son épouse après que le père de Léa l'a substituée, lors de la nuit de noces, à Rachel, sa sœur. Depuis 1990, la popularité de Léa est toujours intacte. C'est le dixième prénom préféré des Français.
Caractère : généreuse, tolérante, fidèle et loyale
Fréquence d'attribution : très répandu
Évolution : en baisse
Année record : 2001
Célébrités : les actrices Léa Fazer, Léa Seydoux et Léa Drucker.

☆☆☆ Leïla ☆☆☆

rivés : Leila, Layla, Leyla, Laila
te : 22 mars
ymologie : « nuit noire » en arabe pré-islamique ou « ivresse » arabe moderne
stoire : arrivé dans les années 50 en France, Leïla qui est à igine un classique de la culture musulmane, est aujourd'hui précié par les familles de toutes confessions.
ractère : passionnée, fidèle, optimiste
équence d'attribution : rare
olution : en baisse
née record : 1982
lébrités : l'actrice Leïla Bekhti.

☆☆☆ Léna ☆☆☆

rivés : Lena, Leina, Lehna, Leyna, Lenna, Leena, Lehna, Lhena, en, Lenah
te : 18 août
ymologie : du grec *hêlê*, « éclat du soleil »
stoire : très courant dans les pays du nord de l'Europe, cette riante slave d'Hélène, (parfois considérée comme bretonne) plaît plus en plus depuis les années 90. C'est le treizième prénom ninin préféré des Français. Elles seraient plus de 40 000.
ractère : dynamique, courageuse, romantique
équence d'attribution : très répandu
olution : en hausse
née record : 2010
lébrités : l'actrice et réalisatrice Lena Dunham.

☆☆☆ Lennie ☆☆☆

rivés : Lenie, Leni, Lenya, Léni
te : 10 novembre
ymologie : du latin *leo*, « lion »
stoire : cette variante très récente de Léonie a bien progressé puis les années 2000 et devrait continuer à gagner du terrain.
ractère : dynamique, indépendante, curieuse
équence d'attribution : très rare
olution : en hausse
née record : 2005

☆☆☆ Léonie ☆☆☆

Dérivé : Leonnie, Leonia, Léonille
Fête : 10 novembre
Étymologie : du latin *leo*, « lion »
Histoire : c'est l'influence de sainte Léonie Aviat (religieuse du XIXe) qui porta ce prénom aux nues et le rendit très populaire au début du XXe siècle. Redécouvert dans les années 2000, ce prénom rétro est très tendance. Elles seraient près de 25 000.
Caractère : épicurienne, éloquente, indépendante
Fréquence d'attribution : répandu
Évolution : en hausse
Année record : 2010

☆☆☆ Léontine ☆☆☆

Dérivé : Léondine
Fête : 10 novembre
Étymologie : du latin *leo*, « lion »
Histoire : très courant au XIXe siècle et même au début du XXe, Léontine n'a pour l'instant pas encore la popularité de Léonie. Elles seraient tout de même 4 000.
Caractère : persévérante, efficace, logique
Fréquence d'attribution : très rare
Évolution : en hausse
Année record : 1904
Célébrités : Léontine Cottard, personnage de Proust dans *À la recherche du temps perdu*.

☆☆☆ Léopoldine ☆☆☆

Dérivés : Leopolda, Leopoldina
Fête : 15 novembre
Étymologie : du germanique *liut*, « peuple » et *bald*, « courageux ».
Histoire : cette déclinaison féminine de Léopold n'a jamais été extrêmement répandue en France. Pourtant, d'année en année, elle est toujours là.
Caractère : volontaire, forte, courageuse
Fréquence d'attribution : très rare
Évolution : en hausse
Année record : 2009
Célébrités : Léopoldine, la fille de Victor Hugo.

☆☆☆ Leslie ☆☆☆

Dérivés : Lesley, Leslye
Fête : 17 novembre
Étymologie : de l'hébreu *elischeba*, « Dieu est mon serment »
Histoire : cette variante d'Élisabeth a grimpé en flèche entre 1980 et 2000. Depuis, sa présence est plus timide. Elles seraient près de 15 000.
Caractère : douce, perfectionniste, altruiste
Fréquence d'attribution : très rare
Évolution : stable
Année record : 1990
Célébrités : la chanteuse Leslie ; l'actrice Leslie Caron.

☆☆☆ Lévana ☆☆☆

Dérivés : Levanah, Levanna, Lévanah
Étymologie : de l'hébreu, « la lune »
Histoire : ce prénom récent progresse régulièrement depuis les années 90. Encore extrêmement rare, il devrait néanmoins progresser ces prochaines années, dans la veine des prénoms issus de la nature.
Caractère : sûre d'elle, audacieuse, énergique
Fréquence d'attribution : très rare
Évolution : en baisse
Année record : 1996

☆☆☆ Lexane ☆☆☆

Dérivés : Lexa, Lexie, Lexia, lexi, Lexina, Lexy
Fête : 9 janvier
Étymologie : du grec, « défense de l'humanité »
Histoire : présent en France depuis 1990, ce prénom d'origine anglaise est encore rarissime. On en dénombrerait environ 400.
Caractère : originale, philosophe,
Fréquence d'attribution : très rare
Évolution : en hausse
Année record : 2004

☆☆☆ Lia ☆☆☆

Dérivés : Lya, Liv, Liya, Liyah, Lyah, Liah, Lyha, Liha
Fête : 22 mars
Étymologie : soit diminutif de Nathalia, soit variante latine de Léa
Histoire : présent durant tout le XXe siècle, Lia connaît une forte progression depuis les années 2000. Sa forme courte unisyllabique et sa terminaison en « a » devraient lui assurer encore de beaux jours.
Caractère : affirmée, sincère, attachée à sa famille
Fréquence d'attribution : très rare
Évolution : en hausse
Année record : 2010

☆☆☆ Lila ☆☆☆

Dérivés : Lyla, Lilah, Lylah, Lylla, Lilla, Lilas, Lyla, Lillah, Lilac, Lylas
Fête : 5 octobre
Étymologie : du latin *lilium*, « lys »
Histoire : depuis les années 2000 et l'arrivée des prénoms issus de la nature, Lila est en forte progression. Elle aurait près de 10 000 représentantes.
Caractère : mystérieuse, aventurière, ambitieuse
Fréquence d'attribution : rare
Évolution : en hausse
Année record : 2010
Célébrités : Lila Tournay, personnage de la série *Dexter* ; Lila, la fille du mannequin Kate Moss.

☆☆☆ Lilou ☆☆☆

Dérivés : Leelou, Lee-Lou, Leeloo
Fête : 15 mars
Étymologie : composé de l'anglais lee, « clairière » et de Lou, diminutif de Louise « illustre au combat »
Histoire : apparu en 1997 dans le film *Le Cinquième Élément*, Lilou a tout de suite séduit le grand public. C'est le quinzième prénom féminin préféré des Français.
Caractère : attachée à sa famille, analytique, altruiste
Fréquence d'attribution : très rare
Évolution : en baisse
Année record : 2006
Célébrités : Leeloo (Milla Jovovich) dans *Le Cinquième Élément* de Luc Besson.

☆☆☆ Lilwenn ☆☆☆

Dérivés : Lilwen, Lylwen, Lilwene
Étymologie : combinaison de Lily et Nolwenn
Histoire : ce nouveau prénom apparu en 2002 connaît une progression fulgurante. Il est encore rarissime mais ne devrait pas le rester très longtemps.
Caractère : vive, énergique, fine stratège
Fréquence d'attribution : très rare
Évolution : en hausse
Année record : 2010

☆☆☆ Lily ☆☆☆

Dérivés : Lili, Lilly, Lilie, Lyly, Lilli, Lyli, Lile, Lily-Rose, Lili-Rose
Fête : 27 juillet
Étymologie : du latin *lilium*, « lys »
Histoire : Lily, qui devance aujourd'hui Lila, était auparavant surtout connu dans les pays anglophones. Depuis la naissance de la fille de Vanessa Paradis, en 1999, Lily-Rose est le prénom composé le plus donné actuellement.
Caractère : solitaire, réaliste, extravertie
Fréquence d'attribution : répandu
Évolution : stable
Année record : 2010
Célébrités : la chanteuse Lily Allen ; l'actrice Lily-Rose Depp.

☆☆☆ Lina ☆☆☆

Dérivés : Lina, Lynna, Linna, Lynah, Linah
Fête : 27 janvier
Étymologie : du latin *linum*, « lin » ou du grec, « messagère » ou de l'arabe, « tendre »
Histoire : c'est sans doute le côté universel de Lina dont les origines se retrouvent dans le monde entier y compris en Chine (Li Na signifie « beauté précieuse ») qui expliquerait son succès. C'est le neuvième prénom féminin préféré des Français.
Caractère : tolérante, rêveuse, sincère
Fréquence d'attribution : très répandu
Évolution : en hausse
Année record : 2010

☆☆☆ Linda ☆☆☆

Dérivés : Lynda, Lyndia, Lindy
Fête : 28 août
Étymologie : du germanique *linde*, « serpent » ou de l'espagnol *linda*, « jolie »
Histoire : sainte Linda entra dans les ordres au xe siècle après le décès de son mari. Très populaire entre 1970 et 1990, Linda se fait aujourd'hui plus discrète. On en compterait 30 000.
Caractère : juste, droite, fiable
Fréquence d'attribution : très rare
Évolution : stable
Année record : 1982
Célébrités : le top Linda Evangelista.

☆☆☆ Line ☆☆☆

Dérivés : Lyne, Lynn, Linh, Lynne, Lyn, Lin, Lynes, Lines, Linn
Fête : 27 janvier
Étymologie : du latin *linum*, « lin » ou du grec, « messagère »
Histoire : plus de 300 petites filles par an ont été appelées Line entre 1954 et 1964. Aujourd'hui, ce nombre tourne autour de 250. Preuve que Line résiste à toutes les époques !
Elles seraient 11 000.
Caractère : émotive, passionnée, réaliste
Fréquence d'attribution : très rare
Évolution : stable
Année record : 1957
Célébrités : la chanteuse et actrice Line Renaud.

☆☆☆ Lio ☆☆☆

Dérivé : Lie
Étymologie : du latin « jour de la naissance »
Histoire : attribué depuis 1986, ce prénom a bénéficié de la popularité de la chanteuse Lio et de son tube *Les brunes comptent pas pour des prunes* sorti la même année.
Un prénom encore original aujourd'hui.
Caractère : idéaliste, généreuse, sincère
Fréquence d'attribution : très rare
Évolution : en hausse
Année record : 2005
Célébrités : la chanteuse Lio.

☆☆☆ Lisa ☆☆☆

Dérivés : Liza, Lysa, Lyse, Lysiane
Fête : 17 novembre
Étymologie : de l'hébreu *elischeba*, « Dieu est mon serment »
Histoire : ce diminutif d'Élisabeth est très populaire depuis les années 90. Elle devance aujourd'hui Lise et compte près de 60 000 ambassadrices.
Caractère : observatrice, prudente, fidèle
Fréquence d'attribution : très répandu
Évolution : stable
Année record : 2001
Célébrités : la chanteuse Liza Minnelli ; l'actrice de *Friends* Lisa Kudrow.

☆☆☆ Liv ☆☆☆

Étymologie : du vieil islandais « refuge », « protection »
Histoire : venu de Scandinavie et des Pays-Bas en 1975, Liv a décollé après la sortie du premier volet de la trilogie *Le Seigneur des anneaux* en 2001 où Liv Tyler interprétait la reine des elfes, Arwen. Liv reste un prénom encore peu commun.
Caractère : indépendante, érudite, sage
Fréquence d'attribution : très rare
Évolution : en hausse
Année record : 2010
Célébrités : la comédienne Liv Tyler.

☆☆☆ Livia ☆☆☆

Dérivés : Lyvia, Livie, Lyvie
Fête : 5 mars
Étymologie : du nom d'une famille romaine connue dans l'Antiquité
Histoire : religieuse italienne, sainte Livia quitta sa famille au XIXe siècle pour soigner les malades à Rome. Redécouvert dans les années 2000, Livia est en progression constante. Elles seraient environ 3 000.
Caractère : affirmée, patiente, organisée
Fréquence d'attribution : très rare
Évolution : en hausse
Année record : 2010
Célébrités : Livia Giuggioli, productrice et femme de l'acteur Colin Firth.

☆☆☆ Loane ☆☆☆

Dérivés : Loana, Loanna, Lohanna, Loan, Loann, Lohane, Lohanne, Loanna, Lohana
Fête : 28 août
Étymologie : du celte *llug* qui signifie « lumière »
Histoire : ce prénom breton apparu à la fin des années 80 a pris son envol dans les années 2000. On en dénombrerait 9 000.
Caractère : intuitive, sage, indépendante
Fréquence d'attribution : rare
Évolution : en baisse
Année record : 2006
Célébrités : Loana, ex-star de télé-réalité.

☆☆☆ Logane ☆☆☆

Dérivé : Logan, Loganne
Fête : 28 août
Étymologie : du celte *log*, « le trou » ou « la petite caverne »
Histoire : à l'origine, comme beaucoup de prénoms irlandais, Logane était un nom de lieu, transformé en nom puis en prénom. Apparu dans les années 80, Logan a été freiné par la sortie de la voiture du même nom en 2006.
Caractère : rêveuse, logique, efficace
Fréquence d'attribution : très rare
Évolution : stable
Année record : 2005

QUAND LES NOMS RAPPELLENT DES PRÉNOMS

40 % de nos noms de famille rappellent des prénoms et certains ne survivent que grâce à eux : Cosette diminutif de Nicole, Gillette féminin de Gilles, Guillotte de Guillot, Jourdainne du prénom oublié Jourdain, Marcotte féminin de Marc, Marette de Marie, Rauline de Raoul, Robine de Robin, Thomasse de Thomas…

☆☆☆ Loïs ☆☆☆

Dérivés : Loïse, Aloise
Fête : 15 mars
Étymologie : du germanique *hold*, « illustre », et *wig*, « combat » : « illustre au combat »
Histoire : dérivé de Louise (et donc de Louis), Loïs est connu depuis le Moyen Âge, surtout dans les pays anglo-saxons. Ces dernières années, Loïs connaît une forte progression, sans doute grâce à sa ressemblance phonétique avec Louise, numéro un au top des prénoms.
Caractère : sensible, passionnée, colérique
Fréquence d'attribution : rare
Évolution : en hausse
Année record : 2010
Célébrités : le personnage de Loïs Lane dans le film *Superman* ; la mère de Malcom dans la série du même nom.

☆☆☆ Lola ☆☆☆

Dérivés : Loli, Lolie, Loly, Lolita, Lolla, Lolly, Loola, Lole
Fête : 15 septembre
Étymologie : diminutif de Dolores, du latin *dolor* ou de Carlita
Histoire : c'est le succès de la chanson *Morgane de toi* écrite par Renaud pour sa fille Lolita (éditée en 1983) qui permit à ce prénom de décoller en 1985. Depuis 2010, près de 5 000 petites Lola naissent chaque année. C'est le quatrième prénom préféré des Français.
Caractère : honnête, organisée, curieuse
Fréquence d'attribution : très répandu
Évolution : en hausse
Année record : 2010
Célébrités : l'écrivain Lolita Séchan, la fille de Renaud ; *Lolita*, l'héroïne de Nabokov.

☆☆☆ Lorelei ☆☆☆

Dérivés : Lorelie, Loreley
Fête : 10 novembre
Étymologie : du germanique, *lore-*, de *lauern*, « guetter » et *ley*, « falaise » : « la falaise où les gens épient »
Histoire : dans la mythologie grecque, Lorelei était une nymphe qui faisait s'échouer les marins sur le rocher Lorelei, situé sur le Rhin. Elles seraient environ 1 500 en France.
Caractère : logique, structurée, persévérante
Fréquence d'attribution : très rare
Évolution : en baisse
Année record : 1996
Célébrités : *Lorelei*, l'héroïne du poème de Heinrich Hein.

☆☆☆ Lou (mixte) ☆☆☆

Dérivé : Loo
Fête : 15 mars
Étymologie : du germanique *hold*, « illustre » et *wig*, « combat » : « illustre au combat »
Histoire : ce diminutif de Louise était déjà très connu aux États-Unis (surtout chez les garçons) avant de trouver le succès en France dans les années 2000.
Caractère : fière, curieuse, optimiste
Fréquence d'attribution : très répandu
Évolution : en hausse
Année record : 2005
Célébrités : la comédienne Lou de Laâge ; l'héroïne de BD *Lou !*

☆☆☆ Louane ☆☆☆

Dérivés : Louanne, Louann, Louhane, Louan, Louhann, Louhanne, Louhan, Lou'Ann, Lou-Ann, Lou-Anne
Fête : 28 août
Étymologie : dérivé d'Elouan, du celte *el*, « richesse » et *lou*, « lumière ».
Histoire : arrivé à la fin des années 90, ce prénom breton connaît un franc succès. Elles seraient déjà 16 000 et devraient être encore plus nombreuses ces prochaines années.
Caractère : réservée, aventurière, courageuse
Fréquence d'attribution : très répandu
Évolution : en hausse
Année record : 2010
Célébrités : la chanteuse Louane Emera.

☆☆☆ Loubna ☆☆☆

Étymologie : de l'arabe, « le benjoin », une résine aromatique utilisée pour fabriquer de l'encens ou des parfums
Histoire : attribué depuis les années 70, ce prénom marocain n'est pas loin de devenir populaire. On en compte déjà 4 000. Pour l'instant, Loubna reste original.
Caractère : affirmée, indépendante, énergique
Fréquence d'attribution : très rare
Évolution : en hausse
Année record : 2003
Célébrités : la comédienne Loubna Abidar.

☆☆☆ Louise ☆☆☆

Dérivés : Louisa, Louiza, Luisa, Louisy, Louisette, Louisiane, Louison
Fête : 15 mars
Étymologie : du germanique *hold*, « illustre » et *wig*, « combat » : « illustre au combat »
Histoire : très courant au début du XXe siècle puis oublié pendant trente ans, Louise connaît un véritable boom depuis 2000. C'est le prénom féminin préféré des Français. Elles seraient plus de 100 000.
Caractère : rêveuse, sérieuse, proche de la nature
Fréquence d'attribution : très répandu
Évolution : en hausse
Année record : 1901
Célébrités : l'actrice Louise Bourgoin ; la sculptrice Louise Bourgeois.

☆☆☆ Luana ☆☆☆

Dérivés : Louhana, Louanna
Étymologie : de l'hawaïen, « heureuse »
Histoire : après une nette progression entre 1990 et 2000, Luana est en perte de vitesse. Elle ne connaît pas, pour l'instant, le succès de sa sœur phonétique, Louane.
Caractère : discrète, énergique, ambitieuse
Fréquence d'attribution : très rare
Évolution : stable
Année record : 2000
Célébrités : la chef Luana Belmondo.

☆☆☆ Luce ☆☆☆

Fête : 13 décembre
Étymologie : du latin *lucia*, de *lux*, « la lumière »
Histoire : très irrégulièrement attribué au cours du XXe siècle, Luce connaît un nouveau souffle depuis les années 2000. Il ne cesse de plaire depuis.
Caractère : débrouillarde, indépendante, perfectionniste
Fréquence d'attribution : très rare
Évolution : en hausse
Année record : 1928
Célébrités : la chanteuse Luce.

☆☆☆ Lucie ☆☆☆

Dérivés : Lucy, Lucia, Lucianne, Luciana
Fête : 13 décembre
Étymologie : du latin *lucia*, de *lux*, « la lumière »
Histoire : répertoriée dès l'Empire romain, Lucie s'est propagé dans toute l'Europe au Moyen Âge. Redécouvert dans les années 80, Lucie est aujourd'hui considéré comme un classique. On en dénombrerait plus de 130 000.
Caractère : douce, énergique, méticuleuse
Fréquence d'attribution : très répandu
Évolution : en baisse
Année record : 1998
Célébrités : la résistante Lucie Aubrac ; *Lucie*, chantée par Pascal Obispo.

☆☆☆ Lucienne ☆☆☆

Fête : 8 janvier
Étymologie : du latin *lucia*, de *lux*, « la lumière »
Histoire : ce féminin de Lucien qui enregistra 6 295 naissances en 1920 au point d'être dans le top 20 à l'époque a totalement disparu aujourd'hui. Mais, tout comme on assiste au retour timide de Lucien, Lucienne pourrait peut-être créer la surprise.
Caractère : réservée, fidèle, engagée
Fréquence d'attribution : très rare
Évolution : stable
Année record : 1920
Célébrités : Lucienne et Solange, les personnages du duo *Les Vamps*.

☆☆☆ Lucile ☆☆☆

Dérivés : Lucille, Lucila, Lucilla, Lucil, Lucine, Lucilia, Lucylle, Lucinda
Fête : 16 février
Étymologie : du latin *lucia*, de *lux*, « la lumière »
Histoire : remis au goût du jour dans les années 80, ce prénom a connu un pic en 1990 avec 1 200 petites Lucile nées cette année-là. Depuis, il est moitié moins donné mais reste dans l'air du temps. Elles seraient près de 30 000.
Caractère : droite, engagée, responsable
Fréquence d'attribution : rare
Évolution : en baisse
Année record : 1990
Célébrités : *Lucille*, titre d'une chanson de Little Richard.

☆☆☆ Ludivine ☆☆☆

Dérivés : Lidwine, Lydwine, Lidvine, Ludyvine, Ludivyne, Ludivina, Ludiwine
Fête : 14 avril
Étymologie : du germanique *leut*, « peuple » et *win*, « ami » : « peuple accueillant »
Histoire : c'est en 1972, après la diffusion de la série *Les Gens de Mogador* dans laquelle Marie-France Pisier joue Ludivine que ce prénom connaît un vif succès. Il durera pendant vingt ans. On en compterait plus de 40 000.
Caractère : sensible, élégante, rêveuse
Fréquence d'attribution : très rare
Évolution : en baisse
Année record : 1983
Célébrités : la comédienne Ludivine Sagnier.

☆☆☆ Ludmila ☆☆☆

Dérivés : Ludmilla, Ludmyla
Fête : 16 septembre
Étymologie : du vieux slave *ljudumilu*, « aimée du peuple »
Histoire : présent depuis les années 20, Ludmila a commencé à décoller dans les années 90. Les Ludmila restent encore discrètes. Elles seraient environ 1 500.
Caractère : réaliste, affectueuse, créative
Fréquence d'attribution : très rare
Évolution : stable
Année record : 1996

☆☆☆ Luna ☆☆☆

Dérivés : Loona, Lune, Lunna, Luuna
Fête : 9 juin
Étymologie : du latin *luna*, « celle qui se rapporte à la lune » ou de l'hawaïen, « heureuse »
Histoire : déesse de la Lune chez les Romains, Luna connaît une croissance fulgurante depuis les années 2000. Et plus encore depuis 2010, où 1400 Luna naissent chaque année en France. On en dénombrerait 15 000.
Caractère : affirmée, sensible, généreuse
Fréquence d'attribution : répandu
Évolution : en hausse
Année record : 2009
Célébrités : Luna, prénom de la fille du rappeur Booba.

☆☆☆ Lydie ☆☆☆

Dérivés : Lydia, Lidia, Lidya, Lidye, Lidie
Fête : 3 août
Étymologie : du grec *ludiê*, « originaire de la Lydie », en Asie mineure
Histoire : alors qu'elle vendait des étoffes en Macédoine, au Ier siècle ap. J.-C., sainte Lydie rencontra Paul et Luc. Elle leur demanda de se faire baptiser. Lydie connut son âge d'or entre 1960 et 1980. Depuis ce prénom est plus rarement donné.
Caractère : épicurienne, drôle, mesurée
Fréquence d'attribution : très rare
Évolution : en baisse
Année record : 1963

M

Macha

Fête : 15 août
Étymologie : de l'hébreu *mariam*, « celle qui élève »
Histoire : cette variante russe de Marie est arrivée en France dans les années 60. Elle n'a pas encore rencontré le succès et reste pour l'instant rarissime.
Caractère : vive, courageuse, engagée
Fréquence d'attribution : très rare
Évolution : en hausse
Année record : 2005
Célébrités : la comédienne Macha Méril.

Maddy

Dérivés : Mady, Maddi, Maddie, Mada, Maïda
Fête : 22 juillet
Étymologie : de l'hébreu *migdal*, « tour »
Histoire : ce diminutif anglais de Madeleine a beaucoup progressé ces dernières années et il semblerait que Maddy n'a pas dit son dernier mot. Elles seraient moins de 1 000.
Caractère : loyale, indépendante, diplomate
Fréquence d'attribution : très rare
Évolution : en hausse
Année record : 2008

Madeleine

Dérivés : Magdalena, Magda, Madalena, Madalen, Magdalina, Magdaline, Magdelaine, Madeline, Madelyne
Fête : 22 juillet
Étymologie : de l'araméen, Magdala
Histoire : Madeleine tire son nom d'un village de Galilée d'où venait Marie la Magdaléenne, autrement dit Marie-Madeleine, cette disciple de Jésus chargée de prévenir les apôtres de sa résurrection. Madeleine a connu son heure de gloire en 1920 avec plus de 10 000 naissances. Il est aujourd'hui tombé dans l'oubli.
Caractère : réservée, passionnée, solitaire
Fréquence d'attribution : très rare
Évolution : stable
Année record : 1920
Célébrités : la chanteuse Madeleine Peyroux.

Madison

Dérivés : Madyson, Madisson, Madysson, Madisone, Madissone, Madysone, Maddison, Maddyson, Madyssone, Madisonne
Fête : 22 juillet
Étymologie : du celte, « fils du puissant guerrier »
Histoire : originaire des États-Unis, Madison qui est arrivé en France en 1985 et a progressé très vite. Il est aujourd'hui en perte de vitesse.
Caractère : enthousiaste, curieuse, sensible
Fréquence d'attribution : très rare
Évolution : en baisse
Année record : 1997

Maëlle

Dérivé : Maelle
Fête : 24 mai
Étymologie : du vieux breton *maël*, « chef » ou « prince », et par extension « princesse »
Histoire : Maëlle séduisit d'abord la Bretagne dans les années 80 avant de se propager dans toute la France. On en dénombrerait près de 30 000.
Caractère : dynamique, joyeuse, convaincante
Fréquence d'attribution : répandu
Évolution : en baisse
Année record : 2005

☆☆☆ Maelys ☆☆☆

Dérivés : Maëlie, Maélis, Maïly, Maëlyne, Maëly Maëlis, Maëline, Maëlyne, Maëlys, Maëlyse, Maëla, Maëlia, Maylis, Maïlys
Fête : 13 mai
Étymologie : du vieux breton *maël*, « chef » ou « prince », et par extension « princesse »
Histoire : contraction de deux prénoms : le breton Maëlle et le basque Maylis, Maelys est depuis 2007 un prénom très populaire. On en compte plus de 30 000.
Caractère : sensible, touchante, optimiste
Fréquence d'attribution : très répandu
Évolution : en baisse
Année record : 2009

☆☆☆ Maeva ☆☆☆

Dérivés : Maheva, Maève, Maïva, Maëva, Maevane, Maeve, Maheva, Maewa
Fête : 30 octobre
Étymologie : du tahitien, « bienvenue »
Histoire : ce prénom venu des îles (on le rencontre en Polynésie, en Nouvelle-Calédonie et à Madagascar) est apparu dans les années 60. Après un pic à plus de 3 000 naissances en 2001, il est aujourd'hui en légère baisse. Les Maeva seraient plus de 50 000.
Caractère : sensible, ambitieuse, indépendante
Fréquence d'attribution : répandu
Évolution : en baisse
Année record : 2001

☆☆☆ Magali ☆☆☆

Dérivés : Magalie, Magaly, Maguelonne, Maguelone
Fête : 20 juillet
Étymologie : du grec *margarita*, « perle »
Histoire : sans le « e », Magali est provençale, avec elle est bretonne. Ce prénom aux multiples origines (déclinaison de Marguerite ou de Marie-Madeleine ?) a connu son âge d'or entre 1970 et 1980. Aujourd'hui, on en dénombrerait plus de 70 000.
Caractère : sincère, originale, généreuse
Fréquence d'attribution : très rare
Évolution : stable
Année record : 1973
Célébrités : l'actrice Magali Noël.

☆☆☆ Magnolia ☆☆☆

Fête : 5 octobre
Étymologie : du latin *magnolia*, « arbre florissant »
Histoire : ce prénom qui évoque l'arbre à fleurs blanches très odorantes est apparu dans les années 50. Il reste encore peu attribué.
Caractère : humaine, droite, rêveuse
Fréquence d'attribution : très rare
Évolution : en baisse
Année record : 1994

☆☆☆ Mahé (mixte) ☆☆☆

Dérivés : Mahée, Mae, Maé, Maë, Maée
Fête : 21 septembre
Étymologie : de l'hébreu *mar*, « goutte d'eau »
Histoire : avec ses sonorités bretonnes, Mahé connaît un vrai engouement depuis 1990. Mixte, court, doux, ce prénom devrait encore progresser dans les prochaines années. Les Mahé seraient près de 1 000.
Caractère : rêveuse, généreuse, tolérante
Fréquence d'attribution : rare
Évolution : en baisse
Année record : 2009

☆☆☆ Mai ☆☆☆

Dérivés : Maï, May
Fête : 15 août
Étymologie : diminutif breton de Marie, « celle qui élève »
Histoire : apparu dans les années 50, Maï, qui avec un tréma signifie aussi « élégante » en japonais et « prunier » en vietnamien, connaît une bonne progression. Ces prochaines années, son succès devrait perdurer grâce à sa forme courte et facile à retenir.
Caractère : audacieuse, énergique, séductrice
Fréquence d'attribution : très rare
Évolution : en hausse
Année record : 2010

☆☆☆ Maïna ☆☆☆

Dérivés : Mahina, Mayna, Mahine
Étymologie : contraction bretonne de Marie, « celle qui élève » et Anna, « la grâce »
Histoire : découvert dans les années 70, ce prénom breton, qui a également son équivalent hawaïen Mahina (du nom d'une petite ville proche de Papeete en polynésie), séduit de plus en plus. Sans doute pour ses sonorités douces et exotiques.
Caractère : sociable, énergique, créative
Fréquence d'attribution : très rare
Évolution : en hausse
Année record : 2009

☆☆☆ Maïtena ☆☆☆

Dérivé : Maïténa
Étymologie : du basque, « aimée »
Histoire : connu depuis les années 20, Maïtena est toujours donné au Pays basque mais a du mal à se propager dans le reste de la France. Elles seraient environ 800.
Caractère : généreuse, idéaliste, franche
Fréquence d'attribution : très rare
Évolution : en baisse
Année record : 2004
Célébrités : l'animatrice télé Maïtena Biraben.

☆☆☆ Maïwenn ☆☆☆

Dérivés : Maïwen, Maywenn, Maywen, Maiwenne, Maïween, Maïwen, Maïwenna, Maewenn
Fête : 15 août
Étymologie : combinaison de Marie, « celle qui élève » et de Gwenn (blanche)
Histoire : ce prénom récent apparu dans les années 70 ne cesse de plaire. Il devrait encore progresser ces prochaines années. Les Maïwenn seraient près de 6000.
Caractère : originale, spirituelle, adaptable
Fréquence d'attribution : rare
Évolution : en hausse
Année record : 2004
Célébrités : la réalisatrice Maïwenn Le Besco.

☆☆☆ Malaurie ☆☆☆

Dérivés : Mallaury, Mallory, Mallorie, Malorie, Malory, Mallaurie, Malou
Fête : 15 novembre
Étymologie : incertaine, du latin *mea gloria*, « ma gloire » ou *malum augurium*, « mauvais augure » ou du celte *maël*, « princesse »
Histoire : après une courte ascension entre 1990 et 2000, Malaurie, qui est prénom plus courant aux États-Unis, semble à nouveau tombé dans les oubliettes.
Caractère : vive, passionnée, idéaliste
Fréquence d'attribution : très rare
Évolution : en baisse
Année record : 1998
Célébrités : l'actrice Mallaury Nataf.

☆☆☆ Malia ☆☆☆

Dérivés : Malya, Maliha, Mahalia, Malie, Maliya, Malhia, Mallia, Maliah
Étymologie : de l'hébreu, « reine » ou de l'hawaïen, « paix »
Histoire : découvert à la fin des années 70, Malia n'a jamais séduit autant de parents qu'aujourd'hui. Chaque année, elles sont plus de 100 petites filles à être nommées ainsi. Pour le moment, on en dénombrerait 1 000.
Caractère : curieuse, altruiste, droite
Fréquence d'attribution : très rare
Évolution : stable
Année record : 2009
Célébrités : la chanteuse Malia.

☆☆☆ Malika ☆☆☆

Dérivés : Malyka, Mallika, Malicka, Malica
Étymologie : de l'arabe *malaka*, « posséder » et par extension « la reine »
Histoire : ce prénom, couramment donné dans les pays musulmans, est arrivé en France dans les années 50. Depuis les années 70, les Malika se font plus discrètes.
Caractère : organisée, généreuse, pragmatique
Fréquence d'attribution : très rare
Évolution : stable

Année record : 1965
Célébrités : l'ancienne Miss France Malika Ménard devenue animatrice de télévision.

☆☆☆ Manel ☆☆☆

Dérivés : Manelle, Manele
Fête : 25 décembre
Étymologie : de l'hébreu *immanuel*, « Dieu est avec nous »
Histoire : depuis les années 2000, les Manel sont de plus en plus nombreuses. On en dénombrerait déjà 6000. Un prénom original et dans l'air du temps.
Caractère : discrète, tolérante, ambitieuse
Fréquence d'attribution : rare
Évolution : en hausse
Année record : 2010

☆☆☆ Manon ☆☆☆

Dérivé : Mannon
Fête : 15 août
Étymologie : de l'hébreu, « la voyante »
Histoire : rendue célèbre au XVIIIe siècle par l'abbé Prévost qui signa le roman *Manon Lescaut*, ce classique venu de Provence a dû attendre la fin des années 80 et la sortie du film *Manon des sources* de Claude Berri en 1986 pour devenir populaire. Aujourd'hui, c'est le sixième prénom préféré des Français. Les Manon seraient près de 150 000.
Caractère : sentimentale, extravertie, attachée à sa famille
Fréquence d'attribution : très répandu
Évolution : stable
Année record : 1995
Célébrités : *Manon des Sources*, l'héroïne créée par Marcel Pagnol.

☆☆☆ Marceline ☆☆☆

Dérivés : Marcela, Marcelline, Marcellina
Fête : 17 juillet
Étymologie : du latin *marcellus*, « petit marteau » ou du latin Mars le dieu de la guerre
Histoire : au IVe siècle, sainte Marcelline fit vœu de chasteté et prit le voile devant le pape Libère. Plus courant au début du XXe siècle, Marceline est peu attribué aujourd'hui.
Caractère : douce, sérieuse, directe
Fréquence d'attribution : très rare
Évolution : stable
Année record : 1901
Célébrités : la poétesse Marceline Desbordes-Valmore.

POURQUOI LES PRÉNOMS RÉTRO REVIENNENT À LA MODE ?

On n'a jamais compté autant d'Adèle, Célestine, Honorine, Ernest ou Théodore. Pourquoi ? « Les prénoms reviennent à la mode, aujourd'hui, quand les anciens porteurs de ce prénom sont morts, explique Baptiste Coulmon, auteur de la *Sociologie des Prénoms*. Il se passe environ entre 120 et 150 ans entre les deux pics de fréquence d'un même prénom. » Ce sont donc plutôt les prénoms des arrière-grands-parents disparus tels Jean, Joseph ou Augustine qui sont aujourd'hui en vogue. Et pour qu'un prénom de « grand-père » actuel comme Michel, Roger ou Claude revienne à la mode, il faudra attendre encore une centaine d'années ! Compte tenu du contexte actuel, avec le retour aux objets de l'ancien temps et la remise au goût du jour d'un certain mode de consommation, cette tendance « rétro » devrait encore perdurer quelques années.

☆☆☆ Marcelle ☆☆☆

Dérivés : Marcèle, Marcella, Marcela
Fête : 31 janvier
Étymologie : du latin *marcellus*, « petit marteau » ou du latin Mars le dieu de la guerre
Histoire : plus courant chez les garçons que chez les filles, Marcelle connut son âge d'or en 1920 avec plus de 14 000 naissances. Depuis, et ce malgré la mode des prénoms rétro, il a du mal à redevenir tendance.
Caractère : loyale, anti-conformiste, passionnée
Fréquence d'attribution : très rare
Évolution : stable
Année record : 1920
Célébrités : l'écrivain Marcelle Auclair.

☆☆☆ Marcia ☆☆☆

Dérivés : Marsia Marcie, Marcianne, Marzia, Marcie
Étymologie : du latin *marcellus*, « petit marteau » ou du latin Mars le dieu de la guerre
Histoire : depuis sa première attribution en 1954, Marcia peine à décoller et reste un prénom hors du commun qui séduit encore par son originalité.
Caractère : curieuse, généreuse, humaine
Fréquence d'attribution : très rare
Évolution : en baisse
Année record : 2009
Célébrités : l'actrice Marcia Cross ; *Marcia Baïla*, l'héroïne de la chanson des Rita Mitsouko.

☆☆☆ Mareva ☆☆☆

Fête : 6 septembre
Étymologie : du tahitien « femme pressée » ou « étoile filante »
Histoire : ce prénom venu des îles est connu depuis les années 70. Après un record de 140 attributions en 2001, Mareva est en perte de vitesse aujourd'hui.
Caractère : volontaire, bienveillante, pacifique
Fréquence d'attribution : très rare
Évolution : en baisse
Année record : 2001
Célébrités : l'ancienne Miss France devenue chanteuse, Mareva Galanter.

☆☆☆ Margaux ☆☆☆

Dérivés : Margaud, Margault, Margot, Margo
Fête : 16 novembre
Étymologie : du grec *margarita*, « perle »
Histoire : connu depuis le Moyen Âge et rendu célèbre au XIXe siècle par Alexandre Dumas et son roman *La Reine Margot*, ce prénom n'a pas beaucoup été répertorié jusqu'aux années 90. Depuis, Margaux est donné, chaque année, à plus de 1 500 petites filles. Elles seraient près de 50 000.
Caractère : rusée, dynamique, charmeuse
Fréquence d'attribution : répandu
Évolution : stable
Année record : 1999
Célébrités : l'illustratrice Margaux Motin.

☆☆☆ Marguerite ☆☆☆

Dérivé : Marguerita, Margueritte, Margaret, Margareth
Fête : 16 novembre
Étymologie : du grec *margarita*, « perle »
Histoire : plus de dix saintes ont porté ce prénom au cours de l'histoire et autant de princesses. Marguerite connut son apogée au début du XXe siècle avec plus de 9 000 naissances par an. Aujourd'hui, ce prénom n'est presque plus donné.
Caractère : sérieuse, idéaliste, intègre
Fréquence d'attribution : très rare
Évolution : stable
Année record : 1906
Célébrités : la femme politique Margaret Thatcher ; l'écrivain Marguerite Yourcenar.

☆☆☆ Marianne ☆☆☆

Dérivés : Marianna, Mariana, Maryana, Mariane, Marie-Anne
Fête : 26 mai
Étymologie : contraction de Marie, « celle qui élève » et d'Anne, « la grâce »
Histoire : en revêtant le bonnet phrygien de Libertas, la déesse romaine de la liberté, Marianne, devint le symbole de la République. Un classique porté par 35 000 femmes.
Caractère : énergique, combative, ambitieuse
Fréquence d'attribution : très rare

Évolution : en baisse
Année record : 1958
Célébrités : les chanteuses Marianne Faithfull et Marianne James.

Marie

Dérivés : Mary, Marye, Mari, Maria, Mariah, Mariya, Marya
Fête : 15 août
Étymologie : de l'hébreu *myriam*, « celle qui élève »
Histoire : ce prénom biblique qui est celui de la Vierge Marie, la mère de Jésus prévenue à 15 ans qu'elle porterait l'enfant divin, s'est vite répandu au fil des siècles. Il demeure aujourd'hui un classique porté par plus d'un million de personnes.
Caractère : réservée, sérieuse, perfectionniste
Fréquence d'attribution : répandu
Évolution : en baisse
Année record : 1901
Célébrités : la scientifique Marie Curie ; la cantatrice Maria Callas.

Marilou

Dérivés : Marylou, Marilou, Marie-Lou
Fête : 7 mai
Étymologie : contraction de Marie, « celle qui élève » et Louise, « illustre au combat »
Histoire : Marie-Louise Trichet, dite sainte Marie-Louise, fonda au XVIIIe siècle un institut dédié aux plus démunis. Suivant l'impulsion de la chanson de M. Polnareff *Goodbye Marylou* sortie en 1989, ce prénom décolla dans les années 90. Elles seraient 4 000.
Caractère : sûre d'elle, ambitieuse, forte
Fréquence d'attribution : très rare
Évolution : en baisse
Année record : 2006
Célébrités : l'héroïne de la chanson *Goodbye Marylou* de Polnareff ; l'actrice Marilou Berry.

Marilyne

Dérivés : Maryline, Marilyn, Marylin, Marilina, Marylyne, Marylyn, Mariline
Fête : 15 août ou 18 août
Étymologie : combinaison de Marie, « celle qui élève » et Ellen, « éclat du soleil »
Histoire : connu dès 1920 aux États-Unis, Marilyn s'est propagé avec la notoriété croissante de Marilyn Monroe, au sommet de sa gloire dans les années 50. C'est d'ailleurs à cette époque que ce prénom arrive en France. Marilyne sera un prénom très attribué dans les années 70. Depuis, elles se font plutôt rares.
Caractère : émotive, instinctive, spirituelle
Fréquence d'attribution : très rare
Évolution : en baisse
Année record : 1977
Célébrités : la star Marilyn Monroe.

Marine

Dérivés : Marina, Maryne, Maryna, Marinne, Marynne, Maryn
Fête : 12 février
Étymologie : du latin *marinus*, *marina*, « marin »
Histoire : apparu bien après Marina qui était connu depuis l'Antiquité, Marine a été très populaire entre 1990 et 2000. Depuis, elle est en chute libre.
Caractère : attachée à sa famille, simple, pragmatique
Fréquence d'attribution : rare
Évolution : en baisse
Année record : 1991
Célébrités : les actrices Marine Delterme et Marina Vlady.

Marion

Dérivés : Maryon
Fête : 15 août
Étymologie : de l'hébreu *myriam*, « celle qui élève »
Histoire : connu depuis le XIe siècle, cette ancienne forme du prénom Marie a été très à la mode entre 1980 et 2000. Elles seraient aujourd'hui plus de 120 000.
Caractère : intuitive, forte, indépendante
Fréquence d'attribution : répandu
Évolution : en hausse
Année record : 1989
Célébrités : l'actrice Marion Cotillard.

Marisa

Dérivés : Marissa, Maryssa, Mariza, Marysa, Marise, Maryze, Marisse, Maryse, Marize, Marisol
Fête : 15 août
Étymologie : de l'hébreu *myriam*, « celle qui élève »
Histoire : Marisa a pris le relais de Maryse, très répandu entre 1950 et 1960 mais quasiment tombé dans l'oubli aujourd'hui. Elle reste timide.
Caractère : fidèle, déterminée, instinctive
Fréquence d'attribution : très rare
Évolution : en hausse
Année record : 1964
Célébrités : la femme politique Marisol Touraine.

Marjane

Dérivé : Marjana
Étymologie : de l'arabe, « corail »
Histoire : arrivé en France en 1950, Marjane a mis du temps à séduire, mais depuis les années 90 elle ne cesse de plaire et devrait encore progresser. Un prénom original.
Caractère : vive, volontaire, fine stratège
Fréquence d'attribution : très rare
Évolution : en hausse
Année record : 2010

Marjolaine

Dérivé : Marjolène
Fête : 5 octobre
Étymologie : du latin *marjorana*, de la plante aromatique du même nom, la « marjolaine »
Histoire : Marjolaine décolle dans les années 80 juste après la reprise de Dalida de cette chanson créée par Francis Lemarque en 1957. Ce prénom connaîtra ensuite le succès pendant une dizaine d'années avant de quasiment disparaître.
Caractère : forte, ambitieuse, raisonnable
Fréquence d'attribution : très rare
Évolution : en baisse
Année record : 1990
Célébrités : *Marjolaine*, l'héroïne de la chanson de Francis Lemarque.

Marjorie

Dérivé : Marjory
Fête : 16 novembre
Étymologie : du grec *margarita*, « perle »
Histoire : cette variante anglo-saxonne de Marguerite a été très populaire entre 1970 et 1990. Depuis, elle est en perte de vitesse. On en dénombrerait 5 000.
Caractère : sensible, joyeuse, susceptible
Fréquence d'attribution : très rare
Évolution : en baisse
Année record : 1982

Marlène

Dérivés : Marlaine, Marléna, Marlen, Marleen
Fête : 15 août ou 18 août
Étymologie : combinaison de Marie, « celle qui élève » et d'Hélène, « éclat du soleil »
Histoire : c'est à Marlène Dietrich que le prénom Marlène doit sa diffusion dès les années 30. Marlène progressa jusque dans les années 90. Elle se fait plus discrète aujourd'hui.
Caractère : sérieuse, organisée, altruiste
Fréquence d'attribution : très rare
Évolution : en baisse
Année record : 1985
Célébrités : les comédiennes Marlene Dietrich et Marlène Jobert.

☆☆☆ Marnie ☆☆☆

Dérivés : Marnia, Marny
Étymologie : du latin *mar*, « la mer »
Histoire : ce prénom très récent a fait son apparition en 1986. Il reste encore rarissime mais devrait plaire pour ses sonorités douces et son côté moderne.
Caractère : consciencieuse, sage, bienveillante
Fréquence d'attribution : très rare
Évolution : en hausse
Année record : 1992
Célébrités : Marnie, l'un des personnages de la série *Girls*.

☆☆☆ Martha ☆☆☆

Dérivés : Marta, Marthe, Marty, Marthe, Marte
Fête : 29 juillet
Étymologie : de l'araméen *martha*, « la maîtresse de maison »
Histoire : plus actuelle avec sa finale en « a », Martha a pris le relais de Marthe, ultra populaire entre 1900 et 1940. Et si, pour l'instant, elle ne joue pas dans la même cour (on compte 33 000 Marthe pour 1500 Martha), elle devrait continuer à progresser ces prochaines années.
Caractère : originale, philosophe, spirituelle
Fréquence d'attribution : très rare
Évolution : en hausse
Année record : 1926
Célébrités : la comédienne Marthe Villalonga.

☆☆☆ Martine ☆☆☆

Dérivés : Martina, Martyna, Martyne, Marthine
Fête : 30 janvier
Étymologie : du latin *martinus*, « petit Mars » (en référence au Dieu de la guerre)
Histoire : dans les années 40 le prénom Martine décolle parallèlement à la notoriété de l'actrice Martine Carol. Martine connaît son apogée entre 1950 et 1960 avec plus de 20 000 naissances par an. On en dénombrerait plus de 300 000.
Caractère : cartésienne, pragmatique, attachée à sa famille
Fréquence d'attribution : très rare
Évolution : stable
Année record : 1954
Célébrités : *Martine*, l'héroïne des livres pour enfants ; la tenniswoman Martina Navratilova.

☆☆☆ Mathéa ☆☆☆

Dérivés : Mattéa, Mattea, Matthéa, Matéa, Mathée
Fête : 21 septembre
Étymologie : de l'hébreu, « don de Dieu »
Histoire : venu des pays du nord, ce prénom très irrégulièrement donné depuis le début du XXe siècle commence à progresser depuis les années 2000. Il reste rarissime.
Caractère : émotive, active, juste
Fréquence d'attribution : très rare
Évolution : stable
Année record : 2005

☆☆☆ Mathilde ☆☆☆

Dérivés : Mathilda, Matilde, Matilda, Mathylde, Matylde, Mathylda, Matylda, Matida, Mathide
Fête : 14 mars
Étymologie : du germanique *math*, « force » et *hild*, « la guerre » : « celle qui acquiert le pouvoir de la guerre »
Histoire : ce prénom très ancien répertorié dès le VIIe siècle, a longtemps été réservé à l'aristocratie européenne. Depuis 1980, Mathilde séduit toutes les générations de parents. C'est un classique adopté par plus de 100 000 personnes.
Caractère : spirituelle, volontaire, passionnée
Fréquence d'attribution : répandu
Évolution : en baisse
Année record : 1996
Célébrités : Mathilde de la Mole, héroïne du roman *Le Rouge et le Noir* de Stendhal.

☆☆☆ Maud ☆☆☆

Dérivé : Maude
Fête : 14 mars
Étymologie : du germanique *math*, « force » et *aud*, « richesse »
Histoire : apparu dès le XVe siècle en Angleterre, Maud est plus attribué dans sa version anglo-saxonne sans « e » (35 000) que dans sa version française (5 000).
Caractère : joyeuse, altruiste, pragmatique
Fréquence d'attribution : très rare
Évolution : en baisse
Année record : 1981
Célébrités : la navigatrice Maud Fontenoy ; l'héroïne du film de Rohmer *Ma Nuit chez Maud*.

☆☆☆ Maurane ☆☆☆

Dérivés : Mauranne, Maura
Fête : 26 janvier
Étymologie : du latin *maurus, maura*, « brune de peau »
Histoire : sainte Maure et son mari saint Timothée furent martyrisés pour leur foi en Egypte au IVe siècle. Depuis les années 90, Maurane connaît une baisse d'attributions.
Caractère : audacieuse, dynamique, ambitieuse
Fréquence d'attribution : très rare
Évolution : en baisse
Année record : 1994
Célébrités : la chanteuse Maurane.

☆☆☆ Maureen ☆☆☆

Dérivé : Maurine, Mauryne, Mauryn
Fête : 15 août
Étymologie : de l'hébreu *myriam*, « celle qui élève »
Histoire : très courante dans les pays anglo-saxons, cette version irlandaise de Marie a commencé à être attribuée dans les années 70. Après un pic à la fin des années 90, elle se fait plus timide aujourd'hui.
Caractère : précoce, brillante, mystique
Fréquence d'attribution : très rare
Évolution : en baisse
Année record : 1997
Célébrités : l'animatrice de télévision Maureen Dor.

☆☆☆ Mauricette ☆☆☆

Fête : 22 septembre
Étymologie : du latin *maurus, maura*, « brune de peau » qui a donné *mauritius*, terme désignant les habitants d'Afrique du Nord
Histoire : le prénom Mauricette connut un grand succès entre 1920 et 1950. Depuis, il est presque tombé dans l'oubli.
Caractère : attentive, réservée, dynamique
Fréquence d'attribution : très rare
Évolution : en baisse
Année record : 1946

☆☆☆ Mauve ☆☆☆

Dérivés : Malva, Malvane, Malvina, Malvy
Fête : 5 octobre
Étymologie : du latin *malva*, « mauve », du nom d'une plante à fleurs roses
Histoire : apparu dans les années, ce prénom qui rappelle une couleur tendre est encore extrêmement marginal en France. Il est souvent confondu avec Maude, plus connu.

ABEILLE OU MAYA ?

On trouve de nombreux prénoms évoquant la nature, principalement les fleurs et des animaux majestueux (le lion, le loup…), mythologiques (l'ours…) ou symboliques (la colombe). Si Abeille n'existe pas encore pour l'état civil, il est en revanche le prénom d'une héroïne de papier, dans le très joli conte du même nom écrit par Anatole France en 1882. La petite Abeille des Clarides, prisonnière des nains, puis libérée par son ami d'enfance et de cœur Georges, en est l'héroïne. Si vous aimez le miel et sa douceur mais que vous n'osez pas tenter Abeille pour votre fille à naître, vous pouvez vous tourner vers Mélissa (« abeille » en grec) ou vers Maya (il s'agit en fait d'un dérivé de Marie, mais on pense souvent à la petite butineuse du dessin animé).

Caractère : affirmée, sensible, fiable
Fréquence d'attribution : très rare
Évolution : stable
Année record : 1982
Célébrités : *Mauve*, un personnage de Marie Desplechin dans le livre éponyme.

☆☆☆ Maximilienne ☆☆☆

Dérivés : Maximilia, Maximilie, Maximine, Massima, Massilia, Maximiliana
Fête : 14 août
Étymologie : du latin *maximus*, « le plus grand »
Histoire : régulièrement donné entre 1900 et 1960, Maximilienne n'est presque plus attribué aujourd'hui. Elles seraient environ 600.
Caractère : volontaire, fière, sociable
Fréquence d'attribution : très rare
Évolution : stable
Année record : 1908

☆☆☆ Maya ☆☆☆

Dérivés : Maïa, Maiya, Maye, Mahia, Mayia
Fête : 15 août
Étymologie : incertaine, de l'hébreu *mariam*, « celle qui élève » ou du grec, « petite mère » ou des cultures pré-colombiennes
Histoire : apparu dans les années 70 en même temps que l'héroïne télé, *Maya l'abeille*, ce prénom est aujourd'hui très tendance. On compterait déjà 9000 Maya en France.
Caractère : tendre, attachée à sa famille, fiable
Fréquence d'attribution : rare
Évolution : en hausse
Année record : 2010
Célébrités : l'héroïne du dessin animé *Maya, l'abeille*.

☆☆☆ Mazarine ☆☆☆

Étymologie : du nom de Mazarin, ministre de Louis XIV
Histoire : révélée au grand public en 1994, Mazarine Pingeot, la fille cachée de Mitterrand inspira d'autres parents. Dès l'année suivante, Mazarine dont le prénom a été inventé par l'ancien président, sera attribué à plusieurs autres petites filles. Elles seraient aujourd'hui plus de 500.
Caractère : équilibrée, responsable,
Fréquence d'attribution : très rare
Évolution : en baisse
Année record : 1996
Célébrités : l'écrivain Mazarine Pingeot, la fille de François Mitterrand.

☆☆☆ Meg ☆☆☆

Dérivés : Meggy, Megg
Fête : 16 novembre
Étymologie : du grec *margarita*, « perle »
Histoire : venu d'outre-Atlantique, ce prénom est arrivé en France à la fin des années 80, sans doute porté par la notoriété de l'actrice Meg Ryan dont les films faisaient alors de bonnes entrées en France. Meg reste encore un prénom hors du commun.
Caractère : joyeuse, généreuse, pragmatique
Fréquence d'attribution : très rare
Évolution : en baisse
Année record : 2000
Célébrités : la comédienne Meg Ryan.

☆☆☆ Megan ☆☆☆

Dérivés : Mégane, Megann, Méganne, Meggan, Meggane, Meghan, Meghane
Fête : 16 novembre
Étymologie : du grec *margarita*, « perle »
Histoire : venu du Pays de Galles, Megan a d'abord connu un franc succès entre 1986 et 1995. Puis, comme le prénom Clio, son ascension a été stoppée par la sortie de la Megane Renault cette même année.
Caractère : affectueuse, épicurienne, organisée
Fréquence d'attribution : très rare
Évolution : stable
Année record : 1995
Célébrités : l'actrice Megan Fox.

Mélanie

Dérivés : Mélany, Mélanie, Mélaine, Melena, Mélane, Mélène, Méloé, Méloée, Melany, Melina, Mellony, Melana, Melania
Fête : 26 janvier
Étymologie : du grec *melanos*, « sombre » ou de « couleur noir »
Histoire : romaine qui vécut au Ve siècle, sainte Mélanie renonça à sa fortune pour se consacrer à Dieu. Redécouvert dans les années 70, Mélanie fut très populaire dans les années 80 avec plus de 5 000 naissances par an. Elles seraient plus de 120 000.
Caractère : drôle, curieuse, têtue
Fréquence d'attribution : très rare
Évolution : en baisse
Année record : 1986
Célébrités : les actrices Mélanie Thierry, Mélanie Doutey et Mélanie Laurent.

Mélina

Dérivés : Meline, Méline, Mellina, Mélinda, Mélynda
Fête : 26 janvier
Étymologie : du latin *meli*, « miel »
Histoire : couramment porté dès l'Antiquité, Mélina est à nouveau apprécié depuis les années 70, notamment grâce à la popularité de la comédienne Melina Mercouri. On en dénombrerait plus de 20 000.
Caractère : courageuse, joyeuse, pacifique
Fréquence d'attribution : répandu
Évolution : en hausse
Année record : 2010
Célébrités : la comédienne Melina Mercouri.

Mélissa

Dérivés : Mélisa, Mélyssa, Mélis, Mélinssande, Melissandre
Fête : 21 septembre
Étymologie : du latin *meli*, « miel »
Histoire : dans la mythologie grecque, Mélissa était une nymphe qui fut la nourrice de Zeus. Découverte dans les années 60, Mélissa connut un boom dans les années 80 après la sortie du tube de Julien Clerc en 1984. Elles seraient plus de 60 000.
Caractère : fine, sereine, attachée à sa famille
Fréquence d'attribution : répandu
Évolution : en baisse
Année record : 1986
Célébrités : la journaliste Mélissa Theuriau ; *Mélissa*, l'héroïne de la chanson de Julien Clerc.

Mélodie

Dérivés : Melody, Mélodi, Mélodine
Fête : 1er octobre
Étymologie : du grec *melôdia*, « mélodie »
Histoire : venu des États-Unis, le prénom Mélodie est apparu en France dans les années 70. Après un pic d'attributions dans les années 90, Mélodie se fait plus discrète aujourd'hui.
Caractère : rêveuse, intuitive, déterminée
Fréquence d'attribution : très rare
Évolution : stable
Année record : 1990
Célébrités : la chanteuse Melody.

Meryl (mixte)

Dérivés : Merryl, Meryle, Meryll, Merylle
Étymologie : du prénom irlandais Muirgheal, de *muir*, « mer » et *eall*, « brillant » : « mer brillante »
Histoire : très courant au Pays de Galles et en Écosse, Meryl est apparu en France dès 1960 mais sa progression prend du temps et Meryl reste encore un prénom marginal.
Caractère : douce, forte, volontaire
Fréquence d'attribution : très rare
Évolution : stable
Année record : 2007
Célébrité : l'actrice Meryl Streep.

Mia

Dérivés : Mya, Miya
Fête : 15 août
Étymologie : de l'hébreu *myriam*, « celle qui élève »
Histoire : cette déclinaison scandinave de Marie a commencé à prendre son envol dans les années 2000. Malgré son charme, ce prénom reste peu attribué en France.
Caractère : dynamique, ambitieuse, enthousiaste
Fréquence d'attribution : rare

Évolution : en hausse
Année record : 2010
Célébrités : la comédienne Mia Farrow ; la chorégraphe Mia Frye.

☆☆☆ Michelle ☆☆☆

Dérivés : Michèle, Micheline, Mikela, Michèla, Michella
Fête : 29 septembre
Étymologie : de l'hébreu *mika'el*, « qui est semblable à Dieu »
Histoire : dans la Bible, c'est saint Michel qui pèse les âmes lors du Jugement dernier et emmène les élus au Paradis. Cette variante anglaise de Michel a été très populaire entre 1930 et 1960. Elle ne l'est plus aujourd'hui.
Caractère : secrète, idéaliste, responsable
Fréquence d'attribution : très rare
Évolution : en baisse
Année record : 1946
Célébrités : les actrices Michelle Monaghan et Michelle Pfeiffer.

☆☆☆ Mila ☆☆☆

Dérivés : Milla, Myla, Milly, Mily, Mylla, Millie, Milly, Milagros
Fête : 16 septembre
Étymologie : du slave *milena*, « aimée du peuple » ou de l'espagnol *milagros*, « miracles »
Histoire : la notoriété de l'actrice Mila Jovovich qui fut révélée dans les années 90, contribua certainement à l'ascension de Mila. C'est le vingtième prénom préféré des Français aujourd'hui. Elles seraient déjà 7 000 mais Mila ne devrait pas s'arrêter là.
Caractère : perfectionniste, charismatique, énergique
Fréquence d'attribution : rare
Évolution : en hausse
Année record : 2010
Célébrités : les actrices Mila Jovovich et Mila Kunis.

☆☆☆ Milena ☆☆☆

Dérivés : Miléna, Mylène, Mylena, Milène, Millena
Fête : 18 août
Étymologie : du slave *milena*, « aimée du peuple »
Histoire : très répandu dans les pays d'Europe de l'Est, Milena est un prénom moins courant en France. En progression depuis les années 80, les Milena seraient 1 000.
Caractère : curieuse, rêveuse, prévoyante
Fréquence d'attribution : très rare
Évolution : en hausse
Année record : 2001
Célébrités : la chanteuse Mylène Farmer.

☆☆☆ Mina ☆☆☆

Dérivés : Minna, Minh, Mine, Myna, Minah
Fête : 10 janvier
Étymologie : incertaine, diminutif de prénoms se terminant en « mina » ou forme féminine et ancienne de Guillaume
Histoire : très cotée en Norvège où elle figure dans les 50 prénoms préférés, Mina a tout pour s'imposer en France. Une forme courte et simple, une finale en « a ». Pour l'instant, on en dénombrerait 4 000.
Caractère : dévouée, passionnée, ambitieuse
Fréquence d'attribution : très rare
Évolution : en baisse
Année record : 2009
Célébrités : Mina Tannenbaum, héroïne du film du même nom.

☆☆☆ Mira ☆☆☆

Dérivés : Myra
Fête : 15 août
Étymologie : de l'hébreu *myriam*, « celle qui élève »
Histoire : depuis les années 60, Mira progresse doucement. Ce prénom qui n'est pas encore populaire serait porté par moins de 1 000 personnes.
Caractère : vive, séductrice, originale,
Fréquence d'attribution : très rare
Évolution : en hausse
Année record : 2005
Célébrités : l'actrice Mira Sorvino.

☆☆☆ Moïra ☆☆☆

Dérivés : Moyra
Fête : 15 août
Étymologie : de l'hébreu *myriam*, « celle qui élève »
Histoire : cette version irlandaise de Marie est très connue en Irlande. Elle l'est moins en France où Moïra reste un prénom encore peu donné.
Caractère : sérieuse, sociable, généreuse
Fréquence d'attribution : très rare
Évolution : en hausse
Année record : 2007

☆☆☆ Mona ☆☆☆

Dérivés : Monna, Monia
Fête : 27 août
Étymologie : du grec *monos*, « seul »
Histoire : présent depuis le début du XXe siècle, ce prénom venu d'Angleterre est en hausse depuis les années 90. Doucement mais sûrement, elle progresse chaque année. On en dénombrerait près de 4 000.
Caractère : émotive, active, critique
Fréquence d'attribution : très rare
Évolution : stable
Année record : 2000
Célébrités : Mona Robinson, personnage de la série *Madame est servie*.

☆☆☆ Morgane ☆☆☆

Dérivés : Morganne, Morgann, Morgana, Morghane
Fête : 8 octobre
Étymologie : du celte *mor*, « mer » et *gan*, « né » : « né de la mer »
Histoire : dans la légende arthurienne, Morgane, demi-sœur du roi Arthur est une fée magicienne et guérisseuse. Ce prénom breton a été très donné entre 1990 et 2000 (plus de 3 500 naissances par an), il l'est moins aujourd'hui. Elles seraient plus de 70 000.
Caractère : énergique, solide, créative
Fréquence d'attribution : répandu
Évolution : en baisse
Année record : 1993

☆☆☆ Myriam ☆☆☆

Dérivés : Myriame, Myriem, Meriem, Meryem, Meryam, Meriam
Fête : 15 août
Étymologie : de l'hébreu *myriam*, « celle qui élève »
Histoire : de par son étymologie, Myriam est la forme originelle de Marie. On le retrouve autant chez les chrétiens que chez les musulmans sous la forme Meriem. Très populaire entre 1960 et 1980, elle est aujourd'hui en perte de vitesse.
Caractère : sûre d'elle, déterminée, sérieuse
Fréquence d'attribution : rare
Évolution : en baisse
Année record : 1967
Célébrités : la comédienne Myriam Boyer.

☆☆☆ Myrtille ☆☆☆

Dérivés : Myrtile
Fête : 5 octobre
Étymologie : du grec *murtos*, « le myrte », plante de la famille des Myrtacées
Histoire : ancien prénom inscrit dans le calendrier révolutionnaire, Myrtille a traversé les époques. Depuis les années 2000 et la vogue des prénoms issus de la nature, Myrtille est de nouveau tendance.
Caractère : joyeuse, observatrice, optimiste
Fréquence d'attribution : très rare
Évolution : en baisse
Année record : 2007

N

☆☆☆ Nabila ☆☆☆

Dérivés : Nabella, Nabilah, Nabilla
Étymologie : de l'arabe *nabil*, « noble »
Histoire : venu des pays arabes en 1955, Nabila a connu une certaine popularité entre 1980 et 1990. Depuis, il est en chute libre et n'est attribué qu'à une vingtaine de petites filles chaque année.
Caractère : insouciante, généreuse, exigeante
Fréquence d'attribution : très rare
Évolution : stable
Année record : 1982
Célébrités : la starlette de télé-réalité Nabilla Benattia.

☆☆☆ Nadège ☆☆☆

Dérivé : Nadeje, Nadja, Nadejda
Fête : 18 septembre
Étymologie : du russe *nadesjda*, « espérance »
Histoire : Nadège arriva en France avec la vague d'immigration qui suivit la révolution russe dans les années 20. Il fut très populaire entre 1970 et 1990. Aujourd'hui, il est beaucoup plus timide.
Caractère : espiègle, drôle, naturelle
Fréquence d'attribution : très rare
Évolution : en baisse
Année record : 1973

☆☆☆ Nadia ☆☆☆

Dérivés : Nadja, Nadya, Nadiya, Nadiye, Nadiha, Nadhia, Nadie
Fête : 18 septembre
Étymologie : du russe *nadesjda*, « espérance » ou de l'arabe *nawâl*, « le don »
Histoire : connu depuis le XIXe siècle en France, Nadia s'imposa entre 1960 et 1980, période où plus de 2 000 petites filles furent chaque année prénommées ainsi. On en dénombrerait plus de 70 000.
Caractère : généreuse, idéaliste, attachée à sa famille
Fréquence d'attribution : très rare
Évolution : en baisse
Année record : 1977
Célébrités : la gymnaste Nadia Comaneci.

☆☆☆ Nadine ☆☆☆

Dérivés : Nadina, Nadyne, Nady
Fête : 18 septembre
Étymologie : du russe *nadesjda*, « espérance » ou de l'arabe *nawâl*, « le don »
Histoire : Nadine atteignit son appogée dans les années 60 avec plus de 7 000 naissances par an. Il est aujourd'hui presque tombé dans l'oubli. Elles seraient plus de 120 000.
Caractère : calme, sensible, courageuse
Fréquence d'attribution : très rare
Évolution : en baisse
Année record : 1962
Célébrités : la femme politique Nadine Morano ; la réalisatrice Nadine Trintignant.

☆☆☆ Naëlle ☆☆☆

Dérivés : Naëla, Naela, Naella, Naely, Naelly, Naele, Nahelle, Nahela
Fête : 26 juillet
Étymologie : de l'hébreu *hannah*, « la grâce »
Histoire : ce dérivé d'Annaëlle découvert dans les années 70 grimpe en flèche depuis l'an 2000. Les Naëlle seraient déjà 3 000 et ne devraient pas s'arrêter là.
Caractère : joyeuse, imaginative, intuitive
Fréquence d'attribution : rare
Évolution : en hausse
Année record : 2010

☆☆☆ Naïs ☆☆☆

Dérivés : Nahid, Naya, Naia, Nahia, Nayah, Naye, Nahya
Fête : 26 juillet
Étymologie : de l'hébreu *hannah*, « la grâce »
Histoire : redécouverte dans les années 70, cette variante provençale du prénom Anne est très tendance aujourd'hui. En forte hausse depuis plusieurs années, Naïs devrait continuer sur sa lancée. Elles seraient déjà 3 000.
Caractère : lucide, sensible, enthousiaste
Fréquence d'attribution : très rare
Évolution : en baisse
Année record : 2007
Célébrités : l'héroïne du roman d'Émile Zola, *Naïs Micoulin*.

☆☆☆ Najat ☆☆☆

Dérivés : Nadjat, Naget, Nagète, Najate, Najatte, Najet, Najette
Étymologie : de l'arabe, « sauvée »
Histoire : venu de la culture musulmane en 1960, Najat séduisit beaucoup de parents dans les années 80. Depuis, elle se fait plus discrète.
Caractère : influente, équilibrée, exigeante
Fréquence d'attribution : très rare
Évolution : stable
Année record : 1985
Célébrités : la femme politique Najat Vallaud-Belkacem.

☆☆☆ Naomi ☆☆☆

Dérivés : Nahomie, Naomie, Naomy, Naome, Nahomy
Fête : 21 août
Étymologie : de l'hébreu *naomi*, « la douceur »
Histoire : cette variante anglo-saxonne de Noémie, plus courante aux États-Unis qu'en France, a connu un boom entre 1995 et 2000 lors de l'explosion médiatique des top models et notamment de Naomi Campbell.
Caractère : élégante, sociable, affectueuse
Fréquence d'attribution : en hausse
Évolution : rare
Année record : 1995
Célébrités : le top model Naomi Campbell.

☆☆☆ Nassima ☆☆☆

Dérivés : Nasima, Nacima, Nazima
Étymologie : de l'arabe *nasîm*, « brise »
Histoire : arrivé en France dans les années 60, Nassima a progressé jusque dans les années 80. Il est aujourd'hui beaucoup plus discret. On en dénombrerait 3 000.
Caractère : structurée, persévérante, créative
Fréquence d'attribution : très rare
Évolution : en hausse
Année record : 1987

☆☆☆ Natacha ☆☆☆

Dérivés : Nacha, Natasha
Fête : 27 juillet
Étymologie : du latin *natalis*, « le jour de la naissance » (sous-entendu du Christ)
Histoire : cette variante russe de Nathalie connut une ascension spectaculaire dans les années 70 à la période où les albums de bande dessinée *Natacha* jouissaient d'une belle popularité. Natacha n'est presque plus attribué aujourd'hui.
Caractère : sûre d'elle, énergique, sérieuse
Fréquence d'attribution : très rare
Évolution : en baisse
Année record : 1973
Célébrités : la journaliste Natacha Polony ; l'héroïne de BD Natacha.

☆☆☆ Nathalie ☆☆☆

Dérivés : Natalie, Natalia, Nattie, Natalia, Nathalia, Nathalya, Natalya, Nathalye
Fête : 27 juillet
Étymologie : du latin *natalis*, « le jour de la naissance » (sous-entendu du Christ)
Histoire : connu dès le IIe siècle, Nathalie se propagea vite car il renvoie à la naissance de Jésus. Très courant en Russie, ce prénom connut un boom dans les années 70 notamment grâce au tube de Gilbert Bécaud, *Nathalie*. Elles seraient près de 400 000.
Caractère : optimiste, altruiste, organisée

Fréquence d'attribution : très rare
Évolution : stable
Année record : 1966
Célébrités : les actrices Natalie Wood et Nathalie Baye.

Caractère : sensible, directe, honnête
Fréquence d'attribution : très rare
Évolution : en hausse
Année record : 2008

☆☆☆ Nawel ☆☆☆

Dérivés : Nawelle, Nawell, Naouelle, Nawal, Naoual, Naouale, Naouele, Nawaël, Naouel, Naouelle, Naouele, Naoïl, Naoïle, Naouale, Nawale
Étymologie : de l'arabe *nawâl*, « le don »
Histoire : connu depuis les années 70, Nawel ne cessa de progresser jusqu'en 2003, année de naissance de 350 petites Nawel. Depuis, il a moins la cote mais reste dans la course. On en dénombrerait 5 000.
Caractère : créative, dynamique, autoritaire
Fréquence d'attribution : très rare
Évolution : en baisse
Année record : 2003

☆☆☆ Nell ☆☆☆

Dérivés : Nelle, Nelly, Neela, Nehla, Nella, Nelle, Nela, Nele, Neli, Nely, Nelli, Nélie, Nellia, Nélia, Neïla
Fête : 18 août
Étymologie : du grec *hélê*, « éclat du soleil »
Histoire : ce diminutif d'Hélène, devenu prénom au XVIIIe siècle en Angleterre sous la forme de Nelly, est attribué depuis 1976 en France. Bien qu'en progression, il est encore peu commun.
Caractère : érudite, autonome, réfléchie
Fréquence d'attribution : très rare
Évolution : en hausse
Année record : 2013
Célébrités : Nelle Porter (Portia de Rossi), personnage de la série *Ally McBeal*.

☆☆☆ Nayla ☆☆☆

Dérivés : Nahla, Naïlah, Nayla, Neyla, Naïla, Nahila, Naily, Nailla, Nailah, Nahyla, Naile
Étymologie : de l'arabe, « celle qui obtient »
Histoire : depuis 2000, ce prénom venu des pays arabes remporte tous les suffrages et ne cesse de progresser grâce à ses douces sonorités. Elles seraient déjà 1 000.
Caractère : passionnée, habile, forte
Fréquence d'attribution : très rare
Évolution : en hausse
Année record : 2010

☆☆☆ Nesrine ☆☆☆

Dérivés : Nasrine, Nassrine, Nesrine, Nesserine, Nessrine, Nisrin, Nessrine, Nesrin, Nesryne
Étymologie : de l'arabe, « églantine »
Histoire : depuis les années 80, Nesrine connaît une évolution positive. Elle semble plaire de plus en plus et devrait continuer sa route. Les Nesrine seraient 4 000.
Caractère : pratique, imaginative, joyeuse
Fréquence d'attribution : très rare
Évolution : stable
Année record : 2009

☆☆☆ Neige ☆☆☆

Étymologie : de la neige
Histoire : connu depuis les années 40, ce prénom extrêmement rare porté par moins de 300 personnes pourrait bien être à nouveau attribué. Avec la mode des prénoms issus de la nature, Neige n'a peut-être pas dit son dernier mot ?

☆☆☆ Ness ☆☆☆

Dérivés : Nessa, Nessie, Nessy, Nezha, Nese
Étymologie : de l'arabe, « fleur sauvage » ou du grec, « papillon »
Histoire : ce prénom très récent venu d'Angleterre n'est donné que depuis les années 2000. Il est encore marginal en France. Les Ness seraient un peu plus de 400.
Caractère : optimiste, réaliste, originale
Fréquence d'attribution : très rare
Évolution : en baisse
Année record : 2002
Célébrités : Nessie, le monstre du Loch Ness.

☆☆☆ Niame ☆☆☆

Dérivés : Niama, Niamh
Étymologie : avec un « e », il viendrait de l'égyptien, avec un « h » de l'irlandais, « d'une beauté éclatante »
Histoire : apparu dans les années 80, Niame reste un prénom rarissime. En Irlande, il est dans le top 20 des prénoms préférés.
Caractère : généreuse, utopiste, fiable
Fréquence d'attribution : très rare
Évolution : en baisse
Année record : 2003
Célébrités : la chanteuse Niamh Kavanagh.

☆☆☆ Nicole ☆☆☆

Dérivés : Nicolle
Fête : 6 décembre
Étymologie : du grec *nikê*, « la victoire » et *laos*, « le peuple » : « victoire du peuple »
Histoire : ce féminin de Nicolas, répertorié dès le Moyen Âge, a connu le succès juste avant lui dans les années 40. Mais contrairement à Nicolas, Nicole n'est quasiment plus attribué aujourd'hui. Elles seraient plus de 260 000.
Caractère : sérieuse, patiente, efficace
Fréquence d'attribution : très rare
Évolution : stable
Année record : 1947
Célébrités : l'actrice Nicole Kidman.

☆☆☆ Nikita ☆☆☆

Dérivé : Nikki
Fête : 6 décembre
Étymologie : du grec *nikê*, « la victoire » et *laos*, « le peuple » : « victoire du peuple »
Histoire : bien qu'on trouve des traces de ce prénom en France dès les années 20, c'est à partir de 1990, juste après la sortie du film de Luc Besson que Nikita fut davantage enregistré sur les registres de naissance.
Caractère : vive, ambitieuse, exigeante
Fréquence d'attribution : très rare
Évolution : en hausse
Année record : 2010
Célébrités : *Nikita*, l'héroïne du film de Luc Besson.

☆☆☆ Nina ☆☆☆

Dérivés : Nine, Nyna, Nini
Fête : 14 janvier
Étymologie : incertaine. De l'espagnol *niña*, « petite fille » ou de l'hébreu *hannah*, « la grâce »
Histoire : depuis les années 80, Nina est en grande forme et ne cesse de prendre de l'ampleur. Elle fait partie des 50 prénoms préférés des Français et approcherait les 28 000 représentantes.
Caractère : mystérieuse, fidèle, volontaire
Fréquence d'attribution : répandu
Évolution : en hausse
Année record : 2010
Célébrités : la chanteuse Nina Simone ; la styliste Nina Ricci.

☆☆☆ Ninon ☆☆☆

Dérivé : Nynon
Fête : 15 décembre
Étymologie : de l'hébreu *hannah*, « la grâce » ou du grec, « messie »
Histoire : Ninon suit le chemin de la très populaire Nina. Il devrait encore progresser et rester dans l'air du temps ces prochaines années. Les Ninon seraient environ 10 000.
Caractère : dynamique, vive, optimiste
Fréquence d'attribution : rare
Évolution : en baisse

Année record : 2007
Célébrités : Ninon Chaumette (Aurélie Vaneck), personnage du feuilleton télévisé *Plus belle la vie.*

☆☆☆ Noa (mixte) ☆☆☆

Dérivés : Noah, Noa, Noha
Fête : 10 novembre
Étymologie : de l'hébreu, « en mouvement » ou du japonais, « amour »
Histoire : dans la Bible, Noa était une descendante de Joseph qui modifia la loi régissant les successions en faveur des femmes. Venu d'Espagne et d'Israël en 1982, Noa prit son envol dans les années 2000 grâce à sa forme courte, simple et douce.
Caractère : joyeuse, altruiste, énergique
Fréquence d'attribution : très répandu
Évolution : en hausse
Année record : 2008
Célébrités : la chanteuse Noa.

☆☆☆ Noélie ☆☆☆

Dérivés : Noélia, Noèle, Noelia, Noëllie, Noelya, Noelys, Noellia, Noellya
Fête : 25 décembre
Étymologie : du latin *natalis*, « le jour de la naissance » (sous-entendu du Christ)
Histoire : sous ses apparences modernes, Noélie a toujours été là, excepté un passage à vide dans les années 60. Aussi populaire au début du XXe siècle qu'aujourd'hui, Noélie est encore dans la course. On en compterait 6000.
Caractère : équilibrée, exigeante, logique
Fréquence d'attribution : rare
Évolution : stable
Année record : 2009
Célébrités : la chanteuse Noelia.

☆☆☆ Noémie ☆☆☆

Dérivés : Noemi, Nohemie, Noémia, Noemye
Fête : 21 août
Étymologie : de l'hébreu *naomi*, « la douceur »
Histoire : dans l'Ancien Testament, Noémie est une veuve qui retrouva la joie de vivre grâce à la naissance du bébé de sa belle-fille. Depuis la fin des années 90, le succès de Noémie ne se dément pas. Elles seraient plus de 60 000.
Caractère : organisée, aventurière, originale
Fréquence d'attribution : très répandu
Évolution : en baisse
Année record : 1996
Célébrités : la réalisatrice Noémie Lvovsky ; l'actrice Noémie Lenoir.

☆☆☆ Nola ☆☆☆

Dérivés : Nolah
Étymologie : du prénom irlandais Fionnula, « épaule pâle »
Histoire : apparu pour la première fois dans les registres de naissance en 1989, Nola connaît une spectaculaire progression ces dernières années.
Caractère : attachée à sa famille, exigeante, responsable
Fréquence d'attribution : très rare
Évolution : en hausse
Année record : 2010

QUAND LE DIMINUTIF DEVIENT PRÉNOM...

Autrefois, on utilisait des diminutifs, mais on déclarait le prénom entier au baptême ou à l'état civil. La femme de lettres du XVIIe siècle Ninon de Lenclos se prénommait Anne et ne se servait du diminutif que pour signer ses œuvres. Aujourd'hui, ils sont devenus des prénoms à part entière : Ninon, Nina, Lisa... sont à la mode.

☆☆☆ Nolwenn ☆☆☆

Dérivés : Nolwen, Nolween, Nolwenne, Nolvene, Nolvenn, Nolwene
Fête : 6 juillet
Étymologie : du celte *noal*, « le lieu » et *gwenn*, « blanc, sacré » : « le lieu sacré »
Histoire : connu en Bretagne depuis le VIe siècle grâce à sainte Nolwenn (qui, selon la légende, une fois décapitée, transforma son sang en fontaine et son bâton en aubépine) Nolwenn se propagea dans toute la France dans les années 70. Elle connut un pic en 2002, période où Nolwenn Leroy remporta l'émission *Star Academy*.
Caractère : romantique, combattive, enthousiaste
Fréquence d'attribution : très rare
Évolution : stable
Année record : 2002
Célébrités : la chanteuse Nolwenn Leroy.

☆☆☆ Nour (mixte) ☆☆☆

Dérivés : Noura, Nourane, Noor, Nour, Noure, Nourah, Nourra
Étymologie : de l'arabe *nûr*, « lumière »
Histoire : Arrivé en France dans les années 60, Nour est un prénom mixte qui explose depuis les années 2000. Beaucoup plus attribué aux filles (5 000) qu'aux garçons (900), Nour plaît de plus en plus et devrait continuer sur sa lancée ses prochaines années.
Caractère : dynamique, stable, curieuse
Fréquence d'attribution : en hausse
Évolution : très rare
Année record : 2013
Célébrité : la chanteuse Nour.

☆☆☆ Nora ☆☆☆

Dérivés : Norah, Norhane, Noria Nohra, Nora, Norah, Norah, Noor, Nor, Norha, Norra
Fête : 25 juin
Étymologie : de l'hébreu *elinora*, « Dieu est feu »
Histoire : ce prénom, qui est connu dans tous les pays du monde, a commencé à plaire aux Français dans les années 60. Il séduit toujours autant. Les Nora seraient 17 000.
Caractère : gaie, libre, curieuse
Fréquence d'attribution : très rare
Évolution : en baisse
Année record : 2009
Célébrités : la chanteuse Norah Jones.

QUAND LES FILMS ET LES SÉRIES NOUS INSPIRENT

Que ce soit au cinéma ou à la télévision, les noms des acteurs ou des héros ont toujours une répercussion dans la société. Dans les années 60, Mehdi El Glaoui, l'acteur de la série *Belle et Sébastien*, eut un tel succès qu'il introduisit ce prénom en France. En 1972, c'est la diffusion des *Gens de Mogador* qui permit à Ludivine de décoller. En 1986, le film *Manon des Sources* propulsa Manon au devant de la scène. Les années 90 et l'arrivée de séries américaines populaires telles que *Beverly Hills 90210* ou *Melrose* firent grimper la cote des Brenda, Brendon, Brian… Sorti en 1990, c'est le film *Danse avec les loups* avec Kevin Costner qui importa les Kevin en France. Idem pour *Le Grand Bleu* en 1988, à l'origine du succès actuel des Enzo. Plus proche de nous, c'est la série des *Twilight* qui donna un coup de projecteur à Bella, en forte progression ces dernières années.

O

Caractère : originale, altruiste, ouverte d'esprit
Fréquence d'attribution : très rare
Évolution : stable
Année record : 1906

☆☆☆ Oana ☆☆☆

Dérivés : Ohana, Oanell, Oanelle, Oanez, Hoani
Fête : 21 janvier
Étymologie : du grec *agné*, « chaste »
Histoire : cette forme bretonne d'Agnès est apparue dans les années 80. Surtout donné en Bretagne, Oana reste encore rarissime dans le reste de la France.
Caractère : idéaliste, énergique, attachée à sa famille
Fréquence d'attribution : très rare
Évolution : en hausse
Année record : 2010

☆☆☆ Océane ☆☆☆

Dérivés : Océanne, Océana, Oceanna, Oceany, Oceann, Océanie
Fête : 2 novembre
Étymologie : du grec *ôkeanos*, « océan »
Histoire : introduit en France dans les années 70, Océane connut un franc succès à partir de 1995 où elle prit le relais de Marine. Aujourd'hui en perte de vitesse, les Océane seraient tout de même 80 000.
Caractère : sensible, idéaliste, perfectionniste
Fréquence d'attribution : très répandu
Évolution : en baisse
Année record : 2000
Célébrités : la comédienne Océane Mozas.

☆☆☆ Octavie ☆☆☆

Dérivés : Octavia, Octaviana, Octavienne, Ottavia, Tava, Tavie
Fête : 20 novembre
Étymologie : du latin *octavius*, « le huitième »
Histoire : attribué dès l'Antiquité, Octavie s'est propagé grâce à la sœur de l'empereur Auguste qui portait ce prénom. Plus courante au début du xxe siècle, elle a presque disparu aujourd'hui.

☆☆☆ Odélia ☆☆☆

Dérivés : Odelia, Odélie, Odélinda, Odell, Odelya, Odélie, Odélice, Odélisa, Odélise, Odélisse, Odélinie
Étymologie : du germanique *odal*, « la richesse »
Histoire : connu depuis les années 80, Odélia progresse régulièrement ces dernières années. Elles seraient près de 600.
Caractère : audacieuse, vive, logique
Fréquence d'attribution : très rare
Évolution : en baisse
Année record : 2005

☆☆☆ Odette ☆☆☆

Dérivés : Odetta, Odete
Fête : 20 avril
Étymologie : du germanique *odal*, « la richesse »
Histoire : afin de se consacrer à Dieu, sainte Odette, qui refusa de se marier, se coupa le nez pour décourager ses prétendants. Très répandu au début du siècle, Odette a pratiquement disparu aujourd'hui. Elles seraient près de 100 000.
Caractère : équilibrée, efficace, structurée
Fréquence d'attribution : très rare
Évolution : stable
Année record : 1925
Célébrités : l'héroïne du film Odette Toulemonde ; l'actrice Odette Laure.

☆☆☆ Odile ☆☆☆

Dérivés : Odila, Odylle, Odyle, Odille
Fête : 14 décembre
Étymologie : du germanique *odal*, « la richesse »
Histoire : au VIIIe siècle, sainte Odile ouvrit un monastère pour les lépreux et les aveugles. Populaire dès le Moyen Âge, Odile fut redécouvert entre 1950 et 1960 ; il n'est plus en vogue aujourd'hui.
Caractère : fidèle, raisonnable, attentive
Fréquence d'attribution : très rare
Évolution : stable
Année record : 1950
Célébrités : l'éditrice Odile Jacob

☆☆☆ Olga ☆☆☆

Dérivés : Holga
Fête : 11 juillet
Étymologie : du scandinave « consacré à Dieu » ou du germanique « prospère »
Histoire : plus courant au début du XXe siècle qu'aujourd'hui, ce prénom russe et roumain est très peu attribué. On en compte 10 000 environ.
Caractère : rêveuse, réservée, volontaire
Fréquence d'attribution : très rare
Évolution : stable
Année record : 1902
Célébrités : le mannequin Olga Kurylenko.

☆☆☆ Olive ☆☆☆

Dérivés : Oliva, Olivia, Oliwia, Oliviana, Oliviane, Olivine
Fête : 5 mars
Étymologie : du latin *oliva*, « olive »
Histoire : depuis le début du XXe siècle, ce prénom a toujours été très irrégulièrement donné. Il a totalement disparu aujourd'hui.
Caractère : généreuse, fiable, intègre
Fréquence d'attribution : très rare
Évolution : stable
Année record : 1931
Célébrités : Olive, la fiancée de Popeye, dans la bande dessinée éponyme.

☆☆☆ Olympe ☆☆☆

Dérivés : Olympia
Fête : 17 décembre
Étymologie : du grec *Olumpos*, « qui vient du mont Olympe »
Histoire : connu dès l'Antiquité puis au XVIIe siècle, Olympe regagne du terrain depuis 1980. On en dénombrerait environ 2 000 aujourd'hui.
Caractère : curieuse, courageuse, dynamique
Fréquence d'attribution : très rare
Évolution : en hausse
Année record : 2009

☆☆☆ Ombeline ☆☆☆

Dérivés : Ombline, Hombeline, Ombelyne, Ombelline
Fête : 21 août
Étymologie : du latin *ombria*, « pierre précieuse »
Histoire : au XIIe siècle, avant de prendre le voile, sainte Ombeline mena une vie très mondaine. Surtout donné dans les familles aisées, le prénom Ombeline compterait 3 000 représentantes.
Caractère : altruiste, équilibrée, douce
Fréquence d'attribution : très rare
Évolution : en hausse
Année record : 1907
Célébrités : Ombline, l'héroïne du film de Stéphane Cazes.

☆☆☆ Ondine ☆☆☆

Dérivés : Ondyne, Ondina
Fête : 10 novembre
Étymologie : du latin *unda*, « l'eau agitée », « l'onde »
Histoire : dans la mythologie grecque, Ondine était une nymphe qui vivait au bord d'une rivière. Depuis 1968, Ondine progresse régulièrement. Elles seraient près de 1 000.
Caractère : originale, spirituelle, indépendant
Fréquence d'attribution : très rare
Évolution : en baisse
Année record : 2006
Célébrités : Ondine, l'héroïne de la pièce de Jean Giraudoux.

Opale

Dérivés : Opal, Opaline
Étymologie : du sanskrit *upula*, « l'opale » (la pierre précieuse)
Histoire : très prisée pour ses couleurs éclatantes, l'opale influence de nombreux parents depuis les années 90. Dans la veine des prénoms issus de la nature, Opale est de plus en plus tendance. Elles sont pour le moment moins de 300.
Caractère : mystérieuse, élégante, efficace
Fréquence d'attribution : très rare
Évolution : en baisse
Année record : 2007

Ophélie

Dérivés : Ophélia
Étymologie : du grec *ophelos*, « aide »
Histoire : héroïne de Shakespeare fiancée à Hamlet dans la pièce éponyme, Ophélie commença sa progression dans les années 60. Mais c'est en 1996, alors que le tube *Dieu m'a donné la foi* d'Ophélie Winter connut un vrai succès en France, que ce prénom explosa. Elles seraient près de 35 0000.
Caractère : analytique, passionnée, indépendante
Fréquence d'attribution : très rare
Évolution : en baisse
Année record : 1996
Célébrités : la chanteuse Ophélie Winter.

Oriane

Dérivés : Oryane, Oria, Orianna, Oriana, Orane, Orana, Orlane, Ornella
Fête : 4 octobre
Étymologie : du latin *aurum*, « or »
Histoire : arrivé discrètement en France dans les années 50, Oriane commença à plaire à partir de 1980. Depuis, après un pic en 2001 à 450 naissances, il baisse légèrement. Mais on devrait pouvoir compter sur lui dans le futur.
Caractère : affirmée, engagée, énergique
Fréquence d'attribution : très rare
Évolution : stable
Année record : 2001

Orlane

Dérivés : Orlanne, Orléane, Orléanne, Orléna, Orlène, Orlana, Orlann, Horlane
Fête : 13 mai
Étymologie : du germanique *hrod*, « gloire » et *nand*, « courage »
Histoire : cette variante anglaise du prénom Rolande gagne en popularité depuis les années 2000. On en compte près de 9000.
Caractère : vive, têtue, raffinée
Fréquence d'attribution : rare
Évolution : stable
Année record : 2004

Ornella

Dérivé : Ornèla
Fête : 19 juillet
Étymologie : du latin *aurea*, « doré »
Histoire : présent en France depuis 1952, ce prénom italien décolla à partir de 1980, parallèlement à la notoriété croissante de l'actrice Ornella Muti. Elles seraient 7000.
Caractère : épicurienne, fantaisiste, indépendante
Fréquence d'attribution : très rare
Évolution : en baisse
Année record : 1990
Célébrités : la comédienne Ornella Muti.

Orphée

Dérivés : Orphée, Orphea, Orphélie
Étymologie : tiré du nom de l'héroïne grecque Orphée
Histoire : célèbre amoureux de la mythologie grecque, Orphée essaya de sortir Eurydice des Enfers. Bien que masculin à l'origine, Orphée est devenu typiquement féminin. Et suivant la mode des prénoms issus de la mythologie il est à nouveau attribué aujourd'hui. On en dénombrerait près de 500.
Caractère : organisée, persévérante
Fréquence d'attribution : très rare
Évolution : en baisse
Année record : 2005

☆☆☆ Oscarine ☆☆☆

Fête : 13 février
Étymologie : du germanique *os*, « divinité » et *gari*, « la lance » : « lance divine »
Histoire : ce féminin d'Oscar n'a encore jamais connu la popularité du prénom dont il est issu. Quelles que soient les époques, Oscarine a toujours été extrêmement rare.
Caractère : pragmatique, optimiste, créative
Fréquence d'attribution : très rare
Évolution : stable
Année record : 1905

☆☆☆ Othilie ☆☆☆

Dérivés : Othélie, Othélia, Ottalie, Ottilia, Otylia, Otilia, Ottilie, Othilia, Ottilia, Othylie
Étymologie : du germanique *odal*, « la richesse »
Histoire : venue d'Alsace, Othilie a connu un boom dans les années 2000. Elles se font plus rares aujourd'hui et seraient environ 500.
Caractère : fine, bienveillante, consciencieuse
Fréquence d'attribution : très rare
Évolution : en baisse
Année record : 1999

☆☆☆ Oxana ☆☆☆

Dérivés : Oxane, Oxanna, Oxanne, Oksana, Oksanna, Oksane
Étymologie : du grec « hospitalier »
Histoire : d'origine slave, Oxana est arrivé en France dans les années 90. Ce prénom plaît de plus en plus. Elles seraient plus de 350.
Caractère : affirmée, énergique, entreprenante
Fréquence d'attribution : très rare
Évolution : stable
Année record : 2003

LES PRÉNOMS DE FÊTES

Toutes les fêtes religieuses sont devenues au Moyen Âge des prénoms. Pour Noël/Noëlle, on le sait, cela semble évident. Mais on réalise moins que Nathalie a le même sens (Nativité en latin), ou qu'Emmanuel évoquait à l'origine aussi le jour de Noël (Emmanuel est l'autre nom donné à Jésus) ou que Noé, très fréquent autrefois en Picardie et dans le Nord-Pas-de-Calais, ne rappelait pas le créateur de l'arche biblique mais correspondait à une prononciation locale de Noël.

Il est assez clair aussi que les Pascal, Pascale, Pascaline... tirent leur origine de la fête de Pâques, et que le prénom Toussaint évoque la fête du même nom (assez fréquent autrefois, il est toujours donné mais en décroissance depuis 1900).

Moins facilement identifiables comme prénoms festifs, Épiphane et Tiphaine évoquent l'Épiphanie, c'est-à-dire la fête des Rois du 6 janvier et sa fameuse galette ! Épiphane s'est donné comme prénom jusqu'au tout début du XXe siècle mais a disparu aujourd'hui, tandis que Tiphaine, oublié depuis des siècles, est réapparu dans les années 1960. Il a connu un bel essor – même s'il est l'un des prénoms qui subit le plus grand nombre de variantes orthographiques.

Le prénom Pentecôte, qui existait au Moyen Âge, n'a plus cours. Ozanne et ses variantes (Osanne, Osanna), qui rappellent le cri de joie Osannah de la fête des Rameaux, avaient disparu aussi depuis deux siècles mais reviennent timidement depuis l'an 2000.

Comme d'autres cultures sont aujourd'hui présentes en France, quelques grandes dates d'autres religions apparaissent aussi dans les prénoms donnés (Ramadan est ainsi attribué à quelques petits garçons depuis une quinzaine d'années).

P

Évolution : en baisse
Année record : 2007
Célébrités : Pamela, l'une des héroïnes de la série *Dallas* ; l'actrice Pamela Anderson.

☆☆☆ Palmyre ☆☆☆

Dérivés : Palmire, Palma, Palmira
Étymologie : du nom de l'ancienne cité syrienne Palmura
Histoire : ce prénom rare plutôt donné au début du XXe siècle est beaucoup moins fréquent aujourd'hui. Elles seraient près de 600.
Caractère : utopiste, généreux, intègre
Fréquence d'attribution : très rare
Évolution : stable
Année record : 1906

☆☆☆ Paloma ☆☆☆

Dérivés : Palome, Palomia
Fête : 31 décembre
Étymologie : du latin *palumba*, « colombe »
Histoire : ce prénom espagnol fait référence à la Vierge de la Paloma qui est encore célébrée chaque année à Madrid. Apparu dans les années 60, Paloma progresse régulièrement depuis les années 90.
Caractère : attachée à sa famille, organisée, déterminée
Fréquence d'attribution : rare
Évolution : en baisse
Année record : 2007
Célébrités : la femme d'affaires et fille de Picasso, Paloma Picasso.

☆☆☆ Paméla ☆☆☆

Dérivés : Pamela, Pamella, Pamélia, Pam
Fête : 16 février
Étymologie : du grec *pan*, « tout » et *meli*, « miel » : « toute en miel » (sous-entendu « sucrée », « douce »)
Histoire : inventé par un poète anglais au XVIe siècle, Paméla est plus courante en Angleterre et aux États-Unis. En France, elles seraient tout de même 9000.
Caractère : volontaire, curieuse, loyale
Fréquence d'attribution : rare

☆☆☆ Paquita ☆☆☆

Dérivé : Pakita
Fête : 9 mars
Étymologie : du latin *francus*, « homme libre » qui a donné « Francisus », « Francs »
Histoire : cette variante espagnole de Françoise connue dès les années 20 en France progressa jusque dans les années 70. Depuis, elle a moins la cote.
Caractère : vive, structurée, persévérante
Fréquence d'attribution : très rare
Évolution : en baisse
Année record : 1965

☆☆☆ Pascale ☆☆☆

Dérivés : Pascuala, Pasquale
Fête : 17 mai
Étymologie : de l'hébreu *pessakh*, « passage » ou du latin *pasqualis*, « relatif à Pâques »
Histoire : Pascale connut un boum entre 1960 et 1970 avec plus de 9000 naissances par an. Aujourd'hui, ce prénom n'est presque plus attribué. Elles seraient près de 100 000.
Caractère : originale, joyeuse, pragmatique
Fréquence d'attribution : très rare
Évolution : en baisse
Année record : 1961
Célébrités : l'actrice Pascale Ogier ; la réalisatrice Pascale Bailly.

☆☆☆ Pascaline ☆☆☆

Dérivé : Pasqualine, Pascalina
Fête : 17 mai
Étymologie : de l'hébreu *pessakh*, « passage » ou du latin *pasqualis*, « relatif à Pâques »
Histoire : parallèlement au succès de Pascale, Pascaline prit son envol dans les années 60. Depuis 1980, elle se fait plus discrète.
Caractère : généreuse, sensible, perfectionniste
Fréquence d'attribution : très rare
Évolution : en baisse
Année record : 1979

☆☆☆ Patricia ☆☆☆

Dérivés : Patriciane, Patricie, Patrizia, Pat, Patrici, Patsy, Patty, Tricia
Fête : 17 mars
Étymologie : du latin *patricius*, « qui appartient à la noblesse »
Histoire : connu dès la Rome Antique, Patricia fut très populaire entre 1950 et 1980 avec, à son apogée, 12 000 naissances par an. Aujourd'hui oubliée, Patricia compterait près de 200 000 représentantes.
Caractère : douce, engagée, équilibrée
Fréquence d'attribution : très rare
Évolution : en baisse
Année record : 1961
Célébrités : la chanteuse Patricia Kaas ; les romancières Patricia Cornwell et Patricia Highsmith.

☆☆☆ Paule ☆☆☆

Dérivés : Paola, Paolia, Paula
Fête : 26 janvier
Étymologie : du latin *paulus*, « petit », « faible »
Histoire : Romaine qui vécut au IVe siècle, sainte Paule se retira avec sa fille en Palestine dans un monastère, à la mort de son mari. Au XXe siècle, Paule céda sa place à Pauline, plus populaire.
Caractère : énergique, engagée, sensible
Fréquence d'attribution : très rare
Évolution : stable
Année record : 1921
Célébrités : la comédienne Paule Noëlle.

☆☆☆ Pauline ☆☆☆

Dérivés : Paulyne, Paulette, Paulina, Paolina
Fête : 26 janvier
Étymologie : du latin *paulus*, « petit », « faible »
Histoire : courant au début du siècle, Pauline réapparaît dans les années 80 et connaît un vrai engouement. Elles seraient environ 130 000.
Caractère : douce, sensible, bienveillante
Fréquence d'attribution : répandu
Évolution : en baisse
Année record : 1991
Célébrités : la chanteuse Pauline Ester ; l'actrice Pauline Lafont.

☆☆☆ Pearl ☆☆☆

Dérivés : Perle, Perla, Perlette, Perline
Étymologie : du grec *margarita*, « perle »
Histoire : encore rare, ce prénom d'origine anglo-saxonne apparu en France dans les années 60 devrait progresser ces prochaines années du fait de son lien avec la nature.
Caractère : spirituelle, généreuse, fiable
Fréquence d'attribution : très rare
Évolution : en hausse
Année record : 2004
Célébrités : la styliste Pearl Lowe.

☆☆☆ Peggy ☆☆☆

Dérivés : Peg, Peggie
Fête : 8 janvier
Étymologie : diminutif de Marguerite, du latin *margarita*, « pureté »
Histoire : sainte Peggy était une princesse anglaise qui au VIIe siècle renonça à ses richesses pour être ermite. Peggy connut un bref succès entre 1970 et 1980. Elles seraient environ 18 000.
Caractère : curieuse, sensible, charismatique
Fréquence d'attribution : très rare
Évolution : en baisse
Année record : 1973
Célébrités : la journaliste Peggy Olmi.

☆☆☆ Pélagie ☆☆☆

Dérivés : Pélage, Pélagia, Pélagienne
Fête : 8 octobre
Étymologie : du grec *pelagos*, « mer haute »
Histoire : présent dès l'époque romaine, Pélagie est un prénom très rare depuis le VIIe siècle. Aujourd'hui, Pélagie est toujours hors du commun.
Caractère : généreuse, énergique, volontaire
Fréquence d'attribution : très rare
Évolution : en baisse
Année record : 1903

☆☆☆ Pénélope ☆☆☆

Dérivés : Penélope, Penny
Fête : 18 août
Étymologie : du grec *pênélops*, « oie sauvage » ou *penelopia*, « celle qui défait son tissage »
Histoire : dans l'*Illiade* et l'Odysée d'Homère, Pénélope tissait le jour et défaisait son tissage la nuit pour que personne ne remplace son mari Ulysse (elle avait dit qu'elle choisirait un prétendant une fois son œuvre terminée). Depuis les années 70, Pénélope connaît un succès croissant même si elle a moins la cote actuellement.
Caractère : sérieuse, dynamique, affirmée
Fréquence d'attribution : très rare
Évolution : en baisse
Année record : 2007
Célébrités : l'actrice Penélope Cruz ; Pénélope, le personnage du film *La Boum*.

☆☆☆ Pernelle ☆☆☆

Dérivés : Pernille, Péronelle, Péroline, Péronnelle, Péronille
Fête : 31 mai
Étymologie : du grec *petros*, « pierre »
Histoire : connue depuis les années 70, cette variante de Pétronille reste originale. Elles seraient seulement 400.
Caractère : sensible, altruiste, rêveuse
Fréquence d'attribution : très rare
Évolution : en baisse
Année record : 2003

☆☆☆ Perrette ☆☆☆

Dérivé : Pierrette
Fête : 31 mai
Étymologie : du grec *petros*, « pierre »
Histoire : apparu en 1920, Perrette a été très rarement attribué tout au long du XXe siècle. Depuis 1998, il a disparu des statistiques.
Caractère : passionnée, organisée, astucieuse
Fréquence d'attribution : très rare
Évolution : stable
Année record : 1932
Célébrités : Perrette, l'héroïne d'une fable de La Fontaine, *La laitière et le pot au lait*.

☆☆☆ Perrine ☆☆☆

Dérivés : Périna, Périnne, Perryne, Pierrine
Fête : 31 mai
Étymologie : du grec *petros*, « pierre »
Histoire : connu depuis le début du XXe siècle, Perrine a pris son envol en 1977 où il est devenu très populaire. Mais depuis les années 90, il est moins tendance. On en dénombrerait plus de 20 000.
Caractère : simple, altruiste, droite
Fréquence d'attribution : rare
Évolution : en baisse
Année record : 1986

☆☆☆ Petra ☆☆☆

Dérivé : Pierra
Fête : 29 juin
Étymologie : du grec *petros*, « pierre »
Histoire : attribué pour la première fois en France en 1907, ce prénom surtout connu au Pays Basque a toujours été irrégulièrement donné. Les Petra seraient plus de 200.
Caractère : bienveillante, volontaire, engagée
Fréquence d'attribution : très rare
Évolution : stable
Année record : 1964

☆☆☆ Pétronille ☆☆☆

Dérivés : Pétronella, Pétronia
Fête : 31 mai
Étymologie : du grec *petros*, « pierre »
Histoire : jeune romaine vivant au Ier siècle, sainte Pétronille est la première sainte patronne de France et des rois de France. Depuis les années 90, Pétronille connaît une nouvelle jeunesse.
Caractère : gaie, imaginative, logique
Fréquence d'attribution : très rare
Évolution : en hausse
Année record : 1902

☆☆☆ Pétula ☆☆☆

Dérivés : Petula
Étymologie : de l'anglais, « impatiente »
Histoire : c'est vraisemblablement la notoriété de la chanteuse Petula Clark qui popularisa ce prénom dans les années 70. Aujourd'hui, les Pétula sont très discrètes.
Caractère : optimiste, altruiste, affectueuse
Fréquence d'attribution : très rare
Évolution : stable
Année record : 1971
Célébrités : la chanteuse Petula Clark.

☆☆☆ Phénicia ☆☆☆

Étymologie : du grec *phoînix*, « pourpre »
Histoire : apparu en 1991, Phénicia se rapporte au phénix, l'oiseau légendaire de la mythologie grecque qui renaît de ses cendres. Elles seraient moins de 100.
Caractère : intuitive, amicale, vive
Fréquence d'attribution : très rare
Évolution : en baisse
Année record : 2007

☆☆☆ Philaé ☆☆☆

Dérivés : Phila, Philia, Phillie
Étymologie : du grec, « celle qui aime »
Histoire : ce prénom qui rappelle le temple d'Isis en Égypte est apparu en 1993. Il reste encore très peu porté.
Caractère : bienveillante, sympathique, fidèle
Fréquence d'attribution : très rare
Évolution : en hausse
Année record : 2010

☆☆☆ Philippine ☆☆☆

Dérivés : Philippa, Filippa, Felipa, Filia, Fily, Filipina, Phillie, Philipine
Fête : 3 mai
Étymologie : du grec *philos*, « qui aime » et *hippos*, « chevaux » : « celle qui aime les chevaux »
Histoire : connu depuis le XVIIIe siècle (sainte Philippine s'occupait des prisonniers), Philippine fut redécouvert dans les années 90, d'abord dans les milieux aisés. Elles seraient environ 5000.
Caractère : indépendante, ambitieuse, idéaliste
Fréquence d'attribution : très rare
Évolution : stable
Année record : 1994
Célébrités : la comédienne Philippine Leroy-Beaulieu.

☆☆☆ Philomène ☆☆☆

Dérivés : Filoména, Philomèna
Fête : 10 août
Étymologie : du grec *philomênê*, « aimée »
Histoire : au VIe siècle, la légende veut que sainte Philomène ait accompli de nombreux miracles qui aidèrent à propager ce prénom. Mais au XXe siècle, son existence fut remise en cause. Plus populaire au début du XXe siècle qu'aujourd'hui, Philomène regagne du terrain depuis 1998.
Caractère : spirituelle, sensible, rusée
Fréquence d'attribution : très rare
Évolution : en hausse
Année record : 1901
Célébrités : la journaliste Philomène Piégay.

☆☆☆ Phoebé ☆☆☆

Dérivés : Phoebe, Phèbe, Phébée, Phoeby
Étymologie : du grec *phoibê*, « brillante »
Histoire : apparu pour la première fois en France à la fin des années 90, Phoebe a pris son envol à partir de 1997, date de diffusion de la série *Friends* (c'est le nom de l'une des héroïnes). Elles seraient près de 700 aujourd'hui.
Caractère : fine, bienveillante, consciencieuse
Fréquence d'attribution : très rare
Évolution : en baisse
Année record : 2004
Célébrités : le personnage de Phoebe dans la série *Friends*.

☆☆☆ Phuong ☆☆☆

Étymologie : du vietnamien, « Phénix »
Histoire : arrivé en France en 1964, il a fallu attendre les années 70 pour que ce prénom vietnamien soit davantage attribué. Il reste cependant rarissime.
Caractère : fiable, généreuse, idéaliste
Fréquence d'attribution : très rare
Évolution : stable
Année record : 1991

☆☆☆ Pia ☆☆☆

Fête : 30 avril
Étymologie : du latin *pius*, « pieux », « pieuse »
Histoire : plus connu en Italie et en Espagne, ce prénom parfois attribué en Corse et au Pays Basque a repris des forces depuis les années 80. On en dénombrerait 1 500.
Caractère : énergique, spontanée, affirmée
Fréquence d'attribution : très rare
Évolution : en hausse
Année record : 2009
Célébrités : la chanteuse Pia Zadora.

☆☆☆ Pomme ☆☆☆

Dérivé : Pome, Pomeline
Fête : 5 octobre
Étymologie : du latin *pomum*, « la pomme »
Histoire : ce prénom issu du calendrier révolutionnaire a été détrôné par Cerise, Myrtille et Prune qui sont plus populaires. Pomme serait porté par moins de 100 personnes en France, sa cousine anglo-saxonne Apple a davantage la cote outre-Atlantique.
Caractère : déterminée, vive, fine stratège
Fréquence d'attribution : très rare
Évolution : en baisse
Année record : 1984
Célébrités : Pomme, l'héroïne de la chanson du groupe « Il était une fois ».

☆☆☆ Princesse ☆☆☆

Dérivé : Princess
Étymologie : du latin, « celle qui est au-dessus »
Histoire : ce nouveau prénom qui fut donné à trois petites filles en 1984 a sans doute bénéficié par la suite de la popularité de la chanteuse Princess Erika.
Caractère : rêveuse, altruiste, engagée
Fréquence d'attribution : très rare
Évolution : stable
Année record : 2009
Célébrités : la chanteuse Princess Erika.

Prisca

Dérivés : Priska, Pris
Fête : 18 janvier
Étymologie : du latin *priscus*, « antique »
Histoire : entre 1970 et 1990, Prisca a été donné à plus de 100 petites filles chaque année. Depuis, elle est moins tendance. On en dénombrerait 4000.
Caractère : optimiste, imaginative, pragmatique
Fréquence d'attribution : très rare
Évolution : en baisse
Année record : 1990

Priscilla

Dérivés : Priscilia, Priscila, Pricilla, Pricillia, Priscille, Prissie, Prescilla, Prescilia
Fête : 16 janvier
Étymologie : du latin *priscus*, « antique »
Histoire : même si elle décolla dix ans après Prisca (prénom dont elle est issue), en 1980, Priscilla eu beaucoup plus de succès que l'original. Depuis les années 90, les Priscilla se font plus discrètes. Elles seraient environ 13 000.
Caractère : lunaire, généreuse, tolérante
Fréquence d'attribution : très rare
Évolution : en baisse
Année record : 1985
Célébrités : la chanteuse Priscilla Betti ; l'héroïne du film *Priscilla, folle du désert*.

Prudence

Dérivés : Prudencia, Prudentia, Prudie, Prudy
Fête : 6 mai
Étymologie : du latin *prudentia*, « sage », « réfléchie »
Histoire : c'est un grand poète latin du ᴠᵉ siècle qui fit d'abord connaître ce prénom. Beaucoup plus tard, Prudence traversa ensuite l'Atlantique et fut beaucoup utilisé par les puritains américains au xᴠɪɪᵉ siècle. En France, il est redécouvert depuis les années 1990.
Caractère : joyeuse, fantaisiste, énergique
Fréquence d'attribution : très rare
Évolution : stable
Année record : 1900
Célébrités : l'héroïne du livre pour enfant *Le grand voyage de Mademoiselle Prudence.*

Prune

Dérivé : Prunelle
Fête : 5 octobre
Étymologie : du latin *prunus*, « prunier »
Histoire : connu depuis le calendrier révolutionnaire, Prune est dans l'air du temps depuis les années 2000 car il rejoint les prénoms issus de la nature.
Caractère : pure, simple, ambitieuse
Fréquence d'attribution : très rare
Évolution : en baisse
Année record : 2006
Célébrités : l'héroïne du livre pour enfant *La revanche de Lili Prune.*

Q

☆☆☆ Queen ☆☆☆

Dérivés : Queena, Kena, Queenie, Laqueena
Fête : 7 septembre
Étymologie : de l'anglais *queen*, « reine »
Histoire : ce prénom qui est né aux États-Unis pendant le règne de la reine Victoria se rencontre, pour le moment, de façon anecdotique. Elles seraient moins de 20 en France.
Caractère : généreuse, idéaliste, énergique
Fréquence d'attribution : très rare
Évolution : en hausse
Année record : 2009
Célébrités : la chanteuse Queen Latifah.

☆☆☆ Quitterie ☆☆☆

Dérivés : Quiterie, Quiteira, Quitteri
Fête : 22 mai
Étymologie : du latin *quietus*, « calme »
Histoire : princesse espagnole du ve siècle, sainte Quitterie refusa d'épouser l'homme choisi par son père pour consacrer sa vie à Dieu. Apparu dans les années 50, Quitterie reste un prénom original surtout prisé par les milieux aisés.
Caractère : joyeuse, curieuse, juste
Fréquence d'attribution : très rare
Évolution : stable
Année record : 2005

LES PRÉNOMS DE FRUITS

Nos prénoms évoquent des étoiles, des qualités, des animaux mythologiques, des divinités… mais aussi des fruits. Quels sont les plus présents dans nos prénoms ? L'amande et la clémentine ! Très porté jusqu'aux années 1920, Clémentine est revenue en force à partir des années 1980-1990, avec la mode des « prénoms fruits ». Ce féminin de Clément évoque pourtant la clémence et non pas le fruit… Même décalage avec Amande (rare) et Amandine (l'un des prénoms majeurs des années 1980), formes féminines du prénom latin Amand (« qui est aimé »), qui n'a rien à voir avec le fruit à coque. Comme tous ces prénoms, Olive remonte à l'Antiquité, avec quelques Olivette à la mode dans les années 1920 ; cette fois, le lien avec le fruit est réel, mais davantage sur un plan symbolique, l'olivier étant symbole de paix dans tout le pourtour méditerranéen.
Les prénoms « 100 % fruits » sont ceux issus du calendrier révolutionnaire de 1793, réapparus dans les années 1970-1980. Sauf exception (Myrtil pour les garçons), ils sont tous féminins. On trouve : Cerise, Myrtille, Pomme (un prénom inscrit en face du premier jour de l'année républicaine), Prune (avec des dérivés comme Prunelle et Prunella apparus récemment).
De nouveaux fruits sont apparus à la toute fin du xxe siècle, après les lois de 1993 permettant aux parents de choisir n'importe quel prénom pour leur enfant : Coco (mais inspiré sans doute davantage de Chanel que de la noix tropicale), Framboise, Mirabelle, Cassis, Vanille… L'état civil a même admis un Kiwi en 2010 (seul de son espèce jusqu'ici). En revanche, il a refusé d'enregistrer une petite Fraise (à cause de l'expression « Ramène ta fraise » qu'elle risquait d'entendre un peu trop dans les cours d'école).

R

☆☆☆ Rachel ☆☆☆

Dérivés : Rachèle, Rachelle, Rachela, Rachie, Rachile, Raquel, Rae
Fête : 15 janvier
Étymologie : de l'hébreu *ra'hel*, « brebis »
Histoire : dans la Bible, Rachel est la mère de Joseph et l'épouse de Jacob. Rachel connut un boom entre 1965 et 1975. Aujourd'hui, 500 petites Rachel naissent chaque année.
Caractère : généreuse, attentive, fidèle
Fréquence d'attribution : rare
Évolution : stable
Année record : 1972
Célébrités : Rachel, l'héroïne de la série *Friends* ; l'actrice Raquel Welch.

☆☆☆ Rachida ☆☆☆

Dérivés : Rasheeda, Rashida
Étymologie : de l'arabe, « bien guidée »
Histoire : arrivé en France dans les années 40, ce prénom, qui est un classique de la culture musulmane, a progressé jusqu'en 1981. Depuis, il a moins la cote.
Caractère : réservée, dynamique, curieuse
Fréquence d'attribution : très rare
Évolution : en baisse
Année record : 1981
Célébrités : l'actrice Rachida Brakni ; la femme politique Rachida Dati.

☆☆☆ Rahma ☆☆☆

Dérivés : Rama, Rahima, Ramata
Étymologie : de l'arabe, « qui pardonne »
Histoire : attribué en France depuis les années 50, Rahma est en forte progression depuis 2000. De plus en plus tendance, les Rhama seraient 2 000.
Caractère : énergique, courageuse, indépendante
Fréquence d'attribution : très rare
Évolution : en hausse
Année record : 2009
Célébrités : la productrice Rahma Goubar.

☆☆☆ Raphaëlle ☆☆☆

Dérivés : Rafaële, Rafaëlle, Raffaele, Raphaela, Raphaële, Raphaëlla, Rafaëlla, Rafaëla
Fête : 29 septembre
Étymologie : de l'hébreu, *repha*, « guérir » et *el*, « Dieu » : « Dieu seul guérit »
Histoire : connu depuis le début du XXe siècle, Raphaëlle, qui est plus répandu en Italie et en Espagne, a pris son envol dans les années 60. Elles seraient environ 2 000.
Caractère : altruiste, exigeante, sociable
Fréquence d'attribution : très rare
Évolution : en baisse
Année record : 1986
Célébrités : la coach vocale Raphaëlle Ricci ; la romancière Raphaële Billetdoux.

☆☆☆ Raymonde ☆☆☆

Dérivés : Raimonda, Raimonde, Ramona, Raymonda, Raymunda
Fête : 7 janvier
Étymologie : du germanique *ragin*, « conseil », et *mund*, « protecteur » : celui qui protège par ses conseils
Histoire : très populaire jusque dans les années 20, Raymonde fut présent jusque dans les années 70. Depuis, elle est totalement tombée dans l'oubli.
Caractère : audacieuse, curieuse, vive
Fréquence d'attribution : très rare
Évolution : stable
Année record : 1920

☆☆☆ Rébecca ☆☆☆

Dérivés : Rebeca, Rebeka, Rebekah, Rebecka, Rebekka, Rivka, Becca, Becka, Becky, Beki
Fête : 23 mars
Étymologie : de l'hébreu *rivka*, « celle qui est rassasiée »

Histoire : dans l'Ancien Testament, Rébecca est la mère d'Ésaü et Jacob, tous deux destinés à devenir chefs d'une nation mais c'est Jacob qui sera l'élu. Rébecca est plus populaire en Italie et dans les pays anglophones qu'en France.
Caractère : indépendante, sérieuse, dynamique
Fréquence d'attribution : très rare
Évolution : en baisse
Année record : 1995
Célébrités : *Rebecca*, l'héroïne du roman de Daphné du Maurier et du film d'Hitchcock.

☆☆☆ Reine ☆☆☆

Dérivés : Reina, Reinette
Fête : 7 septembre
Étymologie : du latin *regere*, « gouverner » et *rex, regis*, « roi, reine »
Histoire : selon la légende, au IIIe siècle, sainte Reine était une jeune chrétienne, qui au péril de sa vie, résista aux avances du gouverneur d'Alésia, en Bourgogne. Courant jusqu'en 1920, Reine a presque disparu aujourd'hui.
Caractère : affectueuse, susceptible, appliquée
Fréquence d'attribution : très rare
Évolution : en baisse
Année record : 1922
Célébrités : la pianiste Reine Gianoli.

☆☆☆ Renée ☆☆☆

Dérivés : Renee, Rena, Renata, Renate, Renelle
Fête : 19 octobre
Étymologie : du latin *re-natus*, « né une seconde fois », « re-né »
Histoire : jusqu'en 1950, Renée eut vraiment beaucoup de succès. Aujourd'hui, Renée n'est presque plus attribué. Elles seraient près de 100 000.
Caractère : gaie, dynamique, fantaisiste
Fréquence d'attribution : très rare
Évolution : en baisse
Année record : 1920
Célébrités : Renee, personnage de la série *Desperate Housewives*.

☆☆☆ Rita ☆☆☆

Dérivés : Ritta
Fête : 22 mai
Étymologie : diminutif de Marguerite, du latin *margarita*, « pureté »
Histoire : au XVe siècle, à la mort de son mari et de ses enfants, sainte Rita prit le voile. Après une vague de succès dans les années 50, ce prénom qui est à nouveau attribué depuis 1990 plaît de plus en plus.
Caractère : créative, optimiste, sociable
Fréquence d'attribution : très rare
Évolution : stable
Année record : 1961
Célébrités : *Rita*, l'héroïne de la série éponyme ; l'actrice Rita Hayworth.

☆☆☆ Rizlane ☆☆☆

Dérivé : Rhizlane
Étymologie : de l'arabe, « gazelle »
Histoire : apparu en 1973, Rizlane, bien que régulièrement attribué, est encore peu courant. Elles seraient 400.
Caractère : dynamique, spontanée, sensible
Fréquence d'attribution : très rare
Évolution : en baisse
Année record : 1988

☆☆☆ Roberte ☆☆☆

Dérivés : Roberta, Roberte, Robertine, Rigoberte, Robine
Fête : 30 avril
Étymologie : du germain *hrod*, « gloire », et *behrt*, « brillant »
Histoire : Roberte connut presque la même destinée que Gilberte. Populaire jusque dans les années 30, elle tomba ensuite progressivement dans l'oubli.
Caractère : intuitive, fidèle, adaptable
Fréquence d'attribution : très rare
Évolution : en hausse
Année record : 1963

Rochelle

Dérivés : Roquelia, Roquelina
Fête : 16 août
Étymologie : du germanique *hrod*, « gloire »
Histoire : cette forme féminine du prénom Roch est apparue récemment en France en 1993. Surtout connue dans les milieux littéraires, Rochelle reste un prénom encore extrêmement rare. Elles seraient moins de 100.
Caractère : compétitive, courageuse, attachée à sa famille
Fréquence d'attribution : très rare
Évolution : stable
Année record : 2004
Célébrité : Rochelle, personnage de Boris Vian dans *L'Automne à Pékin*.

Rolande

Dérivés : Rollande
Fête : 13 mai
Étymologie : du germanique *hrod*, « gloire », et *nand*, « courageux »
Histoire : recensé dès le VIIIe siècle en même temps que Roland, Rolande s'est éclipsé un temps pour revenir au XIXe siècle puis au milieu du XXe siècle où il dépassa les 1 400 attributions. Il n'est quasiment plus donné aujourd'hui.
Caractère : attachée à sa famille, équilibrée, rêveuse
Fréquence d'attribution : très rare
Évolution : en baisse
Année record : 1931
Célébrité : la pianiste Rolande Falcinelli.

Romane

Dérivés : Romana, Romanella, Romélie, Romina, Romaine
Fête : 28 février
Étymologie : du latin *romanus*, « romain »
Histoire : connu depuis longtemps, c'est à partir des années 90 que Romane devient vraiment populaire. La notoriété de Romane Bohringer n'est sans doute pas étrangère à ce succès. On en dénombrerait plus de 40 000.
Caractère : romantique, rêveuse, attachante
Fréquence d'attribution : très répandu
Évolution : en hausse
Année record : 2007
Célébrités : la comédienne Romane Bohringer ; la chanteuse Romane Serda.

Romy

Fête : 25 fevrier
Étymologie : du latin *rosa*, « la rose »
Histoire : à l'origine diminutif de Rose-Marie, Romy a gagné en popularité grâce à l'actrice Romy Schneider. Depuis l'an 2000, Romy connaît une nouvelle jeunesse. Elles seraient aujourd'hui près de 5 000.
Caractère : affirmée, réaliste, généreuse
Fréquence d'attribution : rare
Évolution : en hausse
Année record : 2009
Célébrités : l'actrice Romy Schneider.

Rosalie

Dérivés : Rosali, Rosaly, Rosalina, Rosaline, Rosalia, Rosalio, Rosella, Rozella, Rozalia
Fête : 4 septembre
Étymologie : du latin *rosalis*, « qui concerne les roses »
Histoire : à l'époque romaine, Rosalia était une fête où l'on célébrait les morts en mettant des roses dans les cimetières. Courant au début du XXe siècle, Rosalie a connu un creux entre 1950 et 2000. Depuis, il reprend du poil de la bête.
Caractère : joyeuse, pragmatique, curieuse
Fréquence d'attribution : très rare
Évolution : stable
Année record : 1903
Célébrités : Rosalie, l'héroïne du film *César et Rosalie* ; *Rosalie*, l'héroïne de la chanson de Carlos.

Rosana

Dérivés : Rossana, Rosane, Rosanne, Rozanne
Fête : 23 août
Étymologie : contraction de Rose (« la rose ») et Anna (« la grâce »)

Histoire : depuis les années 50 où ce prénom est recensé en France, Rosanna a été donné de façon très irrégulière, plutôt dans les milieux aisés. Elles seraient environ 700.
Caractère : dynamique, ambitieuse, imaginative
Fréquence d'attribution : très rare
Évolution : en baisse
Année record : 2005
Célébrités : l'actrice Rosanna Arquette ; *Rosanna*, l'héroïne de la chanson de Toto.

☆☆☆ Rose ☆☆☆

Dérivés : Rosa, Roza, Rosaria, Rosalba, Rhoda, Roscoe, Rosemonde, Rosetta, Rosie, Rozenn
Fête : 23 août
Étymologie : à l'origine masculin, Rose viendrait du germanique *hrod*, « la gloire » et *haidis*, « le rang » (celui qui a un rang glorieux) mais sa racine latine, *rosa* (la rose) le féminisa au XVe siècle
Histoire : sainte Rose de Lima, la patronne de l'Amérique latine fut canonisée en 1671. Très populaire au début du XXe siècle, Rose renoue avec le succès depuis les années 2000. C'est le dix-neuvième prénom féminin préféré des Français.
Caractère : courageuse, altruiste, passionnée
Fréquence d'attribution : répandu
Évolution : en hausse
Année record : 1906
Célébrités : les chanteuses Rose et Rose Laurens ; la peintre Rosa Bonheur.

☆☆☆ Roselyne ☆☆☆

Dérivés : Roseline, Rosalinde, Rosalinda
Fête : 17 janvier
Étymologie : du latin *rosa*, « la rose »
Histoire : au XIVe siècle, sainte Roseline de Villeneuve distribuait les provisions de sa famille aux plus démunis. Entre 1940 et 1960, Roselyne connut un fort engouement après la baisse de régime de Rose. Depuis, elle se fait très discrète.
Caractère : énergique, analytique, audacieuse
Fréquence d'attribution : très rare
Évolution : en baisse
Année record : 1953
Célébrités : la femme politique Roselyne Bachelot.

☆☆☆ Roxane ☆☆☆

Dérivés : Roxanne, Roxana, Roxanna, Roxy, Roxine
Fête : 4 octobre
Étymologie : du persan *raokhshna*, « la belle aurore »
Histoire : prénom de la femme d'Alexandre Le Grand, Roxane réapparut à la Renaissance. Venu des États-Unis, Roxane devint populaire grâce à la chanson du groupe The Police en 1977. Roxane est à nouveau en vogue et serait porté par 15 000 personnes.
Caractère : ouverte d'esprit, vive, indépendante
Fréquence d'attribution : rare
Évolution : en hausse
Année record : 2013
Célébrités : *Roxanne*, l'héroïne de la chanson du groupe The Police.

☆☆☆ Ruby ☆☆☆

Dérivé : Rubis
Étymologie : du latin, « rougeâtre »
Histoire : venu d'Angleterre en 1955, ce prénom qui évoque la pierre précieuse gagne aujourd'hui du terrain. Très aimé en Irlande, il est aussi de plus en plus apprécié en France. On en compte environ 500.
Caractère : créative, positive, sociable
Fréquence d'attribution : très rare
Évolution : en haussc
Année record : 2009
Célébrités : l'héroïne du film *Elle s'appelle Ruby*.

Ruth

Dérivé : Ruthy, Ruthie, Rut
Fête : 3 juillet
Étymologie : de l'hébreu ruth, « compagne » ou « celle qui compatit »
Histoire : ce prénom biblique (dans la Bible, Ruth est l'arrière-grand-mère du roi David) parvient à traverser les époques. Elles seraient 2 000.
Caractère : honnête, exigeante, altruiste
Fréquence d'attribution : très rare
Évolution : en hausse
Année record : 2012
Célébrités : la journaliste Ruth Elkrief ; Ruth Elisabeth Davis, vrai nom de l'actrice Bette Davis.

Rym

Dérivés : Rim, Rime, Rima, Ryme
Étymologie : de l'arabe,« gazelle blanche du Sahara »
Histoire : poétique et doux, ce prénom qui n'est attribué en France que depuis 1974 devrait continuer à plaire grâce à sa simplicité. Elles seraient près de 300.
Caractère : sensible, intuitive, affectueuse
Fréquence d'attribution : très rare
Évolution : en hausse
Année record : 2010
Célébrités : la princesse Rym Alie de Jordanie.

DES PRÉNOMS DE PLUS EN PLUS COURTS

Alors qu'en 1960 un prénom comptait sept lettres et demi en moyenne, en 2017, la tendance est aux prénoms d'une ou deux syllabes. Ainsi, Tom, Lou, Sam, Téo, Lisa, qui étaient autrefois des diminutifs, sont aujourd'hui de vrais prénoms. Fini les surnoms ! Les prénoms courts, plus faciles à retenir et à prononcer, sont un gage d'intégration sociale. Et pour les parents divorcés ou non mariés qui accolent leurs deux patronymes au prénom de leur enfant, ils permettent d'éviter les noms à rallonge. Une tendance au raccourcissement accentuée par les nouvelles formes de communication (mails, textos...) qui incitent à la simplicité. De plus, une étude récente menée par le site américain *The Ladders* tend à prouver que les personnes portant des prénoms courts seraient mieux rémunérées que les autres car ils seraient plus humains et moins intimidants !

S

☆☆☆ Sabine ☆☆☆

Dérivés : Sabina, Sabinka, Savinka, Sabienne, Sabi
Fête : 29 août
Étymologie : du latin *sabinus, sabina*, « qui vient de Sabinie »
Histoire : selon la légende, les Sabines furent enlevées par les premiers Romains qui souhaitaient assurer leur descendance. Entre 1960 et 1980, Sabine fut très attribué. Elles seraient plus de 60 000.
Caractère : épicurienne, exigeante, dynamique
Fréquence d'attribution : très rare
Évolution : en baisse
Année record : 1971
Célébrités : l'actrice Sabine Azéma ; la chanteuse Sabine Paturel

☆☆☆ Sabrina ☆☆☆

Dérivés : Sabryna
Fête : 29 août
Étymologie : de l'hébreu,« cactus épineux » ou du nom d'une rivière du pays de Galles
Histoire : Sabrina connut son heure de gloire entre 1978 et 1988. En 1981, ce prénom fut même donné à plus de 7 000 bébés. Aujourd'hui, Sabrina compterait 90 000 représentantes.
Caractère : indépendante, ambitieuse, sensible
Fréquence d'attribution : très rare
Évolution : en baisse
Année record : 1981
Célébrités : la chanteuse Sabrina ; *Sabrina* (Audrey Hepburn), l'héroïne du film éponyme.

☆☆☆ Sally ☆☆☆

Dérivés : Sallie, Sal, Saly
Fête : 9 octobre
Étymologie : de l'hébreu, « princesse »
Histoire : apparu en France à la fin des années 50, Sally n'a jamais vraiment décollé. Malgré tout, ce prénom reste régulièrement attribué. Elles seraient 600.
Caractère : consciencieuse, sage, affectueuse
Fréquence d'attribution : très rare
Évolution : stable
Année record : 2013
Célébrités : Sally, l'héroïne du film *Quand Harry rencontre Sally*.

☆☆☆ Salma ☆☆☆

Dérivés : Salima, Salama, Selima, Selimata
Étymologie : de l'arabe *salim*, « saine »
Histoire : depuis 2003, Salma a le vent en poupe. Ce prénom devrait continuer à séduire dans les prochaines années. Elles seraient déjà 6 000.
Caractère : dynamique, sûre d'elle
Fréquence d'attribution : rare
Évolution : stable
Année record : 2003
Célébrités : l'actrice Salma Hayek.

☆☆☆ Salomé ☆☆☆

Dérivés : Salomée, Saloméa, Lomée, Loménie
Fête : 22 octobre
Étymologie : de l'hébreu *shalom*, « paix »
Histoire : personnage biblique, Salomé demanda la tête de saint Jean-Baptiste après avoir séduit le roi Hérode par sa danse ; une histoire qui a longtemps pesé sur ce prénom. Redécouvert depuis les années 1990, Salomé ne cesse de plaire aujourd'hui. Elles seraient plus de 20 000.
Caractère : loyale, sociable, séductrice
Fréquence d'attribution : rare
Évolution : en baisse
Année record : 2011

☆☆☆ Samantha ☆☆☆

Dérivés : Sammantha, Samanta, Sama, Mantha, Manthy
Fête : 20 août
Étymologie : de l'araméen, « celle qui écoute »
Histoire : cette déclinaison féminine de Samuel venue des États-Unis devint vraiment populaire dans les années 90. Depuis, elle a moins la cote.
Caractère : sensible, joyeuse, optimiste
Fréquence d'attribution : très rare
Évolution : stable
Année record : 1992
Célébrités : les Samantha dans les séries télévisées *Sex and the City* et *Ma sorcière bien-aimée*.

☆☆☆ Samia ☆☆☆

Dérivés : Sama, Samae, Samah, Samiha, Samiya, Sémiha
Étymologie : de l'arabe *sami*, « élevé »
Histoire : arrivé en France dans les années 50, Samia connut un vrai engouement entre 1970 et 1990. Moins donné aujourd'hui, ce prénom est encore chaque année donné à 140 bébés environ. On en compterait 15 000.
Caractère : sage, indépendante, rigoureuse
Fréquence d'attribution : très rare
Évolution : stable
Année record : 1979
Célébrités : Samia, personnage du feuilleton *Plus Belle la Vie*.

☆☆☆ Sana ☆☆☆

Dérivés : Sanaa, Sanae, Sanah, Sanna, Sena
Étymologie : de l'arabe *sanâ*, « élévation », « grandeur »
Histoire : ce prénom arabe arrivé en France en 1972 connaît un certain succès depuis les années 2000 et devrait continuer de progresser. Elles seraient environ 8000.
Caractère : généreuse, fiable, dévouée
Fréquence d'attribution : rare
Évolution : en baisse
Année record : 2010

☆☆☆ Sandra ☆☆☆

Dérivés : Saundra
Fête : 2 avril
Étymologie : d'Alexandra, du grec *alexein*, « défendre » et *andros*, « homme »
Histoire : ce diminutif italien d'Alexandra est apparu dès le XIXe siècle. Mais c'est dans les années 70 qu'il a véritablement pris son envol jusqu'à atteindre 7922 naissances en 1973. Elles seraient plus de 100 000.
Caractère : imaginative, sensible, passionnée
Fréquence d'attribution : très rare
Évolution : en baisse
Année record : 1973
Célébrités : l'actrice Sandra Bullock.

☆☆☆ Sandrine ☆☆☆

Dérivés : Sendrine, Sandrina, Sandryne, Cendrine
Fête : 2 avril
Étymologie : d'Alexandra, du grec *alexein*, « défendre » et *andros*, « homme »
Histoire : apparu dans les années 60, Sandrine deviendra extrêmement populaire en 1971 avec plus de 20 000 naissances cette année-là. Elles seraient près de 240 000.
Caractère : optimiste, créative, pragmatique
Fréquence d'attribution : très rare
Évolution : en baisse
Année record : 1971
Célébrités : les actrices Sandrine Bonnaire et Sandrine Kiberlain

☆☆☆ Sandy ☆☆☆

Dérivés : Sandie, Sandi, Sandia
Fête : 20 mars
Étymologie : d'Alexandra, du grec *alexein*, « défendre » et *andros*, « homme »
Histoire : ce prénom anglo-saxon arrivé en France à la fin des années 60 a connu un certain engouement entre 1980 et 1990. Depuis, il n'a plus la cote.
Caractère : forte, dynamique, généreuse
Fréquence d'attribution : très rare

Évolution : en baisse
Année record : 1989
Célébrités : la chanteuse Sandy Valentino.

☆☆☆ Sarah ☆☆☆

Dérivés : Sara, Sari, Sarine, Saura
Fête : 9 octobre
Étymologie : de l'hébreu, « princesse »
Histoire : dans la Bible, Sarah, l'épouse d'Abraham qui ne pouvait avoir d'enfant fut visitée par des anges qui lui annoncèrent la naissance de son fils Isaac. Sarah, qui fait consensus dans les trois religions monothéistes, est le quatorzième prénom préféré des Français.
Caractère : psychologue, timide, visionnaire
Fréquence d'attribution : très répandu
Évolution : stable
Année record : 2000
Célébrités : l'actrice Sarah Jessica Parker ; la décoratrice Sarah Lavoine.

☆☆☆ Saskia ☆☆☆

Dérivés : Saskya, Zaskia
Étymologie : du saxon *saks*, « aigu », ou *saxia*, « femme saxonne »
Histoire : depuis son introduction en France en 1951, Saskia ne cesse de progresser. Elles seraient 650 à porter ce prénom aujourd'hui.
Caractère : courageuse, équilibrée, attachée à sa famille
Fréquence d'attribution : très rare
Évolution : stable
Année record : 2007
Célébrités : le top model Saskia de Brauw.

☆☆☆ Satine ☆☆☆

Dérivés : Sateen, Satyne, Satheen, Sahteene
Étymologie : du français, « satiné »
Histoire : ce nouveau prénom apparu en 2002 compte déjà 300 représentantes. Malgré une légère baisse ces dernières années, il y a fort à parier qu'il devrait continuer à plaire.
Caractère : vive, originale, audacieuse
Fréquence d'attribution : très rare
Évolution : en baisse
Année record : 2007
Célébrités : Sahteene, fille du mannequin Laetitia Casta, Satine, héroïne dans *Moulin Rouge*.

☆☆☆ Savannah ☆☆☆

Dérivés : Savana, Savanah, Savanna
Étymologie : de l'anglais, « grande plaine verdoyante »
Histoire : d'abord connue pour être le nom d'une ville de Géorgie au XVIIIe siècle, Savannah devint un prénom dès le XIXe. En France, c'est dans les années 90 qu'il est redécouvert. Il reste encore peu commun.
Caractère : sensible, drôle, fine stratège
Fréquence d'attribution : très rare
Évolution : stable
Année record : 2009

☆☆☆ Scarlett ☆☆☆

Dérivés : Scarlette, Scarlet
Étymologie : du latin *scarlatum*, « de couleur écarlate »
Histoire : aux États-Unis et en Angleterre, Scarlett a vu sa popularité augmenter juste après la sortie du film *Autant emporte le vent* en 1939. En France, il faudra attendre l'après-guerre pour que naissent les premières Scarlett dès 1946 alors que le film ne sera projeté sur grand écran qu'en 1950. Aujourd'hui, elles seraient environ 600.
Caractère : sûre d'elle, ambitieuse, rusée
Fréquence d'attribution : très rare
Évolution : en hausse
Année record : 2009
Célébrités : l'héroïne d'*Autant en emporte le vent*, Scarlett O'Hara ; l'actrice Scarlett Johansson.

Ségolène

Dérivés : Ségolaine, Ségolen, Sigolène
Fête : 24 juillet
Étymologie : du germanique *siey*, « victoire » et *lind*, « doux »
Histoire : au VIIe siècle, sainte Ségolène consacra sa vie aux Lépreux. Populaire entre 1970 et 1990, Ségolène a moins la cote aujourd'hui.
Caractère : curieuse, énergique, ambitieuse
Fréquence d'attribution : très rare
Évolution : en baisse
Année record : 1992
Célébrités : la femme politique Ségolène Royal.

Servane

Dérivés : Servanne
Fête : 12 mai
Étymologie : du celte, « qui est respectueuse » ou du latin *servitium*, « le service de Dieu »
Histoire : répandu au XVIIIe siècle en Bretagne, notamment grâce à la renommée de saint Servan, Servane, bien que rare, est régulièrement attribué depuis 1970.
Caractère : créative, émotive, déterminée
Fréquence d'attribution : très rare
Évolution : en baisse
Année record : 2000

Sélène

Dérivés : Selena, Séléna, Selenna, Selen, Sélénia
Fête : 24 juillet
Étymologie : du grec *sélène*, « la lune »
Histoire : dans la mythologie grecque, Séléné est la déesse de la Lune. Apparu dans les années 90, Sélène prend son envol depuis 2004. Elle devrait continuer sa progression.
Caractère : douce, loyale, généreuse
Fréquence d'attribution : très rare
Évolution : en hausse
Année record : 2009
Célébrités : la chanteuse Selena Gomez.

Séverine

Dérivés : Severina, Séverina, Séveryne, Sévéra, Sévériane
Fête : 27 novembre
Étymologie : du latin *severus*, « grave », de la grande famille romaine des Sévère
Histoire : Séverine a connu son heure de gloire entre 1970 et 1980 avec jusqu'à 8 500 naissances par an. Aujourd'hui, elle a presque disparu. Elles seraient 100 000 environ.
Caractère : sérieuse, charismatique, active
Fréquence d'attribution : très rare
Évolution : en baisse
Année record : 1975
Célébrités : l'actrice Séverine Ferrer.

Serena

Dérivés : Séréna, Seren, Serine, Sérine
Fête : 23 février
Étymologie : du latin *serenus*, « calme »
Histoire : recensé dès l'Antiquité, Serena est surtout connu en Italie et en Corse. Depuis les années 90, il ne cesse de gagner en popularité. Elles seraient 5000.
Caractère : perfectionniste, dévouée, résolue
Fréquence d'attribution : rare
Évolution : en baisse
Année record : 2003
Célébrités : la joueuse de tennis Serena Williams.

Shaïly

Dérivés : Shaili, Shaila, Sahila, Shelly
Étymologie : de l'anglais *shell*, « coquillage »
Histoire : attribué pour la première fois en France en 2006, Shaïly est un nouveau prénom qui devrait gagner du terrain ces prochaines années.
Caractère : sûre d'elle, joyeuse, réaliste
Fréquence d'attribution : très rare
Évolution : en hausse
Année record : 2010

☆☆☆ Shaïma ☆☆☆

Dérivés : Shayma
Étymologie : de l'arabe, « d'une grande beauté »
Histoire : découvert dans les années 90, Shaïma plaît de plus en plus depuis les années 2000. Elles seraient environ 2 000.
Caractère : fiable, consciencieuse, altruiste
Fréquence d'attribution : très rare
Évolution : stable
Année record : 2007

☆☆☆ Shannon (mixte) ☆☆☆

Dérivés : Shannen, Shannone, Shanone
Étymologie : du celte *sinnan*, « la Vieille », nom d'une rivière irlandaise
Histoire : venu des États-Unis dans les années 90, ce prénom mixte a sans doute bénéficié de l'attrait pour les séries américaines, notamment la série *Beverly Hills 90210* avec la comédienne Shannen Doherty.
Caractère : émotive, curieuse, honnête
Fréquence d'attribution : très rare
Évolution : en baisse
Année record : 1997
Célébrités : l'actrice Shannen Doherty.

☆☆☆ Sherin ☆☆☆

Dérivés : Sherine, Sheryne, Serine, Seryne, Sheryn, Serina, Sherina, Serrine
Étymologie : de l'arabe, « charmante » ou du perse, « agréable »
Histoire : ce prénom récent n'est attribué que depuis les années 2000. Il est encore peu commun aujourd'hui et pourrait bien progresser ces prochaines années.
Caractère : équilibrée, attachée à sa famille, influente
Fréquence d'attribution : très rare
Évolution : en baisse
Année record : 2004

☆☆☆ Shirel ☆☆☆

Dérivés : Shyrel, Shyrelle, Shirelle
Étymologie : du latin, « cerisier »
Histoire : apparu dans les années 90, ce prénom reste encore peu porté. En légère baisse actuellement, les Shirel pourraient ne pas avoir dit leur dernier mot. Elles seraient 1 000.
Caractère : sensible, créative, attachée à sa famille
Fréquence d'attribution : très rare
Évolution : en baisse
Année record : 2004
Célébrités : la chanteuse Shirel, fille de Jeane Manson.

☆☆☆ Sibylle ☆☆☆

Dérivés : Sybille, Sibylline, Sibyl, Sybyl, Sibille, Sibilla, Sibel
Fête : 9 octobre
Étymologie : du grec *sibulla*, ou du latin *sibylla*, « sibylle »
Histoire : dans la mythologie grecque, les Sibylles étaient des femmes capables de lire l'avenir. Attribué depuis les années 50, Sibylle reste un prénom original.
Caractère : organisée, émotive, courageuse
Fréquence d'attribution : très rare
Évolution : stable
Année record : 2006
Célébrités : Sibylle Szaggars, artiste et femme de Robert Redford.

☆☆☆ Sidonie ☆☆☆

Dérivés : Sid, Sidel, Sidonia, Sitta, Sidony, Sydonie, Sidonia
Fête : 21 août
Étymologie : du latin Sidon, « originaire de la ville de Sidon » (au Liban)
Histoire : Sidonie vient de Sidoine Apollinaire, un noble et puissant romain du Vᵉ siècle qui fut évêque de Clermont et laissa de nombreuses œuvres littéraires. Redécouvert dans les années 60, Sidonie est en passe de devenir populaire. Elles seraient 5 000.
Caractère : optimiste, déterminée, curieuse
Fréquence d'attribution : très rare
Évolution : en hausse
Année record : 1902
Célébrités : la présentatrice de télévision Sidonie Bonnec.

☆☆☆ Sienna ☆☆☆

Dérivés : Siena
Étymologie : en référence à Sienne, la ville de Toscane
Histoire : apparu en 2004, sans doute grâce à la notoriété de la star Sienna Miller, Sienna progresse à grands pas et devrait continuer à plaire ces prochaines années.
Caractère : engagée, méthodique, fiable
Fréquence d'attribution : très rare
Évolution : en hausse
Année record : 2010
Célébrités : l'actrice Sienna Miller.

☆☆☆ Simone ☆☆☆

Dérivés : Siméone, Seimone, Sima, Simona, Simonetta, Simonette, Simonne, Simonette
Fête : 28 octobre
Étymologie : de l'hébreu *shimeone*, « Dieu a entendu ma souffrance »
Histoire : très populaire jusque dans les années 20, Simone a par la suite perdu de sa superbe jusqu'à devenir presque oublié aujourd'hui. Elles seraient environ 120 000.
Caractère : passionnée, protectrice, curieuse
Fréquence d'attribution : très rare
Évolution : stable
Année record : 1924
Célébrités : l'écrivain Simone de Beauvoir ; la femme politique Simone Veil

☆☆☆ Sixtine ☆☆☆

Dérivés : Sixte, Sista, Sixtina, Sistina, Sixtinska, Sextina
Fête : 3 avril
Étymologie : du latin *sextus*, « le sixième » ou du grec ,« polie »
Histoire : apparu dans les années 70, Sixtine a fait un bond en 1991. Depuis, elle ne cesse de plaire et est promise à un bel avenir
Caractère : spontanée, énergique, aventurière
Fréquence d'attribution : très rare
Évolution : en hausse
Année record : 2009

☆☆☆ Solange ☆☆☆

Dérivés : Solemnia, Solemnio
Fête : 10 mai
Étymologie : du latin *sollemnis*, « grave », « solennelle » ou *sollemnia*, « fête »
Histoire : patronne du Berry, sainte Solange refusa d'épouser le comte de Poitiers au XIᵉ siècle. Très à la mode jusqu'en 1950, Solange est très peu attribué aujourd'hui. Elles seraient près de 60 000.
Caractère : sensible, dynamique, audacieuse
Fréquence d'attribution : très rare
Évolution : en baisse
Année record : 1932
Célébrités : l'actrice Solange Sicard.

☆☆☆ Solène ☆☆☆

Dérivés : Solenn, Solenne, Solaine, Solana, Solena, Solenez
Fête : 17 octobre
Étymologie : du latin *sollemnis*, « grave », « solennelle » ou *sollemnia*, « fête »
Histoire : à l'origine masculin (saint Solène était l'un des conseillers de Clovis au Vᵉ siècle), ce prénom changea progressivement de genre. Entre 1980 et 2000, Solène progressa énormément. On en dénombre plus de 40 000.
Caractère : indépendante, sociable, sage
Fréquence d'attribution : rare
Évolution : stable
Année record : 2000

Soline

Dérivés : Solyane, Solyne, Silana
Fête : 17 octobre
Étymologie : du latin *sollemnis*, « grave », « solennelle » ou *sollemnia*, « fête »
Histoire : sainte Soline est une martyre de Chartres, morte après le pèlerinage effectué pour la vierge Marie au IIIe siècle. Encore rare, ce prénom devrait prendre de l'envergure ces prochaines années.
Caractère : idéaliste, spontanée, émotive
Fréquence d'attribution : très rare
Évolution : en hausse
Année record : 2008
Célébrités : Soline Lepic, l'un des personnages de la série *Fais pas ci, Fais pas ça*.

Solveig

Dérivés : Solweig, Solvei, Solveiga, Solvi, Solvig
Étymologie : du scandinave, « gardienne du foyer » ou du germanique *sol*, « soleil » et *veig*, « force »
Histoire : connu en Norvège depuis le Moyen Âge, ce prénom se propagea au XIXe siècle grâce au dramaturge Henrik Ibsen qui en fit une héroïne de sa pièce *Peer Gynt*. Depuis les années 50, Solveig gagne du terrain mais reste peu commun.
Caractère : vive, fine stratège, indépendante
Fréquence d'attribution : très rare
Évolution : en hausse
Année record : 2009
Célébrités : la réalisatrice Solveig Anspach.

Sonia

Dérivés : Sonja, Sonya, Sounia
Fête : 25 mai
Étymologie : du grec *sophia*, « la sagesse »
Histoire : d'origine russe, Sonia, qui a été popularisé grâce au roman de F. Dostoïevski Crimes et Châtiments au XIXe siècle, a connu un fort engouement entre 1970 et 1990. Il est aujourd'hui considéré comme un prénom universel. Elles seraient plus de 80 000.
Caractère : structurée, efficace, sincère
Fréquence d'attribution : très rare
Évolution : en baisse
Année record : 1974
Célébrités : l'artiste peintre Sonia Delaunay ; la couturière Sonia Rykiel.

Sophie

Dérivés : Sofi, Sofie, Sofia, Sophia
Fête : 25 mai
Étymologie : du grec *sophia*, « la sagesse »
Histoire : répertorié dès la Grèce antique, Sophie connaît un vrai succès dès le XIXe siècle avec la parution des *Malheurs de Sophie* de la Comtesse de Ségur. Elle connut à nouveau le succès de 1960 à 2000 et est aujourd'hui répertorié comme un classique porté par plus de 230 000 personnes.
Caractère : réservée, sensible, rêveuse
Fréquence d'attribution : rare
Évolution : en baisse
Année record : 1971
Célébrités : l'actrice Sophie Marceau.

Stacy

Dérivés : Stacie, Stacey, Stessy, Stecy, Stessie
Fête : 10 mars
Étymologie : du grec, « résurrection »
Histoire : ce diminutif d'Anastasie, qui s'est propagé aux États-Unis et en Angleterre comme un prénom mixte, est essentiellement féminin en France. Apparu dans les années 80, il progresse régulièrement.
Caractère : dynamique, curieuse, originale
Fréquence d'attribution : très rare
Évolution : stable
Année record : 1994
Célébrités : la catcheuse, mannequin et actrice Stacy Keibler.

☆☆☆ Stella ☆☆☆

Dérivés : Stelia, Stellia
Fête : 11 mai
Étymologie : du latin *stella*, « étoile »
Histoire : à la fin du XVIe siècle, Stella se diffusa d'abord dans l'aristocratie anglaise avant de devenir populaire au XVIIIe siècle. En France, ce prénom ne commença à décoller que dans les années 60. Il a aujourd'hui le vent en poupe.
Caractère : équilibrée, créative, attachée à sa famille
Fréquence d'attribution : rare
Évolution : en hausse
Année record : 2007
Célébrités : la couturière Stella McCartney.

☆☆☆ Stéphanie ☆☆☆

Dérivés : Estephany, Stefanie, Steffanie, Stefany, Stephany, Steffie, Steffy, Stephie, Stephy
Fête : 26 décembre
Étymologie : du grec *stephanos*, « couronne »
Histoire : dans les années 70, Stéphanie connut un tel succès qu'en 1974, on enregistra 23 518 naissances. Elle régressa par la suite et est très peu attribuée aujourd'hui. On en compte plus de 230 000.
Caractère : fine, passionnée, éprise de justice
Fréquence d'attribution : très rare
Évolution : en baisse
Année record : 1974
Célébrités : la princesse Stéphanie de Monaco ; la tenniswoman Steffi Graf.

☆☆☆ Summer ☆☆☆

Étymologie : de l'anglais *summer*, « l'été »
Histoire : ce prénom anglo-saxon, que l'on voit de plus en plus dans les magazines, est apparu en France en 1996. Il devrait continuer à progresser grâce à sa référence à la nature et au mois le plus chaud de l'année.
Caractère : habile, ambitieuse, déterminée
Fréquence d'attribution : très rare
Évolution : stable
Année record : 2009
Célébrités : Summer Rain, fille de la chanteuse Christina Aguilera ; Coco Summer, fille du chanteur Sting.

☆☆☆ Suzanne ☆☆☆

Dérivés : Suzanna, Sanna, Zuzanna, Suzette, Susette, Suzelle, Suzel, Suzon
Fête : 11 août
Étymologie : de l'hébreu *shushân*, « le lys »
Histoire : au IIIe siècle, sainte Suzanne était une jeune romaine qu'on voulut marier de force à Maximien, fils de l'empereur Dioclétien. Très répandu au début du XXe siècle, Suzanne déclina à partir de 1950. Ces derniers temps, redécouvert grâce à la mode des prénoms rétro, Suzanne reprend du poil de la bête. Elles seraient plus de 110 000.
Caractère : mystérieuse, affectueuse, perspicace
Fréquence d'attribution : très rare
Évolution : en hausse
Année record : 1920
Célébrités : la chanteuse Suzanne Vega ; l'héroïne de la chanson *Suzanna*.

☆☆☆ Suzie ☆☆☆

Dérivés : Susie, Suzy, Suzie, Suzy, Susi
Fête : 11 août
Étymologie : de l'hébreu *shushân*, « le lys »
Histoire : ce diminutif de Suzanne, attribué depuis les années 20, est aujourd'hui en passe de devenir tendance. Avec leurs différentes orthographes possibles, les Suzie seraient près de 10 000.
Caractère : audacieuse, indépendante, forte
Fréquence d'attribution : très rare
Évolution : en hausse
Année record : 2008
Célébrités : la chanteuse Suzi Quatro.

☆☆☆ Sylvie ☆☆☆

érivés : Silvie, Sylvia, Sylviane, Sylvianne, Sylvette, Sylvanie, ylvana, Sylvaine
ête : 5 novembre
tymologie : du latin *sylva*, « la forêt »
istoire : Sylvie fut très attribué entre 1950 et 1980 avec jusqu'à 7 544 naissances en 1964. La notoriété de la chanteuse Sylvie 'artan contribua certainement à son succès. Depuis, elle est eaucoup plus discrète. Les Sylvie seraient plus de 350 000.
aractère : intuitive, généreuse, émotive
réquence d'attribution : très rare
volution : en baisse
nnée record : 1964
élébrités : la chanteuse Sylvie Vartan ; l'actrice Sylvie Testud ; a danseuse étoile Sylvie Guillem.

☆☆☆ Syrine ☆☆☆

érivés : Syrina
tymologie : du perse, « charmante »
istoire : apparu en France pour la première fois en 1983, Syrine laît chaque année un peu plus. Elle pourrait bien avoir la cote es prochaines années.
aractère : rêveuse, curieuse, altruiste
réquence d'attribution : très rare
volution : en hausse
nnée record : 2009

T

☆☆☆ Tabatha ☆☆☆

Dérivés : Tabitha
Fête : 12 août
Étymologie : de l'araméen *tabî*, « gazelle »
Histoire : Tabatha vient de Tabitha qui était une sainte dévouée à la cause des plus démunis au Ier siècle ap. J.-C. Apparu en 1986, le prénom Tabatha reste peu commun. Il est aujourd'hui donné à une quinzaine de bébés chaque année.
Caractère : affectueuse, drôle, passionnée
Fréquence d'attribution : très rare
Évolution : en hausse
Année record : 2005
Célébrités : le personnage de Tabatha Stevens dans la série *Ma sorcière bien-aimée*.

☆☆☆ Taïna ☆☆☆

Dérivés : Tahina, Thaina, Tayna, Thayna, Tahyna, Tainy, Taini, Taïnaïs, Tana, Tanys
Étymologie : du finlandais, « douce fée »
Histoire : venu de Finlande dans les années 80, Taïna n'a cessé d'accroître sa popularité. Il devrait continuer de plaire dans les prochaines années. Les Taïna seraient environ 2 000.
Caractère : dévouée, rêveuse, exigeante
Fréquence d'attribution : très rare
Évolution : en hausse
Année record : 2010
Célébrités : l'actrice Tainá Müller.

☆☆☆ Tamara ☆☆☆

Dérivés : Thamara, Tamarah, Tammara, Tamra, Tammie, Tammy, Tammi, Tamar, Thamar
Fête : 1er mai
Étymologie : de l'hébreu *tamar*, « la datte » ou *thamar*, « palmier »
Histoire : au XIIIe siècle, sainte Tamara était une reine aimée et respectée pour avoir porté son royaume (la Géorgie) à son apogée. Recensé depuis les années 20, ce prénom encore original progresse depuis les années 2000.
Caractère : généreuse, idéaliste, fiable
Fréquence d'attribution : très rare
Évolution : en hausse
Année record : 2001
Célébrités : l'actrice Tamara Taylor ; l'héroïne du film *Tamara Drew*.

☆☆☆ Tania ☆☆☆

Dérivés : Tanya, Tanaya, Tanina, Tanja
Fête : 12 janvier
Étymologie : de Tatius, roi des Sabins au VIIIe siècle, ou du slave, « douce fée »
Histoire : ce dérivé de Tatiana, plus répandu outre-Atlantique, connut une percée dans les années 70. Aujourd'hui, il reste régulièrement donné. Les Tania seraient près de 9 000.
Caractère : fantaisiste, émotive, curieuse
Fréquence d'attribution : très rare
Évolution : stable
Année record : 1974
Célébrités : l'animatrice de télévision Tania Young.

☆☆☆ Tatiana ☆☆☆

Dérivés : Tatyana, Tatjana, Tatia, Tatiane, Taunia, Taunya
Fête : 12 janvier
Étymologie : de Tatius, roi des Sabins au VIIIe siècle
Histoire : connu depuis l'Antiquité, Tatiana a connu un certain engouement entre 1980 et 1990. Depuis, elle a moins la cote. On en dénombrerait près de 15 000.
Caractère : épicurienne, optimiste, déterminée
Fréquence d'attribution : très rare
Évolution : en baisse
Année record : 1989
Célébrités : l'écrivain Tatiana de Rosnay.

☆☆☆ Tara ☆☆☆

Dérivés : Thara
Étymologie : du celte, « colline rocailleuse » ou du sanskrit, « étoile » ou de l'arabe, « raisonnable »
Histoire : découvert dans les années 60, Tara devra attendre les années 90 pour prendre de l'ampleur. Très en vogue actuellement, les Tara seraient plus de 2 000.
Caractère : organisée, fiable, persévérante
Fréquence d'attribution : très rare
Évolution : en hausse
Année record : 2006
Célébrités : la journaliste Tara Lennart.

☆☆☆ Tess ☆☆☆

Dérivés : Tessa, Tessie, Tessy, Tessia
Fête : 17 décembre
Étymologie : du grec, *thaïs*, « ruban » ou « bandeau pour la tête »
Histoire : répertorié dès le IVe siècle (c'était le nom d'une courtisane grecque), Tess a commencé à devenir populaire dans les années 80 après la sortie du film de Polanski en 79. Plus connu dans les pays anglophones, Tess est de plus en plus apprécié en France.
Caractère : généreuse, sérieuse, fidèle
Fréquence d'attribution : rare
Évolution : en hausse
Année record : 2010
Célébrités : *Tess*, l'héroïne du film éponyme de R. Polanski.

☆☆☆ Thaïs ☆☆☆

Dérivés : Taïs, Taïssia, Taïssa, Taïssir, Taïss, Taïssy, Tahys
Fête : 8 octobre
Étymologie : du grec *thaïs*, « ruban »
Histoire : depuis les années 80, Thaïs est un prénom qui plaît de plus en plus. Sans doute pour ses sonorités douces et sa forme courte. On en dénombrerait déjà 8000.
Caractère : intuitive, sensible, affirmée
Fréquence d'attribution : rare
Évolution : en hausse
Année record : 2013
Célébrités : *Thaïs*, l'opéra de Jules Massenet.

☆☆☆ Thalia ☆☆☆

Dérivés : Thalie
Étymologie : de l'hébreu, « rosée »
Histoire : dans la mythologie grecque, Thalia est l'une des trois Grâces. Elle symbolise l'abondance. Depuis 2003, Thalia est attribué à près de 200 bébés par an.
Caractère : équilibrée, méthodique, attachée à sa famille
Fréquence d'attribution : très rare
Évolution : en baisse
Année record : 2007
Célébrité : l'actrice Thalia.

☆☆☆ Théa ☆☆☆

Dérivés : Théa, Tea, Téa, Thée
Fête : 11 février
Étymologie : du grec *theos*, « dieu »
Histoire : ce nouveau prénom apparu dans les années 90 séduit régulièrement de nombreux parents. Pour l'instant plus répandu en Allemagne et aux États-Unis qu'en France, Théa devrait continuer à gagner du terrain. Elles sont déjà 3 000.
Caractère : énergique, joyeuse, organisée
Fréquence d'attribution : très rare
Évolution : en hausse
Année record : 2008
Célébrités : la comédienne Téa Leoni.

☆☆☆ Thelma ☆☆☆

Étymologie : du grec *theléma*, « la volonté »
Histoire : inventé au XIXe siècle par la romancière anglaise Marie Corelli, Thelma ne fit son apparition en France qu'après la sortie du film *Thelma et Louise* en 1991. Elles seraient 1 500.
Caractère : vive, ouverte d'esprit, fine
Fréquence d'attribution : très rare
Évolution : stable
Année record : 2006
Célébrités : Thelma, l'une des héroïnes du film *Thelma et Louise*.

☆☆☆ Théodora ☆☆☆

Dérivés : Téodora, Théodoria, Théodorie, Théodorine
Fête : 28 avril
Étymologie : du grec *theos*, « le dieu », et *doron*, « le cadeau » : « cadeau de Dieu »
Histoire : cet ancien prénom porté par une sainte au IVe siècle et deux impératrices au VIe et au IXe siècle a toujours été extrêmement rare en France.
Caractère : attentive, énergique, brave
Fréquence d'attribution : très rare
Évolution : stable
Année record : 1904

☆☆☆ Thérèse ☆☆☆

Dérivés : Thérèze, Thérésa, Teresa, Thérésia, Thereza, Terez
Fête : 1er ou 15 octobre
Étymologie : soit du latin, « habitante de l'île de Therasia » (en Crête) ; soit du grec, « qui récolte » ou « l'été »
Histoire : c'est Thérèse d'Avila, responsable de la réforme de l'Ordre du Carmel au XVIIe siècle qui propagea ce prénom en Europe. D'autres saintes suivirent et Thérèse connut son âge d'or entre 1920 et 1950. On en dénombrerait plus de 100 000.
Caractère : loyale, habile, émotive
Fréquence d'attribution : très rare
Évolution : en baisse
Année record : 1930
Célébrités : le personnage de Thérèse dans le film *Le Père Noël est une ordure*.

☆☆☆ Tiffany ☆☆☆

Dérivés : Tiffanie, Tifanie, Tiffani, Tiffany, Tifanny
Fête : 6 janvier
Étymologie : du grec *theos*, « dieu » et *phanos*, « lumineux » : « apparition divine »
Histoire : ce prénom qui vient de l'Épiphanie se diffusa surtout aux États-Unis et en Angleterre après le succès du film *Breakfast at Tiffany's* (Diamants sur canapé) dans les années 60. En France, c'est entre 1990 et 2000 qu'il fut le plus populaire. Elles seraient 16 000.
Caractère : élégante, affirmée, curieuse
Fréquence d'attribution : très rare
Évolution : en baisse
Année record : 1992
Célébrités : l'actrice Tiffany Thornton ; la marque de joaillerie immortalisée par le film *Breakfast at Tiffany's*.

☆☆☆ Tina ☆☆☆

Dérivés : Tine
Fête : 24 juillet
Étymologie : diminutif de Christina qui vient du latin *christianus*, « chrétien »
Histoire : plus courant dans les pays anglo-saxons et en Italie, Tina l'est moins en France. Depuis 1960, il ne cesse cependant de progresser.
Caractère : brillante, douce, fiable
Fréquence d'attribution : très rare
Évolution : stable
Année record : 2006
Célébrités : les chanteuses Tina Turner et Tina Arena.

☆☆☆ Tiphaine ☆☆☆

Dérivés : Tifenn, Tifenne, Typhaine, Tiffany, Tifanny, Tiffanie, Tiffani
Fête : 6 janvier
Étymologie : de Théophane, du grec *theos*, « dieu » et *phanos*, « lumineux » : « apparition divine »
Histoire : au Moyen Âge, Tiphaine était donné aux enfants nés le jour de l'Épiphanie. D'abord connu en Bretagne, ce prénom poursuivit sa route dans le reste de la France. S'il connut un boom entre 1970 et 1990, il a moins la cote aujourd'hui.
Caractère : intègre, idéaliste, indépendante
Fréquence d'attribution : très rare
Évolution : stable
Année record : 1988

☆☆☆ Tonia ☆☆☆

Dérivés : Tonya, Tonina
Fête : 27 octobre
Étymologie : de Antonia, du latin *antonius*, « inestimable »
Histoire : ce prénom anglo-saxon est moins répandu en France où il reste encore peu donné. Les Tonia seraient un peu plus de 200.
Caractère : vive, curieuse, fantaisiste
Fréquence d'attribution : très rare
Évolution : stable
Année record : 1974
Célébrités : la comédienne Tonya Kinzinger.

☆☆☆ Toscane ☆☆☆

Dérivés : Tosca
Étymologie : de la région de Toscane
Histoire : ce nouveau prénom apparu en 1995 évoque la Toscane, cette région de l'Italie gorgée de soleil, d'histoire et de romantisme. Elles seraient près de 600.
Caractère : intuitive, altruiste, originale
Fréquence d'attribution : très rare
Évolution : stable
Année record : 2006
Célébrités : Toscane, la fille de Cristiana Reali et de Francis Huster.

LES PRÉNOMS GÉOGRAPHIQUES

Depuis l'Antiquité, certains prénoms rappellent des noms de villes, de régions ou de peuples. Prénoms largement portés à l'époque gallo-romaine, Germain et Alain rappelaient au départ une origine ethnique : les Germains (sur le territoire de l'actuelle Allemagne) ou les Alains, qui occupaient sous l'Antiquité la Scythie (Russie, Crimée...). Mais très vite, tous ces prénoms se sont donnés pour leurs sonorités, sans que l'on songe à leur signification. Qui songe par exemple que François ou Francis veulent dire Français ? Que Romain, Romane ou Roméo renvoient à la ville de Rome ? Ou Sabine à l'antique peuple des Sabins en Italie centrale ?... On y pense davantage, parce qu'ils sont plus rares, pour Italo (porté par exemple par l'écrivain Italo Calvino) ou Lorraine et ses variantes Laurène ou Lorène.
Toscane est un joli prénom apparu il y a peu de temps. Mais d'autres remontent à l'Antiquité. Alban et Albane désignaient des habitants de la ville d'Albe, comme Florence, Florentin ou Florentine celle de Florence.
Dans le Sud-Ouest, on a dès le Moyen Âge donné aussi Bayonne comme prénom, avec Bayonnette comme diminutif... mais ils disparaissent lorsque Louis XIV équipe ses armées avec l'arme auquel il donne ce nom parce qu'elle est fabriquée à Bayonne... D'autres villes de France surgissent aujourd'hui comme prénom... mais nous viennent des Etats-Unis : Nancy, Lourdes et Paris. Nancy est en réalité un diminutif du prénom Anne et Paris est à la mode dans les pays anglo-saxons parce qu'il évoque la capitale française, ville lumière, ville de l'amour – alors qu'il existait au Moyen Âge en France, mais en tant que prénom masculin équivalent de Patrice. Lourdes en revanche évoque bien la ville pyrénéenne : c'est par dévotion envers la Vierge que la chanteuse Madonna l'a donné comme prénom à sa fille. Serez-vous les premiers parents français à oser le donner ?...

U

☆☆☆ Uhaina ☆☆☆

Étymologie : du basque, « vague »
Histoire : ce nouveau prénom attribué depuis 1995 est pour le moment rarissime. Il évoque la mer et le surf. Apparu au Pays Basque, il pourrait progressivement se répandre dans toute la France.
Caractère : généreuse, idéaliste, spirituelle
Fréquence d'attribution : très rare
Évolution : en baisse
Année record : 2008
Célébrités : Uhaina Joly, fille de la surfeuse Emmanuelle Joly ; Uhaina Lizarazu, fille du footballeur Bixente Lizarazu.

☆☆☆ Uma ☆☆☆

Étymologie : du sanskrit *uma*, « lumière »
Histoire : dans la mythologie hindoue, Uma est l'autre nom de Parvati, la déesse de la procréation mais aussi de la destruction. Ce nouveau prénom apparu en 1997 est attribué chaque année, depuis 2004, à une quinzaine de bébés.
Caractère : passionnée, habile, fort
Fréquence d'attribution : très rare
Évolution : stable
Année record : 2007
Célébrités : l'actrice Uma Thurman.

☆☆☆ Urielle ☆☆☆

Dérivés : Uria, Uriah, Urias, Uriela, Uriell, Eurielle
Fête : 1er octobre
Étymologie : de l'hébreu, « Dieu est ma lumière »
Histoire : sœur du roi breton Judikaël, sainte Urielle, voua sa vie à Dieu au VIe siècle. Recensé depuis les années 70, Urielle reste un prénom peu commun.
Caractère : énergique, audacieuse, sûre d'elle
Fréquence d'attribution : très rare
Évolution : en hausse
Année record : 1982

☆☆☆ Ursula ☆☆☆

Dérivés : Ursulina, Ursilla, Ursy, Urzili, Urzula, Ursule, Ursel, Ursine, Ursuline
Fête : 21 octobre
Étymologie : du latin *ursus*, « ours »
Histoire : très populaire au IVe siècle, sainte Ursule ne fut jamais oubliée tant et si bien qu'au XVIe siècle, Angela Mérici fonda l'ordre des Ursulines. Ursula connut son âge d'or entre 1960 et 1970, surfant sur la popularité d'Ursula Andress. Depuis, elle a moins la cote. Elles seraient près de 2 000.
Caractère : perfectionniste, persévérante, bienveillante
Fréquence d'attribution : très rare
Évolution : en baisse
Année record : 1972
Célébrités : la comédienne Ursula Andress.

V

Vaiana

Étymologie : du tahitien, « l'eau de la grotte »
Histoire : ce prénom venu des îles dans les années 80 plaît chaque année un peu plus, sans doute pour ses sonorités douces et exotiques. Vaiana est encore rarissime.
Caractère : joyeuse, optimiste, pragmatique
Fréquence d'attribution : très rare
Évolution : en hausse
Année record : 2005

Valentine

Dérivés : Valentina, Valencina, Vallentina, Valentiane, Valentienne, Valentia
Fête : 25 juillet
Étymologie : du latin *valens*, « vigoureux »
Histoire : redécouvert dans les années 80 grâce au succès de Valentin, son homologue masculin, Valentine a pour le moment moins la cote. Elles seraient tout de même plus de 30 000.
Caractère : organisée, fine stratège, enthousiaste
Fréquence d'attribution : rare
Évolution : en baisse
Année record : 1997
Célébrités : Valentine, héroïne de bande dessinée et personnage d'une chanson de Maurice Chevalier.

Valériane

Dérivés : Valérie-Anne, Valeriana, Valérienne
Fête : 28 avril
Étymologie : se rapporte soit à la plante médicinale, la valériane, ou est issu de la contraction des prénoms Valérie (« valeureuse ») et Anne (« la grâce »)
Histoire : connu dès la Révolution, Valériane fut redécouvert dans les années 70 au même moment que Capucine. Aujourd'hui, Valériane n'est presque plus attribué.
Caractère : épicurienne, sensible, droite
Fréquence d'attribution : très rare
Évolution : en baisse
Année record : 1991
Célébrités : Valérie-Anne Giscard d'Estaing, la fille du président Valéry Giscard d'Estaing

Valérie

Dérivés : Vallie, Val, Vale, Valérina, Valérine, Valérienne, Valeska
Fête : 28 avril
Étymologie : du latin *valens*, « valeureuse »
Histoire : sainte Valérie fit bâtir une église à Milan au IIe siècle. Entre 1960 et 1970, Valérie explosa en France avec plus de 22 000 naissances en 1969. Aujourd'hui, elle n'est presque plus attribuée. Elles seraient près de 250 000.
Caractère : rêveuse, intègre, passionnée
Fréquence d'attribution : très rare
Évolution : en baisse
Année record : 1969
Célébrités : les actrices Valérie Kaprisky, Valérie Karsenti et Valéria Bruni Tedeschi.

Vanessa

Dérivés : Vannessa, Vanesa, Vannie, Vanni
Fête : 4 février
Étymologie : soit dérivé du prénom Vénisse, soit inventé par l'écrivain Jonathan Swift au XVIIIe siècle
Histoire : Vanessa connut une grande popularité entre 1970 et 1990. Aujourd'hui, il est moins en vogue mais reste toujours attribué. Elles seraient près de 80 000.
Caractère : idéaliste, romantique, rêveuse
Fréquence d'attribution : très rare
Évolution : en baisse
Année record : 1982
Célébrités : la chanteuse Vanessa Paradis.

☆☆☆ Vanille ☆☆☆

Dérivés : Vanilla
Étymologie : de l'espagnol *vainilla*, « la vanille »
Histoire : arrivé en France en 1985, ce prénom qui évoque l'épice venue des îles est en régression depuis 1997. Mais il est encore attribué à près de 30 petites filles par an.
Caractère : douce, créative, éloquente
Fréquence d'attribution : très rare
Évolution : en baisse
Année record : 1997
Célébrités : Vanille, l'une des filles du chanteur Julien Clerc.

☆☆☆ Vanina ☆☆☆

Dérivés : Vannina
Fête : 30 mai
Étymologie : du tahitien, « la pluie chasse la tristesse », ou dérivé de Jeanne
Histoire : Vanina connut un pic d'attributions en 1975, soit juste un an après la sortie du tube de Dave. Elle perdit ensuite de sa superbe. On en compte près de 3 000.
Caractère : ordonnée, courageuse, exigeante
Fréquence d'attribution : très rare
Évolution : en baisse
Année record : 1975
Célébrités : l'héroïne de la chanson de Dave, *Vanina*.

☆☆☆ Vénus ☆☆☆

Dérivés : Venus, Vénissia
Étymologie : de Vénus, la déesse romaine de l'amour et de la beauté
Histoire : Plus courant aux États-Unis qu'en France, ce prénom atteignit son record de naissances en 2003, un an après que la joueuse de tennis Venus Williams fut élue meilleure joueuse du monde en 2002.
Caractère : sensible, altruiste, idéaliste
Fréquence d'attribution : très rare
Évolution : en baisse
Année record : 2003
Célébrités : la tenniswoman Venus Williams.

☆☆☆ Véra ☆☆☆

Dérivés : Veira, Veera, Viera, Vérane, Vérana, Verna
Fête : 18 septembre
Étymologie : du slave *viera*, « foi »
Histoire : connu depuis le Moyen Âge en Russie, Véra fut populaire en Angleterre à la fin du XIXe siècle. Même si Véra n'a jamais eu un succès immense au XXe siècle, ce prénom plaît encore. Elles seraient 1 000.
Caractère : active, indépendante, perfectionniste
Fréquence d'attribution : très rare
Évolution : en baisse
Année record : 1930
Célébrités : Véra Dinkley, héroïne du dessin animé *Scooby-Doo*.

☆☆☆ Véronique ☆☆☆

Dérivés : Veronica, Véronik, Veronike
Fête : 4 février
Étymologie : du grec *vera icona*, « l'icône authentique »

UN PRÉNOM, UNE HISTOIRE

Un prénom, c'est une mine d'informations. On y devine : 1- L'âge. Une Stéphanie, Cécile, ou Aurélie a généralement entre 30 et 40 ans tandis que les Alain, Michel ou Claude sont plutôt dans la tranche des 50-70 ans. 2- L'appartenance sociale. Un prénom comme Adèle est, par exemple, souvent choisi par les classes supérieures, même s'il s'intègre très bien dans tous les milieux. *A contrario*, il a été démontré que les Kevin sont plutôt issus de milieux populaires. 3- L'origine ethnique ou religieuse. Peut-être à tort ? On aura tendance à considérer les Mohammed, Joseph, Élie comme musulmans, catholiques et juifs. 4- La région dont est originaire la famille : on trouvera plus de Bixente au Pays basque qu'en Bretagne ! Un prénom, c'est une projection immédiate. À vous de confirmer ou non le film que votre interlocuteur s'est fait sur votre histoire en deux secondes...

Histoire : selon la légende, sainte Véronique aurait bravé la foule pour essuyer le visage du Christ avant sa crucifixion. Entre 1950 et 1960, Véronique connut un franc succès. Aujourd'hui, il n'est presque plus attribué. Elles seraient près de 229 000.
Caractère : calme, dévouée, volontaire
Fréquence d'attribution : très rare
Évolution : stable
Année record : 1963
Célébrités : la chanteuse Véronique Sanson ; l'actrice Véronique Jannot.

☆☆☆ Victoire ☆☆☆

Dérivés : Victorine, Vihtoriina, Vihtorina, Viktorie, Viktorina, Vittoriana
Fête : 15 novembre
Étymologie : du latin *victor*, « vainqueur »
Histoire : depuis les années 90, Victoire connaît un fort engouement. En 2013, elles étaient 718 petites filles à être prénommées Victoire. On en dénombre plus de 13 000.
Caractère : persévérante, affectueuse, intuitive
Fréquence d'attribution : rare
Évolution : en hausse
Année record : 2013
Célébrités : l'héroïne de la série Victoire Bonnot.

☆☆☆ Victoria ☆☆☆

Dérivés : Viktoria, Viktorija, Viktorka, Vitorja, Vittoria, Wiktoria, Victoriana
Fête : 15 novembre
Étymologie : du latin *victor*, « vainqueur »
Histoire : cette version anglaise de Victoire s'est mise à avoir du succès dans les années 80 et est restée au top. Depuis, Victoria a dépassé Victoire. Elles seraient 25 000.
Caractère : curieuse, sensible, audacieuse
Fréquence d'attribution : répandu
Évolution : en hausse
Année record : 1995
Célébrités : l'actrice Victoria Abril ; la reine Victoria Ier ; la femme d'affaires Victoria Beckham.

☆☆☆ Vicky ☆☆☆

Dérivés : Vicki, Vickie, Vic
Fête : 15 novembre
Étymologie : du latin *victor*, « vainqueur »
Histoire : ce diminutif de Victoria prit son envol entre 1960 et 1990. Depuis, il est deux fois moins attribué. Elles seraient 2000.
Caractère : aventurière, nomade, indépendante
Fréquence d'attribution : très rare
Évolution : en baisse
Année record : 1989
Célébrités : Vic (Sophie Marceau), l'héroïne du film *La Boum*.

☆☆☆ Vinciane ☆☆☆

Dérivés : Vincente
Fête : 11 septembre
Étymologie : du latin *vincentius*, « qui vainc, qui triomphe »
Histoire : sainte Vinciane participa à l'évangélisation de la Belgique au VIIe siècle. Ce féminin de Vincent découvert dans les années 60 a connu un record en 1981 avec 80 attributions. Aujourd'hui, elles sont quatre fois moins. On en dénombrerait 2000.
Caractère : original, énergique, curieuse
Fréquence d'attribution : très rare
Évolution : en hausse
Année record : 1981

☆☆☆ Violaine ☆☆☆

Dérivés : Viola, Violène, Violine
Fête : 5 octobre
Étymologie : du latin *viola* ou du grec *iôn*, « violette »
Histoire : inventé par le dramaturge Paul Claudel en 1912, Violaine progressa jusqu'en 1981. Aujourd'hui elle a moins la cote. Elles seraient environ 8 000.
Caractère : optimiste, épicurienne, logique
Fréquence d'attribution : très rare
Évolution : en baisse
Année record : 1981
Célébrités : Violaine, l'héroïne de la pièce de Claudel *L'Annonce faite à Marie*.

☆☆☆ Violette ☆☆☆

Dérivés : Violetta, Violeta, Violetka
Fête : 5 octobre
Étymologie : du latin *viola* ou du grec *iôn*, « violette »
Histoire : redécouvert en France au XIXe siècle, Violette a traversé les époques pour être aujourd'hui à nouveau tendance. Elles seraient plus de 20 000.
Caractère : altruiste, rêveuse, juste
Fréquence d'attribution : rare
Évolution : stable
Année record : 2012
Célébrités : Violetta, l'héroïne de *La Traviata* de Verdi ; la chanteuse Violetta.

☆☆☆ Virginie ☆☆☆

Dérivés : Ginnie, Virginy, Virgine, Virgin, Virginia
Fête : 7 janvier
Étymologie : du latin *vurgo*, « vierge »
Histoire : porté par plusieurs saintes, Virginie connut un vrai engouement au XIXe siècle lors de la parution du livre *Paul et Virginie* de Bernardin de Saint-Pierre. Une autre vague de succès lui permit en 1974 de dépasser les 10 000 naissances. Aujourd'hui, il n'est presque plus attribué. Elles seraient plus de 160 000.
Caractère : douce, imaginative, généreuse
Fréquence d'attribution : très rare
Évolution : en baisse
Année record : 1974
Célébrités : les actrices Virginie Ledoyen et Virginie Efira ; la romancière Virginia Woolf.

☆☆☆ Vita ☆☆☆

Dérivés : Vitalie, Vitaline
Fête : 28 avril
Étymologie : du latin *vita*, « la vie »
Histoire : apparu dès les années 50 en France, Vita reste un prénom hors du commun attribué chaque année à moins de 10 petites filles par an.
Caractère : intuitive, fantaisiste, spirituelle
Fréquence d'attribution : très rare
Évolution : stable
Année record : 2013
Célébrités : la chanteuse Vitaa.

☆☆☆ Viviane ☆☆☆

Dérivés : Bibiane, Bibianne, Vivia, Vivana, Viviana, Vivianne, Vivienne
Fête : 2 décembre
Étymologie : du latin *vivianus*, « plein de vie »
Histoire : connu depuis le Moyen Âge, notamment grâce à la légende arthurienne qui met en scène la fée Viviane (appelée aussi « Dame du lac »), Viviane fut surtout populaire entre 1950 et 1960. Aujourd'hui, elle est plus discrète. Elles seraient plus de 50 000.
Caractère : dynamique, spontanée, affirmée
Fréquence d'attribution : très rare
Évolution : stable
Année record : 1955
Célébrités : la styliste Vivienne Westwood.

W

☆☆☆ Wanda ☆☆☆

Dérivés : Vanda, Venda, Wandala, Wandis, Wando, Wandeline, Wandula
Fête : 17 avril
Étymologie : soit du germanique *vand*, « lignée » ; soit du latin *vandali*, du nom d'une tribu allemande, Les Vandales, qui envahirent la Gaule au Vᵉ siècle.
Histoire : c'est le roman à succès Wanda, écrit par l'auteur anglaise Ouida, qui popularisa ce prénom au XIXᵉ siècle. Plus courant au début du XXᵉ siècle qu'aujourd'hui, Wanda se rencontre davantage chez nos voisins anglo-saxons.
Caractère : passionnée, fière, érudite
Fréquence d'attribution : très rare
Évolution : stable
Année record : 1930
Célébrités : Wanda Maria Ribeiro Furtado Tavares de Vasconcelos dite Lio, la chanteuse.

☆☆☆ Wendy ☆☆☆

Dérivés : Wendi, Wendie, Wendila
Fête : 17 avril
Étymologie : du germanique *vand*, « lignée » ou *vandjan*, « tourner »
Histoire : Wendy aurait été imaginé par l'auteur de Peter Pan, James Barrie, après qu'une petite fille l'ait surnommé Fwendy, phonétiquement proche de *friendly* (« amical »). Alors que ce prénom connut du succès dès 1920 en Angleterre, en France il faudra attendre 1994 pour qu'il dépasse les 1 000 attributions. Elles seraient 11 000.
Caractère : fine stratège, romantique, originale
Fréquence d'attribution : très rare
Évolution : stable
Année record : 1994
Célébrités : la journaliste Wendy Bouchard ; Wendy, l'une des héroïnes de *Peter Pan*.

☆☆☆ Whitney ☆☆☆

Dérivés : Witney, Withney
Étymologie : du vieil anglais, « île blanche », du nom d'un lieu
Histoire : d'abord masculin au XIXᵉ siècle, Whitney se féminisa au XXᵉ siècle. Ce prénom qui fit son apparition en France dans les années 90 bénéficia de la popularité de la chanteuse Whitney Houston dont la carrière était à cette époque à son apogée.
Caractère : dynamique, fine, audacieuse
Fréquence d'attribution : très rare
Évolution : stable
Année record : 1993
Célébrités : la chanteuse Whitney Houston.

☆☆☆ Wilma ☆☆☆

Dérivés : Vilma, Wylma
Fête : 10 janvier
Étymologie : du germanique *will*, « volonté », et *helm*, « protection »
Histoire : Wilma, qui a la même origine que Guillaume, est surtout répandu dans les pays scandinaves et en Allemagne. En France, il est encore rarissime.
Caractère : structurée, intuitive, efficace
Fréquence d'attribution : très rare
Évolution : stable
Année record : 1957
Célébrités : Wilma, personnage de la série animée, *Les Pierrafeu*.

☆☆☆ Winona ☆☆☆

Dérivés : Wynona
Fête : 5 janvier
Étymologie : de l'amérindien, « fille aînée »
Histoire : dans le sillage de l'actrice Winona Ryder, ce prénom venu des États-Unis en 1993 est donné chaque année à une dizaine de bébés.
Caractère : déterminée, créative, sensible
Fréquence d'attribution : très rare
Évolution : stable
Année record : 2001
Célébrités : la comédienne Winona Ryder.

X

☆☆☆ Xana ☆☆☆

Dérivé : Xane
Étymologie : variante basque de Jeanne
Histoire : dans la mythologie asturienne, les Xanes sont de belles fées aux cheveux blonds. Apparu en 2004 au pays basque, Xana est un nouveau prénom qui pourrait plaire pour son originalité. Elles ne sont pour l'instant qu'une centaine.
Caractère : franche, affectueuse, organisée
Fréquence d'attribution : très rare
Évolution : en baisse
Année record : 2008

☆☆☆ Xavière ☆☆☆

Dérivés : Xavérine, Xaviera, Xavieranne, Xavérie
Fête : 3 décembre
Étymologie : du basque *etchaberri*, « maison neuve »
Histoire : religieuse italienne, sainte Françoise-Xavière fonda une congrégation de missionnaires au XIXe siècle. Répertorié depuis le début du XXe siècle, ce féminin de Xavier n'a pas encore connu le succès. On en dénombrerait 750.
Caractère : cultivée, simple, généreuse
Fréquence d'attribution : très rare
Évolution : en baisse
Année record : 1978
Célébrité : Xavière Tibéri, l'épouse de l'homme politique Jean Tibéri.

☆☆☆ Xena ☆☆☆

Dérivés : Xéna, Xénia, Zénia, Zéna
Étymologie : du grec *xena*, « hospitalier »
Histoire : attribué pour la première fois en France en 1997 à quatre petites filles, Xena tire son origine de la série télé *Xena, la guerrière* diffusée en France à partir de 1996. Une nouvelle série devant bientôt voir le jour, la cote de ce prénom actuellement au plus bas pourrait bien repartir.
Caractère : perfectionniste, énergique, fine stratège
Fréquence d'attribution : très rare
Évolution : en baisse
Année record : 2008
Célébrités : l'héroïne de la série télévisée *Xena, la guerrière*.

☆☆☆ Xuan ☆☆☆

Dérivés : Xuân
Étymologie : du vietnamien, « printemps », « jeunesse »
Histoire : connu depuis la fin des années 60, ce prénom d'origine asiatique n'a pour l'instant pas encore dépassé les 8 attributions par an. Mais sa forme courte et poétique pourrait bien séduire de futurs parents.
Caractère : sociable, équilibrée, exigeante
Fréquence d'attribution : très rare
Évolution : en baisse
Année record : 2009

XAVIÈRE ET CHANTAL : DES NOMS DE FAMILLE DEVENUS PRÉNOMS

Les noms de famille des saints sont parfois devenus des prénoms. Xavier en est l'exemple le plus ancien. Il s'agissait au départ du nom de famille de saint François Xavier (1506-1622), Xavier correspondant à son lieu de naissance, un village de la Navarre espagnole, dont le nom signifiait « maison neuve ». Quand ce missionnaire infatigable est canonisé, on prend l'habitude de le nommer par son prénom et son nom (François Xavier) pour le distinguer des très nombreux saints François déjà existants. À partir du XVIIIe siècle, Xavier commence à être choisi comme prénom, avec Xavière comme féminin. Même chose pour Chantal, qui était au départ un nom de famille, celui de la sainte bourguignonne Jeanne Frémyot de Rabutin de Chantal (1572-1641). Ou pour Vianney, du nom du curé d'Ars saint Jean-Marie Vianney (1786-1859).

Y

☆☆☆ Yael ☆☆☆

Dérivés : Yaël, Yaëlle, Jaël, Jaelle, Jael, Jahelle
Fête : 13 juillet
Étymologie : de l'hébreu, « chèvre sauvage » ou « chamois »
Histoire : dans la Bible, Yael tua le chef de l'armée cananéenne et permit de délivrer les tribus d'Israël de la domination du roi Yabin. Redécouvert depuis les années 2000, Yael a le vent en poupe. Elles seraient plus de 6000.
Caractère : vive, fantaisiste, spirituelle
Fréquence d'attribution : très rare
Évolution : en hausse
Année record : 2007
Célébrités : la chanteuse Yael Naim.

☆☆☆ Yamina ☆☆☆

Dérivés : Yaminah, Yemina, Yeminah, Yamma
Étymologie : de l'arabe *yâmin*, « heureux », « prospère »
Histoire : arrivé en France dans les années 40, Yamina, qui est souvent confondu avec Yasmina, continue de plaire. On en dénombrerait 9000.
Caractère : généreuse, loyale, résolue
Fréquence d'attribution : très rare
Évolution : stable
Année record : 1965
Célébrités : la réalisatrice et femme politique Yamina Benguigui.

☆☆☆ Yara ☆☆☆

Dérivé : Iara
Étymologie : du nom d'une sirène
Histoire : dans la mythologie brésilienne, Iara ou Yara était une belle jeune femme qui fut transformée en sirène. Découvert dans les années 80, ce prénom a bien progressé ces dernières années et pourrait connaître un bel avenir.
Caractère : dynamique, charmeuse, indépendante
Fréquence d'attribution : très rare
Évolution : en hausse
Année record : 2013

☆☆☆ Yasmina ☆☆☆

Dérivés : Yasmine, Yasmeen, Yassmine
Étymologie : du perse *yâsimin*, « jasmin ».
Histoire : attribué depuis 1950, Yasmina est régulièrement donné à plus de 150 petites filles chaque année. Elles seraient plus de 30 000.
Caractère : intuitive, fine, active
Fréquence d'attribution : très rare
Évolution : stable
Année record : 1979
Célébrités : l'écrivain Yasmina Reza.

☆☆☆ Yolaine ☆☆☆

Dérivés : Yolène, Yoline, Yolaina, Yolène, Iolana
Fête : 11 juin
Étymologie : du latin *viola* ou du grec *iôn*, « violette »
Histoire : venu du Moyen Âge, ce prénom qui est une combinaison de Violaine et de Yolande a surtout été populaire dans les années 50. Aujourd'hui, il a presque disparu.
Caractère : généreuse, rationnelle, intègre
Fréquence d'attribution : très rare
Évolution : stable
Année record : 1954
Célébrités : la journaliste et écrivain Yolaine de la Bigne.

Yolande

Dérivés : Yolanda, Iolanda, Jolenta, Jolanda, Jolanta
Fête : 11 juin
Étymologie : du latin *viola* ou du grec *iôn*, « violette »
Histoire : si Yolande a progressé jusque dans les années 50, elle se fait aujourd'hui beaucoup plus discrète. On en dénombrerait plus de 42 000.
Caractère : organisée, loyale, déterminée
Fréquence d'attribution : très rare
Évolution : stable
Année record : 1950
Célébrités : l'actrice Yolande Moreau.

Yoko

Étymologie : du japonais, « l'enfant du soleil »
Histoire : apparu en France en 1986, ce prénom japonais qui rappelle Yoko Ono, l'épouse et muse de John Lennon, est encore rarissime. Elles seraient moins de 100.
Caractère : imaginative, sociable, concrète
Fréquence d'attribution : très rare
Évolution : stable
Année record : 2008
Célébrités : la chanteuse Yoko Ono.

Youna (mixte)

Dérivés : Yuna, Younen, Jûna, Iouna
Fête : 21 août
Étymologie : du celte *iv*, « if »
Histoire : sainte Yuna est venue de Galles au VIe siècle avec son frère pour construire un hermitage à Belle-Île-en-Terre. Elle est aussi la patronne des sabotiers. De plus en plus courant depuis 2000, Youna est promis à un bel avenir.
Caractère : engagée, loyale, sociable
Fréquence d'attribution : très rare
Évolution : en baisse
Année record : 2008

Yousra

Dérivés : Youssra, Yossra, Yosra, Yousria, Yusra
Étymologie : de l'arabe *yusr*, « la douceur », « l'aisance »
Histoire : depuis son arrivée en France dans les années 70, Yousra plaît chaque année un peu plus. Ce prénom est attribué à plus de 200 bébés par an. Elles seraient 3 000.
Caractère : droite, rêveuse, tolérante
Fréquence d'attribution : très rare
Évolution : en hausse
Année record : 2010

Ysaline

Dérivés : Ysalis
Fête : 22 février
Étymologie : de l'hébreu, « Dieu est serment »
Histoire : apparue en 1980, Ysaline séduit de plus en plus de parents. Il reste, pour le moment, un prénom hors du commun. Elles seraient près de 1 000.
Caractère : structurée, affectueuse, tenace
Fréquence d'attribution : très rare
Évolution : en hausse
Année record : 2010

Ysé

Dérivés : Ysee, Ysée, Ysé
Fête : 14 juillet
Étymologie : du celtique *essylt*, « belle »
Histoire : découvert à la fin des années 80, Ysé est un dérivé d'Yseult qui progresse timidement. Encore rarissime, Ysé pourrait charmer davantage de parents ces prochaines années grâce sa forme courte et ses sonorités étonnantes.
Caractère : organisée, loyale, persévérante
Fréquence d'attribution : très rare
Évolution : stable
Année record : 2009

Yseult

Dérivés : Iseult, Iseut, Yseut
Fête : 14 juillet
Étymologie : du celtique *essylt*, « belle »
Histoire : populaire dès le XIIe siècle grâce à la légende de *Tristan et Yseult*, Yseult progresse timidement. Mais depuis l'an 2000, elle semble prendre une autre ampleur.
Caractère : drôle, attachée à sa famille, pragmatique
Fréquence d'attribution : très rare
Évolution : en hausse
Année record : 2010
Célébrités : la chanteuse Yseult.

Yumi

Étymologie : du japonais, « belle révérence »
Histoire : depuis 1984, Yumi ne cesse de progresser. Attribué chaque année à une vingtaine de petites filles, les Yumi seraient près 200 pour l'instant.
Caractère : curieuse, courageuse, indépendante
Fréquence d'attribution : très rare
Évolution : en baisse
Année record : 2010

Yvanna

Dérivés : Ivana, Yvana, Ivanna, Ivanny, Yvanne, Yvane, Ivanne, Yvannah, Ivane, Ivany, Ivannah
Étymologie : de l'hébreu, « Dieu fait grâce »
Histoire : depuis son arrivée en France en 1965, Yvanna gagne un peu plus de terrain chaque année. Elles seraient 600 et devraient être plus nombreuses dans le futur.
Caractère : lunaire, loyale, curieuse
Fréquence d'attribution : très rare
Évolution : en baisse
Année record : 1999
Célébrités : Ivana Trump, l'ex-épouse de Donald Trump.

Yveline

Dérivés : Yvette, Maryvette
Fête : 19 mai
Étymologie : du celte *iv*, « if »
Histoire : populaire dans les années 50, Yveline a presque disparu des statistiques aujourd'hui. Elles seraient près de 9000.
Caractère : espiègle, fiable, sociable
Fréquence d'attribution : très rare
Évolution : stable
Année record : 1953

Yvonne

Dérivés : Yvone, Yvona, Ivone, Ivonne, Ivona
Fête : 19 mai
Étymologie : du celte *iv*, « if »
Histoire : très répandu dans les années 20 avec jusqu'à 9000 naissances, Yvonne a aujourd'hui perdu de sa superbe. Elles seraient plus de 85 000.
Caractère : curieuse, affectueuse, indépendante
Fréquence d'attribution : très rare
Évolution : stable
Année record : 1920
Célébrités : la comédienne Yvonne Mitchell.

Z

☆☆☆ Zahia ☆☆☆

Dérivés : Zahya, Saya, Zaya, Zaïa, Shaya, Zahiya, Zaiha, Zaiya
Étymologie : de l'arabe, « belle », « vive »
Histoire : après un beau parcours entre 1960 et 1970, Zahia fut beaucoup moins donné ensuite. Depuis 2000, une dizaine de petites filles se font chaque année prénommer Zahia. Elles seraient environ 1 500.
Caractère : intuitive, altruiste, rêveuse
Fréquence d'attribution : très rare
Évolution : en baisse
Année record : 1967
Célébrités : la créatrice de mode Zahia Dehar.

☆☆☆ Zahra ☆☆☆

Dérivés : Zarha, Zahara, Zarah
Étymologie : de l'arabe, « fleur » ou « blanche »
Histoire : découvert à la fin des années 40 en France, Zahra ne connaît une vraie ascension que depuis les années 2000. On en dénombrerait près de 3 000.
Caractère : franche, altruiste, loyale
Fréquence d'attribution : très rare
Évolution : en hausse
Année record : 2010
Célébrités : Zahara Jolie Pitt, l'une des filles de Brad Pitt et d'Angelina Jolie.

☆☆☆ Zelda ☆☆☆

Dérivés : Zehlda, Zhelda, Zilda, Zélida, Zéliha
Étymologie : soit du grec *zétâ*, « sixième lettre de l'alphabet » ; soit du prénom germanique Griselda, « guerrière grise »
Histoire : réapparu à la fin des années 70, Zelda n'a pour l'instant pas dépassé le cap des 20 naissances par an. Mais grâce à son originalité, elle pourrait bien reprendre du poil de la bête. Elles seraient 300.
Caractère : enthousiaste, sérieuse, fonceuse
Fréquence d'attribution : très rare
Évolution : en hausse
Année record : 2013
Célébrités : Zelda Fitzgerald, l'épouse de l'écrivain Francis Scott Fitzgerald ; personnage du jeu vidéo Zelda.

☆☆☆ Zélie ☆☆☆

Dérivés : Zélia, Zélina, Zelie, Zéline
Fête : 17 octobre
Étymologie : du latin *solemnis*, « solennelle »
Histoire : issu du prénom Soline qui donna Zéline puis Zélie, ce prénom fut pour la première fois mis en lumière par Ingres en 1806 avec son portrait de Mme Aymon, nommé *La Belle Zélie*. Redécouvert dans les années 2000 avec la vogue des prénoms rétro, Zélie se porte bien. Avec les Zélia, elles seraient plus de 7 000.
Caractère : optimiste, enthousiaste, créative
Fréquence d'attribution : rare
Évolution : stable
Année record : 2010
Célébrités : la chanteuse d'opéra Zélie de Lussan ; l'astéroïde Zélie.

☆☆☆ Zia ☆☆☆

Dérivés : Zya, Siya, Sia, Sya
Étymologie : de l'hébreu, « trembler »
Histoire : populaire en Amérique du Sud (car déjà présent dans la tradition maya), Zia n'est répertorié en France que depuis 1997. On en dénombrerait 1 500.
Caractère : altruiste, lunaire, droite
Fréquence d'attribution : très rare
Évolution : en baisse
Année record : 2009
Célébrités : Zia, l'héroïne de la série animée *Les Mystérieuses Cités d'Or*.

☆☆☆ Zina ☆☆☆

Dérivés : Zéina
Étymologie : de l'arabe « belle », « lumineuse »
Histoire : découverte dans les années 30, Zina tarde encore à se faire connaître. Elles seraient près de 2 000 mais pourraient être plus nombreuses ces prochaines années.
Caractère : sensible, spontanée, joueuse
Fréquence d'attribution : très rare
Évolution : en baisse
Année record : 2010

☆☆☆ Zita ☆☆☆

Dérivés : Zite, Zitella, Zérane
Fête : 27 avril
Étymologie : du grec *zêta*, « sixième lettre de l'alphabet »
Histoire : depuis le début du XXe siècle, l'original prénom Zita a été très irrégulièrement attribué pendant plus de cent ans. Aujourd'hui, Zita est donné à une vingtaine de bébés par an. Elles seraient plus de 350.
Caractère : émotive, intuitive, sociable
Fréquence d'attribution : très rare
Évolution : stable
Année record : 2013
Célébrités : Zita de Habsbourg, dernière impératrice d'Autriche.

☆☆☆ Zoé ☆☆☆

Dérivés : Zoe, Zoë, Zoée, Zooey, Zoa, Zéa, Zoey, Zoéline, Zoélie, Zoëlla
Fête : 2 mai
Étymologie : du grec ancien *zoê*, « vie »
Histoire : connu depuis l'Antiquité, Zoé attendra le XIXe siècle puis les années 90 pour être à nouveau populaire. Aujourd'hui, c'est le dix-septième prénom préféré des Français. On en dénombrerait plus de 44 000.
Caractère : sûre d'elle, énergique, passionnée
Fréquence d'attribution : très répandu
Évolution : en hausse
Année record : 2009
Célébrités : les comédiennes Zoé Felix et Zooey Deschanel.

☆☆☆ Zohra ☆☆☆

Dérivés : Zora, Zorah, Zorra, Zorrah
Étymologie : de Zohra, nom arabe de la planète Vénus
Histoire : ce prénom qui symbolise une étoile est très répandu au Moyen-Orient. En France, bien que donné depuis les années 50, Zohra ne compte pas plus de 7500 représentantes. Mais elle n'a peut-être pas dit son dernier mot ?
Caractère : dynamique, sensible, excessive
Fréquence d'attribution : très rare
Évolution : en baisse
Année record : 2009
Célébrités : l'héroïne de la série télévisée *Zora la rousse*.

LE PLUS VIEUX PRÉNOM FÉMININ DU MONDE ?

La palme de l'ancienneté revient sans doute à Ève, nom de la première femme selon la Bible, et dont le sens est en harmonie avec le récit puisqu'il signifie « la vivante » ou « la source de vie » (*h'ava* en hébreu). Idéal pour celle qu'on décrit comme la mère de toute l'humanité ! On le retrouve dans presque toutes les langues : Eva en Espagne, en Italie, au Portugal, en Arménie ou en Allemagne, Eva ou Eve ou dans les pays anglo-saxons, Ewa en Pologne, Hawa ou Hawwâ' dans les pays musulmans, Awa en Afrique noire, Havva en Turquie, Eúa en Grèce, Eeva en Finlande... Des diminutifs ou d'autres prénoms se sont créés à partir d'elle, comme Evie, Evy, Evine, Effie, Euveline, Evadné, Evelaine, Evelyne, Evette, Evita, Aoife (gaëlique, prononcer üfa), Evodie, Evaëlle... Signalons que le prénom grec antique Zoé a le même sens.

Garçons

A

☆☆☆ Aaron ☆☆☆

Dérivés : Aron, Haron, Aronn, Harone, Arone, Aharon, Aarone, Arron, Aaronn, Ayron, Aharon, Arron, Aaronn, Haroon, Eron
Fête : 1er juillet
Étymologie : incertaine, Aaron viendrait soit de l'hébreu *aaron* « esprit ».
Histoire : dans la Bible, Aaron, frère aîné de Moïse et descendant direct de Jacob est considéré comme le premier grand prêtre d'Israël. Ce prénom qui a décollé dans les années 2000 est dans le top 50 des prénoms préférés des Français.
Caractère : intuitif, altruiste, passionné
Fréquence d'attribution : répandu
Évolution : en hausse
Année record : 2010
Célébrités : le tennisman Aaron Krickstein ; le producteur de séries Aaron Spelling ; le photographe Aaron Young.

☆☆☆ Abdel ☆☆☆

Dérivés : Abd, Ab-del, Abd-El, Abdelali
Fête : 14 avril
Étymologie : de l'arabe *abd*, « serviteur » (sous-entendu de Dieu)
Histoire : Abdel est le diminutif de nombreux prénoms musulmans formés avec le préfixe *abd el* ou *abd al*. Selon ce qui suit Abdel, chaque prénom a un sens différent. En France, on compte près de 4000 Abdel.
Caractère : honnête, sincère, protecteur
Fréquence d'attribution : très rare
Évolution : stable
Année record : 1984
Célébrités : le chanteur Abd al Malik ; le réalisateur Abdellatif Kechiche aussi appelé Abdel Kechiche ; le personnage Abdel Fedala du feuilleton *Plus Belle la Vie*.

☆☆☆ Abdelaziz ☆☆☆

Dérivés : Abdelazziz, Abdelhaziz, Abdellaziz, Abdel-Aziz
Étymologie : de l'arabe *abd*, « serviteur » et *aziz* « aimé »
Histoire : arrivé en France en 1950, ce prénom connaît une lente progression. En France, on compte 2000 Abdelaziz.
Caractère : énergique, audacieux, déterminé
Fréquence d'attribution : très rare
Évolution : en baisse
Année record : 1974
Célébrités : le président algérien, Abdelaziz Bouteflika.

☆☆☆ Abdelkader ☆☆☆

Dérivés : Abdelkhader, Abdel-Kader, Abdoul-Kader, Abdelkadir
Étymologie : de l'arabe *abd*, « serviteur » et *kader*, « riche, puissant »
Histoire : au XIe siècle, Abd al Qadir al-Jilani fonda la confrérie soufie de Qaadir. Ce prénom, attribué pour la première fois en 1944, est porté par 9000 personnes en France.
Caractère : idéaliste, intègre, déterminé
Fréquence d'attribution : très rare
Évolution : en baisse
Année record : 1971
Célébrités : l'émir Abdelkader.

☆☆☆ Abdelmalik ☆☆☆

Dérivés : Abdel-Malik, Abdelmalek, Abdel-Malek
Étymologie : de l'arabe *abd*, « serviteur », et *malaka*, « posséder », plus communément traduit par « serviteur du Maître suprême »
Histoire : apparue à la fin des années 1950, cette combinaison du préfixe *abd* que l'on trouve dans beaucoup de prénoms musulmans et de Malik est très peu donnée en France. Ils seraient moins de 1000.
Caractère : optimiste, créatif, pragmatique
Fréquence d'attribution : très rare
Évolution : stable
Année record : 2009
Célébrités : le musicien, auteur et réalisateur Abd Al Malik.

Abdias

Dérivé : Obadiah
Fête : 12 mai
Étymologie : de l'hébreu « serviteur de Dieu ».
Histoire : originaire de Judée, Abdias, est au ve siècle av. J.-C. l'un des douze « petits prophètes » de la Bible. Apparu en France dans les années 2000, ce prénom reste encore extrêmement marginal.
Caractère : volontaire, exigeant, idéaliste
Évolution : stable
Année record : 2010

Abdoulaye

Dérivés : Abdoullaye, Abdoul, Abdou, Abdourahmane, Abdullah, Abdoullah
Étymologie : de l'arabe *abd-allah*, « serviteur de Dieu » équivalent d'Abdallah ou d'Abdullah
Histoire : ce prénom est en progression constante depuis 1970, il fait partie des 500 prénoms les plus donnés depuis 2011.
Caractère : volontaire, mûr, perspicace
Fréquence d'attribution : très rare
Évolution : en hausse
Année record : 2009
Célébrités : Abdoulaye Wade, président du Sénégal.

Abel

Dérivés : Abeau, Abelin, Abélard, Avel, Aelin, Avelin, Abelain, Abélard, Avelig, Avelain
Fête : 5 août
Étymologie : de l'hébreu *hevel*, « buée », en référence au « souffle, à la respiration ».
Histoire : fils d'Adam et Eve, Abel fut tué par son frère Caïn parce que Dieu aurait préféré son offrande à celle de son frère. Un prénom qui remonte depuis les années 2000.
Caractère : diplomate, énergique et actif
Fréquence d'attribution : rare
Évolution : en hausse
Année record : 1983
Célébrités : les réalisateurs Abel Ferrara et Abel Gance.

Aboubacar

Dérivés : Aboubakar, Aboubakary, Aboubakari, Aboubacary
Étymologie : de l'arabe, « petit chameau »
Histoire : Abou Bakr était un compagnon du prophète Mahomet qui prit sa succession en 632. Un prénom encore extrêmement discret en France, même si sa croissance est régulière depuis les années 70.
Caractère : organisé, énergique, autoritaire
Fréquence d'attribution : très rare
Évolution : en hausse
Année record : 2010
Célébrités : Aboubacar Traoré, jeune star du football freestyle.

LE TOP 20 DES PRÉNOMS DE GARÇONS

En 2017, les prénoms bibliques issus de l'Ancien Testament (Raphaël, Adam, Nathan, Ethan…) font une véritable percée. Car ils ont l'avantage d'être internationaux, de se décliner dans toutes les langues et d'exister dans les trois religions monothéistes. Gabriel se place donc en première place du podium devant Léo, favori en 2016, qui se retrouve en troisième position. Longtemps numéro un dans le cœur des Français, Lucas se retrouve cinquième tandis que Liam et Gabin remontent dans le classement. Les prénoms courts comme Tom ainsi que les prénoms anciens ou classiques comme Paul ou Arthur plaisent toujours autant, sans doute pour leur atemporalité. Le classement 2017 : Gabriel, Jules/Raphaël, Léo, Adam, Lucas, Louis, Liam, Ethan, Hugo, Arthur, Paul, Nathan, Nolan, Timéo, Maël, Théo, Sacha, Tom, Gabin, Enzo.

☆☆☆ Abraham ☆☆☆

Dérivés : Abie, Abrahan, Abram, Abramo, Avraham, Brahim, Bram, Ibrahim
Fête : 20 décembre
Étymologie : de l'hébreu « père des peuples »
Histoire : vers 1850 av. J.-C., Abraham conduisit les Hébreux en pays de Canaan. Pour l'éprouver, Dieu lui demanda de sacrifier son fils Isaa. Au moment où Abraham s'apprêta à le faire, il substitua un bélier à l'enfant.
Caractère : volontaire, efficace, impatient
Fréquence d'attribution : très rare
Évolution : en hausse
Année record : 2010
Célébrités : le président des États-Unis Abraham Lincoln.

☆☆☆ Achille ☆☆☆

Dérivés : Achill, Achilles, Achilleus, Aikel, Akil, Akli, Achile, Achil, Acyl
Fête : 12 mai
Étymologie : du prénom grec *Akhilleus*, « celui qui a de belles lèvres »
Histoire : dans la mythologie grecque, Achille est ce demi-dieu vulnérable qu'au niveau du talon. Car, pour le rendre invincible, sa mère l'avait tenu, bébé, par cette partie du corps pour le tremper dans les eaux du Styx. Ce prénom est de plus en plus apprécié depuis 2011.
Caractère : curieux, passionné, exigent
Fréquence d'attribution : rare
Évolution : en hausse
Année record : 2010
Célébrités : le clown Achille Zavatta ; le personnage de BD Achille Talon.

☆☆☆ Adam ☆☆☆

Dérivés : Adame, Adama, Adham, Adams, Hadama, Addam, Adamo, Adem, Adamec, Adamek, Adan, Adams, Addam, Addy
Fête : 17 juin
Étymologie : de l'hébreu *adama*, « fait de terre rouge »
Histoire : selon l'Ancien Testament, Adam, le premier homme créé par Dieu, apparut le sixième jour. Il aurait été façonné à partir d'argile et de terre glaise. En 2017, c'est le quatrième prénom masculin préféré des Français.
Caractère : vif, ambitieux, audacieux
Fréquence d'attribution : très répandu
Évolution : en hausse
Année record : 2010
Célébrités : l'économiste Adam Smith ; l'acteur Adam Sandler.

☆☆☆ Adda ☆☆☆

Dérivés : Ada, Hada, Adda, Hadi, Hady, Adi, Addy, Haddi
Étymologie : en arabe Adda est une contraction de Abdallah « serviteur de Dieu » ; en hébreu, *âda* est une « parure, un ornement »
Histoire : ce prénom qui est « arrivé » en France vers 1910 n'est presque plus attribué aujourd'hui.
Caractère : curieux, créatif, enthousiaste
Fréquence d'attribution : très rare
Évolution : stable
Année record : 1963
Célébrités : l'acteur et scénariste de la série *Vestiaires*, Adda Abdelli.

☆☆☆ Addisson ☆☆☆

Fête : 24 décembre
Étymologie : de l'anglais, « enfant d'Adam »
Histoire : ce prénom mixte d'origine américaine dérivé d'Adam est apparu en France en 2000. Ils ne seraient qu'une vingtaine en France.
Caractère : déterminé, généreux, idéaliste
Fréquence d'attribution : très rare
Évolution : stable
Année record : 2007
Célébrités : l'acteur Addison Powell.

☆☆☆ Adel ☆☆☆

Dérivés : Hadel, Addel, Adeel, Aadel
Fête : 24 décembre
Étymologie : du germanique *adal*, « noble » ou de l'arabe *âdil*, « juste »

istoire : dans la religion musulmane, ce prénom,
pparu en France dans les années 60, incite à la tolérance.
est porté par plus de 7 000 personnes.
aractère : structuré, honnête, persévérant
réquence d'attribution : très rare
volution : en baisse
nnée record : 1998
élébrités : l'ex-chanteur des 2Be3, Adel Kachermi ; le joueur
e foot Adel Taarabt.

☆☆☆ Adelphe ☆☆☆

érivé : Adelphos
ête : 11 septembre
tymologie : du germanique *adal*, « noble » et *wolf*, « loup »
u du grec *adelphos*, « frère »
istoire : en 643, le moine Adelphe devint le troisième abbé
e Remiremont, un monastère fondé dans les Vosges par l'un
es membres de sa famille, saint Romaric. Les Adelphe seraient
ıoins de 20, en France.
aractère : réfléchi, sociable, volontaire.
réquence d'attribution : très rare
volution : stable
nnée record : 2010

☆☆☆ Adem ☆☆☆

érivés : Ademe, Adhem, Aden
ête : 17 juin
tymologie : variante turque d'Adam, qui en hébreu signifie
fait de terre rouge »
istoire : répandu en Turquie et en Europe de l'Est,
dem est apparu en France dans les années 70 et connaît
ne forte croissance ces dernières années.
aractère : dynamique, indépendant, adaptable
réquence d'attribution : rare
volution : en hausse
nnée record : 2010
élébrités : le footballeur Adem Ljaji .

☆☆☆ Adhémar ☆☆☆

Dérivés : Ademar, Adelmar, Adelmard, Aymar, Azémar, Adelmo, Ademaro
Fête : 24 mars
Étymologie : du germanique *adal*, « noble », *heim* « maison » et *mar* « illustre »
Histoire : saint Aldémar était, au XIe siècle, un ancien moine bénédictin du Mont-Cassin, en Italie. Ce prénom médiéval plutôt attribué dans les familles nobles reste extrêmement rare puisque depuis 1900, en France, seulement 131 personnes se prénomment ainsi.
Caractère : curieux, déterminé, franc
Fréquence d'attribution : très rare
Évolution : stable
Année record : 1908

☆☆☆ Adib ☆☆☆

Étymologie : de l'arabe « cultivé, lettré »
Histoire : ce prénom fait référence à l'adab qui, dans le Coran est le fait de bien assimiler le message transmis par le Prophète.
Caractère : émotif, volontaire, pragmatique
Fréquence d'attribution : très rare
Évolution : en hausse
Année record : 2010
Célébrités : le médecin Adib Jatene.

☆☆☆ Adil ☆☆☆

Dérivés : Adyl, Adile, Hadil, Hadile, Adille, Addil, Aadil, Adlâne, Adlen, Adlène
Étymologie : de l'arabe *adil*, « juste »
Histoire : arrivé en France dans les années 70, le prénom Adil serait la version arabe du vieux prénom latin Justus (Juste). Il connaît une forte progression ces dernières années.
Caractère : impulsif, rationnel, épris de justice.
Fréquence d'attribution : très rare
Évolution : en hausse
Année record : 2009
Célébrités : le footballeur Adil Rami.

☆☆☆ Adolphe ☆☆☆

Dérivés : Adolf, Adolph, Adolfo, Adolphas, Adolphus, Astolphe
Fête : 11 février
Étymologie : du germanique *adal*, « noble » et *wolf*, « loup »
Histoire : bien que saint Adolphe fut, au XIIIe siècle, un évêque qui consacra sa vie aux Lépreux, le prénom Adolphe reste marqué par l'ombre du dictateur nazi Adolf Hitler.
Caractère : réfléchi, intellectuel, volontaire
Fréquence d'attribution : très rare
Évolution : en baisse
Année record : 1908
Célébrités : le dictateur Adolf Hitler ; le prénom qui crée la polémique dans la pièce *Le Prénom*.

☆☆☆ Adonis ☆☆☆

Dérivé : Adon
Fête : 16 décembre
Étymologie : du phénicien *adôn* « seigneur »
Histoire : dans la mythologie grecque, Adonis est ce jeune homme, symbole de la beauté qui fut ressuscité par Jupiter sur la demande d'Aphrodite.
Caractère : sensible, curieux, ambitieux
Fréquence d'attribution : très rare
Évolution : en hausse
Année record : 2009

☆☆☆ Adrien ☆☆☆

Dérivés : Hadrien, Adryen, Adrian, Adriano
Fête : 8 septembre
Étymologie : du latin *Adrianus*, originaire de la ville d'Adria
Histoire : au bord de la mer Adriatique, au VIe siècle av. J.-C., les Étrusques fondèrent la ville d'Adria ou Hadria, qui est aujourd'hui encore une ville de Vénétie. Adrien est porté par plus de 100 000 hommes en France et figure dans le top 100 des prénoms préférés des Français.
Caractère : ingénieux, sensuel, généreux et ouvert
Fréquence d'attribution : répandu
Évolution : en baisse
Année record : 1991
Célébrités : l'acteur Adrien Brody ; le héros du livre de Marguerite Yourcenar, *Les Mémoires d'Hadrien*.

☆☆☆ Aël ☆☆☆

Dérivés : Ael, Aëlig, Aelig
Fête : 5 mai
Étymologie : du grec *agellos*, « messager, ange »
Histoire : né à Jérusalem en 1185, Aël dit Ange devint religieux dès ses dix-huit ans. En 1220, c'est en Sicile, pendant un sermont contre les Cathares qu'il est mortellement blessé. Ce prénom rare est surtout attribué en Bretagne. On le retrouve d'ailleurs en finale de prénoms plus populaires, type Gwenaël.
Caractère : sensible, imaginatif, déterminé
Fréquence d'attribution : très rare
Évolution : stable
Année record : 2008

☆☆☆ Agathon ☆☆☆

Fête : 5 février
Étymologie : du grec *aghatè*, « bon»
Histoire : saint Agathon était un religieux breton qui vécut près de Guingamp. Un prénom porté, depuis 1900, en France par moins de 50 personnes.
Caractère : enthousiaste, émotif, volontaire
Fréquence d'attribution : très rare
Évolution : stable
Année record : 1909
Célébrités : le poète grec Agathon (Ve siècle av. J.-C.).

☆☆☆ Agénor ☆☆☆

Fête : 10 mars
Étymologie : du grec *agenor*, « courageux »
Histoire : personnage de la mythologie grecque, Agénor est connu pour avoir frappé Achille avec une lance sous le genou. C'est aussi lui qui défend Troie assiégé par les Grecs. Le fils d'Achille lui portera plus tard un coup fatal.
Caractère : sage, franc, bienveillant
Fréquence d'attribution : très rare
Évolution : stable
Année record : 1906
Célébrités : Agénor de Gramont, ancien ministre sous Napoléon III

☆☆☆ Agnan ☆☆☆

Dérivés : Agnel, Oan, Oanig
Fête : 17 novembre
Étymologie : du grec *agnê*, « chaste »
Histoire : régulièrement donné jusqu'en 1970, ce prénom qui est la forme masculine d'Agnès est aujourd'hui très rare. On compte moins de 200 Agnan en France.
Caractère : audacieux, dynamique, créatif
Fréquence d'attribution : très rare
Évolution : stable
Année record : 1956
Célébrités : le personnage d'Agnan dans *Le Petit Nicolas*.

☆☆☆ Ahmed ☆☆☆

Dérivés : Ahmet, Hamed, Hamet, Amed, Hammed, Ahamed, Ahmad, Ahmid, Ahmadou, Aimad, Amadou
Fête : 21 août
Étymologie : de l'arabe *ahmad*, « digne d'éloges, louable »
Histoire : dans le Coran, Ahmed est l'un des noms de Mahomet. Régulièrement donné depuis 1963 à plus de 300 personnes par an, ce prénom est toujours actuel.
Caractère : réfléchi, méthodique, rigoureux
Fréquence d'attribution : rare
Évolution : en hausse
Année record : 2009
Célébrités : l'humoriste Ahmed Sylla.

☆☆☆ Aïdan ☆☆☆

Dérivés : Haydan, Aidann, Aden, Aedan, Aydan, Ayaan, Ayden, Aidan, Haydan
Fête : 31 janvier
Étymologie : du celte *aodh*, « petit feu »
Histoire : ce prénom celte porté par le fils du roi Lyr (sous sa forme initiale : *Aodh*) dans la mythologie irlandaise n'a fait son apparition, en France, que dans les années 90. Depuis, il est chaque année de plus en plus populaire même si les Aïdan ne sont pas si nombreux.
Caractère : déterminé, intuitif, fidèle
Fréquence d'attribution : très rare
Évolution : en hausse
Année record : 2010
Célébrités : Aidan Gillen, l'acteur de la série *Queer as Folk* ; Aidan Shaw, l'un des amoureux de Sarah Jessica Parker dans la série *Sex and the City*.

☆☆☆ Aimé ☆☆☆

Dérivés : Aimable, Amavel, Ayme, Haim, Amat, Amato
Fête : 13 septembre
Étymologie : du latin *amatus*, « aimé »
Histoire : au fil des siècles, de nombreux saints se sont appelés ainsi dont Aimé de Remiront au VIe siècle, ou Aimé de Sion au VIIe siècle. Si ce prénom a beaucoup moins la cote qu'au début du siècle, il est toujours attribué, sans doute pour sa signification profonde : « celui qui est aimé ».
Caractère : indépendant, sensible, énergique
Fréquence d'attribution : très rare
Évolution : en hausse
Année record : 1920
Célébrités : l'ex-entraîneur de l'équipe de France Aimé Jacquet ; le poète Aimé Césaire.

☆☆☆ Aitor ☆☆☆

Étymologie : du basque « bon père » ou « père de tous les Basques »
Histoire : très peu attribué en France (moins de 100 personnes en France se prénomment ainsi), Aitor bénéficie du retour en force des prénoms régionaux depuis les années 70.
Caractère : très attaché à la famille, engagé, sensible
Fréquence d'attribution : très rare
Évolution : en hausse
Année record : 2000
Célébrités : l'ex-footballeur Aitor Karanka.

☆☆☆ Alain ☆☆☆

Dérivés : Allain, Alen, Ailean, Ailin, Al, Aland, Allen, Allyn, Allin
Fête : 9 septembre
Étymologie : du latin *Alani*, du nom d'un peuple iranien
Histoire : ce prénom, qui est l'un des plus portés (on dénombre 437 000 Alain en France) tire son histoire d'une tribu nomade cavalière venue du Caucase qui a tenté d'envahir la Gaule et l'Espagne au ve siècle. Alain n'est presque plus donné aujourd'hui.
Caractère : excessif, charmeur, passionné.
Fréquence d'attribution : très rare
Évolution : en baisse
Année record : 1950
Célébrités : les chanteurs Alain Bashung, Alain Souchon, Alain Chamfort ; le comédien Alain Delon ; l'opticien Alain Afflelou.

☆☆☆ Alan ☆☆☆

Dérivés : Allan, Alann, Alanig, Alane, Alhan, Allane, Halan, Allann, Hallan
Fête : 9 septembre
Étymologie : en celte *alan* signifie « beau »
Histoire : cette forme celte d'Alain lui a succédé dans les statistiques dès les années 80 en Bretagne, puis à partir de 2000, dans toute la France.
Caractère : volontaire, passionné, ambitieux
Fréquence d'attribution : très rare
Évolution : en baisse
Année record : 2000
Célébrités : le chanteur breton Alan Stivell ; le créateur de la série *Kaboul Kitchen* Allan Mauduit.

☆☆☆ Alaric ☆☆☆

Dérivés : Alar, Alari, Alarik, Alarick, Alric, Alrik
Fête : 29 septembre
Étymologie : du germanique *ala*, « tout » et *ric*, « puissant » : le « tout puissant »
Histoire : Alaric, roi des Wisigoths conquit Rome le 24 août 410, signant la fin de l'Empire romain. Le prestige de ce prénom était tel qu'il fut longtemps donné dans l'aristocratie allemande. Il arriva en France dans les années 70.
Caractère : ambitieux, fort, fin stratège
Fréquence d'attribution : très rare
Évolution : en baisse
Année record : 1997
Célébrités : Alaric Saltzman, personnage de la série *Vampire Diaries*.

☆☆☆ Alban ☆☆☆

Dérivés : Albin, Aubain, Auban, Albano, Albans, Albany
Fête : 22 juin
Étymologie : du latin *albanus*, terme désignant les habitants de la ville d'Albe
Histoire : au viie siècle av. J.-C., la ville antique d'Albe, grande rivale de Rome, était construite sur une colline calcaire, ce prénom renvoie donc à cette ville faite de falaises blanches. Aujourd'hui, Alban fait partie des 200 prénoms préférés des Français.
Caractère : créatif, pragmatique, affectueux
Fréquence d'attribution : rare
Évolution : en hausse
Année record : 2007
Célébrités : le compositeur autrichien du xixe siècle, Alban Berg.

☆☆☆ Albéric ☆☆☆

Dérivés : Alberich, Alfaric, Aubriet, Aubriot, Elberich
Fête : 26 janvier
Étymologie : du germanique *alb*, « elfe », *behrt*, « la célébrité », et *ric*, « puissant »
Histoire : cette variante allemande d'Albert, qui était très répandue chez les seigneurs à l'époque mérovingienne, est régulièrement attribuée en France depuis 1900.
Caractère : confiant, énergique, très attachée à la famille
Fréquence d'attribution : très rare
Évolution : stable
Année record : 1906
Célébrités : Albéric le Vieil, personnage de la BD *Valérian, agent spatio-temporel* ; le caricaturiste Albéric Bourgeois ; Albéric, le cousin de Casimir dans la série *L'Île aux enfants*.

Albert

érivés : Aledbert, Albrecht, Albar, Alberto, Aubéri, Adalbert,
lberti, Albertini, Alberto, Aubert, Aubertin, Bert, Elbert
ête : 15 novembre
tymologie : du germanique *al*, « noble » et *behrt*, « célèbre »
istoire : ce prénom est totalement tombé dans l'oubli alors
u'il était extrêmement répandu au XIXe siècle (notamment grâce
u prince Albert de Saxe-Cobourg, époux de la reine Victoria)
t au début du XXe siècle.
aractère : persévérant, sensible et idéaliste
réquence d'attribution : très rare
volution : en baisse
nnée record : 1920
élébrités : le scientifique Albert Einstein ; l'écrivain
lbert Cohen ; le prince Albert de Monaco.

Aldo

érivé : Aldous, Alde
ête : 26 avril
tymologie : du germanique *adal*, « noble » et *alt*, « vieux »
istoire : forme masculine d'Alda qui décida, à la mort
e son mari de consacrer sa vie aux malades de l'hôpital
e Sienne. Aldo n'a pas d'équivalent français et est beaucoup
lus attribué en Italie qu'en France.
aractère : audacieux, curieux, séducteur
réquence d'attribution : très rare
volution : stable
nnée record : 1958
élébrités : l'acteur Aldo Maccione.

Aldric

Dérivés : Alderic, Alderick, Aldrick, Aldrik, Audran, Audry, Aldred, Adalric, Elric
Fête : 7 janvier
Étymologie : du germanique *adal*, « noble » et *ric*, « puissant »
Histoire : venu de Bavière, le jeune Aldric fut nommé évêque du Mans au IXe siècle. Il utilisa son rang au sein de l'église pour faire bâtir des monastères et des hôpitaux.
Caractère : diplomate, intuitif, loyal
Fréquence d'attribution : très rare
Évolution : en baisse
Année record : 1981
Célébrités : le héros du roman *Les aventures d'Aldric le Mérovingien*.

Aldwin

Dérivés : Aldwyn, Aldwynn
Fête : 17 octobre
Étymologie : du vieil anglais *bald*, « ancien », et *win*, « ami » : « vieil ami »
Histoire : venu d'Angleterre, ce prénom n'est arrivé en France qu'à la fin des années 80. On en compte une centaine en France.
Caractère : idéaliste, généreux, sage
Fréquence d'attribution : très rare
Évolution : en baisse
Année record : 1995

Alex

Dérivés : Aleks, Alec, Aleck
Fête : 22 avril
Étymologie : du grec *alexein*, « défendre » et *andros*, « homme »
Histoire : originaire d'Outre-Atlantique, Alex fait partie des 200 prénoms les plus appréciés des Français, beaucoup donné dans les années 2000, il se fait un peu plus rare aujourd'hui.
Caractère : séducteur, adaptable, influent
Fréquence d'attribution : rare
Évolution : en baisse
Année record : 2001
Célébrités : l'humoriste Alex Metayer ; le tennisman Àlex Corretja ; le comédien Alec Baldwin.

☆☆☆ Alexandre ☆☆☆

Dérivés : Aleksandar, Aleksandre, Alexandros, Alexandro, Alexandru, Alexender, Ales
Fête : 22 avril
Étymologie : du grec *alexein*, « défendre » et *andros*, « homme »
Histoire : Alexandre le Grand (-356 et -323) est l'une des plus grandes célébrités de l'Antiquité, il a certainement participé à la diffusion et à la popularité de ce prénom toujours aussi apprécié, en France, depuis les années 70.
Caractère : joyeux, sociable, charismatique
Fréquence d'attribution : très répandu
Évolution : en baisse
Année record : 1995
Célébrités : l'écrivain Alexandre Jardin ; le réalisateur Alexandre Arcady.

☆☆☆ Alexis ☆☆☆

Dérivés : Alexy, Alessi, Alessio, Alexio, Alejo, Aleksii, Alexy, Alexei, Alexian
Fête : 17 février
Étymologie : du grec *alexein*, « protéger », « repousser »
Histoire : à Florence, au XIIIe siècle, Alexis de Falconieri fonda avec six autres compagnons l'Ordre des servites de Marie. Populaire en Russie, le prénom Alexis arrive en France au XIXe siècle. Au XXe, c'est dans les années 70 qu'il prend son envol.
Caractère : déterminé, pertinent, très attaché à la famille
Fréquence d'attribution : très répandu
Évolution : en baisse
Année record : 1996
Célébrités : Alexis Leger, vrai nom du poète Saint-John Perse ; le pianiste Alexis Weissenberg.

☆☆☆ Alfred ☆☆☆

Dérivés : Aufray, Aufroy, Afreddy, Manfred, Alfredo Alf, Alfie, Alfy, Avery
Fête : 15 août
Étymologie : du germanique *alf*, « tout » et *frido*, « paix »
Histoire : Alfred le Grand, roi d'Angleterre au IXe siècle défendit si courageusement son pays contre les Vikings qu'il participa à la diffusion de ce prénom au Moyen Âge. Un temps oublié, il réapparaît dès le XIXe en Europe, puis au début du XXe, jusqu'à figurer parmi les 30 prénoms les plus donnés. Il a presque disparu aujourd'hui.
Caractère : indépendant, pacifique, audacieux
Fréquence d'attribution : très rare
Évolution : en baisse
Année record : 1910
Célébrités : les écrivains Alfred de Vigny et Alfred de Musset ; le cinéaste Alfred Hitchcock ; Alf, le personnage éponyme de la série télé.

☆☆☆ Ali (mixte) ☆☆☆

Dérivés : Aly, Al, Ales, Ala, Alli, Hali, Alla
Fête : 10 janvier
Étymologie : de l'arabe *alyy*, « celui qui est élevé »
Histoire : cousin de Mahomet et époux de sa fille Fatimah, Ali fut le quatrième calife orthodoxe de l'islam. À sa mort naquit le chiisme qui est, avec le sunnisme, l'une des deux grandes branches de l'islam.
Caractère : honnête, efficace, sensible

LE PLUS VIEUX PRÉNOM MASCULIN DU MONDE ?

S'agit-il d'Adam, nom du premier homme selon la Bible ? En fait, il existe un texte littéraire rédigé en Mésopotamie plusieurs siècles avant la Bible : *L'Épopée de Gilgamesh*, racontant l'histoire d'un jeune guerrier refusant que le sort ultime de chaque homme soit la mort et parcourant le monde à la recherche de la plante qui rend immortel. Les deux prénoms les plus anciens de la littérature sont donc ceux des deux héros de l'épopée : Gilgamesh, qui signifie « l'ancêtre est un héros », et son ami Enkidu. La Bible, issue d'une très ancienne tradition orale, n'est mise par écrit que plusieurs siècles plus tard. Le premier chapitre donne au premier homme le nom d'Adam – un mot dont la signification, « terre rouge », rappelle le récit de sa création par Dieu à partir d'une poignée d'argile rouge.

Fréquence d'attribution : rare
Évolution : en hausse
Année record : 2009
Célébrités : l'animateur de radio et de télé Ali Baddou ; le héros du conte des *Mille et une nuits, Ali Baba et les quarante voleurs*.

☆☆☆ Alistair ☆☆☆

Dérivés : Alister, Allistair, Allastair
Fête : 22 avril
Étymologie : du grec *alexein*, « défendre » et *andros*, « homme »
Histoire : bien que toujours discrète, cette variante écossaise d'Alexandre apparue en France dans les années 70, commence à devenir populaire depuis les années 90.
Caractère : passionné, ambitieux, dynamique
Fréquence d'attribution : très rare
Évolution : en hausse
Année record : 2010
Célébrités : le chanteur Alister.

☆☆☆ Alix ☆☆☆

Dérivés : Alixe, Alyx, Allix, Alixen
Fête : 9 janvier
Étymologie : du germanique *adal*, « noble »
Histoire : à l'origine féminin, ce dérivé d'Alice est aujourd'hui mixte. Alix est porté par près de 6000 hommes en France.
Caractère : séducteur, autoritaire, actif
Fréquence d'attribution : très rare
Évolution : stable
Année record : 2004
Célébrités : le héros de la BD *Alix*.

☆☆☆ Aloïs ☆☆☆

Dérivés : Alois, Aloys, Aloysius, Aloïsio, Aloyse
Fête : 25 août
Étymologie : du germanique *al*, « tout » et *wis*, « sage »
Histoire : cette forme médiévale du prénom Louis est réapparue en France au début du XXe siècle. Après une période de creux, il revient à la mode dans les années 80. Depuis, sa cote ne cesse d'augmenter.
Caractère : secret, travailleur, créatif
Fréquence d'attribution : très rare
Évolution : en hausse
Année record : 2010
Célébrités : le médecin Alois Alzheimer.

☆☆☆ Alphonse ☆☆☆

Dérivés : Adelfons, Alfons, Alfonso, Alonso, Alonzo, Alphons, Alphonso, Anfonsa, Anfos, Fons, Fonso, Fonzie
Fête : 1er août
Étymologie : du germanique *adal*, « noble » et *funs*, « vif, rapide » : « prêt pour le combat »
Histoire : Alphonse est un prénom qui a beaucoup voyagé. Au début du XIXe, en France, Alphonse est tellement populaire que c'est même un mot d'argot qui désigne un homme entretenu par sa maîtresse. Depuis 2005-2010, Alphonse connaît un regain d'intérêt avec la mode des prénoms anciens.
Caractère : intègre, idéaliste, sensuel
Fréquence d'attribution : très rare
Évolution : en baisse
Année record : 1908
Célébrités : les écrivains Alphonse Daudet et Alphonse de Lamartine.

☆☆☆ Alvaro ☆☆☆

Dérivés : Alvar
Fête : 1er octobre
Étymologie : du tamoule *alvar*, « les profonds »
Histoire : en Inde, les Alvars était un groupe de douze poètes, adorateurs du dieu Vishnu, qui vécurent entre le VIe et Xe siècle, ce prénom espagnol est dans le top des 2000 prénoms préférés des Français.
Caractère : très attaché à la famille, équilibré, franc
Fréquence d'attribution : très rare
Évolution : stable
Année record : 1972
Célébrités : le cycliste Álvaro Pino ; Alvar Cabeza de Vaca, navigateur espagnol du XVIe siècle.

☆☆☆ Alvin ☆☆☆

Dérivés : Alvyn, Alwin, Alwyn, Alwynn, Alvine, Alvino, Alvan, Alven, Aldwin, Alvy, Elvin, Elwin, Elwyn
Fête : 1er octobre
Étymologie : incertaine, soit Alvin est dérivé du prénom germanique *Allowin* (« vrai ami ») composé de *all* (tout) et de *win* (ami), soit il viendrait du vieil anglais *aelf* « elfe » et *win*, « ami » (« ami des elfes »)
Histoire : saint Allowin (dit Alvin) évangélisa la Flandre et le Hainaut.
Caractère : méthodique, fiable, perfectionniste
Fréquence d'attribution : très rare
Évolution : stable
Année record : 1993
Célébrités : Alvin, le héros du film *Alvin et les Chipmunks* ; le chorégraphe Alvin Ailey.

☆☆☆ Amadeus ☆☆☆

Dérivés : Amédée, Amédé, Amadéo, Amadeu, Amadio, Amado, Amedeo, Amedo
Fête : 30 mars
Étymologie : du latin *ama*, « aimé » et *deus*, « Dieu » : « aimé de Dieu » ou « aime Dieu »
Histoire : ce prénom allemand dont l'équivalent français est Amédée a fait son apparition en France en 1990, six ans après la sortie du film du même nom. Il est extrêmement rare. Moins de cinquante personnes s'appellent ainsi.
Caractère : optimiste, volontaire, pragmatique
Fréquence d'attribution : très rare
Évolution : stable
Année record : 1991
Célébrités : Amadeus, deuxième prénom du compositeur Wolfgang Amadeus Mozart.

☆☆☆ Amadou ☆☆☆

Dérivés : Ahmadou, Hamadou, Ahamadou, Ahmad, Ahmed, Ahmet, Ahmid, Amed, Amid, Hamed, Hamid, Hammad, Hammadi
Fête : 22 septembre
Étymologie : de l'arabe *hammad*, « digne d'éloges » ou du latin *amare*, « aimer »
Histoire : on peut rapprocher Amadou de l'ancien prénom latin Laud (Loué). Saint Laud (dit saint Lô) évêque de Coutances dans le Cotentin est connu pour avoir notamment guéri une femme aveugle.
Caractère : indépendant, sensible, généreux
Fréquence d'attribution : très rare
Évolution : en hausse
Année record : 2010
Célébrités : le duo de chanteurs Amadou et Mariam.

☆☆☆ Amar ☆☆☆

Dérivés : Amara, Ammar, Amaru, Hamara, Amari, Amary, Hamar, Amaro
Étymologie : de l'arabe, « le bâtisseur »
Histoire : parce qu'Ammar ibn Yâsir était un fidèle compagnon du prophète Mahomet, ce prénom reste très lié à la foi. Dans le Coran, celui qui bâtit est celui qui consacre sa vie à la prière. En France, on ne compte pas moins de 6000 Amar.
Caractère : bienveillant, sage, pacifique
Fréquence d'attribution : très rare
Évolution : stable
Année record : 1967
Célébrités : le joueur de basket, Amar'e Carsares Stoudemire.

☆☆☆ Amaury ☆☆☆

Dérivés : Amalric, Amalrico, Aimeri, Aimery, Amalric, Amauri, Amauric, Amory
Fête : 15 janvier
Étymologie : du germanique *amal*, « travail » et *ric*, « puissant »
Histoire : très populaire au Moyen Âge, ce prénom délaissé pendant plusieurs siècles, réapparaît au XVIIIe puis au XXe, dans les années 60. Aujourd'hui, il fait partie des 200 prénoms préférés des Français.
Caractère : indépendant, calme, réfléchi
Fréquence d'attribution : rare
Évolution : en hausse
Année record : 2010
Célébrités : le nageur Amaury Leveaux.

☆☆☆ Ambroise ☆☆☆

Dérivés : Ambros, Ambrose, Ambrosio, Emris, Emrys
Fête : 7 décembre
Étymologie : du grec *ambrôsios*, « immortel », l'ambroisie étant, dans la mythologie grecque, la boisson qui rendait les dieux immortels
Histoire : saint Ambroise, évêque de Milan au IVe siècle, fut très actif pour réformer l'instruction des fidèles. C'est l'un des quatre « grands docteurs » de l'église.
Caractère : énergique, indépendant, très attaché à sa famille
Fréquence d'attribution : très rare
Évolution : en hausse
Année record : 2010
Célébrités : le médecin Ambroise Paré.

☆☆☆ Amélio ☆☆☆

Dérivés : Amèlio, Aemilius, Amélien, Amelin
Fête : 19 septembre
Étymologie : du latin *aemulus*, « émule »
Histoire : si ce prénom provençal existe depuis 1912, il reste encore marginal avec moins de dix bébés nommés ainsi en 2010. Pourtant, il y a fort à parier qu'il devrait faire parler de lui dans les prochaines années car il répond à plusieurs demandes : les anciens prénoms, les prénoms régionaux et les prénoms en « o », tendance.
Caractère : énergique, volontaire, créatif
Fréquence d'attribution : très rare
Évolution : en hausse
Année record : 2007
Célébrités : le réalisateur italien Amelio Perlini dit « Memè » Perlini.

☆☆☆ Amiel ☆☆☆

Fête : 22 mai
Étymologie : du latin *aemulus*, « émule »
Histoire : cette forme provençale du prénom Émile est apparue en 1980, elle reste encore très marginale. Les Amiel seraient une centaine, en France.
Caractère : engagé, fiable, organisé
Fréquence d'attribution : très rare
Évolution : en hausse
Année record : 2009

☆☆☆ Amine ☆☆☆

Dérivés : Amine, Amyne, Amyn, Hamine, Hamin
Fête : 27 octobre
Étymologie : de l'arabe amine, « celui qui est digne de confiance »
Histoire : puisque Al-amine est l'un des noms de Mahomet, c'est sous la forme d'Amine que ce prénom est arrivé en France dans les années 1950. Entre 1980 et 2000, il a considérablement progressé, allant jusqu'à se stabiliser en 2005 à 1 200 attributions chaque année. Il est dans le top 100 des prénoms masculins en 2017.
Caractère : sûr de lui, consciencieux, résolu
Fréquence d'attribution : répandu
Évolution : en hausse
Année record : 2006
Célébrités : le chanteur de R'N'B Amine Mounder ; Amine Gemayel, l'ancien président libanais.

☆☆☆ Amir ☆☆☆

Dérivés : Amyr, Amire, Hamir
Fête : 18 mai
Étymologie : en arabe, *amir* signifie « prince », en hébreu « cime des arbres », et en perse « celui qui ne mourra jamais »
Histoire : apparu en France dans les années 70, ce prénom progresse régulièrement depuis.
Caractère : entreprenant, curieux et énergique
Fréquence d'attribution : rare
Évolution : en hausse
Année record : 2010
Célébrités : le footballeur Amir Abdelhamid ; le violoniste Amir Ali.

☆☆☆ Amos ☆☆☆

Dérivé : Amoz
Fête : 31 mars
Étymologie : de l'hébreu, « celui qui porte un fardeau »
Histoire : considéré comme l'un des « douze petits prophètes » de la Bible, Amos était un berger, tailleur de sycomores qui dénonça la corruption sociale, politique et religieuse.
Caractère : pragmatique, optimiste, créatif
Fréquence d'attribution : très rare
Évolution : stable
Année record : 2009
Célébrités : le cinéaste Amos Gitaï ; le tennisman Amos Mansdorf.

☆☆☆ Ancelin ☆☆☆

Dérivés : Anselme, Ancel, Ancelot
Fête : 21 avril
Étymologie : du latin *ancille*, « serviteur »
Histoire : ce prénom médiéval n'est réapparu en France qu'à partir des années 80, il se fait encore très discret.
Caractère : fiable, méthodique, déterminé
Fréquence d'attribution : très rare
Évolution : stable
Année record : 2001
Célébrités : Ancelin, le personnage du film d'Édouard Molinaro *Un témoin dans la ville*.

☆☆☆ Anas ☆☆☆

Dérivés : Annas, Anass, Anasse, Anis, Aniss, Anisse, Anys
Fête : 1er janvier
Étymologie : de l'arabe, « l'homme, le genre humain »
Histoire : si Anas ibn Malik fut l'un des compagnons de Mahomet au VIIe siècle ; ce prénom n'est apparu en France à la fin des années 70. Sa progression ne s'est jamais arrêtée depuis, sans doute grâce à sa forme courte et ses sonorités.
Caractère : curieux, fort, passionné
Fréquence d'attribution : rare
Évolution : en hausse
Année record : 2010
Célébrités : l'acteur indien Anas Rashid.

☆☆☆ Anderson ☆☆☆

Dérivés : Ander, Anders
Fête : 21 avril
Étymologie : combinaison du prénom Ander, dérivé d'André et de l'anglais *son*, « fils » : « fils d'André »
Histoire : à l'origine connu comme nom de famille, ce prénom qui est très répandu outre-Atlantique, est arrivé en France dans les années 70. Chaque année depuis 2011, on compte environ 30 bébés s'appelant Anderson.
Caractère : rêveur, altruiste, volontaire
Fréquence d'attribution : très rare
Évolution : stable
Année record : 1994
Célébrités : Anderson Cooper, journaliste américain.

☆☆☆ Anatole ☆☆☆

Dérivés : Anatol, Anatoli, Anatolii, Astola
Fête : 3 février
Étymologie : du grec *anatolê*, « le soleil levant », « l'aube », « l'Orient »
Histoire : les premiers Anatole étaient originaires d'Anatolie (région de Turquie). Depuis les années 90, ce prénom qui était très prisé au début du XXe siècle est en constante progression. Il fait partie des 300 prénoms préférés des Français.
Caractère : curieux, organisé, aventurier
Fréquence d'attribution : rare
Évolution : en hausse
Année record : 2008
Célébrités : l'écrivain Anatole France.

☆☆☆ André ☆☆☆

Dérivés : Andor, Andrev, Andrieu, Andreu, Andros
Fête : 30 novembre
Étymologie : du grec *andros*, « homme viril ».
Histoire : premier apôtre de Jésus, saint André est honoré en tant que patron des pêcheurs en Écosse et en Russie. La « croix de saint André » qui se trouve sur le drapeau anglais est d'ailleurs inspirée de celle sur laquelle il a été crucifié. Aujourd'hui peu attribué, ce prénom est l'un des plus portés en France avec plus de 300 000 André.
Caractère : sincère, engagé, passionné
Fréquence d'attribution : très rare
Évolution : en baisse

nnée record : 1920
élébrités : l'acteur André Dussolier ; l'écrivain André Malraux ;
e compositeur et animateur télé, André Manoukian.

☆☆☆ Andréa ☆☆☆

érivés : Andréas, Andreani, Andras, Andrea, Andreas, Andres, ndrouchka
ête : 30 novembre
tymologie : du grec *andros*, « homme viril »
istoire : d'origine basque et corse, Andrea, qui est un prénom rès courant en Italie, est d'abord arrivé en France sous sa forme éminine dans les années 90 avec la vogue des prénoms italiens. ujourd'hui, il figure dans les 300 prénoms masculins préférés es Français.
aractère : réfléchi, actif, indépendant
réquence d'attribution : rare
volution : stable
nnée record : 2008
élébrités : Andrea Casiraghi, fils de Caroline de Monaco ;
e chanteur Andrea Bocelli.

☆☆☆ Andrew ☆☆☆

érivés : Andrei, Andreo, Andy
ête : 30 novembre
tymologie : du grec *andros*, « homme viril »
istoire : arrivée en France dans les années 50, ette forme anglo-saxonne d'André séduit de plus en plus.
aractère : émotif, combatif, volontaire
réquence d'attribution : très rare
volution : en hausse
nnée record : 1998
élébrités : le prince Andrew, fils de la reine Elisabeth II.

☆☆☆ Ange ☆☆☆

érivés : Angel, Angelo, Angy, Angi, Anges
ête : 5 mai
tymologie : du grec *agellos*, « messager, ange »
istoire : saint Ange était un prêtre venu de Palestine qui rêcha en Sicile au début du XIIIe siècle. En perte de vitesse depuis 1920, ce prénom a retrouvé une certaine popularité depuis les années 80.
Caractère : hypersensible, généreux, rêveur
Fréquence d'attribution : rare
Évolution : en hausse
Année record : 1920
Célébrités : Angel, personnage du roman de Boris Vian *L'Automne à Pékin*.

☆☆☆ Angus ☆☆☆

Dérivés : Aengus, Oengus
Fête : 11 mars
Étymologie : du gaélique *aengus*, « choix unique » ou « être exceptionnel »
Histoire : dans la mythologie celte, Angus était le dieu de l'amour, de la courtoisie et de l'humour ! Apparu au IIIe siècle en Irlande et en Écosse, ce prénom continue à être régulièrement donné en Écosse, il est beaucoup plus exceptionnel en France.
Caractère : sérieux, habile, passionné
Fréquence d'attribution : très rare
Évolution : en hausse
Année record : 2010
Célébrités : Angus Young, le guitariste du groupe AC/DC.

☆☆☆ Anicet ☆☆☆

Dérivés : Anycet, Anicetus, Anikei, Aniki, Nicet
Fête : 17 avril
Étymologie : du grec *aniketos*, « invincible »
Histoire : élu pape en 155, saint Anicet fut soucieux du maintien de la paix. On en compte 1 500 en France.
Caractère : spirituel, déterminé, affectueux
Fréquence d'attribution : très rare
Évolution : stable
Année record : 1948
Célébrités : Anicet, personnage éponyme du roman d'Aragon.

Anthony

Dérivés : Antony, Antoni, Anthoni, Antonny, Anthonny
Fête : 13 juin
Étymologie : du latin *antonius*, « inestimable »
Histoire : ce classique anglo-saxon est apparu en France dans les années 70. Après un pic à 9 000 attributions en 1988, il ne cesse de baisser mais reste encore fréquent.
Caractère : prudent, ambitieux, passionné
Fréquence d'attribution : rare
Évolution : en baisse
Année record : 1988
Célébrités : les acteurs Anthony Hopkins, Anthony Quinn et Anthony Delon, fils d'Alain Delon,

Antoine

Dérivés : Anton, Antton, Antone, Antonio, Antonello, Antonino
Fête : 13 juin
Étymologie : du latin *antonius*, « inestimable »
Histoire : saint Antoine de Padoue était connu pour sa capacité à retrouver les objets perdus. Antoine, qui a toujours eu beaucoup de succès, compte parmi les 50 prénoms préférés des Français.
Caractère : sage, consciencieux, déterminé
Fréquence d'attribution : très répandu
Évolution : en baisse
Année record : 1996
Célébrités : l'animateur et réalisateur Antoine de Caunes ; le romancier Antoine de Saint-Exupéry ; le chanteur Antoine.

Anton

Dérivés : Antone, Antton, Antonn, Anthon, Anthone
Fête : 13 juin
Étymologie : du latin *antonius*, « inestimable »
Histoire : cette forme germanique d'Antoine, très courante dans les pays slaves et scandinaves, commence à trouver sa place en France.
Caractère : autoritaire, énergique, créatif
Fréquence d'attribution : très rare
Évolution : en hausse
Année record : 2010
Célébrités : l'écrivain Anton Tchekhov.

Antonin

Dérivés : Anthonin, Anthonyn, Antonyn
Fête : 2 mai
Étymologie : du latin *antonius*, « inestimable »
Histoire : empereur romain au IIe siècle, Antonin Le Pieux fut célèbre pour avoir rendu Rome prospère et pacifique. Antonin a toujours été présent en France mais c'est surtout à partir des années 2000 qu'il explosa. On compte plus de 24 000 Antonin sur le territoire.
Caractère : doux, sage, indépendant
Fréquence d'attribution : répandu
Évolution : en baisse
Année record : 2003
Célébrités : le poète et dramaturge Antonin Arthaud.

Aodren

Dérivé : Aodrenn, Audrain, Audren, Audran
Fête : 7 février
Étymologie : du vieux breton *alt* « haut » et *roen* « royal »
Histoire : Aodren était un roi de Bretagne connu au Ve siècle pour avoir repoussé les Saxons et les Huns à Nantes. Bien que rare, ce prénom est attribué depuis 1980.
Caractère : calme, réfléchi, attentif
Fréquence d'attribution : très rare
Évolution : en hausse
Année record : 2010

Apollinaire

Dérivés : Apolinaris, Apolo, Apolon, Appolon, Apollos, Apollonius, Appolinaire
Fête : 23 juillet
Étymologie : du grec *appelos*, « qui inspire »
Histoire : compagnon de saint Pierre, Apollinaire fut, au IIe siècle, en Italie, l'un des premiers évangélisateurs de l'Émilie-Romagne. Ce prénom formé à partir d'Apollon, dieu grec des arts et du soleil, n'est presque plus attribué en France.
Caractère : stratège, vif, intuitif
Fréquence d'attribution : très rare
Évolution : stable
Année record : 1911

☆☆☆ Archibald ☆☆☆

érivés : Archie, Archy, Archimbaut, Archambaud, Arcibaldo, aldie, Erkenbald
ête : 30 avril
tymologie : du germanique *aircan*, « naturel », et *bald*, audacieux »
istoire : saint Erkenwald (ou saint Archibald) fut évêque e Londres au VIIe siècle. On compte 350 Archibald en France, epuis 1980.
aractère : fiable, méthodique, engagé
réquence d'attribution : très rare
volution : stable
nnée record : 2008
élébrités : Archibald est, dans *Tintin*, le vrai prénom u capitaine Haddock.

☆☆☆ Argan ☆☆☆

Dérivé : Argann
Fête : 24 août
Étymologie : araméenne, de *bar* Tolomaï, fils de Tholomé
Histoire : apôtre du Christ au Ier siècle, saint Barthélémy mourut en Arménie. Argan, forme bretonne du breton Barthélémy, est présente en France depuis 1994.
Caractère : solide, curieux, fonceur
Fréquence d'attribution : très rare
Évolution : en hausse
Année record : 2006
Célébrités : Argan, le personnage de Molière dans *Le malade imaginaire*.

MIEUX VAUT-IL UN PRÉNOM CLASSIQUE OU ORIGINAL ?

Le choix est cornélien. Choisir un prénom original peut, au début de la vie de l'enfant, être handicapant. Ses professeurs lui demanderont de répéter son prénom plusieurs fois lorsqu'ils ne l'écorcheront pas, ses camarades se moqueront de sa différence et l'enfant devra l'assumer pour en faire une force. Mais, sur le long terme, la rareté aura un avantage. Devenu adulte, il pourra même faire la différence dans certains milieux professionnels ou artistiques. À l'inverse, avoir un prénom connu est, au début, plutôt un avantage car s'il est répandu, c'est que beaucoup de gens l'aiment. L'inconvénient ? Un prénom trop donné peut lasser. Diffusé dans tous les milieux sociaux, il n'a plus l'attrait de la nouveauté et peut passer comme commun. En un mot, il n'y a pas de bon choix, simplement le vôtre.

☆☆☆ Ariel ☆☆☆

Dérivés : Ariella, Ariel, Ariela, Ariele
Fête : 1er octobre
Étymologie : de l'hébreu *ari* « lion » et *El*, « Dieu » : « lion de Dieu » Histoire : dans la Bible, Jérusalem est parfois nommée Ariel, Ariel est donc désigné pour être son gardien. Ce prénom d'ange séduit pour ses sonorités douces.
Caractère : sensible, exigeant et travailleur
Fréquence d'attribution : très rare
Évolution : en hausse
Année record : 2008
Célébrités : le chroniqueur télé Ariel Wizman ; l'homme politique Ariel Sharon.

☆☆☆ Aris ☆☆☆

Dérivés : Haris, Arie, Arris, Harish, Harris, Arya, Harith, Harrys, Arieh, Arys, Aria
Fête : 13 décembre
Étymologie : en grec, *aris* signifie « supérieur » ; en arménien, « brave », « courageux »
Histoire : d'après certaines sources, ce prénom pourrait aussi être le diminutif d'Aristote. Depuis 1900, ce prénom est très peu attribué.
Caractère : intuitif, sociable, fidèle
Fréquence d'attribution : très rare
Évolution : stable
Année record : 2009
Célébrités : Aris Fakinos, écrivain grec.

☆☆☆ Aristide ☆☆☆

Dérivés : Aristeo, Aristido, Aristée, Arsite
Fête : 31 août
Étymologie : du grec *aristos*, « fils du meilleur »
Histoire : saint Aristide était un philosophe grec du IIe siècle qui se convertit au christianisme et écrivit une apologie de la religion chrétienne destinée à l'empereur Hadrien. Populaire au début du XXe siècle, Aristide a connu un creux entre 1950 et 1990. Depuis, il plaît à nouveau.
Caractère : ambitieux, discipliné, rigoureux
Fréquence d'attribution : très rare
Évolution : en hausse
Année record : 1907
Célébrités : l'ancien président du conseil, Aristide Briand.

☆☆☆ Armand ☆☆☆

Dérivés : Arman, Armando, Armandin, Armin, Armon, Armond, Armondo, Hartmann
Fête : 23 décembre
Étymologie : du germanique *hart*, « fort » et *mann* « homme » : « homme fort »
Histoire : moine franciscain du XIIe siècle, saint Armand s'attacha à réformer les communautés de l'ordre des chanoines réguliers de saint Augustin. Aujourd'hui, en France, les Armand sont près de 30 000.
Caractère : généreux, rassurant et responsable
Fréquence d'attribution : très rare
Évolution : en hausse
Année record : 1910
Célébrités : le producteur Armand Jammot ; le cycliste Armand de Las Cuevas.

☆☆☆ Armel ☆☆☆

Dérivés : Armael, Armelin, Arzel, Arzhel, Harmel, Armaël
Fête : 16 août
Étymologie : du breton, *arz* « ours » et *mael* « prince »
Histoire : saint Armel vient du pays de Galles au VIe siècle. Il est le fondateur de Ploërmel (Plou Armel). Un prénom plus populaire en Bretagne que dans le reste de la France.
Caractère : créatif, attachant, secret et solitaire
Fréquence d'attribution : très rare
Évolution : en hausse
Année record : 1948
Célébrités : le sculpteur Armel Beaufils ; l'écrivain Armel de Wismes.

☆☆☆ Arnaud ☆☆☆

Dérivés : Arnault, Arnaut, Arnauld, Arno, Arend, Arnaldo, Arnaldus, Arnall, Arnaudet, Arnaudy, Arnaut, Arnd, Arnec, Arnoud, Arnould, Ernout
Fête : 10 février
Étymologie : du germanique, *arn* « aigle » et *walden*, « commander » : « aigle qui gouverne »
Histoire : Arnaud était un abbé qui vivait au Moyen Âge, période pendant laquelle apparut ce prénom qui était très apprécié. Au XXe siècle, le boom des Arnaud survient entre 1960 et 1980. Bien que plus rares aujourd'hui, les Arnaud sont près de 130 000 en France.
Caractère : curieux, déterminé, original
Fréquence d'attribution : rare
Évolution : en baisse
Année record : 1974
Célébrités : le joueur de tennis Arnaud Clément ; l'humoriste Arnaud Tsamère ; le chanteur Arno.

☆☆☆ Arnold ☆☆☆

Dérivés : Arnoldo, Arnaldus, Arnald
Fête : 16 août
Étymologie : du germanique *arn*, « aigle », et *walden* « gouverner » : « le gouverneur de l'aigle »
Histoire : « version originale » d'Arnaud, Arnold reste beaucoup plus rare. Dans les Flandres, c'est un prénom populaire grâce à saint Arnold, fondateur d'un monastère à Oudenburg, au XIe siècle qui est aussi le patron des brasseurs de bières.

:aractère : optimiste, vif, dynamique
réquence d'attribution : très rare
:volution : en baisse
.nnée record : 1991
:élébrités : l'acteur Arnold Schwarzenegger ; le personnage
'Arnold, dans la série *Arnold et Willy*.

Arsène

)érivés : Arsen, Arsenio, Arsenius, Arseno
'ête : 19 juillet
:tymologie : du grec, *arsênios*, « mâle, viril, puissant »
listoire : populaire au début du XXe siècle, le prénom Arsène
.éclina jusque dans les années 80. Et ce, malgré le succès des
omans mettant en scène Arsène Lupin. Depuis les années 90,
es Arsène sont de nouveau de retour.
:aractère : passionné, ambitieux, fort
'réquence d'attribution : très rare
:volution : en hausse
.nnée record : 1906
:élébrités : Arsène Wenger, l'entraîneur de l'Arsenal Football
:lub ; le personnage des romans de Marcel Leblanc, Arsène Lupin,
entleman cambrioleur.

Arthur

)érivés : Artur, Arturo, Arthuro, Arthus, Artus, Artu, Art
'ête : 15 novembre
:tymologie : du celte *arz*, « ours »
listoire : c'est l'un des premiers prénoms celtes à s'être propagé
n France dès le Moyen Âge, notamment grâce à la légende
u roi Arthur. Aujourd'hui, c'est le huitième prénom masculin
référé des Français.
'réquence d'attribution : très répandu
:volution : en hausse
.nnée record : 2010
:élébrités : le poète Arthur Rimbaud ; l'animateur de télévision
.rthur ; le romancier Artur Conan Doyle.

Aubin

Dérivés : Aubain, Auban
Fête : 1er mars
Étymologie : du latin *albus*, « blanc »
Histoire : saint Aubin (469-550), évêque d'Angers, se fit connaître pour son combat contre l'inceste. Beaucoup donné dans la France rurale d'avant la Révolution, Aubin s'est par la suite fait discret. Il est de nouveau à la mode depuis les années 80.
Caractère : brillant, déterminé, travailleur
Fréquence d'attribution : très rare
Évolution : en hausse
Année record : 1996
Célébrités : l'ancien rugbyman Aubin Hueber.

Aubry

Dérivés : Aubéri, Aubéry, Aubrey, Aubert
Fête : 26 janvier
Étymologie : du germanique *alb*, « elfe » et *ric*, « puissant »
Histoire : ce dérivé d'Albéric est apparu en France dans les années 60, il reste encore très timide aujourd'hui.
Caractère : tenace, méthodique, fiable
Fréquence d'attribution : très rare
Évolution : stable
Année record : 1991

Auguste

Dérivés : Agust, August, Augusto, Gusto, Gusta
Fête : 29 février
Étymologie : du latin *augustus*, « consacré, vénérable, majestueux »
Histoire : Auguste était à l'origine un titre religieux que l'on donnait aux empereurs romains pour leur attribuer le pouvoir divin. Très répandu au début du XXe siècle, il réapparaît depuis les années 2000.
Caractère : énergique, ambitieux, déterminé
Fréquence d'attribution : très rare
Évolution : stable
Année record : 1906
Célébrités : le peintre Auguste Renoir ; le sculpteur Auguste Rodin ; le philosophe Auguste Comte ; l'inventeur du cinéma Auguste Lumière.

☆☆☆ Augustin ☆☆☆

Dérivés : Agustin, Aguistin, Angoustin, Agotino, Aoutin, Austin, Gus, Gustin
Fête : 28 août
Étymologie : du latin *augustinus*, « consacré par les augures », « glorifié », « vénérable »
Histoire : ce prénom se propagea dès le IVe siècle grâce à saint Augustin, père de l'église latine. Moins présent au XXe siècle, Augustin revient en force dans les années 90 avec la vogue des prénoms rétro. Il figure dans le top 100 des prénoms préférés des Français.
Caractère : courageux, ambitieux, confiant
Fréquence d'attribution : rare
Évolution : en hausse
Année record : 2009
Célébrités : le journaliste Augustin Trapenard.

☆☆☆ Aurèle ☆☆☆

Dérivés : Aurel, Aurelio, Aurelius, Auryn, Orel, Oriel, Orell
Fête : 20 juillet
Étymologie : du grec *aurios*, « matinée », ou du latin *aureus* ou *aurum*, « mordoré, semblable à l'or »
Histoire : évêque de Carthage au Ve siècle, saint Aurèle, conseillé par saint Augustin lutta contre les hérétiques d'Afrique du nord. Aujourd'hui, Aurèle tente de rattraper son retard sur Aurélien.
Caractère : vif, fin stratège, idéaliste
Fréquence d'attribution : très rare
Évolution : en hausse
Année record : 2010
Célébrités : le plasticien Aurèle Ricard dit « Aurèle LostDog ».

☆☆☆ Aurélien ☆☆☆

Dérivés : Aurélian, Aureliano, Aurian, Auriol, Auriole, Aury, Orian, Oribel, Oriol
Fête : 16 juin
Étymologie : du grec *aurios*, « matinée » ou du latin *aureus* ou *aurum*, « mordoré, semblable à l'or »
Histoire : Aurélien arrive en France dans les années 70 avec la vague des prénoms inspirés des empereurs romains tels que Maxime, Adrien, Romain… Il atteint des sommets entre 1982 et 1986 avec plus de 3000 attributions par an. Aujourd'hui, il est en perte de vitesse.
Caractère : timide, prudent, organisé
Fréquence d'attribution : rare
Évolution : en baisse
Année record : 1986
Célébrités : le comédien Aurélien Viik.

☆☆☆ Auxane (mixte) ☆☆☆

Dérivé : Euxane
Fête : 3 septembre
Étymologie : du grec *euxenos*, « hospitalier »
Histoire : Saint Auxane fut nommé évêque de Milan en 557. Il mourut peu de temps après. Ce prénom est très peu donné en France.
Caractère : patient, indépendant, créatif
Fréquence d'attribution : très rare
Évolution : stable
Année record : 2005

☆☆☆ Auxence ☆☆☆

Dérivé : Aksenti
Fête : 14 février
Étymologie : du latin *auxi*, « faire croître »
Histoire : au Ve siècle, après s'être converti au christianisme, Auxance, soldat romain de la garde de Théodose le Jeune quitta l'armée pour vivre dans les montagnes tel un ermite. Les Auxence seraient près de 600 en France.
Caractère : autonome, énergique, ambitieux
Fréquence d'attribution : très rare
Évolution : en hausse
Année record : 2006

☆☆☆ Axel ☆☆☆

Dérivés : Axell, Aksel, Ax, Axe, Axil, Axill, Axl, Absalon
Fête : 21 mars
Étymologie : dérivé du prénom hébreu *absalon* (*ab* : « père » et *shalom* : « paix ») « père de la paix »
Histoire : saint Absalon, ecclésiastique danois qui vécut au

ɪɪ[e] siècle participa à l'agrandissement de la ville de Copenhague. En son honneur fut érigé le château d'Axelhuus. Le prénom Axel était alors si courant au Danemark qu'on appela ses habitants Axelssönerna, « fils d'Axel ». Axel fait aujourd'hui partie du top 50 français.
Caractère : vif, influent, diplomate
Fréquence d'attribution : très répandu
Évolution : stable
Année record : 2002
Célébrités : le chanteur Axel Bauer ; le cycliste Axel Merckx ; le généticien Axel Kahn.

☆☆☆ Aylan ☆☆☆

Dérivés : Aylane
Étymologie : *aylan* signifie « clair de lune » en turc ou « bouclier » en berbère
Histoire : ce prénom très récent est apparu en France en 1997 et connaît une forte croissance. Les Aylan seraient moins de 500.
Caractère : stratège, fidèle, volontaire
Fréquence d'attribution : très rare
Évolution : en hausse
Année record : 2010

☆☆☆ Aziz ☆☆☆

Dérivés : Azziz, Azis, Azid, Aaziz, Haziz
Fête : 13 septembre
Étymologie : de l'arable, *aziz* « aimé »
Histoire : dans le Coran, le prophète est aussi appelé Aziz. Sous la forme Al Aziz, c'est un nom divin qui symbolise l'amour de Dieu mais aussi l'amour entre hommes et femmes. Arrivé en France dans les années 50, Aziz est aujourd'hui porté par 3000 personnes.
Caractère : intuitif, ambitieux, insaisissable
Fréquence d'attribution : très rare
Évolution : stable
Année record : 1986
Célébrités : le boxeur Aziz Abdelaoui ; l'homme politique Aziz Meliani.

LES PRÉNOMS NUMÉROTÉS

À toutes les époques et sur tous les continents, les garçons ont parfois reçu des numéros comme prénoms, une façon de montrer que la famille était nombreuse et d'afficher la place de chacun dans la fratrie. Les Romains pratiquaient ce comptage : Unus, Duo, Tres... il nous en reste Quentin qui signifie « le cinquième », Sixte « le sixième », Octave « le huitième », qui sont parvenus jusqu'à nous.
En Angola, l'aîné des garçons s'appelle toujours Kalambwa, « premier ». Au Soudan et au Sénégal, on trouve Mamadou « premier » pour l'aîné, puis Samba qui signifie « le deuxième », Djemba « le troisième », Yero « le quatrième »... En Côte-d'Ivoire, on trouve Issan « le troisième », N'dri « le quatrième », N'goran « le neuvième », Brou « le dixième », Loukou « le onzième », Toungbin « le douxième », Abonouan « le treizième »... Au Burundi, on donne aux six premiers enfants des prénoms variés, mais, au-delà, les prénoms deviennent des chiffres : Nyanwi « septième », Kanani « huitième », Nyabenda « neuvième », Buchurni « dixième », Misago « onzième », Buhetero « douzième ». La mère donne parfois au treizième le prénom Ndashimiye, qui signifie « Je suis satisfaite » !...
Au Japon, il existe de nombreux prénoms de garçons terminés par *-rô* « fils » ou « homme », qui rappellent simplement leur rang dans la fratrie : Ichirô signifie « le premier fils », Jirô « le deuxième », Saburô « le troisième », Shirô « le quatrième », Gorô « le cinquième », Rokurô « le sixième », Shichirô « le septième », Kurô « le huitième », Jurô « le dixième ». Parfois le prénom associe même deux nombres, évoquant à la fois la place de l'enfant dans sa fratrie et celui de son père dans la sienne : Shirotarô, c'est « le quatrième fils de l'aîné », Kurogorô « le neuvième fils du cinquième fils », etc.

B

☆☆☆ Bachir ☆☆☆

Dérivés : Bachar, Bakar, Béchir, Bechir, Bekir
Fête : 5 mai
Étymologie : de l'arabe *bachir*, « qui apporte une bonne nouvelle »
Histoire : dans le Coran, Bachir est l'un des noms de Mahomet. Arrivé en France à la fin des années 40, Bachir est apprécié pour son côté « porte-bonheur ».
Caractère : ouvert d'esprit, courageux, indépendant
Fréquence d'attribution : très rare
Évolution : stable
Année record : 1965
Célébrités : Bachir Gemayel, l'homme politique libanais qui a inspiré le documentaire d'animation *Valse avec Bachir* ; Bachar el-Assad, homme d'état syrien.

☆☆☆ Balthazar ☆☆☆

Dérivés : Balthasar, Baltasar, Balthazard, Baltazar
Fête : 6 janvier
Étymologie : de l'hébreu, *Beltsha'ççar* : « Bel ou Dieu, protège la vie du Roi »
Histoire : dans la tradition chrétienne, Balthazar est le troisième roi mage venu célébrer la naissance de Jésus. Guidé par une étoile jusqu'à Bethléem, il représente l'Asie.
Caractère : passionné, méthodique, consciencieux
Fréquence d'attribution : stable
Évolution : en hausse
Année record : 2009
Célébrités : *Balthasar*, nom d'un recueil de nouvelles d'Anatole France.

☆☆☆ Baptiste ☆☆☆

Dérivés : Batiste, Baptyste, Battista, Baptisin, Batistin, Baptist, Baptista, Battista, Batistino, Batistoun, Bautisse, Bautista
Fête : 24 juin
Étymologie : du grec *baptistes* : « celui qui immerge », « qui baptise »
Histoire : c'est le fils d'Élisabeth, saint Jean le Baptiste qui baptisa Jésus. Depuis 1980, Baptiste connaît un franc succès. Ils seraient plus de 80 000 en France.
Caractère : optimiste, franc, sociable
Fréquence d'attribution : très répandu
Évolution : en baisse
Année record : 2000
Célébrités : le footballeur Baptiste Martin ; l'humoriste Baptiste Lecaplain ; Baptiste Marlet, l'un des personnages de la série *Plus Belle la vie.*

☆☆☆ Barnabé ☆☆☆

Dérivés : Barnaby, Barnaba, Barnabas, Barnabe, Bernabé, Barn, Barnie, Barny
Fête : 11 juin
Étymologie : de l'hébreu *bar*, « fils » et *nabas*, « consolation » : « fils de la consolation » ou de l'araméen bar *nabû* « fils de Nabu »
Histoire : Barnabé était le surnom de Joseph, l'un des disciples de Jésus. Il prêcha l'Évangile à Chypre avec saint Paul. Un prénom de plus en plus populaire depuis les années 2000.
Caractère : émotif, séducteur, réservé
Fréquence d'attribution : très rare
Évolution : en hausse
Année record : 1998
Célébrités : Barnabé Nuytten, fils d'Isabelle Adjani.

☆☆☆ Barry ☆☆☆

Dérivés : Barrie, Bara, Bahri, Bart, Bearach
Fête : 21 avril
Étymologie : de l'irlandais *bearach*, « javelot »
Histoire : originaire d'Irlande, Barry ne s'est propagé en Angleterre et aux États-Unis que dans la seconde moitié du XIXe siècle, sans doute grâce au succès du roman Mémoires de *Barry Lyndon* paru en 1844. En France, ils seraient une centaine.
Caractère : épicurien, sensible, réfléchi
Fréquence d'attribution : très rare
Évolution : stable
Année record : 2005
Célébrités : le chanteur Barry White ; *Barry Lyndon* le héros du film de Stanley Kubrick.

☆☆☆ Barthélemy ☆☆☆

Dérivés : Barthelemi, Bartholomé, Batholomeo, Berthélémy, Bario, Bartolo, Bortolo
Fête : 24 août
Étymologie : araméenne, de *bar* Tolomaï, « fils de Tholomé »
Histoire : apôtre du Christ au Ier siècle, saint Barthélemy mourut en Arménie. Le massacre des Protestants par les Catholiques lors de la Saint-Barthélemy en 1572 marque l'histoire de ce prénom toujours peu attribué.
Caractère : confiant, vif, doux
Fréquence d'attribution : très rare
Évolution : en baisse
Année record : 1903
Célébrités : Bartolomeu Dias, explorateur portugais du XVe siècle.

☆☆☆ Basile ☆☆☆

Dérivés : Basil, Bazil, Bazile, Basilio, Basilius, Basili
Fête : 2 janvier
Étymologie : du grec *basileus*, « roi »
Histoire : au IVe siècle, Basile le Grand fut l'un des principaux pères de l'Église. Il participa à la réconciliation des Églises d'Orient et d'Occident. Régulièrement attribué depuis 1900, le prénom Basile serait porté par 8000 Français.
Caractère : optimiste, charmeur, rassurant
Fréquence d'attribution : rare
Évolution : en hausse
Année record : 2010
Célébrités : le footballeur Basile Boli ; le groupe de musique La Bande à Basile.

☆☆☆ Bastien ☆☆☆

Dérivés : Bastian, Bastianu
Fête : 20 janvier
Étymologie : diminutif de Sébastien qui vient du grec *sebastos*, « couronne »
Histoire : au XVIIIe Bastien se propagea en Europe, notamment grâce à l'œuvre de Mozart, *Bastien et Bastienne*. En France, ce prénom est très populaire depuis les années 80.
Caractère : sensible, fidèle, opportuniste
Fréquence d'attribution : répandu
Évolution : en baisse
Année record : 1999
Célébrités : le comédien Bastien Bouillon ; l'auteur de BD Bastien Vivès ; l'opéra comique de Mozart *Bastien et Bastienne*.

☆☆☆ Baudouin ☆☆☆

Dérivés : Baudoin, Balduino, Baldwin, Beaudoin, Beaudouin, Aldwin, Audoin, Baldo, Baldovino, Balduin
Fête : 17 octobre
Étymologie : du germanique *bald*, « audacieux » et *win* «ami » : « audacieux ami »
Histoire : entre le XIe et le XIVe siècle, Baudouin fut porté par de nombreux rois et empereurs, ce qui explique qu'on le retrouve aujourd'hui encore, plus souvent dans les milieux aisés.
Caractère : généreux, exigeant, habile
Fréquence d'attribution : très rare
Évolution : stable
Année record : 1996
Célébrités : Baudoin Ier, roi des Belges.

☆☆☆ Ben ☆☆☆

Dérivés : Beni, Benni, Beny, Benny
Fête : 31 mars
Étymologie : de l'hébreu *ben*, « fils »
Histoire : longtemps considéré comme un diminutif de Benjamin, Ben est désormais un prénom à part entière qui plaît par sa simplicité. Ils seraient près de 2000.
Caractère : joyeux, dynamique, sociable
Fréquence d'attribution : très rare
Évolution : en hausse
Année record : 2010
Célébrités : Ben Attal, le fils de Charlotte Gainsbourg et Yvan Attal ; les acteurs Ben Stiller et Ben Affleck ; le chanteur Ben Harper ; l'artiste français Ben.

☆☆☆ Benjamin ☆☆☆

Dérivés : Beniamino, Benjamine, Benji, Benyamin, Benkamin, Beniamin, Benjamyn
Fête : 31 mars
Étymologie : de l'hébreu *ben'yamin*, « fils de la main droite » et, par extension, « fils de la chance »
Histoire : venu des États-Unis, Benjamin séduit les Français dès 1970. Dans les années 90, il atteint des sommets avec plus de 6000 naissances par an.
Caractère : énergique, créatif, analytique
Fréquence d'attribution : répandu
Évolution : en baisse
Année record : 1992
Célébrités : le chanteur Benjamin Biolay.

☆☆☆ Benoît ☆☆☆

Dérivés : Benead, Benedig, Bennen, Bennideg, Benezet, Benedek, Bendek, Benito, Benet, Benett, Benouet, Benes
Fête : 11 juillet
Étymologie : du latin *benidictus*, « béni »
Histoire : au VIe siècle, Benoît de Nursie écrivit la règle de saint Benoît qui définit la vie monastique. Ce prénom connut un pic entre 1980 et 1990 avec plus de 4000 attributions par an.
Caractère : optimiste, pragmatique, sociable
Fréquence d'attribution : très rare
Évolution : en baisse
Année record : 1980
Célébrités : les acteurs Benoît Magimel et Benoît Poelvoorde ; le pape Benoît XVI.

☆☆☆ Bernard ☆☆☆

Dérivés : Bernhard, Bernat, Bernez, Bernward, Barend, Barnart, Bernardo, Bernt, Barnay, Bjorn, Bernardin
Fête : 20 août
Étymologie : du germanique *ber*, « ours » et *hard*, « courageux »
Histoire : aujourd'hui oublié, Bernard fut le prénom préféré des Français en 1948. On en compte plus de 300 000.
Caractère : entier, fidèle, loyal
Fréquence d'attribution : très rare
Évolution : en baisse
Année record : 1947
Célébrités : Bernard Morin, personnage du film *Les Bronzés* ; le journaliste Bernard Pivot ; le philosophe Bernard-Henri Lévy ; le chanteur Bernard Lavilliers.

☆☆☆ Berthold ☆☆☆

Dérivés : Barthold, Berthoud, Bertold, Bertoldo
Fête : 29 mars
Étymologie : du germanique *berht*, « brillant » et *hrold*, « la gloire »
Histoire : au XIIe siècle, saint Berthold fut connu en Suisse pour avoir encouragé la rédaction de nombreux ouvrages enluminés.
Caractère : sociable, curieux, habile
Fréquence d'attribution : très rare
Évolution : stable
Année record : 1910
Célébrités : le dramaturge Bertolt Brecht.

☆☆☆ Bertil ☆☆☆

Dérivés : Bertil, Bertillon, Bertilon
Fête : 6 novembre
Étymologie : du germanique *berht*, « brillant » et *til*, « habile »
Histoire : d'origine scandinave, ce prénom qui était très porté au Moyen Âge n'est presque plus attribué aujourd'hui. Ils seraient une centaine en France.
Caractère : sociable, sage, adaptable
Fréquence d'attribution : très rare
Évolution : en hausse
Année record : 1958
Célébrités : le prince Bertil de Suède.

☆☆☆ Bertrand ☆☆☆

Dérivés : Bertram, Bertran, Bertranda, Bertrando, Belt, Beltig, Bertie, Bartran, Beltran
Fête : 6 septembre
Étymologie : du germanique *berht*, « brillant » et *hramm* « corbeau »
Histoire : au XIIIe siècle, saint Bertrand fonda avec saint Dominique de nombreux couvents. Très peu donné aujourd'hui, Bertrand compte plus de 60 000 représentants.

Caractère : sérieux, perfectionniste, volontaire
Fréquence d'attribution : très rare
Évolution : en baisse
Année record : 1970
Célébrités : les réalisateurs Bertrand Tavernier et Bertrand Blier ; l'homme politique Bertrand Delanoë.

☆☆☆ Béryl (mixte) ☆☆☆

Dérivés : Berillio, Berilio
Fête : 29 juin
Étymologie : du grec *berrulos*, « pierre précieuse »
Histoire : ce nouveau « prénom de la nature » (car il peut désigner autant l'émeraude que l'aigue-marine ou la morganite) connaît un engouement récent, depuis 1990. Légèrement plus attribué à des garçons qu'à des filles, Béryl est un prénom mixte.
Caractère : rêveur, perfectionniste, hyper actif
Fréquence d'attribution : très rare
Évolution : stable
Année record : 2008

☆☆☆ Bilal ☆☆☆

Dérivés : Bilale, Billal, Bilail, Bilhal, Bilel, Bylal, Bilhal, Billale, Bylel, Billel
Étymologie : de l'arabe *bilal* ou *bilel*, « l'eau », « le rafraîchissement »
Histoire : esclave affranchi, Bilal Al-Habashi fut le premier muezzin de l'Islam vers 600. Depuis 1988 naissent chaque année en France entre 100 et 600 enfants prénommés Bilal. Ils seraient près de 8 000.

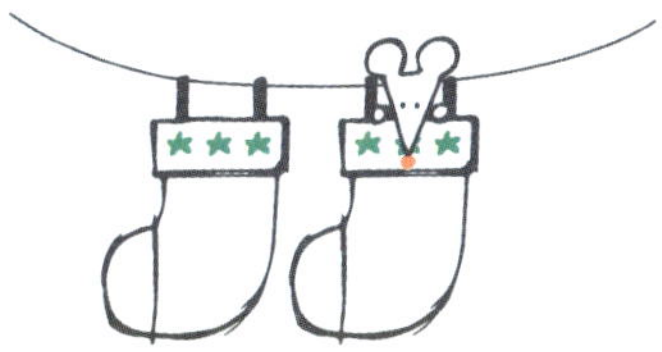

Caractère : idéaliste, altruiste, discret
Fréquence d'attribution : rare
Évolution : en baisse
Année record : 2002
Célébrités : le chanteur de soul, Bilal Sayeed Oliver.

☆☆☆ Bill ☆☆☆

Dérivés : Billy, Bily
Fête : 10 janvier
Étymologie : du germanique *will*, « volonté »
Histoire : ce diminutif de William (équivalent de Guillaume) très connu Outre-Atlantique est beaucoup plus rare en France. On en compte une centaine.
Caractère : réfléchi, passionné, exigeant
Fréquence d'attribution : très rare
Évolution : stable
Année record : 2006
Célébrités : le comédien Bill Murray ; le chanteur Bill Baxter ; l'homme politique Bill Clinton ; l'informaticien Bill Gates.

☆☆☆ Bixente ☆☆☆

Dérivés : Bixintxo, Bizente
Fête : 22 janvier
Étymologie : forme basque de Vincent, du latin *vincentius*, « celui qui vainc »
Histoire : entre 1998 et 2000, le nombre de Bixente doubla suite à la victoire de l'Équipe de France à la Coupe du Monde de football 1998 avec, entre autres, le défenseur Bixente Lizarazu. Malgré tout, ils restent moins de 700.
Caractère : réfléchi, indépendant, sage
Fréquence d'attribution : très rare
Évolution : en hausse
Année record : 2000
Célébrités : le footballeur Bixente Lizarazu.

☆☆☆ Blaise ☆☆☆

Dérivés : Blaize, Blagio, Blase, Blas, Blaez, Bleiz, Blez, Blaisian, Blasioun, Biasio, Blaze, Bias
Fête : 3 février
Étymologie : du latin *blaesus*, « qui bégaie »
Histoire : médecin au IVe siècle, saint Blaise consacra sa vie à soigner les hommes et les animaux. Un prénom régulièrement attribué qui compte 3000 représentants.
Caractère : bon gestionnaire, calme, affectueux
Fréquence d'attribution : très rare
Évolution : en baisse
Année record : 1904
Célébrités : les écrivains Blaise Pascal et Blaise Cendrars ; le footballeur Blaise Matuidi.

☆☆☆ Bob ☆☆☆

Dérivés : Bobby, Boby, Bobo
Fête : 30 avril
Étymologie : diminutif de Robert, du germanique *hrod* et *behrt*, « gloire » et « brillant »
Histoire : arrivé en France en 1946, Bob n'a véritablement pris son envol que dans les années 90. Beaucoup plus populaire aux États-Unis qu'en France.
Caractère : indépendant, ambitieux, imaginatif
Fréquence d'attribution : très rare
Évolution : en baisse
Année record : 1992
Célébrités : les chanteurs Bob Dylan et Bob Marley ; le personnage de dessin-animé *Bob l'éponge*.

☆☆☆ Boniface ☆☆☆

Dérivés : Bonifatius, Bonifaz, Bonifas, Bonifacio
Fête : 5 juin
Étymologie : du latin *bonifacius*, « celui qui a une bonne face »
Histoire : très courant en Italie et dans le sud de la France jusqu'au XVe siècle, Boniface s'est fait de plus en plus discret. Aujourd'hui, il est rarissime.
Caractère : réfléchi, énergique, résolu
Fréquence d'attribution : très rare
Évolution : stable
Année record : 1910
Célébrités : Boniface, personnage Disney créé en 1945.

☆☆☆ Boris ☆☆☆

Dérivés : Borys, Borris, Borislav, Borya, Borromea, Borromee
Fête : 2 mai
Étymologie : du slave *borotj*, « guerrier », « combattant »
Histoire : populaire en Europe de l'Est, Boris est arrivé en France après la révolution russe de 1917. De 1970 à 1990, Boris a connu une explosion de son nombre d'attributions. Depuis 2000, il décroît. On en compte 15 000.
Caractère : franc, dévoué, idéaliste
Fréquence d'attribution : rare
Évolution : en baisse
Année record : 1988
Célébrités : l'ingénieur, poète et jazzman Boris Vian ; le tennisman Boris Becker.

☆☆☆ Boubacar ☆☆☆

Dérivés : Boubakar, Boubakary, Boubacary, Boubaker, Baoubakar, Boubakari
Étymologie : de l'arabe, « jeune chameau »
Histoire : Abou Bakr était un compagnon du prophète Mahomet qui prit sa succession en 632. Arrivé en France depuis 1970, ce prénom plaît de plus en plus.
Caractère : généreux, méthodique, analytique
Fréquence d'attribution : très rare
Évolution : en hausse
Année record : 2008
Célébrités : le chanteur Boubacar Traoré ; Boubacar Yacine Diallo, grand reporter et écrivain guinéen.

☆☆☆ Bradley ☆☆☆

Dérivés : Brad, Bradleigh, Bradan, Braden, Bradin, Bradly, Bradlee, Bradlie, Brady
Étymologie : du vieil anglais *brad*, « large » et *leah*, « prairie »
Histoire : devenu prénom grâce au général Omar Bradley qui officia lors du débarquement, Bradley est surtout très courant en Écosse et aux États-Unis où il figure dans le top des prénoms préférés. En France, il prend son envol depuis les années 90.
Caractère : fidèle, organisé, tenace
Fréquence d'attribution : très rare
Évolution : stable
Année record : 2003
Célébrités : les comédiens Bradley Cooper et Brad Pitt.

☆☆☆ Brahim ☆☆☆

Dérivés : Brahime, Braham, Brahima, Bram
Étymologie : de l'hébreu, « père des peuples »
Histoire : ce diminutif d'Ibrahim, lui-même issu du prénom Abraham, est porté par près de 8000 Français.
Caractère : responsable, influent, attaché à sa famille
Fréquence d'attribution : très rare
Évolution : stable
Année record : 1984
Célébrités : le boxeur Brahim Asloum.

☆☆☆ Brandon ☆☆☆

Dérivés : Brandone, Brandan, Brandy, Brendon, Brant, Brendan, Brent, Brennan, Brewal, Brewan, Brewen, Brevalan, Brendon
Fête : 16 mai
Étymologie : du vieil anglais *brom*, « genêt » et *dun*, « colline »
Histoire : c'est le succès de la série *Beverly Hills 90210*, diffusée sur TF1 entre 1993 et 2001, qui fit décoller ce prénom le rendant courant à cette période. Aujourd'hui, il est en perte de vitesse.
Caractère : curieux, volontaire, original
Fréquence d'attribution : très rare
Évolution : en baisse
Année record : 1995
Célébrités : Brandon Walsh, l'un des héros de la série *Beverly Hills 90210*.

☆☆☆ Brett ☆☆☆

Dérivés : Bret, Brit, Britt, Bretton
Étymologie : du latin *britto*, « originaire de Bretagne » (sous-entendu de Grande-Bretagne)
Histoire : Brett était au Moyen Âge le diminutif de Brittany, surnom qui désignait les premiers habitants de Grande-Bretagne. Très à la mode en Australie, il est moins courant en France.
Caractère : intuitif, adaptable, fidèle
Fréquence d'attribution : très rare
Évolution : stable
Année record : 1985
Célébrités : Brett Sinclair, l'un des deux héros de la série *Amicalement vôtre* ; l'écrivain Bret Easton Ellis.

☆☆☆ Briac ☆☆☆

Dérivés : Briag, Brieu, Brigal, Briwal, Briec, Brieg, Brieuc
Fête : 17 décembre
Étymologie : du breton *bri*, « considération », « estime »
Histoire : disciple de Tudual, Briag guérissait l'épilepsie et la rage au VIe siècle. Très connu en Bretagne, il était souvent représenté avec un chien. Il a fondé un monastère à Guingamp.
Caractère : attentif, noble, puissant
Fréquence d'attribution : très rare
Évolution : stable
Année record : 2005
Célébrités : l'acteur Briac Barthélémy ; l'ethnologue Briac Chauvel.

☆☆☆ Brice ☆☆☆

Dérivés : Bryce, Brizh
Fête : 13 novembre
Étymologie : du breton *bri*, « considération », « estime »
Histoire : orphelin élevé par saint Martin de Tours, il lui succéda comme évêque au Ve siècle. Après une percée dans les années 80, Brice n'est presque plus attribué aujourd'hui.
Caractère : ambitieux, énergique, passionné
Fréquence d'attribution : très rare
Évolution : en baisse
Année record : 1981
Célébrités : *Brice de Nice*, le film issu du personnage inventé par Jean Dujardin.

☆☆☆ Brooklyn (mixte) ☆☆☆

Étymologie : en référence au quartier de New York City
Histoire : originaire des États-Unis où il est de plus en plus courant, ce prénom mixte a fait son entrée en France en 2003 ; pour le moment, on en compte moins de 100.
Caractère : sérieux, raisonnable, travailleur
Fréquence d'attribution : très rare
Évolution : stable
Année record : 2006
Célébrités : Brooklyn Beckham, fils de David et Victoria Beckham.

☆☆☆ Bruce ☆☆☆

Dérivés : Brucey, Brucie
Fête : 1er mai
Étymologie : du nom d'une famille normande
Histoire : le prénom Bruce est dû à la prononciation anglaise du patronyme Brieuse transformé en « Briouze » puis « Bruce ». En effet, Robert de Brieuse était au XIe siècle un chevalier normand, compagnon de Guillaume le Conquérant.
Caractère : fiable, responsable, organisé
Fréquence d'attribution : très rare
Évolution : en baisse
Année record : 1976
Célébrités : les comédiens Bruce Willis et Bruce Lee ; le chanteur Bruce Springsteen.

☆☆☆ Bruno ☆☆☆

Dérivés : Broen, Bronne, Brunetto, Bruneau, Brunot, Brunon, Brunone, Brunono, Bru
Fête : 6 octobre
Étymologie : du germanique *brun*, « bouclier » ou du latin *brunus*, « brun »
Histoire : popularisé au Moyen Âge par Bruno le Chartreux, Bruno connut un pic entre 1960 et 1970, dépassant les 10 000 attributions par an. Quasiment plus donné aujourd'hui, Bruno est porté par plus de 200 000 personnes.
Caractère : sensible, réfléchi, protecteur
Fréquence d'attribution : très rare
Évolution : en baisse
Année record : 1963
Célébrités : les comédiens Bruno Solo et Bruno Salomone ; le chanteur Bruno Mars ; le navigateur Bruno Peyron.

☆☆☆ Bryan ☆☆☆

Dérivés : Brian, Brayan, Bryan, Bryann, Bryand, Bryant, Briand
Fête : 17 décembre
Étymologie : du breton *bri*, « considération », « estime »
Histoire : arrivé en France dans les années 80, Bryan connut son heure de gloire en 97. Notamment grâce à l'acteur Brian Austin Green (David Silver) dans la série à succès *Beverly Hills 90210*. Courant dans les années 2000, Bryan est toujours présent.
Caractère : énergique, indépendant, fiable
Fréquence d'attribution : rare
Évolution : en baisse
Année record : 1997
Célébrités : le compositeur Brian Wilson ; le guitariste Brian Jones ; le réalisateur Brian de Palma ; le héros du film *La vie de Brian*.

LES PRÉNOMS DE MARQUES

Autrefois, on donnait aux enfants le prénom d'un grand saint pour lui assurer une protection céleste. Depuis les années 2000, dans des populations moins religieuses, plus matérialistes, plus superstitieuses ou bien trop influencées par l'excès des publicités, on voit se multiplier en Occident comme en Afrique les prénoms issus de marques prestigieuses, comme si cela pouvait augurer d'un meilleur destin pour l'enfant. Aux États-Unis, on découvre maintenant dans les cours d'école des Dior, des Cartier, des Cardin ou des Armani... Et le mouvement fait tache d'huile. En Belgique, l'état civil a déjà enregistré des Mexx, des Rolex, des Lee-Cooper, des Vitaline (marque de produits bio), etc. En France, Chanel est déjà le prénom d'environ 1 500 petites filles...

C

☆☆☆ Calixte ☆☆☆

Dérivés : Calliste, Calix, Caliste, Calistu, Callistu, Kallisto, Kallixto, Cali
Fête : 14 octobre
Étymologie : du grec *kallistos*, « le plus beau »
Histoire : ancien esclave romain au IIIe siècle, Calliste, une fois affranchi, étudia la théologie avant d'être nommé archidiacre du pape.
Caractère : sociable, utopiste, pacifique
Fréquence d'attribution : très rare
Évolution : en hausse
Année record : 2010
Célébrités : Calixte, un personnage du *Petit Nicolas*.

☆☆☆ Calvin ☆☆☆

Dérivés : Kalvin, Kalvyn, Calvyn, Cailbhin
Fête : 27 mai
Étymologie : du latin *calvinus*, « chauve »
Histoire : au XVIe siècle, Jean Calvin a fondé le protestantisme. Son nom s'est ainsi répandu comme prénom dans les pays anglo-saxons où on le rencontre plus fréquemment qu'en France.
Caractère : spirituel, perfectionniste, indépendant
Fréquence d'attribution : en hausse
Évolution : très rare
Année record : 2007
Célébrités : le styliste Calvin Klein.

☆☆☆ Cameron ☆☆☆

Dérivés : Kameron, Camerone, Cameyron, Kameron, Camero, Camron
Étymologie : du gaélique *camshron*, « nez crochu »
Histoire : ce patronyme s'est propagé comme prénom au XVIIe grâce au prédicateur Richard Cameron puis au XIXe, grâce à l'explorateur anglais Verney Lovett Cameron. En Écosse, il fait partie des dix prénoms les plus donnés.
Caractère : équilibré, attaché à sa famille, déterminé
Fréquence d'attribution : rare
Évolution : en hausse
Année record : 2007
Célébrités : le réalisateur Cameron Crow.

☆☆☆ Camille (mixte) ☆☆☆

Dérivés : Camilien, Camilo, Camillo, Camilho, Kamil, Kamillo, Camil, Kamyl, Camile, Camill, Camyl, Chamil
Fête : 14 juillet
Étymologie : du latin *camillus*, désignant le jeune Romain qui assistait le prêtre lors des sacrifices païens
Histoire : patron des infirmiers, saint Camille était un jeune noceur qui, touché par la grâce, décida d'aider les malades. Aujourd'hui, les Camille sont plus de 30 000.
Caractère : énergique, créatif, ambitieux
Fréquence d'attribution : rare
Évolution : en hausse
Année record : 1910
Célébrités : le nageur Camille Lacourt.

☆☆☆ Carl ☆☆☆

Dérivés : Carle, Carles, Carlus, Karl
Fête : 2 mars
Étymologie : du germanique *karl*, « viril »
Histoire : courant en Allemagne, aux États-Unis et en Angleterre, Carl est aussi souvent attribué en Alsace.
Caractère : sage, réfléchi, spirituel
Fréquence d'attribution : très rare
Évolution : stable
Année record : 1974
Célébrités : l'athlète Carl Lewis ; le couturier Karl Lagerfeld.

☆☆☆ Carlos ☆☆☆

Dérivé : Carlo
Fête : 4 novembre
Étymologie : du germanique *karl*, « viril »
Histoire : beaucoup plus répandu en Espagne et au Portugal qu'en France, Carlos est tout de même porté par plus de 10 000 personnes en France.
Caractère : intuitif, aventurier, raisonnable
Fréquence d'attribution : très rare
Évolution : stable
Année record : 1973
Célébrités : le guitariste Carlos Santana ; le chanteur Carlos, fils de Françoise Dolto.

☆☆☆ Cécil ☆☆☆

Dérivés : Cecil, Cécilien, Cécilio
Fête : 22 novembre
Étymologie : du nom d'une célèbre famille latine Caecili, du latin *caecus*, « aveugle »
Histoire : issu de la variante anglaise et masculine de Cécile, Cécil n'a pas encore le succès de sa version féminine.
Caractère : vif, courageux, charismatique
Fréquence d'attribution : très rare
Évolution : stable
Année record : 1969
Célébrités : le réalisateur et producteur Cecil B. DeMille.

☆☆☆ Cédric ☆☆☆

Dérivés : Cédrick, Cédrik, Cedryck, Cedryk, Celdric, Sedrick, Sedric, Cedrique, Cedryc
Fête : 7 janvier
Étymologie : du celte *cader*, « chaise » et *ric*, « roi » : « chaise du roi »
Histoire : au VIIe siècle, saint Cédric évangélisa les Saxons. Ce grand classique celte connut son âge d'or entre 1970 et 1980 avec près de 10 000 attributions par an.
Caractère : passionné, fort, décidé
Fréquence d'attribution : très rare
Évolution : en baisse
Année record : 1978
Célébrités : le réalisateur Cédric Klapisch ; le tennisman Cédric Pioline.

☆☆☆ Célestin ☆☆☆

Dérivés : Céleste, Célestino, Celesti, Celestino, Zelestino
Fête : 19 mai
Étymologie : du latin *caelestis*, « qui vient du ciel ».
Histoire : dans l'histoire, pas moins de cinq papes se furent appelés Célestin tant ce nom renvoie à la voûte céleste et donc au ciel. Rare aujourd'hui, ce prénom était en vogue au XIXe siècle. Il figure parmi les prénoms rétro les plus appréciés.
Caractère : rassurant, solide, sage
Fréquence d'attribution : très rare
Évolution : stable
Année record : 1908
Célébrités : Célestin, auteur de BD.

☆☆☆ Célian ☆☆☆

Dérivés : Celian, Selyan, Celyan, Selyane, Selian, Célien, Célio
Fête : 21 octobre
Étymologie : dérivé du prénom celte Killian, « gaillard » ou du grec *séléné*, « lune »
Histoire : rare, Célian est « tendance » depuis ces dernières années. On en compte déjà 4 000 en France depuis 1970 mais il devrait encore progresser.
Caractère : juste, bienveillant, épicurien
Fréquence d'attribution : rare
Évolution : en hausse
Année record : 2010
Célébrités : le footballeur Célian Fousse ; le personnage du jeu vidéo *The First Templar*, Celian d'Arestide.

☆☆☆ César ☆☆☆

Dérivés : Cesare, Césaire, Césare, Césario, Césarin, Cesario, Caesar
Fête : 15 avril
Étymologie : du latin *caesariatus*, « le chevelu »
Histoire : à l'origine, titre honorifique désignant les empereurs, César reste marqué par le nom de l'empereur Jules César (59-44 av. J.-C.). On en dénombrerait 6 000 actuellement.
Caractère : audacieux, énergique, ambitieux
Fréquence d'attribution : très rare
Évolution : en hausse
Année record : 2010

élébrités : *César*, le personnage éponyme du livre Marcel agnol ; le sculpteur César ; le personnage du film, *Moi, César, 0 ans et demi.*

Chahine

érivés : Chahin, Chaine, Chain, Chahan
tymologie : de l'arabe, « faucon pélerin »
istoire : ce prénom récent qui est arrivé en France dans les nnées 80 connaît un réel engouement ces dernières années. vec plus de 100 attributions par an depuis 2009.
aractère : sociable, enjoué, volontaire
réquence d'attribution : très rare
volution : en hausse
nnée record : 2010

Charles

érivés : Charle, Charlet, Charlots, Karol, Charlton
ête : 4 novembre
tymologie : du germanique *karl*, « viril »
istoire : entre Charles Martel et Charles Ier dit Charlemagne, harles est un prénom ancien attribué à de nombreux rois et mpereurs. Aujourd'hui il reste un classique toujours apprécié. s seraient plus de 100 000.
aractère : imaginatif, pragmatique, optimiste
réquence d'attribution : rare
volution : stable
nnée record : 1920
élébrités : le poète Charles Baudelaire ; les chanteurs harles Trenet et Charles Aznavour.

Charlélie

érivés : Charlély, Charles-Elie
ête : 4 novembre
tymologie : du germanique *karl*, « viril » et de l'hébreu *élie*, le seigneur est mon dieu »
istoire : ce prénom composé de Charles et d'Élie s'est propagé ans les années 80, notamment grâce au succès du chanteur t artiste Charlélie Couture.
aractère : spirituel, créatif, érudit
Fréquence d'attribution : très rare
Évolution : en hausse
Année record : 1992
Célébrités : le chanteur Charlélie Couture.

Charlie (mixte)

Dérivés : Charli, Charly, Charlye
Fête : 4 novembre
Étymologie : du germanique *karl*, « viril »
Histoire : ce diminutif du prénom Charles est devenu un prénom à part entière dans les années 30. Suite aux attentats de Charlie Hebdo, en janvier 2015, le prénom Charlie voit sa cote progresser. Il est symbole de liberté.
Caractère : fidèle, intuitif, résolu
Fréquence d'attribution : rare
Évolution : en hausse
Année record : 2010
Célébrités : le comédien Charlie Chaplin ; le héros du film *Charlie et la chocolaterie.*

Chris

Dérivés : Kris, Krys, Chrys, Cris, Krish, Crys, Chriss
Fête : 21 août
Étymologie : du latin *christianus*, « chrétien » ou du grec *kristos* « messie »
Histoire : très courant en Angleterre, aux États-Unis, aux Pays-Bas et dans les pays scandinaves, ce diminutif de Christophe est arrivé en France dans les années 70. Depuis, il continue de progresser.
Caractère : joyeux, sociable, adaptable
Fréquence d'attribution : très rare
Évolution : en hausse
Année record : 2006
Célébrités : l'humoriste Chris Esquerre ; le chanteur Chris Isaak.

☆☆☆ Christian ☆☆☆

Dérivés : Christaen, Christien, Christin, Cristiano, Christiano, Cristian, Kristian, Krystian, Chrystian
Fête : 12 novembre
Étymologie : du latin christianus, « chrétien » ou du grec kristos, « messie »
Histoire : porté par de nombreux rois danois, Christian a connu son âge d'or en France entre 1940 et 1970. On en compte plus de 300 000.
Caractère : attentionné, intuitif, spirituel
Fréquence d'attribution : très rare
Évolution : en baisse
Année record : 1955
Célébrités : le comédien Christian Clavier ; les stylistes Christian Dior et Christian Lacroix.

☆☆☆ Christophe ☆☆☆

Dérivés : Cristophe, Kristophe, Chrystophe, Christoph, Christo, Christos, Christy, Christobal, Kristof
Fête : 21 août
Étymologie : du latin christianus, « chrétien » ou du grec kristos, « messie »
Histoire : prénom de voyageur, Christophe connut un vif succès entre 1967 et 1970 avant d'être dépassé par Stéphane. Ils seraient plus de 360 000.
Caractère : sensible, réservé, indépendant
Fréquence d'attribution : très rare
Évolution : en baisse
Année record : 1969
Célébrités : l'acteur Christophe Lambert ; les chanteurs Christophe Willem et Christophe Maé.

☆☆☆ Christopher ☆☆☆

Dérivés : Christofer, Chrystopher, Kristofer, Kristopher
Fête : 21 août
Étymologie : du latin christianus, « chrétien » ou du grec kristos, « messie »
Histoire : entre 1985 et 1995, ce prénom a suscité un vrai engouement avec plus de 1 500 attributions par an. Aujourd'hui, les Christopher se font plus discrets.
Caractère : dynamique, tenace, organisé
Fréquence d'attribution : en baisse
Évolution : en baisse
Année record : 1989
Célébrités : les acteurs Christopher Reeve, Christopher Walken et Christopher Lee.

☆☆☆ Clarence (mixte) ☆☆☆

Fête : 26 avril
Étymologie : du latin clara, « claire »
Histoire : prénom mixte d'origine américaine, Clarence vient des milieux aisés. Ce n'est qu'au XIXe qu'il devint populaire. En France, même s'il est présent dès les années 50, c'est dans les années 90 qu'il prendra de l'envergure. Les Clarence restent rares.
Caractère : enthousiaste, curieux, adaptable
Fréquence d'attribution : très rare
Évolution : stable
Année record : 2009
Célébrités : le héros du dessin-animé Clarence ; Clarence, le lion de la série Daktari.

☆☆☆ Claude ☆☆☆

Dérivés : Claudius, Claudio, Claudino, Claudien, Claudin
Fête : 15 février
Étymologie : du nom d'une illustre famille romaine Claudius, du latin claudus, « boiteux »
Histoire : présent dès l'Antiquité, Claude se propage en France, au VIIe siècle grâce à l'évêque saint Claude. Il connaît son âge d'or entre 1930 et 1950. On en compte 280 000.
Caractère : audacieux, indépendant, affirmé
Fréquence d'attribution : très rare
Évolution : en baisse
Année record : 1936
Célébrités : les réalisateurs Claude Berri, Claude Zidi, Claude Chabrol et Claude Lelouch.

☆☆☆ Clément ☆☆☆

Dérivés : Klement, Clemens
Fête : 23 novembre
Étymologie : du latin clemens, « doux »

istoire : connu depuis très longtemps, ce prénom porté
ar de nombreux papes a toujours été apprécié. Depuis 1980,
l l'est encore plus. On en compte plus de 140 000.
aractère : humaniste, spirituel, généreux
réquence d'attribution : très répandu
volution : stable
nnée record : 1998
élébrités : Clément Ader, pionnier de l'aviation ; le comédien
lément Sibony.

☆☆☆ Clayton ☆☆☆

érivé : Clay
tymologie : du vieil anglais claeg, « qui habite
ur un sol d'argile »
istoire : bien qu'arrivé en France dans les années 60,
layton n'a commencé sa progression que vers 1990. Depuis,
plaît de plus en plus.
aractère : fiable, intègre, méthodique
réquence d'attribution : très rare
volution : en hausse
nnée record : 2008
élébrités : Clayton Farlow, un des personnages de la série *Dallas*.

PEUT-ON CHANGER SON PRÉNOM ?

Bien sûr ! Une simplification de la loi (mai 2016) permet de se présenter devant un officier d'état civil et d'expliquer son cas. Auparavant il fallait s'adjoindre les services d'un avocat pour constituer un dossier et passer devant un juge. Car depuis la loi du 8 janvier 1993, les parents sont libres de créer les prénoms qu'ils veulent sans s'inspirer du calendrier. Sont ainsi nés des petits Google, Jedi, Violence, Yoga, Playboy, Dimanche, Zénobie, Jénisse ou des A, L ou X (prénoms à une seule lettre). Étrange lorsque l'on sait que la seule condition pour que le prénom soit enregistré est qu'il ne nuise pas à l'intérêt de l'enfant. Encore plus simple, la personne qui souhaite changer de prénom peut utiliser son deuxième ou troisième prénom en toute légalité !

☆☆☆ Clifford ☆☆☆

Dérivé : Cliff
Étymologie : de l'anglais cliff, « la falaise » et ford, « le gué » : « la descente qui mène au gué »
Histoire : comme beaucoup de noms américains, Clifford était d'abord un toponyme avant de devenir un patronyme puis un prénom. Il est encore très rare en France.
Caractère : dynamique, intrépide, intègre
Fréquence d'attribution : très rare
Évolution : stable
Année record : 1992
Célébrités : le jazzman Clifford Brown ; Clifford, le gros chien rouge, héros du dessin-animé.

☆☆☆ Clint ☆☆☆

Dérivé : Clinton
Étymologie : du vieil anglais *clinton*, « le hameau sur la colline »
Histoire : c'est grâce au gouverneur de New York, DeWitt Clinton, que ce nom se propagea comme prénom au XIXe siècle. La notoriété de Clint Eastwood joua également un rôle dans l'attribution de ce prénom en France à partir de 1980.
Caractère : honnête, équilibré, tenace
Fréquence d'attribution : très rare
Évolution : stable
Année record : 1992
Célébrités : l'acteur et réalisateur Clint Eastwood.

☆☆☆ Clotaire ☆☆☆

Dérivés : Clothaire, Clotario
Fête : 7 avril
Étymologie : du germanique *hold*, « gloire » et *hart*, « fort »
Histoire : venu du Moyen Âge, cet ancien prénom porté par plusieurs rois a toujours été présent au XXe siècle. Avec la vague des prénoms rétro, il connaît un second souffle.
Caractère : sociable, attaché à sa famille, intuitif
Fréquence d'attribution : très rare
Évolution : en hausse
Année record : 1905
Célébrités : Clotaire, le dernier de la classe dans *le Petit Nicolas*, de R. Goscinny.

☆☆☆ Clovis ☆☆☆

Dérivé : Chlodwig, Clodwig, Clovisse
Fête : 25 août
Étymologie : du germanique *hold*, « gloire » et *wig*, « combat »
Histoire : Clovis Ier, roi des Francs, imposa Paris comme capitale du royaume au ve siècle. Tombé dans l'oubli pendant quelque temps, Clovis revient en force ces dernières années.
Caractère : vif, logique, perfectionniste
Fréquence d'attribution : rare
Évolution : en hausse
Année record : 2008
Célébrités : le comédien Clovis Cornillac.

☆☆☆ Colin ☆☆☆

Dérivés : Collin, Kollin, Colin, Colyn, Collins
Fête : 6 décembre
Étymologie : diminutif de Nicolas, du grec *nikê*, « la victoire »
Histoire : venu du Moyen Âge, Colin connaît une nouvelle jeunesse depuis 2000.
Caractère : franc, loyal, habile
Fréquence d'attribution : très rare
Évolution : stable
Année record : 1999
Célébrités : Colin, l'un des personnages de *L'Écume des jours* de Boris Vian ; l'acteur Colin Farrell.

☆☆☆ Clyde ☆☆☆

Dérivé : Klyde
Étymologie : du nom d'une rivière à Glasgow, en Écosse
Histoire : courant en Écosse au début du xxe siècle, ce prénom arriva en France en 1969, un an après la sortie du film *Bonnie and Clyde*.
Caractère : volontaire, énergique, efficace
Fréquence d'attribution : très rare
Évolution : en hausse
Année record : 1994
Célébrités : Clyde Barrow, un malfaiteur des années 30 qui a inspiré le film et la chanson *Bonnie and Clyde*.

☆☆☆ Côme ☆☆☆

Dérivés : Cosme, Cosimo, Cosmin, Kosmas, Kosma, Cosma
Fête : 26 septembre
Étymologie : du grec *kosmos*, « l'univers »
Histoire : au iiie siècle, en Syrie, saint Côme devint le patron des médecins suite à certains de ses miracles. Depuis 1980, Côme n'arrête pas de séduire.
Caractère : généreux, sensible, idéaliste
Fréquence d'attribution : rare
Évolution : en hausse
Année record : 2010
Célébrités : Côme, l'un des personnages du *Petit Nicolas* de R. Goscinny ; l'acteur Côme Levin.

☆☆☆ Cody ☆☆☆

Dérivés : Codie, Kody, Coddy
Étymologie : de l'anglais, « coussin »
Histoire : populaire aux États-Unis, Cody n'est apparu en France que dans les années 90. Il reste encore timide.
Caractère : sociable, loyal, attentif
Fréquence d'attribution : très rare
Évolution : stable
Année record : 1996
Célébrités : le chanteur Cody Simpson ; le personnage de Cody dans la série *Notre belle famille*.

☆☆☆ Conan ☆☆☆

Dérivés : Connan, Konan, Conn
Fête : 26 janvier
Étymologie : de l'irlandais *conn*, « sagesse »
Histoire : Conan fut un prêtre écossais au vie siècle. Populaire en Irlande et en Écosse, ce prénom n'a pas encore décollé en France.
Caractère : courageux, sociable
Fréquence d'attribution : très rare
Évolution : stable
Année record : 2010
Célébrités : le héros du film *Conan le Barbare* ; le romancier Arthur Conan Doyle.

Connor

érivé : Conor
tymologie : du celtique *concobhar*, « chef désiré »
istoire : très courant en Irlande, Connor commence
 être attribué de manière beaucoup plus régulière en France
epuis le début des années 2000.
aractère : spirituel, érudit, émotif
réquence d'attribution : très rare
volution : en hausse
nnée record : 2010
élébrités : le boxeur Conor McGregor.

Conrad

érivés : Konrad, Conrado, Corrado, Curt, Kurt
ête : 26 novembre
tymologie : du germanique *con*, « brave » et rad, « conseiller »
istoire : évêque en Suisse au xe siècle, saint Conrad contribua à
ı construction de nombreuses églises. Plus connus en Allemagne,
əs Conrad seraient moins de 500 en France.
aractère : convainquant, disponible, audacieux
réquence d'attribution : très rare
volution : stable
nnée record : 1912
élébrités : l'ancien chancelier allemand Konrad Adenauer.

Constant

érivés : Constan, Constans
ête : 23 septembre
tymologie : du latin *constantina*, « constante »
istoire : plutôt populaire au début du xxe siècle,
onstant reste toujours présent aujourd'hui. Il recommence
ıême à progresser timidement.
aractère : réfléchi, indépendant, persévérant
réquence d'attribution : très rare
volution : en hausse
nnée record : 1902

Constantin

Dérivés : Konstantin, Costanzo, Constantino, Konstantinos
Fête : 21 mai
Étymologie : du latin *constantina*, « constante »
Histoire : empereur romain, Constantin Ier se convertit
au christianisme en 313. Comme Célestin, Constantin
devrait connaître de belles années.
Caractère : sensible, ouvert, optimiste
Fréquence d'attribution : très rare
Évolution : en hausse
Année record : 2007
Célébrités : le comédien Constantin Pappas ; le réalisateur
Konstantinos Gavras dit « Costa-Gavras ».

Corentin

Dérivés : Korentin, Corenthin, Corentyn, Quorentin, Corantin,
Kaourentin, Kaourintin, Kaour
Fête : 12 décembre
Étymologie : du celte *korventeen*, « ouragan »
Histoire : Corentin est l'un des sept fondateurs
de la Bretagne. D'ailleurs, le vrai nom de la ville de Quimper
est Kemper-Kaourintin. Courant en Bretagne, ce prénom
est désormais populaire partout en France.
Caractère : combatif, sensible, tendre
Fréquence d'attribution : répandu
Évolution : en baisse
Année record : 1996
Célébrités : le résistant Corentin Celton ; le footballeur
Corentin Martins.

Corto

Fête : 29 juin
Étymologie : de l'espagnol *corto*, « court », « petit »
Histoire : ce prénom d'origine espagnole est arrivé en France
dans les années 90. Depuis, les Corto seraient moins de 500.
Caractère : passionné, ambitieux, énergique
Fréquence d'attribution : très rare
Évolution : stable
Année record : 2003
Célébrités : le héros de la BD *Corto Maltese* ; le réalisateur
Corto Fajal.

Craig

Dérivé : Kraig
Fête : 29 juin
Étymologie : du celte *creag*, « le rocher »
Histoire : ce patronyme irlandais commença à être utilisé comme prénom en 1930. En France, on le rencontre depuis 1950 mais il reste encore marginal.
Caractère : charmeur, puissant, loyal
Fréquence d'attribution : très rare
Évolution : stable
Année record : 2003
Célébrités : l'acteur Craig Parker ; le musicien Craig David.

Curtis

Dérivés : Kurtis, Kurtys, Curtys, Curtiss
Fête : 26 novembre
Étymologie : de l'ancien français *curteis*, « courtois »
Histoire : après des débuts timides en 1960 puis en 1990, Curtis ne cesse de progresser. Il plaît de plus en plus.
Caractère : idéaliste, généreux, méthodique
Fréquence d'attribution : très rare
Évolution : en hausse
Année record : 2010
Célébrités : Curtis Manning, personnage de la série *24 h* ; le réalisateur Curtis Hanson.

Cyprien

Dérivés : Cyprian, Cipriano, Cypris, Ciprien, Cypriano, Cyprios, Cebria
Fête : 16 septembre
Étymologie : du latin *cyprius* ou du grec *kupris*, « originaire de l'île de Chypre »
Histoire : grand théologien du IIIe siècle, saint Cyprien est considéré comme l'un des pères de l'Église. Longtemps réservé aux familles aisées, Cyprien est aujourd'hui présent dans tous les milieux.
Caractère : sensible, affectueux, idéaliste
Fréquence d'attribution : très rare
Évolution : en baisse
Année record : 2006
Célébrités : le youtubeur et humoriste Cyrprien.

Cyril

Dérivés : Cyrille, Kiril, Cyrill, Kirill, Kyrill, Cyrile, Cyrillus
Fête : 18 mars
Étymologie : du grec *kurios*, « maître » ou « seigneur »
Histoire : au IXe siècle, saint Cyrille inventa l'alphabet cyrillique. Répandu dans les pays slaves, Cyril connut, en France, son heure de gloire entre 1970 et 1980 avec plus de 3 000 attributions par an. Ils seraient plus de 85 000 en France.
Caractère : structuré, efficace, honnête
Fréquence d'attribution : très rare
Évolution : en baisse
Année record : 1973
Célébrités : le chef Cyril Lignac.

LE PRÉNOM DU JOUR

En Afrique, il est assez fréquent que les parents donnent aux fils le jour de leur naissance comme prénom. Ainsi, en pays baoulé, Kouassi évoque un enfant né le lundi, Kuoadio le mardi, Amenan le mercredi, Kouakou le jeudi, Ya ou Yao le vendredi, Kofi le samedi (prénom porté par l'ancien secrétaire général de l'ONU et prix Nobel de la Paix Kofi Annan, né en 1938 au Ghana), Kouamé ou Amoin le dimanche. La plupart des autres ethnies de cet immense continent pratiquent aussi ce type de prénoms. On peut citer ainsi Khamisi pour le mardi en swahili ; Eyenga pour le dimanche et Mposo pour le samedi en lingala… Les exemples pourraient être multipliés, d'autant plus nombreux qu'ils s'expriment dans une multitude de langues différentes (on trouve par exemple plus de 60 langues et dialectes en Côte d'Ivoire).

D

Damien

érivés : Damyen, Damiens, Damian
ête : 26 septembre
tymologie : de Damia, la déesse romaine de la terre
t de la fertilité
istoire : saint Damien et son frère Côme furent martyrisés au
e siècle. Ils sont considérés comme les patrons des médecins.
aractère : vif, ambitieux, créatif
réquence d'attribution : rare
volution : en baisse
nnée record : 1985
élébrités : le chanteur Damien Sargue.

Damon

tymologie : du grec *damao*, « dompter », « apprivoiser »
istoire : en 400 av. J.-C., le choix de Damon de se sacrifier pour
on ami Pythias leur laissa la vie sauve. Symbole de l'amitié,
e prénom est encore très récent en France.
aractère : bon communicant, adaptable, fidèle
réquence d'attribution : très rare
volution : en baisse
nnée record : 2008
élébrités : le pilote de Formule 1 Damon Hill ; l'acteur
amon Wayans.

Dan

érivés : Dann, Daan, Dane, Danh
ête : 11 décembre
tymologie : de l'hébreu *dayân, dan*, « juge »
istoire : dans la Bible, Dan est le père de la tribu des Danites,
n Israël. Plus répandu aux États-Unis et en Angleterre,
an est régulièrement attribué depuis 1970.
aractère : indépendant, dynamique, sûr de lui
Fréquence d'attribution : très rare
Évolution : en baisse
Année record : 2005
Célébrités : l'écrivain Dan Fante.

Dany

Dérivés : Dani, Danny, Danyl
Fête : 11 décembre
Étymologie : de l'hébreu *dayân, dan*, « juge » et El, « Dieu » : « Dieu est seul juge »
Histoire : ce diminutif de Daniel, devenu prénom à part entière dans les années 20, est toujours apprécié. On ne compte pas moins de 16 000 Dany en France.
Caractère : structuré, efficace, persévérant
Fréquence d'attribution : très rare
Évolution : stable
Année record : 1969
Célébrités : l'écrivain Dany Laferrière ; les footballeurs Dany Nounkeu et Dany Verlinden.

Daniel

Dérivés : Danaël, Danijel, Danilo, Danillo, Danyl
Fête : 11 décembre
Étymologie : de l'hébreu *dayân, dan*, « juge » et El, Dieu : « Dieu est seul juge »
Histoire : dans la Bible, le prophète Daniel, jeté dans la fosse aux lions, fut épargné deux fois. Daniel connut son heure de gloire entre 1945 et 1950. On en dénombre près de 350 000.
Caractère : intègre, idéaliste, volontaire
Fréquence d'attribution : très rare
Évolution : en baisse
Année record : 1947
Célébrités : l'homme politique Daniel Cohn-Bendit ; le comédien Daniel Auteuil.

☆☆☆ Dario ☆☆☆

Dérivés : Daris, Darris, Darys
Fête : 25 octobre
Étymologie : de l'italien *dare*, « donner » et par extension « le don de soi »
Histoire : saint Dario était un martyre au IIIᵉ siècle. Depuis 2002, ce prénom, souvent porté en Espagne, plaît de plus en plus. Il est en forte expansion.
Caractère : créatif, intuitif, sociable
Fréquence d'attribution : très rare
Évolution : en hausse
Année record : 2010
Célébrités : le chanteur Dario Moreno ; le réalisateur Dario Argento.

☆☆☆ Darius ☆☆☆

Dérivés : Darian, Darien
Fête : 25 octobre
Étymologie : du perse *daraya*, « posséder » et *vahu*, « bon »
Histoire : porté par trois rois perses, Darius reste un prénom plus rare que Dario. On en dénombre moins de 1000.
Caractère : sensible, humaniste, généreux
Fréquence d'attribution : très rare
Évolution : en hausse
Année record : 2010
Célébrités : le compositeur Darius Milhaud.

☆☆☆ Darren ☆☆☆

Dérivés : Daren, Darenn
Étymologie : d'un nom de famille celte signifiant « grand »
Histoire : attribué aux États-Unis depuis le début du XXᵉ siècle, ce prénom attendra les années 1990 pour que les Français le remarquent. Encore discret.
Caractère : responsable, attaché à sa famille, influent
Fréquence d'attribution : en hausse
Évolution : très rare
Année record : 2009
Célébrités : le cinéaste Darren Aronofsky.

☆☆☆ Daryl ☆☆☆

Dérivés : Daryll, Darryl, Darril, Daril, Darrel
Étymologie : dérivé d'un nom de famille normand, les « d'Airelle »
Histoire : venus de Normandie, la famille d'Airelle s'est installée en Angleterre au XIᵉ siècle. Ce nom de famille a d'abord donné Darrel, puis Daryl. En France, les attributions sont irrégulières.
Caractère : enjoué, vif, généreux
Fréquence d'attribution : très rare
Évolution : en baisse
Année record : 2002
Célébrités : Daryl Dixon, personnage de la série *The Walking Dead* ; le héros du film D.A.R.Y.L ; le chanteur Daryl Hall.

☆☆☆ Dave ☆☆☆

Dérivés : Daven
Fête : 29 décembre
Étymologie : de l'hébreu *daoud*, « aimé »
Histoire : diminutif de David très courant dans les pays anglophones, les Dave sont beaucoup moins nombreux en France que les David. Ils sont environ 1 000.
Caractère : honnête, volontaire, courageux
Fréquence d'attribution : très rare
Évolution : stable
Année record : 1976
Célébrités : le chanteur Dave.

☆☆☆ David ☆☆☆

Dérivés : Davy, Davi, Dafydd, Davide, Davie, Davit
Fête : 29 décembre
Étymologie : de l'hébreu *daoud* « aimé »
Histoire : dans la Bible, David tua le géant Goliath avec sa fronde. Apparu dans les années 50, il connaît un boom dans les années 70 avec plus de 20 000 naissances par an. Ils seraient près de 300 000.
Caractère : courageux, charmeur, fidèle en amitié
Fréquence d'attribution : très rare
Évolution : en baisse
Année record : 1972
Célébrités : le chanteur David Bowie ; le footballeur David Beckham ; le réalisateur David Lynch.

☆☆☆ Denis ☆☆☆

érivés : Deniz, Denys, Dennis, Dennys, Danis, Denez,
enissio, Denisso, Denney, Dennis, Denys, Dionis, Dionisi, Dionisio,
ionisios, Dionysius
ête : 9 octobre
tymologie : du grec Dionysos, Dieu du vin et de la vigne
istoire : saint Denis est le premier évêque de Paris au IIIe siècle.
rès répandu au Moyen Âge, Denis connaît également un franc
uccès entre 1953 et 1967. Ils seraient près de 130 000.
aractère : sérieux, travailleur, efficace
réquence d'attribution : très rare
volution : en baisse
nnée record : 1963
élébrités : l'acteur Dennis Hopper ; Denis, le personnage
e la chanson de Blondie.

☆☆☆ Derek ☆☆☆

érivés : Derrick, Derick, Deryck, Dirk, Darrick, Darrik, Darryck
ête : 9 juillet
tymologie : diminutif de Théodoric, du germanique theud,
peuple » et rik, « chef »
istoire : plus connu en Angleterre, Derek est arrivé en France
n 1960. Depuis, il fait de sauts de puce pour se faire une peu
lus connaître.
aractère : indépendant, sage, charmeur
réquence d'attribution : très rare
volution : en hausse
nnée record : 1988
élébrités : Derek, le héros de la série britannique éponyme ;
es pilotes de Formule 1 Derek Warwick et Derek Daly.

☆☆☆ Désiré ☆☆☆

érivés : Désir, Désirat, Desider, Desidario, Desiederio
ête : 8 mai
tymologie : du latin desideratus, « désiré »
istoire : populaire au début du XXe siècle, Désiré est remplacé
ans les années 40 par Didier. On en compte 5 000 aujourd'hui.
aractère : bienveillant, pacifique, volontaire
réquence d'attribution : très rare
Évolution : en baisse
Année record : 1909
Célébrités : Désiré, héros de la pièce éponyme de Sacha Guitry.

☆☆☆ Desmond ☆☆☆

Étymologie : du celte, « homme du monde »
Histoire : né en Irlande au XVIIIe siècle, Desmond se répandit
en Angleterre au XIXe. En France, son attribution est très récente,
il est donc rarissime.
Caractère : sensible, altruiste, loyal
Fréquence d'attribution : très rare
Évolution : stable
Année record : 2007
Célébrités : l'archevêque Desmond Tutu.

☆☆☆ Didier ☆☆☆

Dérivés : Dider, Dieter, Deidie, Diderick
Fête : 23 mai
Étymologie : du latin desideratus, « désiré »
Histoire : variante du prénom Désiré, Didier est connu dès
le XIXe siècle. Il connaît à nouveau le succès de 1940 à 1980.
Depuis, il est en chute libre.
Caractère : sincère, impulsif, solide
Fréquence d'attribution : très rare
Évolution : en baisse
Année record : 1958
Célébrités : l'entraîneur Didier Deschamps ; Didier,
le héros du film d'Alain Chabat.

☆☆☆ Diego ☆☆☆

Dérivés : Diaz, Diègue, Diege, Diogo
Fête : 25 juillet
Étymologie : du latin *didacus*, ou du grec *didaskein*, « enseigner »
Histoire : équivalent espagnol de Jacques, Diego a commencé à lui voler la vedette dès 1980. Court et avec sa finale en « o », il est totalement tendance. Ils seraient près de 12 000.
Caractère : généreux, possessif, optimiste
Fréquence d'attribution : répandu
Évolution : en hausse
Année record : 2006
Célébrités : le footballeur Diego Maradona ; le personnage du dessin-animé *Diego*.

☆☆☆ Dimitri ☆☆☆

Dérivés : Dimitry, Dimitrios, Dmitri, Dmitry, Dimitris
Fête : 26 octobre
Étymologie : de Déméter, la déesse grecque des moissons
Histoire : prêtre yougoslave, saint Dimitri fut évêque de Gap au ve siècle. Répandus dans les années 90, les Dimitri se font un peu plus discrets.
Caractère : habile, fin, énergique
Fréquence d'attribution : rare
Évolution : en baisse
Année record : 1989
Célébrités : le chef d'orchestre Dimitri Mitropoulos ; l'écrivain Dimitri Verhulst.

☆☆☆ Djamel ☆☆☆

Dérivés : Djamal, Djamele, Djamil, Djamele, Djamal, Djamale, Jamel
Étymologie : de l'arabe *jamâl*, « beauté »
Histoire : un « d » a été ajouté au prénom arabe Jamel pour le franciser et retranscrire sa prononciation originelle « dja ». Un classique porté par 7 000 Français.
Caractère : vif, indépendant, courageux
Fréquence d'attribution : très rare
Évolution : en hausse
Année record : 1972
Célébrités : l'artiste peintre Djamel Tatah.

☆☆☆ Djibril ☆☆☆

Dérivés : Djibryl, Djybril, Djibrill, Djibrile, Jibril
Étymologie : de l'arabe *jibrîl*, « serviteur de Dieu »
Histoire : dans le Coran, l'ange Gabriel est connu sous le nom de Djibril. Ce prénom ne cesse de croître depuis 2000.
Caractère : spirituel, méthodique, intègre
Fréquence d'attribution : rare
Évolution : en hausse
Année record : 2007
Célébrités : le footballeur Djibril Cissé.

☆☆☆ Dominique ☆☆☆

Dérivés : Dominick, Dominico, Dominik, Dom, Domien, Domingue, Dominixe
Fête : 8 août
Étymologie : du latin *dominicus*, « qui appartient au Seigneur »
Histoire : recensé dès le Moyen Âge, Dominique entra dans le top dix des prénoms les plus donnés entre 1950 et 1970. Les Dominique seraient plus de 200 000.
Caractère : sûr de lui, dynamique, opportuniste
Fréquence d'attribution : très rare
Évolution : en baisse
Année record : 1958
Célébrités : les hommes politiques Dominique Strauss-Kahn et Dominique de Villepin ; l'humoriste et producteur Dominique Farrugia.

Don

Dérivés : Dony, Donny
Fête : 15 juillet
Étymologie : du celte *domhnall*, « le peuple est puissant »
Histoire : à l'origine diminutif de Donald, Don est connu comme prénom dès le début du XXe siècle. En France, les Don sont discrets.
Caractère : sage, bienveillant, déterminé
Fréquence d'attribution : très rare
Évolution : stable
Année record : 1923
Célébrités : les acteurs Don Johnson et Don Siegel.

Donatien

Dérivés : Donasian, Donatian, Donat, Donatio
Fête : 24 mai
Étymologie : du latin *donatio*, « don »
Histoire : Donatien et son frère Rogatien furent martyrs au IIIe siècle. On les appelle « Les Enfants Nantais ». Connu des milieux aisés depuis longtemps, Donatien s'est popularisé dans les années 90.
Caractère : énergique, volontaire, créatif
Fréquence d'attribution : très rare
Évolution : en baisse
Année record : 1968
Célébrités : l'ethnologue Donatien Laurent.

Donovan

Dérivés : Donovann, Donovane, Donnovan, Donoven
Étymologie : du celte *donnabhain*, « brun foncé »
Histoire : très couru en Irlande, Donovan n'est attribué en France que depuis les années 70. On en compte environ 7 000.
Caractère : organisé, rigoureux, travailleur
Fréquence d'attribution : très rare
Évolution : en baisse
Année record : 1996
Célébrités : l'athlète Donovan Bailey.

Dorian

Dérivés : Doriand, Doriane, Doriann, Doriano, Doryan, Doryann
Fête : 9 novembre
Étymologie : du grec *dorius*, « qui vient du peuple des Doriens »
Histoire : le peuple des Doriens qui envahit la Grèce au XIIe siècle av. J.-C. propagea le prénom Dorian. Arrivé en France dans les années 70, il a très vite trouvé ses amateurs.
Caractère : sensible, curieux, prudent
Fréquence d'attribution : rare
Évolution : en baisse
Année record : 2000
Célébrités : le héros du *Portrait de Dorian Gray*, roman d'Oscar Wilde ; le rugbyman Dorian West.

Douglas

Dérivé : Doug
Étymologie : du celtique *dubio*, « noir », et glas, « bleu nuit » : « eau noire »
Histoire : d'abord féminin, ce prénom écossais se masculinisa au XVIIe siècle. Malgré un regain d'intérêt en 1992, il est un peu moins populaire aujourd'hui.
Caractère : original, ambitieux, érudit
Fréquence d'attribution : très rare
Évolution : en baisse
Année record : 1992
Célébrités : l'écrivain Douglas Kennedy.

Dov

Dérivé : Dove
Étymologie : de l'hébreu, « ours »
Histoire : ce prénom qui mélange la force de l'ours (en hébreu) et la douceur de la colombe (sa traduction anglaise) est attribué de façon irrégulière depuis le début des années 60.
Caractère : sûr de lui, passionné, séducteur
Fréquence d'attribution : en baisse
Évolution : en baisse
Année record : 2008
Célébrités : le producteur Dove Attia.

☆☆☆ Driss ☆☆☆

Dérivés : Drisse, Dryss, Dris, Drissa, Dryce, Drice
Étymologie : diminutif d'Idriss, du vieux gallois *iud*, « le seigneur », et ris, « vif » ou de l'arabe *darasa*, « étudier »
Histoire : très courant au Maroc grâce au sultan Idris Ier qui a fait construire la ville de Fès, Driss est arrivé en France dans les années 50. Il a toujours le vent en poupe.
Caractère : responsable, attaché à sa famille, influent
Fréquence d'attribution : en hausse
Évolution : en hausse
Année record : 2003
Célébrités : les footballeurs Driss Benzekri et Drissa Diakité.

☆☆☆ Duncan ☆☆☆

Dérivé : Dunkan, Dunstan, Deocan, Dunc, Dunnchad, Dunstan, Dunstin
Fête : 19 mai
Étymologie : du celte *donn*, « brun », et chadn, « guerrier » : « le guerrier brun »
Histoire : apparu au Moyen Âge en Écosse, Duncan s'est propagé en Angleterre et au Canada. Arrivé en France dans les années 80, Duncan aurait 1 000 représentants.
Caractère : optimiste, hyperactif, perfectionniste
Fréquence d'attribution : très rare
Évolution : en baisse
Année record : 1998
Célébrités : Duncan MacLeod, personnage de la série et des films *Highlander* ; Duncan, nom du roi d'Écosse assassiné dans *Macbeth* de Shakespeare.

☆☆☆ Dylan ☆☆☆

Dérivés : Dilan, Dylane, Dylann, Dyllan, Dilhan, Dilane, Dylhan, Dillan, Dillon
Étymologie : en gallois, *dylan* signifie « mer »
Histoire : dans les contes médiévaux celtes, Dilan disparaît en mer juste après sa naissance. Courant en Angleterre, Dylan explose, en France, lors de la diffusion de la série *Beverly Hills 90210*. On en compte plus de 60 000.
Caractère : sociable, persévérant, fiable
Fréquence d'attribution : répandu
Évolution : en baisse
Année record : 1996
Célébrités : le poète Dylan Marlais Thomas qui inspira au chanteur Bob Dylan son nom de scène ; Dylan McKay, l'un des héros de la série *Beverly Hills 90210*.

LES PRÉNOMS DIMINUTIFS

Il semble tout à fait naturel en Russie d'utiliser un diminutif au lieu du prénom. Pas seulement affectueusement dans la petite enfance, mais aussi à l'âge adulte, aussi bien en famille qu'en milieu professionnel. Alexandre Guitry ou Sacha Guitry, c'est du pareil au même. Même chose aux États-Unis où cette habitude est ancrée depuis longtemps (on parle de Bill Clinton plutôt que de William Clinton) et touche depuis quelques années la Grande-Bretagne : l'incroyable percée d'Alfie (un diminutif d'Alfred) en est l'exemple le plus marquant, mais on peut citer aussi Jack (diminutif ancien de Jones), Charlie (diminutif de Charles), Mia (diminutif de Maria) ou Lily (diminutif d'Elisabeth) qui figurent en tête des palmarès. Le plus grand changement est que ces diminutifs ne sont plus seulement donnés verbalement en famille ou entre amis, mais inscrits à l'état civil comme prénom véritable dès la naissance. Le même mouvement se constate en France, peut-être à cause des séries télévisées américaines, mais aussi du fait de la mode des prénoms courts, qui ne peut qu'amplifier le phénomène. Là encore, les choix ne sont pas homogènes selon les catégories sociales. Jacky ne se retrouvait autrefois qu'en milieu populaire, les autres conservant Jacques. Dans les années 1920-1930 déjà, la mode des diminutifs féminins en -ette ne s'était pas répandue uniformément : Paulette, Yvette et Jeannette s'étaient implantées en milieu ouvrier, les formes initiales Paule, Yvonne et Jeanne étaient restées en milieu bourgeois, pour ne citer que ces trois exemples. Et cette règle vaut toujours aujourd'hui. Attention aussi à ceux qui sonnent trop « mignons » (Loulou, Doudou et autres fantaisies du même genre) : c'est joli pour des bébés, mais demandez-vous si votre enfant devenu adulte le portera toujours aussi facilement…

E

☆☆☆ Eddy (mixte) ☆☆☆

Dérivés : Eddie, Hedi, Hedy, Heddy, Edy, Eddi, Edi, Heddi, Edhy
Fête : 5 janvier
Étymologie : du germain ed, « biens, richesses », et ward, « gardien »
Histoire : ce diminutif d'Édouard, devenu prénom dès le XIXe siècle, a connu un certain succès, en France entre 1970 et 1980. Aux États-Unis, il est mixte depuis peu. L'actrice Keira Knightley vient d'appeler sa fille Edie.
Caractère : intuitif, fidèle, adaptable
Fréquence d'attribution : très rare
Évolution : stable
Année record : 1970
Célébrités : le chanteur Eddy Mitchell.

☆☆☆ Eden (mixte) ☆☆☆

Dérivés : Éden, Edene, Edenn
Étymologie : de l'hébreu eden, « paradis »
Histoire : Eden, qui désigne le jardin où ont été créés Adam et Eve, est apparu en 1980 en France. Très tendance actuellement, il fait partie des prénoms de l'Ancien Testament.
Caractère : optimiste, réfléchi, joyeux
Fréquence d'attribution : rare
Évolution : en hausse
Année record : 2010
Célébrités : le footballeur Eden Hazard.

☆☆☆ Edgar ☆☆☆

Dérivés : Edgard, Edgardo, Edger
Fête : 8 juillet
Étymologie : du germanique ed, « biens, richesses », et gari, « pique, lance »
Histoire : prénom royal depuis Edgar le Pacifique, roi des Anglo-Saxons au Xe siècle, Edgar a traversé les époques. Depuis l'an 2000, il est à nouveau attribué en France.
Caractère : persévérant, hyperactif, enthousiaste
Fréquence d'attribution : très rare
Évolution : stable
Année record : 2008
Célébrités : le sociologue Edgar Morin ; l'écrivain Edgar Allan Poe.

☆☆☆ Edmond ☆☆☆

Dérivés : Edmon, Edmont, Edmund, Edmundo, Edmondo
Fête : 20 novembre
Étymologie : du germanique ed, « richesse » et mund, « richesse et protection »
Histoire : roi d'Angleterre à 14 ans, saint Edmond lutta au IXe siècle contre les envahisseurs danois. Son culte se répandit très vite. Ce prénom a presque disparu aujourd'hui.
Caractère : énergique, déterminé, créatif
Fréquence d'attribution : très rare
Évolution : en baisse
Année record : 1920
Célébrités : les écrivains Edmond Rostand et Edmond de Goncourt.

☆☆☆ Édouard ☆☆☆

Dérivés : Edouard, Edouart, Edward, Eduard, Eduardo
Fête : 5 janvier
Étymologie : du germanique ed, « richesse » et ward, « gardien »
Histoire : porté par huit rois d'Angleterre, Édouard est courant depuis le Moyen Âge. Populaire au début du XXe siècle, il est plus rare aujourd'hui, même s'il plaît de nouveau.
Caractère : dynamique, courageux, sensible
Fréquence d'attribution : rare
Évolution : stable
Année record : 1910
Célébrités : le comédien Édouard Baer.

Edwin

Dérivés : Edwyn, Edvin, Edwine, Edwy
Fête : 12 octobre
Étymologie : du germanique ed, « richesse » et win, « ami »
Histoire : roi anglais du début du VIIe siècle, saint Edwin se convertit au christianisme par sa femme. Il prêcha ensuite pour l'évangélisation de son royaume.
Caractère : indépendant, vif, imaginatif
Fréquence d'attribution : très rare
Évolution : en baisse
Année record : 1997
Célébrités : le journaliste Edwy Plenel.

Élie

Dérivés : Eli, Eliahou, Helie, Ellis, Elis
Fête : 20 juillet
Étymologie : de l'hébreu, *eliyahu*, « le Seigneur est mon Dieu »
Histoire : selon l'Ancien Testament, Élie, un prophète du IXe siècle av. J.-C, aurait eu le don de la vie éternelle. Il fait partie des 200 prénoms les plus appréciés en France.
Caractère : affectueux, volontaire, honnête
Fréquence d'attribution : rare
Évolution : en baisse
Année record : 1920
Célébrités : les humoristes Elie Kakou et Elie Semoun.

Élian

Dérivés : Elyan, Hélian, Eliano, Ellian
Fête : 20 juillet
Étymologie :
Histoire : venu du pays de Galles où il est une variante d'Alain, Élian reste un prénom rare en France. Et ce, même si la vogue des prénoms celtes le fait redécoller depuis 2000.
Caractère : curieux, courageux, dynamique
Fréquence d'attribution : en baisse
Évolution : très rare
Année record : 2006

Élio

Dérivés : Elio, Ellio, Helio, Elyo
Fête : 20 juillet
Étymologie : de l'hébreu, *Eliyahu*, « le Seigneur est mon Dieu » ou du grec hélios « le soleil »
Histoire : variante espagnole d'Élie, Élio est en forte croissance depuis 2000 car il colle à plusieurs modes : les prénoms courts, en « o », et les prénoms de l'Ancien Testament.
Caractère : indépendant, curieux, analytique
Fréquence d'attribution : rare
Évolution : en hausse
Année record : 2010

Élias

Dérivés : Elias, Elyas, Elyass, Elyasse, Eliaz, Helias, Elyaz, Eliav, Ellias, Élyes, Elyes, Elies, Helies, Ellyes, Ellies
Fête : 20 juillet
Étymologie : de l'hébreu, *eliyahu*, « le Seigneur est mon Dieu »
Histoire : apparu dans les années 60, Élias fait doucement de l'ombre à Élie depuis 1990. On compte près de 9000 Élias en France.
Caractère : ambitieux, déterminé, énergique
Fréquence d'attribution : rare
Évolution : en baisse
Année record : 2008
Célébrités : Elias Disney, le père de Walt Disney.

Eliott

Dérivés : Elliot, Elliott, Elyott, Eliote, Eliot, Heliot
Fête : 20 juillet
Étymologie : de l'hébreu, *eliyahu*, « le Seigneur est mon Dieu »
Histoire : très courant dans les pays anglo-saxons, Eliott est arrivé en France dans les années 90. Il fait aujourd'hui partie des 100 prénoms les plus appréciés.
Caractère : tolérant, droit, audacieux
Fréquence d'attribution : répandu
Évolution : stable
Année record : 2009
Célébrités : Elliot, le héros de la série *Mr. Robot*.

☆☆☆ Éloi ☆☆☆

érivés : Eloi, Eloy, Aloi, Eloïc, Elloy
ête : 1er décembre
tymologie : du latin *eligius*, « choisi »
istoire : ministre du roi Dagobert, saint Éloi fonda des monastères u VIIe siècle. Un prénom peu donné aujourd'hui, même s'il serait lutôt en progression.
aractère : original, logique, curieux
réquence d'attribution : très rare
volution : en hausse
nnée record : 2010

☆☆☆ Elouan ☆☆☆

érivés : Elouann, Elouarn, Elouen, Louan, Louen, Luan
ête : 28 août
tymologie : du celte *luh*, « lumière »
istoire : particulièrement vénéré dans les Côtes-d'Armor, saint louan est à la source de nombreux miracles au VIe siècle. Depuis 000, ce prénom breton plaît de plus en plus. On en compte nviron 6000.
aractère : séducteur, indépendant, curieux
réquence d'attribution : rare
volution : en baisse
nnée record : 2006

☆☆☆ Elvis ☆☆☆

érivés : Elvys, Elwis, Elvio
ête : 26 août
tymologie : incertaine. Elvis viendrait soit du scandinave sage », soit d'une marque de voiture Alvis, appréciée ar les parents d'Elvis Presley
istoire : ce prénom qui doit toute sa popularité au « King », lvis Presley, est toujours peu attribué aujourd'hui. Ils seraient rès de 2000, en France.
aractère : tenace, engagé, volontaire
réquence d'attribution :
volution : stable
nnée record : 1978
élébrités : le chanteur Elvis Presley.

☆☆☆ Élyes ☆☆☆

Dérivés : Elyes, Elies, Helies, Ellyes, Ellies
Fête : 20 juillet
Étymologie : de l'hébreu, *eliyahu*, « le Seigneur est mon Dieu »
Histoire : arrivé dans les années 70, ce prénom connaît une progression fulgurante depuis les années 2000. Porté par près de 3000 personnes, il fait partie des 300 prénoms préférés des Français.
Caractère : indépendant, joyeux, généreux
Fréquence d'attribution : rare
Évolution : stable
Année record : 2009
Célébrités : l'acteur Elyes Gabel.

☆☆☆ Émile ☆☆☆

Dérivés : Émil, Émille, Emilius
Fête : 22 mai
Étymologie : du latin *aemulus*, « rival » ou du grec *haimulos*, « ruse »
Histoire : très répandu jusqu'en 1920, Émile disparut presque totalement en 1980. Depuis 2000, il est à nouveau attribué grâce à la mode des prénoms rétro.
Caractère : doux, vif, fin stratège
Fréquence d'attribution : rare
Évolution : stable
Année record : 1920
Célébrités : *Émile ou De l'éducation*, l'œuvre de Jean-Jacques Rousseau ; le groupe Émile et Images.

☆☆☆ Émilien ☆☆☆

Dérivés : Emylien, Emilian, Emilion
Fête : 12 novembre
Étymologie : du latin *aemulus*, « rival » ou du grec *haimulos*, « ruse »
Histoire : prêtre et ermite espagnol qui vécut au VIe siècle, saint Émilien créa l'hermitage de San Millan. Émilien a connu un grand engouement dans les années 2000. Ils seraient près de 16 000.
Caractère : aventurier, enthousiaste, fiable
Fréquence d'attribution : rare
Évolution : en baisse
Année record : 2002

☆☆☆ Émilio ☆☆☆

Dérivés : Emiliano, Milio
Fête : 22 mai
Étymologie : du latin *aemulus*, « rival » ou du grec *haimulos*, « ruse »
Histoire : arrivé en France en 1906, Émilio connaît un succès croissant depuis 2000. Un prénom qui reste plus courant en Italie, Espagne et Portugal mais qui est parfaitement dans l'air du temps.
Caractère : intègre, généreux, décidé
Fréquence d'attribution : très rare
Évolution : stable
Année record : 2009

☆☆☆ Emmanuel ☆☆☆

Dérivés : Emanuel, Emanuele
Fête : 25 décembre
Étymologie : de l'hébreu imanu-el, « Dieu est avec nous »
Histoire : dans la Bible, Isaïe désigne le Messie du nom d'« Immanuel ». Emmanuel qualifie donc le Christ. Aujourd'hui, ce prénom fait partie des classiques.
Caractère : réservé, doux, optimiste
Fréquence d'attribution : rare
Évolution : stable
Année record : 1971
Célébrités : le styliste Emanuel Ungaro ; le chanteur Emmanuel Moire.

☆☆☆ Emir ☆☆☆

Dérivés : Emire, Emirhan
Étymologie : de l'arabe *emir*, « prince », « chef » ou du turc « décret »
Histoire : attribué depuis les années 70, ce prénom rare est de plus en plus populaire depuis une dizaine d'années. Ils seraient 1 500.
Caractère : rêveur, droit, généreux
Fréquence d'attribution : très rare
Évolution : en hausse
Année record : 2010
Célébrités : le réalisateur Emir Kusturica.

☆☆☆ Ennio ☆☆☆

Dérivés : Enio, Enyo
Étymologie : d'Ennius, poète latin des IIIe et IIe s. av. J-C.
Histoire : si l'on trouve quelques rares Ennio nés dans les années 60 en France, ce prénom commence à décoller depuis les années 2000 grâce à sa forme courte et sa terminaison en « o ». Il devrait encore progresser.
Caractère : sensible, fort, calme
Fréquence d'attribution : très rare
Évolution : en hausse
Année record : 2008
Célébrités : le compositeur Ennio Morricone.

☆☆☆ Enguerrand ☆☆☆

Dérivés : Engérand, Engerran, Engilram, Angelram, Angeran, Angilram, Angilran, Enguerran
Fête : 25 octobre
Étymologie : du germanique *engil*, « ange », et *hramm*, « corbeau »

L'EFFET COUPE DU MONDE 1998

Les Youri, Zinedine, Bixente, Lilian sont nombreux à avoir entre 16 et 18 ans aujourd'hui. Nommés ainsi en hommage aux Bleus qui ont réalisé le doublé Coupe du monde 1998-Euro 2000, ils ont hérité des prénoms les plus originaux des joueurs. Si l'on a recensé 47 petits Zidane en 1997, ils étaient 190 à s'appeler comme le numéro 10 en 1998. Alors qu'il peinait à décoller, le prénom Youri (dédié au milieu de terrain Djorkaeff) a connu un pic cette année-là avec 132 naissances. Le basque Bixente (tel le défenseur Lizarazu) a quant à lui doublé ses attributions en 1999. Idem pour Lilian, passé de 400 naissances en 1997 à 1218 en 1999, et Zidane qui compte aujourd'hui 400 représentants. Fait amusant : le prénom Ronaldo (du nom du joueur de l'équipe du Brésil contre laquelle jouait la France) connut également un pic d'attribution en 1998 !

Histoire : au XIVe siècle, Enguerrand de Marigny, le ministre du roi Philippe le Bel, contribua à propager ce prénom. Réapparu dans les années 70 après l'adaptation télévisée des *Rois Maudits*, Enguerrand serait porté par près de 1 500 personnes.
Caractère : astucieux, fin stratège, vif
Fréquence d'attribution : très rare
Évolution : stable
Année record : 2007
Célébrité : Enguerrand de Marigny, ministre de Philippe le Bel.

Enzo

Dérivés : Henzo, Enzzo, Enso
Fête : 13 juillet
Étymologie : variante italienne de Henri (du germanique, *heim* et *ric*, « maître de maison ») ou diminutif de Lorenzo
Histoire : Enzo commença sa course folle après la sortie du *Grand Bleu* de Luc Besson, en 1988. Il est porté par plus de 90 000 personnes. C'est le douzième prénom préféré masculin des Français.
Caractère : rêveur, fonceur, pragmatique
Fréquence d'attribution : très répandu
Évolution : en baisse
Année record : 2005
Célébrités : Enzo Molinari (Jean Reno), le héros du *Grand Bleu* de Luc Besson.

Éphraïm

Dérivés : Ephrem, Efraïm, Efrain
Fête : 20 avril
Étymologie : de l'hébreu, *éphraïm*, « je fructifierai » ou d'Eprayîm, nom d'une importante tribu israélite
Histoire : dans l'Ancien Testament, Éphraïm est le nom de l'un des deux fils de Joseph. Un prénom encore peu répandu porté par environ 300 personnes en France.
Caractère : spirituel, érudit, adaptable
Fréquence d'attribution : très rare
Évolution : en hausse
Année record : 2008

Éric

Dérivés : Erik, Erick, Eryk, Eryck, Herick, Erico, Heric, Erich, Erich, Eirikur, Erico
Fête : 18 mai
Étymologie : du germanique *aina*, « unique, total », et *ric*, « roi » ; ou de *ehre*, « honneur », et *ric*, « riche, puissant » ; « le maître de tout »
Histoire : ce prénom scandinave, apparu dès le VIIe siècle en Europe du Nord, n'arriva en France qu'au début du XXe siècle. En 1965, Éric se postionna comme le troisième prénom le plus donné. Ils seraient plus de 300 000.
Caractère : passionné, ambitieux, indépendant
Fréquence d'attribution : très rare
Évolution : stable
Année record : 1965
Célébrités : le musicien Eric Clapton ; le navigateur Éric Tabarly.

Ernest

Dérivés : Ernesti, Ernesto, Ernst, Erno
Fête : 7 novembre
Étymologie : du germain *ernst*, « sérieux », ou *ernust*, « combat »
Histoire : il devint à la mode au XIXe siècle grâce à Ernest Renan, auteur d'une provocante *Vie de Jésus*. Aujourd'hui, il est très peu attribué.
Caractère : vif, engagé, exigeant
Fréquence d'attribution : très rare
Évolution : en baisse
Année record : 1906
Célébrités : le héros du dessin animé *Ernest et Célestine* ; l'écrivain Ernest Hemingway.

☆☆☆ Erwan ☆☆☆

Dérivés : Erwan, Herwan, Ervan, Erwane, Herwann, Ervann
Fête : 19 mai
Étymologie : équivalent breton de Yves, de *ywen*, « if » en gallois ou ivin en breton
Histoire : Erwan a refait surface dans les années 60. Après un pic entre 2000 et 2010, il est plus rarement attribué aujourd'hui.
Caractère : déterminé, spirituel, original
Fréquence d'attribution : très rare
Évolution : en baisse
Année record : 2006
Célébrité : le navigateur Erwan Tabarly, neveu d'Éric Tabarly.

☆☆☆ Esteban ☆☆☆

Dérivés : Estebane, Estebann, Estheban, Estefan, Estevan
Fête : 26 décembre
Étymologie : vient du prénom Stéphane, du grec *stephanos*, « couronné »
Histoire : cette forme espagnole d'Etienne arrive en France dans les années 80 porté par la première diffusion du dessin animé *Les Mystérieuses Cités d'Or.*
Caractère : imaginatif, généreux, pragmatique
Fréquence d'attribution : répandu
Évolution : stable
Année record : 2008
Célébrités : Esteban, le héros de la série animée *Les Mystérieuses Cités d'Or.*

☆☆☆ Ethan ☆☆☆

Dérivés : Etan, Ethann, Ethane, Etann, Etane, Eythan
Fête : 7 mars
Étymologie : de l'hébreu *etân*, « fort », « robuste » ou « impétueux »
Histoire : ce prénom de l'Ancien Testament, apparu en France dans les années 90, est aujourd'hui le quinzième prénom masculin le plus donné en France. Ils seraient plus de 35 000.
Caractère : sensible, enthousiaste,
Fréquence d'attribution : très répandu
Évolution : en hausse
Année record : 2010
Célébrités : Ethan Hunt (Tom Cruise), le héros de la série de films *Mission Impossible.*

☆☆☆ Étienne ☆☆☆

Dérivés : Étienne, Estienne, Esteffe, Estève
Fête : 26 décembre
Étymologie : vient du prénom Stéphane, du grec *stephanos*, « couronné »
Histoire : au XIVe, saint Etienne, l'un des premiers diacres martyrs de l'Église, fut si populaire que le prénom Étienne prit le dessus sur Stéphane dont il est issu (Estefan, Estèphe). Un classique qui a réussi à traverser les époques sans se démoder.
Caractère : doux, tolérant, curieux
Fréquence d'attribution : rare
Évolution : en baisse
Année record : 1996
Célébrités : le poète Étienne de la Boétie.

☆☆☆ Eudes ☆☆☆

Dérivés : Eudelin, Odon
Fête : 19 novembre
Étymologie : du germanique *eod*, « le preux »
Histoire : courant au Moyen Âge, Eudes est aujourd'hui plus discret. Plutôt donné dans les milieux aisés, Eudes se classe dans les prénoms dits « BCBG ».
Caractère : généreux, idéaliste, fiable
Fréquence d'attribution : très rare
Évolution : en hausse
Année record : 1989
Célébrités : Eudes, un personnage du Petit Nicolas.

☆☆☆ Eugène ☆☆☆

Dérivé : Eugen
Fête : 13 juillet
Étymologie : du grec *eugenios*, « bien né, de noble race »
Histoire : à l'origine donné comme adjectif, Eugenios se tranforma en prénom dès le IVe siècle. Il fut ensuite porté par quatre papes au Moyen Âge. Très répandu au début du XXe siècle, il a presque disparu aujourd'hui.
Caractère : affectueux, joyeux, non conformiste
Fréquence d'attribution : très rare
Évolution : stable
Année record : 1908
Célébrités : le peintre Eugène Delacroix ; le dramaturge Eugène Ionesco.

☆☆☆ Evan ☆☆☆

Dérivés : Evann, Ewan, Ewann, Evans, Evane, Hevan, Evhan, Ewans, Evahn
Fête : 3 mai
Étymologie : du grec *evan*, « bel ange » ou de l'hébreu *yohânân*, « Dieu pardonne » ou d'une variante galloise de Jean
Histoire : apparu en France dans les années 90, Evan fait partie des 30 prénoms préférés masculins des Français. Il est presque aussi populaire qu'Ethan.
Caractère : responsable, consciencieux, bienveillant
Fréquence d'attribution : très répandu
Évolution : en hausse
Année record : 2008
Célébrité : l'acteur Ewan McGregor.

☆☆☆ Évariste ☆☆☆

Dérivés : Evaristo
Fête : 26 octobre
Étymologie : du latin *evagor*, « se propager, se répandre » ou du grec *euarestos*, « qui plaît, agréable »
Histoire : pape de 97 à 105, saint Évariste fut le quatrième successeur de saint Pierre. Courant en France jusqu'au XIXe siècle, il est aujourd'hui rare.
Caractère : altruiste, intègre, idéaliste
Fréquence d'attribution : très rare
Évolution : en hausse
Année record : 1913
Célébrités : le peintre Évariste-Vital Luminais.

☆☆☆ Ewen ☆☆☆

Dérivés : Ewenn, Even, Evens, Evenn
Fête : 17 avril
Étymologie : équivalent breton Yves, d'*ywen*, « l'if »
Histoire : apparu dans les années 2000, ce prénom connaît un franc succès aujourd'hui.
Caractère : sociable, loyal, diplomate
Fréquence d'attribution : rare
Évolution : stable
Année record : 2006

☆☆☆ Eymeric ☆☆☆

Dérivés : Eymerick, Aymeric
Fête : 4 novembre
Étymologie : du germanique *haim*, « maison » et *ric*, « roi » ; « la maison du roi »
Histoire : prénom médiéval, Aymeric réapparaît dans les années 70. À l'origine, il est plutôt donné dans les familles aisées. Les Aymeric seraient plus de 20 000.
Caractère : sociable, loyal, diplomate
Fréquence d'attribution : rare
Évolution : en hausse
Année record : 2003
Célébrités : le journaliste Aymeric Caron.

☆☆☆ Ézéchiel ☆☆☆

Dérivés : Ezekiel, Ézéquiel, Ezeckiel
Fête : 23 juillet
Étymologie : de l'hébreu *yeh'ezquel*, « Dieu rendra fort »
Histoire : Ézéchiel était un prophète qui vécut au Ve siècle av. J.-C. Il annonça l'imminence du retour à Jérusalem. Attribué en France depuis 1971, Ézéchiel reste discret.
Caractère : vif, créatif, indépendant
Fréquence d'attribution : très rare
Évolution : en hausse
Année record : 2010

☆☆☆ Ezio ☆☆☆

Dérivés : Ezzio
Étymologie : du grec *aetius*, « aigle »
Histoire : extrêmement rare en France jusqu'en 2003, il connaît une ascension fulgurante depuis 2010. Même s'il lui reste du chemin à parcourir pour concurrencer le très populaire Enzo, Ezio est sur la bonne voie.
Caractère : énergique, ambitieux, autonome
Fréquence d'attribution : très rare
Évolution : en hausse
Année record : 2010

F

☆☆☆ Fabien ☆☆☆

Dérivés : Fabio, Fabiano, Fabiolo
Fête : 20 janvier
Étymologie : du latin *faba*, « fève », ou du nom d'une illustre famille romaine
Histoire : pape au IIIe siècle, saint Fabien organisa l'administration de l'Église. Très couru dans les années 80, Fabien est très peu attribué aujourd'hui. Ils seraient plus de 100 000.
Caractère : sensible, fiable,
Fréquence d'attribution : très rare
Évolution : en baisse
Année record : 1984
Célébrités : le footballeur Fabien Barthez.

☆☆☆ Fabrice ☆☆☆

Dérivés : Fabricio, Fabricien, Fabrician, Fabri, Fabrizio
Fête : 22 août
Étymologie : du latin *faber*, « l'artisan, le forgeron »
Histoire : connu depuis l'Antiquité, il fut mis en lumière au XIXe par Stendhal qui nomma son héros Fabrice dans La Chartreuse de Parme. Très répandu entre 1960 et 1980, il n'est presque plus attribué aujourd'hui.
Caractère : fin stratège, énergique, sensible
Fréquence d'attribution : très rare
Évolution : en baisse
Année record : 1973
Célébrités : l'acteur Fabrice Luchini ; le tennisman Fabrice Santoro.

☆☆☆ Fares ☆☆☆

Dérivés : Farès, Faress, Faresse
Étymologie : de l'arabe *faris*, « cavalier » ou « chevalier »
Histoire : connu depuis longtemps dans les pays arabes, ce prénom est arrivé en France à la fin des années 50. Depuis 1995, il plaît de plus en plus et connaît une forte croissance.
Caractère : efficace, passionné, ambitieux
Fréquence d'attribution : rare
Évolution : en hausse
Année record : 2010
Célébrités : le footballeur Farès Bahlouli.

☆☆☆ Farid ☆☆☆

Dérivés : Fareed, Faride, Farrid, Ferid, Farrid, Férid, Faris, Fahrid, Férid
Étymologie : de l'arabe « incomparable », « unique »
Histoire : selon la légende, ce prénom musulman fait de celui qui le porte l'élu de Dieu. Apparu dans les années 50, il est moins populaire aujourd'hui.
Caractère : indépendant, généreux, persévérant
Fréquence d'attribution : très rare
Évolution : en baisse
Année record : 1975
Célébrités : le comédien Farid Chopel.

☆☆☆ Farouk ☆☆☆

Dérivés : Farouck, Faruk, Farik
Étymologie : de l'arabe « celui qui sait » ou « celui qui aura du succès »
Histoire : arrivé en France en 1946, Farouk a connu un pic d'attribution dans les années 80 mais il est en perte de vitesse aujourd'hui, notamment à cause de la mauvaise réputation du roi Farouk.
Fréquence d'attribution : très rare
Évolution : stable
Année record : 1982
Célébrités : le roi d'Égypte Farouk Ier.

☆☆☆ Faustin ☆☆☆

Dérivés : Faust, Faustino, Fausto
Fête : 15 février
Étymologie : du latin *faustus*, « favorable »
Histoire : martyr chrétien, saint Faustin fut, au IVe siècle, jeté dans le Tibre, à Rome, avec son frère. Attribué depuis de nombreuses années, Faustin a de plus en plus de succès depuis la fin des années 90.
Caractère : droit, rêveur, volontaire
Fréquence d'attribution : très rare
Évolution : stable
Année record : 2009

☆☆☆ Félicien ☆☆☆

Dérivés : Felizian, Felise, Felizon
Fête : 9 juin
Étymologie : du latin *felicitas*, « chance », « bonheur »
Histoire : Félicien est un prénom porté par trois saints. Il a traversé les époques et les pays et est toujours attribué. Plus courant cependant au début du XXe siècle.
Caractère : curieux, imaginatif, vif
Fréquence d'attribution : très rare
Évolution : en baisse
Année record : 1908
Célébrités : l'écrivain Félicien Marceau.

☆☆☆ Felipe ☆☆☆

Dérivés : Felip, Filipo, Filippo, Philipos
Fête : 3 mai
Étymologie : du grec du grec *philo*, « ami », et *hippos*, « cheval » : « qui aime les chevaux »
Histoire : cette variante espagnole de Philippe a pris son essor en France dans les années 60. Aujourd'hui, il est assez peu attribué.
Caractère : sympathique, énergique, fin stratège
Fréquence d'attribution : très rare
Évolution : en baisse
Année record : 1972
Célébrités : l'homme politique Felipe González.

☆☆☆ Félix ☆☆☆

Dérivés : Felis, Felise, Felitch, Fieliks, Filice, Filiz
Fête : 12 février
Étymologie : du latin *felicitas*, « chance », « bonheur »
Histoire : déjà recensé chez les Romains, Félix était très populaire au début du XXe siècle avec plus de 1000 attributions par an. Aujourd'hui, il plaît à nouveau.
Caractère : sensible, doux, idéaliste
Fréquence d'attribution : rare
Évolution : en hausse
Année record : 1905
Célébrités : le personnage du dessin animé *Félix le Chat*, le chanteur Félix Leclerc.

☆☆☆ Ferdinand ☆☆☆

Dérivés : Ferdi, Ferdie, Ferdinando
Fête : 30 mai
Étymologie : du germanique *fried*, « protecteur », ou *frithu*, « paix », et *nant*, « hardi, courageux » : « celui qui a le courage de faire la paix »
Histoire : au XIIIe siècle, saint Ferdinand, roi de Castille fut très respecté. Il refoula les Maures et imposa le castillan comme langue nationale.
Caractère : chaleureux, habile, raffiné
Fréquence d'attribution : très rare
Évolution : stable
Année record : 1903
Célébrités : le créateur du canal de Suez, Ferdinand de Lesseps.

☆☆☆ Fidèle ☆☆☆

Dérivés : Fidel, Fidelo, Fidelio, Fidelu
Fête : 24 avril
Étymologie : du latin *fidelis*, « croyant », « fidèle »
Histoire : en France, ce prénom a surtout été attribué entre 1900 et 1938 mais depuis 2010, il refait surface et plaît à nouveau. Les Fidèle restent tout de même extrêmement rares. Ils seraient une centaine.
Caractère : entreprenant, entier, loyal
Fréquence d'attribution : très rare
Évolution : stable
Année record : 1914
Célébrités : le dictateur cubain Fidel Castro.

☆☆☆ Finlay ☆☆☆

Dérivés : Finnian, Finbar, Finn, Finnegan
Fête : 12 décembre
Étymologie : de l'irlandais *finn*, « beau »
Histoire : venu d'Irlande, Finlay n'est apparu qu'en 1999. Les enfants portant ce prénom seraient moins de 100, en France. Il est beaucoup plus répandu dans les pays anglo-saxons.
Caractère : appliqué, travailleur, organisé
Fréquence d'attribution : très rare
Évolution : stable
Année record : 2005

☆☆☆ Firmin ☆☆☆

Dérivés : Fermin, Ferminxto, Firmino, Firminien
Fête : 11 octobre
Étymologie : du latin *firmus*, « ferme », « solide dans ses convictions »
Histoire : évêque d'Uzès au VIe siècle, saint Firmin, venait en aide aux plus faibles. Plus couru au début du XXe siècle qu'aujourd'hui, Firmin se fait discret.
Caractère : sage, bienveillant, sensible
Fréquence d'attribution : très rare
Évolution : en hausse
Année record : 1902
Célébrité : l'illustrateur Firmin Bouisset, connu pour ses affiches (Meunier et Lu).

☆☆☆ Flavio ☆☆☆

Dérivés : Flavien, Flavian, Flavius
Fête : 18 février
Étymologie : du latin *flavius*, « blond »
Histoire : très répandu en Italie et en Espagne, Flavio est de plus en plus tendance en France. Depuis 2000, il connaît une forte croissance. On en compterait près de 3000.
Caractère : diplomate, droit, sociable
Fréquence d'attribution : très rare
Évolution : stable
Année record : 2006

☆☆☆ Florent ☆☆☆

Dérivés : Florentin, Florestan, Floris
Fête : 4 juillet
Étymologie : du latin *florens*, « florissant »
Histoire : saint Florent évangélisa le Quercy au Ve siècle. Très répandu dans les années 80 avec plus de 4000 attributions par an, Florent se fait plus rare aujourd'hui.
Caractère : généreux, utopiste, réfléchi
Fréquence d'attribution : rare
Évolution : en baisse
Année record : 1989
Célébrités : le nageur Florent Manaudou ; le chanteur Florent Pagny.

☆☆☆ Florian ☆☆☆

Dérivés : Floryan, Floriant, Floriano, Floriant, Floriano
Fête : 4 mai
Étymologie : du latin *florens*, « florissant »
Histoire : très courant en Autriche, Florent a pris son envol en France dans les années 70. Il a connu un pic dans les années 90 avec près de 7000 naissances de petits Florian par an. Moins attribué aujourd'hui, ils seraient plus de 120 000.
Caractère : tendre, méticuleux, optimiste
Fréquence d'attribution : répandu
Évolution : en baisse
Année record : 1991
Célébrités : l'animateur Florian Gazan.

☆☆☆ Francis ☆☆☆

Dérivés : Francisco, Franciscus
Fête : 24 janvier
Étymologie : du latin *francus*, « homme libre »
Histoire : équivalent anglais de François, Francis était très présent dès le XIXe siècle dans les pays anglophones. En France, il connut un vrai engouement dans les années 50. Moins donné aujourd'hui, Francis serait porté par plus de 120 000 personnes.
Caractère : observateur, sensible, romantique
Fréquence d'attribution : très rare
Évolution : stable

Année record : 1952
Célébrités : le chanteur Francis Lalane ; le réalisateur Francis Ford Coppola.

☆☆☆ Franck ☆☆☆

Dérivés : Frank, Francky, Franky, Franco, Francy, Franch, Franki, Francki, Franc
Fête : 24 janvier
Étymologie : du latin *francus*, « homme libre »
Histoire : Franck a connu son âge d'or entre 1960 et 1980 avec plus de 10 000 enfants prénommés Franck chaque année ! Aujourd'hui, il a presque disparu. Même si les Franck seraient plus de 170 000 en France.
Caractère : déterminé, rationnel, énergique
Fréquence d'attribution : très rare
Évolution : en baisse
Année record : 1965
Célébrités : l'humoriste Franck Dubosc ; le footballeur Franck Ribéry.

☆☆☆ François ☆☆☆

Dérivé : Francelin
Fête : 4 octobre
Étymologie : du latin *francus*, « homme libre »
Histoire : au XIIIe siècle, saint François d'Assisses vendit ses biens et créa l'ordre des Franciscains. De part son étymologie, François est un prénom typiquement français. Très répandu pendant près de 80 ans, il connaît aujourd'hui une chute depuis 1980. Les François seraient plus de 240 000.
Caractère : bavard, franc, appliqué
Fréquence d'attribution : rare
Évolution : en baisse
Année record : 1963
Célébrités : les présidents François Mitterrand et François Hollande ; l'acteur François Cluzet.

☆☆☆ Freddy ☆☆☆

Dérivés : Freddie, Fredi, Fredo
Fête : 18 juillet
Étymologie : du germanique *fried*, « protecteur » et *ric*, « puissant » ou *rik*, « roi »
Histoire : ce diminutif de Frédéric fut surtout populaire dans les années 70, sans doute grâce au succès du groupe Queen. Depuis, il n'est presque plus attribué.
Caractère : volontaire, engagé, fiable
Fréquence d'attribution : très rare
Évolution : en baisse
Année record : 1975
Célébrités : le chanteur de Queen, Freddie Mercury.

☆☆☆ Frédéric ☆☆☆

Dérivés : Friedrich, Frido, Fritz, Frederico
Fête : 18 juillet
Étymologie : du germanique *fried*, « protecteur » et *ric*, « puissant » ou *rik*, « roi »
Histoire : extrêmement populaire entre 1960 et 1990, Frédéric a été le quatrième prénom le plus porté en 1973. Il est aujourd'hui plus discret, mais ils seraient plus de 300 000.
Caractère : dynamique, curieux, courageux
Fréquence d'attribution : très rare
Évolution : en baisse
Année record : 1973
Célébrités : l'animateur Frédéric Lopez.

G

☆☆☆ Gabin ☆☆☆

Dérivés : Gabyn, Gabino, Gavino, Gabien, Gabir, Gabinuis, Gabinien
Fête : 19 février
Étymologie : du latin *Gabinus*, « qui vient de Gabium », une petite ville d'Italie
Histoire : l'engouement pour Gabin vient-il de la mort de l'acteur Jean Gabin en 1976 ? On le suppose car ce prénom, avant presque inconnu, se mit à décoller au début des années 80. Aujourd'hui, c'est le vingtième prénom masculin préféré des Français.
Caractère : bienveillant, indépendant, pacifique
Fréquence d'attribution : très répandu
Évolution : en hausse
Année record : 2010
Célébrités : l'acteur Jean Gabin.

☆☆☆ Gabriel ☆☆☆

Dérivés : Gabryel, Gabriele, Gaby, Gabi, Gabrielo
Fête : 29 septembre
Étymologie : de l'hébreu *gavar*, « force » et *el*, « Dieu » : « force de Dieu »
Histoire : dans la Bible, l'ange Gabriel annonça à Marie la naissance de Jésus. Très courant depuis les années 2000, c'est le deuxième prénom masculin préféré des Français. Ils seraient près de 100 000.
Caractère : généreux, bavard, attaché à sa famille
Fréquence d'attribution : très répandu
Évolution : en hausse
Année record : 2010
Célébrités : l'écrivain Gabriel García Márquez.

☆☆☆ Gad ☆☆☆

Fête : 8 juin
Étymologie : de l'hébreu, « honneur »
Histoire : dans la Bible, Gad est le fondateur de l'une des tribus d'Israël. Au IVe siècle, saint Gad fut aussi l'un des premiers évêques d'Évreux. Arrivé en France en 1966, Gad commença à plaire dans les années 90. Il reste peu donné.
Caractère : optimiste, ambitieux, pragmatique
Fréquence d'attribution : très rare
Évolution : en hausse
Année record : 2006
Célébrités : l'humoriste Gad Elmaleh.

☆☆☆ Gaël ☆☆☆

Dérivés : Gael, Gaëlig
Fête : 17 décembre
Étymologie : des Gaëls, un vieux peuple celte établi en Irlande depuis le Ve siècle av J.-C., dérivé de *geal* qui signifie « blanc » en gaëlique
Histoire : prénom breton par excellence, Gaël fut très attribué entre 1970 et 1990. Depuis, il est un peu moins populaire. On en dénombrerait plus de 30 000.
Caractère : indépendant, réfléchi, exigeant
Fréquence d'attribution : rare
Évolution : en hausse
Année record : 1982
Célébrités : l'acteur Gaël García Bernal, le tennisman Gaël Monfils.

☆☆☆ Gaétan ☆☆☆

Dérivés : Gaetan, Gaëtan, Gaethan, Gaetano
Fête : 7 août
Étymologie : du latin *Caietanus*, « originaire de Caieta », une ville d'Italie
Histoire : connu dès le XVe siècle en Italie, Gaétan ne décolla en France que dans les années 70. Moins populaire depuis 1990, il reste toujours attribué.
Caractère : rêveur, romantique, passionné
Fréquence d'attribution : rare
Évolution : stable
Année record : 1990
Célébrités : l'auteur-compositeur Gaëtan Roussel, chanteur du groupe Louise Attaque.

☆☆☆ Gary ☆☆☆

Dérivés : Garry, Gari
Fête : 3 octobre
Étymologie : du germanique *ger*, « la lance » et *hart*, « fort »
Histoire : variante anglo-saxonne de Gérard, Gary fut d'abord très populaire aux États-Unis dans les années 30 (grâce à Gary Cooper) avant d'arriver en France en 1947. Aujourd'hui, c'est un prénom peu attribué.
Caractère : sociable, sensible, sage
Fréquence d'attribution : très rare
Évolution : stable
Année record : 1984
Célébrités : l'acteur Gary Cooper.

☆☆☆ Gaspard ☆☆☆

Dérivés : Gaspar, Casper, Kasper, Jasper
Fête : 6 janvier
Étymologie : de l'hébreu « gardien du trésor » ou du latin *gathaspa*, « celui qui vient voir »
Histoire : dans la Bible, Gaspard est l'un des Rois mages venus d'Orient. Peu attribué au XXᵉ siècle, Gaspard ne cesse de plaire depuis les années 2000. C'est le seizième prénom préféré des Parisiens. On en dénombrerait près de 11 000.
Caractère : réservé, tendre, affectueux
Fréquence d'attribution : répandu
Évolution : en hausse
Année record : 2010
Célébrités : l'humoriste Gaspard Proust, l'acteur Gaspard Ulliel.

JEAN ET MARIE, PRÉNOMS RECORDS

En tête du palmarès de l'histoire : Jean pour les garçons et Marie pour les filles. Jean devient le premier par la fréquence au XIVᵉ siècle et se maintient en tête jusqu'en 1937, avec jusqu'aux années 1960 les dérivés composés : Jean-Pierre, Jean-Claude, Jean-Michel… Marie reste le prénom phare du XIIIᵉ siècle à 1914, soit 700 ans !

☆☆☆ Gaston ☆☆☆

Dérivés : Gastéa, Gastean, Gasto, Gastoun, Gastone
Fête : 6 février
Étymologie : du germanique *gast*, « hôte »
Histoire : au VIᵉ siècle, saint Gaston fut le catéchiste de Clovis. Répandu au Moyen Âge, Gaston fut ensuite très populaire de 1900 à 1920. Il revient timidement aujourd'hui.
Caractère : sensible, affectueux, fidèle
Fréquence d'attribution : très rare
Évolution : en hausse
Année record : 1920
Célébrités : le héros de BD, Gaston Lagaffe.

☆☆☆ Gatien ☆☆☆

Dérivés : Gatian, Gratien
Fête : 18 décembre
Étymologie : du latin *gatinus*, une « terre de marécages » qui a donné son nom au Gâtinais (vers Tours)
Histoire : saint Gatien fut le premier évêque de Tours à la fin du IIIᵉ siècle. Longtemps oublié, Gatien est en hausse depuis 1980. Ils seraient 2 000.
Caractère : pacifique, attaché à sa famille, passionné
Fréquence d'attribution : très rare
Évolution : stable
Année record : 2007
Célébrités : l'artiste-peintre Gatien Moisan.

☆☆☆ Gauthier ☆☆☆

Dérivés : Gautier, Gaultier, Gaulthier, Gotye
Fête : 9 avril
Étymologie : du germanique *waldan*, « gouverner », et *her*, « armée »
Histoire : au XIᵉ siècle, saint Gauthier fonda l'abbaye bénédictine de Pontoise. Gauthier connut un vrai engouement entre 1980 et 2000. Depuis, il est plutôt en baisse.
Caractère : actif, sensible, indépendant
Fréquence d'attribution : rare
Évolution : stable
Année record : 1996
Célébrités : le skieur Gauthier de Tessières.

☆☆☆ Gauvain ☆☆☆

Dérivés : Gauvin, Galwin, Gavin, Gawain, Gawen, Gawin
Fête : 3 juin
Étymologie : du vieux gallois, *gawin*, « petit faucon »
Histoire : chevalier de la table ronde dans la Légende arthurienne, Gauvain est le neveu préféré du Roi Arthur. Attribué depuis la fin des années 70, Gauvain reste un prénom rare.
Caractère : secret, dévoué, optimiste
Fréquence d'attribution : très rare
Évolution : en hausse
Année record : 2003
Célébrité : Gauvain, personnage du *Conte du Graal*.

☆☆☆ Gédéon ☆☆☆

Dérivé : Gidéon, Géréon
Étymologie : de l'hébreu *guideoni*, « ma saison de chance »
Histoire : dans la Bible, Gédéon est le cinquième juge d'Israël. Il mit en déroute une bande de pilleurs, les Madianites. Réapparu en 1994, Gédéon connaît depuis une croissance régulière.
Caractère : autonome, aventurier, intuitif
Fréquence d'attribution : très rare
Évolution : stable
Année record : 2010
Célébrités : Gédéon, le héros du dessin animé du même nom.

☆☆☆ Geoffrey ☆☆☆

Dérivés : Geoggroy, Geofroy, Geoffroi, Jauffret, Jauffrey, Joffret
Fête : 8 novembre
Étymologie : du germanique *gaut*, « divinité », et *frid*, « paix », ou *fried*, « protecteur » : « la paix de Dieu »
Histoire : aux XIe et XIIe siècles, en Normandie et en Angleterre, Geoffrey fut l'un des prénoms les plus donnés dans les familles nobles. Il prit le dessus sur Geoffroy entre 1980 et 1990. Beaucoup plus discret aujourd'hui..
Caractère : énergique, passionné, persévérant
Fréquence d'attribution : très rare
Évolution : en baisse
Année record : 1990
Célébrités : le rugbyman Geoffroy Messina.

☆☆☆ Georges ☆☆☆

Dérivés : George, Gheorghe, Georgy, Georgi, Georg
Fête : 23 avril
Étymologie : du grec *giorgios*, « celui qui laboure la terre »
Histoire : très répandu en France entre 1900 et 1920 (avec plus de 11 000 naissances de petits Georges cette année là !), ce prénom avait presque disparu en 2000. Il pourrait revenir à la mode ces prochaines années, notamment grâce au « royal baby » du Prince William et de Kate Middleton.
Caractère : sociable, curieux, ambitieux
Fréquence d'attribution : très rare
Évolution : en baisse
Année record : 1920
Célébrités : l'acteur George Clooney, le chanteur Georges Brassens.

☆☆☆ Gérard ☆☆☆

Dérivés : Gérald, Gerald, Gerhard, Géraud
Fête : 3 octobre
Étymologie : du germanique *ger*, « la lance » et *hart*, « fort »
Histoire : ce prénom médiéval connut plusieurs périodes de succès. Entre 1945 et 1950, c'était le troisième prénom le plus donné en France. On compte près de 300 000 Gérard.
Caractère : intuitif, travailleur, engagé
Fréquence d'attribution : très rare
Évolution : en baisse
Année record : 1949
Célébrités : les comédiens Gérard Jugnot et Gérard Depardieu.

☆☆☆ Germain ☆☆☆

Dérivés : German, Gerano, Germann, Germanus, Guerman
Fête : 28 mai
Étymologie : soit du germanique *gari*, « lance » et *mundo*, « protection » ; soit du latin *germanus*, « issu du même sang » ou encore *germanicus*, « le germain »
Histoire : saint Germain fut gouverneur d'Auxerre au Ve siècle. Ce prénom très ancien connu depuis le Ier siècle avant J.-C a traversé toutes les époques jusqu'à aujourd'hui. Moins populaire qu'au début du XXe siècle, Germain est néanmoins toujours là.

Caractère : raffiné, pudique, cartésien
Fréquence d'attribution : très rare
Évolution : stable
Année record : 1912

☆☆☆ Ghislain ☆☆☆

Dérivés : Gislain, Ghyslain, Gislhain, Gyslain, Guislain
Fête : 10 octobre
Étymologie : du germanique *ghil*, « otage », et *hard*, « dur ».
Histoire : au VIIe siècle, saint Ghislain fonda un grand monastère en Belgique autour d'une ville qui porte maintenant son nom. Entre 1970 et 1990 Ghislain connut un vrai engouement. Il est moins populaire aujourd'hui.
Caractère : dynamique, charmant, élégant
Fréquence d'attribution : très rare
Évolution : en baisse
Année record : 1972
Célébrités : les réalisateurs Ghislain Vidal et Ghislain Taschereau.

☆☆☆ Gianni ☆☆☆

Dérivés : Giani, Gianny, Giany, Gian, Gianny
Fête : 24 juin
Étymologie : de l'hébreu, « Dieu fait grâce »
Histoire : à l'origine, Gianni est le diminutif de Giovanni, le « Jean italien ». Mais depuis l'an 2000, il connaît un vrai succès comme prénom à part entière, en Italie ou en France. Ils seraient déjà 5 000.
Caractère : curieux, vif, passionné
Fréquence d'attribution : très rare
Évolution : en hausse
Année record : 2009
Célébrités : le couturier Gianni Versace.

☆☆☆ Gilbert ☆☆☆

Dérivés : Gilberto, Gisbert, Gilbrecht, Gijsbert, Gisberto
Fête : 7 juin
Étymologie : du germanique *gisil*, « descendant » et *bert*, « brillant »
Histoire : saint Gilbert fonda deux monastères au XIIe siècle en Auvergne. Venu de Grande-Bretagne, Gilbert fut un prénom très couru au Moyen Âge. Après avoir été très populaire dans les années 50, il a presque disparu aujourd'hui.
Caractère : logique, optimiste, altruiste
Fréquence d'attribution : très rare
Évolution : en baisse
Année record : 1947
Célébrités : les chanteurs Gilbert Montagné et Gilbert Bécaud ; l'acteur Gilbert Melki.

☆☆☆ Gildas ☆☆☆

Dérivés : Jildas, Jildaz, Jildazig
Fête : 29 janvier
Étymologie : dérivé du prénom Gweltaz, du celte *gwelt*, « chevelure »
Histoire : originaire d'Écosse, saint Gildas évangélisa le Pays de Galles et l'Irlande avant de finir ses jours sur l'île de Houat. Ce prénom breton surtout plébiscité dans les années 70 est aujourd'hui peu attribué.
Caractère : organisé, charmant, original
Fréquence d'attribution : très rare
Évolution : en baisse
Année record : 1973

☆☆☆ Gilles ☆☆☆

Dérivés : Ghiles, Gil, Gils, Gyl, Gill, Giles, Gille
Fête : 1er septembre
Étymologie : du prénom latin *Aegidius*, « le protecteur » ou du germanique *gisil*, « de haute origine »
Histoire : au VIe siècle, saint Gilles fonda une abbaye sur l'un des chemins de Compostelle. Souvent oublié aujourd'hui, ce prénom connut un boom entre 1950 et 1970 avec jusqu'à 7 000 attributions par an. Ils seraient plus de 150 000.
Caractère : prudent, rationnel, réfléchi
Fréquence d'attribution : en baisse
Évolution : très rare
Année record : 1959
Célébrités : le chanteur Gilles Servat, l'acteur Gilles Lellouche.

☆☆☆ Giovanni ☆☆☆

Dérivés : Giovani, Giovanny, Giovany, Giovan, Giovann, Giovanne, Giovane
Fête : 24 juin
Étymologie : variante italienne de Jean, de l'hébreu, « Dieu pardonne »
Histoire : depuis l'an 2000, Giovanni connaît un franc succès grâce à la vague des prénoms italiens. Ira-t-il jusqu'à remplacer Jean ?
Caractère : audacieux, esthète, imaginatif
Fréquence d'attribution : très rare
Évolution : stable
Année record : 1990
Célébrités : l'industriel Giovanni Agnelli, dirigeant de la société Fiat.

☆☆☆ Giulio ☆☆☆

Dérivé : Jovilios
Étymologie : se rapporte à la famille romaine Iule
Histoire : ce prénom italien, équivalent du Jules français, était présent dès les années 20 en France. Depuis les années 2000, il connaît une forte croissance, même si les Giulio restent encore extrêmement rares (300 maximum).
Caractère : énergique, ambitieux, créatif
Fréquence d'attribution : en hausse
Évolution : en hausse
Année record : 2010
Célébrités : le compositeur Giulio Cesare Monteverdi.

☆☆☆ Glenn ☆☆☆

Dérivé : Glen
Fête : 11 septembre
Étymologie : du gaélique *gleann*, « vallée »
Histoire : venu des États-Unis, ce prénom popularisé grâce à l'acteur Glenn Hunter n'arriva en France que dans les années 50. Après un pic relatif dans les années 90, Glenn est à nouveau discret.
Caractère : loyal, sociable, affectueux
Fréquence d'attribution : très rare
Évolution : en baisse
Année record : 1998
Célébrités : le chanteur Glenn Mederos ; le compositeur Glenn Gould.

☆☆☆ Godefroy ☆☆☆

Dérivés : Godefroi, Godfred, Godfroi, Gottfriede, Gottfredo
Fête : 8 novembre
Étymologie : du germain *gaut*, « divinité », et *frid*, « paix », ou *fried*, « protecteur » : « la paix de Dieu »
Histoire : né au XIe siècle, saint Godefroy fut nommé évêque d'Amiens. Prénom médiéval par excellence, Godefroy a traversé les époques. Il est toujours attribué. On compterait plus de 800 Godefroy en France.
Caractère : indépendant, volontaire, courageux
Fréquence d'attribution : très rare
Évolution : en baisse
Année record : 1996
Célébrité : le héros des *Visiteurs*, Godefroy de Montmirail.

☆☆☆ Gontran ☆☆☆

Dérivé : Gontrand
Fête : 28 mars
Étymologie : du germanique *gund*, « combat », et *harban*, « corbeau »
Histoire : saint Gontran, roi de Bourgogne de 561 à 593, fut un roi aimé qui tenta de maintenir la paix et de défendre les pauvres. Ce prénom très ancien est toujours donné aujourd'hui.
Caractère : fin stratège, volontaire, vif
Fréquence d'attribution : très rare
Évolution : en baisse
Année record : 1913
Célébrités : le personnage Gontran Bonheur, le cousin de Donald.

☆☆☆ Gonzague ☆☆☆

Fête : 21 juin
Étymologie : du nom d'une famille princière de la ville de Gonzaga, en Italie
Histoire : au XVIe siècle, Louis, un jeune prince venu de Gonzague, renonça à tous ses privilèges pour entrer chez les Jésuites. Il fut

canonisé en 1726 et propagea le prénom Gonzague. Un prénom rare plutôt connoté BCBG.
Caractère : calme, courageux, affectueux
Fréquence d'attribution : très rare
Évolution : en baisse
Année record : 1975
Célébrités : le journaliste Gonzague Saint Bris.

☆☆☆ Gordon ☆☆☆

Fête : 23 avril
Étymologie : du nom d'un lieu en Écosse signifiant « la montagne aux trois versants »
Histoire : utilisé comme prénom depuis le XIXe siècle, l'écossais Gordon est arrivé en France dans les années 20. Mais il ne fut régulièrement attribué qu'à partir de 1985.
Caractère : audacieux, énergique, fort
Fréquence d'attribution : très rare
Évolution : en baisse
Année record : 1999
Célébrités : le chef Gordon Ramsey.

☆☆☆ Grégoire ☆☆☆

Fête : 3 septembre
Étymologie : du grec egrēgorein, « veilleur »
Histoire : haut fonctionnaire romain, saint Grégoire se défit de tous ses biens pour devenir moine. Il fut nommé pape en 590. Ce prénom connut une belle progression entre 1970 et 2000. Depuis, il est moins attribué.
Caractère : optimiste, curieux, pragmatique
Fréquence d'attribution : rare
Évolution : stable
Année record : 1998
Célébrités : le chanteur Grégoire.

☆☆☆ Grégory ☆☆☆

Dérivés : Gregori, Gregorio, Gregor
Fête : 3 septembre
Étymologie : du grec *egrēgorein*, « veilleur »
Histoire : déjà courant dans les pays anglo-saxons, Grégory n'arrive en France que dans les années 70, mais il devient tout de suite très populaire jusqu'en 1990 avec plus de 5 000 attributions par an. On en dénombrerait près de 90 000.
Caractère : dynamique, courageux, indépendant
Fréquence d'attribution : très rare
Évolution : en baisse
Année record : 1982
Célébrités : l'acteur Gregory Peck ; le chanteur Grégory Lemarchal.

☆☆☆ Grichka ☆☆☆

Fête : 3 septembre
Étymologie : du grec *egrēgorein*, « veilleur »
Histoire : ce prénom fut attribué en France à partir de 1981 juste après le début de diffusion de l'émission *Temps X* animée par les frères Igor et Grichka Bogdanoff de 1979 à 1987. Il n'est plus donné aujourd'hui.
Caractère : érudit, curieux, adaptable
Fréquence d'attribution : très rare
Évolution : stable
Année record : 1989
Célébrités : l'animateur et scientifique Grichka Bogdanoff.

☆☆☆ Guilhem ☆☆☆

Dérivés : Guillem, Guylhem, Guilem, Guilhem
Fête : 10 janvier
Étymologie : du germanique *will*, « volonté » et *helm*, « protection »
Histoire : cette variante de Guillaume donnée à de nombreux nobles, seigneurs et religieux fut redécouverte, en France, dans les années 80. Les Guilhem seraient près de 5 000.
Caractère : émotif, persévérant, enthousiaste
Fréquence d'attribution : très rare
Évolution : stable
Année record : 1998

☆☆☆ Guillaume ☆☆☆

Dérivés : Guillerme, Guillermo, Guillemet, Guillemin, Guilhaume, Guyllaume, Gwilherm
Fête : 10 janvier
Étymologie : du germanique *will*, « volonté » et *helm*, « protection »
Histoire : ce prénom de chevalier qui doit beaucoup à Guillaume le Conquérant figure aujourd'hui parmi les classiques. S'il atteignit des sommets dans les années 90 (jusqu'à 9 000 naissances par an), il est encore beaucoup donné aujourd'hui. Les Guillaume seraient plus de 200 000.
Caractère : fidèle, honnête, passionné
Fréquence d'attribution : répandu
Évolution : en baisse
Année record : 1984
Célébrités : l'acteur Guillaume Canet ; le journaliste Guillaume Durand.

☆☆☆ Gunther ☆☆☆

Dérivé : Gonthier, Gontario, Gunder, Gunter, Günzel
Étymologie : du scandinave, « guerrier »
Histoire : courant dans les pays germaniques et en Scandinavie, Gunther reste un prénom assez marginal en France. Ils seraient environ 300.
Caractère : sensible, convainquant, optimiste
Fréquence d'attribution : très rare
Évolution : stable
Année record : 1944
Célébrités : l'artiste Gunther Love.

☆☆☆ Gurvan ☆☆☆

Dérivés : Gurvann, Gourvan, Gurvann, Gurwan,
Fête : 8 janvier
Étymologie : du préfixe *gur*, « très » et du terme gallois *c'hoant*, « passion »
Histoire : gendre du roi Erispoé, Gurvan fut l'assassin commanditaire du dernier roi de Bretagne, son cousin Salomon III. Redécouvert depuis 1970, il a connu un pic en 2000. Aujourd'hui, il se fait plus discret.
Caractère : bon, diplomate, sociable
Fréquence d'attribution : très rare
Évolution : stable
Année record : 1988

☆☆☆ Gustave ☆☆☆

Dérivés : Gustaf, Gustav, Gustavo, Gustavus, Gust, Gus
Fête : 7 octobre
Étymologie : du germanique *gustav*, « qui prospère »
Histoire : ce prénom porté par six rois suédois fut très courant au début du XXe siècle. Dans les années 80, il tombe dans l'oubli. Aujourd'hui, il reprend des forces depuis 2000.
Caractère : affectueux, ambitieux, courageux
Fréquence d'attribution : très rare
Évolution : stable
Année record : 1907
Célébrités : l'auteur Gustave Flaubert.

☆☆☆ Guy ☆☆☆

Dérivés : Guyon, Gui, Guidoni, Guido, Gwijde
Fête : 12 juin
Étymologie : du germanique *wid*, « forêt »
Histoire : connu dès le Moyen Âge, Guy devient un prénom très populaire entre 1930 et 1960. S'il n'est plus attribué aujourd'hui, on compterait plus de 180 000 Guy.
Caractère : honnête, fidèle, raisonnable
Fréquence d'attribution : très rare
Évolution : stable
Année record : 1947
Célébrités : l'animateur Guy Lux, le chanteur Guy Béart, l'humoriste Guy Bedos.

Gweltaz

Dérivés : Gweltas, Gweltazenn, Gweltazig
Fête : 29 janvier
Étymologie : du celte *gwelt*, « chevelure »
Histoire : cette variante bretonne de Gildas a commencé à être attribuée dans les années 70. Il reste toujours rare aujourd'hui. Les Gweltaz seraient au nombre de 300.
Caractère : persévérant, affectueux, protecteur
Fréquence d'attribution : très rare
Évolution : en baisse
Année record : 1979

Gwen (mixte)

Dérivés : Gwenn
Fête : 21 février
Étymologie : du celte *gwenn*, « blanc »
Histoire : ce prénom mixte typiquement breton est réapparu dans les années 70. Depuis, il plaît régulièrement pour sa forme courte et ses sonorités douces. On en compte plus de 400.
Caractère : fiable, tenace, méthodique
Fréquence d'attribution : très rare
Évolution : en hausse
Année record : 2006

LES PRÉNOMS BRETONS

Les très anciens prénoms bretons mettaient autrefois en valeur des vertus guerrières qu'on souhaitait que les petits garçons puissent développer. Ainsi, l'équivalent breton des mots combat, bouclier, guerre, brave, valeureux étaient souvent utilisés pour composer des prénoms. Comme aussi les mots ours, chien, loup, corbeau, cheval car ces animaux apparaissaient dans les littératures héroïques celtiques et correspondaient à des qualificatifs élogieux attribués aux guerriers. Ainsi, Tanguy signifie « chien ardent au combat », Arthur « homme qui se bat comme un ours », Guyomar « digne d'avoir un bon cheval », Rioual « roi valeureux », Gweltaz évoqué ci-contre « chevelure » parce qu'on considérait sous l'Antiquité que la force résidait dans les cheveux des guerriers, etc.

Gwenaël

Dérivés : Guenaël, Gwellaouen, Gwenhael, Gwennael, Gwenhael, Gwenvaël
Fête : 3 novembre
Étymologie : du celte *gwenn*, « blanc » et *ael*, « ange » : « ange blanc »
Histoire : abbé au VIe siècle, saint Gwenaël a reconstruit de nombreux monastères en Irlande. Il a aussi bâti le sien en Bretagne. Ce prénom breton connut un certain succès entre 1970 et 1990. Toujours attribué, il remonte légèrement. Ils seraient près de 9000.
Caractère : efficace, bon, structuré
Fréquence d'attribution : très rare
Évolution : en hausse
Année record : 1976

Gwendal

Dérivés : Gwendall, Gwendhal
Fête : 18 janvier
Étymologie : du celte *gwenn*, « blanc » et *tal*, « front » : « le garçon au front pur »
Histoire : apparu dans les années 70, ce prénom breton a gagné en popularité dans les années 2000. Il a moins la cote depuis 2005. On en dénombrerait 5 000.
Caractère : généreux, joyeux, engagé
Fréquence d'attribution : très rare
Évolution : en hausse
Année record : 2000
Célébrités : le patineur artistique Gwendal Peizerat.

H

☆☆☆ Hadi ☆☆☆

Dérivés : Hady, Adi, Addy, Haddi
Étymologie : de l'arabe, « qui guide au droit chemin »
Histoire : arrivé en France dans les années 60, Hadi a doucement progressé. Il reste un prénom peu commun porté par moins de 500 personnes.
Caractère : efficace, persévérant, structuré
Fréquence d'attribution : très rare
Évolution : en baisse
Année record : 2009

☆☆☆ Hakim ☆☆☆

Dérivés : Akim, Hachim, Hakime, Hackim, Hachimi, Hachime, Akhim, Ahkim, Achim, Akime
Étymologie : de l'arabe *hakim*, « sage »
Histoire : apparu dans les années 50, Hakim devint populaire dans les années 80. Depuis, sa cote a un peu baissé. Ils seraient près de 9 000.
Caractère : idéaliste, sensible, passionné
Fréquence d'attribution : très rare
Évolution : stable
Année record : 1981
Célébrités : le footballeur Hakim Nouira.

☆☆☆ Hans ☆☆☆

Dérivés : Hänsel, Hanns, Hann, Henneke, Hänschen, Hanschen
Fête : 27 décembre
Étymologie : de l'hébreu, « Dieu fait grâce »
Histoire : cette déclinaison allemande de Jean fut présente pendant tout le XXe siècle. Assez discret, Hans reste régulièrement attribué. On en compte environ 1 500.
Caractère : pacifique, sage, consciencieux
Fréquence d'attribution : très rare
Évolution : stable
Année record : 1943
Célébrités : Hans, le fiancé d'Anna dans *La Reine des Neiges*.

☆☆☆ Harold ☆☆☆

Dérivé : Arold, Aroldo, Haroldo
Étymologie : du germanique *hari*, « armée » et *waldan*, « commandeur » : « le chef de l'armée »
Histoire : roi du Danemark au Xe siècle, saint Harold contribua à l'évangélisation de son peuple. Harold trouva son public entre 1970 et 1980. Depuis il se fait très discret. On en compte environ 3 000.
Caractère : calme, patient, observateur
Fréquence d'attribution : très rare
Évolution : en hausse
Année record : 1979
Célébrités : l'auteur Harold Pinter.

☆☆☆ Haroun ☆☆☆

Dérivés : Arun, Harun, Haroune
Fête : 1er juillet
Étymologie : de l'hébreu, « esprit »
Histoire : variante arabe de Aaron, qui dans la Bible est le frère de Moïse. Très répandu dans les pays musulmans, Haroun est un peu moins courant en France.
Caractère : courageux, dynamique, curieux
Fréquence d'attribution : très rare
Évolution : en hausse
Année record : 2010
Célébrités : le volcanologue Haroun Tazieff.

☆☆☆ Harrison ☆☆☆

Dérivés : Harrisson, Harisson, Harris, Haris
Étymologie : de l'anglais *son*, « fils » : « fils de Harry »
Histoire : très courant aux États-Unis et dans les pays anglophones, Harrison n'est connu en France que depuis 1987. Ils seraient près de 250.
Caractère : enthousiaste, pragmatique, engagé
Fréquence d'attribution : très rare
Évolution : stable
Année record : 2008
Célébrités : l'acteur Harrison Ford.

☆☆☆ Harry ☆☆☆

Dérivés : Ari, Ary, Hary, Hari, Harri, Arry
Fête : 13 juillet
Étymologie : variante anglaise d'Henri, de *heim*, « maison » et *rik*, « roi » : « maison du roi »
Histoire : très discret jusqu'en 1950, Harry est de plus en plus tendance. On en dénombrerait 4000 en France.
Caractère : vif, ambitieux, volontaire
Fréquence d'attribution : très rare
Évolution : stable
Année record : 1968
Célébrités : le prince de Galles, Harry ; le journaliste Harry Roselmack.

☆☆☆ Hassan ☆☆☆

Dérivés : Hassane, Assan, Assen, Hassane, Hassen, Hacène, Hassein, Hassène
Étymologie : de l'arabe, « beau »
Histoire : petit fils du prophète Mahomet et second imam des chiites, Hassan est apparu en France dans les années 50. Hassan s'est déployé jusqu'en 1990. Depuis, il est plus timide.
Caractère : équilibré, réfléchi, habile
Fréquence d'attribution : très rare
Évolution : stable
Année record : 1982
Célébrités : le roi Hassan II.

☆☆☆ Hector ☆☆☆

Dérivés : Hektor, Ettore, Etor
Fête : 21 juillet
Étymologie : du grec *ekhein*, « celui qui dirige »
Histoire : fils de Priam dans la mythologie grecque, Hector fut tué par Achille. Un prénom dans l'air du temps qui ne cesse de plaire depuis quelques années.
Caractère : compétiteur, enthousiaste, attentionné
Fréquence d'attribution : très rare
Évolution : en hausse
Année record : 2010
Célébrités : le compositeur Hector Berlioz ; le réalisateur Ettore Scola.

☆☆☆ Hélios ☆☆☆

Dérivés : Hélias, Hélio
Fête : 21 novembre
Étymologie : du grec *hêlios*, « le soleil »
Histoire : dans la mythologie grecque, Hélios fils du titan Hypérion est l'incarnation du soleil. Réapparu dans les années 90, ce prénom a beaucoup progressé ces dix dernières années. On en dénombrerait environ 500.
Caractère : responsable, fiable, charismatique
Fréquence d'attribution : très rare
Évolution : en baisse
Année record : 2008

☆☆☆ Henri ☆☆☆

Dérivés : Henry, Henrie, Heinrich, Heinz, Hendrick, Henrik, Henrique, Heinrick, Heinz
Fête : 13 juillet
Étymologie : de *heim*, « maison » et *rik*, « roi » : « maison du roi »
Histoire : prénom ancien porté par quatre rois de France, Henri est un classique du répertoire français. Ultra répandu jusqu'en 1920 (avec plus de 10 000 naissances par an !), Henri est devenu rare depuis les années 70. Ils seraient près de 140 000.
Caractère : affectueux, ambitieux, séducteur
Fréquence d'attribution : très rare
Évolution : stable
Année record : 1920
Célébrités : le peintre Henri Matisse ; le tennisman Henri Leconte.

☆☆☆ Herbert ☆☆☆

Dérivés : Hébert, Héribert, Herberto, Herbrecht
Fête : 20 mars
Étymologie : déclinaison du prénom Hariberth, du germanique *hari*, « armée » et *behrt*, « brillant » : « soldat glorieux »
Histoire : au VIIe siècle, saint Herbert implora le Seigneur pour mourir avec son ami saint Cuthbert. Surtout courant en Allemagne et en Grande-Bretagne, Herbert se fait discret depuis plus d'un siècle.
Caractère : rationnel, sensible, persévérant
Fréquence d'attribution : très rare
Évolution : stable
Année record : 1943
Célébrités : le chanteur Herbert Léonard.

☆☆☆ Hercule ☆☆☆

Dérivés : Hercules, Herkules, Ercolano
Étymologie : du grec Héraklès, « à la gloire de la déesse Héra »
Histoire : célèbre pour avoir accompli ses « douze travaux » dans la mythologie grecque, Hercule est porté par moins de 100 personnes. Il reste exceptionnel malgré la mode des prénoms issus de la mythologie.
Caractère : attentif, affectueux, rigoureux
Fréquence d'attribution : très rare
Évolution : stable
Année record : 1903
Célébrités : Hercule Poirot, le héros des romans d'Agatha Christie.

☆☆☆ Hermann ☆☆☆

Dérivés : Herman, Erman, Ermanno, Ermano, Herrmann, Hermant, Hermand, Hermelin
Fête : 25 septembre
Étymologie : du germanique *hari*, « armée » et *mann*, « homme »
Histoire : plus courant en Angleterre, en Allemagne et en Scandinavie, Hermann était davantage donné au début du XXe siècle. Aujourd'hui, il est peu commun.
Caractère : sérieux, calme, volontaire
Fréquence d'attribution : très rare
Évolution : stable
Année record : 1910
Célébrités : l'écrivain Herman Melville.

☆☆☆ Hermès ☆☆☆

Dérivé : Ermès
Fête : 8 avril
Étymologie : du Dieu grec Hermès
Histoire : fils de Zeus dans la mythologie grecque, Hermès est le Dieu des voyageurs. Redécouvert à la fin des années 80, Hermès connaît actuellement une forte progression.
Caractère : vif, curieux, original
Fréquence d'attribution : très rare
Évolution : en hausse
Année record : 2010

☆☆☆ Hervé ☆☆☆

Dérivés : Harvey, Herve, Herveig, Hervey, Hervie, Hervieu
Fête : 17 juin
Étymologie : du celte *haer*, « fort » et *ber*, « ardent »
Histoire : moine breton du VIe siècle, saint Hervé était, selon la légende, toujours accompagné d'un loup. Longtemps réservé aux Bretons, Hervé a connu un grand pic de popularité entre 1950 et 1970.
Caractère : fiable, efficace, structuré
Fréquence d'attribution : très rare
Évolution : en baisse
Année record : 1967
Célébrités : le chanteur Hervé Vilard ; l'auteur Hervé Bazin ; l'acteur Harvey Keitel.

☆☆☆ Hippolyte ☆☆☆

Dérivés : Hipolyte, Hippolite, Hippolythe, Hypolite, Hypolyte, Hyppolite, Hyppolyte
Fête : 13 août
Étymologie : du grec *hippos*, « cheval » et *lutos*, « qui dompte » : « qui dompte les chevaux »
Histoire : prêtre au IIIe siècle, saint Hippolyte écrivit de nombreux sermons pour dénoncer les hérésies. Réapparu à la fin des années 90, Hippolyte renoue avec une certaine popularité.
Caractère : sensible, calme, réfléchi
Fréquence d'attribution : très rare
Évolution : en baisse
Année record : 2003
Célébrités : l'acteur Hippolyte Girardot.

☆☆☆ Homère ☆☆☆

Dérivé : Homer, Omer
Étymologie : du nom de poète grec Homère
Histoire : poète grec, auteur de *L'Iliade* et *L'Odyssée* au VIIIe siècle av. J.-C., Homère est utilisé comme prénom depuis plus d'un siècle. Après un sursaut en 1990, il a presque disparu aujourd'hui.
Caractère : énergique, ambitieux, volontaire
Fréquence d'attribution : très rare
Évolution : stable
Année record : 1920
Célébrités : Homer Simpson, le héros de la série *Les Simpson*.

☆☆☆ Honoré ☆☆☆

Dérivés : Honorat, Honorin
Fête : 16 mai
Étymologie : du latin honoratus, « honoré »
Histoire : évêque d'Amiens au VIe siècle, saint Honoré est connu pour avoir vu le Christ lui donner une hostie. C'est le patron des boulangers. Un prénom plus courant au début du XXe siècle qu'aujourd'hui.
Caractère : rapide, indépendant, gourmand
Fréquence d'attribution : très rare
Évolution : en hausse
Année record : 1904
Célébrités : l'écrivain Honoré de Balzac.

CHARLIE, EN HAUSSE DEPUIS LES ATTENTATS

Depuis l'attentat contre *Charlie Hebdo* le 7 janvier 2015, le prénom Charlie a beaucoup été donné en deuxième ou troisième prénom, ce qui permet de moins exposer l'enfant mais constitue un acte symbolique fort (sur 670 naissances, Charlie a été donné 11 fois en 2e ou 3e position en janvier 2015). Une progression notable depuis cinq ans puisque le nombre de Charlie en France est passé de 59 naissances en 2005 à 401 en 2010. Cette progression devrait continuer en 2017, surtout après les tragiques événements du 13 novembre 2015. Mais selon François Bonifaix, auteur du *Traumatisme du prénom*, les prénoms des terroristes devraient eux aussi avoir la cote « avec une recrudescence des Chérif, Saïd et Amédy. » Une volonté de se démarquer puisqu'après le 11 septembre 2001, le nombre d'Oussama avait diminué.

☆☆☆ Horace ☆☆☆

Dérivés : Horacio, Horatio, Horatius, Orazio
Étymologie : du latin Horatia, nom d'une famille romaine
Histoire : plus répandu au début du XXe siècle qu'aujourd'hui, Horace reste un prénom extrêmement rare. Ils seraient moins de 300.
Caractère : sensible, drôle, volontaire
Fréquence d'attribution : très rare
Évolution : stable
Année record : 1902
Célébrités : le grand poète latin Horace.

☆☆☆ Houcine ☆☆☆

Dérivés : Houssine, Oussine, Housine, Houssin
Étymologie : de l'arabe, « beauté »
Histoire : arrivé en France dans les années 50, Houcine a connu une belle progression jusqu'au début des années 2000. Depuis, il accuse une légère baisse.
Caractère : inventif, pragmatique, sociable
Fréquence d'attribution : très rare
Évolution : en hausse
Année record : 2003

☆☆☆ Hubert ☆☆☆

Dérivés : Huibert, Huberto, Hue, Hubbard, Uberto, Ubert
Fête : 3 novembre
Étymologie : du germanique *hug*, « intelligence » et *behrt*, « brillant »
Histoire : au VIIe siècle, Hubert de Liège abandonna ses biens pour se consacrer à Dieu. C'est le patron de la chasse. Très populaire entre 1930 et 1970, Hubert se fait rare aujourd'hui.
Caractère : fort, volontaire, curieux
Fréquence d'attribution : très rare
Évolution : en baisse
Année record : 1956
Célébrités : le chanteur Hubert-Félix Thiéfaine.

☆☆☆ Hugo ☆☆☆

Dérivés : Ugo
Fête : 1er avril
Étymologie : du germanique *hug*, « intelligence »
Histoire : ce prénom connut plusieurs vagues de succès tout au long de l'histoire, notamment au Moyen Âge. Depuis les années 80, il ne cesse de plaire. C'est même le dixième prénom préféré des Français. On en dénombrerait plus de 110 000.
Caractère : aventurier, idéaliste, généreux
Fréquence d'attribution : très répandu
Évolution : en hausse
Année record : 2000
Célébrités : le styliste Hugo Boss ; le footballeur Hugo Lloris.

☆☆☆ Hugolin ☆☆☆

Dérivés : Ugolin
Fête : 1er avril
Étymologie : du germanique *hug*, « intelligence »
Histoire : ce prénom s'est propagé dès le XIIIe siècle grâce à saint Hugolin, un missionnaire franciscain. Réapparu dans les années 90, il est rarissime.
Caractère : séducteur, logique, curieux
Fréquence d'attribution : très rare
Évolution : en baisse
Année record : 2007
Célébrités : Hugolin, l'amoureux transi de *Manon des Sources*.

☆☆☆ Hugues ☆☆☆

Dérivés : Hugh, Hughes
Fête : 1er avril
Étymologie : du germanique *hug*, « intelligence »
Histoire : évêque de Grenoble au XIe siècle, saint Hugues contribua à la création de la Grande Chartreuse. Hugues a toujours été attribué de manière très irrégulière. On en dénombrerait plus de 20 000.
Caractère : raisonnable, spirituel, convivial
Fréquence d'attribution : très rare
Évolution : stable
Année record : 1953
Célébrités : le chanteur Hugues Aufray ; les acteurs Hugh Jackman et Hugh Grant.

☆☆☆ Humbert ☆☆☆

Dérivés : Umbert, Umberto
Fête : 25 mars
Étymologie : du germanique *un*, « très » et *behrt*, « brillant »
Histoire : ce prénom se diffusa au XIe siècle grâce à Humbert aux Blanches Mains, fondateur de la maison de Savoie. Longtemps réservé aux nobles et aux aristocrates, Humbert est aujourd'hui connu de tous mais reste peu donné.
Caractère : équilibré, influent, sensible
Fréquence d'attribution : très rare
Évolution : stable
Année record : 1934

☆☆☆ Hussein ☆☆☆

Dérivé : Hossein, Huseyin
Étymologie : de l'arabe « beauté »
Histoire : selon les musulmans chiites, Hussein est le troisième imam. Attribué depuis les années 60, Hussein gagne régulièrement en popularité.
Caractère : passionné, sociable, spontané
Fréquence d'attribution : très rare
Évolution : en hausse
Année record : 2007
Célébrités : le roi Hussein de Jordanie.

I

☆☆☆ Icham ☆☆☆

Dérivés : Hicham, Hichame, Hichem, Hicheme, Ichame
Étymologie : de l'arabe *hachama*, « être généreux », « celui qui est généreux »
Histoire : ce prénom a été porté par plusieurs émirs et califes dont Hicham Ier qui au VIIIe siècle réaménagea la grande mosquée de Cordoue. Arrivé en France dans les années 70, Icham a régulièrement progressé jusqu'en 2000.
Caractère : charmeur, vif, rusé
Fréquence d'attribution : très rare
Évolution : en baisse
Année record : 2002
Célébrités : les footballeurs Hicham Aâboubou et Hicham Aboucherouane.

☆☆☆ Idris ☆☆☆

Dérivés : Idriss, Ydris, Idrisse, Ydriss
Étymologie : soit de l'arabe *darasa*, « étudier »
Histoire : dans le Coran, Idris est l'équivalent du prophète Hénoch dans la Bible, un sage qui fut le premier à écrire avec une plume. Idris ne cesse de plaire depuis les années 50. Ils seraient près de 4000.
Caractère : sage, dynamique, courageux
Fréquence d'attribution : très rare
Évolution : stable
Année record : 2010

☆☆☆ Ignace ☆☆☆

Dérivés : Ignaci, Ignacy, Ignazio
Fête : 31 juillet
Étymologie : du latin *ignis*, « feu »
Histoire : au XVIe siècle, Ignace de Loyola (de son vrai prénom basque Inigo), fonda l'Ordre des Jésuites. Quelles que soient les époques, Ignace a toujours été un prénom peu commun. Ils seraient environ 1500.
Caractère : joyeux, déterminé, équilibré
Fréquence d'attribution : très rare
Évolution : stable
Année record : 1929
Célébrités : *Ignace*, le titre d'une chanson de Fernandel.

☆☆☆ Igor ☆☆☆

Dérivés : Ygor, Ingvarr, Ingver, Ingwar
Fête : 5 juin
Étymologie : du germanique *ingward*, « fils protecteur ».
Histoire : dans la mythologie scandinave, *Ing* ou *Ingwaz* est le dieu de la fertilité, il symbolise aussi l'harmonie. Prénom russe par excellence, Igor a connu un certain succès entre 1960 et 1980. Il est moins commun aujourd'hui.
Caractère : fier, tenace, fiable
Fréquence d'attribution : très rare
Évolution : en baisse
Année record : 1973
Célébrités : le scientifique Igor Bogdanov ; le compositeur Igor Stravinski.

☆☆☆ Ilan ☆☆☆

Dérivés : Ylan, Ilhan, Ylann, Ilann, Illan, Ilane, Yllan, Ylhan, Hylan, Ylane, Hilan, Ilhane, Ilhann, Ylhann, Hylann, Illane
Fête : 26 novembre
Étymologie : de l'hébreu ilan, « arbre »
Histoire : ce prénom issu de la culture juive a commencé sa progression depuis 1980. Depuis, il ne cesse de plaire. Très à la mode, Ilan compte près de 9000 représentants.
Caractère : original, érudit, généreux
Fréquence d'attribution : très rare
Évolution : en hausse
Année record : 2007
Célébrités : le réalisateur Ilan Duran Cohen.

☆☆☆ Ilyan ☆☆☆

Dérivés : Ilian, Iliane, Ylian, Ilyane, Illian, Ilyann, Yliann, Iliann, Illyan, Yliane, Iliano, Yllian
Étymologie : de l'hébreu *Eliyahu*, « le Seigneur est mon Dieu »
Histoire : ce prénom a l'avantage d'avoir plusieurs orthographes possibles. Depuis 1996, Ilyan connaît une croissance spectaculaire. On en compte près de 4 000.
Caractère : idéaliste, généreux, fiable
Fréquence d'attribution : très rare
Évolution : en hausse
Année record : 2010
Célébrités : le comédien Ilian Bergala, vu notamment dans *La Famille Bélier.*

☆☆☆ Iñaki ☆☆☆

Dérivé : Inacio
Fête : 31 juillet
Étymologie : du latin, « feu »
Histoire : cette forme basque du prénom Ignace est de plus en plus prisée par les jeunes parents. Pour le moment, Iñaki est encore un prénom hors du commun. Il est porté par 300 personnes seulement.
Caractère : habile, sûr de lui, passionné
Fréquence d'attribution : très rare
Évolution : en hausse
Année record : 2006
Célébrités : le footballeur Iñaki Williams.

☆☆☆ Irvin ☆☆☆

Dérivés : Irving, Ervin, Earvin, Earving, Irvine, Irving, Irwin
Fête : 29 mai
Étymologie : du gallois, « rivière blanche » ou de l'anglais, « ami de la mer »
Histoire : bien connu en Grande-Bretagne et aux États-Unis, Irvin est plus timide en France. On en dénombre près de 500.
Caractère : dévoué, juste, humain
Fréquence d'attribution : très rare
Évolution : en baisse
Année record : 1996
Célébrités : le compositeur Irvin Berlin ; l'écrivain Irving Stone.

☆☆☆ Isaac ☆☆☆

Dérivés : Ishak, Isaak, Isac, Isak, Izak, Izac, Isshak, Ishac, Issac, Isaack, Izhak, Izaac, Izaak, Isack, Isa, Ishaq
Fête : 20 décembre
Étymologie : de l'hébreu *yitsh'aq*, « il rira »
Histoire : dans la Bible, afin que les gens ne se moquent pas de l'enfant miraculeusement enfanté par Sarah, ses parents le nommèrent Isaac : « il rira ». Très vite adopté par les chrétiens et les musulmans, Isaac est très tendance. Ils seraient près de 6 000.
Caractère : mystique, intuitif, actif
Fréquence d'attribution : rare
Évolution : en hausse
Année record : 2010
Célébrités : le physicien Isaac Newton.

☆☆☆ Isaïe ☆☆☆

Dérivés : Isaïah, Isaia, Isayah, Isaya
Fête : 6 juillet
Étymologie : de l'hébreu *isha*, « salut » et *Eli*, « Dieu » : « Dieu est mon salut »
Histoire : Isaïe est l'un des quatre grands prophètes de la Bible. Il fait partie des prénoms de l'Ancien Testament qui reviennent en force aujourd'hui.
Caractère : persévérant, ambitieux, libre
Fréquence d'attribution : très rare
Évolution : stable
Année record : 2009

☆☆☆ Isao ☆☆☆

Étymologie : du japonais, « mérite », « exploit »
Histoire : l'arrivée d'Isao en France est très récente puisque ce prénom japonais a seulement commencé à être attribué en 2004. Il est en forte croissance et a tous les atouts pour devenir populaire : court, simple, avec une terminaison en « o ».
Caractère : ambitieux, passionné,
Fréquence d'attribution : très rare
Évolution : en hausse
Année record : 2010

☆☆☆ Isidore ☆☆☆

Dérivés : Isidoro, Isidor, Isenhoudt, Isidoru, Isodoros, Issidor, Issy, Izidor
Fête : 4 avril
Étymologie : du grec *isidôres*, « don d'Isis »
Histoire : évêque de Séville au VIIe siècle, saint Isidore a laissé une œuvre majeure pour l'Église constituée d'une vingtaine d'ouvrages. Plus courant au début du XXe siècle, Isidore est désormais rare.
Caractère : orgueilleux, tenace, spirituel
Fréquence d'attribution : très rare
Évolution : en hausse
Année record : 1901
Célébrités : l'auteur Isidore Ducasse, comte de Lautréamont ; les marionnettes Isidore et Clémentine.

☆☆☆ Ismaël ☆☆☆

Dérivés : Ismail, Ismaïl Ismael, Ysmael, Ismaela
Fête : 13 mai
Étymologie : de l'hébreu, *ishma' êl*, « Dieu a entendu »
Histoire : dans la Bible, Ismaël est le nom du premier fils d'Abraham, enfanté par Hajar (ou Hagar), une servante de son épouse Sarah. Ce prénom qui est un grand classique séduit les familles de toutes les confessions. Les Ismaël seraient 12 000.
Caractère : volontaire, brave, curieux
Fréquence d'attribution : rare
Évolution : en hausse
Année record : 2010
Célébrités : le footballeur Ismaël Blanco.

☆☆☆ Issa (mixte) ☆☆☆

Dérivés : Isa, Yssa, Hissa
Étymologie : de l'arabe, « Jésus »
Histoire : dans la religion musulmane, Issa est l'équivalent de Jésus. Présent depuis 1960, Issa a mis du temps à s'imposer. Mais depuis l'an 2000, les parents l'adoptent de plus en plus, séduits par ses sonorités douces et sa forme courte. Ils seraient 3000.
Caractère : honnête, prudent, enthousiaste
Fréquence d'attribution : très rare
Évolution : en hausse
Année record : 2010
Célébrités : l'acteur Issa Doumbia, vu notamment dans *Nos Chers Voisins*.

☆☆☆ Iwan ☆☆☆

Dérivés : Ywan, Iwann, Ywann
Fête : 19 mai
Étymologie : variante bretonne de Yves, *ywen*, « if » en gallois ou *ivin* en breton
Histoire : pendant longtemps cantonné à la Bretagne, sa région d'origine, Iwan commence à se propager dans toute la France. Les Iwan seraient près de 500.
Caractère : loyal, volontaire, diplomate
Fréquence d'attribution : très rare
Évolution : en hausse
Année record : 2007
Célébrités : le comédien Iwan Rheon.

LES PRÉNOMS D'ARBRES

Iwan ou Yves désignait à l'origine l'if. Toujours vert, cet arbre sacré était considéré comme porteur d'immortalité par les Celtes. Se rattachent aussi à cette même racine étymologique les prénoms Erwan, Erwin, Iozen, Iven, Ivena (Bretagne, Pays de Galles...), Ivo (Allemagne, Italie, Espagne), Yvain, Yvinec, Yvo, Yvon... Attention à Ivan : il est l'équivalent russe de Jean, et n'a donc rien à voir avec Yves puisqu'il est d'origine biblique et qu'il signifie « Dieu accorde » (Jehohanan en hébreu). De ce fait, la création française récente Yvan, qui tient à la fois du russe et du breton, reste inclassable... à moins de considérer que « Dieu accorde l'immortalité » n'est pas une traduction absurde de ce prénom hybride... D'autres arbres sont présents dans les prénoms masculins, comme Olivier (symbole de paix) ou Ilan (arbre en hébreu).

J

☆☆☆ Jack ☆☆☆

Dérivés : Jac, Jacq, Jacmé
Fête : 24 juin
Étymologie : de l'hébreu *yohânân*, « Dieu fait grâce », « Dieu pardonne »
Histoire : contrairement aux apparences, Jack n'est pas la version anglo-saxonne de Jacques qui, en anglais, se dit James. C'est, en fait, un dérivé de Jean encore peu donné en France.
Caractère : charmeur, original, spirituel
Fréquence d'attribution : très rare
Évolution : en baisse
Année record : 1946
Célébrités : l'homme politique Jack Lang ; l'acteur Jack Nicholson.

☆☆☆ Jacob ☆☆☆

Dérivés : Jacobe, Jacopo, Jacobo, Jeacob, Iakovos
Fête : 20 décembre
Étymologie : de l'hébreu *ya'aqob*, « que Dieu favorise »
Histoire : dans la Bible, Jacob est le fils d'Isaac et de Rebecca. Ses douze fils donneront naissance aux douze tribus d'Israël. Depuis quelques années, la cote de Jacob remonte avec la mode des prénoms issus de l'Ancien Testament.
Caractère : structuré, efficace, fidèle
Fréquence d'attribution : très rare
Évolution : en hausse
Année record : 2010

☆☆☆ Jacques ☆☆☆

Dérivés : Jeacques, Jacque, Jacquelin, Jacquemin, Jaques
Fête : 25 juillet
Étymologie : de l'hébreu *ya'aqob*, « que Dieu favorise »
Histoire : dans le Nouveau Testament, Jacques est l'un des douze apôtres de Jésus. Ce classique français connut plusieurs périodes de succès. Déjà au XVIIIe siècle puis entre 1930 et 1960 avec plus de 10 000 naissances par an. Ils seraient plus de 300 000.
Caractère : distingué, efficace, persévérant
Fréquence d'attribution : très rare
Évolution : en baisse
Année record : 1946
Célébrités : les chanteurs Jacques Brel et Jacques Higelin ; le poète Jacques Prévert.

☆☆☆ Jalil ☆☆☆

Dérivés : Jallil, Jahlil, Djelal, Djelali, Jalal, Jalae, Jalel, Jallal, Jelah
Étymologie : de l'arabe, « qui est grand »
Histoire : attribué depuis les années 70, Jalil voit sa cote grimper progressivement. Un prénom qui serait porté par moins de 1000 personnes en France.
Caractère : fort, habile, passionné
Fréquence d'attribution : très rare
Évolution : en hausse
Année record : 2010
Célébrités : le comédien Jalil Lespert.

☆☆☆ Jamal ☆☆☆

Dérivés : Jamall, Jamale, Jamil, Jémil
Étymologie : de l'arabe *jamîl*, « magnifique »
Histoire : arrivé en France dans les années 60, Jamal a atteint un pic entre 1980 et 1990 (plus de 120 naissances par an). Depuis, il se fait plus discret. Ils seraient près de 4000.
Caractère : énergique, indépendant, ambitieux
Fréquence d'attribution : très rare
Évolution : stable
Année record : 1982
Célébrités : Jamal Malik, le héros du film *Slumdog Millionaire*.

☆☆☆ James ☆☆☆

Dérivés : Jamy, Jami, Jammy, Jams, Jammes, Jame
Fête : 25 juillet
Étymologie : de l'hébreu *ya'aqob*, « que Dieu favorise »
Histoire : on retrouve les premières traces de James en Angleterre dès le XIe siècle et en France aux XIVe et XVe siècle. Au XXe siècle, c'est entre 1950 et 1960 qu'il fut le plus populaire. Mais il séduit toujours aujourd'hui. Ils seraient près de 20 000.

aractère : optimiste, imaginatif, sûr de lui
réquence d'attribution : très rare
volution : en hausse
nnée record : 1961
élébrités : l'acteur James Dean ; le héros de la série de films
ames Bond.

☆☆☆ Jan ☆☆☆

érivés : Jany, Jahan, Janny, Jen, Jens
ête : 27 décembre
tymologie : de l'hébreu yohânân, « Dieu fait grâce »,
Dieu pardonne »
istoire : cette variante de Jean qui se différencie par
on orthographe simplifiée est très courante dans les pays
candinaves et aux Pays-Bas. C'est aussi un prénom
raditionnel du sud de la France. Ils seraient 1 500.
aractère : sage, indépendant,
réquence d'attribution : très rare
volution : en baisse
nnée record : 2008

☆☆☆ Janick ☆☆☆

érivés : Jannick, Janik, Jannic, Jannik, Janic, Janie, Janis, Janssen
ête : 27 décembre
tymologie : de l'hébreu *yohânân*, « Dieu fait grâce »,
Dieu pardonne »
istoire : c'est entre 1950 et 1970 que ce prénom d'origine
retonne a été le plus donné en France. Depuis, il est un peu
ombé dans l'oubli.
aractère : joyeux, pragmatique, volontaire
réquence d'attribution : très rare
volution : stable
nnée record : 1952

☆☆☆ Jao ☆☆☆

tymologie : du nom d'une divinité inca
ête : 30 mai
istoire : ce prénom brésilien qui a fait son apparition en France
n 2005 est promis à un bel avenir grâce à sa forme courte et sa
finale en « o ». Pour l'instant rarissime, il ne devrait pas le rester
longtemps.
Caractère : habile, passionné, robuste
Fréquence d'attribution : très rare
Évolution : en hausse
Année record : 2010

☆☆☆ Jarod ☆☆☆

Dérivés : Jarold, Jarrod
Étymologie : de l'hébreu *yered*, « Dieu fera descendre sa grâce »
Histoire : ce prénom très ancien que l'on trouve sous sa forme
originale Yared ou Yered dans la Bible n'est donné que depuis
la fin des années 90 en France. On en dénombrerait pourtant
déjà plus de 1 000.
Caractère : optimiste, persuasif, créatif
Fréquence d'attribution : très rare
Évolution : en baisse
Année record : 1998
Célébrités : Jarod, le personnage principal de la série
Le Caméléon.

☆☆☆ Jason ☆☆☆

Dérivés : Jazon, Jayson, Djason
Fête : 12 juillet
Étymologie : du grec ancien *iasôn*, « le guérisseur »
Histoire : dans la mythologie grecque, Jason part à la recherche
de la Toison d'or afin de succéder à son père. Plus courant dans
les pays anglophones, Jason est attribué avec un certain succès
depuis 1990 en France.
Caractère : audacieux, aventureux, sensible
Fréquence d'attribution : rare
Évolution : stable
Année record : 1995
Célébrités : les acteurs Jason Statham et Jason Bateman.

☆☆☆ Jawad ☆☆☆

Dérivés : Djawad, Jawade, Jawed, Jaouad
Étymologie : de l'arabe, « celui qui est bon et généreux »
Histoire : Jawad est un prénom très apprécié dans la culture musulmane car il symbolise l'une des sept vertus (la générosité) préconisées par le prophète Mahomet dans le Coran. Depuis 1970, Jawad ne cesse de plaire.
Caractère : curieux, insouciant, indépendant
Fréquence d'attribution : très rare
Évolution : stable
Année record : 2003

☆☆☆ Jayson ☆☆☆

Dérivés : Jaison, Jeason, Jeson, Jeyson
Fête : 12 juillet
Étymologie : du grec ancien *iasôn*, « le guérisseur »
Histoire : ce prénom récent, attribué seulement depuis 1985 devrait continuer sa progression durant les prochaines années. On en dénombrerait déjà 2000.
Caractère : créatif, optimiste, sociable
Fréquence d'attribution : très rare
Évolution : en hausse
Année record : 1999

☆☆☆ Jay ☆☆☆

Étymologie : du sanscrit, « victorieux »
Histoire : attribué trois fois en 1960 et quatre fois en 1965, Jay devra attendre 2000 pour prendre son envol. À l'origine diminutif, ce prénom d'origine anglo-saxonne est encore rarissime en France.
Caractère : rêveur, idéaliste, curieux
Fréquence d'attribution : très rare
Évolution : en hausse
Année record : 2008
Célébrité : l'écrivain Jay McInerney.

☆☆☆ Jayden (mixte) ☆☆☆

Dérivés : Jaiden
Étymologie : de l'hébreu *yohânân*, « Dieu fait grâce », « Dieu pardonne »
Histoire : très tendance aux États-Unis, Jayden n'a été introduit en France que depuis 2005. Pourtant, il connaît déjà une croissance impressionnante. Ils seraient plus de 400.
Caractère : épicurien, indépendant, curieux
Fréquence d'attribution : très rare
Évolution : en hausse
Année record : 2010

☆☆☆ Jean ☆☆☆

Fête : 24 juin
Étymologie : de l'hébreu *yohânân*, « Dieu fait grâce », « Dieu pardonne »
Histoire : apôtre de Jésus et protecteur de la Vierge, Jean est connu pour être l'auteur du quatrième évangile. Ultra populaire dans les années 50 avec plus de 50 000 naissances par an, Jean est un classique encore à la mode. En France, ils seraient plus d'un million !
Caractère : esthète, amical, subtil
Fréquence d'attribution : rare
Évolution : stable
Année record : 1946
Célébrités : les acteurs Jean Gabin et Jean Dujardin.

☆☆☆ Jeff ☆☆☆

Dérivé : Jef
Fête : 8 novembre
Étymologie : du germanique *gaut*, « divinité », et *frid*, « paix », ou *fried*, « protecteur » : « la paix de Dieu »
Histoire : ce prénom international, à l'origine, diminutif de Jeffrey, est connu depuis les années 50 en France. Encore peu attribué, il devrait encore progresser.
Caractère : droit, tolérant, charmeur
Fréquence d'attribution : très rare
Évolution : en baisse
Année record : 1992
Célébrités : Jef, le personnage de la chanson de Jacques Brel ; le chanteur Jeff Buckley.

☆☆☆ Jefferson ☆☆☆

Dérivé : Jeferson
Fête : 8 novembre
Étymologie : de l'anglais *Jeffrey's son*, « fils de Jeffrey »
Histoire : ce nom de famille devenu prénom au XIXe siècle en l'honneur de Thomas Jefferson est surtout porté outre-Atlantique. En France, après une progression constante entre 1970 et 2000, il a un peu chuté mais il reprend aujourd'hui des forces.
Caractère : vif, fin stratège, sûr de lui
Fréquence d'attribution : très rare
Évolution : en hausse
Année record : 1994
Célébrités : le comédien Jefferson Hall.

☆☆☆ Jeffrey ☆☆☆

Dérivés : Jeffry, Joffrey
Fête : 8 novembre
Étymologie : du germanique *gaut*, « divinité », et *frid*, « paix », ou *fried*, « protecteur » : « la paix de Dieu »
Histoire : cette variante anglo-saxonne de Geoffroy a été redécouverte dans les années 90. Depuis, les Jeffrey se font plus rares. Ils seraient environ 2000.
Caractère : sensible, optimiste, joyeux
Fréquence d'attribution : très rare
Évolution : stable
Année record : 1991
Célébrités : l'acteur Jeffrey Dean Morgan.

☆☆☆ Jérémy ☆☆☆

Dérivés : Jérémi, Jérémie, Jeremy
Fête : 1er mai
Étymologie : de l'hébreu *yirmeyah*, « Dieu élève »
Histoire : grand prophète d'Israël, Jérémie est l'auteur du *Livre des Lamentations* qui est à l'origine du mot « jérémiades ». Jérémy atteignit son apogée entre 1985 et 1995 avec plus de 9000 attributions par an. C'est sous sa forme anglaise avec un « y » mais francisé par les accents qu'on trouve le plus de Jérémy en France. Ils seraient environ 130 000.
Caractère : sensible, prudent, travailleur
Fréquence d'attribution : très rare
Évolution : stable
Année record : 1987
Célébrités : l'humoriste Jérémy Ferrari.

☆☆☆ Jérôme ☆☆☆

Dérivés : Gérôme, Jeroen, Geronimo, Jerolin
Fête : 30 septembre
Étymologie : du grec *hieros*, « sacré »
Histoire : théologien du Ve siècle, saint Jérôme devint le secrétaire du pape qui lui demanda de traduire la Bible en latin (la Vulgate). Jérôme fut très populaire dans les années 70. On compta jusqu'à 15 000 naissances par an. Jérôme serait porté par près de 200 000 personnes.
Caractère : fantaisiste, spontané, mystérieux
Fréquence d'attribution : très rare
Évolution : en baisse
Année record : 1974
Célébrités : l'animateur de télévision Jérôme Bonaldi.

☆☆☆ Jerry ☆☆☆

Dérivés : Jeri
Fête : 30 septembre
Étymologie : de l'hébreu *yirmeyah*, « Dieu élève »
Histoire : ce diminutif de Jérémy, Jerry commença à décoller à la fin des années 50 juste après la sortie du tube *Great balls of fire* de Jerry Lee Lewis en 1957.
Caractère : tenace, méthodique, fiable
Fréquence d'attribution : très rare
Évolution : en baisse
Année record : 1974
Célébrités : le chanteur Jerry Lee Lewis.

☆☆☆ Jim ☆☆☆

Dérivés : Jym, Jimes, Gim
Fête : 3 mai
Étymologie : de l'hébreu *ya'aqob*, « que Dieu favorise »
Histoire : diminutif de James, Jim est plus courant en Angleterre et aux États-Unis qu'en France où il reste peu attribué. Ils seraient 2 000.
Caractère : énergique, courageux, indépendant
Fréquence d'attribution : très rare
Évolution : en hausse
Année record : 1992
Célébrités : le chanteur Jim Morrison ; l'acteur Jim Carrey ; la chanson d'Alain Souchon *La Ballade de Jim*.

☆☆☆ Jimmy ☆☆☆

Dérivés : Jimy, Jimi, Jimmi, Jymmy, Gimy, Djimmy
Fête : 3 mai
Étymologie : de l'hébreu *ya'aqob*, « que Dieu favorise »
Histoire : diminutif de James comme Jim, Jimmy fut considéré comme prénom dès la fin du XIXe siècle en Angleterre. En France, il devint populaire dans les années 90 avec plus de 1 800 attributions par an. On en dénombrerait plus de 30 000.
Caractère : spirituel, perfectionniste, ambitieux
Fréquence d'attribution : très rare
Évolution : stable
Année record : 1991
Célébrités : le guitariste Jimi Hendrix ; le chanteur Jimmy Somerville.

☆☆☆ Joachim ☆☆☆

Dérivés : Joakim, Joaquim, Joackim, Johakim, Joakym, Joacquim
Fête : 26 juillet
Étymologie : de l'hébreu *yehoyagim*, « Dieu met debout »
Histoire : saint Joachim est connu pour être le père de la vierge Marie et l'époux de sainte Anne. Depuis le Moyen Âge, Joachim n'a jamais été très répandu. Ils seraient près de 9 000.
Caractère : intellectuel, rigoureux, charmeur
Fréquence d'attribution : très rare
Évolution : en hausse
Année record : 2010
Célébrités : le poète Joachim Du Bellay.

☆☆☆ Joël ☆☆☆

Dérivés : Johel
Fête : 13 juillet
Étymologie : de l'hébreu *yô'el*, « Yahvé est Dieu » ou « Seigneur Dieu »
Histoire : au Ve siècle av. J.-C., Joël était l'un des douze « petits » prophètes de la Bible. Très répandu entre 1950 et 1970, Joël a presque totalement disparu des registres de naissance aujourd'hui. Ils seraient près de 130 000.
Caractère : sérieux, responsable, stable
Fréquence d'attribution : très rare
Évolution : en baisse
Année record : 1952
Célébrités : le chef Joël Robuchon.

☆☆☆ Joey ☆☆☆

Dérivés : Joé, Joee, Jo, Joe
Fête : 19 mars
Étymologie : de l'hébreu *yôsephyâh*, « Dieu accroîtra ma descendance »
Histoire : recensé depuis 1984 seulement, Joey a bien grimpé dans les statistiques. Il dépasse les 100 attributions par an. Les Joey seraient 2 000.
Caractère : dynamique, pragmatique, créatif
Fréquence d'attribution : très rare
Évolution : en hausse
Année record : 1999
Célébrités : les chanteurs Joey Starr, Joe Cocker et Joe Dassin.

☆☆☆ Johan (mixte) ☆☆☆

érivés : Joan, Johann, Joann, Joanny, Johannes, Joanes,
oannes, Joani, Joany, Johany, Johanes, Johane, Johanny,
hoan, Joanni, Joahn
ête : 24 juin
tymologie : de l'hébreu *yohanân*, « Dieu fait grâce »,
Dieu pardonne »
istoire : ce prénom qui n'est apparu en France qu'en 1925
st plus fréquemment rencontré chez les petits garçons (31 000)
ue chez les filles (3 000).
aractère : secret, aventurier, impatient
réquence d'attribution : très rare
volution : en hausse
nnée record : 2008
élébrités : le peintre Joan Miró.

☆☆☆ John ☆☆☆

érivés : Johns, Johnn, Jonah, Jon, Jona, Jhon, Johna, Johns,
ohnn, Jony, Jones
ête : 24 juin
tymologie : de l'hébreu *yohanân*, « Dieu fait grâce »,
Dieu pardonne »
istoire : en Grande-Bretagne où il est très populaire, John
st l'équivalent de notre Jean. Redécouvert dans les années 70
n France, il se fait plus discret depuis 2000.
aractère : vif, ambitieux, attaché à sa famille
réquence d'attribution : très rare
volution : stable
nnée record : 1982
élébrités : les chanteurs John Lennon et Jon Bon Jovi.

☆☆☆ Johnny ☆☆☆

érivés : Joni, Jonny, Jhony, Jonhy, Jonnhy
ête : 24 juin
tymologie : de l'hébreu *yohânân*, « Dieu fait grâce »,
Dieu pardonne »
istoire : apparu dans les années 60, vraisemblablement grâce à
a notoriété de Johnny Hallyday, le prénom Johnny a été beaucoup
onné dans les années 80 avec plus de 600 attributions par an.
epuis, il a moins la cote.
aractère : dynamique, curieux, passionné
Fréquence d'attribution : très rare
Évolution : en baisse
Année record : 1980
Célébrités : les chanteurs Johnny Hallyday et Johnny Cash ;
l'acteur Johnny Depp.

☆☆☆ Jonas ☆☆☆

Dérivés : Jona, Joonas, Jonah, Yona, Younes, Youness, Yonâh
Fête : 21 septembre
Étymologie : de l'hébreu *yonah*, « colombe »
Histoire : Jonas est l'un des douze « petits » prophètes de l'Ancien Testament. Selon la Bible, il passa trois jours dans une baleine pour avoir refusé l'ordre divin qui lui sommait de convertir les Assyriens. Ils seraient actuellement 6 000.
Caractère : vif, séducteur, original
Fréquence d'attribution : très rare
Évolution : en hausse
Année record : 2005

☆☆☆ Jonathan ☆☆☆

Dérivés : Jonatan, Jonathane, Johnatan, Johnathan, Jonathann, Jhonatan, Jhonathan, Jonhatan, Johnattan, Jonnathan, Yonatan
Fête : 1er mars
Étymologie : de l'hébreu *yehonatan*, « Dieu est miséricordieux » ou « donné par Dieu »
Histoire : prénom biblique, Jonathan commença à se propager au XVIe siècle, surtout chez les protestants anglophones. Après un pic d'attributions, en 1985 (8 523 naissances), il se fait plus discret aujourd'hui.
Caractère : solaire, généreux, franc
Fréquence d'attribution : rare
Évolution : stable
Année record : 1985
Célébrités : l'acteur Jonathan Rhys-Meyer ; l'humoriste Jonathan Lambert.

☆☆☆ Jordan ☆☆☆

Dérivés : Jordane, Jordann, Jordany, Jordhan, Jordanne
Fête : 15 février
Étymologie : de l'hébreu *yarden*, « Jourdain », du nom du fleuve qui coule en Palestine
Histoire : pour baptiser les enfants, de l'eau du Jourdain fut ramenée des croisades. D'où le prénom Jourdain, surtout donné dans le sud de la France et sa déclinaison Jordan, très populaire chez les garçons entre 1990 et 2000. Ils seraient plus de 50 000.
Caractère : énergique, déterminé, ambitieux
Fréquence d'attribution : rare
Évolution : en baisse
Année record : 1993
Célébrités : Jordan, le héros de la série télé du même nom.

☆☆☆ Joris ☆☆☆

Dérivés : Jorys, Jorris, Jorrys, Jauris
Fête : 26 juillet
Étymologie : du grec giorgios, « celui qui laboure la terre »
Histoire : évêque arménien du XIe siècle, saint Joris mourut en Picardie alors qu'il était en pèlerinage. Cette variante néerlandaise de Georges a commencé à décoller dans les années 70. Actuellement, Joris se porte plutôt bien. On en dénombrerait 15 000.
Caractère : lucide, sceptique, indépendant
Fréquence d'attribution : rare
Évolution : en hausse
Année record : 1994

☆☆☆ Joseph ☆☆☆

Dérivés : Josef, Iosef, Yossef
Fête : 19 mars
Étymologie : de l'hébreu yôsephyâh, « Dieu accroîtra ma descendance »
Histoire : dans l'Ancien Testament, Jacob et Rachel qui souhaitaient d'autres enfants appelèrent leur fils Joseph pour que « Dieu accroisse leur descendance ». Très répandu au début du XXe siècle, Joseph signe son retour depuis quelques années. Ils seraient plus de 130 000.
Caractère : combatif, sensible, fidèle
Fréquence d'attribution : rare
Évolution : en hausse
Année record : 1908
Célébrités : l'écrivain Joseph Conrad.

☆☆☆ Joshua ☆☆☆

Dérivés : Josh, Josuah, Josuha, Jossua, Josiah, Jozua, Josue, Josué
Étymologie : de l'hébreu *yehoshua*, « sauvé »
Histoire : Joshua est celui qui a succédé à Moïse pour conduire le peuple d'Israël vers la terre promise. Populaire en Angleterre et aux États-Unis depuis 1960, Joshua commence tout juste à séduire la France. Il connaît un vrai succès ces dernières années.
Caractère : loyal, généreux, diplomate
Fréquence d'attribution : rare
Évolution : en hausse
Année record : 2010
Célébrités : l'acteur Joshua Jackson.

☆☆☆ Juan ☆☆☆

Fête : 27 décembre
Étymologie : de l'hébreu *yohânân*, « Dieu fait grâce », « Dieu pardonne »
Histoire : très répandu en Espagne, Juan s'est fait beaucoup connaître en France entre 1960 et 1980. Depuis, il est un peu moins attribué mais reste dans l'air du temps. On en dénombrerait 8 000.
Caractère : sûr de lui, confiant, franc
Fréquence d'attribution : très rare
Évolution : en hausse
Année record : 1966
Célébrités : le roi d'Espagne Juan Carlos Ier.

☆☆☆ Jude ☆☆☆

Dérivé : Judes
Étymologie : de l'hébreu *yehouda*, « je remercierai Dieu » : « loué », « félicité »
Histoire : dérivé de Judas, celui qui, dans la Bible a trahi Jésus, Jude a su renaître de ses cendres en changeant sa voyelle finale. Depuis 2000, il plaît de plus en plus. On en compte près de 900.
Caractère : engagé, persévérant, méthodique

équence d'attribution : très rare
volution : en hausse
nnée record : 2010
élébrités : le réalisateur Jude Apatow ; le comédien Jude Law.

☆☆☆ Jules ☆☆☆

érivés : Jule, Jul, Julo, Julius, Julio
ète : 12 avril
ymologie : se rapporte à la grande famille romaine, Iule
istoire : c'est Jules César (mort en 44 av. J.-C.) qui donna le emier ses lettres de noblesse au prénom Jules. Depuis 1990, iles connaît un succès sans faille. C'est le treizième prénom éféré des Français. Ils seraient plus de 60 000.
aractère : passionné, ambitieux, direct
équence d'attribution : très répandu
volution : stable
nnée record : 2009
élébrités : l'écrivain Jules Verne ; l'homme politique Jules Ferry.

☆☆☆ Julian ☆☆☆

érivés : Juliann, Julyan, Juliano, Jullian, Julyann
ète : 2 août
ymologie : se rapporte à la grande famille romaine, Iule
istoire : cette variante basque de Julien est populaire depuis les nnées 70, période qui marqua le retour à la mode des prénoms gionaux. Ils seraient plus de 10 000.
aractère : fidèle, persévérant, engagé
équence d'attribution : rare
volution : en hausse
nnée record : 2010
élébrités : le journaliste Julian Bugier.

☆☆☆ Julien ☆☆☆

érivés : Julano, Julen
ète : 2 août
ymologie : se rapporte à la grande famille romaine, Iule
istoire : porté par l'empereur romain Julien dès le IIIe siècle, prénom s'est très vite propagé. Au XIXe c'est Stendhal qui, 1 appelant son héros Julien dans *Le Rouge et le Noir*, le remet à la mode. Aujourd'hui, Julien reste un classique toujours apprécié. Ils seraient près de 300 000.
Caractère : affectueux, entier, ambitieux
Fréquence d'attribution : répandu
Évolution : en baisse
Année record : 1985
Célébrités : les chanteurs Julien Clerc et Julien Doré ; l'écrivain Julien Gracq.

☆☆☆ Justin ☆☆☆

Dérivés : Justinien, Justino
Fête : 1er juin
Étymologie : du latin *justus*, « juste », « qui respecte le droit »
Histoire : au IIe siècle, saint Justin fut l'un des premiers à enseigner le christianisme. Variante de Juste, très populaire dans les pays anglophones et aux Pays-Bas, Justin subit depuis 1990 d'une hausse de sa popularité.
Caractère : optimiste, volontaire
Fréquence d'attribution : rare
Évolution : en baisse
Année record : 2003
Célébrités : le chanteur Justin Timberlake.

JEAN EST PARTOUT...

Après saint Martin, saint Jean est le saint auquel le plus grand nombre de villages ont été dédiés : 144 communes portent son nom. Et ce prénom très populaire se retrouve aussi dans nos noms de famille : il y a 53 000 Jean, 11 000 Jeanne, 6 300 Jeannot, 3 600 Jeanneau, 2 000 Jeandel, 1 100 Jeanney, 1 000 Jeanneret, 900 Jeandot, 300 Jeanneton...

K

☆☆☆ Kamel ☆☆☆

Dérivés : Kammel, Khamel, Camel, Kamal, Kamil, Kemel, Kemil
Fête : 18 avril
Étymologie : de l'arabe *kamal*, « parfait »
Histoire : arrivé en France dans les années 50, Kamel a atteint un pic en 1981 avec près de 500 attributions. Aujourd'hui il a moins la cote. Ils seraient plus de 10 000.
Caractère : gai, persuasif, créatif
Fréquence d'attribution : très rare
Évolution : en baisse
Année record : 1981
Célébrités : le chorégraphe Kamel Ouali.

☆☆☆ Karim ☆☆☆

Dérivés : Carim, Karam, Karime, Karym
Étymologie : de l'arabe, « généreux »
Histoire : dans le Coran, Karim désigne, entre autre, Allah. De 1960 à 1990, il ne cessa de progresser. Depuis, il se fait plus discret. Les Karim seraient plus de 35 000.
Caractère : secret, tendre, sensible
Fréquence d'attribution : très rare
Évolution : en baisse
Année record : 1981
Célébrités : le joueur de foot, Karim Benzema.

☆☆☆ Karl ☆☆☆

Dérivés : Karlo, Karlos
Fête : 4 novembre
Étymologie : du germanique *karl*, « fort », « viril »
Histoire : cette déclinaison allemande de Charles a toujours été présente au XXe siècle. Après un pic de 325 attributions en 1972, Karl est est aujourd'hui donné à une centaine de petits garçons chaque année. Ils seraient 9000.
Caractère : calme, strict, idéaliste
Fréquence d'attribution : très rare
Évolution : en baisse
Année record : 1972
Célébrités : le couturier Karl Lagerfeld.

☆☆☆ Keanu ☆☆☆

Dérivés : Kean, Keane, Kehan
Étymologie : de l'hawaïen, « la brise sur la montagne »
Histoire : apparu en France en 1995, Keanu a sans doute bénéfici de « l'effet Keanu Reeves », ce comédien canadien devenu populaire en France peu après la sortie du film *Point Break* en 1991. Ils seraient une centaine aujourd'hui.
Caractère : spirituel, stable, studieux
Fréquence d'attribution : très rare
Évolution : en hausse
Année record : 2010
Célébrités : le comédien Keanu Reeves.

☆☆☆ Kelig ☆☆☆

Dérivé : Kaelig
Fête : 8 octobre
Étymologie : du celte, « seigneur »
Histoire : à l'origine, Kelig est un diminutif du prénom Mikaelig, variante bretonne de Michel. Répertorié depuis 1975, Kelig reste un prénom original. Ils seraient environ 250.
Caractère : passionné, sympathique, fort
Fréquence d'attribution : très rare
Évolution : en baisse
Année record : 2001

☆☆☆ Kenji ☆☆☆

Dérivé : Kenjy, Kendji
Étymologie : d'origine japonaise
Histoire : au japon, Kenji est traditionnellement donné au deuxième fils. En croissance constante depuis 1975, Kenji compterait près de 1000 représentants. La popularité du chanteu Kendji Girac devrait assurer à ce prénom de belles années.
Caractère : réservé, calme, sensible

réquence d'attribution : très rare
volution : en hausse
nnée record : 2010
élébrités : le chanteur Kendji Girac.

☆☆☆ Kenneth ☆☆☆

érivés : Ken, Kenan, Kened, Keyne
ête : 17 juillet
tymologie : du celte *coinech*, « beau »
istoire : attribué très régulièrement au cours du XXe siècle, enneth est plus répandu dans les pays anglo-saxons qu'en rance où il reste timide. On en compterait environ 600.
aractère : curieux, vif, sensible
réquence d'attribution : très rare
volution : en baisse
nnée record : 1960
élébrités : l'acteur Kenneth Brian.

CHANTE-MOI TON PRÉNOM !

Laura, Céline, Aline, Lola... dès qu'un prénom est associé à un tube, il connaît une croissance spectaculaire. Marjolaine, chanson datée de 1957, décolla dans les années 80 juste après la reprise à succès de Dalida. En 1962, Cécile ma fille de Nougaro provoqua toute une série de naissances de petites Cécile. Même chose pour les Céline remises au goût du jour en 1966 par Hugues Aufray et les Aline qui passèrent la barre des 1000 attributions, un an après la parution de la chanson de Christophe. Dans les années 60, ce sont les Nathalie qui connurent un boom grâce au tube de Gilbert Bécaud. Quant aux années 80, elles furent marquées par la naissance de petites Laura et Lola tant les parents furent attendris par les chansons que leur avaient dédiées leur papa, Renaud et Johnny Hallyday.

☆☆☆ Kenny ☆☆☆

Dérivés : Keny, Ken, Kenz, Kent, Chen, Keni, Kenni, Kenn
Fête : 17 juillet
Étymologie : du celte *coinech*, « beau »
Histoire : ce prénom écossais qui fut dans le top des prénoms les plus donnés en Angleterre en 1920 arriva en France en 1970. Après un certain succès dans les années 90, il est beaucoup moins attribué aujourd'hui.
Caractère : combatif, sûr de lui, intègre
Fréquence d'attribution : très rare
Évolution : en baisse
Année record : 1992
Célébrités : Kenny, l'un des personnages de la série *South Park*.

☆☆☆ Kenzo ☆☆☆

Dérivés : Kenzy, Kenzi, Kensy
Étymologie : de l'arabe, « trésor » ou du japonais « trésor », « maison » ou « éléphant »
Histoire : ce prénom récent recensé seulement depuis la fin des années 90 bénéficie du succès de son cousin phonétique Enzo. Ils seraient déjà 8 000.
Caractère : séducteur, affectueux, loyal
Fréquence d'attribution : répandu
Évolution : en hausse
Année record : 2010
Célébrités : le couturier Kenzo Takada, à la tête de la marque Kenzo.

☆☆☆ Kevin ☆☆☆

Dérivés : Kévin, Kévyn, Kevine, Kevinn, Keevin, Kewin
Fête : 3 juin
Étymologie : du celte *kaomhin*, « beau garçon »
Histoire : ermite irlandais, saint Kevin vécut au Ve siècle. Kevin connut un pic d'attributions en 1991 avec plus de 14 000 attributions, un an après la sortie de *Danse avec les loups* le film de et avec Kevin Costner. Ils seraient plus de 160 000.
Caractère : dynamique, tolérant, fidèle
Fréquence d'attribution : rare
Évolution : en baisse
Année record : 1991
Célébrités : l'acteur Kevin Costner ; l'humoriste Kev'Adams (Kevin, de son vrai prénom).

☆☆☆ Khaled ☆☆☆

Dérivé : Khalid
Étymologie : de l'arabe *khalid*, « éternel »
Histoire : ancien adversaire du prophète Mahomet, Khaled se convertit à l'Islam et devint l'un de ses meilleurs soldats. Après une progression constante de 1960 à 1980, Khaled est aujourd'hui en perte de vitesse.
Caractère : idéaliste, altruiste, joyeux
Fréquence d'attribution : très rare
Évolution : en baisse
Année record : 1982
Célébrités : le chanteur Khaled.

☆☆☆ Kilian ☆☆☆

Dérivés : Killian, Kyllian, Kilian, Kilyan, Kyliann, Killyan, Kyliane, Kilyann, Cylian, Kiliane, Kiliann, Kylliann, Kylyan, Kylliane, Killyann, Khylian, Killiane, Kilyane, Kyllyan, Kylhian
Fête : 8 juillet
Étymologie : de l'irlandais ceallagh, de ceall, « le couvent »
Histoire : apparu dans les années 90, ce prénom a très vite reçu un bon accueil avec plus de 1 500 naissances par an dès 2005. Ils seraient près de 12 000.
Caractère : humain, droit, rêveur
Fréquence d'attribution : répandu
Évolution : en baisse
Année record : 2007
Célébrités : le DJ Kylian Mash.

☆☆☆ Kyle ☆☆☆

Étymologie : de l'irlandais, « élancé »
Histoire : cette forme masculine de Kelly qui a fait son apparition en France à la fin des années 80 est plus répandue dans les pays anglo-saxons. En France, les Kyle seraient moins de 1 000.
Caractère : fin stratège, sociable, sincère
Fréquence d'attribution : très rare
Évolution : en hausse
Année record : 2010
Célébrités : le musicien Kyle Eastwood, fils de Clint Eastwood.

LE SENS COMPLEXE DES PRÉNOMS JAPONAIS

On dit souvent en Europe que Kenzo veut dire maison ou éléphant, alors que le créateur de mode lui-même dit que son prénom n'a pas de sens. Car on ne peut souvent comprendre la signification d'un prénom japonais qu'en fonction de la volonté initiale des parents. Il y a ainsi une dizaine de façons différentes de transcrire le son Kenzo et autant d'interprétations. Il peut être écrit :
- en caractères *hiragana*, sorte d'alphabet syllabique de 46 signes, et n'a dans ce cas aucune signification, mais sa prononciation est ainsi lisible par tous ;
- en caractères *katagana*, alphabet syllabique qui reprend les mêmes 46 sons que les *hiragana*, mais qui ne sont utilisées que pour écrire un mot d'origine étrangère ;
- en caractères *kanji*. Il en existe plus de 6 000. Leur sens et leur prononciation varie selon leur association avec un autre *kanji*. Si son prénom n'est pas très fréquent et qu'il est écrit en *kanji*, la personne qui le porte doit indiquer comment l'écrire à celui qui l'entend ou bien comment le prononcer à celui qui le lit. Ainsi, dans les mangas japonais, lorsqu'apparaît un nouveau personnage dont le nom est en caractères kanji, le dessinateur précise comment il doit être prononcé en le sous-titrant en *hiragana*. En *kanji*, Kenzo peut ainsi signifier « sage, trois », « en bonne santé, trois », « humble, trois », « construire, créer », « en bonne santé, entrepôt », « constitution, entrepôt », « perfectionner, créer », etc.

Certains prénoms fréquents ont un sens admis par le plus grand nombre : Sakura est ainsi représenté par le *kanji* de même prononciation qui désigne la fleur de cerisier.

Pour les prénoms plus rares, il y a tant de façons de les écrire que les parents peuvent y mettre du sens, par exemple en choisissant d'utiliser pour le prénom les *kanji* « soleil » et « sourire ». Mais comme leur association peut changer leur prononciation, les parents et l'enfant devront toujours préciser l'écriture ou la lecture. Quant au sens, il peut n'être connu que de la famille…

L

Ladislas

érivés : Ladislav, Ladislaw, Ladix, Vladislas
ête : 27 juin
tymologie : du slave *vladi*, « pouvoir » et slava, « gloire »
istoire : roi de Hongrie au XIe siècle, saint Ladislas imposa
ı paix en son royaume, accordant la liberté de culte aux juifs
t aux musulmans. Courant dans les pays de l'Est, Ladislas
este timide en France.
aractère : original, vif, ambitieux
réquence d'attribution : très rare
volution : en hausse
nnée record : 1926
élébrités : le journaliste Ladislas de Hoyos.

Lambert

érivés : Lamb, Lamberto, Lambertus, Lambrecht, Lamb
ête : 17 septembre
tymologie : du germanique *land*, « terre » et berht « illustre » :
illustre terre »
istoire : saint Lambert fut évêque de Maastricht au VIIe siècle.
epuis les années 90, Lambert se fait à nouveau rare. Ils seraient
rès de 1 500.
aractère : fin, calculateur, joyeux
réquence d'attribution : très rare
volution : en baisse
nnée record : 1989
élébrités : le comédien Lambert Wilson.

Lamine

érivés : Lamin, Lamini
tymologie : de l'arabe, « digne de confiance »
istoire : arrivé en France à la fin des années 50, Lamine,
ıalgré sa progression, est attribué à moins de 100 bébés par an.
n prénom encore discret.
aractère : droit, volontaire, rêveur

Fréquence d'attribution : très rare
Évolution : stable
Année record : 2008

Lancelot

Dérivés : Lancelote, Lanzelot, Launcelot, Lancel, Lancelet, Lanzel, Lanzelet
Fête : 21 avril
Étymologie : du vieux français, « l'assistant »
Histoire : prénom de la littérature arthurienne par excellence, Lancelot n'était en réalité pas très utilisé au Moyen Âge. Remis au goût du jour au XXe siècle, c'est dans les années 70 qu'il réapparaît. Il est encore timide.
Caractère : curieux, dynamique, autonome
Fréquence d'attribution : très rare
Évolution : en hausse
Année record : 2003
Célébrités : le héros du roman *Lancelot ou le Chevalier de la charrette* de Chrétien de Troyes.

Landry

Dérivé : Landri
Fête : 10 juin
Étymologie : du germanique *land*, « la terre » et *rik*, « le roi »
Histoire : évêque de Paris au VIIe siècle, saint Landry a permis la fondation de l'Hôtel-Dieu. Venu de Touraine et de Champagne, Landry s'est aujourd'hui propagé dans toute la France. Ce prénom serait porté par plus de 1 500 personnes en France.
Caractère : émotif, sincère, altruiste
Fréquence d'attribution : très rare
Évolution : en hausse
Année record : 1980

☆☆☆ Laszlo ☆☆☆

Dérivés : Lazlo, Laslo
Étymologie : du slave, « gouverneur puissant »
Histoire : présent dès les années 60, Laszlo progresse surtout depuis l'an 2000 mais il reste encore rarissime.
Caractère : méthodique, engagé, fiable
Fréquence d'attribution : très rare
Évolution : en baisse
Année record : 2005

☆☆☆ Laurent ☆☆☆

Dérivés : Laurèns, Lawrence
Fête : 10 août
Étymologie : du latin *laurus*, « laurier »
Histoire : diacre à Rome au IIIe siècle, le courage de saint Laurent pendant son martyre aurait converti un soldat au christianisme. Entre 1968 et 1970, près de 20 000 Laurent naquirent chaque année. Ils seraient plus de 300 000.
Caractère : raffiné, cartésien, fidèle
Fréquence d'attribution : très rare
Évolution : en baisse
Année record : 1970
Célébrités : le chanteur Laurent Voulzy ; l'animateur télé Laurent Ruquier.

☆☆☆ Lazare ☆☆☆

Dérivés : Lazar, Lazhar, Lazard, Lazarre, Lazaro, Lazar, Lazrus, Eléazar, Lazarri
Fête : 23 février
Étymologie : de l'hébreu *el'azar*, « Dieu a secouru ».
Histoire : dans la Bible, Lazare gravement malade mourut avant d'être ressuscité par Jésus. Bien que peu donné, Lazare a toujours été présent au XXe siècle. Il l'est encore aujourd'hui.
Caractère : généreux, franc,
Fréquence d'attribution : très rare
Évolution : en hausse
Année record : 1901
Célébrités : le général Lazare Carnot.

☆☆☆ Léandre ☆☆☆

Dérivés : Leandro, Leandry
Fête : 27 février
Étymologie : du grec *léon*, « le lion » et andros, « l'homme » : « l'homme lion »
Histoire : dans la mythologie grecque, Léandre est l'amoureux de Hero, prêtresse d'Aphrodite. En forte progression depuis les années 2000, les Léandre seraient près de 7 000.
Caractère : épicurien, dynamique, ambitieux
Fréquence d'attribution : très rare
Évolution : en hausse
Année record : 2010
Célébrité : Léandre, personnage du *Médecin malgré lui* de Molière.

☆☆☆ Léo ☆☆☆

Dérivés : Leo, Leho, Lheo
Fête : 10 novembre
Étymologie : du latin *leo*, « lion »
Histoire : connu depuis le XIXe siècle, Léo connaît un succès phénoménal depuis les années 90. Peut-être grâce à la popularité de l'acteur Leonardo DiCaprio ? Aujourd'hui, c'est le prénom masculin préféré des Français. Ils seraient plus de 70 000.
Caractère : sensible, curieux, direct
Fréquence d'attribution : très répandu
Évolution : en hausse
Année record : 2010
Célébrités : le chanteur Léo Ferré.

☆☆☆ Léon ☆☆☆

Dérivés : Leonid, Léontin
Fête : 10 novembre
Étymologie : du latin *leo*, « lion »
Histoire : en 452, le pape Léon 1er Le Grand, persuade Attila, le roi des Huns de renoncer à l'invasion de l'Italie. Extrêmement répandu au début du xxe siècle, Léon fut redécouvert dans les années 90 après la sortie du film *Léon* de Besson.
Caractère : raisonnable, patient, courageux
Fréquence d'attribution : rare
Évolution : en hausse
Année record : 1910
Célébrités : l'écrivain Léon Tolstoï ; Léon, le fils de Jamel Debouzze et Mélissa Theuriau.

☆☆☆ Léonard ☆☆☆

Dérivés : Leonhard, Leonardo
Fête : 6 novembre
Étymologie : du latin *leo*, « lion »
Histoire : ermite dans le Limousin au vie siècle, saint Léonard est le protecteur des malades, des faibles, des femmes enceintes et des animaux. Léonard redevient tendance depuis les années 2000. On en dénombrerait 7 000.
Caractère : raisonnable, diplomate, séducteur
Fréquence d'attribution : rare
Évolution : en hausse
Année record : 2010
Célébrités : l'ingénieur Léonard de Vinci ; le chanteur Leonard Cohen ; l'acteur Leonardo DiCaprio.

☆☆☆ Léonce (mixte) ☆☆☆

Dérivés : Leons, Leoncio
Fête : 18 juin
Étymologie : du latin *leonteus*, « qui a l'air d'un lion »
Histoire : évêque de Fréjus au ve siècle, saint Léonce fut le protecteur de la Provence. Surtout attribué au début du xxe siècle, Léonce est aujourd'hui rarissime.
Caractère : intuitif, émotif, fort
Fréquence d'attribution : très rare
Évolution : en hausse
Année record : 1909

☆☆☆ Léopold ☆☆☆

Dérivés : Leopold, Léopaul, Léopol, Leo-Paul, Léopoldo
Fête : 15 novembre
Étymologie : du germanique *liut*, « peuple » et bald, « courageux »
Histoire : plus courant en Allemagne et en Autriche, Léopold ne cesse de plaire depuis les années 90 où il fut redécouvert en France. Ils seraient près de 7 000.
Caractère : entreprenant, curieux, volontaire
Fréquence d'attribution : très rare
Évolution : stable
Année record : 1908
Célébrités : le poète Léopold Sédar Senghor

☆☆☆ Lenny ☆☆☆

Dérivés : Leny, Leni, Lenni, Leno, Lens
Fête : 10 novembre
Étymologie : du latin *leo*, « lion »
Histoire : ce diminutif de Léonard arrivé en France dans les années 70 est très apprécié depuis 1990, parallèlement à la notoriété croissante du musicien Lenny Kravitz. Près de 5 000 Lenny naissent chaque année en France depuis 2010.
Caractère : bon, érudit, indépendant
Fréquence d'attribution : répandu
Évolution : en hausse
Année record : 2010
Célébrités : le chanteur Lenny Kravitz.

☆☆☆ Levy ☆☆☆

Dérivés : Lévi,
Fête : 21 septembre
Étymologie : de l'hébreu, « qui accompagne »
Histoire : dans la Bible, Levi est le fils de Jacob et de Léa. Il créa l'une des douze tribus d'Israël : les Lévites. Plus courant aux Pays-Bas qu'en France, Levy est en progression constante depuis ces dernières années. Ils seraient près de 800.
Caractère : créatif, dynamique, ambitieux
Fréquence d'attribution : très rare
Évolution : en hausse
Année record : 2010

☆☆☆ Lewis ☆☆☆

Fête : 25 août
Étymologie : du germanique *hold*, « illustre », et wig, « combat » : « illustre au combat »
Histoire : cet équivalent anglais de Louis a commencé son ascension au milieu des années 80 ; il reste encore peu donné pour le moment.
Caractère : audacieux, original, séducteur
Fréquence d'attribution : très rare
Évolution : en hausse
Année record : 2010
Célébrités : le romancier Lewis Carroll.

☆☆☆ Liam ☆☆☆

Dérivés : Lyam, Liham, Lyham, Liyam
Fête : 10 janvier
Étymologie : de l'hébreu, « le peuple pour moi »
Histoire : en pleine expansion grâce à sa forme courte, ses sonorités douces et son côté contemporain, Liam devrait encore avoir de belles années devant lui.
Caractère : généreux, charismatique, organisé
Fréquence d'attribution : répandu
Évolution : en hausse
Année record : 2010
Célébrités : l'acteur Liam Neeson ; le chanteur Liam Gallagher.

☆☆☆ Lilian ☆☆☆

Dérivé : Lylian, Lilyan, Lillian, Lyllian
Fête : 27 juillet
Étymologie : du latin *lilium*, « le lys »
Histoire : cette variante masculine de Liliane a commencé à être populaire dans les années 60. En 1999, un an après la victoire des Bleus lors de la Coupe du monde et les buts de Lilian Thuram, Lilian franchit le cap des 1 000 naissances par an.
Caractère : esthète, séducteur, simple
Fréquence d'attribution : rare
Évolution : en baisse
Année record : 2006
Célébrités : le footballeur Lilian Thuram ; le chanteur Lilian Renaud.

☆☆☆ Lino ☆☆☆

Dérivé : Lin
Fête : 23 septembre
Étymologie : du latin *linum*, « lin »
Histoire : selon certaines sources, saint Lin serait le deuxième pape de l'histoire au Ier siècle après J.C. Depuis les années 2000, dopé par la mode des prénoms en « o », Lino plaît de plus en plus. Ils seraient environ 3 000.
Caractère : curieux, émotif, fort
Fréquence d'attribution : rare
Évolution : en hausse
Année record : 2012
Célébrités : le comédien Lino Ventura.

☆☆☆ Lionel ☆☆☆

Fête : 10 novembre
Étymologie : du latin *leo*, « lion »
Histoire : connu dès le Moyen Âge, cette déclinaison de Léon signifierait, à l'origine, « le petit lion ». Il connut son âge d'or entre 1960 et 1990. Les Lionel seraient plus de 80 000.
Caractère : optimiste, sociable, cartésien
Fréquence d'attribution : très rare
Évolution : en baisse
Année record : 1971
Célébrités : l'homme politique Lionel Jospin ; le chanteur Lionel Richie.

☆☆☆ Lisandro ☆☆☆

Dérivés : Lysandre, Lisandru, Lissandro, Lyssandre, Lissandre, Lizandro
Étymologie : de l'hébreu *elischeba*, « Dieu est mon serment »
Histoire : d'origine espagnole, Lisandro est arrivé en France en 1999. Sa progression est spectaculaire ces dernières années et devrait continuer. Ils seraient déjà près de 1 000.
Caractère : vif, créatif, ambitieux
Fréquence d'attribution : très rare
Évolution : en hausse
Année record : 2010
Célébrités : le cinéaste Lisandro Alonso.

☆☆☆ Livio ☆☆☆

Dérivé : Lyvio
Étymologie : du latin oliva, « l'olive »
Histoire : cette forme italienne d'Olivier est recensée dès 1910 en France. Un siècle plus tard, Livio est toujours là et progresse encore.
Caractère : méthodique, passionné, persévérant
Fréquence d'attribution : très rare
Évolution : en hausse
Année record : 2010

☆☆☆ Loan ☆☆☆

Dérivés : Loann, Lohan, Loann, Lohann
Fête : 28 août
Étymologie : du celte *llug*, « lumière »
Histoire : ce prénom breton qui a surgi dans les statistiques en 1980 connaît un vrai succès actuellement et devrait continuer sur sa lancée. Les Loan seraient près de 8 000.
Caractère : timide, altruiste, ambitieux
Fréquence d'attribution : rare
Évolution : en hausse
Année record : 2010

☆☆☆ Logan ☆☆☆

Dérivés : Logann, Loghan, Loggan, Logane, Loghann
Fête : 28 août
Étymologie : du celte *log*, « le trou » ou « la petite caverne »
Histoire : à l'origine, Logan est un nom de lieu qui s'est transformé en nom puis en prénom. Apparu dans les années 80, Logan est beaucoup plus populaire chez les garçons (10 000) que chez les filles (450). La commercialisation de la Logan Renault a considérablement freiné sa progression.
Caractère : structuré, efficace, sociable
Fréquence d'attribution : rare
Évolution : en hausse
Année record : 2003

☆☆☆ Loïc ☆☆☆

Dérivés : Loïck, Loïg, Loik, Loique, Lowik
Fête : 25 août
Étymologie : du germanique *hold*, « illustre », et wig, « combat » : « illustre au combat »
Histoire : ce dérivé de Louis a été très populaire entre 1980 et 1990, d'abord en Bretagne puis dans le reste de la France. Il est moins en vogue aujourd'hui. On en dénombrerait plus de 100 000.
Caractère : émotif, sûr de lui, sérieux
Fréquence d'attribution : rare
Évolution : en baisse
Année record : 1987
Célébrités : le navigateur Loïck Peyron.

☆☆☆ Lomig ☆☆☆

Fête : 10 janvier
Étymologie : du germanique *will*, « volonté » et *helm*, « casque »
Histoire : ce diminutif breton de Guillaume a fait son apparition dans les années 80. Il reste rarissime.
Caractère : sensible, volontaire, sérieux
Fréquence d'attribution : très rare
Évolution : en hausse
Année record : 2004
Célébrité : le journaliste Lomig Guillo.

☆☆☆ Lorenzo ☆☆☆

Dérivé : Laurenzo, Lorenz, Lenzo, Lorenso
Fête : 10 août
Étymologie : du latin *laurus*, « laurier »
Histoire : cette forme italienne de Laurent a pris son envol dans les années 2000. Il connaît aujourd'hui un franc succès. On en compte près de 20 000.
Caractère : séducteur, pudique, affectueux
Fréquence d'attribution : répandu
Évolution : en hausse
Année record : 2008
Célébrités : le pilote automobile Lorenzo Bandini.

☆☆☆ Loris ☆☆☆

Dérivés : Lorys, Lorris, Lloris, Lorrys
Fête : 10 août
Étymologie : du latin, « laurier »
Histoire : équivalent néerlandais de Laurent, Loris est vraiment dans l'air du temps depuis quelques années. Il connaît la même progression que Lorenzo. On en dénombrerait 11 000.
Caractère : gai, généreux, imaginatif
Fréquence d'attribution : rare
Évolution : en hausse
Année record : 2010

☆☆☆ Lothaire ☆☆☆

Dérivés : Lothar, Luther
Fête : 7 avril
Étymologie : du germanique *hold*, « illustre » et hart, « fort »
Histoire : venu du Pays de Galles, Lothaire progresse depuis les années 2000. Il reste malgré tout un prénom très marginal.
Caractère : travailleur, curieux, spirituel
Fréquence d'attribution : très rare
Évolution : en hausse
Année record : 2010

☆☆☆ Louis ☆☆☆

Dérivés : Louys, Louie
Fête : 25 août
Étymologie : du germanique *hold*, « illustre », et *wig*, « combat » : « illustre au combat »
Histoire : porté par dix-huit rois de France, Louis, redécouvert dans les années 90, plaît tellement que c'est aujourd'hui le septième prénom préféré des Français. Ils seraient près de 200 000.
Caractère : doux, réfléchi, structuré
Fréquence d'attribution : très répandu
Évolution : en hausse
Année record : 1920
Célébrités : le poète Louis Aragon ; le musicien Louis Bertignac.

☆☆☆ Loup ☆☆☆

Fête : 29 juillet
Étymologie : du latin *lupus*, « loup »
Histoire : saint Loup, évêque de Troyes au ve siècle sauva la Champagne des Huns, ses envahisseurs. Depuis les années 90, Loup est de plus en plus populaire.
Caractère : épicurien, intuitif, déterminé
Fréquence d'attribution : très rare
Évolution : en baisse
Année record : 2003

☆☆☆ Lubin ☆☆☆

Fête : 15 septembre
Étymologie : du latin *lupus*, « loup »
Histoire : ce prénom très ancien qui est resté dans l'ombre pendant de longues années est de plus en plus à la mode depuis l'an 2000. Les Lubin seraient environ 2 000.
Caractère : honnête, persévérant, fiable
Fréquence d'attribution : très rare
Évolution : en hausse
Année record : 2010

☆☆☆ Luc ☆☆☆

Dérivés : Lucke, Luk, Luke
Fête : 18 octobre
Étymologie : du latin *lux*, « la lumière »
Histoire : dans la Bible, Luc est connu pour être l'auteur du troisième évangile. Très répandu entre 1960 et 1970, Luc est un classique porté par près de 60 000 personnes.
Caractère : vif, spontané, perfectionniste
Fréquence d'attribution : rare
Évolution : en baisse
Année record : 1964
Célébrités : le héros de la saga des films *Star Wars*, Luke Skywalker.

☆☆☆ Lucas ☆☆☆

Dérivés : Lucka, Luckas, Luca, Luka, Lukas, Louka, Louca
Fête : 18 octobre
Étymologie : du latin *lux*, « la lumière »
Histoire : cette forme ancienne de Luc a pris son envol depuis les années 90. Longtemps numéro un en France, il est aujourd'hui le sixième prénom masculin préféré des Français. Ils seraient près de 140 000.
Caractère : pudique, organisé, méthodique
Fréquence d'attribution : très répandu
Évolution : en hausse
Année record : 2002
Célébrités : les footballeurs Lucas Mendes, Lucas Barrios, et Lucas Bernardi.

☆☆☆ Lucian ☆☆☆

Fête : 8 janvier
Étymologie : du latin *lux*, « la lumière »
Histoire : réapparu en 1999 après un siècle d'oubli, ce prénom anglais qui est également porté en Roumanie connaît une belle progression. Il reste encore peu commun.
Caractère : exigeant, attaché à sa famille, élégant
Fréquence d'attribution : très rare
Évolution : en hausse
Année record : 2010

☆☆☆ Lucien ☆☆☆

Dérivés : Luciano, Lulu
Fête : 8 janvier
Étymologie : du latin *lux*, « la lumière »
Histoire : issu du vieux prénom Lucius, Lucien est connu depuis l'Antiquité. Selon la légende, il aurait été longtemps donné aux enfants nés aux premières heures du jour. Depuis 1990, Lucien remonte dans les statistiques. On en dénombrerait plus de 70 000.
Caractère : curieux, créatif, confiant
Fréquence d'attribution : rare
Évolution : en hausse
Année record : 1920
Célébrités : Serge Gainsbourg, de son vrai nom Lucien Ginsburg et son fils Lulu.

☆☆☆ Ludovic ☆☆☆

Dérivés : Ludovick, Ludovick, Ludovico, Ludovik, Ludowic, Ludo
Fête : 25 août
Étymologie : du germanique *hold*, « illustre », et wig, « combat » : « illustre au combat »
Histoire : cette variante bretonne de Louis déjà présente au Moyen Âge connut un pic de 6000 naissances en 1977. Aujourd'hui, Ludovic se fait plus discret. Ils seraient plus de 120 000.
Caractère : aventurier, exigeant, cartésien
Fréquence d'attribution : très rare
Évolution : en baisse
Année record : 1977

☆☆☆ Luigi ☆☆☆

Dérivés : Luigy, Luiggi, Luiggy, Luidji, Luidgi, Luiggi
Fête : 25 août
Étymologie : du germanique *hold*, « illustre », et wig, « combat » : « illustre au combat »
Histoire : cette déclinaison italienne de Louis se rencontre souvent en Corse. Les Luigi restent pourtant discrets.
Caractère : honnête, fiable, sociable
Fréquence d'attribution : très rare
Évolution : en baisse
Année record : 2006

☆☆☆ Luis ☆☆☆

Dérivés : Lluis, Luiz
Fête : 25 août
Étymologie : du germanique *hold*, « illustre », et *wig*, « combat » : « illustre au combat »
Histoire : tendance dans les années 70, cette variante espagnole de Louis est attribuée irrégulièrement en France. Après un creux dans les années 80-90, il reprend des forces aujourd'hui.
Caractère : indépendant, spirituel, sage
Fréquence d'attribution : très rare
Évolution : en hausse
Année record : 1971
Célébrités : l'entraîneur Luis Fernandez.

Lyès

Dérivés : Lyes, Lies, Lie
Étymologie : de l'arabe, « Seigneur Dieu »
Histoire : très courant dans les pays arabes, Lyès est arrivé en France en 1970. Depuis, il ne cesse de plaire aux jeunes parents.
Caractère : sensible, érudit, original
Fréquence d'attribution : très rare
Évolution : en hausse
Année record : 2002
Célébrité : le footballeur Lyes Houri.

Lysandre

Dérivés : Lisandro, Lisandru, Lissandro, Lyssandre, Lissandre, Lizandro, Lysander
Fête : 27 janvier
Étymologie : contraction de Ly et d'Alexandre
Histoire : bien que ce prénom soit très ancien (on retrouve ses traces au IIIe siècle av. J.-C.), il n'est répertorié en France que depuis 1982. En progression constante, les Lysandre seraient environ 600.
Caractère : fort, généreux, bon
Fréquence d'attribution : très rare
Évolution : en hausse
Année record : 2010
Célébrités : Lysandre, un personnage de Shakespeare dans *Le Songe d'une nuit d'été*.

LES CHANGEMENTS DE PRÉNOMS

Au Japon, on donne un prénom de bébé aux nouveaux nés, un prénom d'écolier vers six ou sept ans, puis un prénom d'adulte... et même un prénom de défunt après la mort !
En France, les changements n'ont jamais été habituels. Cependant, avant la Révolution, on pouvait choisir un nouveau prénom au moment de la confirmation – ou l'évêque pouvait vous en proposer un autre à cette occasion. Il arrivait aussi qu'on choisisse dans la vie courante un prénom différent du prénom initial. Un exemple fameux est celui de la première épouse de Napoléon, Joséphine de Beauharnais. Elle s'appelait Rose et non Joséphine, mais Napoléon la prénomma Joséphine pour ne pas utiliser un prénom que son précédent mari lui avait murmuré tendrement sur l'oreiller...
Au XIXe siècle et jusqu'en 1914, l'état civil n'était pas pour nos ancêtres quelque chose d'important. Pour eux, l'état civil était lié au service militaire et aux impôts, donc uniquement utile aux fonctionnaires. Le baptême, qui avait lieu quelques jours plus tard à l'église, permettait de changer pour la famille un prénom qu'on avait donné mais que, avec le recul, on regrettait.
Avec le Code civil de 1804, il était possible de changer officiellement un prénom d'état civil, mais la procédure était longue, coûteuse, à conduire devant la justice, et sans certitude absolue de succès. Depuis 2016, devant la multiplication de prénoms « bizarres » donnés aux enfants et regrettés ensuite, elle a été simplifiée : il suffit de déposer la demande de changement de prénom (ou d'adjonction, de suppression ou de modification de l'ordre des prénoms) auprès de la mairie du lieu d'habitation ou du lieu de naissance. Celle-ci peut enregistrer le changement, sauf si elle l'estime contraire à l'intérêt de l'enfant ou aux droits des tiers à voir protéger leur nom de famille.

M

Fréquence d'attribution : très répandu
Évolution : en hausse
Année record : 2010

☆☆☆ Maceo ☆☆☆

Dérivé : Macéo
Étymologie : du vieux français, « arme médiévale » ou « du domaine de Matthieu »
Histoire : Maceo, qui pourrait être à l'origine un diminutif de Matthieu, est apparu en 1996. Depuis, il ne cesse de plaire. Sans doute parce qu'il constitue une alternative plus douce au très populaire Matteo avec sa sonorité en « s ».
Caractère : sensible, énergique, ambitieux
Fréquence d'attribution : très rare
Évolution : en hausse
Année record : 2008
Célébrités : le saxophoniste Maceo Parker.

☆☆☆ Maden ☆☆☆

Dérivés : Madenn, Madenig
Fête : 19 juillet
Étymologie : du celte *mad*, « bon »
Histoire : au VIe siècle Maden était, selon la légende, un saint qui changeait la boue en or. Redécouvert très récemment, en 2004, Maden progresse doucement. Un prénom original.
Caractère : épicurien, aventurier, drôle
Fréquence d'attribution : très rare
Évolution : stable
Année record : 2009

☆☆☆ Maël ☆☆☆

Dérivés : Mael, Mahel, Mëlig, Maëlo
Fête : 24 mai
Étymologie : du vieux breton *maël*, « chef » ou « prince »
Histoire : Maël est connu depuis le Ve siècle grâce à saint Maël, neveu de saint Patrick. Attribué depuis les années 70 d'abord en Bretagne, Maël s'impose désormais sur toute la France. C'est l'un des 50 prénoms préférés de Français. Ils seraient près de 35 000.
Caractère : efficace, fiable, sûr de lui

☆☆☆ Maixent ☆☆☆

Fête : 26 juin
Étymologie : du latin *maximus*, « le plus grand »
Histoire : saint Maixent était un abbé du VIe siècle. Une ville du Poitou Saint-Maixent-l'École porte son nom. Depuis 1990, on assiste à un regain d'intérêt autour de ce prénom qui est encore peu porté.
Caractère : souple, généreux, rêveur
Fréquence d'attribution : très rare
Évolution : stable
Année record : 2003

☆☆☆ Majid ☆☆☆

Dérivé : Majdi
Étymologie : de l'arabe, « noble » ou « glorieux »
Histoire : arrivé en France dans les années 50, Majid a progressé jusque dans les années 80. Depuis, il est en perte de vitesse.
Caractère : actif, organisé, exigeant
Fréquence d'attribution : très rare
Évolution : en hausse
Année record : 1981

☆☆☆ Malcolm ☆☆☆

Dérivés : Malcom
Étymologie : du celte *mao Colium*, « disciple de sainte Colombe »
Histoire : connu en Écosse depuis le VIIIe siècle, Malcolm a été porté par plusieurs rois. Après un pic d'attributions en 2001, il est en légère régression aujourd'hui.
Caractère : responsable, optimiste, attaché à sa famille
Fréquence d'attribution : très rare
Évolution : en baisse
Année record : 2001
Célébrités : le prédicateur Malcolm X ; Malcolm, le héros de la série du même nom.

☆☆☆ Malik ☆☆☆

Dérivé : Malick, Malyk, Maliki, Malic, Malik, Malick, Malike, Malec, Malek
Étymologie : de l'arabe *malaka*, « posséder »
Histoire : au VIIIe siècle, Malik ibn Anas, le fondateur du malikisme, l'une des quatre écoles du droit musulman, a contribué à la diffusion de ce prénom. Courant dans les familles musulmanes, Malik serait porté par près de 10 000 hommes.
Caractère : dynamique, ambitieux, créatif
Fréquence d'attribution : très rare
Évolution : en hausse
Année record : 1987
Célébrité : l'humoriste Malik Bentalha.

☆☆☆ Malo ☆☆☆

Dérivé : Malou
Fête : 15 novembre
Étymologie : du breton *mach*, « gage » et lou, « lumière »
Histoire : saint Malo, l'un des sept fondateurs de la Bretagne, a laissé son nom à la ville fortifiée de Saint-Malo. Discret jusqu'en 2000, Malo connaît un vrai engouement ces dernières années. On en dénombrerait près de 10 000.
Caractère : sérieux, perfectionniste, séducteur.
Fréquence d'attribution : rare
Évolution : en hausse
Année record : 2009

☆☆☆ Malone ☆☆☆

Dérivés : Malonn, Malon, Mahlon
Fête : 15 novembre
Étymologie : du patronyme irlandais *Ó Maoil Eoin*, « serviteur de saint Jean »
Histoire : apparu dans les années 90, Malone a pris son envol en 2007, soit un an après la naissance du fils de Renaud, le chanteur. Ils seraient déjà près de 2 000.
Caractère : équilibré, sensible, discipliné
Fréquence d'attribution : rare
Évolution : en hausse
Année record : 2007
Célébrités : Malone, le fils du chanteur Renaud.

☆☆☆ Mansour ☆☆☆

Dérivé : Manssour
Étymologie : de l'arabe, « victorieux »
Histoire : al-Mansour est le fondateur de Bagdad au VIIIe siècle. Apparu dans les années 50, Mansour progresse doucement mais sûrement. Ils seraient moins de 1 000.
Caractère : émotif, innovant, dynamique
Fréquence d'attribution : très rare
Évolution : en baisse
Année record : 2009

☆☆☆ Manu ☆☆☆

Fête : 25 décembre
Étymologie : de l'hébreu *imanu-el* « Dieu est avec nous »
Histoire : ce diminutif d'Emmanuel est devenu un prénom à part entière dans les années 80. Ils sont encore peu nombreux aujourd'hui. Moins de 500.
Caractère : optimiste, altruiste, affirmé
Fréquence d'attribution : très rare
Évolution : en baisse
Année record : 2001
Célébrités : le musicien Manu Lanvin, fils de Gérard Lanvin ; le chanteur Manu Chao.

☆☆☆ Manuel ☆☆☆

Dérivés : Manuelo
Fête : 25 décembre
Étymologie : de l'hébreu *imanu-el*, « Dieu est avec nous »
Histoire : très courant dans les pays espagnols, Manuel l'est un peu moins en France, même si ce prénom a été très populaire dans les années 70. Ils seraient plus de 30 000.
Caractère : appliqué, sage, généreux
Fréquence d'attribution : très rare
Évolution : en baisse
Année record : 1971
Célébrités : les comédiens Manuel Gélin et Manuel Blanc.

Marc

Dérivés : Mark, Marck
Fête : 25 avril
Étymologie : du prénom romain Marcus, renvoyant au Dieu de la guerre, Mars
Histoire : saint Marc, l'un des premiers convertis au christianisme au Ier siècle est l'auteur du deuxième Évangile, ce qui a aidé à la diffusion de ce prénom. Plus récemment, il a connu un boom entre 1950 et 1970. Les Marc seraient près de 200 000.
Caractère : mystérieux, juste, passionné
Fréquence d'attribution : rare
Évolution : en baisse
Année record : 1959
Célébrités : le chanteur Marc Lavoine.

Marceau

Dérivés : Marsaud, Marsault, Marso
Fête : 16 janvier
Étymologie : du prénom romain Marcus, renvoyant au Dieu de la guerre, Mars
Histoire : beaucoup plus courant au début du XXe siècle, Marceau est revenu dans l'air du temps dans les années 2000. Depuis, il ne cesse de plaire.
Caractère : indépendant, franc, loyal
Fréquence d'attribution : rare
Évolution : en hausse
Année record : 1912

Marcel

Dérivés : Marcellin, Marcelin, Marcelo, Marcello, Marcellus, Marchetto
Fête : 16 janvier
Étymologie : du prénom romain Marcus renvoyant au Dieu de la guerre, Mars
Histoire : pape au IVe siècle, saint Marcel essaya d'instaurer des lieux de culte. Très couru jusqu'au début des années 20, le prénom Marcel a presque disparu aujourd'hui.
Caractère : sûr de lui, versatile, indépendant
Fréquence d'attribution : très rare
Évolution : stable
Année record : 1920
Célébrités : le boxeur Marcel Cerdan ; l'artiste Marcel Duchamp ; l'écrivain Marcel Proust.

Marco

Dérivé : Marko
Fête : 25 avril
Étymologie : du prénom romain Marcus renvoyant au Dieu de la guerre, Mars
Histoire : si pendant très longtemps, Marco était un prénom surtout connu en Espagne, en Italie et au Portugal, Marco commence à s'imposer en France depuis les années 2000. Ils seraient près de 7 000.
Caractère : intuitif, perfectionniste, courageux
Fréquence d'attribution : très rare
Évolution : en baisse
Année record : 2001
Célébrités : le navigateur et explorateur Marco Polo.

Marcus

Dérivé : Markus
Fête : 25 avril
Étymologie : du prénom romain Marcus renvoyant au Dieu de la guerre, Mars
Histoire : déjà courant aux États-Unis, en Allemagne et aux Pays-Bas, Marcus commence à séduire les Français depuis les années 2000. Ils seraient environ 1 500.
Caractère : assuré, pragmatique, épicurien
Fréquence d'attribution : très rare
Évolution : en hausse
Année record : 2009
Célébrités : le réalisateur et producteur Marcus Nispel.

Marin

Dérivés : Marino, Marinho, Mariné
Fête : 3 mars
Étymologie : du latin *marinus*, « marin »
Histoire : connu depuis le début du XXe siècle, Marin ne rencontre pas encore le succès de son homologue féminin, Marine. Pourtant, depuis 1990, il est en progression constante.
Caractère : mystérieux, sensible, généreux
Fréquence d'attribution : très rare
Évolution : stable
Année record : 2006
Célébrités : le réalisateur Marin Karmitz.

Mario

Fête : 19 janvier
Étymologie : de Marius, du nom d'une famille romaine
Histoire : cette variante italienne de Marius a toujours été régulièrement attribuée au XXe siècle. Même s'il est aujourd'hui en perte de vitesse, Mario pourrait revenir à la mode ces prochaines années.
Caractère : fiable, combatif, confiant
Fréquence d'attribution : très rare
Évolution : en baisse
Année record : 1959
Célébrités : le héros de jeu vidéo *Mario Bross* ; Mario Puzo, l'auteur du roman Le Parrain.

Marius

Dérivé : Maryus
Fête : 19 janvier
Étymologie : du nom d'une famille romaine
Histoire : au IIIe siècle, saint Marius enterrait les corps des martyrs chrétiens. Longtemps cantonné à la Provence, Marius séduit tout le pays depuis les années 2000. Il fait partie des 100 prénoms préférés des Français.
Caractère : sensible, rêveur, original
Fréquence d'attribution : répandu
Évolution : en hausse
Année record : 1910
Célébrités : Marius, le personnage de la trilogie *Marius, Fanny, César* de Marcel Pagnol.

Marley

Étymologie : du vieil anglais, « de la terre des lacs »
Histoire : surtout connu comme nom, celui du chanteur Bob Marley, Marley est apparu au début des années 90. Un prénom qui grimpe en flèche depuis 2010. On en dénombrerait déjà 1 500.
Caractère : affectueux, intuitif, sociable
Fréquence d'attribution : très rare
Évolution : en hausse
Année record : 2010

Marlon

Dérivés : Marlone, Marlonn
Étymologie : du patronyme français ou de l'anglais, « faucon »
Histoire : courant aux États-Unis, Marlon est encore peu attribué en France même s'il progresse constamment depuis 1980. Les Marlon seraient 2 000.
Caractère : dynamique, séducteur, pratique
Fréquence d'attribution : très rare
Évolution : en hausse
Année record : 2010
Célébrités : l'acteur Marlon Brando.

Martial

Dérivés : Marcial, Marziale, Martian
Fête : 30 juin
Étymologie : du latin *martialis*, « relatif au dieu de la guerre Mars »
Histoire : au IIIe siècle, saint Martial évangélisa le Limousin. Connu depuis l'Antiquité, Martial a traversé les époques sans être vraiment populaire. Il est pourtant toujours là.
Caractère : organisé, fidèle, attaché à sa famille
Fréquence d'attribution : très rare
Évolution : en baisse
Année record : 1969
Célébrités : le jazzman Martial Solal.

☆☆☆ Martin ☆☆☆

Dérivés : Marteen, Mairtin, Martii, Martian, Martino, Martyn, Martinho
Fête : 11 novembre
Étymologie : du prénom romain Martinus, renvoyant au Dieu de la guerre, Mars
Histoire : au IVe siècle, saint Martin, le plus célèbre des évêques de Tours est connu pour avoir donné sa cape à un démuni pour se réchauffer. Depuis 1990, ce prénom connaît un regain d'intérêt. On en compterait plus de 40 000.
Caractère : éloquent, curieux, altruiste
Fréquence d'attribution : répandu
Évolution : en hausse
Année record : 2010
Célébrités : le réalisateur Martin Scorsese ; le photographe Martin Parr.

☆☆☆ Marvin ☆☆☆

Dérivés : Marvyn, Marwin, Marvine, Marvynn, Marwyn, Mervyn
Étymologie : du celte maer, « mer » et win, « ami » : « ami de la mer »
Histoire : répandu au Pays de Galles puis aux États-Unis, Marvin est arrivé en France dans les années 80. Après un pic entre 1990 et 2000 à plus de 700 naissances par an, Marvin est moins populaire aujourd'hui.
Caractère : patient, curieux, sensible
Fréquence d'attribution : très rare
Évolution : stable
Année record : 1993
Célébrités : le chanteur Marvin Gaye.

☆☆☆ Marwan ☆☆☆

Dérivés : Marwane, Marwann, Marouane, Merwan, Merwane, Mervan
Étymologie : de l'arabe *marwân* « le silex », autrefois considéré comme une pierre précieuse ou du perse, « bienveillant »
Histoire : arrivé en France dans les années 70, ce prénom connaît une bonne progression depuis les années 2000. On en dénombrerait déjà 5 000.
Caractère : joyeux, juste, fidèle
Fréquence d'attribution : rare
Évolution : stable
Année record : 2007

☆☆☆ Massimo ☆☆☆

Fête : 14 avril
Étymologie : du latin *maximus*, « le plus grand »
Histoire : apparu en France dans les années 50, ce prénom italien est très irrégulièrement attribué. Après un pic en 2002, Massimo se fait aujourd'hui très discret.
Caractère : carriériste, passionné, habile
Fréquence d'attribution : très rare
Évolution : en baisse
Année record : 2002
Célébrités : le jet-setteur Massimo Gargia.

☆☆☆ Mathéo ☆☆☆

Dérivés : Matéo, Matheo, Matteo, Mateo, Mattéo, Mattheo, Matéos, Mathéo, Mathéos
Fête : 21 septembre
Étymologie : de l'hébreu *Mattatyahu*, « don de Dieu »
Histoire : comme Théo qui est dans le top 20 actuel, ce prénom venu d'Italie dans les années 90 est tout à fait dans l'air du temps. Les Mathéo seraient plus de 40 000.
Caractère : affirmé, ambitieux, attaché à sa famille
Fréquence d'attribution : très répandu
Évolution : en baisse
Année record : 2007
Célébrités : les coureurs cyclistes Matteo Tosatto, Matteo Carrara et Matteo Bono.

☆☆☆ Mathis ☆☆☆

Dérivés : Mathys, Matys, Matis, Matthis, Matisse
Fête : 21 septembre
Étymologie : de l'hébreu *Mattatyahu*, « don de Dieu »
Histoire : cette forme bretonne de Matthieu a connu un succès fulgurant en France en vingt ans seulement. Est-ce parce que ce prénom évoque un célèbre peintre ? Ou serait-ce pour ses sonorités douces ? Quoiqu'il en soit, Mathis fait partie du top 50. Ils seraient plus de 60 000.
Caractère : original, sûr de lui, spirituel
Fréquence d'attribution : très répandu
Évolution : en baisse
Année record : 2006

☆☆☆ Mathurin ☆☆☆

Dérivés : Maturin, Maturino
Fête : 14 mars
Étymologie : du latin *maturus*, « sage »
Histoire : prêtre au IVe siècle, la légende de saint Mathurin raconte qu'après son décès à Rome, Mathurin aurait ressuscité pour se faire enterrer dans ses terres natales. Un prénom plus commun au début du XXe siècle qu'aujourd'hui.
Caractère : brave, attentif, ouvert d'esprit
Fréquence d'attribution : très rare
Évolution : en baisse
Année record : 1905
Célébrités : l'écrivain Mathurin Régnier.

☆☆☆ Matt ☆☆☆

Dérivés : Matti, Matty, Mati, Mats, Mathy, Maati, Mate
Fête : 21 septembre
Étymologie : de l'hébreu *Mattatyahu*, « don de Dieu »
Histoire : ce diminutif anglais de Matthew (Matthieu) apparu en 1990 connaît une belle progression depuis 2000. On en dénombrerait environ 2 000.
Caractère : curieux, bon, rêveur
Fréquence d'attribution : très rare
Évolution : en hausse
Année record : 2007
Célébrités : l'acteur de *Friends* Matt LeBlanc ; le chanteur Matt Pokora.

☆☆☆ Matthias ☆☆☆

Dérivés : Mathias, Matias, Mattias, Mathyas, Matyas, Matthyas, Mattyas
Fête : 21 septembre
Étymologie : de l'hébreu *Mattatyahu*, « don de Dieu »
Histoire : ce prénom, qui est plus courant en Allemagne et en Grèce (Matthias est la forme grecque originelle de Matthieu), a connu un pic dans les années 2000. Il est aujourd'hui discret.
Caractère : spontané, libre, séducteur
Fréquence d'attribution : rare
Évolution : en baisse
Année record : 2001
Célébrités : le musicien et écrivain Mathias Malzieu.

☆☆☆ Matthieu ☆☆☆

Dérivés : Mathieu, Mattieu, Mathiew, Matthiew, Matieu, Mathyeu
Fête : 21 septembre
Étymologie : de l'hébreu *Mattatyahu*, « don de Dieu »
Histoire : ancien percepteur des impôts en Galilée, saint Matthieu quitta son travail pour suivre le Christ et rédiger le premier évangile. Grand classique des années 80, Matthieu a aujourd'hui du mal à passer le cap de l'an 2000. Ils seraient plus de 70 000.
Caractère : fin, perfectionniste, émotif
Fréquence d'attribution : rare
Évolution : en baisse
Année record : 1987
Célébrités : le scénariste Matthieu Delaporte ; l'acteur Matthieu Rozé.

☆☆☆ Maurice ☆☆☆

Dérivés : Morris, Mauricio, Moris, Maurizio, Meurisse
Fête : 22 septembre
Étymologie : du latin *maurus*, « brun de peau »
Histoire : déjà porté par un empereur byzantin au IVe siècle, Maurice traversa les époques jusqu'au début du XXe siècle où il connut une popularité énorme (plus de 10 000 naissances par an). Il est aujourd'hui complètement tombé dans l'oubli.
Caractère : mûr, sûr de lui, drôle
Fréquence d'attribution : très rare

Évolution : stable
Année record : 1920
Célébrités : l'artiste Maurice Chevalier ; l'écrivain Maurice Druon.

☆☆☆ Max ☆☆☆

Fête : 14 avril
Étymologie : du latin *maximus*, « le plus grand »
Histoire : ce diminutif de Maxime devenu prénom à part entière dès le début du XXe siècle se rencontre plus fréquemment en Hollande, en Allemagne et dans les pays du nord qu'en France. Ils seraient tout de même près de 30 000.
Caractère : vif, exigeant, fiable
Fréquence d'attribution : rare
Évolution : en baisse
Année record : 1946
Célébrités : l'humoriste Max Boublil ; Max, le héros du film de C. Sauttet, *Max et les Ferailleurs*.

POURQUOI LES PRÉNOMS MYTHOLOGIQUES REVIENNENT-ILS À LA MODE ?

Chloé est le troisième prénom préféré des Français. On l'oublie souvent mais, à l'origine, c'est un prénom mythologique, puisque c'est la fille de Déméter, la déesse grecque des moissons. Mais il y a aussi Cassiopée, Ulysse, Cassandre, Daphné, Ariane, Priam... Chargés d'histoire, de poésie et de symboles, ces prénoms correspondent à la quête de sens actuelle où chacun cherche ses propres repères. Or, un prénom mythologique permet justement de se raccrocher à une histoire déjà connue et souvent extraordinaire ; tel Hercule, ce demi-dieu doté d'une force hors du commun qui symbolise la virilité, la force et l'honnêteté. Autant de qualités que l'on fantasme souvent pour son enfant. Plus tard, celui-ci pourra se targuer d'avoir un prénom original puisque l'on peut, en effet, trouver des prénoms mythologiques dans toutes les cultures !

☆☆☆ Maxence (mixte) ☆☆☆

Fête : 20 novembre
Étymologie : du latin *maximus*, « le plus grand »
Histoire : Maxence a notamment été porté par un empereur romain du IVe siècle qui s'est opposé à Constantin Ier. Redécouvert dans les années 70, ce dérivé de Maxime est souvent plus donné aux garçons (48 000) qu'aux filles (600). Il est pourtant mixte.
Caractère : affirmé, loyal, énergique
Fréquence d'attribution : très répandu
Évolution : en hausse
Année record : 2005
Célébrités : l'acteur Maxence Mailfort.

☆☆☆ Maxime ☆☆☆

Dérivés : Maxim, Maxym, Maxyme, Maximo
Fête : 14 avril
Étymologie : du latin *maximus*, « le plus grand »
Histoire : attribué aux généraux victorieux à l'Antiquité ou au premier né d'une famille, Maxime a été porté par de nombreux saints. Depuis les années 90, Maxime est un prénom donné à plus de 4 000 enfants par an. On en dénombrerait près de 200 000.
Caractère : charismatique, réaliste, affectueux
Fréquence d'attribution : très répandu
Évolution : en baisse
Année record : 1992
Célébrités : le chanteur Maxime Le Forestier ; le romancier Maxime Chattam.

Maximilien

Dérivés : Maximilian, Maximiliano, Maximo, Maximus
Fête : 14 août
Étymologie : du latin *maximus*, « le plus grand »
Histoire : porté notamment par Maximilien Ier au XVIe siècle, Maximilien fut redécouvert dans les années 80 avec la mode des prénoms d'empereurs romains (Augustin, Antonin, Aurélien, Constantin...). Après un pic à 400 naissances dans les années 90, il a aujourd'hui moins la cote.
Caractère : idéaliste, timide, courageux
Fréquence d'attribution : très rare
Évolution : en baisse
Année record : 1989
Célébrités : l'homme politique Maximilien de Robespierre.

Mayeul

Dérivés : Maïeul, Mayol
Fête : 11 mai
Étymologie : du latin *maïus*, « le mois de mai »
Histoire : symbole du printemps, ce prénom breton apparu dans les années 70 connaît une belle ascension depuis 2000. Les Mayeul seraient plus de 1 000.
Caractère : curieux, affectueux, audacieux
Fréquence d'attribution : très rare
Évolution : stable
Année record : 2008

Mehdi

Dérivés : Médi, Meddy, Médy, Mehedi, Medhi, Meidi, Mhedi, Mheidi, Medhy, Mehdy, Meddy, Medy, Medi, Meddhy, Mehddi, Mhedy, Mehddy, Meddi, Meddhi, Mehedi
Étymologie : de l'arabe, « le bien guidé » (sous-entendu par Dieu)
Histoire : dans le Coran, Mehdi est l'un des noms du prophète Mahomet. Arrivé en France dans les années 60, Mehdi bénéficia de la popularité de l'acteur de la série *Belle et Sébastien*. Depuis les années 90, il est moins tendance.
Caractère : sociable, joyeux, altruiste
Fréquence d'attribution : répandu
Évolution : en baisse
Année record : 1991
Célébrités : le comédien de la série *Belle et Sébastien* Mehdi El Glaoui.

Mel

Étymologie : incertaine, viendrait soit du prénom Maël (« le chef » en breton), soit du grec *melanos*, « brun », « noir » ou pourrait être un diminutif des prénoms commençant par Mel
Histoire : premier comédien à être jugé l'acteur le plus sexy de la planète en 1985, Mel Gibson a certainement influencé le destin de ce prénom apparu en France en 1985. Il reste rarissime.
Caractère : optimiste, créatif, pragmatique
Fréquence d'attribution : très rare
Évolution : en baisse
Année record : 2002
Célébrités : l'acteur Mel Gibson.

Melchior

Dérivé : Melkior
Fête : 6 janvier
Étymologie : de l'hébreu, « roi de lumière »
Histoire : guidé par l'étoile du Berger, Melchior est, dans la Bible, l'un des trois mages venus d'Orient. Après Gaspard et Balthazar, Melchior connaîtra-t-il le même succès ? Sa popularité se fait pour le moment attendre.
Caractère : logique, intuitif, sociable
Fréquence d'attribution : très rare
Évolution : en hausse
Année record : 2006

☆☆☆ Melvil ☆☆☆

Dérivé : Melville
Étymologie : du vieux français, « qui habite une mauvaise terre »
Histoire : apparu en 1995, ce prénom est en pleine ascension et devrait continuer à progresser ces prochaines années.
Caractère : idéaliste, généreux, fiable
Fréquence d'attribution : très rare
Évolution : en hausse
Année record : 2010
Célébrités : le comédien Melvil Poupaud.

☆☆☆ Melvin ☆☆☆

Dérivés : Melvyn, Melvine, Melwin, Melvynn, Melvinn, Melwyn, Melvyne
Étymologie : du vieux breton *maël*, « chef » ou « ami de l'assemblée »
Histoire : connu aux États-Unis depuis 1940, Melvin n'est apparu en France que dans les années 80 mais il a tout de suite plu. On en dénombrerait près de 10 000.
Caractère : affirmé, combattif, courageux
Fréquence d'attribution : rare
Évolution : en baisse
Année record : 2002
Célébrités : le physicien Melvin Schwartz, prix Nobel de physique en 1988.

☆☆☆ Merlin ☆☆☆

Étymologie : issu de Merlin l'Enchanteur ou du celte myrrdin, « le petit faucon »
Histoire : apparu en 1980, ce prénom qui évoque irrésistiblement Merlin l'Enchanteur, le magicien de la légende arthurienne, est très tendance ces dernières années ; vraisemblablement grâce à la série télévisée du même nom, diffusée en France depuis 2009.
Caractère : habile, ambitieux, passionné
Fréquence d'attribution : très rare
Évolution : en hausse
Année record : 2010
Célébrités : Merlin, le héros de la série éponyme.

☆☆☆ Michel ☆☆☆

Fête : 29 septembre
Étymologie : de l'hébreu *mika'el*, « semblable à Dieu »
Histoire : dans la Bible, Michel est l'archange qui lutte contre le diable et les anges rebelles. En 1947, Michel était le deuxième prénom le plus donné. Il a quasiment disparu aujourd'hui.
Caractère : curieux, dynamique, indépendant
Fréquence d'attribution : très rare
Évolution : stable
Année record : 1947
Célébrités : les chanteurs Michel Sardou, Michel Delpech, Michel Fugain.

☆☆☆ Mickaël ☆☆☆

Dérivés : Michael, Mikaël, Micael, Mikhael, Mykael, Myckael, Mickael, Michaël, Mikail, Mikhaïl, Mike
Fête : 29 septembre
Étymologie : de l'hébreu *mika'el*, « semblable à Dieu »
Histoire : ce dérivé moderne de Michel apparu dans les années 70 a connu un boom entre 1980 et 1990. Depuis, il a moins la cote. Ils seraient près de 120 000.
Caractère : rêveur, droit, spirituel
Fréquence d'attribution : rare
Évolution : en baisse
Année record : 1984
Célébrités : le chanteur Michael Bublé.

☆☆☆ Miguel ☆☆☆

Dérivés : Migel, Miquel, Mikel
Fête : 29 septembre
Étymologie : de l'hébreu *mika'el*, « semblable à Dieu »
Histoire : cette variante espagnole de Michel a été attribuée à plus de 500 bébés en 1975. Depuis, il se fait plus discret. On en compte tout de même plus de 10 000.
Caractère : persévérant, enthousiaste, méthodique
Fréquence d'attribution : très rare
Évolution : en baisse
Année record : 1975
Célébrités : le coureur cycliste Miguel Indurain.

☆☆☆ Mika ☆☆☆

Dérivés : Micah, Micha, Mica, Michka
Fête : 29 septembre
Étymologie : de l'hébreu *mika'el*, « semblable à Dieu »
Histoire : ce prénom nouveau, diminutif de Mikaël, a connu un pic en 2008, soit juste après la sortie du premier album du chanteur Mika, *Life in cartoon motion* en 2007 vendu à 19 millions d'exemplaires.
Caractère : ambitieux, énergique, fin
Fréquence d'attribution : très rare
Évolution : en baisse
Année record : 2008
Célébrités : le chanteur Mika.

☆☆☆ Milan ☆☆☆

Dérivés : Mylan, Milann, Milhane, Mylann, Milhan, Milane, Millan, Mylane, Milano, Mylhan
Étymologie : du slave *milen*, « aimé du peuple »
Histoire : connu depuis longtemps dans les pays slaves, Milan est très tendance ces dernières années. Ils seraient près de 5000.
Caractère : sérieux, déterminé, ambitieux
Fréquence d'attribution : rare
Évolution : en hausse
Année record : 2010
Célébrités : le romancier Milan Kundera.

☆☆☆ Milo ☆☆☆

Dérivés : Mylo, Miles, Myles, Mile
Étymologie : du prénom slave Miloslav, « brillante victoire »
Histoire : apparu dans les années 90, Milo voit sa popularité grimper en flèche depuis les années 2000. Court, doux, avec une finale en « o », il devrait continuer à progresser.
Caractère : éloquent, charmeur, sûr de lui
Fréquence d'attribution : rare
Évolution : en hausse
Année record : 2010
Célébrités : l'acteur Milo Ventimiglia.

☆☆☆ Milos ☆☆☆

Dérivé : Milovan
Étymologie : du prénom slave Miloslav, « brillante victoire »
Histoire : apparu dans les années 70, ce prénom tchèque est encore rarissime. Les Milos seraient moins de 300 en France.
Caractère : audacieux, curieux, fantaisiste
Fréquence d'attribution : très rare
Évolution : en baisse
Année record : 1991
Célébrités : le réalisateur Milos Forman.

☆☆☆ Mohamed ☆☆☆

Dérivés : Mohammed, Mohammad
Étymologie : de l'arabe, « digne d'éloges »
Histoire : Mohamed est celui qui reçu les révélations de Djibril (l'ange Gabriel) et édifia le Coran. Ce classique de la culture musulmane est indémodable. Ils seraient près de 70 000.
Caractère : courageux, méticuleux, juste
Fréquence d'attribution : répandu
Évolution : en hausse
Année record : 2010
Célébrités : le boxeur Mohamed Ali.

☆☆☆ Moïse ☆☆☆

Dérivé : Moises
Fête : 4 septembre
Étymologie : du prénom égyptien Moché, « sauvé des eaux »
Histoire : dans la Bible, Moïse devint le prophète du peuple hébreu après avoir été sauvé par sa mère qui le déposa dans un panier en osier sur le Nil. Ce prénom de tradition hébraïque traverse les époques et les siècles. On en dénombrerait 7000.
Caractère : affirmé, courageux, indépendant
Fréquence d'attribution : très rare
Évolution : en baisse
Année record : 1930

Morgan

Dérivés : Morgann, Morghan
Fête : 8 octobre
Étymologie : du celte *mor*, « mer » et *gan*, « né » : né de la mer
Histoire : connu depuis le Moyen Âge, Morgan fut redécouvert dans les années 70 avec d'autres prénoms bretons. Mais depuis les années 90, il plaît moins.
Caractère : ouvert d'esprit, volontaire, sensible
Fréquence d'attribution : rare
Évolution : en hausse
Année record : 1991

Moussa

Dérivés : Mousa
Étymologie : de l'arabe, « sauvé des eaux »
Histoire : cet équivalent arabe de Moïse plaît doucement mais sûrement depuis les années 50. Ces dernières années, il serait même tendance. On en dénombrerait 7 000.
Caractère : direct, engagé, fidèle
Fréquence d'attribution : rare
Évolution : en hausse
Année record : 2010
Célébrités : les footballeurs Moussa Sissoko et Moussa Sow.

Mortimer

Dérivé : Mort
Étymologie : du nom de famille Mortemer (lui même issu de la mer Morte)
Histoire : Mortimer a longtemps été un patronyme (c'est ainsi que l'on avait nommé un Français de retour des Croisades). Devenu prénom au XIXe siècle, il a été redécouvert dans les années 80 mais reste extrêmement marginal.
Caractère : enthousiaste, optimiste, rusé
Fréquence d'attribution : très rare
Évolution : stable
Année record : 1993
Célébrités : Mortimer, le premier nom de Mickey ; le chanteur Mort Schuman.

Moustapha

Dérivés : Moustafa, Mostafa, Mustapha, Mustafa, Mustaphа, Mostéfa
Étymologie : de l'arabe, « élu de Dieu »
Histoire : ce surnom de Mahomet se propagea surtout à partir du XIVe et XVe siècle grâce à Mustafa Kemal Ataturk, le fondateur de la Turquie moderne. Il reste discret.
Caractère : bienveillant, méthodique, pacifique
Fréquence d'attribution : très rare
Évolution : stable
Année record : 2007
Célébrités : l'humoriste Mustapha El Atrassi.

Moundir

Dérivés : Mounir, Monir, Mounire
Étymologie : de l'arabe, « celui qui avertit, qui prévient »
Histoire : Moundir est l'un des surnoms du prophète Mahomet. Mais c'est vraisemblablement le héros de l'émission de télé-réalité Koh Lanta en 2003 qui a lancé la mode de ce prénom jusqu'alors inconnu en France. Ils seraient une soixantaine.
Caractère : combattif, juste, déterminé
Fréquence d'attribution : très rare
Évolution : en hausse
Année record : 2010
Célébrités : Moundir, le candidat rebelle de l'émission de télé-réalité Koh Lanta.

N

Nabil

Dérivés : Nabile, Nabel, Nabyl, Nabille
Étymologie : de l'arabe *nabil*, « noble»
Histoire : très courant dans les pays de tradition musulmane, Nabil est arrivé en France dans les années 50. Il a très vite plu mais décline depuis les années 80.
Caractère : intuitif, organisé
Fréquence d'attribution : très rare
Évolution : très rare
Année record : 1983

Nacer

Dérivés : Nassar, Nassir, Nasser, Naser
Étymologie : de l'arabe *nasara*, « apporter de l'aide » : « celui qui apporte de l'aide »
Histoire : Nacer est l'un des surnoms du prophète Mahomet. De 1955 à 1983, Nacer a eu le vent en poupe. Depuis on le rencontre moins dans les registres de naissance.
Caractère : original, dynamique, volontaire
Fréquence d'attribution : très rare
Évolution : en baisse
Année record : 1983

Nadir

Dérivés : Nadhir, Nadyr, Nadire, Nader, Nédir
Étymologie : de l'arabe *nader*, « précieux »
Histoire : porté au XVIIIe siècle par un shah de Perse, Nadir est un prénom ancien qui ne fait que progresser depuis les années 50. Ils seraient environ 5000.
Caractère : spontané, rêveur, indépendant
Fréquence d'attribution : stable
Évolution : très rare
Année record : 2000

Naël

Dérivés : Nael, Nahel, Nahil, Naïl, Nahele
Fête : 24 août
Étymologie : de l'arabe, « celui dont le travail est fructueux »
Histoire : recensé depuis 1980 seulement, Naël connaît une progression fulgurante depuis les années 2000. Il semble suivre les traces du très populaire Nathanaël. On en compte environ 9000.
Caractère : courageux, rêveur, généreux
Fréquence d'attribution : répandu
Évolution : en hausse
Année record : 2010

Naïm

Dérivés : Nahim, Naime, Nayim, Naimi, Naym, Naïme
Étymologie : de l'arabe *na'im*, « doux », « délicieux »
Histoire : depuis 1970, ce prénom qui symbolise les délices du paradis dans le Coran séduit chaque année davantage plus de parents. Les Naïm seraient près de 5000.
Caractère : audacieux, énergique, fiable
Fréquence d'attribution : rare
Évolution : en hausse
Année record : 2010
Célébrités : le footballeur Naïm Aarab.

Narcisse

Dérivé : Narciso, Narcès
Fête : 29 octobre
Étymologie : du grec *narkissos*, « narcisse »
Histoire : dans la mythologie grecque, Narcisse tomba amoureux de son propre reflet. Beaucoup plus courant au début du XXe siècle, Narcisse n'est presque plus attribué.
Caractère : idéaliste, indépendant, émotif
Fréquence d'attribution : très rare
Évolution : en baisse
Année record : 1903
Célébrités : le styliste Narciso Rodriguez.

☆☆☆ Nassim ☆☆☆

Dérivés : Nazim, Nacim, Nassime, Nasim, Nassym, Nacime, Nazime, Nascimo, Nasime
Étymologie : de l'arabe *nasîm*, « brise »
Histoire : depuis les années 70, les sonorités douces de Nassim lui font conquérir de nombreux fans. À tel point que les Nassim seraient aujourd'hui près de 12 000.
Caractère : imaginatif, pragmatique, optimiste
Fréquence d'attribution : rare
Évolution : stable
Année record : 2008
Célébrités : le réalisateur Nassim Amaouche.

☆☆☆ Nathan ☆☆☆

Dérivés : Natan, Nattan, Nathane, Natthan, Nathann, Natane
Fête : 24 août
Étymologie : du prénom hébreu *Natana'el*, « Dieu a donné»
Histoire : déjà présent dans l'Ancien Testament, Nathan est revenu en force dans les années 90. Il est populaire dans le monde entier. En France, c'est le neuvième prénom préféré des Français. Ils seraient près de 90 000.
Caractère : créatif, sensible, fin
Fréquence d'attribution : très répandu
Évolution : en hausse
Année record : 2010
Célébrités : l'acteur principal de la série *Castle*, Nathan Fillion.

☆☆☆ Nathanaël ☆☆☆

Dérivés : Nathanael, Nathaniel, Natanaël, Nathaël
Fête : 24 août
Étymologie : du prénom hébreu *Natana'el*, « Dieu a donné»
Histoire : dans la Bible, Nathanaël est le cinquième apôtre élu par le Christ. Nathanaël séduit de plus en plus de parents depuis les années 70. Les Nathanaël seraient 10 000.
Caractère : affirmé, déterminé, affectueux
Fréquence d'attribution : rare
Évolution : en hausse
Année record : 2010
Célébrités : l'écrivain Nathaniel Hawthorne.

☆☆☆ Nelson ☆☆☆

Dérivés : Neil, Nigel, Nygel
Fête : 3 février
Étymologie : du celte *neil*, « champion », et son, « fils » : « le fils du champion »
Histoire : patronyme venu d'Angleterre et d'Écosse devenu célèbre grâce à l'amiral Nelson qui gagna la bataille de Trafalgar au XVIIIe siècle, le prénom Nelson gagne du terrain en France depuis les années 70. On en dénombrerait 6000.
Caractère : courageux, concentré, optimiste
Fréquence d'attribution : très rare
Évolution : en baisse
Année record : 2001
Célébrités : le journaliste sportif Nelson Monfort ; l'homme politique Nelson Mandela.

THÉOPHORES, GUERRIERS, POÉTIQUES OU NÉGATIFS ?

On appelle prénoms théophores ceux dont la signification renvoie à Dieu ou à une qualité de Dieu. C'est le cas de presque tous les prénoms arabes ou hébreux, comme on le constate sur cette page, et d'un bon nombre de prénoms grecs ou romains popularisés par les premiers chrétiens. En revanche, les prénoms d'origine germanique, gaëlique ou celtique évoquent des qualités guerrières. Les prénoms poétiques se trouvent surtout en Asie, en Afrique noire ou dans le monde arabe avant l'islam. Dans certaines îles océaniennes ou chez certaines ethnies africaines, on donne aux enfants en bas-âge un prénom provisoire péjoratif, tel que « Sorcière malfaisante », « Sans famille », « Miséreux »... Un choix fait par superstition, pour que les esprits mauvais ne s'intéressent pas au petit et qu'il ait une longue vie.

☆☆☆ Néo ☆☆☆

Dérivés : Neo, Neho
Étymologie : du grec *neo*, « nouveau »
Histoire : apparu en 2000, un an après la sortie du film *Matrix* dont le héros s'appelle Neo, ce prénom a très vite atteint les 200 attributions par an. Depuis, il régresse légèrement mais reste toujours à la mode grâce à sa forme courte et ses sonorités modernes.
Caractère : discret, sensible, sage
Fréquence d'attribution : très rare
Évolution : en baisse
Année record : 2004
Célébrités : l'artiste Neo Rauch ; Neo, le héros du film *Matrix*.

☆☆☆ Nikos ☆☆☆

Fête : 6 février
Étymologie : du grec *nikê*, « la victoire » et laos, « le peuple » : « victoire du peuple »
Histoire : ce prénom grec arrivé en 2000 a bénéficié de la popularité croissante de l'animateur Nikos Aliagas qui a présenté la très populaire Star Academy de 2001 à 2008. Les Nikos restent rarissimes. Ils seraient une cinquantaine.
Caractère : logique, optimiste, adaptable
Fréquence d'attribution : très rare
Évolution : en hausse
Année record : 2002
Célébrités : l'animateur de télévision Nikos Aliagas.

☆☆☆ Nicolas ☆☆☆

Dérivés : Nikolas, Nicholas, Nikolaï, Nicolai, Nicolae, Nycolas, Nickolas, Nikolaz
Fête : 6 décembre
Étymologie : du grec *niké*, « la victoire » et laos, « le peuple » : « victoire du peuple »
Histoire : connu depuis le Moye Âge, Nicolas est un classique qui a eu du succès dans le monde entier. Il est toujours populaire aujourd'hui. On en compte près de 400 000.
Caractère : charismatique, dynamique, logique
Fréquence d'attribution : très répandu
Évolution : en baisse
Année record : 1980
Célébrités : le président Nicolas Sarkozy ; *Le Petit Nicolas*, héros de Sempé.

☆☆☆ Nils ☆☆☆

Dérivés : Niels, Nil, Nyls, Nyl, Nill
Fête : 6 décembre
Étymologie : du celte *neil*, « champion »
Histoire : cette forme scandinave de Neil se propagea en Suède grâce à un roman paru en 1906, *Le merveilleux voyage de Nils Holgersson* à travers la Suède. Connu dès 1930 en France, Nils décolla dans les années 70. Depuis, il plaît de plus en plus. Ils seraient près de 5 000.
Caractère : énergique, curieux, original
Fréquence d'attribution : rare
Évolution : en hausse
Année record : 2010
Célébrités : le comédien Niels Arestrup.

☆☆☆ Nino ☆☆☆

Dérivé : Nyno, Gianni
Fête : 24 juin
Étymologie : diminutif de Gianni, équivalent italien de Jean, de l'hébreu « Dieu fait grâce »
Histoire : apparu en France dès 1910-1920, Nino a commencé à séduire les parents dans les années 90. Depuis, il devient très populaire. On en dénombrerait 8 000.
Caractère : indépendant, sage, juste
Fréquence d'attribution : rare
Évolution : en hausse
Année record : 2010
Célébrités : le chanteur Nino Ferrer.

Nizar

Dérivés : Nizare, Nisar, Nizard
Étymologie : du nom d'une tribu arabe
Histoire : ce prénom, qui serait issu du nom de l'imam Nizâr dont la maxime est : « Rien n'est vrai, tout est permis » est en forte augmentation depuis les années 70. Ils seraient plus de 600.
Caractère : idéaliste, ambitieux, exigeant
Fréquence d'attribution : très rare
Évolution : en hausse
Année record : 2010
Célébrités : le poète Nizar Kabbani.

Noé

Dérivés : Noe, Nohe, Nohé
Fête : 10 novembre
Étymologie : de l'hébreu *noah*, « le repos »
Histoire : dans la Bible, Noé construisit une arche pour sauver sa famille et chaque espèce animale du déluge. Ce prénom, qui plaît aux familles de toutes confessions, a la cote. Ils seraient près de 25 000.
Caractère : chaleureux, discret, ouvert d'esprit
Fréquence d'attribution : très répandu
Évolution : en hausse
Année record : 2010
Célébrités : le coureur cycliste Noé Gianetti.

Noah

Dérivés : Noha, Noam, Noham Noâm
Fête : 10 novembre
Étymologie : de l'hébreu *noah*, « le repos »
Histoire : Noah, qui est la forme originale du prénom Noé, est très populaire depuis les années 2000. C'est le seizième prénom préféré des Français. Ils seraient près de 40 000.
Caractère : passionné, influent, aventurier
Fréquence d'attribution : très répandu
Évolution : en hausse
Année record : 2008

Noël

Dérivés : Noele, Nadal
Fête : 25 décembre
Étymologie : du latin *natalis*, « le jour de la naissance » (sous-entendu du Christ)
Histoire : aux XIV et XVe siècles, Noël était un prénom donné aux enfants nés le 25 décembre. Au XXe, il fut populaire dans les années 50 puis déclina à partir de 1980. Il a presque disparu aujourd'hui.
Caractère : sensible, passionné, perfectionniste
Fréquence d'attribution : très rare
Évolution : en baisse
Année record : 1948
Célébrités : l'homme politique Noël Mamère.

Noan

Dérivés : Nohan, Nohann, Noann, Noahn
Fête : 21 janvier
Étymologie : du celte, « agneau »
Histoire : boosté par Noah, Noan connaît depuis 2000 une belle progression. Même s'il a encore du chemin pour rattraper Noah, il plaît de plus en plus.
Caractère : vif, fin stratège, charismatique
Fréquence d'attribution : très rare
Évolution : en hausse
Année record : 2006

Nolan

Dérivés : Nolann, Nolhan, Nohlan, Nolane, Nollan, Nolhann, Nohlann, Nolhane
Étymologie : du patronyme irlandais *O'Nuallan*, « jeune champion » ou du breton nuall, « célèbre »
Histoire : depuis 1990, Nolan plaît à tous. Surfant sur la vague des prénoms irlandais, on en recenserait aujourd'hui plus de 24 000. C'est le onzième prénom préféré des Français.
Caractère : éloquent, généreux, fidèle
Fréquence d'attribution : très répandu
Évolution : en hausse
Année record : 2010
Célébrités : Nolan Bushnell, pionnier du jeu vidéo, fondateur d'Atari.

☆☆☆ Nordine ☆☆☆

Dérivés : Noredine, Norredine, Nordin, Norddine, Nourdine, Nouredine, Nourredine
Étymologie : de l'arabe *nûr*, « lumière » et din, « religion » : « lumière de la religion »
Histoire : de 1950 à 1980, Nordine est un prénom qui a été régulièrement attribué en France. Depuis il plaît moins. Ils seraient plus de 8 000.
Caractère : discret, fin stratège, bon
Fréquence d'attribution : très rare
Évolution : en baisse
Année record : 1973
Célébrités : le boxeur Nordine Oubaali ; l'acteur Noureddine Souli.

☆☆☆ Norman ☆☆☆

Dérivés : Normane, Normann, Normanno, Normand
Fête : 6 juin
Étymologie : de l'anglais *Nordman*, « l'homme qui vient du Nord »
Histoire : ce sont les Vikings qui ont les premiers introduit ce prénom en Écosse dès le IXe siècle. En France, même si l'on retrouve des traces de Norman dès 1930, il faudra attendre les années 90 pour qu'il devienne populaire. Aujourd'hui, il se fait plus discret.
Caractère : optimiste, pragmatique, curieux
Fréquence d'attribution : très rare
Évolution : en baisse
Année record : 1988
Célébrités : l'humoriste Norman ; le peintre Norman Rockwell.

☆☆☆ Numa ☆☆☆

Étymologie : du grec *nomos*, « la loi » ou du latin, « beau »
Histoire : Numa s'est propagé dès la Rome Antique grâce au nom d'un légendaire roi de Rome qui aurait réorganisé la cité au VIIe siècle av. J.-C. En France, il réapparaît en Provence au début du XXe siècle. Depuis 1975, il progresse à nouveau.
Caractère : méthodique, engagé, fiable
Fréquence d'attribution : très rare
Évolution : en baisse
Année record : 2007
Célébrités : *Numa Romestan*, héros du livre d'Alphonse Daudet.

LES PRÉNOMS BELGES

Le nombre de prénoms existants en Belgique ne cesse d'augmenter : on dépasse les 120 000 prénoms féminins et les 100 000 prénoms masculins, ce qui est un record ! À la fois parce que le respect des traditions s'est affaibli, que des prénoms « ethniques » nés dans d'autres langues se sont ajoutés aux prénoms locaux, que la législation a libéralisé les choix en 1987, permettant d'inventer n'importe quoi et que les parents jouent de plus en plus à se montrer originaux à tout prix.
Ainsi, plus de 5 000 prénoms belges masculins ne sont donnés qu'une fois chaque année. Parmi les plus fantaisistes : Albion, Bahrein, Bru, Caesar, Charmant, Chérubin, Cooper, Dusoleil, Golden, Latino, Mexx, Orwell, Rembrandt, Rolex, Thorgal, Zennith, Zorro… On y retrouve des héros de bandes dessinées, les fantasmes vestimentaires des parents, les goûts artistiques, littéraires, cinématographiques…
Du côté des filles, l'imagination est encore plus débridée : 6 000 fillettes belges reçoivent désormais chaque année un prénom « unique », que personne d'autre qu'elles ne portera jamais. Chukwunonyelum est l'un des plus imprononçables de ces dernières années. Mais on trouve aussi : Believe, Down, Edelweiss, Gentille, Goodness, Legends, Naturelle, Siouxsie, Splendeur, Testimony, Urbanie, Vitaline…
Selon le statisticien belge Jiri Pragman, auteur d'une étude sur le sujet en 2011, plus l'enfant naît dans une classe sociale défavorisée, plus le prénom est choisi par la mère et plus il est lié aux programmes télévisés ou est « bizarre » (nouveau, rare, exotique ou du style de ceux que l'on vient d'évoquer).
En revanche, plus l'enfant naît dans un milieu favorisé, plus le choix de son prénom a résulté d'un choix conjoint des deux parents, et plus il se rattachera à des formes traditionnelles ou littéraires.

O

☆☆☆ Octave ☆☆☆

Dérivés : Octaaf, Octavian, Octavius, Oktav, Octavio, Otavio, Ottavio
Fête : 20 novembre
Étymologie : du latin *octavius*, « le huitième »
Histoire : connu dès l'Empire romain, Octavius, dit « Octave », désignait le huitième enfant né dans une famille. Disparu en 1976, Octave regagne du terrain depuis les années 90. Ils seraient près de 3 000.
Caractère : curieux, joyeux, observateur
Fréquence d'attribution : très rare
Évolution : en hausse
Année record : 1902
Célébrités : les écrivains Octave Mirbeau et Octave Feuillet.

☆☆☆ Olaf ☆☆☆

Dérivés : Olav, Olof, Oluf, Oleg
Fête : 29 juillet
Étymologie : du germanique *anu*, « ancêtre », et *laib*, « descendant »
Histoire : baptisé à Rouen, saint Olaf fut un roi danois au XIe siècle. Ce prénom scandinave très populaire en Norvège, en Suède et au Danemark, est beaucoup moins courant en France.
Caractère : affirmé, sage, indépendant
Fréquence d'attribution : très rare
Évolution : stable
Année record : 1968
Célébrités : Olaf, le bonhomme de neige de *La Reine des Neiges*.

☆☆☆ Olivier ☆☆☆

Dérivés : Oliver, Oliviero, Ollivier
Fête : 12 juillet
Étymologie : du latin *oliva*, « olive »
Histoire : Olivier a connu un vrai engouement entre 1960 et 1990 avec jusqu'à 15 000 naissances en 1971. Symbole de la sagesse (la passion du Christ a débuté sur le mont des Oliviers), ce prénom n'est plus beaucoup donné. Ils seraient près de 265 000.
Caractère : calme, pédagogue, curieux
Fréquence d'attribution : très rare
Évolution : stable
Année record : 1971
Célébrités : l'acteur Olivier Martinez ; le navigateur Olivier de Kersauson.

☆☆☆ Omar ☆☆☆

Dérivés : Homar, Oumar, Oumuïr
Fête : 9 septembre
Étymologie : de l'arabe, « vie » ou « prospérité »
Histoire : ce prénom arabe se propagea très tôt grâce à Omar ibn al-Khattâb, le deuxième calife de l'Islam au Ve siècle ap. J.-C. Depuis les années 80, Omar reste régulièrement attribué. Ils seraient 8 000.
Caractère : mystérieux, généreux, loyal
Fréquence d'attribution : très rare
Évolution : en hausse
Année record : 1985
Célébrités : les acteurs Omar Sy et Omar Sharif.

☆☆☆ Omer ☆☆☆

Dérivés : Homer, Homere, Omeir
Fête : 9 septembre
Étymologie : de l'hébreu, « gerbe de blé »
Histoire : évêque de Thérouanne au VIIe siècle, saint Omer fut missionné par le roi Dagobert pour évangéliser la Flandre et l'Artois. Moins répandu que les Omar, les Omer seraient 3 000.
Caractère : équilibré, drôle, exigeant
Fréquence d'attribution : très rare
Évolution : en hausse
Année record : 1912
Célébrités : le héros de la série télévisée *Les Simpson*, Homer Simpson.

☆☆☆ Orazio ☆☆☆

Dérivés : Horacio, Oracio
Étymologie : du latin *Horatia*, nom d'une famille romaine
Histoire : cette variante italienne de Horace reste encore extrêmement rare. Orazio compterait une centaine de représentants en France.
Caractère : joyeux, bon, logique
Fréquence d'attribution : très rare
Évolution : stable
Année record : 2010

☆☆☆ Orian ☆☆☆

Dérivés : Oryan, Oriano
Fête : 4 octobre
Étymologie : du latin *aurum*, « or »
Histoire : ce prénom qui a fait timidement son entrée en France en 1984 avec 7 attributions cette année-là reste encore très discret. Ils seraient environ 200.
Caractère : optimiste, passionné, pragmatique
Fréquence d'attribution : très rare
Évolution : en baisse
Année record : 2003

☆☆☆ Oscar ☆☆☆

Dérivés : Oskar
Fête : 3 février
Étymologie : du germanique *os*, « divinité » et *gari*, « la lance » : « lance divine »
Histoire : missionnaire en Scandinavie vers 820, saint Oscar y fit bâtir plusieurs églises. De plus en plus tendance depuis 1990, Oscar devrait continuer sa progression.
Caractère : affectueux, fiable, logique
Fréquence d'attribution : répandu
Évolution : en hausse
Année record : 2010
Célébrités : l'écrivain Oscar Wilde.

☆☆☆ Otto ☆☆☆

Étymologie : du germanique *adal*, « la fortune » et *theud*, « le peuple »
Histoire : plus courant au début du XXe siècle qu'aujourd'hui, Otto reste un prénom peu commun en France. Il est plus répandu en Allemagne.
Caractère : sage, indépendant, érudit
Fréquence d'attribution : très rare
Évolution : stable
Année record : 1910
Célébrités : l'artiste peintre Otto Dix.

☆☆☆ Ousmane ☆☆☆

Dérivés : Ousman, Oussmane, Oussman, Usman, Osmane, Osman
Étymologie : de l'arabe *othmane*, « jeune serpent »
Histoire : prénom du troisième calife de l'Islam, Ousmane a été introduit en France dans les années 60. Il progresse régulièrement depuis.
Caractère : courageux, énergique, réservé
Fréquence d'attribution : très rare
Évolution : en hausse
Année record : 2010
Célébrités : l'écrivain Ousmane Sembène.

☆☆☆ Ovide ☆☆☆

Dérivé : Ovidio
Étymologie : de Oviduis, du nom d'une famille romaine
Histoire : Ovide, qui est à l'origine le nom d'un grand poète latin, a toujours été un prénom extrêmement rare. Il a quasiment disparu aujourd'hui.
Caractère : audacieux, énergique, indépendant
Fréquence d'attribution : très rare
Évolution : stable
Année record : 1902
Célébrités : le médecin Ovide Decroly.

☆☆☆ Owen ☆☆☆

Dérivés : Owenn, Owens
Fête : 13 juillet
Étymologie : du grec *eugenios*, « bien né »
Histoire : cette variante galloise d'Eugène a commencé à décoller dans les années 2000. Il devrait continuer sa progression. On en compterait environ 5 000.
Caractère : imaginatif, pratique, curieux
Fréquence d'attribution : rare
Évolution : en hausse
Année record : 2010
Célébrités : l'acteur Owen Wilson.

DE L'INFLUENCE DES STARS

Pour rester inaccessibles, les célébrités baptisent souvent leurs enfants de prénoms impossibles à porter comme Saint et North pour Kim Kardashian et Kanye West ou Rumer Glen, Scout LaRue et Tallulah Belle pour Bruce Willis et Demi Moore... Cela prouve leur singularité et rentre dans leur stratégie marketing liée à leur image. Si on n'osera pas appeler son fils Knox-Léon comme Angelina Jolie et Brad Pitt, les stars influencent consciemment ou non nos choix. Par exemple, depuis que Vanessa Paradis a appelé sa fille Lily-Rose, ce prénom composé est aujourd'hui le plus donné en France. De plus, la créativité des « people » fait apparaître de nouveaux prénoms chaque année. Or, comme dans la mode, ce sont souvent les plus jolies pièces et les plus faciles à porter qui descendent dans la rue. Chanel, Summer, Sahteene, Coco Grace, Blue Ivy pourrait bien, un jour, faire partie de notre quotidien.

P

Caractère : courageux, émotif, franc
Fréquence d'attribution : très rare
Évolution : en baisse
Année record : 2005
Célébrités : l'auteur et réalisateur Pacôme Thiellement.

☆☆☆ Pablo ☆☆☆

Dérivé : Pablito
Fête : 29 juin
Étymologie : du latin *paulus*, « petit », « faible »
Histoire : cette version espagnole de Paul a pris son envol dans les années 90. Il ne cesse de plaire depuis. Les Pablo seraient environ 9 000.
Caractère : dynamique, affirmé, attaché à sa famille
Fréquence d'attribution : rare
Évolution : en hausse
Année record : 2009
Célébrités : le peintre Pablo Picasso ; le poète Pablo Neruda.

☆☆☆ Paco ☆☆☆

Fête : 4 octobre
Étymologie : du latin *francus*, « homme libre »
Histoire : ce diminutif de Francisco ou Francesco (François en Espagne et en Italie) est en vogue depuis 1990 et devrait continuer sur sa lancée ses prochaines années. On en compte plus de 2 000.
Caractère : vif, cérébral, spirituel
Fréquence d'attribution : très rare
Évolution : stable
Année record : 2006
Célébrités : le couturier Paco Rabanne.

☆☆☆ Pacôme ☆☆☆

Dérivés : Pakhôme, Pâchome, Pacomi, Pacomio
Fête : 9 mai
Étymologie : du grec *pakhaumios*, « neuvième mois de l'année chez les Égyptiens » ou du latin *paco*, *pacare*, « pacifier »
Histoire : soldat romain converti au christianisme au IVe siècle, saint Pacôme fonda de nombreux monastères. Un prénom toujours dans l'air du temps même si le nombre de petits garçons prénommés Pacôme diminue depuis 2005.

☆☆☆ Paolo ☆☆☆

Dérivés : Paulo, Paol, Paolino, Paolig
Fête : 29 juin
Étymologie : du latin *paulus*, « petit », « faible »
Histoire : attesté dès l'époque romaine sous sa forme initiale Paulus, Paulo est très tendance depuis l'an 2000 et plaît de plus en plus. Ils seraient déjà 6 000.
Caractère : indépendant, charismatique, ouvert d'esprit
Fréquence d'attribution : rare
Évolution : en hausse
Année record : 2009
Célébrités : l'écrivain Paulo Coelho.

☆☆☆ Paris (mixte) ☆☆☆

Dérivé : Pâris
Étymologie : du héros grec Pâris
Histoire : dans la mythologie grecque, Pâris, fils de Priam, provoqua la guerre de Troie en enlevant Hélène, l'épouse de Ménélas. Attribué depuis 1912, Paris connaît un regain d'intérêt depuis 2004.
Caractère : curieux, rêveur, droit
Fréquence d'attribution : très rare
Évolution : stable
Année record : 2009

☆☆☆ Pascal ☆☆☆

Dérivés : Pascual, Paskal, Pasqual
Fête : 17 mai
Étymologie : de l'hébreu *pessakh*, « passage » ou du latin *pasqualis*, « relatif à Pâques »
Histoire : présent dès l'époque romaine, ce prénom a longtemps été donné aux enfants nés lors de la fête de Pâques qui célèbre

la résurrection du Christ. Pascal a connu son âge d'or entre 1960 et 1970. Ils seraient près de 300 000.
Caractère : libre, aventurier, attaché à sa famille
Fréquence d'attribution : en baisse
Évolution : très rare
Année record : 1962
Célébrités : le chanteur Pascal Obispo.

☆☆☆ Patrice ☆☆☆

Dérivés : Patricio, Patrizio, Patricien
Fête : 17 mars
Étymologie : du latin *patricius*, « qui appartient à la noblesse »
Histoire : connu dès le Moyen Âge, Patrice fut très attribué entre 1950 et 1970. Aujourd'hui, il a presque disparu. Ils seraient près de 130 000.
Caractère : calme, attaché à sa famille, ambitieux
Fréquence d'attribution : très rare
Évolution : en baisse
Année record : 1961
Célébrités : les réalisateurs Patrice Leconte et Patrice Chéreau.

☆☆☆ Patrick ☆☆☆

Dérivés : Patric, Patrique
Fête : 17 mars
Étymologie : du latin *patricius*, « qui appartient à la noblesse »
Histoire : patron de l'Irlande, saint Patrick fut vendu comme esclave avant d'évangéliser les rois païens au Ve siècle et de faire bâtir des églises. Patrick connu un vrai succès entre 1950 et 1970. Ils seraient plus de 360 000.
Caractère : doux, séducteur, organisé
Fréquence d'attribution : très rare
Évolution : en baisse
Année record : 1956
Célébrités : le chanteur Patrick Bruel.

☆☆☆ Patxi ☆☆☆

Fête : 4 octobre
Étymologie : du latin *francus*, « homme libre »
Histoire : cette variante basque de François est attribuée irrégulièrement depuis les années 70 mais parvient à se maintenir dans les statistiques. Ils seraient plus de 500.
Caractère : philosophe, original, fin
Fréquence d'attribution : très rare
Évolution : en hausse
Année record : 2010
Célébrités : le chanteur Patxi Garat.

☆☆☆ Paul ☆☆☆

Dérivé : Pol
Fête : 29 juin
Étymologie : du latin *paulus*, « petit », « faible »
Histoire : saint Paul choisit son nom pour son humilité. Il fut envoyé en mission au Moyen-Orient au Ier siècle, ce qui propagea ce prénom partout dans le monde dès le IIe siècle. Ce classique du répertoire français compte près de 200 000 représentants.
Caractère : curieux, sensible, courageux
Fréquence d'attribution : très répandu
Évolution : stable
Année record : 1920
Célébrités : le peintre Paul Gauguin ; le poète Paul Éluard ; le chanteur Paul McCartney.

☆☆☆ Paulin ☆☆☆

Dérivés : Paulien, Polin, Paulino
Fête : 29 juin
Étymologie : du latin *paulus*, « petit », « faible »
Histoire : moins connu que son homologue féminin Pauline, Paulin séduit de plus en plus de parents depuis 2000. Il devrait continuer à progresser ces prochaines années.
Caractère : rêveur, ambitieux, doux
Fréquence d'attribution : très rare
Évolution : en hausse
Année record : 2003
Célébrités : le footballeur Paulin Puel.

☆☆☆ Pedro ☆☆☆

Dérivés : Pedre, Peidro, Peire, Peitro, Peet
Fête : 29 juin
Étymologie : du grec *petros*, « pierre »
Histoire : très populaire entre 1960 et 1970, cette variante espagnole de Pierre progresse à nouveau depuis les années 90.
Caractère : audacieux, fiable, engagé
Fréquence d'attribution : très rare
Évolution : en hausse
Année record : 1974
Célébrités : le réalisateur Pedro Almódovar ; l'écrivain Pedro Gutierrez.

☆☆☆ Perceval ☆☆☆

Dérivé : Parsifal, Perce, Percy
Étymologie : du vieux français, « perce le val » (sous-entendu la vallée)
Histoire : redécouvert en 1974, ce prénom issu de la légende arthurienne reste encore peu attribué aujourd'hui. Ils seraient moins de 200.
Caractère : dynamique, généreux, créatif
Fréquence d'attribution : très rare
Évolution : en baisse
Année record : 2006
Célébrité : Perceval, le héros de l'opéra de Richard Wagner.

☆☆☆ Peter ☆☆☆

Dérivés : Petri, Petro, Petru
Fête : 29 juin
Étymologie : du grec *petros*, « pierre »
Histoire : cette déclinaison anglo-saxonne de Pierre a été donnée à plus de 100 bébés par an entre 1975 et 1990. Depuis, il est deux fois moins attribué. On en dénombrerait tout de même 5000.
Caractère : passionné, créatif,
Fréquence d'attribution : très rare
Évolution : en baisse
Année record : 1985
Célébrités : l'acteur de la série *Colombo*, Peter Falk.

☆☆☆ Pharell ☆☆☆

Dérivés : Pharrel, Phareï
Étymologie : de l'irlandais, « courageux »
Histoire : apparu en France en 2006, Pharell progresse très vite ces dernières années sans doute boosté par la notoriété de l'artiste Pharrell Williams.
Caractère : intègre, généreux, utopiste
Fréquence d'attribution : très rare
Évolution : en hausse
Année record : 2009
Célébrités : le chanteur Pharrell Williams.

☆☆☆ Phil ☆☆☆

Fête : 3 mai
Étymologie : du grec *philo*, « ami »
Histoire : à l'origine diminutif de Philippe, Phil est devenu en prénom à part entière dans les années 90 en France. Ils sont encore très discrets.
Caractère : curieux, lunaire, droit
Fréquence d'attribution : très rare
Évolution : stable
Année record : 2005
Célébrités : les chanteurs Phil Collins et Phil Barney.

☆☆☆ Philéas ☆☆☆

Étymologie : du grec *philo*, « ami »
Histoire : redécouvert dans les années 2000, Philéas progresse ces dernières années. Il est encore considéré comme un prénom hors du commun.
Caractère : discret, émotif, érudit
Fréquence d'attribution : très rare
Évolution : stable
Année record : 2009
Célébrités : le héros du *Tour du Monde en 80 jours*, Phileas Fogg.

☆☆☆ Philémon ☆☆☆

Dérivés : Filemon
Fête : 22 novembre
Étymologie : du grec *philo*, « ami » et *monos*, « unique » : « l'unique ami »
Histoire : cet ancien prénom a été redécouvert dans les années 80. Depuis, il ne cesse de progresser. Les Philémon seraient près de 1000.
Caractère : déterminé, idéaliste, rêveur
Fréquence d'attribution : très rare
Évolution : en hausse
Année record : 2008
Célébrités : Philémon, l'un des héros des *Métamorphoses* d'Ovide.

☆☆☆ Philibert ☆☆☆

Dérivés : Filibert, Philbert, Filbert
Fête : 20 août
Étymologie : du germain *fili*, « beaucoup », et behrt, « brillant » : « très brillant »
Histoire : plus courant au début du XXe siècle qu'aujourd'hui, Philibert, qui est surtout connu chez les familles nobles, est toujours attribué aujourd'hui.
Caractère : sensible, droit, engagé
Fréquence d'attribution : très rare
Évolution : en baisse
Année record : 1908
Célébrités : Philibert, personnage du livre puis du film *Ensemble, c'est tout.*

☆☆☆ Philippe ☆☆☆

Dérivés : Filip, Philip, Philipe, Philipos, Philipp, Philips
Fête : 3 mai
Étymologie : du grec *philo*, « ami » et *hippos*, « chevaux » : « celui qui aime les chevaux »
Histoire : prénom royal porté par six rois de France et cinq rois d'Espagne, Philippe a dépassé les 200 000 naissances par an entre 1957 et 1967. Ils seraient près de 500 000.
Caractère : sensible, courageux, passionné
Fréquence d'attribution : très rare
Évolution : en baisse
Année record : 1963
Célébrités : l'acteur Philippe Noiret ; l'artiste Philippe Katerine.

☆☆☆ Pierre ☆☆☆

Dérivés : Per, Pierrot, Piers, Pieter, Pietre, Pietro, Piotr
Fête : 29 juin
Étymologie : du grec *petros*, « pierre » ou du latin petrus, « rocher »
Histoire : dans la Bible, saint Pierre qui s'appelait à l'origine Simon fut choisi par Jésus pour bâtir les églises. Malgré une tendance à la baisse, Pierre reste un indémodable porté par près de 500 000 personnes.
Caractère : honnête, enthousiaste, idéaliste
Fréquence d'attribution : répandu
Évolution : en baisse
Année record : 1930
Célébrités : les acteurs Pierre Richard, Pierre Arditi et Pierre Niney.

☆☆☆ Pierrick ☆☆☆

Dérivé : Pierric, Pereg, Perig, Peran
Fête : 29 juin
Étymologie : du grec *petros*, « pierre » ou du latin *petrus*, « rocher »
Histoire : cette forme bretonne de Pierre a connu un certain succès entre 1980 et 1990. Depuis, il se fait plus discret. Ils seraient près de 20 000.
Caractère : énergique, passionné, mystérieux
Fréquence d'attribution : très rare
Évolution : en baisse
Année record : 1989
Célébrités : le chanteur Pierrick Lilliu.

☆☆☆ Pio ☆☆☆

Dérivés : Piat, Piato, Piatus, Pie, Pius
Étymologie : du latin *pius*, « pieux »
Histoire : plus connu en Italie et au Portugal, Pio est arrivé en France en 1926. Très irrégulièrement attribué, il reste exceptionnel.
Caractère : sociable, franc, séducteur
Fréquence d'attribution : très rare
Évolution : en baisse
Année record : 1964
Célébrités : l'acteur Pio Marmaï.

☆☆☆ Placide ☆☆☆

Dérivés : Placido
Fête : 5 octobre
Étymologie : du latin *placidus*, « calme », « paisible »
Histoire : disciple de saint Benoît, saint Placide fut sauvé de la noyade par saint Maur. Plus courant au début du XXᵉ siècle, Placide n'est presque plus donné aujourd'hui.
Caractère : audacieux, curieux, ambitieux
Fréquence d'attribution : très rare
Évolution : stable
Année record : 1903
Célébrités : le chanteur Plácido Domingo.

☆☆☆ Prince ☆☆☆

Étymologie : du latin, « supérieur »
Histoire : ce nouveau prénom est apparu en 1984 en France. Il progresse timidement mais serait déjà porté par près de 350 personnes.
Caractère : sociable, loyal, diplomate
Fréquence d'attribution : très rare
Évolution : en hausse
Année record : 2010
Célébrités : Prince, le fils de Mickael Jackson.

☆☆☆ Preston ☆☆☆

Étymologie : de l'anglais, « domaine »
Histoire : couramment attribué en Angleterre et aux États-Unis, Preston est moins connu en France. Depuis sa première apparition en 1996, il ne cesse de gagner du terrain.
Caractère : vif, engagé, fin stratège
Fréquence d'attribution : très rare
Évolution : en hausse
Année record : 2009
Célébrités : Preston Burke, personnage de la série *Grey's Anatomy*.

☆☆☆ Prosper ☆☆☆

Dérivés : Prospert, Prospero
Fête : 25 juin
Étymologie : du latin *prosperus*, « florissant, « prospère »
Histoire : recensé dès l'Antiquité, Prosper fut redécouvert dans les années 90 avec la vague des prénoms rétro. Ils seraient plus de 1 500.
Caractère : affectueux, sensible, volontaire
Fréquence d'attribution : très rare
Évolution : stable
Année record : 2009
Célébrités : *Prosper*, le héros de la chanson de Maurice Chevalier ; l'écrivain Prosper Mérimée.

Q

☆☆☆ Quentin ☆☆☆

Dérivés : Quantin, Quentyn, Quinten, Quintino
Fête : 31 octobre
Étymologie : du latin *quintus*, « le cinquième »
Histoire : à Rome, Quintus était donné au cinquième enfant de la fratrie. Popularisé par le roman de Walter Scott Quentin Durward au XIXe siècle, Quentin est à nouveau très tendance. Ils seraient plus de 120 000.
Caractère : passionné, enjoué, dynamique
Fréquence d'attribution : très répandu
Évolution : stable
Année record : 1988
Célébrités : les réalisateurs Quentin Tarentino et Quentin Dupieux.

☆☆☆ Quincy ☆☆☆

Dérivés : Quincey, Quinto, Quiney
Fête : 31 octobre
Étymologie : du latin *quintus*, « le cinquième »
Histoire : cette variante anglo-saxonne de Quentin, surtout courante en Angleterre et aux États-Unis, est apparue en France en 1984. Depuis, Quincy progresse régulièrement. On en dénombrerait près de 150.
Caractère : ambitieux, fort, habile
Fréquence d'attribution : très rare
Évolution : en hausse
Année record : 2010
Célébrités : le trompettiste Quincy Jones.

☆☆☆ Quoc ☆☆☆

Dérivé : Quoc-Khanh
Étymologie : du vietnamien, « nation »
Histoire : arrivé en France en 1975, ce prénom vietnamien est régulièrement donné à une dizaine d'enfants chaque année. Les Quoc seraient près de 250.
Caractère : intuitif, fidèle, adaptable
Fréquence d'attribution : très rare
Évolution : stable
Année record : 1980
Célébrités : le scénariste Quoc Dang Tran.

PRÉNOMS PRESTIGIEUX

Porté aux États-Unis par le fils de Mickael Jackson, le prénom Prince est apparu en 1994 en France. Dans le même genre, on connaissait déjà Régis (qui signifie « roi ») avec ses formes féminines Régine, Régina ou le très classique Reine. En langue arabe au lieu d'une étymologie latine, existent aussi Malik et Malika, qui ont le même sens. Mais en Nouvelle-Zélande, où le choix des prénoms a été libéralisé bien avant la France, les créations de prénoms liés à des titres hiérarchiques ou nobiliaires se sont multipliés. Les Néo-Zélandais se sont mis à appeler leurs enfants Ministre, Votre Honneur, Général, Agent de police, Chef, Seigneur, Évêque, etc. (dans la version anglaise de ces mots bien sûr). À tel point que le législateur a dû faire marche arrière et publier en 2013 une liste de prénoms interdits, dont ceux-là.

R

Fréquence d'attribution : très rare
Évolution : stable
Année record : 1970
Célébrités : le couturier Ralph Lauren.

☆☆☆ Rachid ☆☆☆

Dérivés : Rached, Rachide
Étymologie : de l'arabe, « bien guidé »
Histoire : dans le Coran, Rachid est l'un des noms du prophète Mohamet. Populaire entre 1960 et 1980, Rachid est aujourd'hui en perte de vitesse. Il reste néanmoins un classique dans les familles musulmanes.
Caractère : séducteur, fier, sincère
Fréquence d'attribution : très rare
Évolution : stable
Année record : 1979
Célébrités : le journaliste Rachid Arhab.

☆☆☆ Rainier ☆☆☆

Dérivés : Rayner, Rainer, Ranero, Regner, Reiner, Renner, Rinner
Fête : 17 juin
Étymologie : du germanique *ragin*, « conseil », et *hari*, « armée »
Histoire : troubadour du XIIe siècle, Rainier de Pise se consacra à Dieu après avoir été galérien. Ce prénom encore extrêmement rare est porté par moins de 100 personnes.
Caractère : puissant, intuitif, loyal
Fréquence d'attribution : très rare
Évolution : stable
Année record : 1956
Célébrités : le prince Rainier de Monaco.

☆☆☆ Ralph ☆☆☆

Dérivés : Ralf, Rolph, Rolphe
Fête : 7 juillet
Étymologie : du germanique *rad*, « conseil » et *wolf*, « loup » : « celui qui est conseillé par le loup »
Histoire : connu dès le VIIIe siècle, Ralph est, à l'origine, un dérivé de Raoul. Il réapparaît au XVIIe siècle puis vers 1940. Aujourd'hui, ils seraient près de 1500.
Caractère : travailleur, bon, fidèle

☆☆☆ Rami ☆☆☆

Dérivés : Ramy
Étymologie : de l'arabe, « habile »
Histoire : arrivé en France dans les années 70, Rami progresse régulièrement, sans doute pour sa simplicité et ses sonorités douces. Ils seraient environ 1000.
Caractère : sûr de lui, spontané, généreux
Fréquence d'attribution : très rare
Évolution : en baisse
Année record : 2007

☆☆☆ Ramzi ☆☆☆

Dérivé : Ramzy
Étymologie : de l'arabe, « important »
Histoire : de 1960 à 1980, Ramzi a bien évolué. Depuis, il a moins le vent en poupe. En 2013, ce prénom n'a été attribué qu'à 16 bébés. On en dénombrerait 2000.
Caractère : organisé, persévérant, responsable
Fréquence d'attribution : très rare
Évolution : en hausse
Année record : 1982
Célébrités : l'humoriste Ramzy Bédia.

☆☆☆ Randall ☆☆☆

Dérivé : Randolf, Randolph
Étymologie : du germanique *rad*, « conseil » et *wolf*, « loup » : « celui qui est conseillé par le loup »
Histoire : beaucoup plus courant outre-Manche, Randall reste encore très rare en France. Bien qu'il soit attribué depuis 1957, c'est un prénom qui compte moins de 100 représentants.
Caractère : adroit, engagé, autoritaire
Fréquence d'attribution : très rare
Évolution : stable
Année record : 1960

☆☆☆ Randy ☆☆☆

Fête : 21 juin
Étymologie : du germanique *rad*, « conseil » et *wolf*, « loup » : « celui qui est conseillé par le loup »
Histoire : courant aux États-Unis depuis les années 50, ce dérivé de Randall n'est pas du tout attribué en Angleterre (randy est assimilé à un mot injurieux signifiant « lascif »). Réapparu en France en 1982, ce prénom est un porté par 1 500 personnes environ.
Caractère : courageux, malin, ambitieux
Fréquence d'attribution : très rare
Évolution : en hausse
Année record : 1998
Célébrités : le musicien Randy Newman.

☆☆☆ Raoul ☆☆☆

Dérivés : Raul, Raulin, Rauf, Raolf, Raoulet
Fête : 7 juillet
Étymologie : du germanique *rad*, « conseil » et *wolf*, « loup » : « celui qui est conseillé par le loup »
Histoire : au IXe siècle, saint Raoul, évêque de Bourges créa plusieurs monastères. Très à la mode au XIXe siècle puis jusqu'en 1920, Raoul commença à décliner en 1940. Depuis, il n'a plus vraiment la cote.
Caractère : généreux, juste, mystérieux
Fréquence d'attribution : très rare
Évolution : stable
Année record : 1912
Célébrité : le peintre Raoul Dufy.

☆☆☆ Raphaël ☆☆☆

Dérivés : Rafael, Rafaël, Raphael, Raeffel, Rafaele, Raffaello, Rafaello, Rafaïl, Rafal
Fête : 29 septembre
Étymologie : de l'hébreu *repha*, « guérir » et *el*, « Dieu » : « Dieu seul guérit »
Histoire : Dans la Bible, c'est l'ange de la guérison. Si Raphaël a la cote depuis les années 70, c'est en 2005 qu'il devient ultra populaire. C'est le cinquième prénom masculin préféré des Français.
Caractère : sensible, gentil, sérieux
Fréquence d'attribution : très répandu
Évolution : stable
Année record : 2006
Célébrités : le chanteur Raphaël ; le tennisman Rafael Nadal.

☆☆☆ Ray ☆☆☆

Fête : 7 janvier
Étymologie : du germanique *ragin*, « conseil », et *mund*, « protecteur »
Histoire : ce diminutif de Raymond se rencontre plus couramment dans les pays anglo-saxons. En France, il est encore extrêmement discret. Ils seraient moins de 100.
Caractère : réservé, brave, déterminé
Fréquence d'attribution : très rare
Évolution : en hausse
Année record : 2008
Célébrités : le musicien Ray Charles.

☆☆☆ Raymond ☆☆☆

Dérivés : Reimund, Reammon, Ramon
Fête : 7 janvier
Étymologie : du germanique *ragin*, « conseil », et *mund*, « protecteur »
Histoire : au XIIIe siècle, saint Raymond fonda l'ordre de Notre-Dame-de-la-Merci. Très courant dans le sud de la France et en Espagne sous la forme Ramon, Raymond fut extrêmement populaire entre 1900 et 1950. Depuis, il a presque disparu. On en compte plus de 100 000.
Caractère : fidèle, fort, stable
Fréquence d'attribution : très rare
Évolution : stable
Année record : 1928
Célébrités : l'entraîneur Raymond Domenech ; l'écrivain Raymond Queneau.

☆☆☆ Réda ☆☆☆

Dérivés : Reda, Rhéda, Rédha, Redah, Redan, Redha, Redouane, Redwan, Redwane
Étymologie : de l'arabe *rida*, « satisfaction »
Histoire : arrivé en France en 1949, ce prénom arabe a pris de l'ampleur depuis les années 90. Il plaît de plus en plus et devrait continuer sur sa lancée.
Caractère : discret, actif, aventurier
Fréquence d'attribution : très rare
Évolution : en hausse
Année record : 2009
Célébrités : le comédien Reda Kateb ; le chorégraphe Redha.

☆☆☆ Régis ☆☆☆

Dérivé : Regino, Regerio, Rex
Fête : 16 juin
Étymologie : du latin *regis*, « roi »
Histoire : entre 1950 et 1970, Régis connut un vrai engouement. Depuis, il a moins la cote. On en dénombrerait près de 60 000.
Caractère : structuré, perfectionniste, volontaire
Fréquence d'attribution : très rare
Évolution : en baisse
Année record : 1968
Célébrités : l'humoriste Régis Mailhot.

☆☆☆ Rémi ☆☆☆

Dérivés : Rémy, Remey, Remies, Remigio, Remigius, Rehm, Remey, Remigius, Remy
Fête : 15 janvier
Étymologie : du latin *remigius*, « celui qui rame »
Histoire : c'est le peuple des Rèmes, originaire de la région de Reims, qui est à l'origine de ce prénom. Au ve siècle, l'évêque Rémi baptisa Clovis. Populaire dans les années 90, Rémi a moins la cote aujourd'hui. Ils seraient plus de 100 000.
Caractère : aventurier, droit, généreux
Fréquence d'attribution : rare
Évolution : en baisse
Année record : 1987
Célébrités : Rémi, le héros du roman *Sans famille* qui a donné la série animée *Rémi, sans famille*.

☆☆☆ Renaud ☆☆☆

Dérivés : Regnaud, Renault, Renauld, Reno
Fête : 17 septembre
Étymologie : du germanique *ragin*, « conseil », et *waldan*, « gouverner »
Histoire : recensé dès le Moyen Âge, Renaud a connu un beau succès entre 1960 et 1990. Depuis, il est en chute libre. Ils seraient plus de 20 000.
Caractère : énergique, critique, exigeant
Fréquence d'attribution : très rare
Évolution : stable
Année record : 1986
Célébrités : le chanteur Renaud.

☆☆☆ René ☆☆☆

Dérivés : Renat, Renato, Renatus, Reinie
Fête : 19 octobre
Étymologie : du latin *re-natus*, « né une deuxième fois », « re-né »
Histoire : ce prénom médiéval fut très répandu de 1900 à 1950. Il tomba ensuite en désuétude. Ils seraient près de 200 000.
Caractère : bon, droit, juste
Fréquence d'attribution : très rare
Évolution : en baisse
Année record : 1920
Célébrités : le philosophe René Descartes ; l'agent artistique René Angelil.

☆☆☆ Richard ☆☆☆

Dérivés : Reichard, Reichardt, Richart, Rikard, Richerd, Ricardo, Ricard, Richie
Fête : 3 avril
Étymologie : du germanique *rik*, « roi » et *hart*, « fort » : « roi fort »
Histoire : dès le XIIe siècle, Richard se propagea grâce à Richard Cœur de Lion. Très courant en Angleterre, Richard connut en France une vague de succès entre 1940 et 1970. Ils seraient plus de 70 000.
Caractère : charmeur, méthodique, respectueux
Fréquence d'attribution : très rare
Évolution : stable
Année record : 1969
Célébrités : les acteurs Richard Berry et Richard Anconina.

☆☆☆ Robert ☆☆☆

Dérivés : Roberts, Robertson, Robertino, Robertu, Roberto
Fête : 30 avril
Étymologie : du germanique *hrod*, « gloire » et berht, « brillant »
Histoire : porté par deux rois de France et trois rois d'Écosse, Robert est un prénom courant dès le Moyen Age. Au XXe siècle, Robert fut très populaire jusqu'en 1960 avant de tomber dans l'oubli. Ils seraient près de 190 000.
Caractère : mystérieux, volontaire, consciencieux
Fréquence d'attribution : très rare
Évolution : stable
Année record : 1926
Célébrités : les acteurs Robert Redford, Robert De Niro et Robert Downey Jr.

☆☆☆ Robin ☆☆☆

Dérivés : Robby, Robbie, Rob, Robyn
Fête : 30 avril
Étymologie : du germanique *hrod*, « gloire » et *berht*, « brillant »
Histoire : cette déclinaison de Robert s'est vite propagée grâce à la légende de Robin des Bois. Aux États-Unis, il est surtout donné aux filles. En France, c'est un prénom exclusivement masculin qui a commencé à plaire dans les années 90. Il connaît aujourd'hui un franc succès.
Caractère : intuitif, ambitieux, calme
Fréquence d'attribution : répandu
Évolution : stable
Année record : 2013
Célébrités : le chanteur Robin Williams.

☆☆☆ Robinson ☆☆☆

Fête : 30 avril
Étymologie : de l'anglais, « fils de Robin » (Robin'son)
Histoire : répandu en Angleterre et aux États-Unis au XIXe siècle, Robinson n'est arrivé en France qu'en 1976. Il reste encore peu donné.
Caractère : réfléchi, discret, spirituel
Fréquence d'attribution : très rare
Évolution : en baisse
Année record : 2005
Célébrités : le héros du roman de Daniel Defoe, Robinson Crusoé.

☆☆☆ Rocco ☆☆☆

Fête : 16 août
Étymologie : du germanique, « reposé »
Histoire : ce prénom italien est connu depuis le début du XXe siècle en France. Mais ce n'est qu'à partir de 1960 qu'il prit véritablement son envol. Il reste peu commun.
Caractère : curieux, rêveur, généreux
Fréquence d'attribution : très rare
Évolution : stable
Année record : 1965
Célébrités : Rocco Richie, le fils de Madonna ; le héros du film *Rocco et ses frères*.

☆☆☆ Roch ☆☆☆

Dérivé : Rock
Fête : 16 août
Étymologie : du germanique *hrod*, « gloire »
Histoire : au XIIIe siècle, saint Roch, originaire de Montpellier, soigna les malades de la peste. Bien que discret, ce prénom a été présent pendant tout le XXe siècle. Les Roch seraient 1500 aujourd'hui.
Caractère : vif, fin stratège, raisonné
Fréquence d'attribution : très rare
Évolution : en baisse
Année record : 1928
Célébrités : le chanteur Roch Voisine.

☆☆☆ Rodolphe ☆☆☆

Dérivés : Rodolf, Rudolphe, Rudolph, Rodolfo, Rolf
Fête : 21 juin
Étymologie : du germanique *hrod*, « gloire » et wolf, « loup » : « loup renommé »
Histoire : ce prénom royal ajouté à son animal totem, le loup, confère à Rodolphe une certaine force. Entre 1970 et 1973, il battit des records d'attribution avec plus de 1000 naissances par an. Aujourd'hui, ils seraient 20 000.
Caractère : rêveur, imaginatif, optimiste
Fréquence d'attribution : très rare
Évolution : en baisse
Année record : 1973
Célébrités : l'homme d'affaires Rodolphe Belmer.

☆☆☆ Rodrigue ☆☆☆

Dérivés : Rodrigo, Rodriguez, Rod, Roddie, Roddy, Rodrigues, Rodrogo, Roerich, Roerick, Roderic
Fête : 13 mars
Étymologie : du germanique *hrod*, « gloire », et *ric*, « puissant »
Histoire : ce prénom venu d'Espagne a connu une certaine vague de popularité entre 1970 et 1980. Depuis, il est en perte de vitesse. Ils seraient 8 000.
Caractère : sentimental, engagé, passionné
Fréquence d'attribution : très rare
Évolution : en baisse
Année record : 1981
Célébrités : Rodrigue, le héros du *Cid* de Corneille.

☆☆☆ Roger ☆☆☆

Dérivés : Roar, Rodge, Rodger, Rogelio, Rogerio, Ruggerio, Rüdeger, Ruger, Rutje
Fête : 30 décembre
Étymologie : du germanique *hrod*, « gloire » et *gari*, « lance » : « lance glorieuse »
Histoire : déjà connu au Moyen Âge, Roger réapparaît au XIXe siècle. De 1900 à 1930, il fut extrêmement populaire. Il serait porté par plus 170 000 personnes.
Caractère : rêveur, généreux, humain
Fréquence d'attribution : très rare
Évolution : stable
Année record : 1925
Célébrités : le tennisman Roger Federer.

☆☆☆ Rohan ☆☆☆

Dérivés : Roan, Roann, Rowan
Fête : 23 juillet
Étymologie : soit du patronyme irlandais *O'Ruadhan* ou de l'irlandais « roux », soit du sanscrit *rohana*, « bois de santal » ou « ascension »
Histoire : arrivé en France dans les années 80, Rohan est resté discret jusqu'en 2006 où il a atteint les 90 naissances. Depuis, il est en perte de vitesse.
Caractère : affirmé, loyal, volontaire
Fréquence d'attribution : très rare
Évolution : stable
Année record : 2006
Célébrité : Rohan Anthony Marley, fils du musicien Bob Marley.

☆☆☆ Roland ☆☆☆

Dérivés : Rolland, Rolands, Rolando, Rodhlann, Roldan, Roldo, Rodhlann
Fête : 15 septembre
Étymologie : du germanique *hrod*, « gloire », et *nand*, « courageux »
Histoire : ce prénom de chevalier rendu célèbre par une chanson de geste du Moyen Âge traversa les époques. Au XXe siècle, il fut très populaire entre 1920 et 1960. Aujourd'hui, il n'est presque plus attribué. Ils seraient près de 90 000.
Caractère : énergique, sensible, courageux
Fréquence d'attribution : très rare
Évolution : stable
Année record : 1947
Célébrités : l'acteur Roland Giraud ; l'humoriste Roland Magdane.

☆☆☆ Romain ☆☆☆

Dérivés : Romano, Romanos, Romanus, Rommen, Romin, Rome
Fête : 28 février
Étymologie : du latin *romanus*, « habitant de Rome »
Histoire : attesté dès le Moyen Âge, Romain a été porté par quatre empereurs byzantins, un pape et un saint. Très populaire depuis les années 80, les Romains seraient plus de 180 000.
Caractère : perfectionniste, mûr, attentif
Fréquence d'attribution : très répandu
Évolution : en baisse
Année record : 1987
Célébrités : l'acteur Romain Duris ; l'écrivain Romain Gary.

☆☆☆ Romaric ☆☆☆

Dérivés : Romarich, Maric, Romary
Fête : 10 décembre
Étymologie : du germanique *hrod*, « gloire », *mar*, « grandeur » et *rik*, « roi » : « renommée d'un puissant seigneur »
Histoire : au VIIe siècle, saint Romaric fonda le monastère de Remiremont dans les Vosges. Ce prénom encore hors du commun est vraiment présent depuis 1972. Il devrait encore progresser.
Caractère : curieux, romantique, humaniste
Fréquence d'attribution : très rare
Évolution : en baisse
Année record : 1988

☆☆☆ Roman ☆☆☆

Dérivé : Romann
Fête : 28 février
Étymologie : du latin romanus, « habitant de Rome »
Histoire : si Roman a toujours fait partie du paysage français depuis le début du XXe siècle, ce n'est qu'à la fin des années 80 qu'il commença son ascension. Depuis, il est encore tendance. On en dénombrerait environ 7 000.
Caractère : complexe, émotif, érudit
Fréquence d'attribution : rare
Évolution : stable
Année record : 2004
Célébrités : le réalisateur Roman Polanski.

☆☆☆ Roméo ☆☆☆

Dérivé : Romeo, Romé, Romée
Fête : 25 février
Étymologie : du latin *romeo*, « je vais à Rome »
Histoire : Roméo a toujours été présent mais c'est depuis les années 90 qu'il connait une très forte progression. Ils seraient environ 6 000.
Caractère : joyeux, sociable, pratique
Fréquence d'attribution : rare
Évolution : en hausse
Année record : 2007
Célébrités : le héros de la pièce de Shakespeare *Roméo et Juliette* ; Romeo Beckham, le fils de Victoria et David Beckham.

☆☆☆ Ronaldo ☆☆☆

Dérivé : Rony
Étymologie : du germanique, « qui conseille avec sagesse »
Histoire : c'est lors de la Coupe du monde de football de 1998 qui opposa notamment Zinedine Zidane, pour les Bleus à Ronaldo (pour le Brésil) que ce prénom connut un pic d'attribution. Il reste rarissime.
Caractère : volontaire, spirituel, analytique
Fréquence d'attribution : très rare
Évolution : en baisse
Année record : 1998
Célébrités : le joueur de foot Cristiano Ronaldo.

☆☆☆ Ronan ☆☆☆

Dérivés : Renan, Ron
Fête : 1er juin
Étymologie : de l'irlandais *ronân*, « jeune phoque »
Histoire : surtout connu par les Bretons (saint Ronan aurait été un évêque irlandais qui se serait installé en Bretagne au VIe siècle), Ronan connaît un second souffle depuis les années 60.
Caractère : sensible, utopiste, fin stratège
Fréquence d'attribution : très rare
Évolution : en baisse
Année record : 1979
Célébrités : le chanteur Renan Luce.

☆☆☆ Rosario ☆☆☆

Dérivés : Rosaire, Rosalio, Roscoe, Roselin, Rosemond
Fête : 23 août
Étymologie : du latin *rosa*, « la rose »
Histoire : ce prénom très courant dans le sud de l'Italie et notamment en Sicile reste très rare en France. Ils seraient tout de même 700.
Caractère : séducteur, curieux, original
Fréquence d'attribution : très rare
Évolution : stable
Année record : 1967

☆☆☆ Ross ☆☆☆

Étymologie : du germanique, « cheval »
Histoire : d'origine écossaise, Ross est réapparu dans les années 90, sans doute grâce à l'amoureux de Rachel dans la série *Friends*. Il reste rarissime.
Caractère : passionné, ambitieux, adroit
Fréquence d'attribution : très rare
Évolution : en baisse
Année record : 2002
Célébrités : Ross, l'un des protagonistes de la série *Friends*.

☆☆☆ Roy ☆☆☆

Étymologie : du latin *regis*, « roi »
Histoire : ce prénom anglo-saxon découvert en France dès les années 20 est peu attribué mais il est toujours présent. On en dénombrerait environ 600.
Caractère : solide, tranquille, pudique
Fréquence d'attribution : très rare
Évolution : stable
Année record : 2000
Célébrités : le chanteur Roy Orbison.

☆☆☆ Ruben ☆☆☆

Dérivés : Rubens, Rouven, Rouvim, Ruuben
Fête : 22 août
Étymologie : de l'hébreu *Reouven* : « C'est un fils ! »
Histoire : premier fils de Jacob dans l'Ancien Testament, Ruben fondera l'une des douze tribus d'Israël. Très à la mode depuis les années 2000, Ruben compterait 9000 représentants.
Caractère : équilibré, doux, ambitieux
Fréquence d'attribution : rare
Évolution : en hausse
Année record : 2008
Célébrités : le jeune chef Ruben Sarfati.

☆☆☆ Rudy ☆☆☆

Dérivés : Rudi, Rody
Fête : 21 juin
Étymologie : du germanique *hrod*, « gloire » et *wolf*, « loup » : « loup renommé »
Histoire : cette variante anglo-saxonne de Rodolphe décolla en 1980 mais retomba aussi vite et Rudy est aujourd'hui en perte de vitesse. Ils seraient 20 000.
Caractère : mystérieux, courageux, indépendant
Fréquence d'attribution : très rare
Évolution : stable
Année record : 1980
Célébrités : le personnage de Rudy dans la série *Plus Belle la vie*.

☆☆☆ Rufus ☆☆☆

Dérivés : Ruffin, Rufin
Étymologie : du latin, « roux »
Histoire : saint Rufus de Rome était un disciple de saint Paul au Ier siècle ap. J-C. Pour le moment exceptionnel, ce prénom n'a été attribué que 3 fois en 2008 et 4 fois en 2010 !
Caractère : discret, sérieux, organisé
Fréquence d'attribution : très rare
Évolution : en hausse
Année record : 2010
Célébrités : le comédien Rufus.

☆☆☆ Russell ☆☆☆

Dérivés : Russ, Russel
Étymologie : de l'anglais, « comme un renard »
Histoire : ce prénom anglo-saxon a été très irrégulièrement attribué au cours du xxe siècle. Après quelques apparitions dans les années 60, il est de retour depuis la fin des années 90.
Caractère : perspicace, spirituel, pragmatique
Fréquence d'attribution : très rare
Évolution : en baisse
Année record : 1959
Célébrités : l'acteur Russel Crowe.

☆☆☆ Ryad ☆☆☆

Dérivé : Riad
Étymologie : de l'arabe, « jardin » ou « serein »
Histoire : arrivé en France en 1971, ce prénom arabe n'a cessé de progressé. Ryad est donné chaque année à près de 200 bébés depuis 2007. Ils seraient 3 000.
Caractère : optimiste, réaliste, souple
Fréquence d'attribution : très rare
Évolution : stable
Année record : 2007
Célébrités : le réalisateur Riad Sattouf.

☆☆☆ Ryan ☆☆☆

Dérivés : Rayane, Rayan, Rayen, Raïan, Raïen, Rian, Rihan, Riyan, Ryane, Ryhan
Fête : 8 mars
Étymologie : du celte *rig*, « le roi », ou de l'arabe *rayyân*, « beau », « brillant »
Histoire : selon ses origines, Ryan a différentes histoires. Le Ryan irlandais connaît un succès récent depuis 2000 (il a bénéficié de l'engouement pour les films et séries américaines) tandis que le Rayane arabe, déjà cité dans le Coran, plaît depuis 1991. Ryan fait partie des 50 prénoms préférés des Français.
Caractère : dynamique, créatif, persévérant
Fréquence d'attribution : répandu
Évolution : stable
Année record : 2002
Célébrités : les acteurs Rayane Bensetti et Ryan Gosling.

DES GARDE-FOUS

La Nouvelle-Zélande, l'un des premiers pays à laisser totalement libre le choix des prénoms, a redonné quelques limites en 2013 en interdisant (car les cas se multipliaient) : tous les prénoms composés d'une seule lettre, tous les signes de ponctuation (des parents souhaitant appeler leurs enfants Guillemet ou Astérisque voulaient écrire leurs prénoms avec le signe « ou *) et les chiffres (pour les seconds fils, on commençait à trouver des Deux, mais aussi des 2, des 2nd ou même des II !). Impossible néanmoins pour le législateur de prévoir tout ce que l'imagination des parents peut produire. Il existe ainsi dans ce pays un petit garçon qui se prénomme Number 16 Bus Shelter, ce qui signifie « abribus de la ligne de bus 16 » ! Sympa pour les parents, qui s'y sont sans doute rencontrés, beaucoup moins pour le petit.

S

☆☆☆ Sabri ☆☆☆

Dérivés : Sabir
Étymologie : de l'arabe *sabrî*, « patient »
Histoire : ce prénom arabe apparu en France dans les années 60 connaît une belle ascension depuis la fin des années 90. Avec une moyenne de 120 naissances chaque année, Sabri compte environ 4000 représentants aujourd'hui.
Caractère : loyal, sûr de lui, ambitieux
Fréquence d'attribution : très rare
Évolution : en hausse
Année record : 2001
Célébrités : le footballeur Sabri Lamouchi.

☆☆☆ Sacha (mixte) ☆☆☆

Dérivés : Sasha, Sashenka
Fête : 22 avril
Étymologie : dérivé d'Alexandre, du grec *alexein*, « défendre » et *andros*, « homme »
Histoire : cette forme russe d'Alexandre découverte en France dans les années 60 a commencé à avoir du succès dans les années 90, au moment où Alexandre commençait à décliner. Aujourd'hui, c'est le dix-septième prénom préféré des Français. Il est porté par plus de 30 000 hommes et 3 000 femmes.
Caractère : sensible, déterminé, énergique
Fréquence d'attribution : très répandu
Évolution : stable
Année record : 2013
Célébrités : l'auteur et acteur Sacha Guitry ; le chanteur Sacha Distel.

☆☆☆ Saïd ☆☆☆

Dérivés : Sadi, Sadio, Saïdou
Étymologie : de l'arabe *sa'îd*, « heureux »
Histoire : recensé depuis 1924 en France, Saïd a progressé jusque dans les années 70. Depuis, il a un peu moins la cote et est attribué à une soixantaine d'enfants par an. Les Saïd seraient plus de 11 000.
Caractère : consciencieux, sensible, responsable
Fréquence d'attribution : très rare
Évolution : stable
Année record : 1975
Célébrités : le comédien Saïd Taghmaoui.

☆☆☆ Salim ☆☆☆

Dérivés : Salime, Salem, Salman, Salmane, Slimane, Selim, Célim
Étymologie : de l'arabe *salim*, « sain », « pur »
Histoire : depuis les années 80, Salim plaît et est régulièrement attribué à près de 200 petits garçons par an. Ils seraient environ 8 000.
Caractère : ouvert d'esprit, sociable, original
Fréquence d'attribution : très rare
Évolution : stable
Année record : 1980

☆☆☆ Salomon ☆☆☆

Dérivés : Salamon, Solomon, Soliman, Sulayman
Fête : 29 décembre
Étymologie : de l'hébreu *chalom*, « la paix »
Histoire : dans l'Ancien Testament, le roi Salomon est reconnu pour son infinie sagesse. Salomon a également été porté par trois rois bretons. Ce prénom qui séduit aussi bien les Juifs que les Chrétiens est attribué à une vingtaine de bébés chaque année.
Caractère : vif, fin stratège, courageux
Fréquence d'attribution : très rare
Évolution : en baisse
Année record : 1925

☆☆☆ Salvador ☆☆☆

Dérivé : Salvatore
Fête : 18 mars
Étymologie : du latin *salvator*, « celui qui apporte le salut »
Histoire : cette version espagnole (Salvador) ou italienne

Salvatore) du prénom Sauveur (qui fait allusion au Christ) a connu un certain engouement dans les années 60. Depuis, il est moins porté.
Caractère : droit, imaginatif, organisé
Fréquence d'attribution : très rare
Évolution : en hausse
Année record : 1963
Célébrités : le peintre Salavador Dalí ; le chanteur Salvatore Adamo.

☆☆☆ Sam ☆☆☆

Fête : 20 août
Étymologie : de l'hébreu *chmouel*, « son nom est Dieu »
Histoire : ce diminutif de Samuel a pris de l'ampleur depuis l'an 2000 où Sam a été donné à plus de 200 petits garçons par an. Sa forme courte le rend très tendance, même s'ils ne sont pour le moment « que » 4 000.
Caractère : consciencieux, sage, bienveillant
Fréquence d'attribution : très rare
Évolution : en baisse
Année record : 2007
Célébrités : le réalisateur Sam Mendes ; le chanteur Sam Smith.

☆☆☆ Sami ☆☆☆

Dérivés : Samy, Sammy, Samih
Fête : 20 août
Étymologie : de l'hébreu *chmouel*, « son nom est Dieu » ou de l'arabe sâmi, « élevé »
Histoire : devenu prénom à part entière dans les années 20, ce diminutif de Samuel connaît un succès croissant depuis 1980. Ils seraient plus de 11 000.
Caractère : généreux, juste, posé
Fréquence d'attribution : rare
Évolution : en baisse
Année record : 2008
Célébrités : Sammy, le copain de Scooby-Doo dans le dessin-animé éponyme ; les acteurs Sami Bouajila, Samy Naceri et Sami Frey.

☆☆☆ Samir ☆☆☆

Dérivés : Samire, Samyr, Sémir
Étymologie : de l'arabe, « compagnon de veillée », « confident »
Histoire : arrivé en France dans les années 50, Samir s'est déployé jusqu'en 1981. Depuis, les Samir se font plus discrets. Ils seraient plus de 16 000.
Caractère : sincère, charismatique, perfectionniste
Fréquence d'attribution : très rare
Évolution : en baisse
Année record : 1981
Célébrités : le footballeur Samir Nasri.

☆☆☆ Samuel ☆☆☆

Dérivés : Samuele, Shemuel
Fête : 20 août
Étymologie : de l'hébreu *chmouel*, « son nom est Dieu »
Histoire : dans la Bible, Samuel est enfanté par Hannah qui ne pouvait avoir d'enfants. Il devint un très grand prophète. Depuis les années 70, Samuel plaît toujours autant. Ils seraient près de 80 000.
Caractère : sensible, énergique, généreux
Fréquence d'attribution : répandu
Évolution : stable
Année record : 1979
Célébrités : l'acteur Samuel L. Jackson ; les écrivains Samuel Benchetrit et Samuel Beckett.

☆☆☆ Samson ☆☆☆

Dérivés : Sampson, Sanson, Sansone
Fête : 28 juillet
Étymologie : de l'hébreu *chimchone*, « le petit soleil »
Histoire : le moine saint Samson qui vécut au VIe siècle est considéré comme l'un des sept fondateurs de la Bretagne. Un prénom peu donné mais qui traverse les époques.
Caractère : visionnaire, calme, doux
Fréquence d'attribution : très rare
Évolution : en baisse
Année record : 1999
Célébrités : le pianiste Samson François.

☆☆☆ Sandro ☆☆☆

Dérivés : Sander, Sandi, Sandie, Sandy
Fête : 22 avril
Étymologie : dérivé d'Alessandro, du grec *alexein*, « défendre » et *andros*, « homme »
Histoire : surtout connu en Italie, Sandro est arrivé en France dans les années 60. Ces dernières années, il connaît une forte progression.
Caractère : lucide, charmeur, fidèle
Fréquence d'attribution : rare
Évolution : en hausse
Année record : 2010
Célébrités : le footballeur Sandro.

☆☆☆ Saül ☆☆☆

Étymologie : de l'hébreu, « demandé par Dieu »
Histoire : désigné par Samuel, Saül est le premier roi d'Israël. Redécouvert depuis les années 2000, ce prénom biblique est de plus en plus apprécié.
Caractère : entreprenant, dynamique, charismatique
Fréquence d'attribution : très rare
Évolution : en hausse
Année record : 2009
Célébrités : Saul Berenson, l'agent de la CIA dans la série *Homeland*.

☆☆☆ Scott ☆☆☆

Dérivés : Scot, Scottie, Scotty, Scotto
Fête : 28 juillet
Étymologie : de l'anglais *scottish*, « qui vient d'Écosse »
Histoire : venu des États-Unis et d'Angleterre dans les années 50, Scott s'est surtout propagé de 1990 à 2000 en France mais il reste encore très discret.
Caractère : sensible, courageux, indépendant
Fréquence d'attribution : très rare
Évolution : en baisse
Année record : 1999
Célébrités : l'acteur Scott Eastwood, fils de Clint Eastwood.

☆☆☆ Sean ☆☆☆

Dérivés : Shawn
Fête : 24 juin
Étymologie : de l'hébreu *yohânân*, « Dieu fait grâce », « Dieu pardonne »
Histoire : ce dérivé du prénom John, très répandu en Écosse et en Irlande, a bénéficié de la notoriété de l'acteur Sean Connery. Bien qu'en légère baisse de régime, il remonte dans les statistiques depuis 2000.
Caractère : actif, romantique, ambitieux
Fréquence d'attribution : très rare
Évolution : en baisse
Année record : 2007
Célébrités : l'acteur Sean Connery.

☆☆☆ Sébastien ☆☆☆

Dérivés : Sebastian, Sébastiano, Sébastin, Sebastani, Sebastino
Fête : 20 janvier
Étymologie : du grec *sebastos*, « vénéré »
Histoire : chargé de persécuter les Chrétiens au IIIe siècle, saint Sébastien finit par se convertir. Il finit martyre. Jusqu'en 1997, Sébastien fut un prénom très répandu, depuis il se fait de plus en plus discret. Les Sébastien seraient près de 300 000.
Caractère : sérieux, efficace, généreux
Fréquence d'attribution : très rare
Évolution : en baisse
Année record : 1977
Célébrités : le rugbyman Sébastien Chabal.

☆☆☆ Serge ☆☆☆

Dérivés : Sergej, Serguis, Sergoulig, Serj, Sergueï
Fête : 7 octobre
Étymologie : du nom d'une grande famille romaine, Sergius
Histoire : de 1931 à 1952, ce prénom venu de Russie eut beaucoup de succès en France. Il fut attribué jusque dans les années 70 mais n'est presque plus donné aujourd'hui. Les Serge seraient près de 180 000.
Caractère : sensible, optimiste, exigeant
Fréquence d'attribution : très rare
Évolution : en baisse

Année record : 1952
Célébrités : l'auteur-compositeur Serge Gainsbourg ; le compositeur Sergueï Prokofiev.

☆☆☆ Seth ☆☆☆

Étymologie : de l'hébreu, « Dieu a désigné »
Histoire : dans la Bible, Seth est le troisième fils d'Adam et Eve. Encore rarissime, Seth, qui est dans l'air du temps grâce à la mode des prénoms issus de l'Ancien Testament, devrait continuer à progresser ces prochaines années.
Caractère : érudit, créatif, sensible
Fréquence d'attribution : très rare
Évolution : stable
Année record : 2012
Célébrités : le comédien Seth Rogen.

☆☆☆ Séverin ☆☆☆

Dérivés : Sévère, Sever, Severiano, Severi, Severinus, Severian
Fête : 27 novembre
Étymologie : du latin *severus*, « grave », de la grande famille romaine des Sévère
Histoire : très courant au VIe et VIIe siècle (saint Séverin était au VIe siècle un ermite guérisseur), les prénoms descendants des Sévère réapparaissent de nos jours. Encore peu nombreux, ils seraient 1 500.
Caractère : courageux, loyal, diplomate
Fréquence d'attribution : très rare
Évolution : en baisse
Année record : 1982

☆☆☆ Shawn ☆☆☆

Dérivés : Shaune, Shane, Shan, Shane, Shun, Shayne
Étymologie : de l'hébreu *yohânân*, « Dieu fait grâce », « Dieu pardonne »
Histoire : cette variante anglo-saxonne de Joan apparue dans les années 90 en France connaît une forte croissance ces dernières années. Il devrait continuer sur sa lancée.
Caractère : intuitif, curieux, imaginatif
Fréquence d'attribution : très rare
Évolution : en hausse
Année record : 2009
Célébrités : le chanteur Shawn Mendes.

☆☆☆ Sidy ☆☆☆

Dérivés : Sidi, Sid, Sidon
Fête : 9 octobre
Étymologie : du latin, « habitant de Sidon »
Histoire : arrivé en France dans les années 70, Sidy ne cesse de gagner du terrain auprès des nouveaux parents. Encore original, ce prénom est très tendance.
Caractère : énergique, original, curieux
Fréquence d'attribution : très rare
Évolution : en hausse
Année record : 2009

☆☆☆ Siegfried ☆☆☆

Dérivés : Sigfrid, Sigfried, Segisfredo, Sigfrido
Fête : 22 août
Étymologie : du germanique *sieg*, « victoire », et *fried*, « paix »
Histoire : très répandu en Allemagne, Siegfried l'est un peu moins en France. Présents depuis le début du XXe siècle, les Siegfried seraient un peu moins de 1 000 aujourd'hui.
Caractère : fier, entreprenant, passionné
Fréquence d'attribution : très rare
Évolution : en hausse
Année record : 1976

☆☆☆ Sigmund ☆☆☆

Dérivés : Sigismond, Siegmund
Fête : 1er mai
Étymologie : du germanique *sieg*, « victoire », et *mund*, « protection »
Histoire : ce prénom allemand connut son apogée lorsque Sigmund Freud devint le chef de file de la psychanalyse. Il a totalement disparu aujourd'hui.
Caractère : curieux, imaginatif, ambitieux
Fréquence d'attribution : très rare
Évolution : stable
Année record : 1933
Célébrités : le psychanalyste Sigmund Freud.

☆☆☆ Silas ☆☆☆

Fête : 4 mai
Étymologie : de l'araméen, « demander »
Histoire : apparu en 1984, un an après la diffusion de la série pour enfant *Silas* dans l'émission Récré A2, Silas connaît une forte progression ces dernières années. Il devrait continuer sur sa lancée.
Caractère : sage, pacifique, bienveillant
Fréquence d'attribution : très rare
Évolution : en hausse
Année record : 2013
Célébrités : le héros de la série télé *Silas*.

☆☆☆ Silvère ☆☆☆

Dérivés : Sylvère, Sylver, Sylve
Fête : 4 mai
Étymologie : du latin *silva*, « forêt »
Histoire : saint Silvère fut pape en l'an 536 mais les conflits politico-religieux de l'époque le forcèrent à quitter Rome. Après un pic dans les années 70, Silvère se fait aujourd'hui discret. Ils seraient environ 2 000.
Caractère : curieux, rêveur, droit
Fréquence d'attribution : très rare
Évolution : en baisse
Année record : 1973

☆☆☆ Silvio ☆☆☆

Dérivés : Silbio
Fête : 4 mai
Étymologie : du latin *silva*, « forêt »
Histoire : cette variante italienne de Sylvain, attribuée dès le début du XXe siècle en France, a toujours été extrêmement rare.
Caractère : audacieux, dynamique, fantaisiste
Fréquence d'attribution : très rare
Évolution : en baisse
Année record : 1966
Célébrités : l'homme politique Silvio Berlusconi.

☆☆☆ Simeon ☆☆☆

Dérivés : Siméon
Fête : 28 octobre
Étymologie : de l'hébreu *shimeone*, « Dieu a entendu ma souffrance »
Histoire : présent dans la Bible avant Simon (Siméon était l'un des six fils de Jacob et Léa), il ne connaît pour l'instant pas le même succès. Siméon a cependant tendance à plaire de plus en plus ces dernières années.
Caractère : esthète, optimiste, pragmatique
Fréquence d'attribution : très rare
Évolution : en hausse
Année record : 2010

☆☆☆ Simon ☆☆☆

Dérivés : Shimmon, Shimon, Sim, Simmer, Simoun, Syma, Symond, Szymon, Siméo
Fête : 28 octobre
Étymologie : de l'hébreu *shimeone*, « Dieu a entendu ma souffrance »
Histoire : saint Simon était l'un des douze apôtres du Christ. Il a évangélisé la Perse et l'Égypte. Simon, qui a traversé les époques, est encore aujourd'hui dans le top 50 français. Ils seraient près de 70 000.
Caractère : sûr de lui, intuitif, volontaire
Fréquence d'attribution : répandu
Évolution : stable
Année record : 1991
Célébrités : les acteurs Simon Abkarian et Simon Baker ; le duo Simon & Garfunkel.

☆☆☆ Sinclair ☆☆☆

Dérivés : Sinclare
Étymologie : du nom du village français Saint-Clair
Histoire : apparu dans les années 70, ce prénom qui était à l'origine un patronyme écossais est donné assez irrégulièrement à une dizaine d'enfants environ chaque année. Ils seraient une centaine en France.
Caractère : structuré, fiable, efficace
Fréquence d'attribution : très rare
Évolution : stable
Année record : 2003
Célébrités : le chanteur Sinclair.

☆☆☆ Solal ☆☆☆

Fête : 4 décembre
Étymologie : de l'hébreu *solel*, « celui qui se fraie un chemin »
Histoire : depuis les années 2000, ce prénom qui plaît surtout aux fans de l'écrivain Albert Cohen a beaucoup progressé. Ses sonorités évoquent notamment le soleil. Ils seraient 2000 à s'appeler Solal.
Caractère : curieux, indépendant, exigeant
Fréquence d'attribution : très rare
Évolution : en baisse
Année record : 2007
Célébrités : Solal, le héros du roman *Belle du Seigneur*.

☆☆☆ Soan ☆☆☆

Dérivé : Sohane, Soen, Soane, Sohann, Soane
Étymologie : du japonais *soan*, « étoile » ou du *sanscrit*, « beau »
Histoire : ce nouveau prénom recensé seulement depuis 1998 a commencé à décoller en 2009 lorsque Soan remporta l'émission Nouvelle Star en 2009.
Caractère : passionné, exigeant, tenace
Fréquence d'attribution : très rare
Évolution : en hausse
Année record : 2009
Célébrités : le chanteur Soan.

☆☆☆ Sören ☆☆☆

Dérivés : Soren
Fête : 27 novembre
Étymologie : du latin *severus*, « grave »
Histoire : cette variante nordique de Séverin, plus courante en Scandinavie, a été découverte à la fin des années 80 en France. Original, Sören aurait plutôt le vent en poupe.
Caractère : charismatique, fin stratège, volontaire
Fréquence d'attribution : très rare
Évolution : stable
Année record : 2010
Célébrités : l'acteur Sören Prévost ; le philosophe Søren Kierkegaard.

☆☆☆ Sofiane ☆☆☆

Dérivés : Saufiane, Sofian, Sofien, Sofyane, Sofiene, Sofien
Étymologie : de l'arabe *sufyan*, « celui qui marche rapidement »
Histoire : dans la religion musulmane, le mot sofiane évoque une règle de conduite visant la perfection. Depuis les années 80, Sofiane s'est bien déployé. Ils seraient près de 30 000.
Caractère : sensible, courageux, engagé
Fréquence d'attribution : rare
Évolution : en baisse
Année record : 2005
Célébrités : le judoka Sofiane Milous.

☆☆☆ Sosthène ☆☆☆

Dérivés : Sosthenes, Sostène
Fête : 28 novembre
Étymologie : du grec, « celui dont la force est intacte »
Histoire : bien que présent tout au long du XXe siècle, ce prénom reste encore marginal. Rarissimes, les Sosthène seraient environ 400.
Caractère : émotif, consciencieux, bon
Fréquence d'attribution : très rare
Évolution : en baisse
Année record : 1900

☆☆☆ Souleymane ☆☆☆

Dérivés : Souleyman, Soliman, Soulimane, Soulemane, Souleiman, Soleiman, Suliman
Étymologie : de l'arabe dialectal *slimane*, « intact » ou de l'hébreu *chalom*, « la paix »
Histoire : depuis les années 70 où ce prénom a été découvert en France, Souleymane plaît chaque année davantage. Ils seraient plus de 2 000.
Caractère : fiable, organisé, engagé
Fréquence d'attribution : très rare
Évolution : en hausse
Année record : 2009
Célébrités : le footballeur Souleymane Diawara.

☆☆☆ Stanislas ☆☆☆

Dérivés : Stanislav, Stanislaü, Stanislaw, Stanek, Stanig, Stanis, Stanislao, Stanislaus, Stan, Stanley
Fête : 11 avril
Étymologie : du slave *stan*, « se dresser » et *slaw*, « gloire »
Histoire : grand prénom de princes et de rois polonais, Stanislas est redécouvert depuis les années 60. On en dénombrerait plus de 15 000.
Caractère : optimiste, actif, idéaliste
Fréquence d'attribution : très rare
Évolution : en baisse
Année record : 1931
Célébrités : le réalisateur Stanley Kubrick.

☆☆☆ Stéphane ☆☆☆

Dérivés : Stefan, Stephan, Stephane, Stephen
Fête : 26 décembre
Étymologie : du grec *stephanos*, « couronne »
Histoire : saint Stéphane est le patron des tailleurs de pierre. Ce prénom explosa dans les années 70 avec plus de 20 000 naissances de petits Stéphane par an. Aujourd'hui, ils se font plus discrets. On en dénombrerait près de 300 000.
Caractère : fin, joyeux, attaché à sa famille
Fréquence d'attribution : très rare
Évolution : en baisse
Année record : 1971
Célébrités : les écrivains Stéphane Mallarmé et Stéphane Pajot.

☆☆☆ Steve ☆☆☆

Dérivés : Steeve, Steevy, Steven, Stiven, Styven, Steaven, Steeven
Fête : 26 décembre
Étymologie : du grec *stephanos*, « couronne »
Histoire : cette version anglo-saxonne de Stéphane a connu sa période de succès dans les années 80. Depuis, elle est en perte de vitesse. Les Steve seraient près de 22 000.
Caractère : vif, structuré, charismatique
Fréquence d'attribution : très rare
Évolution : stable
Année record : 1981
Célébrités : l'acteur Steve McQueen ; le réalisateur Steven Spielberg.

☆☆☆ Stuart ☆☆☆

Dérivés : Steward, Stewart
Étymologie : de l'anglais *steward*, « qui prend soin »
Histoire : venu d'Angleterre à la fin des années 50, ce prénom qui à l'origine était un patronyme écossais reste marginal en France.
Caractère : lunaire, humain, curieux
Fréquence d'attribution : très rare
Évolution : stable
Année record : 2002
Célébrités : le héros du film d'animation *Stuart Little*.

☆☆☆ Sullivan ☆☆☆

Dérivés : Sulivan, Sullyvan, Sulyvan, Sully
Étymologie : du celte *súil*, « œil » et *abháin*, « sombre » : « regard perçant » ou « œil de faucon »
Histoire : nom de famille irlandais transformé en prénom au fil du temps, Sullivan est arrivé en France dans les années 70. Depuis, il s'est fait une place dans notre paysage. On en dénombrerait 6 000.
Caractère : sensible, intègre, joyeux
Fréquence d'attribution : très rare
Évolution : en baisse
Année record : 1998
Célébrités : l'acteur Sullivan Stapleton.

☆☆☆ Sven ☆☆☆

Dérivés : Svenn, Swen, Svend, Svenning
Fête : 26 février
Étymologie : du scandinave, « jeunesse »
Histoire : découvert dans les années 50, Sven devra attendre les années 2000 pour passer à plus de 30 naissances par an en France. Ils seraient plus de 1 000.
Caractère : sage, bon conseiller, consciencieux
Fréquence d'attribution : très rare
Évolution : en baisse
Année record : 2010
Célébrités : Sven, le renne du film d'animation *La Reine des Neiges*.

☆☆☆ Swann ☆☆☆

Dérivés : Swan
Fête : 25 septembre
Étymologie : de l'anglais *swan*, « le cygne »
Histoire : ce n'est pas Proust qui fit décoller ce prénom dans les années 80 mais l'adaptation cinématographique de son œuvre par Volker Schlöndorff. Depuis, son succès est croissant. Ils seraient plus de 3 000.
Caractère : élégant, méticuleux, adaptable
Fréquence d'attribution : très rare
Évolution : stable
Année record : 2012
Célébrités : le héros du roman de Proust *Du côté de chez Swann*.

UN PRÉNOM PEUT-IL INFLUENCER UNE CARRIÈRE ?

Inspirée par la culture américaine où tout le monde s'appelle par son prénom, l'entreprise gomme le nom de famille au profit du prénom. Comme l'explique Jean-François Amadieu dans son livre *Les clés du destin*, « Des candidats utilisent souvent leur deuxième prénom ou un prénom d'usage qui ne figure pas sur l'état civil pour être moins en butte au rejet expéditif de leur candidature ». Il cite l'exemple de Truong-Tri d'origine vietnamienne qui, après avoir changé son prénom en Olivier, a fini par être embauché comme cadre. Le prétexte ? Ce serait plus simple pour les clients. Même dans les concours de beauté, le prénom aurait une influence. Selon une étude américaine très sérieuse, la projection liée aux sonorités d'un prénom évaluerait l'attrait physique d'une personne. Même chose en politique : un prénom simple et populaire rassurerait les électeurs !

☆☆☆ Sylvain ☆☆☆

Dérivés : Silvain, Sylvian, Sylvano, Sylvin
Fête : 4 mai
Étymologie : du latin *silva*, « la forêt »
Histoire : présent dès l'Antiquité (Sylvain était le Dieu des forêts dans la mythologie romaine), ce prénom réapparut au XVIIe siècle où il fut très populaire. Après une nouvelle période de succès entre 1960 et 1990, Sylvain est aujourd'hui moins fréquent. Ils seraient plus de 120 000.
Caractère : optimiste, généreux, pragmatique
Fréquence d'attribution : très rare
Évolution : en baisse
Année record : 1980
Célébrités : l'écrivain voyageur Sylvain Tesson.

T

☆☆☆ Tahar ☆☆☆

Dérivés : Taher, Tahir
Étymologie : de l'arabe, « pur »
Histoire : arrivé en France dans les années 50, Tahar, qui est l'un des noms d'un fils du prophète, n'a cessé d'être régulièrement attribué sans pour autant battre des records de popularité. Ils seraient 2 000 aujourd'hui.
Caractère : optimiste, généreux, pragmatique
Fréquence d'attribution : très rare
Évolution : en baisse
Année record : 1968
Célébrités : le comédien Tahar Rahim.

☆☆☆ Tanguy ☆☆☆

Dérivés : Tangui, Tangui, Tanneguy
Fête : 19 novembre
Étymologie : du celte *tan*, « feu » et *ki*, « chien » : « guerrier de feu »
Histoire : Tanguy décolla dans les années 60 pour atteindre son apogée en 2000. En 2001, la sortie du film *Tanguy* mettant en scène un jeune adulte ayant du mal à quitter le nid familial lui fit de l'ombre puisque ses attributions chutèrent brusquement. Les Tanguy seraient près de 20 000.
Caractère : créatif, bon, méthodique
Fréquence d'attribution : très rare
Évolution : en baisse
Année record : 2000
Célébrités : le protagoniste du film *Tanguy*.

☆☆☆ Tao ☆☆☆

Dérivés : Thao, Taho, Tai, Thai
Étymologie : du chinois, « voie » ou « longue vie »
Histoire : ce prénom venu d'Asie dans les années 90 a bien progressé jusqu'en 2009. Bien qu'en légère baisse, il reste apprécié et bénéficie sans doute du succès de Téo dont il est phonétiquement proche. Plus de 240 petits Tao naissaient chaque année.
Caractère : équilibré, rêveur, doux
Fréquence d'attribution : très rare
Évolution : en baisse
Année record : 2009
Célébrité : Tao, le personnage du dessin-animé *Les Mystérieuses Cités d'Or*.

☆☆☆ Tancrède ☆☆☆

Dérivés : Tancred, Tankred, Tankrede, Dankrad, Dankrade
Étymologie : du germanique *tank*, « pensée », et *rag*, « conseil »
Histoire : ce prénom de chevalier et de rois normands connut son heure de gloire au Moyen-Âge. Redécouvert dans les années 70, Tancrède reste un prénom peu commun.
Caractère : spirituel, rationnel, déterminé
Fréquence d'attribution : très rare
Évolution : en baisse
Année record : 1998

☆☆☆ Tarik ☆☆☆

Dérivés : Tariq, Tarike, Tarick, Tarak, Tarek
Étymologie : de l'arabe *târiq*, « l'astre de la nuit », sous-entendu Vénus
Histoire : de 1960 à 1990, Tarik a pris son envol jusqu'à atteindre quasiment les 200 naissances par an. Aujourd'hui, il a moins le vent en poupe. Avec les Tarek, on en dénombre plus de 6 000.
Caractère : curieux, ambitieux, émotif
Fréquence d'attribution : très rare
Évolution : stable
Année record : 1987
Célébrités : le footballeur Tarik Sektioui.

☆☆☆ Teddy ☆☆☆

Dérivés : Tedy, Teddie, ddy, Ted
Étymologie : de Théodore, du grec *theos*, « le dieu », et *doron*, « le cadeau » : « cadeau de Dieu »
Histoire : utilisé dès le Moyen Âge comme diminutif de Theodore

en Angleterre, Teddy se propagea aux États-Unis et devint populaire grâce au président Theodore Roosevelt, surnommé Teddy en privé. En France, ils seraient 23 000.
Caractère : fiable, responsable, persévérant
Fréquence d'attribution : stable
Évolution : très rare
Année record : 1986
Célébrités : le judoka Teddy Riner.

☆☆☆ Térence ☆☆☆

Dérivés : Terence, Terrance, Terrence, Therence, Terry
Fête : 21 juin
Étymologie : du nom d'une illustre famille romaine, la gens Terentia.
Histoire : ce prénom qui vient de la déesse romaine des moissons, Terensis, fut très attribué dans la Rome antique. Plus courant aux États-Unis qu'en France, ils seraient 3 000 aujourd'hui.
Caractère : affectueux, sérieux, indépendant
Fréquence d'attribution : très rare
Évolution : stable
Année record : 2005
Célébrités : les acteurs Terence Stamp et Terence Hill ; Terence, l'un des personnages de la saga des films *Clochette*.

☆☆☆ Terry (mixte) ☆☆☆

Dérivés : Terye, Tery, Therry, Théry
Fête : 21 juin
Étymologie : du nom de la déesse romaine des moissons, Terensis
Histoire : depuis les années 70, Terry est attribué très irrégulièrement mais il reste toujours apprécié par les parents. Ils seraient 3 000 garçons et 300 filles à porter ce prénom.
Caractère : vif, curieux, original
Fréquence d'attribution : très rare
Évolution : stable
Année record : 1998
Célébrités : le cinéaste Terry Gilliam.

☆☆☆ Théo ☆☆☆

Dérivés : Theo, Teo, Téo
Fête : 9 novembre
Étymologie : du grec *theos*, « dieu »
Histoire : apparu dans les années 80 avec la vogue des prénoms courts, Théo dépassa les 8 000 attributions en 2001. Aujourd'hui, c'est le dix-neuvième prénom préféré des Français. On en dénombrerait plus de 100 000.
Caractère : optimiste, affectueux, curieux
Fréquence d'attribution : très répandu
Évolution : stable
Année record : 2001
Célébrités : Théo Sarapo, mari d'Edith Piaf ; l'acteur Theo James.

☆☆☆ Théobald ☆☆☆

Dérivés : Téobald, Théobaldo, Théodebald, Tébald
Fête : 8 juillet
Étymologie : du germanique *theud*, « peuple », et *bald*, « audacieux » : « peuple courageux »
Histoire : originaire du Limousin au XIe siècle, le moine saint Théobald consacra sa vie aux pauvres. Attribué régulièrement à une dizaine d'enfants par an depuis 1900, Théobald reste rarissime.
Caractère : structuré, attentionné, tenace
Fréquence d'attribution : très rare
Évolution : en baisse
Année record : 1906

☆☆☆ Théodore ☆☆☆

Dérivés : Tédore, Téodoric, Téodorick, Téodoro, Fedor, Feodor
Fête : 9 novembre
Étymologie : du grec *theos*, « dieu », et *doron*, «cadeau » : « cadeau de Dieu »
Histoire : porté par deux papes et deux empereurs, Théodore est un prénom ancien qui n'a pas fini de plaire. Ils seraient plus de 6 000.
Caractère : généreux, juste, attentionné
Fréquence d'attribution : très rare
Évolution : stable
Année record : 1902
Célébrités : le président Theodore Roosevelt ; le peintre Théodore Géricault ; le poète Théodore de Banville.

☆☆☆ Théophane ☆☆☆

Dérivés : Téophane
Fête : 6 janvier
Étymologie : du grec *theos*, « dieu » et *phanos*, « lumineux » : « apparition divine »
Histoire : ce prénom qui vient de l'Épiphanie a toujours été très rare. Attribué à une trentaine de bébés chaque année, Théophane compterait environ 1 000 représentants.
Caractère : loyal, attentif, sociable
Fréquence d'attribution : très rare
Évolution : en baisse
Année record : 1998

☆☆☆ Théophile ☆☆☆

Dérivés : Téophile, Téofil, Théofil, Téofilo
Fête : 20 décembre
Étymologie : du grec *theos*, « dieu » et *philos*, « ami » : « qui aime les dieux »
Histoire : prénom ancien, Théophile fut porté par une quinzaine de saints. Supplanté par Théo, Théophile se fait aujourd'hui plus discret. Ils seraient près de 8 000.
Caractère : combatif, ambitieux, romantique
Fréquence d'attribution : très rare
Évolution : en baisse
Année record : 1908
Célébrités : le poète Théophile Gautier.

☆☆☆ Théotime ☆☆☆

Dérivés : Téotime
Fête : 16 mai
Étymologie : du grec grec *theos*, « le dieu », et *timè*, « l'honneur » : « celui qui honore Dieu »
Histoire : répandu au premier siècle de la chrétienté, Théotime disparut totalement avant d'être redécouvert par l'écrivain Henri Bosco en 1945 qui l'utilisa comme titre de son roman *Le Mas Théotime*. Aujourd'hui, ils seraient 1 000 personnes à porter ce prénom.
Caractère : passionné, créatif, tenace
Fréquence d'attribution : très rare
Évolution : en baisse
Année record : 2007

☆☆☆ Thibault ☆☆☆

Dérivés : Thibaut, Thibaud, Thibald, Thiebaud, Thiébaut, Thybault, Tibald, Tibo
Fête : 8 juillet
Étymologie : du germanique *theud*, « peuple » et *bald*, « audacieux » : « peuple audacieux »
Histoire : déjà apprécié au Moyen Âge (au XIIIe siècle, saint Thibault était un abbé cistercien), Thibault connut un franc succès entre 1984 et 1992. Il séduit toujours aujourd'hui. On en compte plus de 50 000.
Caractère : organisé, énergique, joyeux
Fréquence d'attribution : rare
Évolution : en baisse
Année record : 1992
Célébrités : le comédien Thibault Vaneck.

☆☆☆ Thierry ☆☆☆

Dérivés : Thiery, Thierno, Tierry
Fête : 1er juillet
Étymologie : du germanique *theud*, « le peuple » et *rik*, « roi » : « maître du peuple »
Histoire : ce prénom médiéval bien connu des familles royales a connu un boom dans les années 60 au moment de la diffusion de la série *Thierry la Fronde*. Aujourd'hui, il n'est presque plus attribué. Ils seraient plus de 270 000.
Caractère : rationnel, méthodique, fin
Fréquence d'attribution : très rare
Évolution : stable
Année record : 1964
Célébrités : l'acteur Thierry Lhermitte ; le footballeur Thierry Henry.

☆☆☆ Thomas ☆☆☆

Dérivés : Tomas, Toma, Tomaso, Tommaso
Fête : 28 janvier
Étymologie : de l'araméen *toma*, « jumeau »
Histoire : porté par de nombreux saints, ce prénom ancien a connu une progression fulgurante de 1975 à 2000. Depuis, il a moins la cote. Ils seraient plus de 260 000.
Caractère : réservé, responsable, loyal
Fréquence d'attribution : très rare
Évolution : en baisse
Année record : 2000
Célébrités : le chanteur Thomas Dutronc ; l'écrivain Thomas Mann.

☆☆☆ Tiago ☆☆☆

Fête : 25 juillet
Étymologie : de Santiago, contraction espagnole de *santo*, « saint » et *Iago*, « Jacques » qui vient lui-même de l'hébreu *ya'aqob*, « que Dieu favorise »
Histoire : très apprécié au Portugal, ce prénom apparu en France à la fin des années 70 a passé la barre des 100 naissances par an en 2003. Aujourd'hui, chaque année, près de 800 bébés se nomment Tiago. Ils seraient près de 6000.
Caractère : curieux, volontaire
Fréquence d'attribution : rare
Évolution : en hausse
Année record : 2009

☆☆☆ Tibère ☆☆☆

Dérivés : Tiber, Tibor
Étymologie : du latin *tiberis*, « le fleuve Tibre »
Histoire : Tibère fit son apparition pour la première fois en 1990 en France. Il reste hors du commun, porté par moins de 100 personnes.
Caractère : vif, ouvert d'esprit, courageux
Fréquence d'attribution : très rare
Évolution : stable
Année record : 2004

☆☆☆ Tiburce ☆☆☆

Fête : 14 avril
Étymologie : du latin *tiburtius*, « originaire de Tibur », un ancien quartier de Rome
Histoire : plus attribué au début du XXe siècle, Tiburce est encore un prénom original. Ils seraient environ 1000 à s'appeler Tiburce.
Caractère : énergique, libre, brave
Fréquence d'attribution : très rare
Évolution : en hausse
Année record : 1908
Célébrités : le coach sportif Tiburce Darou.

☆☆☆ Tim ☆☆☆

Fête : 26 janvier
Étymologie : du grec *theos*, « le dieu », et timè, « l'honneur » : « celui qui honore Dieu »
Histoire : très coté aux États-Unis et en Grande-Bretagne, ce diminutif de Thimothée est en vogue depuis les années 2000. Sa forme courte monosyllabique plaît énormément. On en dénombrerait 4000 pour le moment.
Caractère : curieux, aventureux, sociable
Fréquence d'attribution : très rare
Évolution : en hausse
Année record : 2009
Célébrités : le réalisateur Tim Burton.

☆☆☆ Timéo ☆☆☆

Dérivés : Timeo, Tymeo, Timée, Thiméo, Thyméo, Timo
Fête : 25 janvier
Étymologie : du grec *theos*, « le dieu », et *timè*, « l'honneur » : « celui qui honore Dieu »
Histoire : ce diminutif de Thimothée apparu en 2001 connaît une progression fulgurante. Ils seraient déjà plus de 22 000.
Caractère : vif, fin stratège, ambitieux
Fréquence d'attribution : très répandu
Évolution : en hausse
Année record : 2013
Célébrités : la collection de livres pour enfants, Les Carnets de Timéo.

☆☆☆ Timothée ☆☆☆

Dérivés : Timothé, Timothy
Fête : 26 janvier
Étymologie : du grec *theos*, « le dieu », et *timè*, « l'honneur » : « celui qui honore Dieu »
Histoire : connu dès le Ier siècle (saint Thimothée était un disciple de saint Paul), Thimothée refit surface dans les années 80 et ne cesse de plaire depuis.
Caractère : fin, généreux, déterminé
Fréquence d'attribution : rare
Évolution : en hausse
Année record : 2007
Célébrités : l'acteur Timothy Dalton.

☆☆☆ Titien ☆☆☆

Dérivés : Titian, Titiaan, Titianus, Titus, Tite
Étymologie : du latin, « qui rend honneur »
Histoire : depuis sa première attribution en 1985, Titien progresse régulièrement chaque année. Encore timide, Titien est porté par moins de 100 personnes en France.
Caractère : charmeur, fantaisiste, audacieux
Fréquence d'attribution : très rare
Évolution : en hausse
Année record : 2009

☆☆☆ Titouan ☆☆☆

Fête : 13 juin
Étymologie : du latin *antonius*, « inestimable »
Histoire : apparu en Provence sous la forme originale de Titoine, terme affectueux pour désigner « mon petit Antoine », Titouan est toujours en vogue. Ils seraient près de 20 000.
Caractère : rêveur, romantique, tranquille
Fréquence d'attribution : répandu
Évolution : stable
Année record : 2008
Célébrités : le navigateur Titouan Lamazou.

☆☆☆ Tobias ☆☆☆

Dérivés : Toby, Tobie
Étymologie : de l'hébreu, « Dieu est bon »
Histoire : plus courant dans les pays scandinaves qu'en France, Tobias, qui est attribué depuis les années 70, reste un prénom peu commun porté par 1 000 personnes environ.
Caractère : fort, passionné, charismatique
Fréquence d'attribution : très rare
Évolution : en baisse
Année record : 2005

☆☆☆ Tom ☆☆☆

Fête : 3 juillet
Étymologie : de l'araméen *toma*, « jumeau »
Histoire : à l'origine, diminutif de Thomas, Tom s'est imposé comme prénom dès la fin des années 90. Depuis, c'est le dix-huitième prénom préféré des Français. Ils seraient plus de 60 000.
Caractère : imaginatif, optimiste, tendre
Fréquence d'attribution : très répandu
Évolution : stable
Année record : 2006
Célébrités : les acteurs Tom Hanks et Tom Selleck.

☆☆☆ Tony ☆☆☆

Dérivés : Tonny, Toni, Tonino, Tonio
Fête : 13 juin.
Étymologie : du latin *antonius*, « inestimable »
Histoire : ce diminutif d'Anthony fut très populaire en Angleterre entre 1930 et 1960, puis il traversa l'Atlantique et se répandit aux États-Unis. En France, il progresse constamment depuis les années 70. On en compte près de 50 000.
Caractère : actif, ambitieux, sociable
Fréquence d'attribution : rare
Évolution : en hausse
Année record : 1982
Célébrités : le comédien Tony Danza ; le basketteur Tony Parker.

☆☆☆ Trevis ☆☆☆

Dérivés : Travis
Étymologie : de l'anglo-saxon, dérivé d'une ancienne fonction : « le passeur », il était celui qui faisait payer l'impôt pour traverser les ponts et les routes
Histoire : venu des États-Unis au début des années 90, Trevis reste rarissime en France. Il serait porté par 350 personnes environ.
Caractère : joyeux, créatif, habile
Fréquence d'attribution : très rare
Évolution : en hausse
Année record : 1998
Célébrités : l'acteur Travis Fimmel.

☆☆☆ Trévor ☆☆☆

Étymologie : du breton, « grande victoire »
Histoire : ce prénom breton bien connu dans les pays anglophones n'est pas encore très répandu en France. Depuis 1970, ils seraient un peu plus de 200.
Caractère : passionné, habile, fort
Fréquence d'attribution : très rare
Évolution : en baisse
Année record : 1998
Célébrité : le rugbyman Trevor Brennan.

☆☆☆ Tristan ☆☆☆

Fête : 12 novembre
Étymologie : du celte *drest*, « tumulte »
Histoire : très à la mode au Moyen-Âge grâce à la légende de Tristan et Iseut, Tristan fut redécouvert à partir des années 90. Depuis, il reste apprécié par de nombreux parents. Ils seraient près de 40 000.
Caractère : loyal, engagé, attentif
Fréquence d'attribution : répandu
Évolution : stable
Année record : 2001
Célébrités : l'écrivain Tristan Tzara.

☆☆☆ Tugdual ☆☆☆

Étymologie : du celte touto, « peuple », et valos, « valeureux » : « peuple valeureux »
Histoire : répertorié dès le VIe siècle (saint Tugdual était un moine gallois qui évangélisa la Bretagne), Tugdual réapparaît dès le début du XXe siècle. Il reste relativement rare.
Caractère : ouvert d'esprit, ambitieux, bon gestionnaire
Fréquence d'attribution : très rare
Évolution : stable
Année record : 2003

☆☆☆ Tyson ☆☆☆

Dérivés : Tayson
Étymologie : du vieux français, « braises »
Histoire : apparu pour la première fois en 1991, Tyson est pour le moment plus courant dans les pays anglo-saxons. En France, les Tyson seraient 450.
Caractère : affectueux, adaptable, battant
Fréquence d'attribution : très rare
Évolution : en baisse
Année record : 2003
Célébrités : l'athlète Tyson Gay.

DES MODES RÉGIONALES

Les mêmes prénoms ne sont pas à la mode au même moment dans toute la France. Les choix sont parfois régionaux, notamment en Corse : Jean y a conservé la première place vingt à trente ans plus longtemps que dans le reste du pays, Anthony de 1987 à 1994 alors qu'il est rarement arrivé en tête ailleurs, et Lisandru, forme corse de Lisandre, depuis 2003, en alternance avec Lucas.

U

☆☆☆ Ulysse ☆☆☆

Dérivés : Ulisse, Ulysses, Ulix, Ulyxes
Fête : 4 juillet
Étymologie : du grec *odusamai*, « être courroucé »
Histoire : héros de *L'Iliade et l'Odyssée*, Ulysse est un prénom issu de la mythologie qui est de plus en plus tendance. Ils seraient environ 5 000.
Caractère : aventurier, fidèle, intuitif
Fréquence d'attribution : très rare
Évolution : en baisse
Année record : 2005
Célébrités : le héros du dessin animé *Ulysse 31*.

☆☆☆ Umberto ☆☆☆

Dérivés : Umbert, Umbertino
Fête : 25 mars
Étymologie : du germanique *un*, « très », et *behrt*, « brillant »
Histoire : attribué depuis le début du XXe siècle, Umberto reste plus courant en Italie qu'en France où il est considéré comme original. Umberto serait porté par 500 personnes.
Caractère : organisé, fiable, indépendant
Fréquence d'attribution : très rare
Évolution : en baisse
Année record : 1932
Célébrités : l'écrivain Umberto Eco ; le chanteur Umberto Tozzi.

☆☆☆ Uriel ☆☆☆

Dérivés : Uriah, Urias, Urio
Fête : 29 septembre
Étymologie : de l'hébreu, « Dieu est ma lumière »
Histoire : nom d'un célèbre archange qui propage la paix divine, Uriel est apparu dans les années 70. Il est encore peu commun. On en compte près de 300.
Caractère : adaptable, fidèle, sincère
Fréquence d'attribution : très rare
Évolution : en baisse
Année record : 2008

DES COUTUMES NATIONALES

Chaque pays laisse les imaginations s'enflammer plus ou moins. Ainsi les Italiens restent plus classiques (les 30 premiers prénoms donnés aux nouveau-nés en Italie servent à désigner 48 % des bébés, soit près d'un sur deux) que les Français (les 30 premiers prénoms donnés en France ne nomment que 3,5 % des bébés). Pour les prénoms féminins, les Italiens se donnent un peu plus de liberté (les 30 premiers ne désignent « que » 41 % des fillettes). Pourtant, l'Institut de statistique italienne recense plus de 10 000 prénoms. Parmi eux, 1 600 considérés comme « assez communs » (de Abaco à Zosimo pour les garçons, et de Abbondanza à Zosima pour les filles) ne sont cependant donnés qu'à quelques poignées d'enfants par an. La majorité des parents se reconnaissent dans les prénoms traditionnels et les utilisent en priorité.

V

☆☆☆ Vadim ☆☆☆

Dérivé : Vadik
Étymologie : du slave, « règne glorieux »
Histoire : très répandu en Russie et en Scandinavie, Vadim est moins porté en France. Depuis les années 2000, il séduit de plus en plus de parents. Ils seraient 1 500.
Caractère : créatif, sociable, honnête
Fréquence d'attribution : très rare
Évolution : stable
Année record : 2012

☆☆☆ Vahé ☆☆☆

Étymologie : de l'iranien, « le meilleur »
Histoire : apparu à la fin des années 70, Vahé progresse timidement. Ils seraient un peu plus de 100 pour le moment.
Caractère : généreux, dévoué, fiable
Fréquence d'attribution : très rare
Évolution : stable
Année record : 2009
Célébrités : l'écrivain Vahé Katcha.

☆☆☆ Valentin ☆☆☆

Dérivés : Valentine, Valentinien, Vailintin, Valenti, Valentyn, Valentino, Valence
Fête : 14 février
Étymologie : du latin *valens*, « vigoureux »
Histoire : évêque de Terni en Italie au IIIe siècle, saint Valentin fut accusé de marier en secret de jeunes amoureux. Valentin connut un boom entre 1980 et 2000. C'est encore un prénom très apprécié aujourd'hui.
Caractère : sensible, passionné, actif
Fréquence d'attribution : très répandu
Évolution : en baisse
Année record : 1996
Célébrités : Valentin Livi, le fils d'Yves Montand.

☆☆☆ Valère ☆☆☆

Dérivés : Valérian, Valérien
Fête : 1er avril
Étymologie : du latin *valere*, « être bien portant »
Histoire : saint Valère évangélisa les Ardennes. Présent dès l'Antiquité, ce prénom réapparut à la Renaissance. Même s'il traversa les époques, Valère n'a pour le moment pas connu son âge d'or. On en dénombrerait 2 000.
Caractère : sensible, rêveur, droit
Fréquence d'attribution : très rare
Évolution : en hausse
Année record : 1963
Célébrités : Valère, personnage de *L'Avare* et du *Médecin malgré lui* de Molière.

☆☆☆ Valéry ☆☆☆

Dérivés : Valérie, Valéri, Valériano, Balere, Baleri
Fête : 1er avril
Étymologie : du latin *valere*, « être bien portant »
Histoire : Valéry connut un fort engouement pendant la présidence de Valéry Giscard d'Estaing. Ensuite, il se fit plus discret. Ils seraient 5 000.
Caractère : ambitieux, intuitif, sociable
Fréquence d'attribution : très rare
Évolution : stable
Année record : 1970
Célébrités : le président Valéry Giscard d'Estaing.

☆☆☆ Vassili ☆☆☆

Dérivés : Vasili, Vassilis, Vassily, Wassili
Fête : 2 janvier
Étymologie : du grec *basileus*, « roi »
Histoire : cette variante tchèque de Basile a progressé régulièrement de 1968 à 2004. Depuis, il est en perte de vitesse. Vassili reste encore un prénom hors du commun.
Caractère : vif, indépendant, créatif
Fréquence d'attribution : très rare
Évolution : en baisse
Année record : 2004
Célébrités : le producteur Vassili Clerc.

☆☆☆ Vianney ☆☆☆

Fête : 4 août
Étymologie : du nom de famille Vianney
Histoire : Jean-Marie Vianney, curé d'un petit village de l'Ain au XIXe siècle, attira tant de monde à son confessionnal que le pape Pie XI le proclama saint patron de tous les curés. Ce prénom en plein essor n'a pas dit son dernier mot. Ils seraient déjà 4 000.
Caractère : créatif, sensible, idéaliste
Fréquence d'attribution : très rare
Évolution : en hausse
Année record : 1990
Célébrités : le chanteur Vianney.

☆☆☆ Victor ☆☆☆

Dérivés : Viktor, Victorien, Vittore, Vitor, Vito, Victorio
Fête : 21 juillet
Étymologie : du latin *victor*, « vainqueur »
Histoire : redécouvert dans les années 80, Victor a aujourd'hui beaucoup de succès et fait partie des 50 prénoms préférés des Français. Ils seraient près de 70 000.
Caractère : joueur, équilibré, attaché à sa famille
Fréquence d'attribution : répandu
Évolution : en baisse
Année record : 1998
Célébrités : l'écrivain Victor Hugo.

☆☆☆ Vincent ☆☆☆

Dérivés : Vincente, Vicencio, Vicenze, Vicentius, Vicenzan, Vincenz
Fête : 22 janvier
Étymologie : du latin *vincentius*, « qui vainc »
Histoire : porté par plusieurs saints, Vincent a su traverser les époques pour devenir intemporel. Très répandu entre 1960 et 1980, Vincent est moins attribué aujourd'hui. Ils seraient plus de 215 000.
Caractère : combatif, fidèle, sûr de lui
Fréquence d'attribution : rare
Évolution : en baisse
Année record : 1981
Célébrités : le peintre Vincent van Gogh ; les acteurs Vincent Perez et Vincent Lindon

☆☆☆ Virgile ☆☆☆

Dérivés : Virgil, Virgilio, Virgilius, Virgi
Fête : 10 octobre
Étymologie : du latin *virga*, « pousse »
Histoire : à l'origine nom d'un grand poète latin, Virgile devint un prénom dès le IVe siècle. Depuis les années 70, Virgile plaît de plus en plus et est en passe de devenir populaire. Ils seraient près de 10 000.
Caractère : énergique, imaginatif, audacieux
Fréquence d'attribution : très rare
Évolution : en baisse
Année record : 2003
Célébrités : le poète Virgile.

☆☆☆ Vivien ☆☆☆

Dérivés : Vivian, Viviano
Fête : 10 mars
Étymologie : du latin *vivianus*, « plein de vie »
Histoire : au Moyen Âge, Vivien était le héros de nombreuses chansons de geste. Redécouvert au XXe siècle, Vivien connut un fort engouement entre 1970 et 1990. Depuis, il a moins la cote. Ils seraient plus de 9 000.
Caractère : fiable, intègre, généreux
Fréquence d'attribution : très rare
Évolution : en baisse
Année record : 1986

☆☆☆ Vladimir ☆☆☆

Fête : 15 juillet
Étymologie : du slave *vlad*, « régner », et *mir*, « paix »
Histoire : très apprécié en Russie et dans les pays slaves, Vladimir a pris son envol en France dans les années 70. Il séduit encore de nombreux parents. Depuis l'an 2000, 50 bébés sont prénommés chaque année Vladimir.
Caractère : charmeur, sérieux, spirituel
Fréquence d'attribution : très rare
Évolution : en hausse
Année record : 1991
Célébrités : le compositeur Vladimir Cosma.

W

☆☆☆ Wael ☆☆☆

Dérivés : Waël, Waïl, Wahil
Étymologie : de l'arabe, « celui qui cherche refuge dans la spiritualité »
Histoire : Wael a commencé sa progression à la fin des années 70. Depuis, il plaît chaque année davantage. Ils seraient plus de 3 000.
Caractère : indépendant, curieux, courageux
Fréquence d'attribution : très rare
Évolution : en hausse
Année record : 2010
Célébrités : le chanteur Wael Kfoury.

☆☆☆ Walid ☆☆☆

Dérivés : Oualid, Wallid
Étymologie : de l'arabe, « le nouveau né »
Histoire : cet ancien prénom a longtemps été donné aux fils d'esclaves nés dans la maison de leur maître. Redécouvert depuis 1970, Walid gagne chaque année du terrain. Ils seraient plus de 10 000.
Caractère : organisé, volontaire, mystérieux
Fréquence d'attribution : rare
Évolution : en hausse
Année record : 2009
Célébrités : les footballeurs Walid Hichri et Walid Ragragui.

☆☆☆ Wallace ☆☆☆

Dérivés : Wallis
Étymologie : de l'anglais, « (qui vient) du pays de Galles »
Histoire : Wallace se fit connaître grâce à William Wallace, chef de la rébellion des Écossais contre les Anglais au XIIIe siècle. Ce n'est qu'ensuite, à la fin du XIXe siècle, que ce nom se propagea comme prénom. En France, Wallace fut pour la première fois attribué en 1997, soit deux ans après la sortie du film *Braveheart* qui retrace la vie de William Wallace. Il reste hors du commun.
Caractère : sensible, ambitieux, optimiste
Fréquence d'attribution : très rare
Évolution : stable
Année record : 2009
Célébrités : Wallace, le héros du film d'animation *Wallace et Gromit*.

☆☆☆ Walter ☆☆☆

Dérivés : Walther, Walterus
Fête : 9 avril
Étymologie : du germanique, « commander », « gouverner ».
Histoire : cette transcription anglaise du prénom Gauthier est répertoriée depuis le XIe siècle en Grande-Bretagne. En France, Walter est attribué depuis le début du XXe siècle. Ils seraient 5 000 aujourd'hui.
Caractère : vif, raisonnable, combatif
Fréquence d'attribution : très rare
Évolution : en baisse
Année record : 1972
Célébrités : l'écrivain Walter Scott ; Walt Disney dont le vrai prénom était Walter.

☆☆☆ Warren ☆☆☆

Dérivés : Waren
Étymologie : soit de l'anglais, du nom d'un lieu signifiant « taupinière », soit du germanique, « qui protège les jardins »
Histoire : apparu en France dans les années 60, Warren n'a vraiment décollé qu'à partir de 1991. Aujourd'hui, ce prénom dépasse les 200 attributions par an. Ils seraient 4 000.
Caractère : fantaisiste, spirituel, généreux
Fréquence d'attribution : très rare
Évolution : en hausse
Année record : 2013
Célébrités : le comédien Warren Beatty.

☆☆☆ Wilfried ☆☆☆

Dérivés : Wilfred, Vilfrid, Wielfred, Wilfrid, Wilf, Wilfridus, Wilfroy
Fête : 12 octobre
Étymologie : du germanique *will*, « volonté », et *fried*, « protecteur »
Histoire : au VIIe siècle, saint Wilfrid, évêque de York, partit évangéliser le Sussex, la Hollande et l'Austrasie. Depuis les années 80, Wilfried a moins le vent en poupe.
Caractère : passionné, responsable, altruiste
Fréquence d'attribution : très rare
Évolution : en baisse
Année record : 1976
Célébrités : le tennisman Jo-Wilfried Tsonga ; Wilfried, le héros du roman *Ivanhoé*.

☆☆☆ William ☆☆☆

Dérivés : Viliams, Wiliam, Williams, Willyam, Wylliam
Fête : 10 janvier
Étymologie : du germanique *will*, « volonté » et *helm*, « protection »
Histoire : William fut l'un des prénoms les plus donnés en Grande-Bretagne jusqu'au début du XXe siècle. En France, même s'il est moins connu que Guillaume (sa version française), il reste très apprécié. On en dénombrerait près de 70 000.
Caractère : équilibré, curieux, sentimental
Fréquence d'attribution : rare
Évolution : en hausse
Année record : 1999
Célébrités : le dramaturge William Shakespeare ; le chanteur William Sheller ; le prince William.

☆☆☆ Wilhem ☆☆☆

Dérivés : Wilhelm, Willelm, Willem, Willen
Fête : 10 janvier
Étymologie : du germanique *will*, « volonté » et *helm*, « protection »
Histoire : cette version originale de William, qui a ensuite donné Guillaume, a connu un petit succès entre 1990 et 2000. Il est toujours apprécié et compte plus de 1 600 représentants.
Caractère : sensible, discret, responsable
Fréquence d'attribution : très rare
Évolution : en hausse
Année record : 2006
Célébrités : l'athlète Wilhem Belocian.

☆☆☆ Willy ☆☆☆

Dérivés : Willi, Willie
Fête : 10 janvier
Étymologie : du germanique *will*, « volonté » et *helm*, « protection »
Histoire : connu dès le début du XXe siècle en France, Willy devint populaire entre 1970 et 1980. Il chuta ensuite alors que la série *Arnold et Willy* battait son plein.
Caractère : charismatique, séducteur, loyal
Fréquence d'attribution : très rare
Évolution : en baisse
Année record : 1973
Célébrités : le chanteur Willy DeVille ; l'humoriste Willy Rovelli.

☆☆☆ Will ☆☆☆

Fête : 10 janvier
Étymologie : du germanique *will*, « volonté » et *helm*, « protection »
Histoire : si la première attribution française de Will est recensée dès 1949, il faudra attendre les années 90 pour que ce prénom dépasse les dix naissances par an. Aujourd'hui, les Will sont encore discrets. Ils seraient plus de 150.
Caractère : joyeux, créatif, énergique
Fréquence d'attribution : très rare
Évolution : en hausse
Année record : 2013
Célébrités : l'acteur Will Smith.

☆☆☆ Wilson ☆☆☆

Fête : 10 janvier
Étymologie : de l'anglais *Wilson*, « fils de Will »
Histoire : ce prénom royal porté par deux empereurs allemands, dix ducs d'Aquitaine et une dizaine de rois dans le monde est redécouvert depuis les années 80. Ils seraient 2000.
Caractère : cartésien, sociable, volontaire
Fréquence d'attribution : très rare
Évolution : en hausse
Année record : 2004
Célébrités : le jazzman Wilson Pickett.

☆☆☆ Winston ☆☆☆

Étymologie : de l'anglais, « pierre de joie »
Histoire : ce prénom ancien porté par saint Winston au IXe siècle est peu répandu en Angleterre. Redécouvert depuis les années 90, il reste également rarissime en France.
Caractère : responsable, influent, attaché à sa famille
Fréquence d'attribution : très rare
Évolution : en baisse
Année record : 2012
Célébrités : le chef d'état Winston Churchill.

☆☆☆ Wissam ☆☆☆

Dérivés : Ouisam, Ouissam, Wisam, Wissem, Wisem, Ouisem, Ouissem
Étymologie : de l'arabe, « honoré de médailles » ou « beau »
Histoire : introduit en France dans les années 70, Wissam progresse chaque année un peu plus et pourrait bientôt atteindre les 100 naissances par an. Les Wissam et Wissem seraient plus de 3000.
Caractère : optimiste, pragmatique, original
Fréquence d'attribution : très rare
Évolution : en hausse
Année record : 2013
Célébrités : le footballeur Wissem Abdi.

☆☆☆ Wolfgang ☆☆☆

Dérivés : Wolfang, Wolfango, Volfango
Fête : 31 octobre
Étymologie : du germanique *wolf*, « loup », et *gang*, « assaut » : « loup qui donne l'assaut »
Histoire : patron des charpentiers, saint Wolfgang, évêque de Ratisbonne originaire de Bavière, évangélisa la Hongrie au Xe siècle. Très porté en Allemagne au XIXe siècle, Wolfgang se fait plus discret aujourd'hui. En France, ils seraient 500.
Caractère : structuré, affectueux, perfectionniste
Fréquence d'attribution : très rare
Évolution : en baisse
Année record : 1944
Célébrités : le compositeur Wolfgang Amadeus Mozart.

☆☆☆ Woody ☆☆☆

Étymologie : du slave, « règne glorieux »
Histoire : découvert en France dans les années 80, Woody, qui est à l'origine le diminutif du prénom anglais Woodrow, est un prénom qui sort du commun. Ils seraient une centaine pour le moment.
Caractère : vif, indépendant, actif
Fréquence d'attribution : très rare
Évolution : en baisse
Année record : 1992
Célébrités : le réalisateur Woody Allen ; Woody, le cowboy du film *Toy Story*.

QUAND DONNE-T-ON LE PRÉNOM ?

Aujourd'hui, à peine le bébé est-il né que l'hôpital veut connaître son nom pour le bracelet d'identification. Pourtant, la législation française ne demande qu'un enregistrement sous trois jours. Dans les pays du monde arabe, c'est traditionnellement au bout de sept jours que le prénom est choisi (attention : le jour de la naissance n'est compté comme le premier que si le petit est né avant le lever du soleil). Dans de nombreuses ethnies africaines, c'est lorsqu'il commence à marcher ou parler qu'on nomme l'enfant, désigné auparavant comme « petit garçon », « petite fille » ou « chrysalide ». En Corse avant la Révolution, on les appelait Anonyme tant que le parrain n'était pas là pour choisir leur prénom… et si le parrain était parti sur le continent et ne revenait pas, ils restaient Anonyme jusqu'à la fin de leur vie !

X

☆☆☆ Xan ☆☆☆

Étymologie : de l'hébreu *yohânân*, « Dieu fait grâce »
Histoire : cette version basque de Jean recensée depuis 1982 gagne actuellement du terrain. Chaque année, plus de 30 bébés sont appelés Xan. Un prénom porté par près de 400 personnes environ.
Caractère : optimiste, imaginatif, fiable
Fréquence d'attribution : très rare
Évolution : stable
Année record : 2001

☆☆☆ Xander ☆☆☆

Dérivés : Xandres
Fête : 3 décembre
Étymologie : du basque *etchaberri*, « maison neuve »
Histoire : attribuée à une cinquantaine de petits garçons entre 2004 et 2009 cette variante basque de Xavier a disparu des statistiques pour le moment. Mais avec la vague des prénoms régionaux, Xander pourrait ne pas avoir dit son dernier mot.
Caractère : joyeux, déterminé, responsable
Fréquence d'attribution : très rare
Évolution : stable
Année record : 2004

☆☆☆ Xavier ☆☆☆

Dérivés : Jabier, Xabier, Xaver, Xidi, Xaveer, Zaverio
Fête : 3 décembre
Étymologie : du basque *etchaberri*, « maison neuve »
Histoire : saint François-Xavier fut l'un des fondateurs de l'Ordre des Jésuites au XVIe siècle. Entre 1950 et 1970, Xavier connut un succès immense qui retomba dans les années 90. Aujourd'hui moins attribué, Xavier compterait plus de 100 000 représentants.
Caractère : humaniste, affectueux, dynamique
Fréquence d'attribution : très rare
Évolution : en baisse
Année record : 1972
Célébrités : l'acteur Xavier Gélin ; le réalisateur Xavier Dolan.

PRÉNOMS DE MAÎTRES ?

Certains prénoms semblent portés par l'élite et d'autres par les plus misérables… mais dans cet univers la roue tourne souvent. On peut évoquer aussi Nicolas, prénom porté par la noblesse à la fin du XVIIIe siècle, puis déclassé et réservé aux paysans modestes à la fin du XIXe siècle, puis à nouveau bourgeois dans les années 1970… ce qui n'empêchait pas les arrière-grand-mères nées dans les années 1910 de marmonner qu'elles ne comprenaient pas pourquoi on donnait à leur arrière-petit-fils un prénom de vieux meunier. Autre exemple : Baptiste, revenu à la mode à peu près à la même époque, est resté peu attribué dans les classes sociales privilégiées qui l'assimilaient à un prénom de domestique du début du XXe siècle. Troisième cas : Pauline, qui était un prénom de princesses dans les années 1800, une marque de poupée et un prénom de domestiques dans les années 1880, puis à nouveau un prénom chic un siècle plus tard. Finalement, choisir un prénom « snob » sous prétexte de vouloir donner à son enfant davantage de chances dans la vie contribue, s'il y a trop d'imitateurs, à déclasser le prénom, rien d'autre. Et l'enfant devenu grand n'en tirera plus aucun atout.
Victor Hugo constatait déjà de son temps les hauts et les bas des prénoms en termes de prestige : « À côté de l'élément romanesque, écrivait-il au milieu du XIXe siècle, il y a le symptôme social. Il n'est pas rare aujourd'hui que le garçon bouvier se nomme Arthur, Alfred ou Alphonse, et que le vicomte – s'il y a encore des vicomtes – se nomme Thomas, Pierre ou Jacques. Ce déplacement, qui met le nom élégant sur le plébéien et le nom campagnard sur l'aristocrate, n'est autre chose qu'un remous d'égalité. L'irrésistible pénétration du souffle nouveau est là comme en tout. »

Y

☆☆☆ Yacine (mixte) ☆☆☆

Dérivés : Yacin, Yassine, Yassin, Yasin, Yasine
Fête : 24 octobre
Étymologie : issu de la sourate 36 du Coran, intitulée « ya-sin »
Histoire : « ya-sin » est à l'origine un verset du Coran récité pour demander le pardon de Dieu. Introduit en France en 1955, ce prénom ne cesse de plaire, d'autant plus qu'il convient autant aux filles qu'aux garçons. Les Yacine seraient plus de 13 000.
Caractère : joyeux, optimiste, sociable
Fréquence d'attribution : rare
Évolution : stable
Année record : 2010
Célébrités : le footballeur Yacine Brahimi ; le judoka Yacine Douma.

☆☆☆ Yann ☆☆☆

Dérivé : Ian
Fête : 24 juin
Étymologie : de l'hébreu *yohânân*, « Dieu fait grâce », « Dieu pardonne »
Histoire : c'est dans les années 70 avec le retour des prénoms régionaux que Yann, variante bretonne de Jean, a connu son âge d'or avec plus de 3 000 naissances en 1972. Aujourd'hui moins attribué, il fait figure de classique. Les Yann seraient près de 90 000.
Caractère : rêveur, généreux, droit
Fréquence d'attribution : rare
Évolution : en baisse
Année record : 1972
Célébrités : l'écrivain Yann Queffélec.

☆☆☆ Yannick ☆☆☆

Dérivés : Yannik, Yannig, Yannic, Yanic, Yanik, Yaniv
Fête : 24 juin
Étymologie : de l'hébreu *yohânân*, « Dieu fait grâce », « Dieu pardonne »
Histoire : apparu en Bretagne dans les années 50, Yannick connut le même destin que Yann dans les années 80 puisqu'il se propagea dans tout le pays. On en dénombrerait plus de 80 000.
Caractère : séducteur, courageux, sociable
Fréquence d'attribution : très rare
Évolution : en baisse
Année record : 1972
Célébrités : le tennisman et chanteur Yannick Noah ; le nageur Yannick Agnel.

☆☆☆ Yanis ☆☆☆

Dérivés : Yannis, Yanniss, Yannisse, Yannice, Ianis, Iannis
Fête : 24 juin
Étymologie : de l'hébreu *yohânân*, « Dieu fait grâce », « Dieu pardonne »
Histoire : cette forme grecque de Jean a connu le succès dès la fin des années 80 grâce à son universalité car il mixe les sonorités du prénom arabe Anis et du prénom breton Yann. Encore tendance aujourd'hui, les Yanis seraient près de 50 000.
Caractère : énergique, enthousiaste, volontaire
Fréquence d'attribution : très répandu
Évolution : en baisse
Année record : 2007
Célébrités : le comédien Yaniss Lespert.

☆☆☆ Yasser ☆☆☆

Dérivés : Yacer, Yassir
Étymologie : de l'arabe, « riche »
Histoire : arrivé en France dans les années 70, Yasser commence à déployer ses ailes depuis 2000. Ils seraient 1 500 pour le moment.
Caractère : pacifique, volontaire, bienveillant
Fréquence d'attribution : très rare
Évolution : stable
Année record : 2012
Célébrités : le chef d'état Yasser Arafat.

☆☆☆ Yoël ☆☆☆

Dérivés : Yoel
Fête : 13 juillet
Étymologie : de l'hébreu *yô'el*, « Iavhé est Dieu »
Histoire : Yoël restitue la prononciation initiale de Joël, l'un des douze petits prophètes de la Bible. Même s'il conquit de nombreux parents entre 1965 à 1999, Yoël n'est toujours pas un prénom populaire. Il reste peu commun aujourd'hui.
Caractère : optimiste, créatif, réaliste
Fréquence d'attribution : très rare
Évolution : en baisse
Année record : 1999

☆☆☆ Yohan ☆☆☆

Dérivés : Yoann, Yoan Yohann, Yoanne
Fête : 24 juin
Étymologie : de l'hébreu *yohânân*, « Dieu fait grâce », « Dieu pardonne »
Histoire : Yohan progressa rapidement entre 1970 à 1990 mais chuta tout aussi vite ensuite. Aujourd'hui en perte de vitesse, il reste attribué à près de 200 bébés par an.
Caractère : idéaliste, sensible, courageux
Fréquence d'attribution : très rare
Évolution : en baisse
Année record : 1988
Célébrités : le footballeur Yoann Gourcuff.

☆☆☆ Yoni ☆☆☆

Dérivés : Yonni, Yony, Yonie, Yona
Étymologie : de l'hébreu *yûnus*, « colombe »
Histoire : découvert en France dans les années 70, Yoni ne décolle vraiment que depuis 2003. Ces dernières années, il enregistre une moyenne de 130 naissances par an et devrait continuer sur sa lancée.
Caractère : mystérieux, sensible, rêveur
Fréquence d'attribution : très rare
Évolution : en hausse
Année record : 2004
Célébrités : le footballeur Yoni Buyens.

☆☆☆ Younes ☆☆☆

Dérivés : Younès, Youness, Yunus, Younous, Younsse, Youns
Étymologie : de l'hébreu *yûnus*, « colombe » ou de l'arabe, « proche de Dieu »
Histoire : cette forme arabe de Jonas, l'un des douze petits prophètes de la Bible, déploie ses ailes depuis les années 70. Même s'il connaît un léger recul ces derniers temps, Younes devrait continuer à tracer sa route. Ils seraient plus de 13 000.
Caractère : perspicace, sédentaire, patient
Fréquence d'attribution : rare
Évolution : en baisse
Année record : 2010
Célébrités : les footballeurs Younès Belhanda et Younès Kaboul.

☆☆☆ Youri ☆☆☆

Dérivés : Yuri, Youry, Iouri, Iouri
Étymologie : du grec *gheorghios*, « travailleur de la terre »
Histoire : cette variante russe de Georges connut un pic en 1998, année où la France remporta le Coupe du monde de football avec notamment Youri Djorkaeff. Depuis, il est deux fois moins attribué. On en compte près de 3 000.
Caractère : raisonnable, cultivé, indépendant
Fréquence d'attribution : très rare
Évolution : en hausse
Année record : 1998
Célébrités : le footballeur Youri Djorkaeff ; l'astronaute Youri Gagarine.

☆☆☆ Youssef ☆☆☆

Dérivés : Youcef, Yossef, Yousef, Youcef, Youssaf
Étymologie : de l'hébreu *yôsephyâh*, « Dieu ajoutera »
Histoire : Youssef, qui est assimilé à Joseph en arabe, ne cesse de plaire depuis son arrivée en France en 1951. Ils seraient aujourd'hui plus de 13 000.
Caractère : généreux, sociable,
Fréquence d'attribution : rare
Évolution : en hausse
Année record : 2013
Célébrités : le réalisateur Youssef Chahine.

☆☆☆ Yvan ☆☆☆

Dérivés : Ivan, Yvani, Yovan
Fête : 24 juin ou 19 mai
Étymologie : de l'hébreu *yohânân*, « Dieu fait grâce » ou du celte *iv*, « if »
Histoire : avec un I, Ivan est la déclinaison slave de Jean, avec un Y, Yvan est un dérivé du prénom breton d'Yves. Après une période de succès dans les années 70, Yvan a moins la cote actuellement. Ils seraient plus de 20 000.
Caractère : énergique, joyeux, persévérant
Fréquence d'attribution : très rare
Évolution : en baisse
Année record : 1969
Célébrités : le comédien Yvan Le Bolloc'h.

☆☆☆ Yves ☆☆☆

Dérivés : Iv, Ivain, Ivar, Yf, Yve, Yven, Yvelin, Ivelin
Fête : 19 mai
Étymologie : du celte *iv*, « if »
Histoire : venu du Moyen Âge (au XIIIe siècle, saint-Yves était un avocat qui défendait les pauvres), ce prénom qui symbolise un arbre, l'if, a su traverser les époques même s'il est moins attribué depuis les années 80. Les Yves seraient près de 160 000.
Caractère : fort, ambitieux, habile
Fréquence d'attribution : très rare
Évolution : stable
Année record : 1947
Célébrités : le couturier Yves Saint-Laurent ; le chanteur Yves Duteil.

☆☆☆ Yvon ☆☆☆

Dérivés : Ivon, Ivonig, Yvonnic, Yvonnick, Iwo
Fête : 19 mai
Étymologie : du celte *iv*, « if »
Histoire : ce prénom médiéval resta breton jusqu'au début du XXe siècle. Dans les années 50, il se diffusa dans toute la France et devint populaire. Ils seraient près de 30 000.
Caractère : perfectionniste, déterminé, juste
Fréquence d'attribution : très rare
Évolution : stable
Année record : 1948
Célébrités : le comédien Yvon Back.

QUAND LES QUÉBÉCOIS SE LÂCHENT !

Les prénoms, c'est une question de culture. Alors qu'en France on n'ose pas être trop original, les Québécois rivalisent chaque année un peu plus d'inventivité pour être le plus excentrique possible. Allégresse, Arène d'or, Baby, Bambi, Bastianie, Confiance, Exaucée, Farida-Rinade, Fée-Lycya, Uri Wonder ou Victoria Sublime font partie des prénoms de filles recensés en 2015. Pour les garçons, on peut noter Askil, Cash, Dong Dong, Leolivier, Mathis-Adorable, Québeric, Romeo-Love ou Trésor Victoire ! Pourtant comme en France, lorsqu'un prénom est jugé trop ridicule, les parents doivent s'expliquer devant le directeur de l'état civil. Le risque ? Se voir refuser son prénom si les arguments ne tiennent pas. Mais tout cela reste évidemment très subjectif et l'histoire ne dit pas qui a le dernier mot !

Z

☆☆☆ Zacharie ☆☆☆

Dérivés : Zachary, Zakary, Zackary, Zakaria, Zacharia, Zakarya, Zakariya, Zack
Fête : 5 novembre
Étymologie : de l'hébreu *zekharia*, « Dieu s'est souvenu »
Histoire : courant chez les Chrétiens des premiers siècles après Jésus-Christ (Zacharie est l'un des douze prophètes de l'Ancien Testament), Zacharie commence à retrouver une place depuis les années 90. Il devrait encore progresser ces prochaines années.
Caractère : dynamique, fin stratège, franc
Fréquence d'attribution : en hausse
Évolution : très rare
Année record : 2013
Célébrités : Zacharie Noah, ancien footballeur, père de Yannick Noah.

☆☆☆ Zaid ☆☆☆

Dérivés : Zayd, Zaïd
Étymologie : de l'arabe, « l'ascète »
Histoire : apparu dans les années 60, Zaid progresse timidement. C'est un prénom rarissime porté seulement par près de 450 personnes.
Caractère : structuré, persévérant, loyal
Fréquence d'attribution : très rare
Évolution : en hausse
Année record : 2010

☆☆☆ Zadig ☆☆☆

Étymologie : de l'hébreu, « passage »
Histoire : ce nouveau prénom qui a fait son apparition en France en 1998 avec la naissance de trois petits garçons prénommés Zadig tire son inspiration du personnage de Voltaire. Ils seraient pour le moment 300.
Caractère : émotif, conciliant, sociable
Fréquence d'attribution : très rare
Évolution : en baisse
Année record : 2010
Célébrités : le héros du conte philosophique de Voltaire *Zadig ou la Destinée*.

☆☆☆ Zao (mixte) ☆☆☆

Dérivés : Zaho, Zhao
Étymologie : du grec ancien *zoé*, « vie »
Histoire : ce nouveau prénom apparu en 2006 pourrait surfer sur le succès de Tao puisqu'il possède les mêmes sonorités mais renouvelle le genre avec son original « Z ». Il est actuellement porté par moins de 100 personnes.
Caractère : optimiste, créatif
Fréquence d'attribution : très rare
Évolution : stable
Année record : 2010
Célébrités : la chanteuse Zaho.

☆☆☆ Zénon ☆☆☆

Dérivés : Zeno, Zenone, Zenio
Étymologie : du grec *Zênodôros*, « don de Zeus » ou *zeno*, « hospitalier » ou *xenos*, « l'étranger »
Histoire : au IVe siècle, Zénon était un évêque italien qui fit la guerre aux hérétiques. Redécouvert au XXe siècle, ce prénom eut un petit succès dans les années 30. Il reste rarissime, porté par moins de 300 personnes.
Caractère : bienveillant, consciencieux, affectueux
Fréquence d'attribution : très rare
Évolution : stable
Année record : 1934
Célébrités : Zénon, mathématicien, ami de Socrate ; le poète Zéno Bianu.

☆☆☆ Zéphyr ☆☆☆

Dérivés : Zephyr, Zéphirin
Fête : 26 août
Étymologie : du grec *zephuro*, « zéphir », « vent doux »
Histoire : dans la mythologie grecque, Zéphyr était le Dieu des vents. Réapparu dans les années 2000 grâce à la mode des prénoms issus de la mythologie, Zéphyr reste un prénom hors du commun.

Caractère : énergique, audacieux, indépendant
Fréquence d'attribution : très rare
Évolution : en baisse
Année record : 2010
Célébrité : Zéphyrin Camélinat, responsable à la Monnaie durant la Commune de Paris.

☆☆☆ Zidane ☆☆☆

Dérivés : Zidan, Zidouma
Étymologie : du nom de famille Zidane
Histoire : Zidane, qui était à l'origine un patronyme, a été donné pour la première fois comme prénom en 1946 ; puis il connut un pic en 1998 quand les Bleus remportèrent la Coupe du monde de football avec notamment le numéro 10, Zinédine Zidane. On en dénombrerait 400.
Caractère : courageux, actif, déterminé
Fréquence d'attribution : très rare
Évolution : en hausse
Année record : 1998

☆☆☆ Zinédine ☆☆☆

Dérivés : Zine, Zineddine, Zine-Eddine
Étymologie : de l'arabe, *zayn ad dîn*, « joyau de la religion »
Histoire : c'est en 1998, année où la France remporta la Coupe du monde de football grâce à son joueur vedette Zinédine Zidane que Zinédine flirta avec les 200 naissances, son record. Ils seraient aujourd'hui 2 000.
Caractère : curieux, altruiste, affectueux
Fréquence d'attribution : très rare
Évolution : stable
Année record : 1998
Célébrités : le footballeur Zinédine Zidane.

☆☆☆ Zoltan ☆☆☆

Étymologie : du hongrois, « pouvoir »
Histoire : ce prénom, qui correspond au mot arabe « sultan », est répertorié en France depuis 1959. Il est encore rarissime et est porté par moins de 100 personnes.
Caractère : charmeur, combattif, fin stratège
Fréquence d'attribution : très rare
Évolution : en baisse
Année record : 2005

ET POUR FINIR...

Mentionnons pour rire quelques prénoms existant au Moyen-Âge mais ne se donnant plus du tout aujourd'hui, heureusement : Barbant (masculin de Barbara, prénom latin de l'Antiquité signifiant « l'étranger » et popularisé par un saint du Limousin – une commune de Haute-Vienne porte son nom), Connard (prénom germanique à la mode du IVe au XIIe siècle et qui veut dire « brave et hardi »), Crétin (version franc-comtoise de Christian), Mathou (variante locale de Matthieu), Mangeon (diminutif lorrain de Dominique, « donné à Dieu »), Nigaud (diminutif du prénom grec Nicodème, qui signifie « victoire du peuple », ou prénom germanique, des racines *nigan*, s'incliner, et *waldan*, gouverner)... ou encore Front et Bonnet, prénoms de saints évêques très populaires localement jusqu'à la Révolution qui imposa les seuls prénoms du calendrier.

Les prénoms par thématiques (sélection)

PRÉNOMS MIXTES

Addisson
Aël
Ali
Alix
André
Andréa
Béryl
Brooklyn
Camille
Clarence
Dany
Dany
Eddy
Eden
Euxane
Gwen
Hyacinthe
Issa
Jacky
Jayden
Jessie
Johan
José
Kelly
Léonce
Logan
Mahé
Marty
Maxence
Méryl
Noa
Nour
Pâris
Sacha
Shannon
Terry
Yacine
Yuna
Zao

PRÉNOMS RÉGIONAUX

ALSACIENS

Alix (F)
Aloyse (F)
Anton (M)
Bruno (M)
Cathel (F)
Cathelle (F)
Carl (M)
Franck (M)
Hermann (M)
Hilda (F)
Othilie (F)

Bretons

Adela (F)
Aël (mixte)
Aëla (F)
Albina (F)
Anaëlle (F)
Armeline (F)
Armelle (F)
Aodren (M)
Argan (M)
Armel (M)
Ashley (F)
Bleuenn (F)
Bréanne (F)
Brenda (F)
Brendana (F)
Brianne (F)
Briac (M)
Brice (M)
Bryan (M)
Elouan (M)
Enora (F)
Erwan (M)
Ewen (M)
Fanta (F)
Gaël (M)
Gaëlle (F)
Gweltaz (M)
Gwen (mixte)
Gwenaël (M)
Gwenaëlle (F)
Gwendal (M)
Hermine (F)
Hervé (M)
Herveline (F)
Iwan (M)
Janick (M)
Judicaëlle (F)
Katell (F)
Kelig (M)
Loan (M)
Loane (F)
Loïc (M)
Lomig (M)
Louane (F)
Ludovic (M)
Maël (M)
Maëlle (F)
Magalie (F)
Mahé (mixte)
Mai (F)
Maïna (F)
Maïwenn (F)
Malo (M)
Mathéo (M)
Mathis (M)
Mayeul (M)
Melvin (M)
Morgan (M)
Morgane (F)
Nolan (M)
Oana (F)
Pierrick (M)
Ronan (M)
Servane (F)
Tiphaine (F)
Trévor (M)
Urielle (F)
Yann (M)
Yannick (M)
Yvon (M)

Corses

Andréa (mixte)
Antonia (F)
Catalina (F)
Pia (F)
Serena (F)

PROVENÇAUX ET OCCITANS

Amélio (M)
Amiel (M)
Boniface (M)
César (M)
Léonce (mixte)
Magali (F)
Marius (M)
Naïs (F)
Numa (M)
Titouan (M)

Basques

Abeline (F)
Adriana (F)
Ainoa (F)
Aliza (F)
Alodia (F)
Amelina (F)
Ana (F)
Añes (F)
Aitor (M)
Andréa (mixte)
Auria (F)
Bela (F)
Berta (F)
Bona (F)
Bixente (M)
Diego (M)
Esteban (M)
Gemma (F)
Ida (F)
Iñaki (M)
Julian (M)
Loïs (F)
Maelys (F)
Maïtena (F)
Mila (F)
Paco (M)
Patxi (M)
Petra (F)
Pia (F)
Ruth (F)
Uhaina (F)
Xan (M)
Xana (F)
Xander (M)
Xavier (M)
Xavière (F)
Zéphyr (M)

Auvergnats

Archibald (M)
Bastien (M)
Brune (F)
Brunehaut (F)
Douce (F)

PRÉNOMS DU MONDE

Slaves (origines)

Anton (M)
Boris (M)
Cyril (M)
Daïna (F)
Dita (F)
Ewa (F)
Ilona (F)
Ivan (M)
Ladislas (M)
Laszlo (M)
Léna (F)
Ludmila (F)
Mila (F)
Milan (M)
Milena (F)
Milo (M)
Milos (M)
Oxana (F)
Stanislas (M)
Tania (F)
Vadim (M)
Vassili (M)
Véra (F)
Vladimir (M)
Woody (M)
Zoltan (M)

Du pacifique

Hina (F)
Keanu (M)
Luana (F)
Luna (F)
Maeva (F)
Mahina (F)
Malia (F)
Mareva (F)
Vaiana (F)
Vanina (F)

ANGLO-SAXONS

Addisson (mixte)
Aidan (M)
Aldwin (M)
Alex (M)
Alexane (F)
Alistair (M)
Alvin (M)
Amy (F)
Anderson (M)
Andrew (M)
Angus (M)
Anthony (M)
Armel (M)
Armelle (F)
Ashley (F)
Barry (M)
Benjamin (M)
Betty (F)
Beverly (F)
Bill (M)
Bob (M)
Bradley (M)
Brandon (M)
Bréanne (F)
Brett (M)
Britney (F)
Brooke (F)
Brooklyn (mixte)
Calvin (M)
Célia (F)
Chelsea (F)
Chris (M)
Cindy (F)
Clarence (mixte)
Clayton (M)
Clifford (M)
Clint (M)
Clyde (M)
Cody (M)
Colleen (F)
Conan (M)
Connor (M)
Coralie (F)
Craig (M)
Cynthia (F)
Dan (M)
Dana (F)
Dany (M)
Darlène (F)
Darren (M)
Daryl (M)
Dave (M)
Dawn (F)
Déborah (F)
Desmond (M)
Don (M)
Donovan (M)
Dorian (M)
Douglas (M)
Duncan (M)
Dylan (M)
Eddy (mixte)
Edgar (M)
Edwin (M)
Eileen (F)
Élian (M)
Eliott (M)
Ethel (F)
Evan (M)
Faith (F)
Fanny (F)
Finlay (M)
Fiona (F)
Francis (M)
Gaël (M)
Gaëlle (F)
Gary (M)
Gauvain (M)
Geoffrey (M)
Gilbert (M)
Gildas (M)
Gladys (F)
Glenn (M)
Gloria (F)
Gordon (M)
Grégory (M)
Gurvan (M)
Harrison (M)
Harry (M)
Heather (F)
Hillary (F)
Holly (F)
India (F)
Irvin (M)
Ivy (F)
Jack (M)
Jaimie (F)
James (M)
Janis (F)
Jay (M)
Jayden (mixte)
Jayson (M)
Jefferson (M)
Jeffrey (M)
Jennifer (F)
Jenny (F)
Jerry (M)
Jessie (mixte)
Jezabel (F)
Jim (M)
Jimmy (M)
Jodie (F)
Joey (M)
John (M)
Johnny (M)
Jonathan (M)
Joris (M)
Joy (F)
July (F)
June (F)
Kate (F)
Kelly (mixte)
Kenneth (M)
Kenny (M)
Kevin (M)
Kilian (M)
Kyle (M)
Kylie (F)
Lana (F)
Laurène (F)
Laurie (F)
Leeloo (F)
Lenny (M)
Lewis (M)
Lexane (F)
Lily (F)
Logan (mixte)
Loïs (F)
Lucian (M)
Luther (M)
Maddy (F)
Madison (F)
Malone (M)
Marilyn (F)
Marjory (F)
Marley (M)
Marlon (M)
Marvin (M)
Matt (M)
Maud (F)
Maureen (F)
Meg (F)
Megan (F)
Mélody (F)
Melvin (M)
Meryl (mixte)
Moïra (F)
Naomi (F)
Nelly (F)
Nelson (M)
Ness (F)
Niamh (F)
Nola (F)
Nolan (M)
Norman (M)
Owen (M)
Pamela (F)
Patrick (M)
Pearl (F)
Peggy (F)
Peter (M)
Petula (F)
Pharell (M)
Preston (M)
Queen (F)
Quincy (M)
Randall (M)
Randy (M)
Ray (M)
Robinson (M)
Rohan (M)
Ronan (M)
Ross (M)
Roxane (F)
Roy (M)
Ruby (F)
Rudy (M)
Russell (M)
Ryan (M)
Sally (F)
Samantha (F)
Sandy (F)
Saskia (F)
Savannah (F)
Scarlett (F)
Scott (M)
Sean (M)
Shaïly (F)
Shannon (mixte)
Shawn (M)
Sinclair (M)
Stacy (F)
Stella (F)
Steve (M)
Stuart (M)
Sullivan (M)
Summer (F)
Swann (M)
Tania (F)
Teddy (M)
Tess (F)
Tiffany (F)
Tim (M)
Tina (F)
Tonia (F)
Tony (M)
Trevis (M)
Trévor (M)
Tyson (M)
Vicky (F)
Victoria (F)
Wallace (M)
Walter (M)
Wanda (F)
Warren (M)
Wendy (F)
Whitney (F)
William (M)
Wilson (M)
Winona (F)

Germaniques (origines)

Adel (M)
Adélaïde (F)
Adèle (F)
Adeline (F)
Adelphe (M)
Adhémar (M)
Adolphe (M)
Adolphine (F)
Alaric (M)
Albéric (M)
Albert (M)
Albertine (F)
Alda (F)
Aldo (M)
Aldric (M)
Alfred (M)
Alice (F)
Alicia (F)
Aline (F)
Alix (mixte)
Aloïs (M)
Alphonse (M)
Alvin (M)
Alysson (F)
Amadeus (M)
Amaury (M)
Anton (M)
Arlette (F)
Armand (M)
Armande (F)
Arnaud (M)
Arnold (M)
Aubry (M)
Aude (F)
Audrey (F)
Bathilde (F)
Baudouin (M)
Bérengère (F)
Bernadette (F)
Bernard (M)
Berthe (F)
Berthold (M)
Bertil (M)
Bertille (F)
Bertrand (M)
Bill (M)
Billie (F)
Blanche (F)
Bob (M)
Brune (F)
Bruno (M)
Carl (M)
Carla (F)
Carlos (M)
Carole (F)
Caroline (F)
Charlélie (M)
Charles (M)
Charlie (F)
Charlotte (F)
Cindy (F)
Clotaire (M)
Clothilde (F)
Clovis (M)
Conrad (M)
Derek (M)
Dita (F)
Eda (F)
Eddy (mixte)
Edgar (M)
Édith (F)
Edmée (F)
Edmond (M)
Édouard (M)
Edwige (F)
Edwin (M)
Éloïse (F)
Elvire (F)
Émeline (F)
Emma (F)
Enguerrand (M)
Éric (M)
Erika (F)
Ernest (M)
Ethel (F)
Eudes (M)
Eymeric (M)
Ferdinand (M)
Freddy (M)
Frieda (F)
Gary (M)
Gaston (M)
Gauthier (M)
Geoffrey (M)
Géraldine (F)
Gérard (M)
Germain (M)
Ghislain (M)
Ghislaine (F)
Gilbert (M)
Gilles (M)
Gina (F)
Ginette (F)
Gisèle (F)
Godefroy (M)
Gontran (M)
Greta (F)
Guilhem (M)
Guillaume (M)
Guillemette (F)
Gunther (M)
Gustave (M)
Guy (M)
Hans (M)
Harold (M)
Heidi (F)
Helga (F)
Henri (M)
Henriette (F)
Herbert (M)
Hermance (F)
Hermann (M)
Hermione (F)
Hilda (F)
Hubert (M)
Huberte (F)
Hugo (M)
Hugolin (M)
Hugues (M)
Humbert (M)
Ida (F)
Igor (M)
Irma (F)
Jeff (M)
Jeffrey (M)
Jocelyne (F)
Jocya (F)
Karl (M)
Lambert (M)
Landry (M)
Léopold (M)
Léopoldine (F)
Lewis (M)
Linda (F)
Loïc (M)
Loïs (F)
Lomig (M)
Lorelei (F)
Lothaire (M)
Lou (mixte)
Louise (F)
Ludivine (F)
Ludovic (M)
Luigi (M)
Luis (M)
Mathilde (F)
Max (M)
Odélia (F)
Odette (F)
Odile (F)
Olaf (M)
Olga (F)
Orlane (F)
Oscar (M)
Oscarine (F)
Othilie (F)
Otto (M)
Philibert (M)
Rainier (M)
Ralph (M)
Randall (M)
Randy (M)
Raoul (M)
Ray (M)
Raymond (M)
Raymonde (F)
Renaud (M)
Richard (M)
Robert (M)
Roberte (F)
Robin (M)
Rocco (M)
Roch (M)
Rochelle (F)
Rodolphe (M)
Rodrigue (M)
Roger (M)
Roland (M)
Rolande (F)
Romaric (M)
Ronaldo (M)
Rose (F)
Ross (M)
Ségolène (F)
Siegfried (M)
Sigmund (M)
Solveig (F)
Tancrède (M)
Théobald (M)
Thibault (M)
Thierry (M)
Umbert (M)
Walter (M)
Wanda (F)
Warren (M)
Wendy (F)
Wilfried (M)
Wilhem (M)
Will (M)
Willy (M)
Wilma (F)
Wolfgang (M)
Zelda (F)

RUSSES

Alexis (M)
Anouchka (F)
Grichka (M)
Igor (M)
Kyra (F)
Macha (F)
Nadejda (F)
Natacha (F)
Olga (F)
Sacha (mixte)
Serge (M)
Sonia (F)
Vadim (M)
Véra (F)
Vladimir (M)
Youri (M)

Sanskrits et tamoules

Alvaro (M)
Calie (F)
Déva (F)
Indira (F)
Jay (M)
Rohan (M)
Soan (M)
Tara (F)
Uma (F)
Upula (F)

SCANDINAVES (origines)

Anton (M)
Astrid (F)
Axel (M)
Axelle (F)
Bertil (M)
Brenda (F)
Dahlia (F)
Elvis (M)
Éric (M)
Erika (F)
Gunther (M)
Igor (M)
Ingrid (F)
Jan (M)
Joris (M)
Karen (F)
Liv (F)
Loris (M)
Max (M)
Mia (F)
Mina (F)
Nils (M)
Olaf (M)
Olga (F)
Solveig (F)
Sören (M)
Sven (M)
Taïna (F)
Tobias (M)
Wilma (F)

CELTES (origines)

Aïdan (M)
Alan (M)
Anaëlle (F)
Angus (M)
Armelle (F)
Arthur (M)
Ashley (F)
Audrey (F)
Azénor (F)
Béline (F)
Bréanne (F)
Brigitte (F)
Cameron (M)
Cédric (M)
Connor (M)
Corentin (M)
Craig (M)
Darren (M)
Desmond (M)
Don (M)
Donovan (M)
Douglas (M)
Duncan (M)
Dune (F)
Dylan (M)
Élian (M)
Elouan (M)
Érine (F)
Ewa (F)
Fiona (F)
Gaël (M)
Gaëlle (F)
Geneviève (F)
Gilda (F)
Gina (F)
Gladys (F)
Glenn (M)
Gweltaz (M)
Gwen (mixte)
Gwenaël (M)
Gwenaëlle (F)
Gwendal (M)
Gwendoline (F)
Hervé (M)
Herveline (F)
Isolde (F)
Kelig (M)
Kenneth (M)
Kenny (M)
Kevin (M)
Loan (M)
Loane (F)
Logan (mixte)
Logane (F)
Louane (F)
Maden (M)
Madison (F)
Malcolm (M)
Marvin (M)
Merlin (M)
Morgan (M)
Morgane (F)
Nelson (M)
Niels (M)
Noan (M)
Nolwenn (F)
Ryan (M)
Servane (F)
Shannon (mixte)
Sullivan (M)
Tanguy (M)
Tara (F)
Tristan (M)
Tugdual (M)
Ysé (F)
Yseult (F)
Yuna (mixte)
Yvan (M)
Yveline (F)
Yves (M)
Yvon (M)

Arabes et persans (origines)

Aaliyah (F)
Abdel (M)
Abdelaziz (M)
Abdelkader (M)
Abdelmalik (M)
Abdoulaye (M)
Aboubacar (M)
Adda (M)
Adel (M)
Adem (M)
Adib (M)
Adil (M)
Ahmed (M)
Aïcha (F)
Aïda (F)
Aïssatou (F)
Ali (mixte)
Amadou (M)
Amar (M)
Ambre (F)
Amel (F)
Amina (F)
Amine (M)
Amir (M)
Amira (F)
Anas (M)
Anissa (F)
Aris (M)
Arsinoé (F)
Asma (F)
Assia (F)
Aya (F)
Aylan (M)
Aziz (M)
Bachir (M)
Bachira (F)
Badra (F)
Baïa (F)
Basma (F)
Bilal (M)
Bintou (F)
Boubacar (M)
Chahine (M)
Daria (F)
Darius (M)
Délia (F)
Delilah (F)
Djamel (M)
Djibril (M)
Dounia (F)
Driss (M)
Emir (M)
Ester (F)
Faïza (F)
Fares (M)
Farid (M)
Farouk (M)
Gena (F)
Habiba (F)
Hadi (M)
Hafida (F)
Hakim (M)
Hakima (F)
Halima (F)
Haroun (M)
Hassan (M)
Hiba (F)
Houcine (M)
Houria (F)
Hussein (M)
Icham (M)
Idris (M)
Ikram (F)
Imane (F)
Inaya (F)
Inès (F)
Issa (mixte)
Jalil (M)
Jamal (M)
Jamila (F)
Jasmine (F)
Jawad (M)
Jihane (F)
Kamel (M)
Karim (M)
Karima (F)
Kenza (F)
Kenzo (M)
Khadija (F)
Khaled (M)
Lamine (M)
Leïla (F)
Lina (F)
Loubna (F)
Lyès (M)
Majid (M)
Malik (M)
Malika (F)
Mansour (M)
Marjane (F)
Marwan (M)
Mehdi (M)
Mohamed (M)
Moundir (M)
Moussa (M)
Moustapha (M)
Nabil (M)
Nabila (F)
Nacer (M)
Nadia (F)
Nadir (M)
Naël (M)
Naïm (M)
Najat (F)
Nassim (M)
Nassima (F)
Nawel (F)
Nayla (F)
Nesrine (F)
Ness (F)
Niame (F)
Nizar (M)
Nordine (M)
Nour (mixte)
Omar (M)
Ousmane (M)
Rachid (M)
Rachida (F)
Rahma (F)
Rami (M)
Ramzi (M)
Rayane (M)
Réda (M)
Rizlane (F)
Roxane (F)
Ryad (M)
Rym (F)
Sabri (M)
Saïd (M)
Salim (M)
Salma (F)
Sami (M)
Samia (F)
Samir (M)
Sana (F)
Shaïma (F)
Sherin (F)
Sofiane (M)
Souleymane (M)
Syrine (F)
Tahar (M)
Tara (F)
Tarik (M)
Vahé (M)
Wael (M)
Walid (M)
Wissam (M)
Yacine (mixte)
Yamina (F)
Yasmina (F)
Yasser (M)
Younes (M)
Yousra (F)
Youssef (M)
Zahia (F)
Zahra (F)
Zaid (M)
Zina (F)
Zinédine (M)
Zohra (F)
Zoltan (M

GRECS (origines)

Acacia (F)
Achille (M)
Adelphe (M)
Adonis (M)
Agathe (F)
Agathon (M)
Agénor (M)
Aglaé (F)
Agnan (M)
Agnès (F)
Alexandra (F)
Alexandre (M)
Alexane (F)
Alexia (F)
Ambre (F)
Ambroise (M)
Anastasia (F)
Anatole (M)
Andréa (F)
Andros (M)
Ange (M)
Angèle (F)
Angelina (F)
Angélique (F)
Anicet (M)
Apolline (F)
Apollon (M)
Ariane (F)
Aris (M)
Aristide (M)
Arsène (M)
Arsinoé (F)
Artémise (F)
Athéna (F)
Athénaïs (F)
Aurèle (M)
Aurélien (M)
Auxane (F)
Auxence (M)
Azalée (F)
Baptiste (M)
Barbara (F)
Basile (M)
Bérénice (F)
Béryl (mixte)
Calie (F)
Calixte (M)
Callista (F)
Calypso (F)
Cassandre (F)
Cassiopée (F)
Catherine (F)
Célian (M)
Céline (F)
Chloé (F)
Chris (M)
Christelle (F)
Christine (F)
Cléa (F)
Cléo (F)
Cléophée (F)
Coline (F)
Côme (M)
Corinne (F)
Cybèle (F)
Cynthia (F)
Cyrielle (F)
Damon (M)
Daphné (F)
Délia (F)
Delphine (F)
Denise (F)
Dora (F)
Dorian (M)
Doris (F)
Dorothée (F)
Effie (F)
Eileen (F)
Éléa (F)
Éléonore (F)
Éliane (F)
Élio (M)
Ella (F)
Ellie (F)
Élodie (F)
Émeraude (F)
Esmeralda (F)
Eugène (M)
Eugénie (F)
Eulalie (F)
Eurydice (F)
Euxane (mixte)
Evan (M)
Évariste (M)
Ezio (M)
Gaïa (F)
Georges (M)
Georgia (F)
Germaine (F)
Grégoire (M)
Grégory (M)
Greta (F)
Grichka (M)
Harmonie (F)
Hector (M)
Hélène (F)
Hélène (F)
Hélia (F)
Hélios (M)
Hercule (M)
Hermès (M)
Hippolyte (M)
Homère (M)
Hyacinthe (F)
Ielena (F)
Ilona (F)
Inès (F)
Iphigénie (F)
Irène (F)
Iris (F)
Isadora (F)
Isaure (F)
Isée (F)
Isidore (M)
Izia (F)
Jason (M)
Jayson (M)
Jérôme (M)
Jéromine (F)
Joris (M)
Karen (F)
Karine (F)
Kate (F)
Katell (F)
Katia (F)
Kyra (F)
Lara (F)
Léandre (M)
Léna (F)
Lexane (F)
Lina (F)
Line (F)
Lydie (F)
Magali (F)
Margaux (F)
Marguerite (F)
Matthias (M)
Maya (F)
Narcisse (M)
Néo (M)
Ness (F)
Nicolas (M)
Nikos (M)
Ninon (F)
Numa (M)
Olympe (F)
Owen (M)
Oxana (F)
Pacôme (M)
Pâris (mixte)
Pedro (M)
Pénélope (F)
Peter (M)
Petra (F)
Phil (M)
Philaé (F)
Philéas (M)
Philémon (M)
Philippe (M)
Philomène (F)
Phoebé (F)
Pierre (M)
Pierrick (M)
Sandro (M)
Sébastien (M)
Sélène (F)
Sophia (F)
Sosthène (M)
Stacy (F)
Stéphane (M)
Teddy (M)
Thaïs (F)
Thelma (F)
Théo (M)
Théodore (M)
Théophane (M)
Théophile (M)
Théotime (M)
Tim (M)
Timéo (M)
Timothée (M)
Ulysse (M)
Vassili (M)
Véronique (F)
Yanis (M)
Youri (M)
Zao (mixte)
Zénon (M)
Zéphyr (M)
Zita (F)
Zoé (F)

Italiens

Adriana (F)
Alba (F)
Aldo (M)
Alyssa (F)
Boniface (M)
Carla (F)
Chiara (F)
Damia (F)
Dario (M)
Diana (F)
Donna (F)
Dulce (F)
Émilio (M)
Ennio (M)
Enora (F)
Enzo (M)
Flavio (M)
Francesca (F)
Giacomina (F)
Gianni (M)
Gilliane (F)
Gina (F)
Giovanna (F)
Giovanni (M)
Giulia (F)
Giulio (M)
Gonzague (M)
Jill (F)
Julia (F)
Lino (M)
Livia (F)
Livio (M)
Lorenzo (M)
Luigi (M)
Magnolia (F)
Marco (M)
Marcus (M)
Mario (M)
Marius (M)
Martin (M)
Massimo (M)
Mathéo (M)
Nino (M)
Octavia (F)
Orazio (M)
Ornella (F)
Paco (M)
Paolo (M)
Pia (F)
Pio (M)
Rocco (M)
Rosario (M)
Salvatore (M)
Sandra (F)
Sandro (M)
Serena (F)
Silvio (M)
Tina (F)
Umberto (M)
Ysaline (F)

JAPONAIS

Aïko (F)
Aya (F)
Hisaé (F)
Isao (M)
Kaori (F)
Kenji (M)
Kenzo (M)
Maï (F)
Noa (mixte)
Soan (M)
Yoko (F)
Yumi (F)

Hispaniques

Alba (F)
Alvaro (M)
Carlos (M)
Corto (M)
Diego (M)
Élio (M)
Émilio (M)
Esmeralda (F)
Esteban (M)
Felipe (M)
Flavio (M)
Inès (F)
Isadora (F)
Jade (F)
Jao (M)
Juan (M)
Linda (F)
Lisandro (M)
Luis (M)
Manuel (M)
Miguel (M)
Milagros (F)
Nina (F)
Noa (mixte)
Pablo (M)
Paco (M)
Paloma (F)
Paquita (F)
Pedro (M)
Pia (F)
Rodrigue (M)
Ronaldo (M)
Salvador (M)
Tiago (M)
Yara (F)
Zia (F)

Asie

Kim (F)
Lina (F)
Maï (F)
Phuong (F)
Quoc (M)
Tao (M)
Xuan (F)

Hébraïques

Aaliyah (F)
Aaron (M)
Abby (F)
Abdias (M)
Abel (M)
Abélia (F)
Abigaël (F)
Abra (F)
Abraham (M)
Adam (M)
Adda (M)
Aïssa (F)
Amir (M)
Amira (F)
Amos (M)
Anaé (F)
Anaëlle (F)
Anaïs (F)
Anita (F)
Anna (F)
Anne (F)
Ariel (M)
Arielle (F)
Ava (F)
Axel (M)
Axelle (F)
Aya (F)
Balthazar (M)
Barnabé (M)
Basma (F)
Ben (M)
Benjamin (M)
Benjamine (F)
Béthanie (F)
Betty (F)
Brahim (M)
Charlélie (M)
Daïna (F)
Dan (M)
Dana (F)
Danaé (F)
Daniel (M)
Danielle (F)
Dany (mixte)
Dave (M)
David (M)
Davina (F)
Déborah (F)
Delilah (F)
Dinah (F)
Dov (M)
Eden (mixte)
Élia (F)
Éliane (F)
Élias (M)
Élie (M)
Élio (M)
Eliott (M)
Élisa (F)
Élisabeth (F)
Ellie (F)
Elsa (F)
Élyes (M)
Emma (F)
Emmanuel (M)
Emmanuelle (F)
Éphraïm (M)
Ethan (M)
Eva (F)
Evan (M)
Eve (F)
Évelyne (F)
Evita (F)
Evy (F)
Ewa (F)
Ézéchiel (M)
Gabriel (M)
Gabrielle (F)
Gad (M)
Gaspard (M)
Gédéon (M)
Gianni (M)
Giovanna (F)
Hajar (F)
Hans (M)
Haroun (M)
Ilan (M)
Ilana (F)
Iliana (F)
Ilyan (M)
Isaac (M)
Isabelle (F)
Isaïe (M)
Isaline (F)
Ismaël (M)
Jack (M)
Jacky (mixte)
Jacob (M)
Jacqueline (F)
Jacques (M)
Jaimie (F)
James (M)
Jan (M)
Jana (F)
Janelle (F)
Janick (M)
Janis (F)
Jarod (M)
Jayden (mixte)
Jean (M)
Jeanne (F)
Jérémie (M)
Jerry (M)
Jessica (F)
Jessie (mixte)
Jezabel (F)
Jim (M)
Jimmy (M)
Joachim (M)
Joachime (F)
Jodie (F)
Joël (M)
Joëlle (F)
Joey (M)
Johan (mixte)
Johanna (F)
John (M)
Johnny (M)
Jonas (M)
Jonathan (M)
Jordan (M)
Jordane (F)
José (mixte)
Joseph (M)
Joséphine (F)
Joshua (M)
Josiane (F)
Juan (M)
Jude (M)
Judith (F)
Kahina (F)
Kayla (F)
Keren (F)
Ketsia (F)
Lazare (M)
Leah (F)
Leslie (F)
Lévana (F)
Lévi (M)
Liam (M)
Lisa (F)
Lisandro (M)
Macha (F)
Maddy (F)
Mahé (mixte)
Malia (F)
Manel (F)
Manon (F)
Manu (M)
Manuel (M)
Marie (F)
Marion (F)
Marisa (F)
Mathéa (F)
Mathéo (M)
Mathis (M)
Matt (M)
Matthias (M)
Matthieu (M)
Melchior (M)
Michel (M)
Mickaël (M)
Miguel (M)
Mika (M)
Moïse (M)
Myriam (F)
Naomi (F)
Nathan (M)
Nathanaël (M)
Noa (mixte)
Noah (M)
Noé (M)
Nora (F)
Pascal (M)
Rachel (F)
Raphaël (M)
Raphaëlle (F)
Rébecca (F)
Ruben (M)
Ruth (F)
Sally (F)
Salomé (F)
Salomon (M)
Sam (M)
Sami (M)
Samson (M)
Samuel (M)
Sarah (F)
Saül (M)
Sean (M)
Seth (M)
Shawn (M)
Siméon (M)
Simon (M)
Simone (F)
Solal (M)
Souleymane (M)
Suzanne (F)
Tamara (F)
Thalia (F)
Tobias (M)
Uriel (M)
Urielle (F)
Xan (M)
Yael (F)
Yanis (M)
Yann (M)
Yannick (M)
Yoël (M)
Yohan (M)
Yoni (M)
Younes (M)
Youssef (M)
Yvanna (F)
Zacharie (M)
Zadig (M)
Zia (F)

PRÉNOMS ET HISTOIRE

Royal

Aélis (F)
Alaric (M)
Albert (M)
Alexandre (M)
Alfred (M)
Amir (M)
Anastasia (F)
Andrew (M)
Antoinette (F)
Antonin (M)
Aodren (M)
Arthur (M)
Astrid (F)
Auguste (M)
Aurélien (M)
Basile (M)
Baudouin (M)
Bertil (M)
Blanche (F)
Caroline (F)
Catherine (F)
Cédric (M)
César (M)
Charles (M)
Charlotte (F)
Cléopâtre (F)
Clotaire (M)
Clovis (M)
Constance (F)
Constantin (M)
Darius (M)
David (M)
Diana (F)
Edgar (M)
Édith (F)
Edmond (M)
Édouard (M)
Edwin (M)
Éléonore (F)
Élisabeth (F)
Emir (M)
Éric (M)
Erika (F)
Esteban (M)
Étienne (M)
Eymeric (M)
Farouk (M)
Ferdinand (M)
François (M)
Frédéric (M)
Frédérique (F)
Georges (M)
Gontran (M)
Grâce (F)
Guillaume (M)
Hadrien (M)
Harold (M)
Harry (M)
Henri (M)
Henriette (F)
Hermine (F)
Hortense (F)
Hugues (M)
Isabelle (F)
Isis (F)
Izia (F)
Joséphine (F)
Juan (M)
Jules (M)
Justinien (M)
Kate (F)
Kayla (F)
Ladislas (M)
Landry (M)
Léopold (M)
Louis (M)
Madeleine (F)
Maël (M)
Maëlle (F)
Malia (F)
Malika (F)
Margot (F)
Marguerite (F)
Mathilde (F)
Maxence (mixte)
Maximilien (M)
Nicolas (M)
Octave (M)
Philippe (M)
Prince (M)
Princesse (F)
Queen (F)
Rainier (M)
Régis (M)
Reine (F)
Richard (M)
Robert (M)
Rodolphe (M)
Romain (M)
Romaric (M)
Roy (M)
Ryan (M)
Rym (F)
Sally (F)
Salomon (M)
Sarah (F)
Saül (M)
Sévère (M)
Stanislas (M)
Stéphane (M)
Stéphanie (F)
Théodora (F)
Théodore (M)
Thierry (M)
Tibère (M)
Vadim (M)
Vassili (M)
Victoria (F)
Vladimir (M)
William (M)
Wilson (M)
Woody (M)
Zelda (F)
Zita (F)
Zoltan (M)

MYTHES ET MYTHOLOGIE

Achille (M)
Adonis (M)
Agénor (M)
Aglaé (F)
Aïdan (M)
Ambroise (M)
Angus (M)
Apollon (M)
Ariane (F)
Artémise (F)
Athéna (F)
Callisto (F)
Calypso (F)
Cassandre (F)
Cassiopée (F)
Chloé (F)
Clio (F)
Cybèle (F)
Damia (F)
Danaé (F)
Daphné (F)
Diane (F)
Doris (F)
Eurydice (F)
Flora (F)
Gaïa (F)
Harmonie (F)
Hector (M)
Hélios (M)
Hercule (M)
Hermès (M)
Hina (F)
Hyacinthe (mixte)
Igor (M)
Indra (F)
Ingrid (F)
Iphigénie (F)
Iris (F)
Isis (F)
Jao (M)
Jason (M)
June (F)
Lara (F)
Léandre (M)
Lorelei (F)
Luna (F)
Macha (F)
Mélissa (F)
Narcisse (M)
Ondine (F)
Orphée (F)
Pâris (mixte)
Phénicia (F)
Philémon (M)
Séléné (F)
Sibylle (F)
Sylvain (M)
Térence (M)
Terry (mixte)
Thalia (F)
Ulysse (M)
Uma (F)
Vénus (F)
Xane (F)
Yara (F)
Zéphyr (M)
Zohra (F)

Femmes célèbres

Agathe (F)
Artemisia (F)
Athéna (F)
Barbara (F)
Benoîte (F)
Berthe (F)
Blanche (F)
Bonnie (F)
Camille (F)
Catherine (F)
Charlotte (F)
Cléopâtre (F)
Coco (F)
Diane (F)
Doris (F)
Édith (F)
Eileen (F)
Élisabeth (F)
Ella (F)
Émilie (F)
Emmanuelle (F)
Eulalie (F)
Félicité (F)
Foy (F)
Frida (F)
Gabrielle (F)
Geneviève (F)
Germaine (F)
Helen (F)
Irène (F)
Jeanne (F)
Judith (F)
Kahina (F)
Lucie (F)
Marceline (F)
Margaret (F)
Margot (F)
Marie (F)
Nina (F)
Odile (F)
Rose (F)
Simone (F)
Sophie (F)
Victoria (F)
Virginia (F)

Hommes célèbres

Abraham (M)
Adolphe (M)
Adrien (M)
Agénor (M)
Alaric (M)
Albert (M)
Alexandre (M)
Aloïs (M)
Alvar (M)
Amadeus (M)
Ambroise (M)
Antonin (M)
Aristide (M)
Arthur (M)
Auguste (M)
Aurélien (M)
Benoît (M)
Bill (M)
Calvin (M)
César (M)
Charles (M)
Charlie (M)
Christophe (M)
Clovis (M)
Clyde (M)
Constantin (M)
Corentin (M)
Darius (M)
David (M)
Denis (M)
Edgar (M)
Edmond (M)
Édouard (M)
Edwin (M)
Éloi (M)
Enguerrand (M)
Ferdinand (M)
Fidel (M)
François (M)
Gauvain (M)
Guillaume (M)
Harold (M)
Henri (M)
Hugues (M)
Ignace (M)
Isaac (M)
Jack (M)
Jacques (M)
Jefferson (M)
Jérôme (M)
Jules (M)
Justinien (M)
Karl (M)
Ladislas (M)
Lancelot (M)
Lazare (M)
Léon (M)
Léonard (M)
Léopold (M)
Louis (M)
Luther (M)
Malcolm (M)
Marco (M)
Maxence (mixte)
Maximilien (M)
Melvin (M)
Nelson (M)
Nicolas (M)
Octave (M)
Pablo (M)
Perceval (M)
Philippe (M)
Rainier (M)
Rémi (M)
Richard (M)
Robert (M)
Roland (M)
Romain (M)
Salomon (M)
Saül (M)
Sévère (M)
Sigmund (M)
Soliman (M)
Théodore (M)
Tibère (M)
Tony (M)
Valéry (M)
Wallace (M)
Winston (M)
Yasser (M)
Youri (M)
Yvan (M)
Zénon (M)

Issus de la Bible

Aaron (M)
Abdias (M)
Abel (M)
Abraham (M)
Adam (M)
Aël (ange) (M)
Aëla (F)
Angèle (F)
Amos (M)
André (M)
Ange (M)
Angelina (F)
Angélique (F)
Anne (F)
Ariel (M)
Balthazar (M)
Baptiste (M)
Barnabé (M)
Barthélemy (M)
Basma (F)
Célestin (M)
Colombe (F)
Dalila (F)
Dan (M)
Daniel (M)
David (M)
Déborah (F)
Dinah (F)
Eden (mixte)
Élie (M)
Élisabeth (F)
Emmanuel (M)
Emmanuel (M)
Enguerrand (M)
Éphraïm (M)
Esther (F)
Ethan (M)
Evan (M)
Eve (F)
Ézéchiel (M)
Gabriel (M)
Gabriel (M)
Gad (M)
Gaspard (M)
Gédéon (M)
Gloria (F)
Grâce (F)
Gwenaël (M)
Gwenaëlle (F)
Hajar (F)
Holly (F)
Isaac (M)
Isaïe (M)
Ismaël (M)
Jacob (M)
Jacques (M)
Jean (M)
Jérémie (M)
Joachim (M)
Joël (M)
Joël (M)
Jonas (M)
Jonathan (M)
Joseph (M)
Joshua (M)
Judith (F)
Lazare (M)
Léa (F)
Lévi (M)
Luc (M)
Madeleine (F)
Marc (M)
Marie (F)
Marthe (F)
Matthieu (M)
Melchior (M)
Michel (M)
Michel (M)
Moïse (M)
Nathalie (F)
Nathan (M)
Nathanaël (M)
Ninon (F)
Noa (mixte)
Noé (M)
Noël (M)
Noémie (F)
Paloma (F)
Pascale (F)
Pascaline (F)
Paul (M)
Philémon (M)
Pierre (M)
Rachel (F)
Raphaël (M)
Rébecca (F)
Ruben (M)
Salomé (F)
Salomon (M)
Samson (M)
Samuel (M)
Sarah (F)
Saül (M)
Seth (M)
Siméon (M)
Simon (M)
Uriel (M)
Véronique (F)
Yael (F)
Zacharie (M)

DES ARTS ET DES LETTRES

Grands auteurs

Agathon (M)
Aimé (M)
Alban (M)
Albert (M)
Aldous (M)
Alexandre (M)
Alexis (M)
Alfred (M)
Alphonse (M)
Amélie (F)
Anabelle (F)
Anaïs (F)
Anatole (M)
André (M)
Antoine (M)
Antoinette (F)
Anton (M)
Antonin (M)
Apollinaire (M)
Aris (M)
Aristide (M)
Armel (M)
Arthur (M)
Auguste (M)
Augustin (M)
Aya (F)
Bastien (M)
Blaise (M)
Boris (M)
Boubacar (M)
Brett (M)
Célia (F)
Charles (M)
Chrétien (M)
Claire (F)
Claudie (F)
Conan (M)
Dan (M)
Dany (M)
Daphne (F)
Dimitri (M)
Douglas (M)
Dylan (M)
Edgar (M)
Edmond (M)
Edmonde (F)
Ennio (M)
Ernest (M)
Étienne (M)
Eugène (M)
Félicien (M)
Ferdinand (M)
Flora (F)
Gabriel (M)
Gaëlle (F)
Gérard (M)
Germaine (F)
Guido (M)
Gustave (M)
Gwenaëlle (F)
Harold (M)
Helen (F)
Herman (M)
Hervé (M)
Homère (M)
Honoré (M)
Horace (M)
Irène (F)
Irving (M)
Isaure (F)
Isidore (M)
Jacques (M)
Jasmine (F)
Jay (M)
Jérémie (M)
Joachim (M)
Joann (mixte)
Joëlle (F)
Johanna (F)
Joseph (M)
Juan (M)
Jules (M)
Julien (M)
Justine (F)
Karen (F)
Lawrence (M)
Léon (M)
Léopold (M)
Lewis (M)
Louis (M)
Marcel (M)
Marceline (F)
Marcelle (F)
Marguerite (F)
Mario (M)
Marjane (F)
Marsault (M)
Mathias (M)
Mathurin (M)
Maurice (M)
Maxime (M)
Mazarine (F)
Milan (M)
Milo (M)
Nathanaël (M)
Nizar (M)
Octave (M)
Olivier (M)
Oscar (M)
Ousmane (M)
Ovide (M)
Pablo (M)
Patricia (F)
Paul (M)
Paulo (M)
Pedro (M)
Prosper (M)
Quoc (M)
Raphaëlle (F)
Raymond (M)
René (M)
Riad (M)
Romain (M)
Salman (M)
Samuel (M)
Simone (F)
Sophie (F)
Søren (M)
Stéphane (M)
Sylvain (M)
Tatiana (F)
Théodore (M)
Théophile (M)
Thomas (M)
Timothée (M)
Tristan (M)
Umberto (M)
Vahé (M)
Victor (M)
Virgile (M)
Virginia (F)
Walt (M)
Walter (M)
William (M)
Yann (M)
Yasmina (F)
Yolaine (F)
Zéno (M)

ARTISTES (PEINTRES ET SCULPTEURS)

Albéric (M)
Armel (M)
Artemisia (F)
Auguste (M)
Berthe (F)
Camille (mixte)
César (M)
Claude (M)
Diego (M)
Djamel (M)
Édouard (M)
Eugène (M)
Évariste (M)
Firmin (M)
Frida (F)
Gatien (M)
Guido (M)
Gustave (M)
Henri (M)
Jacques (M)
Jan (M)
Joan (mixte)
Johannes (mixte)
Léonard (M)
Louise (F)
Marcel (M)
Margaux (F)
Martin (M)
Mathis (M)
Maurice (M)
Neo (M)
Niki (F)
Norman (M)
Otto (M)
Pablo (M)
Paul (M)
Pieter (M)
Raoul (M)
Raphaël (M)
Rosa (F)
Salvador (M)
Sonia (F)
Théodore (M)
Titien (M)
Vincent (M)

BALLET & OPÉRA

Aïda (F)
Antonia (F)
Ariette (F)
Arsinoé (F)
Bastien (M)
Carmen (F)
Dalilah (F)
Gisèle (F)
Odette (F)
Odile (F)
Paquita (F)
Perceval (M)
Samson (M)
Siegfried (M)
Thaïs (F)
Violetta (F)

Muses

Cassandre (F)
Clio (F)
Dora (F)
Elsa (F)
Eulalie (F)
Gala (F)
Inès (F)
Marlène (F)
Marylin (F)
Mona (F)
Octavie (F)
Thalia (F)
Romy (F)
Zelda (F)
Zélie (F)

CINÉMA

Adèle (F)
Adolphe (M)
Aldo (M)
Alfred (M)
Amadeus (M)
Amélie (F)
Ancelin (M)
Anderson (M)
Ange (M)
Angèle (F)
Angélique (F)
Anthony (M)
Arnold (M)
Artémise (F)
Babette (F)
Baïa (F)
Barry (M)
Bella (F)
Ben (M)
Bernard (M)
Bill (M)
Brice (M)
Bruce (M)
Bruno (M)
Bryan (M)
César (M)
Charlie (M)
Cléo (F)
Clint (M)
Clyde (M)
Conan (M)
Dany (M)
Daryl (M)
David (M)
Delphine (F)
Didier (M)
Djamila (F)
Dov (M)
Duncan (M)
Dune (F)
Effie (F)
Élisa (F)
Émilien (M)
Enzo (M)
Erin (F)
Ethan (M)
Evita (F)
Fanny (F)
Fantine (F)
Farah (F)
Francis (M)
Gabin (M)
Garance (F)
Gemma (F)
Georges (M)
Gérard (M)
Gilda (F)
Godefroy (M)
Guy (M)
Harold (M)
Harry (M)
Igor (M)
Indiana (F)
Jack (M)
Jacky (mixte)
Jacques (M)
Jamal (M)
James (M)
Jean (M)
Jenny (F)
John (M)
Joy (F)
Juno (F)
Karen (F)
Kevin (M)
Lancelot (M)
Leeloo (F)
Léon (M)
Lino (M)
Lisandro (M)
Logan (mixte)
Lucas (M)
Luke (M)
Maël (M)
Manon (F)
Marcello (M)
Martha (F)
Martin (M)
Marty (mixte)
Matthieu (M)
Max (M)
Mel (M)
Merlin (M)
Milos (M)
Mina (F)
Neo (M)
Nikita (F)
Noah (M)
Odette (F)
Ombeline (F)
Pacôme (M)
Pedro (M)
Pénélope (F)
Perceval (M)
Priscilla (F)
Quentin (M)
Ray (M)
Rebecca (F)
Robert (M)
Rocco (M)
Roman (M)
Rosalie (F)
Rose (F)
Ruby (F)
Sabrina (F)
Sacha (mixte)
Sally (F)
Salomon (M)
Sam (M)
Satine (F)
Scarlett (F)
Serge (M)
Slimane (M)
Stanley (M)
Steven (M)
Tamara (F)
Tanguy (M)
Terry (mixte)
Tess (F)
Thelma (F)
Thérèse (F)
Tiffany (F)
Tim (M)
Tony (M)
Vassili (M)
Vicky (F)
Viviane (F)
Wallace (M)
Wanda (F)
Warren (M)
Will (M)
Woody (M)
Xavier (M)
Youssef (M)

Littérature et animation jeunesse

Albéric (M)
Alice (F)
Anastasia (F)
Alvin (M)
Andy (M)
Anna (F)
Archibald (M)
Arielle (F)
Arnold (M)
Athéna (F)
Aurore (F)
Avril (F)
Azalée (F)
Betty (F)
Bianca (F)
Bob (M)
Boniface (M)
Calixte (M)
Capucine (F)
Céleste (F)
Célestine (F)
Charlie (M)
Clarence (M)
Clayton (M)
Clémentine (F)
Clifford (M)
Clio (F)
Clotaire (M)
Côme (M)
Daria (F)
Diego (M)
Dilan (M)
Dimitri (M)
Dora (F)
Dorothy (F)
Dory (F)
Eliott (M)
Elsa (F)
Émilie (F)
Ernest (M)
Esteban (M)
Eudes (M)
Félix (M)
Fiona (F)
Gary (M)
Gédéon (M)
Grethel (F)
Hänsel (M)
Hector (M)
Heidi (F)
Helga (F)
Isidore (M)
Jasmine (F)
Jerry (M)
Johnny (M)
Martin (M)
Martine (F)
Max (M)
Maya (F)
Merlin (M)
Moïra (F)
Nicolas (M)
Olaf (M)
Peter (M)
Prudence (F)
Prune (F)
Ralph (M)
Rémi (M)
Sami (M)
Sébastien (M)
Silas (M)
Sophie (F)
Stuart (M)
Sven (M)
Tao (M)
Térence (M)
Timéo (M)
Tom (M)
Ulysse (M)
Ursula (F)
Véra (F)
Wallace (M)
Walt (M)
Wendy (F)
Willy (M)
Wilma (F)
Woody (M)
Zia (F)

PRÉNOMS À LA MODE

ENFANTS DE STARS

Aëla (F)
Andréa (mixte)
Andrew (M)
Angèle (F)
Anthony (M)
Barnabé (M)
Ben (M)
Billie (F)
Brooklyn (mixte)
Carlos (M)
Chanel (F)
Chelsea (F)
Clélia (F)
David (M)
Déva (F)
Edie (mixte)
Georges (M)
Giulia (F)
Ilona (F)
Izia (F)
Jade (F)
Janelle (F)
Joy (F)
Kahina (F)
Kyle (M)
Laura (F)
Léon (M)
Léopoldine (F)
Lila (F)
Lily-Rose (F)
Lolita (F)
Luna (F)
Malone (M)
Manu (M)
Marcel (M)
Mazarine (F)
Paloma (F)
Prince (M)
Rocco (M)
Rohan (M)
Romeo (M)
Sahteene (F)
Scott (M)
Shirel (F)
Summer (F)
Toscane (F)
Uhaina (F)
Valentin (M)
Valériane (F)
Vanille (F)
Zahra (F)

Aristocrates

Adélaïde (F)
Adhémar (M)
Alix (F)
Astrid (F)
Aymeric (M)
Baudouin (M)
Blanche (F)
Charles (M)
Childéric (M)
Clémence (F)
Clovis (M)
Cyprien (M)
Donatien (M)
Edmée (F)
Édouard (M)
Edwige (F)
Eudes (M)
Gauvain (M)
Geoffrey (M)
Georges (M)
Gonzague (M)
Guilhem (M)
Hector (M)
Henri (M)
Hermine (F)
Humbert (M)
Jeanne (M)
Joséphine (F)
Lancelot (M)
Lionel (M)
Louis (M)
Marguerite (F)
Marie (F)
Mathilde (F)
Ombeline (F)
Perceval (M)
Philibert (M)
Philippe (M)
Philippine (F)
Quitterie (F)
Rosana (F)
Stella (F)
Tristan (M)

Rétro

Agnan (M)
Aimé (M)
Arlette (F)
Antoinette (F)
Alfred (M)
Alphonse (M)
Amélio (M)
Anatole (M)
Aristide (M)
Armand (M)
Arnold (M)
Arsène (M)
Auguste (M)
Augustine (F)
Barnabé (M)
Barthélemy (M)
Basile (M)
Bertille (F)
Blaise (M)
Céleste (F)
Célestine (F)
Célestin (M)
Céline (F)
Clarence (F)
Clarisse (F)
Constant (M)
Denise (F)
Désiré (M)
Donatien (M)
Donatienne (F)
Édith (F)
Edmée (F)
Edmond (M)
Edwige (F)
Émeline (F)
Émile (M)
Émilia (F)
Ernest (M)
Eugène (M)
Eugénie (F)
Évariste (M)
Fabiola (F)
Félicie (F)
Félicien (M)
Félicité (F)
Félix (M)
Ferdinand (M)
Firmin (M)
Gaétane (F)
Gaspard (M)
Gaston (M)
Gauthier (M)
Gédéon (M)
Geneviève (F)
Georges (M)
Germain (M)
Ghislain (M)
Gilda (F)
Gilliane (F)
Gisèle (F)
Gladys (F)
Gonzague (M)
Grâce (F)
Guillemette (F)
Gustave (M)
Hans (M)
Henriette (F)
Hermann (M)
Honorine (F)
Horace (M)
Hortense (F)
Hubert (M)
Hugolin (M)
Huguette (F)
Irène (F)
Isidore (M)
Isolde (F)
Jacky (mixte)
Janick (M)
Joël (M)
Joseph (M)
Joséphine (F)
Josette (F)
Lazare (M)
Léon (M)
Léonce (mixte)
Léonie (F)
Léontine (F)
Léopold (M)
Léopoldine (F)
Line (F)
Louise (F)
Luce (F)
Lucienne (F)
Marceau (M)
Marcel (M)
Marceline (F)
Marguerite (F)
Marin (M)
Marlène (F)
Marthe (F)
Martine (F)
Mathurin (M)
Mortimer (M)
Narcisse (M)
Nicole (F)
Ninon (F)
Noël (M)
Noélie (F)
Octavie (F)
Odile (F)
Oscarine (F)
Paule (F)
Pélagie (F)
Pénélope (F)
Perrette (F)
Perrine (F)
Pétronille (F)
Philéas (M)
Philibert (M)
Philomène (F)
Régis (M)
René (M)
Renée (F)
Rita (F)
Rosana (F)
Roselyne (F)
Séverin (M)
Solange (F)
Suzanne (F)
Théodore (M)
Théophile (M)
Théotime (M)
Umbert (M)
Valériane (F)
Violette (F)
Yolaine (F)
Yolande (F)
Yvette (F)
Zénon (M)

Précieux

Adda (M)
Agate (F)
Ambre (F)
Aurèle (M)
Aurèlie (F)
Aurélien (M)
Béryl (mixte)
Émeraude (F)
Esmeralda (F)
Gemma (F)
Hermine (F)
Hyacinthe (F)
Jade (F)
Kim (F)
Lina (F)
Magali (F)
Marguerite (F)
Meg (F)
Megan (F)
Nadir (M)
Ombeline (F)
Opale (F)
Orian (M)
Oriane (F)
Ornella (F)
Pearl (F)
Ruby (F)
Satine (F)
Titouan (M)
Tony (M)
Zinédine (M)

COULEUR

Alba (F)
Ambre (F)
Aubin (M)
Aurèle (M)
Aurélien (M)
Blanche (F)
Brune (F)
Bruno (M)
Clarence (mixte)
Donovan (M)
Douglas (M)
Duncan (M)
Fiona (F)
Flavio (M)
Gaël (M)
Gaëlle (F)
Gwen (mixte)
Gwenaël (M)
Gwenaëlle (F)
Gwendal (M)
Gwendoline (F)
Irvin (M)
Jennifer (F)
Jenny (F)
Maïwenn (F)
Marine (F)
Marjane (F)
Maurane (F)
Maurice (M)
Mauricette (F)
Mauve (F)
Mel (M)
Mélanie (F)
Phénicia (F)
Rohan (M)
Rose (F)
Ruby (F)
Rufus (M)
Scarlett (F)
Violette (F)
Violine (F)
Zahra (F)

Classique

Adrien (M)
Agathe (F)
Agnès (F)
Alain (M)
Alban (M)
Alexandre (M)
Alice (F)
Alix (F)
Amaury (M)
Amélie (F)
Anaïs (F)
André (M)
Anne (F)
Antoine (M)
Arnaud (M)
Arthur (M)
Astrid (F)
Aude (F)
Augustin (M)
Aurélie (F)
Aurélien (M)
Aurore (F)
Baptiste (M)
Benjamin (M)
Benoît (M)
Blanche (F)
Blandine (F)
Brune (F)
Bruno (M)
Camille (mixte)
Carole (F)
Caroline (F)
Catherine (F)
Cécile (F)
Cédric (M)
Céline (F)
Charles (M)
Charlotte (F)
Claire (F)
Clémence (F)
Clément (M)
Constance (F)
Damien (M)
Daniel (M)
David (M)
Denise (F)
Didier (M)
Édouard (M)
Élisabeth (F)
Émilie (F)
Emma (F)
Éric (M)
Étienne (M)
Eve (F)
Florence (F)
Florent (M)
François (M)
Françoise (F)
Grégoire (M)
Guillaume (M)
Hélène (F)
Henri (M)
Hortense (F)
Hugo (M)
Inès (F)
Isabelle (F)
Jacques (M)
Jean (M)
Jeanne (F)
Jérémie (M)
Jules (M)
Julie (F)
Julien (M)
Juliette (F)
Laure (F)
Laurent (M)
Léa (F)
Lisa (F)
Louis (M)
Louise (F)
Luc (M)
Lucie (F)
Lucien (M)
Madeleine (F)
Manon (F)
Marc (M)
Margaux (F)
Marianne (F)
Marie (F)
Marine (F)
Marion (F)
Martin (M)
Martine (F)
Mathilde (F)
Matthieu (M)
Maxime (M)
Mélanie (F)
Michel (M)
Nathan (M)
Nicolas (M)
Olivier (M)
Paul (M)
Pauline (F)
Philippe (M)
Philippine (F)
Pierre (M)
Richard (M)
Romain (M)
Rose (F)
Sarah (F)
Sébastien (M)
Simon (M)
Sixtine (F)
Solène (F)
Sophie (F)
Stéphane (M)
Thibault (M)
Thomas (M)
Valentin (M)
Valentine (F)
Valérie (F)
Victoire (F)
Victor (M)
Vincent (M)
Virginie (F)
Zoé (F)

SPORT

Aaliyah (F)
Aaron (M)
Aboubacar (M)
Adel (M)
Adem (M)
Adil (M)
Aimé (M)
Aitor (M)
Alex (M)
Alexandre (M)
Alvaro (M)
Amar (M)
Amaury (M)
Amélie (F)
Amos (M)
Anastasia (F)
Anne-Lise (F)
Armand (M)
Arnaud (M)
Asma (F)
Aubin (M)
Auriane (F)
Aurore (F)
Axel (M)
Aya (F)
Aziz (M)
Basile (M)
Béryl (mixte)
Bixente (M)
Blaise (M)
Boris (M)
Brahim (M)
Bruno (M)
Camille (mixte)
Carole (F)
Catherine (F)
Célia (F)
Célian (M)
Christine (F)
Clarisse (F)
Clément (M)
Corentin (M)
Damon (M)
Dany (M)
David (M)
Déborah (F)
Didier (M)
Diego (M)
Djibril (M)
Donovan (M)
Dorian (M)
Dorothée (F)
Driss (M)
Eden (mixte)
Éric (M)
Erwan (M)
Esther (F)
Fabien (M)
Fabrice (M)
Florence (F)
Florent (M)
Franck (M)
Gaël (M)
Gaétane (F)
Gauthier (M)
Geoffrey (M)
Hakim (M)
Henri (M)
Hugo (M)
Icham (M)
Ida (F)
Iñaki (M)
Isadora (F)
Ismaël (M)
Jennifer (F)
Jéromine (F)
Laure (F)
Lilian (M)
Lorenzo (M)
Lucas (M)
Luis (M)
Lyès (M)
Marcel (M)
Matteo (M)
Maud (F)
Mia (F)
Mohamed (M)
Moussa (M)
Nadia (F)
Naïm (M)
Noé (M)
Nordine (M)
Olivier (M)
Paulin (M)
Roger (M)
Sabri (M)
Samir (M)
Sandro (M)
Sébastien (M)
Serena (F)
Sofiane (M)
Sylvie (F)
Tarik (M)
Teddy (M)
Tiburce (M)
Titouan (M)
Tony (M)
Trévor (M)
Tyson (M)
Vénus (F)
Walid (M)
Wilfried (M)
Yannick (M)
Yoann (M)
Yoni (M)
Younes (M)
Youri (M)
Zacharie (M)
Zidane (M)
Zinédine (M)

MUSICIENS

Aaron (M)
Abd (M)
Adel (M)
Adèle (F)
Afida (F)
Alicia (F)
Alizée (F)
Amanda (F)
Amel (F)
Amélie (F)
Amy (F)
Alain (M)
Alan (M)
Alexis (M)
Amadeus (M)
Amadou (M)
Amine (M)
Amir (M)
Anabelle (F)
Andréa (mixte)
Angus (M)
Antoine (M)
Armande (F)
Assia (F)
Avril (F)
Axelle (F)
Axel (M)
Ayo (F)
Barbara (F)
Barry (M)
Basile (M)
Ben (M)
Benjamin (M)
Bernard (M)
Bilal (M)
Bill (M)
Billie (F)
Bob (M)
Bonnie (F)
Boris (M)
Boubacar (M)
Brenda (F)
Brigitte (F)
Britney (F)
Bruce (M)
Brune (F)
Bruno (M)
Bryan (M)
Camélia (F)
Carla (F)
Carlos (M)
Caroline (F)
Cécile (F)
Céline (F)
Charlélie (M)
Charles (M)
Charlotte (F)
Chris (M)
Christophe (M)
Cindy (F)
Claude (M)
Clifford (M)
Cody (M)
Coralie (F)
Craig (M)
Damia (F)
Damien (M)
Dani (mixte)
Dany (mixte)
Dario (M)
Darius (M)
Daryl (M)
Dave (M)
David (M)
Dimitri (M)
Donna (F)
Dorothée (F)
Eddy (mixte)
Édith (F)
Ella (F)
Élodie (F)
Elsa (F)
Elvis (M)
Émile (M)
Emmanuel (M)
Ennio (M)
Eric (M)
Erika (F)
Fabienne (F)
Félix (M)
Florent (M)
Francis (M)
Françoise (F)
Freddy (M)
Gaétan (M)
Georges (M)
Germain (M)
Gilbert (M)
Gilles (M)
Giulio (M)
Glenn (M)
Gloria (F)
Grâce (F)
Grégoire (M)
Grégory (M)
Gunther (M)
Guy (M)
Gwen (F)
Hector (M)
Hélène (F)
Henri (M)
Herbert (M)
Hervé (M)
Hubert (M)
Hugues (M)
Igor (M)
Inaya (F)
Irène (F)
Irvin (M)
Isabelle (F)
Isis (F)
Izia (F)
Jacques (M)
Janis (F)
Jay (M)
Jeff (M)
Jefferson (M)
Jennifer (F)
Jerry (M)
Jill (F)
Jim (M)
Jimi (M)
Jimmy (M)
Jocelyne (F)
Joe (M)
Joëlle (F)
Joey (M)
Johannes (mixte)
John (M)
Johnny (M)
Jon (M)
Joséphine (F)
Joyce (F)
Julie (F)
Julien (M)
Juliette (F)
June (F)
Justin (M)
Kelly (F)
Keren (F)
Khaled (M)
Kurt (M)
Kyle (M)
Kylie (F)
Lana (F)
Lara (F)
Laurent (M)
Lenny (M)
Léo (M)
Léonard (M)
Leslie (F)
Liam (M)
Lilian (M)
Lily (F)
Line (F)
Lio (F)
Lionel (M)
Louane (F)
Louis (M)
Luce (F)
Lucien (M)
Maceo (M)
Madeleine (F)
Malia (F)
Manu (M)
Marc (M)
Mareva (F)
Maria (F)
Marianne (F)
Marley (M)
Martial (M)
Marvin (M)
Mathias (M)
Matt (M)
Matthieu (M)
Maurane (F)
Maxime (M)
Mélody (F)
Mia (F)
Michael (M)
Michel (M)
Mika (M)
Mylène (F)
Neil (M)
Nelly (F)
Niamh (F)
Nina (F)
Nino (M)
Noa (mixte)
Nolwenn (F)
Norah (F)
Nour (mixte)
Ophélie (F)
Paolo (M)
Pascal (M)
Patricia (F)
Patrick (M)
Patxi (M)
Paul (M)
Pauline (F)
Pétula (F)
Pharrell (M)
Phil (M)
Philippe (M)
Pia (F)
Pierrick (M)
Prince (M)
Princesse (F)
Priscilla (F)
Queen (F)
Quincy (M)
Randy (M)
Raphaël (M)
Ray (M)
Renan (M)
Renaud (M)
Rita (F)
Robin (M)
Roch (M)
Romane (F)
Rose (F)
Roy (M)
Rufus (M)
Sabine (F)
Sabrina (F)
Sacha (mixte)
Salvatore (M)
Sam (M)
Sandy (F)
Sean (M)
Selena (F)
Serge (M)
Shawn (M)
Shirel (F)
Sid (M)
Simon (M)
Sinclair (M)
Soan (M)
Suzanne (F)
Suzi (F)
Syd (M)
Sylvie (F)
Thomas (M)
Tina (F)
Tom (M)
Umberto (M)
Vanessa (F)
Véronique (F)
Vianney (M)
Violetta (F)
Vladimir (M)
Wael (M)
Whitney (F)
Will (M)
William (M)
Willy (M)
Wilson (M)
Wolfgang (M)
Yael (F)
Yoko (F)

Culture geek

Abélia (F)
Abra (F)
Aélis (F)
Aïko (F)
Amarillys (F)
Athéna (F)
Célian (M)
Duncan (M)
Edwige (F)
Hilda (F)
Homer (M)
Kenny (M)
Kyle (M)
Lara (F)
Lenny (M)
Logan (mixte)
Luigi (M)
Luke (M)
Mario (M)
Néo (M)
Nolan (M)
Olaf (M)
Ralph (M)
Raphaël (M)
Sacha (mixte)
Zelda (F)

SÉRIES TV

Abdel (M)
Abigaël (F)
Aélis (F)
Aglaé (F)
Aidan (M)
Alaric (M)
Alysson (F)
Arnold (M)
Azénor (F)
Baptiste (M)
Betty (F)
Beverly (F)
Bonnie (F)
Brandon (M)
Brenda (F)
Brett (M)
Calie (F)
Candice (F)
Charlie (M)
Clara (F)
Clayton (M)
Cody (M)
Curtis (M)
Dalia (F)
Damon (M)
Daryl (M)
Dawn (F)
Derek (M)
Don (M)
Duncan (M)
Dylan (M)
Edie (mixte)
Elliot (M)
Fonzie (M)
Francis (M)
Gabrielle (F)
Glenn (M)
Homer (M)
Ilana (F)
Ivy (F)
Jaimie (F)
Jana (F)
Janis (F)
Jarod (M)
Joey (M)
Joffrey (M)
Jordan (M)
Juan (M)
Katia (F)
Kelly (F)
Kenny (M)
Kimberley (F)
Kyle (M)
Laly (F)
Laura (F)
Lenny (M)
Liam (M)
Lila (F)
Lisa (F)
Loïs (F)
Ludivine (F)
Malcolm (M)
Marnie (F)
Melisandre (F)
Merlin (M)
Mona (F)
Nathan (M)
Nathanaël (M)
Nelle (F)
Otto (M)
Pablo (M)
Paméla (F)
Phoebe (F)
Preston (M)
Rachel (F)
Ralph (M)
Renée (F)
Rita (F)
Roger (M)
Ross (M)
Rufus (M)
Samantha (F)
Samia (F)
Saul (M)
Scott (M)
Serena (F)
Shannon (mixte)
Soline (F)
Stella (F)
Suzanne (F)
Tabatha (F)
Thierry (M)
Victoire (F)
Walter (M)
Xena (F)
Zohra (F)

CHANSONS

Aïcha (F)
Aline (F)
Andy (M)
Ava (F)
Barbara (F)
Belinda (F)
Benoît (M)
Billie (F)
Bonnie (F)
Calypso (F)
Cannelle (F)
Cécile (F)
Céline (F)
Clyde (M)
Dana (F)
Daniela (F)
Denis (M)
Élisa (F)
Ella (F)
Étienne (M)
Eve (F)
Félicie (F)
Fidèle (M)
Georgia (F)
Ignace (M)
Jacques (M)
Jef (M)
Jim (M)
Jimmy (M)
Joe (M)
Johnny (M)
Kylie (F)
Laura (F)
Lisa (F)
Lola (F)
Lolita (F)
Lucille (F)
Lucy (F)
Madeleine (F)
Magnolia (F)
Marcia (F)
Margot (F)
Marjolaine (F)
Marylou (F)
Mélissa (F)
Michelle (F)
Nathalie (F)
Octave (M)
Ophélie (F)
Raphaël (M)
Rita (F)
Roland (M)
Roméo (M)
Rosalie (F)
Rosana (F)
Roxane (F)
Rudy (M)
Suzanna (F)
Suzie (F)
Ulysse (M)
Valentine (F)
Valerie (F)
Vanina (F)
Vivien (M)

BD et comics

Achille (M)
Adèle (F)
Adolphine (F)
Aëla (F)
Albéric (M)
Alfred (M)
Alix (mixte)
Archibald (M)
Barbarella (F)
Bill (M)
Calvin (M)
Cédric (M)
Célestin (M)
Cerise (F)
Conan (M)
Corto (M)
Ethan (M)
Gaston (M)
Gontran (M)
Hilda (F)
Irma (F)
Joe (M)
Logan (mixte)
Lou (F)
Luke (M)
Maliki (F)
Marilou (F)
Max (M)
Morgana (F)
Morgane (F)
Mortimer (M)
Nadia (F)
Natacha (F)
Noor (mixte)
Olive (F)
Pascal (M)
Peter (M)
Philémon (M)
Rémi (M)
Robin (M)
Susie (F)
Tamara (F)
Tatiana (F)
Valentine (F)
Valérian (M)
Yvonne (F)

SUPER-HÉROS

Alfred (M)
Ben (M)
Bruce (M)
Charles (M)
Logan (M)
Loïs (F)
Patience (F)
Peter (M)
Raphaël (M)
Robin (M)

INSPIRATION DE LA NATURE

Prénoms liés aux saisons et à la nature

Adam (M)
Aïdan (M)
Alba (F)
Alizée (F)
Anatole (M)
Apollon (M)
Aube (F)
August (M)
Aurèle (M)
Aurélien (M)
Aurore (F)
Automne (F)
Avril (F)
Aylan (M)
Badra (F)
Bilal (M)
Bradley (M)
Callisto (F)
Cassiopée (F)
Célian (M)
Clayton (M)
Clifford (M)
Clint (M)
Coline (F)
Côme (M)
Corentin (M)
Craig (M)
Damia (F)
Dawn (F)
Douglas (M)
Dune (F)
Eileen (F)
Élio (M)
Ella (F)
Ellie (F)
Elouan (M)
Estelle (F)
Ester (F)
Gaïa (F)
Gatien (M)
Georges (M)
Georgia (F)
Gordon (M)
Hélène (F)
Hélia (F)
Hélios (M)
Hina (F)
Houria (F)
Ielena (F)
Ignace (M)
Igor (M)
Ilona (F)
Iñaki (M)
Indra (F)
Ingrid (F)
Iris (F)
Jihane (F)
Joris (M)
July (F)
June (F)
Keanu (M)
Keren (F)
Lambert (M)
Lana (F)
Leeloo (F)
Leïla (F)
Léna (F)
Lévana (F)
Loan (M)
Loane (F)
Louane (F)
Loubna (F)
Luc (M)
Lucas (M)
Luce (F)
Lucian (M)
Lucie (F)
Lucien (M)
Lucienne (F)
Lucile (F)
Luna (F)
Mahé (mixte)
Mai (F)
Malo (M)
Mareva (F)
Marguerite (F)
Marilyne (F)
Marlène (F)
Marley (M)
Mayeul (M)
Melchior (M)
Melvil (M)
Nassim (M)
Nassima (F)
Neige (F)
Nell (F)
Nordine (M)
Nour (mixte)
Pedro (M)
Perceval (M)
Pernelle (F)
Perrette (F)
Perrine (F)
Peter (M)
Petra (F)
Pétronille (F)
Pierre (M)
Pierrick (M)
Roxane (F)
Samson (M)
Savannah (F)
Sélène (F)
Soan (M)
Solveig (F)
Stella (F)
Summer (F)
Sylvie (F)
Tara (F)
Tarik (M)
Térence (M)
Terry (mixte)
Thalia (F)
Thérèse (F)
Tibère (M)
Tyson (M)
Uma (F)
Vaiana (F)
Vanina (F)
Winston (M)
Xuan (F)
Yoko (F)
Youri (M)
Zélie (F)
Zéphyr (M)
Zohra (F)

MER

Arielle (F)
Calypso (F)
Delphine (F)
Doris (F)
Dylan (M)
Irvin (M)
Marin (M)
Marine (F)
Marjane (F)
Marnie (F)
Marvin (M)
Meryl (mixte)
Morgan (M)
Morgane (F)
Mortimer (M)
Moussa (M)
Océane (F)
Ondine (F)
Pélagie (F)
Rémi (M)
Shaïly (F)
Uhaina (F)
Yara (F)

Fruits

Amande (F)
Argan (M)
Cerise (F)
Clémentine (F)
Livio (M)
Maï (F)
Myrtille (F)
Olive (F)
Olivier (M)
Pomme (F)
Prune (F)
Tamara (F)

Douceurs

Amandine (F)
Cannelle (F)
Charlotte (F)
Dulce (F)
Honoré (M)
Madeleine (F)
Mélina (F)
Naïm (M)
Paméla (F)
Vanille (F)
Yousra (F)

PURETÉ

Agnan (M)
Agnès (F)
Aubin (M)
Candice (F)
Candide (F)
Clarence (mixte)
Clément (M)
Douce (F)
Dove (M)
Dulce (F)
Eden (mixte)
Elvis (M)
Fantine (F)
Fiona (F)
Gaël (M)
Geneviève (F)
Gina (F)
Ginette (F)
Grâce (F)
Gwen (mixte)
Gwenaël (M)
Gwenaëlle (F)
Gwendal (M)
Gwendoline (F)
Hakim (M)
Harmonie (F)
Hermine (F)
Inès (F)
Irvin (M)
Jennifer (F)
Jenny (F)
Karen (F)
Karine (F)
Kate (F)
Katell (F)
Katia (F)
Lina (F)
Maden (M)
Maïna (F)
Maïwenn (F)
Marianne (F)
Mathurin (M)
Mélodie (F)
Naëlle (F)
Naïs (F)
Naomi (F)
Oana (F)
Peggy (F)
Rita (F)
Rosana (F)
Salim (M)
Tahar (M)
Valériane (F)
Virginie (F)
Zahra (F)

Fleurs et arbres

Acacia (F)
Agathe (F)
Amaryliss (F)
Amir (M)
Anis (M)
Azalée (F)
Bleuenn (F)
Brandon (M)
Camélia (F)
Capucine (F)
Chloé (F)
Dahlia (F)
Daphné (F)
Délia (F)
Églantine (F)
Élodie (F)
Fabien (M)
Fleur (F)
Flora (F)
Florence (F)
Florian (M)
Gala (F)
Garance (F)
Guy (M)
Heather (F)
Holly (F)
Hortense (F)
Hyacinthe (F)
Ilan (M)
Ilana (F)
Ivy (F)
Jasmine(F)
Ketsia (F)
Laura (F)
Laure (F)
Laurence (F)
Laurène (F)
Laurent (M)
Laurie (F)
Lila (F)
Lilian (M)
Lily (F)
Lin (M)
Lorenzo (M)
Loris (M)
Magnolia (F)
Marguerite (F)
Marjolaine (F)
Mauve (F)
Nesrine (F)
Ness (F)
Prosper (M)
Rohan (M)
Romy (F)
Rosario (M)
Rose (F)
Ryad (M)
Sabrina (F)
Shirel (F)
Silvère (M)
Silvio (M)
Suzanne (F)
Suzie (F)
Sylvain (M)
Tamara (F)
Valériane (F)
Violette (F)
Virgile (M)
Warren (M)
Yasmina (F)
Yves (M)
Zahra (F)

ANIMAUX

Aboubacar (M)
Adelphe (M)
Adolphe (M)
Ariel (M)
Armel (M)
Arnaud (M)
Arnold (M)
Arthur (M)
Bernard (M)
Bertrand (M)
Boubacar (M)
Chahine (M)
Colin (M)
Colombe (F)
Déborah (F)
Dov (M)
Edwige (F)
Enguerrand (M)
Ezio (M)
Fatima (F)
Félix (M)
Gauvain (M)
Gena (F)
Gontran (M)
Hector (M)
Hermine (F)
Hippolyte (M)
Jerry (M)
Kenzo (M)
Lara (F)
Léa (F)
Léandre (M)
Lennie (F)
Léo (M)
Léonard (M)
Léonce (mixte)
Léonie (F)
Léontine (F)
Linda (F)
Lionel (M)
Loup (M)
Lubin (M)
Marlon (M)
Maya (F)
Merlin (M)
Ness (F)
Nessie (F)
Noan (M)
Ousmane (M)
Paloma (F)
Pénélope (F)
Phénicia (F)
Philippe (M)
Philippine (F)
Phuong (F)
Rachel (F)
Ralph (M)
Randall (M)
Randy (M)
Raoul (M)
Rizlane (F)
Rodolphe (M)
Ronan (M)
Ross (M)
Rudy (M)
Russell (M)
Rym (F)
Sullivan (M)
Sven (M)
Swann (M)
Tabatha (F)
Tanguy (M)
Tom (M)
Ursula (F)
Warren (M)
Wolfgang (M)
Yael (F)
Yoni (M)
Younes (M)

Les prénoms de filles de A à Z

A
Aaliyah
Aalya (voir Aaliyah)
Aanastaise (voir Anastasia)
Aaya (voir Aya)
Abbi (voir Abby)
Abbie (voir Abby)
Abby
Abby-Gaëlle (voir Abigaël)
Abéla (voir Abélia)
Abélia
Abélie (voir Abélia)
Abelina (voir Abélia)
Abeline (voir Abélia)
Abella (voir Abélia)
Abelle (voir Abélia)
Abellia (voir Abélia)
Abelone (voir Abélia)
Abiba (voir Habiba)
Abigaël
Abigaëlle (voir Abigaël)
Abigail (voir Abigaël)
Abigaïl (voir Abigaël)
Abra
Abram (voir Abra)
Aby (voir Abby)
Acacia
Acacya (voir Acacia)
Acia (voir Assia)
Adalaïs (voir Adélaïde)
Adela (voir Adèle)
Adelaida (voir Adélaïde)
Adélaïde
Adelaïdo (voir Adélaïde)
Adelaig (voir Adélaïde)
Adèle
Adelia (voir Adèle)
Adélia (voir Adèle)
Adélie (voir Adèle)
Adélina (voir Adeline)
Adeline
Adelphia (voir Adolphine)
Adelphina (voir Adolphine)
Adelphine (voir Adolphine)
Adolpha (voir Adolphine)
Adolphine
Adriana
Adrienna (voir Adriana)
Adrienne (voir Adriana)
Aël (voir Aëla)
Aëla
Aela (voir Aëla)
Aëlaïg (voir Aëla)
Aelez (voir Aëla)
Aélia (voir Aëla)
Aëlig (voir Aëla)
Aélis
Aelis (voir Aélis)
Aëlis (voir Aélis)
Aella (voir Aëla)
Aëllaïg (voir Aëla)
Aelle (voir Aëla)
Aëlle (voir Aëla)
Aélys (voir Aélis)
Afida (voir Hafida)
Afra (voir Abra)
Agacia (voir Agathe)
Agata (voir Agathe)
Agate (voir Agathe)
Agatha (voir Agathe)
Agathe
Agatta (voir Agathe)
Ageda (voir Agathe)
Aggie (voir Agathe)
Aglaé
Aglaée (voir Aglaé)
Aglaïa (voir Aglaé)
Aglaïane (voir Aglaé)
Aglaïs (voir Aglaé)
Agnela (voir Agnès)
Agnès
Agnesa (voir Agnès)
Agnesina (voir Agnès)
Agneska (voir Agnès)
Agusta (voir Augustine)
Agustunia (voir Augustine)
Ahava (voir Ava)
Ahinoa (voir Ainoa)
Ahlima (voir Halima)
Ahmel (voir Amel)
Aia (voir Aya)
Aïcha
Aicha (voir Aïcha)
Aïché (voir Aïcha)
Aïda
Aïkel (voir Aïko)
Aïko
Aileen (voir Eileen)
Aimee (voir Amy)
Ainhoa (voir Ainoa)
Ainoa
Ainoha (voir Ainoa)
Aise (voir Aïssatou)
Aïsha (voir Aïcha)
Aïshah (voir Aïcha)
Aisiah (voir Aïcha)
Aïssa (voir Aïssatou)
Aïssata (voir Aïssatou)
Aïssatou
Aisse (voir Aïssatou)
Aiya (voir Aya)
Aiza (voir Aïssatou)
Ajar (voir Hajar)
Akasya (voir Acacia)
Akima (voir Hakima)
Akselle (voir Axelle)
Alaïdo (voir Adélaïde)
Alba
Albana (voir Alba)
Albane (voir Alba)
Albe (voir Alba)
Alberta (voir Albertine)
Alberte (voir Albertine)
Albertina (voir Albertine)
Albertine
Albina (voir Alba)
Albine (voir Alba)
Albinia (voir Alba)
Alda
Aldith (voir Édith)
Aléandra (voir Alexandra)
Aleen (voir Aline)
Aleksandra
(voir Alexandra)
Alessandra (voir Alexandra)
Alessia (voir Alexia)
Alexana (voir Alexane)
Alexandra
Alexandrina
(voir Alexandra)
Alexandrine (voir
Alexandra)
Alexane
Alexanna (voir Alexane)
Alexanne (voir Alexane)
Alexe (voir Alexia)
Alexia
Alexya (voir Alexia)
Algaïa (voir Gaïa)
Ali
Alia (voir Ali)
Alice
Alicia
Alie (voir Ali)
Alima (voir Halima)
Alime (voir Halima)
Alina (voir Aline)
Aline
Alis (voir Alice)
Alisa (voir Alyssa)
Aliséa (voir Alizée)
Alisée (voir Alizée)
Alisha (voir Élisa)
Alisia (voir Alicia)
Alison (voir Alysson)
Alisone (voir Alysson)
Alisonne (voir Alysson)
Alissa (voir Alyssa)
Alisse (voir Alice)
Alissia (voir Alicia)
Alisson (voir Alysson)
Alissone (voir Alysson)
Alissya (voir Alicia)
Alisya (voir Alicia)
Alix
Alixe (voir Alix)
Alixen (voir Alix)
Alixia (voir Alix)
Aliya (voir Aaliyah)
Aliyah (voir Aaliyah)
Aliza (voir Alizée)
Alize (voir Alizée)
Alizé (voir Alizée)
Alizéa (voir Alizée)
Alizée
Alizia (voir Alicia)
Alizon (voir Alysson)
Alla (voir Ali)
Allen (voir Aline)
Allia (voir Aaliyah)
Allice (voir Alice)
Allicia (voir Alicia)
Alline (voir Aline)
Allison (voir Alysson)
Allisone (voir Alysson)
Allissia (voir Alicia)
Allisson (voir Alysson)
Allix (voir Alix)
Ally (voir Ali)
Allyce (voir Alice)
Allycia (voir Alicia)
Allyson (voir Alysson)
Allyssia (voir Alicia)
Allysson (voir Alysson)
Alma
Almaé (voir Alma)
Alodia (voir Élodie)
Alodie (voir Élodie)
Aloïse (voir Éloïse)
Aloise (voir Loïs)
Aloyse (voir Éloïse)
Alva (voir Alba)
Alvira (voir Elvire)
Aly (voir Ali)
Alya (voir Aaliyah)
Alycia (voir Alicia)
Alyna (voir Aline)
Alyne (voir Aline)
Alyse (voir Alice)
Alysia (voir Alicia)
Alysone (voir Alysson)
Alyssa
Alysse (voir Alice)
Alyssia (voir Alicia)
Alysson
Alyssone (voir Alysson)
Alyx (voir Alix)
Alyze (voir Alice)
Ama (voir Amy)
Amal (voir Amel)

Amance (voir Amanda)
Amand (voir Amanda)
Amanda
Amande (voir Amanda)
Amandin (voir Amanda)
Amandine (voir Amanda)
Amandyne (voir Amanda)
Amarillys (voir Amaryliss)
Amaryliss
Amber (voir Ambre)
Ambre
Ambrine (voir Ambre)
Ambroisie (voir Ambre)
Ambroisine (voir Ambre)
Amel
Amela (voir Amel)
Amele (voir Amel)
Amélia (voir Amélie)
Amelicia (voir Amélie)
Amélie
Amelina (voir Amélie)
Amélina (voir Émeline)
Amelinda (voir Amélie)
Ameline (voir Amélie)
Ameline (voir Émeline)
Amell (voir Amel)
Amelle (voir Amel)
Amely (voir Amélie)
Amelys (voir Amélie)
Amicie (voir Amy)
Amie (voir Amy)
Amilia (voir Amélie)
Amina
Aminah (voir Amina)
Aminata (voir Amina)
Amira
Ammel (voir Amel)
Amy
Amye (voir Amy)
Amyna (voir Amina)
Amyra (voir Amira)
An (voir Anne)
Ana (voir Anna)
Anabel (voir Anabelle)
Anabela (voir Anabelle)
Anabele (voir Anabelle)
Anabella (voir Anabelle)
Anabelle
Anaé
Anae (voir Anaé)
Anaël (voir Anaëlle)
Anaële (voir Anaëlle)
Anaëll
Anaell (voir Anaëlle)
Anah (voir Anna)
Anahe (voir Anaé)
Anahi (voir Anaé)
Anahid (voir Anaïs)
Anahit (voir Anaïs)
Anaia (voir Anaïs)
Anaid (voir Anaïs)
Anaïs
Anaiz (voir Anaïs)
Anastacia (voir Anastasia)
Anastasia
Anastasiane
(voir Anastasia)
Anastasie (voir Anastasia)
Anastassia (voir Anastasia)
Anastasy (voir Anastasia)
Anastasya (voir Anastasia)
Anastazia (voir Anastasia)
Anasthasia (voir Anastasia)
Anasthasie (voir Anastasia)
Anasthasy (voir Anastasia)
Anaya (voir Anaïs)
Anays (voir Anaïs)
Andhree (voir Andréa)
Andréa
Andrea (voir Andréa)
Andréane (voir Andréa)
Andréanne (voir Andréa)
Andrée (voir Andréa)
Andreea (voir Andréa)
Andreva (voir Andréa)
Andrey (voir Andréa)
Andria (voir Andréa)
Anes (voir Anne)
Ange (voir Angèle)
Angel (voir Angèle)
Angela (voir Angèle)
Angèle
Angeles (voir Angèle)
Angelica (voir Angélique)
Angélika (voir Angélique)
Angelina
Angeline (voir Angelina)
Angelines (voir Angelina)
Angeliqua (voir Angélique)
Angélique
Angella (voir Angèle)
Angelle (voir Angèle)
Angellina (voir Angelina)
Angely (voir Angèle)
Angelyna (voir Angelina)
Angelyne (voir Angelina)
Angy (voir Angèle)
Anh (voir Anne)
Anicia (voir Anissa)
Anisa (voir Anissa)
Anise (voir Anissa)
Anisha (voir Anissa)
Anissa
Anissah (voir Anissa)
Anita
Anite (voir Anita)
Anitha (voir Anita)
Anitta (voir Anita)
Ann (voir Anne)
Anna
Anna-Clara
(voir Anne-Claire)
Annabel (voir Anabelle)
Annabele (voir Anabelle)
Annabella (voir Anabelle)
Annabelle (voir Anabelle)
Annae (voir Anaé)
Annael (voir Anaëlle)
Annaele (voir Anaëlle)
Annaëlle (voir Anaëlle)
Annah (voir Anna)
Annais (voir Anaïs)
Annastasia (voir Anastasia)
Anne
Anne-Claire
Anne-Élisabeth
Anne-Elizabeth
(voir Anne-Élisabeth)
Anne-Gael
(voir Anne-Gaëlle)
Anne-Gaele
(voir Anne-Gaëlle)
Anne-Gaëlle
Anne-Laure
Anne-Lise
Anne-Lyse (voir Anne-Lise)
Anne-Maria
Anne-Marie
Anne-Sophie
Annelyse (voir Anne-Lise)
Annette (voir Anita)
Annise (voir Anissa)
Annissa (voir Anissa)
Annita (voir Anita)
Annouchka (voir Anouk)
Annouck (voir Anouk)
Annouk (voir Anouk)
Annyssa (voir Anissa)
Anouch (voir Anouk)
Anouche (voir Anouk)
Anouchka (voir Anouk)
Anouck (voir Anouk)
Anouk
Antoinet (voir Antoinette)
Antoinette
Antonella (voir Antoinette)
Antonia (voir Antoinette)
Antonie (voir Antoinette)
Antonienne (voir
Antoinette)
Antonina (voir Antoinette)
Antonine (voir Antoinette)
Anya (voir Anita)
Anyse (voir Anissa)
Anyssa (voir Anissa)
Anyta (voir Anita)
Aoda (voir Aude)
Aodez (voir Aude)
Aouda (voir Aïda)
Apoline (voir Apolline)
Apoline (voir Apolline)
Apollina (voir Apolline)
Apolline
Apollonie (voir Apolline)
Appoline (voir Apolline)
Appolonia (voir Apolline)
Apra (voir Abra)
April (voir Avril)
Ariana (voir Ariane)
Ariane
Arianna (voir Ariane)
Arianne (voir Ariane)
Ariel (voir Arielle)
Ariela (voir Arielle)
Ariele (voir Arielle)
Ariella (voir Arielle)
Arielle
Ariette (voir Henriette)
Arlete (voir Arlette)
Arlette
Arletty (voir Arlette)
Armael (voir Armelle)
Armaelle (voir Armelle)
Armance (voir Armande)
Armande
Armandine (voir Armande)
Armandine (voir Armande)
Armantia (voir Armande)
Armantine (voir Armande)
Armantine (voir Armande)
Armeline (voir Armelle)
Armella (voir Armelle)
Armelle
Armence (voir Armande)
Armilla (voir Armelle)
Arminda (voir Armande)
Arminda (voir Armande)
Armonia (voir Harmonie)
Armonie (voir Harmonie)
Armony (voir Harmonie)
Arsinoé
Arsinoe (voir Arsinoé)
Arsinoë (voir Arsinoé)
Artémis (voir Artémise)
Artémisa (voir Artémise)
Artémise
Arthémise (voir Artémise)
Artimisia (voir Artémise)
Aryana (voir Ariane)
Arzelle (voir Armelle)
Arzhela (voir Armelle)
Asha (voir Aïcha)
Ashaha (voir Aïcha)
Ashlea (voir Ashley)
Ashlee (voir Ashley)
Ashleigh (voir Ashley)
Ashley
Ashlie (voir Ashley)
Ashly (voir Ashley)
Asia (voir Assia)
Asiya (voir Assia)
Asiye (voir Assia)
Asma
Asmaa (voir Asma)
Asmah (voir Asma)
Assia
Assiya (voir Assia)
Assma (voir Asma)
Assya (voir Assia)
Astri (voir Astrid)
Astrid
Astrud (voir Astrid)
Astryd (voir Astrid)
Asya (voir Assia)
Athanaïs (voir Athénaïs)
Athanase (voir Athénaïs)
Athanasia (voir Athénaïs)
Athanasie (voir Athénaïs)
Athéna
Athena (voir Athéna)
Athénaïs
Athénaïse (voir Athénaïs)
Athène (voir Athéna)
Athénéa (voir Athéna)
Athina (voir Athéna)
Aubane (voir Aube)
Aube
Aubeline (voir Aube)
Auberi (voir Aube)
Aubérie (voir Aube)
Aubert (voir Aube)
Auberte (voir Aube)
Aubéry (voir Aube)
Aubierge (voir Aube)
Aubry (voir Aube)

Aude
Audraine (voir Audrey)
Audrée (voir Audrey)
Audren (voir Audrey)
Audrena (voir Audrey)
Audrey
Audric (voir Audrey)
Audrica (voir Audrey)
Audrie (voir Audrey)
Audry (voir Audrey)
Augusta (voir Augustine)
Augustia (voir Augustine)
Augustine
Aulde (voir Aude)
Aura (voir Aurore)
Auréa (voir Aurore)
Aurèle (voir Aurélie)
Aurélia (voir Aurélie)
Aurélie
Auréline (voir Aurélie)
Aurély (voir Aurélie)
Auria
Auria (voir Aurore)
Auriana (voir Auriane)
Auriane
Aurianna (voir Auriane)
Aurianne (voir Auriane)
Aurielle (voir Aurélie)
Aurora (voir Aurore)
Aurore
Auryane (voir Auriane)
Automne
Autumn (voir Automne)
Auxana (voir Auxane)
Auxane
Auxanne (voir Auxane)
Ava
Avah (voir Ava)
Avelina (voir Ava)
Avelina (voir Ava)
Aveline (voir Ava)
Avia (voir Ava)
Aviva (voir Ava)
Avril
Avrile (voir Avril)
Awa (voir Ava)
Awdrey (voir Audrey)
Axele (voir Axelle)
Axelia (voir Axelle)
Axeliane (voir Axelle)
Axeline (voir Axelle)
Axella (voir Axelle)
Axellane (voir Axelle)
Axelle
Aya
Aya (voir Aya)
Ayah (voir Aya)
Ayana (voir Aya)
Ayia (voir Aya)
Ayo (voir Aya)
Ayse (voir Aïssatou)
Aysha (voir Aïssatou)
Aysu (voir Aïssatou)
Azaléa (voir Azalée)
Azalée
Azélie (voir Azalée)
Azeline (voir Azalée)
Azella (voir Azalée)
Azénor
Azénorig (voir Azénor)
Azéor (voir Azénor)
Azia (voir Assia)

B

Baasma (voir Basma)
Bab (voir Barbara)
Babeth (voir Babette)
Babette
Bachira
Bachra (voir Bachira)
Badra
Bahia (voir Baïa)
Bahiya (voir Baïa)
Bahya (voir Baïa)
Baïa
Baïa (voir Baïa)
Balthilde (voir Bathilde)
Barbara
Barbarella (voir Barbara)
Barbarina (voir Barbara)
Barbe (voir Barbara)
Barbie (voir Barbara)
Barbra (voir Barbara)
Basha (voir Barbara)
Basma
Basmat (voir Basma)
Bassmath (voir Basma)
Bathilda (voir Bathilde)
Bathilde
Bathille (voir Bathilde)
Batilde (voir Bathilde)
Baya (voir Baïa)
Bea (voir Béatrice)
Beat (voir Béatrice)
Béata (voir Béatrice)
Béatrice
Beatrice (voir Béatrice)
Béatris (voir Béatrice)
Béatrix (voir Béatrice)
Béatrixe (voir Béatrice)
Béatriz (voir Béatrice)
Becca (voir Rébecca)
Béchira (voir Bachira)
Becka (voir Rébecca)
Becky (voir Rébecca)
Beki (voir Rébecca)
Bela (voir Bella)
Belina (voir Béline)
Belinda (voir Béline)
Bélinde (voir Béline)
Béline
Bélise (voir Béline)
Bella
Belle (voir Bella)
Bellen (voir Bella)
Bénate (voir Benoîte)
Benedek (voir Bénédicte)
Benedetta (voir Bénédicte)
Benedict (voir Bénédicte)
Benedicta (voir Bénédicte)
Bénédicte
Bénédig (voir Bénédicte)
Benedikte (voir Bénédicte)
Benedita (voir Bénédicte)
Benedith (voir Bénédicte)
Beniamina (voir Benjamine)
Beniga (voir Benoîte)
Benigez (voir Benoîte)
Benita (voir Bénédicte)
Benja (voir Benjamine)
Benjamina (voir Benjamine)
Benjamina (voir Benjamine)
Benjamine
Benoîte
Bérangère (voir Bérengère)
Berberine (voir Barbara)
Bérengère
Bérénice
Berenike (voir Bérénice)
Berenyce (voir Bérénice)
Berezi (voir Bérénice)
Beril (voir Béryl)
Bernadette
Bernadita (voir Bernadette)
Bernarda (voir Bernadette)
Bernarde (voir Bernadette)
Bernardeta (voir Bernadette)
Bernardina (voir Bernadette)
Bernardine (voir Bernadette)
Bernice (voir Bérénice)
Bernie (voir Bérénice)
Berny (voir Bérénice)
Berta (voir Berthe)
Berteline (voir Berthe)
Bertha (voir Berthe)
Berthe
Berthilde (voir Berthe)
Berthilde (voir Bertille)
Berthile (voir Bertille)
Berthille (voir Berthe)
Berthille (voir Bertille)
Bertila (voir Berthe)
Bertila (voir Bertille)
Bertile (voir Berthe)
Bertile (voir Bertille)
Bertilia (voir Berthe)
Bertilia (voir Bertille)
Bertille
Bertille (voir Berthe)
Bertille (voir Berthe)
Bertrade (voir Berthe)
Béryl
Beryl (voir Béryl)
Beryle (voir Béryl)
Bessie (voir Betty)
Beth (voir Betty)
Béthanie
Bethanie (voir Béthanie)
Bethany (voir Béthanie)
Bethy (voir Betty)
Betsy (voir Betty)
Bettany (voir Béthanie)
Bettie (voir Betty)
Bettina (voir Betty)
Betty
Bety (voir Betty)
Beverley (Beverly)
Beverly
Bianca (voir Blanche)
Bianka (voir Blanche)
Bibiane (voir Viviane)
Bibianne (voir Viviane)
Billie
Billy (Billie)
Bine (voir Bintou)
Bineta (voir Bintou)
Binh (voir Bintou)
Binidig (voir Bénédicte)
Binta (voir Bintou)
Binti (voir Bintou)
Bintou
Birgit (voir Brigitte)
Birgitta (voir Brigitte)
Blanca (voir Blanche)
Blanche
Blanchette (voir Blanche)
Blanda (voir Blandine)
Blandina (voir Blandine)
Blandine
Bleuen (voir Bleuenn)
Bleuene (voir Bleuenn)
Bleuenn
Bleunienn (voir Bleuenn)
Bleunvenn (voir Bleuenn)
Bleuzenn (voir Bleuenn)
Blondine (voir Blandine)
Bona (voir Bonnie)
Bonita (voir Bonnie)
Bonne (voir Bonnie)
Bonnie
Bonny (voir Bonnie)
Bosra (voir Bachira)
Bouchra (voir Bachira)
Branca (voir Blanche)
Bréanna (voir Bréanne)
Bréanne
Brenda
Brendana (voir Brenda)
Brendy (voir Brenda)
Briana (voir Bréanne)
Brianna (voir Bréanne)
Brianne (voir Bréanne)
Bridget (voir Brigitte)
Briega (voir Brigitte)
Briegen (voir Brigitte)
Brigida (voir Brigitte)
Brigide (voir Brigitte)
Brigit (voir Brigitte)
Brigitte
Brihanna (voir Bréanne)
Britney
Broocke (voir Brooke)
Brooke
Bruna (voir Brune)
Brune
Brunehaut (voir Brune)
Brunehilda (voir Brune)
Brunehilde (voir Brune)
Brunella (voir Brune)
Brunelle (voir Brune)
Brunetta (voir Brune)
Brunette (voir Brune)
Bryana (voir Bréanne)
Bryanna (voir Bréanne)

C

Cahina (voir Kahina)
Caina (voir Kahina)
Caitlin (voir Catherine)
Cali (voir Calie)
Calia (voir Calie)
Calie

Calipso (voir Calypso)
Calista (voir Callista)
Caliste (voir Callista)
Calixte (voir Callista)
Calixthe (voir Callista)
Callie (voir Calie)
Callista
Callistine (voir Callista)
Callisto (voir Callista)
Callypso (voir Calypso)
Calypso
Calysta (voir Callista)
Camélia
Camélia (voir Camélia)
Camélie (voir Camélia)
Camellia (voir Camélia)
Camilia (voir Camille)
Camilla (voir Camille)
Camille
Cammie (voir Camille)
Candace (voir Candice)
Candice
Candide (voir Candice)
Candie (voir Candice)
Candy (voir Candice)
Candyce (voir Candice)
Canelle (voir Cannelle)
Cannelle
Capucine
Cara (voir Chiara)
Caren (voir Karen)
Carène (voir Karen)
Carenne (voir Karen)
Carima (voir Karima)
Carin (voir Karine)
Carina (voir Karine)
Carine (voir Karine)
Carinne (voir Karine)
Carla
Carlota (voir Carla)
Carlotta (voir Carla)
Carma (voir Carmen)
Carmen
Carmencita (voir Carmen)
Carmene (voir Carmen)
Carmina (voir Carmen)
Carmine (voir Carmen)
Carol (voir Carole)
Carola (voir Carole)
Carole
Carolina (voir Caroline)
Caroline
Caroll (voir Carole)
Carolle (voir Carole)
Carolyn (voir Caroline)
Carolyne (voir Caroline)
Carrine (voir Karine)
Casandra (voir Cassandre)
Cassandra (voir Cassandre)
Cassandre
Cassie (voir Cassandre)
Cassiopée
Cassy (voir Cassandre)
Catalina (voir Catherine)
Catarina (voir Catherine)
Cate (voir Kate)
Cateline (voir Catherine)
Caterina (voir Catherine)
Caterina (voir Catherine)
Caterine (voir Catherine)
Cathel (voir Katell)
Cathelle (voir Katell)
Catherina (voir Catherine)
Catherine
Cathia (voir Katia)
Cathleen (voir Catherine)
Cathya (voir Katia)
Catia (voir Katia)
Catie (voir Katia)
Ceci (voir Cécile)
Cecil (voir Cécile)
Cecila (voir Cécile)
Cécile
Cecile (voir Cécile)
Cecilia (voir Cécile)
Ceciliane (voir Cécile)
Cecilienne (voir Cécile)
Cecille (voir Cécile)
Cecily (voir Cécile)
Cécily (voir Cécile)
Célesta (voir Céleste)
Céleste
Célestine (voir Céleste)
Célia
Célina (voir Céline)
Céline
Cellia (voir Célia)
Cellya (voir Célia)
Celya (voir Célia)
Celyna (voir Céline)
Celyne (voir Céline)
Cendrine (voir Sandrine)
Cerise
Ceylin (voir Céline)
Chahina (voir Kahina)
Chahines (voir Kahina)
Chaili (voir Kayla)
Chaily (voir Kayla)
Chaina (voir Kahina)
Chaines (voir Kahina)
Chanael (voir Chanel)
Chanaelle (voir Chanel)
Chanel
Chanele (voir Chanel)
Chanelle (voir Chanel)
Channel (voir Chanel)
Charlène (voir Charlie)
Charletta (voir Charlotte)
Charlette (voir Charlotte)
Charlie
Charline (voir Charlie)
Charlize (voir Charlie)
Charlotte
Charly (voir Charlie)
Charlye (voir Charlie)
Charlyne (voir Charlie)
Chayna (voir Kahina)
Chaynes (voir Kahina)
Cheli (voir Kelly)
Chelly (voir Kelly)
Chelsea
Chelsey (voir Chelsea)
Chelsy (voir Chelsea)
Cherrie (voir Cerise)
Cherry (voir Cerise)
Cheryl (voir Cerise)
Chiara
Chiarra (voir Chiara)
Chima (voir Kim)
Chira (voir Kyra)
Chlea (voir Cléa)
Chleo (voir Cléo)
Chlodehilde (voir Clothilde)
Chloé
Chloë (voir Chloé)
Chloée (voir Chloé)
Chloelia (voir Clélia)
Choélia (voir Chloé)
Christel (voir Christelle)
Christela (voir Christelle)
Christèle (voir Christelle)
Christell (voir Christelle)
Christella (voir Christelle)
Christelle
Christiane (voir Christine)
Christianne (voir Christine)
Christie (voir Christine)
Christina (voir Christine)
Christina (voir Christine)
Christine
Christinne (voir Christine)
Chrystelle (voir Christelle)
Chrystina (voir Christine)
Chrystine (voir Christine)
Cilia (voir Célia)
Cinda (voir Cindy)
Cindi (voir Cindy)
Cindy
Cinnamone (voir Cannelle)
Cinthia (voir Cynthia)
Cinthia (voir Cynthia)
Cinthya (voir Cynthia)
Cintia (voir Cynthia)
Cinzia (voir Cynthia)
Cirilia (voir Cyrielle)
Clair (voir Claire)
Claira (voir Claire)
Claire
Clara
Clare (voir Claire)
Clarence
Clarice (voir Clarisse)
Clarie (voir Claire)
Clarinda (voir Clarisse)
Clarissa (voir Clarisse)
Clarissa (voir Clarisse)
Clarisse
Clarita (voir Claire)
Clarita (voir Clarisse)
Clarrie (voir Clarisse)
Clary (voir Clara)
Claryce (voir Clarisse)
Clarysse (voir Clarisse)
Claude (voir Claudie)
Claudette (voir Claudie)
Claudia (voir Claudie)
Claudie
Claudine (voir Claudie)
Claudy (voir Claudie)
Claudye (voir Claudie)
Cléa
Clea (voir Cléa)
Clélia
Clélie (voir Clélia)
Clelya (voir Clélia)
Clémence
Clémensa (voir Clémence)
Clémente (voir Clémence)
Clémente (voir Clémentine)
Clémentia (voir Clémence)
Clémentina (voir Clémentine)
Clémentine
Clemenza (voir Clémence)
Clemmie (voir Clémentine)
Cléo
Cleo (voir Cléo)
Cléonice (voir Cléo)
Cléopâtre (voir Cléo)
Cléophée
Cleophee (voir Cléophée)
Clio
Cloé (voir Chloé)
Cloélia (voir Chloé)
Cloelia (voir Clélia)
Clothilde
Clothilde (voir Clothilde)
Clotilda (voir Clothilde)
Clotilde (voir Clothilde)
Clyo (voir Clio)
Coco (voir Coralie)
Coline
Colinne (voir Coline)
Colleen (voir Coline)
Collie (voir Colombe)
Colline (voir Coline)
Collyne (voir Coline)
Colomba (voir Colombe)
Colombe
Colombelle (voir Colombe)
Colombina (voir Colombe)
Colombine (voir Colombe)
Columbina (voir Colombe)
Colyne (voir Coline)
Colynn (voir Coline)
Connie (voir Constance)
Constance
Constancia (voir Constance)
Constante (voir Constance)
Constantina (voir Constance)
Constantine (voir Constance)
Consuelo (voir Constance)
Cora (voir Coralie)
Corail (voir Coralie)
Coralia (voir Coralie)
Coralie
Coraline (voir Coralie)
Coraline (voir Coralie)
Coralise (voir Coralie)
Coralye (voir Coralie)
Coralyne (voir Coralie)
Corélia (voir Coralie)
Corélie (voir Coralie)
Corina (voir Corinne)
Corine (voir Corinne)
Corinna (voir Corinne)
Corinne
Corrine (voir Corinne)
Corrinne (voir Corinne)
Coryne (voir Corinne)

Corynne (voir Corinne)
Cristel (voir Christelle)
Cristela (voir Christelle)
Cristele (voir Christelle)
Cristelle (voir Christelle)
Cristina (voir Christine)
Cristine (voir Christine)
Crystel (voir Christelle)
Crystèle (voir Christelle)
Crystelle (voir Christelle)
Cyara (voir Chiara)
Cybèle
Cybélia (voir Cybèle)
Cybelle (voir Cybèle)
Cyndi (voir Cindy)
Cynthia
Cyntia (voir Cynthia)
Cyria (voir Cyrielle)
Cyriel (voir Cyrielle)
Cyriele (voir Cyrielle)
Cyrièle (voir Cyrielle)
Cyrielle
Cyrile (voir Cyrielle)
Cyrille (voir Cyrielle)
Cyrine (voir Cyrielle)

D

Dafne (voir Daphné)
Dafné (voir Daphné)
Dafnis (voir Daphné)
Dahina (voir Daïna)
Dahlia (voir Dalia)
Dahlila (voir Dalila)
Daïana (voir Daïna)
Daïna
Dalhia (voir Dalia)
Dalhila (voir Dalila)
Dalia
Daliane (voir Dalia)
Dalie (voir Dalia)
Dalila
Dalilah (voir Dalila)
Dalilha (voir Dalila)
Dalilla (voir Dalila)
Dallia (voir Dalia)
Dallila (voir Dalila)
Dalya (voir Dalia)
Dami (voir Damia)
Damia
Damielle (voir Damia)
Damienne (voir Damia)
Damiette (voir Damia)
Damy (voir Damia)
Damya (voir Damia)
Dana
Danaé
Danaë (voir Danaé)
Danaée (voir Danaé)
Danaëlle (voir Dana)
Dani (voir Dany)
Danie (voir Dany)
Daniela (voir Danielle)
Danièle (voir Danielle)
Daniella (voir Danielle)
Danielle
Danielle (voir Danielle)
Danisa (voir Denise)
Danna (voir Dana)
Dannaëlle (voir Dana)
Dannielle (voir Danielle)
Danny (voir Dany)
Dany
Danyele (voir Danielle)
Danyelle (voir Danielle)
Daphné
Daphnée (voir Daphné)
Daphney (voir Daphné)
Dari (voir Daria)
Daria
Dariane (voir Daria)
Darie (voir Daria)
Darlaine (voir Darlène)
Darlane (voir Darlène)
Darleen (voir Darlène)
Darlène
Darlene (voir Darlène)
Darlène (voir Darlène)
Darline (voir Darlène)
Darya (voir Daria)
Dauphine (voir Delphine)
Davena (voir Davina)
Davia (voir Davina)
Davia (voir Davina)
Daviana (voir Davina)
Daviane (voir Davina)
Davida (voir Davina)
Davidka (voir Davina)
Davina
Davinia (voir Davina)
Dawn
Dayana (voir Daïna)
Dayna (voir Daïna)
Debbie (voir Déborah)
Debby (voir Déborah)
Debhora (voir Déborah)
Débora (voir Déborah)
Déborah
Deborah (voir Déborah)
Deborha (voir Déborah)
Deborrah (voir Déborah)
Debra (voir Déborah)
Dee (voir Délia)
Dehlia (voir Délia)
Delfina (voir Delphine)
Delfine (voir Delphine)
Delhia (voir Délia)
Delhya (voir Délia)
Délia
Deliah (voir Délia)
Deliane (voir Délia)
Delila (voir Dalila)
Delilah (voir Dalila)
Della (voir Délia)
Dellia (voir Délia)
Dellya (voir Délia)
Delphe (voir Delphine)
Delphina (voir Delphine)
Delphine
Delphy (voir Delphine)
Delphyne (voir Delphine)
Delya (voir Délia)
Denezza (voir Denise)
Denisa (voir Denise)
Denise
Denissa (voir Denise)
Denissia (voir Denise)
Denitsa (voir Denise)
Denitza (voir Denise)
Denize (voir Denise)
Denyse (voir Denise)
Denyse (voir Denise)
Déva
Deva (voir Déva)
Devi (voir Déva)
Devora (voir Déborah)
Dhalia (voir Dalia)
Dhalila (voir Dalila)
Dhelia (voir Délia)
Diana (voir Diane)
Diane
Dianna (voir Diane)
Dianne (voir Diane)
Diany (voir Diane)
Dina
Dinah (voir Dina)
Dinna (voir Dina)
Dionisa (voir Denise)
Dionisia (voir Denise)
Dionysia (voir Denise)
Dita
Diyana (voir Diane)
Djamila
Djamilah (voir Djamila)
Djamilla (voir Djamila)
Djemila (voir Djamila)
Djennifer (voir Jennifer)
Djessy (voir Jessie)
Djill (voir Jill)
Dolce (voir Dulce)
Dollie (voir Dolly)
Dolly
Doly (voir Dolly)
Doma (voir Dominique)
Domenga (voir Dominique)
Dometilla (voir Domitille)
Dometille (voir Domitille)
Dominica (voir Dominique)
Dominika (voir Dominique)
Dominique
Dominixa (voir Dominique)
Dominixe (voir Dominique)
Domitie (voir Domitille)
Domitile (voir Domitille)
Domitilla (voir Domitille)
Domitille
Dona (voir Donna)
Donata (voir Donatienne)
Donatella (voir Donatienne)
Donatienne
Donatille (voir Donatienne)
Done (voir Donna)
Donia (voir Donna)
Donna
Dora
Doreen (voir Doris)
Dorees (voir Doris)
Doria (voir Dora)
Doriane (voir Dora)
Dorine (voir Doris)
Doris
Dorith (voir Doris)
Dorothéa (voir Dorothée)
Dorothée
Dorothy (voir Dorothée)
Dorra (voir Dora)
Dorris (voir Doris)
Dorrys (voir Doris)
Dory (voir Doris)
Dorya (voir Dora)
Dorys (voir Doris)
Dot (voir Dorothée)
Dottie (voir Dorothée)
Douce (voir Dulce)
Douceline (voir Dulce)
Dounia
Dounya (voir Dounia)
Dulce
Dulcie (voir Dulce)
Dulcina (voir Dulce)
Duna (voir Dune)
Dune
Dunia (voir Dune)
Dyana (voir Diane)
Dyane (voir Diane)
Dyna (voir Dina)

E

Eda
Edda (voir Eda)
Edika (voir Édith)
Edit (voir Édith)
Edita (voir Édith)
Edite (voir Édith)
Édith
Edma (voir Edmée)
Edmé (voir Edmée)
Edméa (voir Edmée)
Edmée
Edmonda (voir Edmée)
Edmonde (voir Edmée)
Edmondine (voir Edmée)
Edvige (voir Edwige)
Edwig (voir Edwige)
Edwiga (voir Edwige)
Edwige
Edyta (voir Édith)
Effie
Effy (voir Effie)
Eglantina (voir Églantine)
Églantine
Églé (voir Églantine)
Égléa (voir Églantine)
Eglentyne (voir Églantine)
Eileen
Eirina (voir Irène)
Eister (voir Esther)
Ela (voir Ella)
Elberta (voir Albertine)
Elbertina (voir Albertine)
Elbira (voir Elvire)
Elbireta (voir Elvire)
Elda (voir Eda)
Éléa
Elea (voir Éléa)
Éleah (voir Éléa)
Eleanor (voir Éléonore)
Eleanore (voir Éléonore)
Eléanore (voir Éléonore)
Eleen (voir Hélène)
Elen (voir Hélène)
Elena (voir Hélène)
Éléna (voir Hélène)
Elene (voir Hélène)
Eleni (voir Hélène)

Elenna (voir Hélène)
Éléona (voir Éléonore)
Éléonor (voir Éléonore)
Éléonora (voir Éléonore)
Éléonore
Elga (voir Helga)
Élhea (voir Éléa)
Élia
Élia (voir Hélia)
Éliana (voir Éliane)
Éliane
Élianne (voir Éliane)
Élicia (voir Élisa)
Élie (voir Ellie)
Éliette (voir Élia)
Éline (voir Eileen)
Élis (voir Élisa)
Élisa
Élisabet
(voir Élisabeth)
Élisabeth
Élise (voir Élisa)
Élise (voir Élisa)
Élisea (voir Élisa)
Éliséa (voir Élisa)
Elisha (voir Élisa)
Élisia (voir Élisa)
Élissa (voir Élisa)
Élissa (voir Élisa)
Élissia (voir Élisa)
Éliya (voir Élia)
Eliya (voir Hélia)
Éliyah (voir Élia)
Eliyah (voir Hélia)
Éliz (voir Élisa)
Eliz (voir Hélia)
Eliza (voir Élisa)
Elizabet (voir Élisabeth)
Elizabeth (voir Élisabeth)
Ella
Elle (voir Ella)
Ellea (voir Éléa)
Elléa (voir Éléa)
Ellen (voir Hélène)
Ellena (voir Hélène)
Éllénor (voir Éléonore)
Elli (voir Ellie)
Ellia (voir Élia)
Ellia (voir Hélia)
Élliane (voir Éliane)
Ellie
Éllie (voir Ellie)
Ellie (voir Hélia)
Elly (voir Ellie)
Ellya (voir Élia)
Ellya (voir Hélia)
Ellyn (voir Eileen)
Elodia (voir Élodie)
Élodia (voir Élodie)
Élodie
Élody (voir Élodie)
Elodye (voir Élodie)
Éloisa (voir Éloïse)
Éloïse
Eloisha (voir Éloïse)
Eloize (voir Éloïse)
Éloyse (voir Éloïse)
Elsa
Else (voir Elsa)
Elsi (voir Elsa)
Elssa (voir Elsa)
Elsy (voir Elsa)
Elvie (voir Elvire)
Elvine (voir Elvire)
Elvira (voir Elvire)
Elvire
Elvyra (voir Elvire)
Elvyre (voir Elvire)
Elwire (voir Elvire)
Élya (voir Élia)
Elya (voir Hélia)
Elyah (voir Élia)
Elyah (voir Hélia)
Élyana (voir Éliane)
Élyane (voir Éliane)
Élyanne (voir Éliane)
Elyne (voir Eileen)
Élysabeth (voir Élisabeth)
Elza (voir Elsa)
Emanuela
(voir Emmanuelle)
Emanuele
(voir Emmanuelle)
Emanuella
(voir Emmanuelle)
Emanuelle
(voir Emmanuelle)
Emelie (voir Émeline)
Emelina (voir Émeline)
Émeline
Emelyn (voir Émeline)
Émelyne (voir Émeline)
Émeraude
Emi (voir Emma)
Emie (voir Emma)
Émilia
Émilie
Emily (voir Émilie)
Émilya (voir Émilia)
Emilye (voir Émilie)
Emma
Emmannuelle (voir
Emmanuelle)
Emmanuela (voir
Emmanuelle)
Emmanuele (voir
Emmanuelle)
Emmanuella (voir
Emmanuelle)
Emmanuelle
Emmeline (voir Émeline)
Emmie (voir Emma)
Emmy (voir Emma)
Emy (voir Emma)
Émylia (voir Émilia)
Emylie (voir Émilie)
Enola (voir Enora)
Enora
Énora (voir Enora)
Enorah (voir Enora)
Erena (voir Irène)
Erica (voir Erika)
Érica (voir Erika)
Ericka (voir Erika)
Erika
Érika (voir Erika)
Erin (voir Érine)
Erina (voir Érine)
Érine
Erinn (voir Érine)
Erinna (voir Érine)
Erinne (voir Érine)
Erique (voir Erika)
Ermance (voir Hermance)
Ermina (voir Hermine)
Ermine (voir Hermine)
Eryka (voir Erika)
Eryn (voir Érine)
Eryna (voir Érine)
Eryne (voir Érine)
Erynn (voir Érine)
Esmée (voir Edmée)
Esmeralda
Esssa (voir Esther)
Estel (voir Estelle)
Estela (voir Estelle)
Estele (voir Estelle)
Estella (voir Estelle)
Estelle
Estephany
(voir Stéphanie)
Ester (voir Esther)
Estera (voir Esther)
Esterelle (voir Estelle)
Esteria (voir Esther)
Esthel (voir Estelle)
Esthelle (voir Estelle)
Esther
Esthere (voir Esther)
Etel (voir Ethel)
Ethel
Ethela (voir Ethel)
Ethelda (voir Ethel)
Étheline (voir Ethel)
Ettie (voir Esther)
Eugénia (voir Eugénie)
Eugénie
Eulali (voir Eulalie)
Eulalia (voir Eulalie)
Eulalie
Euridice (voir Eurydice)
Eurielle (voir Urielle)
Eurydice
Euxane (voir Auxane)
Eva
Éva (voir Eva)
Eve
Ève (voir Eve)
Evelina (voir Évelyne)
Éveline (voir Évelyne)
Evelyn (voir Évelyne)
Evelyna (voir Évelyne)
Évelyne
Evie (voir Evy)
Evita
Evy
Ewa
Eyleen (voir Eileen)

F
Faara (voir Farah)
Faba (voir Fabiola)
Fabia (voir Fabiola)
Fabiana (voir Fabienne)
Fabiane (voir Fabienne)
Fabianna (voir Fabienne)
Fabie (voir Fabiola)
Fabiene (voir Fabienne)
Fabienne
Fabiola
Fae (voir Faith)
Fahiza (voir Faïza)
Faisa (voir Faïza)
Faith
Faïza
Faizah (voir Faïza)
Fani (voir Fanny)
Fanni (voir Fanny)
Fanny
Fanta
Fantine
Fany (voir Fanny)
Fara (voir Farah)
Farah
Fare (voir Farah)
Farhat (voir Farah)
Farrah (voir Farah)
Fatim (voir Fatima)
Fatima
Fatimata (voir Fatima)
Fatma (voir Fatima)
Fatou (voir Fatima)
Fatouma (voir Fatima)
Fattouma (voir Fatima)
Fausta (voir Faustine)
Fauste (voir Faustine)
Faustine
Fava (voir Fabienne)
Faye (voir Faith)
Faysa (voir Faïza)
Fayza (voir Faïza)
Félice (voir Félicie)
Félicia (voir Félicie)
Felicidad (voir Félicie)
Félicie
Félicie (voir Félicie)
Félicita (voir Félicité)
Félicité
Felicity (voir Félicité)
Felipa (voir Philippine)
Felixia (voir Félicie)
Félixine (voir Félicie)
Filia (voir Philippine)
Filipina (voir Philippine)
Filippa (voir Philippine)
Filoména (voir Philomène)
Fily (voir Philippine)
Fiona
Fionna (voir Fiona)
Fiorenza (voir Florence)
Fleur
Fleure (voir Fleur)
Fleurence (voir Florence)
Flor (voir Flora)
Flora
Flore (voir Flora)
Florence
Florencia (voir Florence)
Florencianne
(voir Florence)
Florencienne
(voir Florence)
Florentia (voir Florence)
Florentine (voir Florence)
Florenza (voir Florence)

Flores (voir Flora)
Floria (voir Flora)
Floriana (voir Flora)
Floriane (voir Fleur)
Florianne (voir Fleur)
Florianne (voir Florence)
Florie (voir Flora)
Florine (voir Flora)
Flory (voir Flora)
Foy (voir Faith)
Francesca
Franceska (voir Francesca)
Françoise
Freddie (voir Frédérique)
Frédérica (voir Frédérique)
Fredericka (voir Frédérique)
Fredericke (voir Frédérique)
Fredericque (voir Frédérique)
Frédérika (voir Frédérique)
Frederike (voir Frédérique)
Frédérique
Frida (voir Frieda)
Frieda
Frika (voir Frédérique)
Frikka (voir Frédérique)
Fyona (voir Fiona)

G

Gabi (voir Gabrielle)
Gabriela (voir Gabrielle)
Gabriele (voir Gabrielle)
Gabriella (voir Gabrielle)
Gabrielle
Gabryelle (voir Gabrielle)
Gaby (voir Gabrielle)
Gaea (voir Gaïa)
Gaëla (voir Gaëlle)
Gaële (voir Gaëlle)
Gaell (voir Gaëlle)
Gaëlla (voir Gaëlle)
Gaëlle
Gaelle (voir Gaëlle)
Gaetana (voir Gaétane)
Gaétane
Gaëtane (voir Gaétane)
Gaëtanne (voir Gaétane)
Gaïa
Gaia (voir Gaïa)
Gaïane (voir Gaïa)
Gala
Galla (voir Gala)
Gally (voir Gala)
Garance
Garancia (voir Garance)
Garantia (voir Garance)
Gaya (voir Gaïa)
Geena (voir Gena)
Geena (voir Gina)
Gema (voir Gemma)
Gemma
Gemme (voir Gemma)
Gena
Geneviève
Genevièvre (voir Geneviève)
Génia (voir Gina)
Génie (voir Gina)
Genna (voir Gena)
Genny (voir Gena)
Genny (voir Gina)
Genovera (voir Geneviève)
Georgette (voir Georgia)
Georgia
Georgiane (voir Georgia)
Georgie (voir Georgia)
Georgina (voir Georgia)
Géralda (voir Géraldine)
Géraldina (voir Géraldine)
Géraldina (voir Géraldine)
Géraldine
Gérarda (voir Géraldine)
Gérarde (voir Géraldine)
Gérardine (voir Géraldine)
Germaine
Germana (voir Germaine)
Germanie (voir Germaine)
Germina (voir Germaine)
Geromina (voir Jéromine)
Gerry (voir Jéromine)
Ghisele (voir Gisèle)
Ghislaine
Ghizlaine (voir Ghislaine)
Ghjulia (voir Giulia)
Ghyslaine (voir Ghislaine)
Gia (voir Giovanna)
Gilda
Gilian (voir Gilliane)
Giliane (voir Gilliane)
Gill (voir Gilliane)
Gilliane
Gilliane (voir Gilliane)
Gillianne (voir Gilliane)
Gina
Gine (voir Gina)
Ginete (voir Ginette)
Ginetta (voir Ginette)
Ginette
Ginia (voir Gina)
Ginna (voir Gina)
Ginnette (voir Ginette)
Ginnie (voir Virginie)
Giorgia (voir Georgia)
Giovanna
Girometta (voir Jéromine)
Gisel (voir Gisèle)
Gisela (voir Gisèle)
Gisèle
Gisella (voir Gisèle)
Giselle (voir Gisèle)
Gishlaine (voir Ghislaine)
Gisla (voir Gisèle)
Gislaine (voir Ghislaine)
Gislhaine (voir Ghislaine)
Giulia
Gizele (voir Gisèle)
Gizelle (voir Gisèle)
Gladez (voir Gladys)
Gladie (voir Gladys)
Gladis (voir Gladys)
Glady (voir Gladys)
Gladys
Gloire (voir Gloria)
Gloria
Glorie (voir Gloria)
Grâce
Grâce (voir Grâce)
Gracia (voir Grâce)
Graciane (voir Grâce)
Grazia (voir Grâce)
Graziella (voir Grâce)
Greta
Gretchen (voir Greta)
Grete (voir Greta)
Gretel (voir Greta)
Grethel (voir Greta)
Gretta (voir Greta)
Guenièvre (voir Geneviève)
Guenovera (voir Geneviève)
Guermana (voir Germaine)
Guillaine (voir Ghislaine)
Guillaumette (voir Guillemette)
Guillemette
Guillia (voir Julia)
Guislaine (voir Ghislaine)
Guylaine (voir Ghislaine)
Gwanaelle (voir Gwenaëlle)
Gwen (voir Gwenn)
Gwenaël (voir Gwenaëlle)
Gwenaela (voir Gwenaëlle)
Gwenaëla (voir Gwenaëlle)
Gwenaele (voir Gwenaëlle)
Gwenaële (voir Gwenaëlle)
Gwenaella (voir Gwenaëlle)
Gwenaëlle
Gwendaline (voir Gwendoline)
Gwendolina (voir Gwendoline)
Gwendolina (voir Gwendoline)
Gwendoline
Gwendolyn (voir Gwendoline)
Gwendolyne (voir Gwendoline)
Gwendolyne (voir Gwendoline)
Gwendolynn (voir Gwendoline)
Gwenhael (voir Gwenaëlle)
Gwenhaël (voir Gwenaëlle)
Gwenhaelle (voir Gwenaëlle)
Gwenn
Gwennaele (voir Gwenaëlle)
Gwennaelle (voir Gwenaëlle)
Gwladys (voir Gladys)
Gynette (voir Ginette)
Gysele (voir Gisèle)
Gyselle (voir Gisèle)
Gyslaine (voir Ghislaine)

H

Habiba
Habibata (voir Habiba)
Habibatou (voir Habiba)
Habibe (voir Habiba)
Hadjar (voir Hajar)
Hadjer (voir Hajar)
Hafida
Hafidha (voir Hafida)
Hagar (voir Hajar)
Hager (voir Hajar)
Haissa (voir Aïssatou)
Haize (voir Aïssatou)
Hajar
Hajar (voir Hajar)
Hajare (voir Hajar)
Hajer (voir Hajar)
Hajjar (voir Hajar)
Hakima
Hala (voir Ali)
Halima
Halimata (voir Halima)
Halimatou (voir Halima)
Halime (voir Halima)
Halime (voir Halima)
Halina (voir Aline)
Haline (voir Aline)
Halise (voir Alice)
Halla (voir Ali)
Halya (voir Aaliyah)
Hamel (voir Amel)
Hamelle (voir Amel)
Hamina (voir Amina)
Hamira (voir Amira)
Han (voir Anne)
Hana (voir Anna)
Hanaa (voir Anaé)
Hanae (voir Anaé)
Hanael (voir Anaëlle)
Hanaelle (voir Anaëlle)
Hanah (voir Anna)
Hanissa (voir Anissa)
Hanna (voir Anna)
Hannaa (voir Anaé)
Hannae (voir Anaé)
Hannah (voir Anna)
Hariette (voir Henriette)
Harlette (voir Arlette)
Harmance (voir Armande)
Harmonie
Harmony (voir Harmonie)
Hasma (voir Asma)
Hassia (voir Assia)
Hauda (voir Aude)
Haude (voir Aude)
Hauria (voir Auria)
Hava (voir Ava)
Havva (voir Ava)
Hawa (voir Ava)
Haya (voir Aya)
Heather
Heda (voir Eda)
Hedvige (voir Edwige)
Hedwig (voir Edwige)
Hedwige (voir Edwige)
Heide (voir Heidi)
Heidi
Heïdi (voir Heidi)
Heidy (voir Heidi)
Hela (voir Ella)
Helea (voir Éléa)
Helen (voir Hélène)
Helen (voir Hélène)
Helena (voir Hélène)
Helèna (voir Hélène)

Héléna (voir Hélène)
Hélène
Helenia (voir Hélène)
Helenne (voir Hélène)
Heleonore (voir Éléonore)
Heley (voir Éléa)
Helga
Helge (voir Helga)
Hélia
Hélia (voir Élia)
Heliana (voir Éliane)
Héliane (voir Éliane)
Hélianne (voir Éliane)
Héliéna (voir Hélène)
Hélina (voir Hélène)
Hella (voir Ella)
Hella (voir Helga)
Helle (voir Helga)
Hellen (voir Hélène)
Hellene (voir Hélène)
Helodie (voir Élodie)
Héloïse (voir Éloïse)
Helya (voir Élia)
Helya (voir Hélia)
Hémeline (voir Émeline)
Henora (voir Enora)
Henriet (voir Henriette)
Henrietta (voir Henriette)
Henriette
Henrika (voir Henriette)
Herine (voir Érine)
Hermance
Hermiene (voir Hermione)
Hermina (voir Hermine)
Hermine
Herminia (voir Hermione)
Herminie (voir Hermione)
Hermione
Hervea (voir Herveline)
Hervée (voir Herveline)
Herveline
Hervelyne (voir Herveline)
Hester (voir Esther)
Hesther (voir Esther)
Heva (voir Eva)
Hevi (voir Evy)
Hiba
Hilana (voir Ilana)
Hilarie (voir Hillary)
Hilary (voir Hillary)
Hild (voir Hilda)
Hilda
Hilde (voir Hilda)
Hildelita (voir Hilda)
Hildie (voir Hilda)
Hillary
Himane (voir Imane)
Hina
Hinaya (voir Inaya)
Hirma (voir Irma)
Hisaé
Hisae (voir Hisaé)
Hizia (voir Izia)
Hiziya (voir Izia)
Hizya (voir Izia)
Hoani (voir Oana)
Holga (voir Olga)
Holie (voir Holly)
Hollie (voir Holly)
Holly
Holy (voir Holly)
Hombeline (voir Ombeline)
Honora (voir Honorine)
Honorée (voir Honorine)
Honorine
Horia (voir Houria)
Horlane (voir Orlane)
Hortence (voir Hortense)
Hortense
Hortensja (voir Hortense)
Hortenzia (voir Hortense)
Horya (voir Houria)
Houria
Houriya (voir Houria)
Houriya (voir Houria)
Hourya (voir Houria)
Huberta (voir Huberte)
Huberte
Hubertine (voir Huberte)
Huguette
Hyacinthe
Hyba (voir Hiba)
Hylana (voir Ilana)
Hylda (voir Hilda)
Hyliana (voir Iliana)
Hylona (voir Ilona)

I
Iara (voir Yara)
Icram (voir Ikram)
Icrame (voir Ikram)
Ida
Idaia (voir Ida)
Idalia (voir Ida)
Idaline (voir Ida)
Idda (voir Ida)
Ide (voir Ida)
Idy (voir Ida)
Ielena
Ifigénie (voir Iphigénie)
Ikram
Ikrame (voir Ikram)
Ilana
Ilanah (voir Ilana)
Ilanna (voir Ilana)
Ilda (voir Ida)
Ilhana (voir Ilana)
Ilhona (voir Ilona)
Iliana
Iliane (voir Iliana)
Ilianna (voir Iliana)
Illana (voir Ilana)
Illhona (voir Ilona)
Illiana (voir Iliana)
Illona (voir Ilona)
Illyana (voir Iliana)
Ilona
Ilonna (voir Ilona)
Ilouna (voir Ilona)
Ilyana (voir Iliana)
Ilyanna (voir Iliana)
Imaan (voir Imane)
Iman (voir Imane)
Imane
Imane (voir Imane)
Imani (voir Imane)
Imann (voir Imane)
Imanne (voir Imane)
Imanne (voir Imane)
Imany (voir Imane)
Imen (voir Imane)
Imene (voir Imane)
Imman (voir Imane)
Ina (voir Hina)
Inaia (voir Inaya)
Inaïa (voir Inaya)
Inaya
Inayah (voir Inaya)
India
Indiana (voir India)
Indie (voir India)
Indira
Indra (voir Indira)
Indrani (voir Indira)
Indrany (voir Indira)
Indy (voir India)
Indya (voir India)
Inès
Inës (voir Inès)
Iness (voir Inès)
Inesse (voir Inès)
Inger (voir Ingrid)
Ingerld (voir Ingrid)
Ingrid
Innaya (voir Inaya)
Iolana (voir Yolaine)
Iolanda (voir Yolande)
Iouna (voir Youna)
Iphigéni (voir Iphigénie)
Iphigénie
Iréa (voir Iris)
Iren (voir Irène)
Iréna (voir Irène)
Irène
Irene (voir Irène)
Irénée (voir Irène)
Irenne (voir Irène)
Irès (voir Iris)
Iria (voir Iris)
Irina (voir Irène)
Iris
Iriss (voir Iris)
Irma
Irme (voir Irma)
Irmela (voir Irma)
Irmeline (voir Irma)
Irmine (voir Irma)
Irys (voir Iris)
Isa (voir Isabelle)
Isabeau (voir Isabelle)
Isabel (voir Isabelle)
Isabela (voir Isabelle)
Isabela (voir Isabelle)
Isabele (voir Isabelle)
Isabella (voir Isabelle)
Isabella (voir Isabelle)
Isabelle
Isadora
Isae (voir Hisaé)
Isalia (voir Isaline)
Isaline
Isalyne (voir Isaline)
Isaura (voir Isaure)
Isaure
Isaurie (voir Isaure)
Iscia (voir Izia)
Isea (voir Isée)
Isée
Iseult (voir Yseult)
Iseut (voir Yseult)
Isia (voir Izia)
Isidaura (voir Isadora)
Isidora (voir Isadora)
Isidorine (voir Isadora)
Isis
Isold (voir Isolde)
Isolde
Isolina (voir Isaline)
Isore (voir Isaure)
Issia (voir Izia)
Isys (voir Isis)
Iulia (voir Giulia)
Iva (voir Ivy)
Ivana (voir Yvanna)
Ivane (voir Yvanna)
Ivanna (voir Yvanna)
Ivannah (voir Yvanna)
Ivanne (voir Yvanna)
Ivanny (voir Yvanna)
Ivany (voir Yvanna)
Ivie (voir Ivy)
Ivona (voir Yvonne)
Ivone (voir Yvonne)
Ivonne (voir Yvonne)
Ivy
Izabel (voir Isabelle)
Izabela (voir Isabelle)
Izabella (voir Isabelle)
Izabelle (voir Isabelle)
Izaline (voir Isaline)
Izaline (voir Isaline)
Izia
Izïa (voir Izia)
Izie (voir Isis)
Izold (voir Isolde)
Izolda (voir Isolde)
Izya (voir Izia)

J
Jacinta (voir Hyacinthe)
Jacinte (voir Hyacinthe)
Jacinthe (voir Hyacinthe)
Jackaleen (voir Jacqueline)
Jackalyn (voir Jacqueline)
Jackie (voir Jacky)
Jackleen (voir Jacqueline)
Jacky (mixte)
Jackye (voir Jacky)
Jacquelène (voir Jacqueline)
Jacquelina (voir Jacqueline)
Jacqueline
Jacquemine (voir Jacqueline)
Jacquie (voir Jacky)
Jacquine (voir Jacqueline)
Jada (voir Jade)
Jade
Jaden (voir Jade)
Jael (voir Yael)
Jaël (voir Yael)
Jaelle (voir Yael)
Jahde (voir Jade)
Jahelle (voir Yael)

Jahna (voir Jana)
Jaimie
Jakie (voir Jacky)
Jamie (voir Jaimie)
Jamila (voir Djamila)
Jana
Janah (voir Jana)
Jane (voir Jana)
Jane (voir Jeanne)
Janel (voir Janelle)
Janele (voir Janelle)
Janelle
Janice (voir Janis)
Janis
Janisse (voir Janis)
Janka (voir Jana)
Jann (voir Jana)
Janna (voir Jana)
Janna (voir Jana)
Jannah (voir Jana)
Jannice (voir Janis)
Janny (voir Jeanne)
Jany (voir Jeanne)
Janyce (voir Janis)
Jaqueline (voir Jacqueline)
Jasmée (voir Jasmine)
Jasmin (voir Jasmine)
Jasmina (voir Jasmine)
Jasmine
Jasmyne (voir Jasmine)
Jeacquelyne (voir Jacqueline)
Jeane (voir Jeanne)
Jeanna (voir Jeanne)
Jeanne
Jeanne (voir Jade)
Jeannie (voir Jeanne)
Jeanny (voir Jeanne)
Jeany (voir Jeanne)
Jehane (voir Jeanne)
Jehanne (voir Jeanne)
Jema (voir Gemma)
Jémila (voir Djamila)
Jemma (voir Gemma)
Jenifer (voir Jennifer)
Jeniffer (voir Jennifer)
Jennie (voir Jenny)
Jennifer
Jenniffer (voir Jennifer)
Jenny
Jennyfer (voir Jennifer)
Jennyfer (voir Jennifer)
Jenyfer (voir Jennifer)
Jermina (voir Jéromine)
Jeromia (voir Jéromine)
Jéromine
Jésabel (voir Jezabel)
Jésabel (voir Jezabel)
Jésabelle (voir Jezabel)
Jesica (voir Jessica)
Jess (voir Jessie)
Jesse (voir Jessie)
Jessi (voir Jessie)
Jessia (voir Jessie)
Jessica
Jessicka (voir Jessica)
Jessie (mixte)
Jessika (voir Jessica)
Jessyca (voir Jessica)
Jessye (voir Jessie)
Jessyka (voir Jessica)
Jezabel
Jézabelle (voir Jezabel)
Jhade (voir Jade)
Jhade (voir Jade)
Jihan (voir Jihane)
Jihane
Jihanne (voir Jihane)
Jihène (voir Jihane)
Jil (voir Jill)
Jill
Jilly (voir Jill)
Jina (voir Gina)
Jinane (voir Jihane)
Joachim (voir Joachime)
Joachime
Joackim (voir Joachime)
Joacquim (voir Joachime)
Joakim (voir Joachime)
Joakima (voir Joachime)
Joakym (voir Joachime)
Joana (voir Johanna)
Joanna (voir Johanna)
Joaquim (voir Joachime)
Joaquina (voir Joachime)
Joceline (voir Jocelyne)
Jocelyne
Jocia (voir Jocya)
Jocie (voir Jocya)
Jocya
Joddie (voir Jodie)
Jodie
Jody (voir Jodie)
Joéla (voir Joëlle)
Joële (voir Joëlle)
Joélie (voir Joëlle)
Joélina (voir Joëlle)
Joéline (voir Joëlle)
Joëlle
Joély (voir Joëlle)
Joélyne (voir Joëlle)
Johakim (voir Joachime)
Johana (voir Johanna)
Johanna
Jolanda (voir Yolande)
Jolanta (voir Yolande)
Jolenta (voir Yolande)
Jorane (voir Georgia)
Jordaine (voir Jordane)
Jordana (voir Jordane)
Jordane
Jordane (voir Jordane)
Jordanna (voir Jordane)
Jordanne (voir Jordane)
Josanne (voir Josiane)
Josceline (voir Jocelyne)
Joscelyne (voir Jocelyne)
José (mixte)
Josée (voir José)
Joséfina (voir Joséphine)
Joséfine (voir Joséphine)
Joseline (voir Jocelyne)
Joselyne (voir Jocelyne)
Joséphina (voir Joséphine)
Joséphine
Josette (voir Josiane)
Josiane
Josianne (voir Josiane)
Josine (voir Josiane)
Josseline (voir Jocelyne)
Josselyne (voir Jocelyne)
Josyane (voir Josiane)
Jovana (voir Giovanna)
Jovanna (voir Giovanna)
Joy
Joyce (voir Joy)
Juana (voir Jana)
Judicaele (voir Judicaëlle)
Judicaëlle
Judikaelle (voir Judicaëlle)
Judith
Julia
Julia (voir Giulia)
Juliana (voir Giulia)
Julianie (voir Giulia)
Julianna (voir Giulia)
Julianne (voir Giulia)
Julie
Juliet (voir Juliette)
Julietta (voir Juliette)
Juliette
Jullia (voir Julia)
Jully (voir July)
July
Julya (voir Julia)
Juna (voir June)
Jûna (voir Youna)
June
Junie (voir June)
Juno (voir June)
Justina (voir Justine)
Justine
Justyne (voir Justine)

K

Kadija (voir Khadija)
Kahila (voir Kayla)
Kahina
Kahyla (voir Kayla)
Kahyna (voir Kahina)
Kaila (voir Kayla)
Kaili (voir Kayla)
Kaily (voir Kayla)
Kaina (voir Kahina)
Kali (voir Calie)
Kalia (voir Calie)
Kalie (voir Calie)
Kalista (voir Callista)
Kallista (voir Callista)
Kalliste (voir Callista)
Kalya (voir Calie)
Kalys (voir Calie)
Kalysta (voir Callista)
Kamelia (voir Camélia)
Kamelia (voir Camélia)
Kamélia (voir Camélia)
Kamélya (voir Camélia)
Kamila (voir Camille)
Kamilia (voir Camélia)
Kamilia (voir Camille)
Kamill (voir Camille)
Kamille (voir Camille)
Kandice (voir Candice)
Kandyce (voir Candice)
Kandys (voir Candice)
Kanel (voir Cannelle)
Kanelle (voir Cannelle)
Kanza (voir Kenza)
Kaori
Kara (voir Chiara)
Karah (voir Chiara)
Karama (voir Karima)
Kareen (voir Karen)
Karem (voir Karima)
Karema (voir Karima)
Karen
Karène (voir Karen)
Karenn (voir Karen)
Karenne (voir Karen)
Karima
Karin (voir Karine)
Karina (voir Karine)
Karine
Karinn (voir Karine)
Karinne (voir Karine)
Karla (voir Carla)
Karlota (voir Charlotte)
Karlotta (voir Charlotte)
Karmen (voir Carmen)
Karol (voir Carole)
Karole (voir Carole)
Karolina (voir Caroline)
Karoline (voir Caroline)
Karoll (voir Carole)
Karolyn (voir Caroline)
Karolyne (voir Caroline)
Karyn (voir Karine)
Karyne (voir Karine)
Karyne (voir Karine)
Kasandra (voir Cassandre)
Kass (voir Cassandre)
Kassandra (voir Cassandre)
Kassandre (voir Cassandre)
Kassie (voir Cassandre)
Kate
Katel (voir Katell)
Katell
Katerina (voir Catherine)
Katerine (voir Catherine)
Kâthe (voir Kate)
Kathel (voir Katell)
Kathell (voir Katell)
Katherina (voir Catherine)
Katherine (voir Catherine)
Kathia (voir Katia)
Kathie (voir Katia)
Kathya (voir Katia)
Katia
Katinka (voir Katia)
Kattia (voir Katia)
Kattia (voir Katia)
Kattie (voir Katia)
Katya (voir Katia)
Kayla
Kaylah (voir Kayla)
Kaylee (voir Kelly)
Kayliah (voir Kayla)
Kaylla (voir Kayla)
Kayna (voir Kahina)
Keet (voir Kate)
Keily (voir Kelly)
Kella (voir Kelly)
Kelly
Kelsey (voir Chelsea)
Kely (voir Kelly)

Kelya (voir Kayla)
Kena (voir Queen)
Kensy (voir Kenza)
Kenza
Kenzy (voir Kenza)
Keren
Kerene (voir Keren)
Keshia (voir Ketsia)
Kesia (voir Ketsia)
Kessya (voir Ketsia)
Kesya (voir Ketsia)
Ketsia
Ketsya (voir Ketsia)
Kezia (voir Ketsia)
Keziah (voir Ketsia)
Khadidja (voir Khadija)
Khadija
Khadija (voir Khadija)
Khadijah (voir Khadija)
Khadjijatou (voir Khadija)
Khaila (voir Kayla)
Khaina (voir Kahina)
Khalya (voir Calie)
Khedidja (voir Khadija)
Khiara (voir Chiara)
Kiara (voir Chiara)
Kiarra (voir Chiara)
Kiley (voir Kelly)
Kilia (voir Kylie)
Kim (mixte)
Kimberlay (voir Kimberley)
Kimberlee (voir Kimberley)
Kimberley
Kimberly (voir Kimberley)
Kimi (voir Kim)
Kimie (voir Kim)
Kimmie (voir Kim)
Kimmy (voir Kim)
Kimy (voir Kim)
Kira (voir Kyra)
Kiria (voir Kyra)
Kiriah (voir Kyra)
Klaar (voir Claire)
Klara (voir Clara)
Klarisse (voir Clarisse)
Klaudia (voir Claudie)
Klea (voir Cléa)
Kléio (voir Clio)
Klelia (voir Clélia)
Klelya (voir Clélia)
Kleo (voir Cléo)
Kloé (voir Chloé)
Klothilde (voir Clothilde)
Klotilda (voir Clothilde)
Koline (voir Coline)
Kolyne (voir Coline)
Koralie (voir Coralie)
Korine (voir Corinne)
Kristel (voir Christelle)
Kristèle (voir Christelle)
Kristell (voir Christelle)
Kristelle (voir Christelle)
Kristin (voir Christine)
Kristina (voir Christine)
Kristina (voir Christine)
Kristine (voir Christine)
Krystel (voir Christelle)
Krystell (voir Christelle)
Krystelle (voir Christelle)
Krystina (voir Christine)
Krystyna (voir Christine)
Kyara (voir Chiara)
Kyla (voir Kayla)
Kylia (voir Kylie)
Kyliana (voir Kylie)
Kyliane (voir Kylie)
Kylie
Kyllia (voir Kylie)
Kym (voir Kim)
Kyra

L

Laeticia (voir Laetitia)
Laetitia
Laëtitia (voir Laetitia)
Laetitianne (voir Laetitia)
Laetitienne (voir Laetitia)
Laettitia (voir Laetitia)
Lahna (voir Lana)
Laiana (voir Layana)
Laila (voir Leïla)
Laina (voir Lana)
Laïna (voir Lana)
Lali (voir Laly)
Lallie (voir Laly)
Lally (voir Laly)
Laly
Lan (voir Lana)
Lana
Lanah (voir Lana)
Lani (voir Lana)
Lanna (voir Lana)
Lannah (voir Lana)
Laora (voir Laura)
Laqueena (voir Queen)
Lara
Larissa (voir Lara)
Laura
Laure
Laureen (voir Laurène)
Laureena (voir Laurène)
Laureene (voir Laurène)
Lauren (voir Laurène)
Laurena (voir Laurène)
Laurence
Laurène
Laurenn (voir Laurène)
Laurenna (voir Laurène)
Laurenne (voir Laurène)
Laurenza (voir Laurence)
Lauriane (voir Laurène)
Laurie
Laurine (voir Laurie)
Laury (voir Laurie)
Lauryn (voir Laurie)
Lauryne (voir Laurie)
Layana
Layana (voir Lana)
Layanah (voir Layana)
Layane (voir Layana)
Layanna (voir Layana)
Layla (voir Leïla)
Léa
Leah (voir Léa)
Leah (voir Léa)
Leana (voir Léa)
Léana (voir Léa)
Leane (voir Léa)
Léane (voir Léa)
Leanne (voir Léa)
Lee-Lou (voir Lilou)
Leeloo (voir Lilou)
Leelou (voir Lilou)
Leen (voir Léna)
Leena (voir Léna)
Leha (voir Léa)
Lehna (voir Léna)
Lehna (voir Léna)
Leïla
Leila (voir Leïla)
Leina (voir Léna)
Léna
Lena (voir Léna)
Lenah (voir Léna)
Leni (voir Lennie)
Léni (voir Lennie)
Lenie (voir Lennie)
Lenna (voir Léna)
Lennie
Lenya (voir Lennie)
Léondine (voir Léontine)
Leoni (voir Léonie)
Leonia (voir Léonie)
Léonie
Léonille (voir Léonie)
Leonnie (voir Léonie)
Léontine
Leopolda (voir Léopoldine)
Leopoldina (voir Léopoldine)
Léopoldine
Lesley (voir Leslie)
Leslie
Leslye (voir Leslie)
Leticia (voir Laetitia)
Letizia (voir Laetitia)
Lévana
Levanah (voir Lévana)
Lévanah (voir Lévana)
Levanna (voir Lévana)
Lexa (voir Lexane)
Lexane
Lexi (voir Lexane)
Lexia (voir Lexane)
Lexie (voir Lexane)
Lexina (voir Lexane)
Lexy (voir Lexane)
Leyla (voir Leïla)
Leyna (voir Léna)
Lhana (voir Lana)
Lhea (voir Léa)
Lhena (voir Léna)
Lia
Lia (voir Léa)
Liah (voir Léa)
Liah (voir Lia)
Lidia (voir Lydie)
Lidie (voir Lydie)
Lidvine (voir Ludivine)
Lidwine (voir Ludivine)
Lidya (voir Lydie)
Lidye (voir Lydie)
Lie (voir Lio)
Liha (voir Lia)
Lila
Lilac (voir Lila)
Lilah (voir Lila)
Lilas (voir Lila)
Lile (voir Lily)
Lili (voir Lily)
Lili-Rose (voir Lily)
Lilie (voir Lily)
Lilla (voir Lila)
Lillah (voir Lila)
Lilli (voir Lily)
Lilly (voir Lily)
Lilou
Lilwen (voir Lilwenn)
Lilwene (voir Lilwenn)
Lilwenn
Lily
Lily-Rose (voir Lily)
Lin (voir Line)
Lina
Lina (voir Lina)
Linah (voir Lina)
Linda
Lindy (voir Linda)
Line
Lines (voir Line)
Linh (voir Line)
Linn (voir Line)
Linna (voir Lina)
Lio
Lìo (voir Lio)
Liona (voir Ilona)
Lisa
Liv
Liv (voir Lia)
Livia
Livie (voir Livia)
Liya (voir Lia)
Liyah (voir Lia)
Liza (voir Lisa)
Loan (voir Loane)
Loana (voir Loane)
Loane
Loann (voir Loane)
Loanna (voir Loane)
Loanna (voir Loane)
Logan (voir Logane)
Logane
Loganne (voir Logane)
Lohana (voir Loane)
Lohane (voir Loane)
Lohanna (voir Loane)
Lohanne (voir Loane)
Loïs
Loïse (voir Loïs)
Lola
Lole (voir Lola)
Loli (voir Lola)
Lolie (voir Lola)
Lolita (voir Lola)
Lolla (voir Lola)
Lolly (voir Lola)
Loly (voir Lola)
Lomée (voir Salomé)
Loménie (voir Salomé)
Loo (voir Lou)
Loola (voir Lola)
Loona (voir Luna)
Lore (voir Laure)
Lorelei
Loreley (voir Lorelei)

Lorelie (voir Lorelei)
Lorena (voir Laurène)
Lorie (voir Laurie)
Lorraine (voir Laurène)
Lorrie (voir Laurie)
Lotte (voir Charlotte)
Lottie (voir Charlotte)
Lou (mixte)
Lou-Ann (voir Louane)
Lou-Anne (voir Louane)
Lou'Ann (voir Louane)
Louan (voir Louane)
Louane
Louann (voir Louane)
Louanna (voir Luana)
Louanne (voir Louane)
Loubna
Louhan (voir Louane)
Louhana (voir Luana)
Louhane (voir Louane)
Louhann (voir Louane)
Louhanne (voir Louane)
Louisa (voir Louise)
Louise
Louisette (voir Louise)
Louisiane (voir Louise)
Louison (voir Louise)
Louisy (voir Louise)
Louiza (voir Louise)
Luana
Luce
Lucia (voir Lucie)
Luciana (voir Lucie)
Lucianne (voir Lucie)
Lucie
Lucienne
Lucil (voir Lucile)
Lucila (voir Lucile)
Lucile
Lucilia (voir Lucile)
Lucilla (voir Lucile)
Lucille (voir Lucile)
Lucinda (voir Lucile)
Lucine (voir Lucile)
Lucy (voir Lucie)
Lucylle (voir Lucile)
Ludivina (voir Ludivine)
Ludivine
Ludivyne (voir Ludivine)
Ludiwine (voir Ludivine)
Ludmila
Ludmilla (voir Ludmila)
Ludmyla (voir Ludmila)
Ludyvine (voir Ludivine)
Luisa (voir Louise)
Luna
Lune (voir Luna)
Lunna (voir Luna)
Luuna (voir Luna)
Lya (voir Lia)
Lyah (voir Lia)
Lydia (voir Lydie)
Lydie
Lydwine (voir Ludivine)
Lyha (voir Lia)
Lyla (voir Lila)
Lyla (voir Lila)
Lylah (voir Lila)
Lylas (voir Lila)
Lyli (voir Lily)
Lylla (voir Lila)
Lylwen (voir Lilwenn)
Lyly (voir Lily)
Lyn (voir Line)
Lynah (voir Lina)
Lynda (voir Linda)
Lyndia (voir Linda)
Lyne (voir Line)
Lynes (voir Line)
Lynn (voir Line)
Lynna (voir Lina)
Lynne (voir Line)
Lysa (voir Lisa)
Lyse (voir Lisa)
Lysiane (voir Lisa)
Lyvia (voir Livia)
Lyvie (voir Livia)

M

Macha
Mada (voir Maddy)
Madalen (voir Madeleine)
Madalena (voir Madeleine)
Maddi (voir Maddy)
Maddie (voir Maddy)
Maddison (voir Madison)
Maddy
Maddyson (voir Madison)
Madeleine
Madeline (voir Madeleine)
Madelyne (voir Madeleine)
Madison
Madisone (voir Madison)
Madisonne (voir Madison)
Madisson (voir Madison)
Madissone (voir Madison)
Mady (voir Maddy)
Madyson (voir Madison)
Madysone (voir Madison)
Madysson (voir Madison)
Madyssone (voir Madison)
Mae (voir Mahé)
Maé (voir Mahé)
Maë (voir Mahé)
Maée (voir Mahé)
Maëla (voir Maelys)
Maëlia (voir Maelys)
Maëlie (voir Maelys)
Maëline (voir Maelys)
Maélis (voir Maelys)
Maëlis (voir Maelys)
Maëlle
Maelle (voir Maëlle)
Maëly (voir Maelys)
Maëlyne (voir Maelys)
Maëlyne (voir Maelys)
Maelys
Maëlys (voir Maelys)
Maëlyse (voir Maelys)
Maeva
Maëva (voir Maeva)
Maevane (voir Maeva)
Maeve (voir Maeva)
Maève (voir Maeva)
Maewa (voir Maeva)
Maewenn (voir Maïwenn)
Magali
Magalie (voir Magali)
Magaly (voir Magali)
Magda (voir Madeleine)
Magdalena
(voir Madeleine)
Magdalina
(voir Madeleine)
Magdaline
(voir Madeleine)
Magdelaine
(voir Madeleine)
Magnolia
Maguelone (voir Magali)
Maguelonne (voir Magali)
Mahalia (voir Malia)
Mahé (mixte)
Mahée (voir Mahé)
Maheva (voir Maeva)
Maheva (voir Maeva)
Mahia (voir Maya)
Mahina (voir Maïna)
Mahine (voir Maïna)
Mai
Maï (voir Mai)
Maïa (voir Maya)
Maïda (voir Maddy)
Maïly (voir Maelys)
Maïlys (voir Maelys)
Maïna
Maïtena
Maïténa (voir Maïtena)
Maïva (voir Maeva)
Maïween (voir Maïwenn)
Maïwen (voir Maïwenn)
Maïwen (voir Maïwenn)
Maïwenn
Maïwenna (voir Maïwenn)
Maiwenne (voir Maïwenn)
Maiya (voir Maya)
Malaurie
Malhia (voir Malia)
Malia
Maliah (voir Malia)
Malica (voir Malika)
Malicka (voir Malika)
Malie (voir Malia)
Maliha (voir Malia)
Malika
Maliya (voir Malia)
Mallaurie (voir Malaurie)
Mallaury (voir Malaurie)
Mallia (voir Malia)
Mallika (voir Malika)
Mallorie (voir Malaurie)
Mallory (voir Malaurie)
Malorie (voir Malaurie)
Malory (voir Malaurie)
Malou (voir Malaurie)
Malva (voir Mauve)
Malvane (voir Mauve)
Malvina (voir Mauve)
Malvy (voir Mauve)
Malya (voir Malia)
Malyka (voir Malika)
Manel
Manele (voir Manel)
Manelle (voir Manel)
Mannon (voir Manon)
Manon
Mantha (voir Samantha)
Manthy (voir Samantha)
Manuella (voir
Emmanuelle)
Marcela (voir Marceline)
Marcela (voir Marcelle)
Marcèle (voir Marcelle)
Marceline
Marcella (voir Marcelle)
Marcelle
Marcellina (voir Marceline)
Marcelline (voir Marceline)
Marcia
Marcianne (voir Marcia)
Marcie (voir Marcia)
Marcie (voir Marcia)
Mareva
Margaret (voir Marguerite)
Margareth
(voir Marguerite)
Margaud (voir Margaux)
Margault (voir Margaux)
Margaux
Margo (voir Margaux)
Margot (voir Margaux)
Marguerita
(voir Marguerite)
Marguerite
Margueritte
(voir Marguerite)
Mari (voir Marie)
Maria (voir Marie)
Mariah (voir Marie)
Mariana (voir Marianne)
Mariane (voir Marianne)
Marianna (voir Marianne)
Marianne
Marie
Marie-Anne (voir Marianne)
Marie-Lou (voir Marilou)
Marilina (voir Marilyne)
Mariline (voir Marilyne)
Marilou
Marilou (voir Marilou)
Marilyn (voir Marilyne)
Marilyne
Marina (voir Marine)
Marine
Marinne (voir Marine)
Marion
Marisa
Marise (voir Marisa)
Marisol (voir Marisa)
Marissa (voir Marisa)
Marisse (voir Marisa)
Mariya (voir Marie)
Mariza (voir Marisa)
Marize (voir Marisa)
Marjana (voir Marjane)
Marjane
Marjolaine
Marjolène
(voir Marjolaine)
Marjorie
Marjory (voir Marjorie)
Marlaine (voir Marlène)
Marleen (voir Marlène)
Marlen (voir Marlène)
Marléna (voir Marlène)

Marlène
Marnia (voir Marnie)
Marnie
Marny (voir Marnie)
Marsia (voir Marcia)
Marta (voir Martha)
Marte (voir Martha)
Martha
Marthe (voir Martha)
Marthe (voir Martha)
Marthine (voir Martine)
Martina (voir Martine)
Martine
Marty (voir Martha)
Martyna (voir Martine)
Martyne (voir Martine)
Mary (voir Marie)
Marya (voir Marie)
Maryana (voir Marianne)
Marye (voir Marie)
Marylin (voir Marilyne)
Maryline (voir Marilyne)
Marylou (voir Marilou)
Marylyn (voir Marilyne)
Marylyne (voir Marilyne)
Maryn (voir Marine)
Maryna (voir Marine)
Maryne (voir Marine)
Marynne (voir Marine)
Maryon (voir Marion)
Marysa (voir Marisa)
Maryse (voir Marisa)
Maryssa (voir Marisa)
Maryvette (voir Yveline)
Maryze (voir Marisa)
Marzia (voir Marcia)
Massilia (voir Maximilienne)
Massima
(voir Maximilienne)
Matéa (voir Mathéa)
Mathéa
Mathée (voir Mathéa)
Mathide (voir Mathilde)
Mathilda (voir Mathilde)
Mathilde
Mathylda (voir Mathilde)
Mathylde (voir Mathilde)
Matida (voir Mathilde)
Matilda (voir Mathilde)
Matilde (voir Mathilde)
Mattea (voir Mathéa)
Mattéa (voir Mathéa)
Matthéa (voir Mathéa)
Matylda (voir Mathilde)
Matylde (voir Mathilde)

Maud
Maude (voir Maud)
Maura (voir Maurane)
Maurane
Mauranne (voir Maurane)
Maureen
Mauricette
Maurine (voir Maureen)
Mauryn (voir Maureen)
Mauryne (voir Maureen)
Mauve
Maximilia
(voir Maximilienne)
Maximiliana
(voir Maximilienne)
Maximilie
(voir Maximilienne)
Maximilienne
Maximine
(voir Maximilienne)
May (voir Mai)
Maya
Maye (voir Maya)
Mayia (voir Maya)
Maylis (voir Maelys)
Mayna (voir Maïna)
Maywen (voir Maïwenn)
Maywenn (voir Maïwenn)
Mazarine
Meg
Megan
Mégane (voir Megan)
Megann (voir Megan)
Méganne (voir Megan)
Megg (voir Meg)
Meggan (voir Megan)
Meggane (voir Megan)
Meggy (voir Meg)
Meghan (voir Megan)
Meghane (voir Megan)
Melaine (voir Mélanie)
Mélaine (voir Mélanie)
Melana (voir Mélanie)
Mélane (voir Mélanie)
Melania (voir Mélanie)
Mélanie
Mélanie (voir Mélanie)
Melany (voir Mélanie)
Mélany (voir Mélanie)
Melena (voir Mélanie)
Mélène (voir Mélanie)
Mélina
Melina (voir Mélanie)
Mélinda (voir Mélina)
Meline (voir Mélina)

Méline (voir Mélina)
Mélinssande (voir Mélissa)
Mélis (voir Mélissa)
Mélisa (voir Mélissa)
Mélissa
Melissandre (voir Mélissa)
Mellina (voir Mélina)
Mellony (voir Mélanie)
Mélodi (voir Mélodie)
Mélodie
Mélodine (voir Mélodie)
Melody (voir Mélodie)
Méloé (voir Mélanie)
Méloée (voir Mélanie)
Mélynda (voir Mélina)
Mélyssa (voir Mélissa)
Meriam (voir Myriam)
Meriem (voir Myriam)
Merryl (voir Meryl)
Meryam (voir Myriam)
Meryem (voir Myriam)
Meryl (mixte)
Meryle (voir Meryl)
Meryll (voir Meryl)
Merylle (voir Meryl)
Mia
Michèla (voir Michelle)
Michèle (voir Michelle)
Micheline (voir Michelle)
Michella (voir Michelle)
Michelle
Mikela (voir Michelle)
Mila
Milagros (voir Mila)
Milena
Miléna (voir Milena)
Milène (voir Milena)
Milla (voir Mila)
Millena (voir Milena)
Millie (voir Mila)
Milly (voir Mila)
Milly (voir Mila)
Mily (voir Mila)
Mina
Minah (voir Mina)
Mine (voir Mina)
Minh (voir Mina)
Minna (voir Mina)
Mira
Miya (voir Mia)
Moïra
Mona
Monia (voir Mona)
Monna (voir Mona)
Morgana (voir Morgane)

Morgane
Morgann (voir Morgane)
Morganne (voir Morgane)
Morghane (voir Morgane)
Moyra (voir Moïra)
Mya (voir Mia)
Myla (voir Mila)
Mylena (voir Milena)
Mylène (voir Milena)
Mylla (voir Mila)
Myna (voir Mina)
Myra (voir Mira)
Myriam
Myriame (voir Myriam)
Myriem (voir Myriam)
Myrtile (voir Myrtille)
Myrtille

N

Nabella (voir Nabila)
Nabila
Nabilah (voir Nabila)
Nabilla (voir Nabila)
Nacha (voir Natacha)
Nacima (voir Nassima)
Nadège
Nadejda (voir Nadège)
Nadeje (voir Nadège)
Nadhia (voir Nadia)
Nadia
Nadie (voir Nadia)
Nadiha (voir Nadia)
Nadina (voir Nadine)
Nadine
Nadiya (voir Nadia)
Nadiye (voir Nadia)
Nadja (voir Nadia)
Nadjat (voir Najat)
Nady (voir Nadine)
Nadya (voir Nadia)
Nadyne (voir Nadine)
Naela (voir Naëlle)
Naëla (voir Naëlle)
Naele (voir Naëlle)
Naella (voir Naëlle)
Naëlle
Naelly (voir Naëlle)
Naely (voir Naëlle)
Naget (voir Najat)
Nagète (voir Najat)
Nahela (voir Naëlle)
Nahelle (voir Naëlle)
Nahia (voir Naïs)
Nahid (voir Naïs)
Nahila (voir Nayla)

Nahla (voir Nayla)
Nahomie (voir Naomi)
Nahomy (voir Naomi)
Nahya (voir Naïs)
Nahyla (voir Nayla)
Naia (voir Naïs)
Naïla (voir Nayla)
Nailah (voir Nayla)
Naïlah (voir Nayla)
Naile (voir Nayla)
Nailla (voir Nayla)
Naily (voir Nayla)
Naïs
Najat
Najate (voir Najat)
Najatte (voir Najat)
Najda (voir Nadège)
Najet (voir Najat)
Najette (voir Najat)
Naoïl (voir Nawel)
Naoïle (voir Nawel)
Naome (voir Naomi)
Naomi
Naomie (voir Naomi)
Naomy (voir Naomi)
Naoual (voir Nawel)
Naouale (voir Nawel)
Naouale (voir Nawel)
Naouel (voir Nawel)
Naouele (voir Nawel)
Naouele (voir Nawel)
Naouelle (voir Nawel)
Naouelle (voir Nawel)
Nasima (voir Nassima)
Nasrine (voir Nesrine)
Nassima
Nassrine (voir Nesrine)
Natacha
Natalia (voir Nathalie)
Natalia (voir Nathalie)
Natalie (voir Nathalie)
Natalya (voir Nathalie)
Natasha (voir Natacha)
Nathalia (voir Nathalie)
Nathalie
Nathalya (voir Nathalie)
Nathalye (voir Nathalie)
Nattie (voir Nathalie)
Nawaël (voir Nawel)
Nawal (voir Nawel)
Nawale (voir Nawel)
Nawel
Nawell (voir Nawel)
Nawelle (voir Nawel)
Naya (voir Naïs)

Nayah (voir Naïs)
Naye (voir Naïs)
Nayla
Nayla (voir Nayla)
Nazima (voir Nassima)
Neela (voir Nell)
Nehla (voir Nell)
Neige
Neïla (voir Nell)
Nela (voir Nell)
Nele (voir Nell)
Neli (voir Nell)
Nélia (voir Nell)
Nélie (voir Nell)
Nell
Nella (voir Nell)
Nelle (voir Nell)
Nelle (voir Nell)
Nelli (voir Nell)
Nellia (voir Nell)
Nelly (voir Nell)
Nely (voir Nell)
Nese (voir Ness)
Nesrin (voir Nesrine)
Nesrine
Nesrine (voir Nesrine)
Nesryne (voir Nesrine)
Ness
Nessa (voir Ness)
Nesserine (voir Nesrine)
Nessie (voir Ness)
Nessrine (voir Nesrine)
Nessrine (voir Nesrine)
Nessy (voir Ness)
Neyla (voir Nayla)
Nezha (voir Ness)
Niama (voir Niame)
Niame
Niamh (voir Niame)
Nicole
Nicolle (voir Nicole)
Nikita
Nikki (voir Nikita)
Nina
Nine (voir Nina)
Nini (voir Nina)
Ninon
Nisrin (voir Nesrine)
Noa (mixte)
Noa (voir Noa)
Noah (voir Noa)
Noèle (voir Noélie)
Noelia (voir Noélie)
Noélia (voir Noélie)
Noélie
Noellia (voir Noélie)
Noëllie (voir Noélie)
Noellya (voir Noélie)
Noelya (voir Noélie)
Noelys (voir Noélie)
Noemi (voir Noémie)
Noémia (voir Noémie)
Noémie
Noemye (voir Noémie)
Noha (voir Noa)
Nohemie (voir Noémie)
Nohra (voir Nora)
Nola
Nolah (voir Nola)
Nolvene (voir Nolwenn)
Nolvenn (voir Nolwenn)
Nolween (voir Nolwenn)
Nolwen (voir Nolwenn)
Nolwene (voir Nolwenn)
Nolwenn
Nolwenne (voir Nolwenn)
Noor (voir Nora)
Noor (voir Nour)
Nor (voir Nora)
Nora
Norah (voir Nora)
Norhane (voir Nora)
Noria (voir Nora)
Norra (voir Nora)
Nour (mixte)
Nour (voir Nour)
Noura (voir Nour)
Nourah (voir Nour)
Nourane (voir Nour)
Noure (voir Nour)
Nourra (voir Nour)
Nyna (voir Nina)
Nynon (voir Ninon)

O

Oana
Oanell (voir Oana)
Oanelle (voir Oana)
Oanez (voir Oana)
Océana (voir Océane)
Océane
Océanie (voir Océane)
Oceann (voir Océane)
Oceanna (voir Océane)
Océanne (voir Océane)
Oceany (voir Océane)
Octavia (voir Octavie)
Octaviana (voir Octavie)
Octavie
Octavienne (voir Octavie)
Odélia
Odelia (voir Odélia)
Odélice (voir Odélia)
Odélie (voir Odélia)
Odélie (voir Odélia)
Odélinda (voir Odélia)
Odélinie (voir Odélia)
Odélisa (voir Odélia)
Odélise (voir Odélia)
Odélisse (voir Odélia)
Odell (voir Odélia)
Odelya (voir Odélia)
Odete (voir Odette)
Odetta (voir Odette)
Odette
Odila (voir Odile)
Odile
Odille (voir Odile)
Odyle (voir Odile)
Odylle (voir Odile)
Ohana (voir Oana)
Oksana (voir Oxana)
Oksane (voir Oxana)
Oksanna (voir Oxana)
Olga
Oliva (voir Olive)
Olive
Olivia (voir Olive)
Oliviana (voir Olive)
Oliviane (voir Olive)
Olivine (voir Olive)
Oliwia (voir Olive)
Olympe
Olympia (voir Olympe)
Ombeline
Ombelline (voir Ombeline)
Ombelyne (voir Ombeline)
Ombline (voir Ombeline)
Ondina (voir Ondine)
Ondine
Ondyne (voir Ondine)
Opal (voir Opale)
Opale
Opaline (voir Opale)
Ophélia (voir Ophélie)
Ophélie
Orana (voir Oriane)
Orane (voir Oriane)
Orélie (voir Aurélie)
Oria (voir Oriane)
Oriana (voir Auriane)
Oriana (voir Oriane)
Oriane
Oriane (voir Auriane)
Orianna (voir Oriane)
Orianne (voir Auriane)
Oriel (voir Aurélie)
Orlana (voir Orlane)
Orlane
Orlane (voir Oriane)
Orlann (voir Orlane)
Orlanne (voir Orlane)
Orléane (voir Orlane)
Orléanne (voir Orlane)
Orléna (voir Orlane)
Orlène (voir Orlane)
Ornèla (voir Ornella)
Ornella
Ornella (voir Oriane)
Orphea (voir Orphée)
Orphée
Orphée (voir Orphée)
Orphélie (voir Orphée)
Ortens (voir Hortense)
Ortensia (voir Hortense)
Orthense (voir Hortense)
Oryane (voir Oriane)
Oscarine
Othélia (voir Othilie)
Othélie (voir Othilie)
Othilia (voir Othilie)
Othilie
Othylie (voir Othilie)
Otilia (voir Othilie)
Ottalie (voir Othilie)
Ottavia (voir Octavie)
Ottilia (voir Othilie)
Ottilia (voir Othilie)
Ottilie (voir Othilie)
Otylia (voir Othilie)
Ouria (voir Houria)
Oxana
Oxane (voir Oxana)
Oxanna (voir Oxana)
Oxanne (voir Oxana)

P

Pakita (voir Paquita)
Palma (voir Palmyre)
Palmira (voir Palmyre)
Palmire (voir Palmyre)
Palmyre
Paloma
Palome
Palomia
Pam (voir Paméla)
Paméla
Pamela (voir Paméla)
Pamélia (voir Paméla)
Pamella (voir Paméla)
Paola (voir Paule)
Paolia (voir Paule)
Paolina (voir Pauline)
Paquita
Pascale
Pascalina (voir Pascaline)
Pascaline
Pascuala (voir Pascale)
Pasquale (voir Pascale)
Pasqualine (voir Pascaline)
Pat (voir Patricia)
Patrici (voir Patricia)
Patricia
Patriciane (voir Patricia)
Patricie (voir Patricia)
Patrizia (voir Patricia)
Patsy (voir Patricia)
Patty (voir Patricia)
Paula (voir Paule)
Paule
Paulette (voir Pauline)
Paulina (voir Pauline)
Pauline
Paulyne (voir Pauline)
Pearl
Peg (voir Peggy)
Peggie (voir Peggy)
Peggy
Pélage (voir Pélagie)
Pélagia (voir Pélagie)
Pélagie
Pélagienne (voir Pélagie)
Pénélope
Penélope (voir Pénélope)
Penny (voir Pénélope)
Périna (voir Perrine)
Périnne (voir Perrine)
Perla
Perle
Perlette
Perline
Pernelle
Pernille (voir Pernelle)
Péroline (voir Pernelle)
Péronelle (voir Pernelle)
Péronille (voir Pernelle)
Péronnelle (voir Pernelle)
Perrette
Perrine
Perryne (voir Perrine)
Petra
Pétronella (voir Pétronille)
Pétronia (voir Pétronille)
Pétronille
Pétula

Petula (voir Pétula)
Phèbe (voir Phoebé)
Phébée (voir Phoebé)
Phénicia
Phila (voir Philaé)
Philaé
Philia (voir Philaé)
Philipine (voir Philippine)
Philippa (voir Philippine)
Philippine
Phillie (voir Philaé)
Phillie (voir Philippine)
Philomèna (voir Philomène)
Philomène
Phoebé
Phoebe (voir Phoebé)
Phoeby (voir Phoebé)
Phuong
Pia
Pierra (voir Petra)
Pierrette (voir Perrette)
Pierrine (voir Perrine)
Pome (voir Pomme)
Pomeline (voir Pomme)
Pomme
Prescilia (voir Priscilla)
Prescilla (voir Priscilla)
Pricilla (voir Priscilla)
Pricillia (voir Priscilla)
Princess (voir Princesse)
Princesse
Pris (voir Prisca)
Prisca
Priscila (voir Priscilla)
Priscilia (voir Priscilla)
Priscilla
Priscille (voir Priscilla)
Priska (voir Prisca)
Prissie (voir Priscilla)
Prudence
Prudencia (voir Prudence)
Prudentia (voir Prudence)
Prudie (voir Prudence)
Prudy (voir Prudence)
Prune
Prunelle (voir Prune)

Q

Queen
Queena (voir Queen)
Queenie (voir Queen)
Quiteira
Quiterie
Quitteri
Quitterie

R

Rachel
Rachela (voir Rachel)
Rachèle (voir Rachel)
Rachelle (voir Rachel)
Rachida
Rachie (voir Rachel)
Rachile (voir Rachel)
Rae (voir Rachel)
Rafaëla (voir Raphaëlle)
Rafaële (voir Raphaëlle)
Rafaëlla (voir Raphaëlle)
Rafaëlle (voir Raphaëlle)
Raffaele (voir Raphaëlle)
Rahima (voir Rahma)
Rahma
Raimonda (voir Raymonde)
Raimonde (voir Raymonde)
Rama (voir Rahma)
Ramata (voir Rahma)
Ramona (voir Raymonde)
Raphaela (voir Raphaëlle)
Raphaële (voir Raphaëlle)
Raphaëlla (voir Raphaëlle)
Raphaëlle
Raquel (voir Rachel)
Rasheeda (voir Rachida)
Rashida (voir Rachida)
Raymonda
(voir Raymonde)
Raymonde
Raymunda
(voir Raymonde)
Rebeca (voir Rébecca)
Rébecca
Rebecka (voir Rébecca)
Rebeka (voir Rébecca)
Rebekah (voir Rébecca)
Rebekka (voir Rébecca)
Reina (voir Reine)
Reine
Reinette (voir Reine)
Rena (voir Renée)
Renata (voir Renée)
Renate (voir Renée)
Renée
Renee (voir Renée)
Renelle (voir Renée)
Rhizlane (voir Rizlane)
Rhoda (voir Rose)
Rigoberte (voir Roberte)
Rim (voir Rym)
Rima (voir Rym)
Rime (voir Rym)
Rita
Ritta (voir Rita)
Rivka (voir Rébecca)
Rizlane
Roberta (voir Roberte)
Roberte
Roberte (voir Roberte)
Robertine (voir Roberte)
Robine (voir Roberte)
Rochelle
Rolande
Rollande (voir Rolande)
Romaine (voir Romane)
Romana (voir Romane)
Romane
Romanella (voir Romane)
Romélie (voir Romane)
Romina (voir Romane)
Romy
Roquelia (voir Rochelle)
Roquelina (voir Rochelle)
Rosa (voir Rose)
Rosalba (voir Rose)
Rosali (voir Rosalie)
Rosalia (voir Rosalie)
Rosalie
Rosalina (voir Rosalie)
Rosalinda (voir Roselyne)
Rosalinde (voir Roselyne)
Rosaline (voir Rosalie)
Rosalio (voir Rosalie)
Rosaly (voir Rosalie)
Rosana
Rosane (voir Rosana)
Rosanne (voir Rosana)
Rosaria (voir Rose)
Roscoe (voir Rose)
Rose
Roseline (voir Roselyne)
Rosella (voir Rosalie)
Roselyne
Rosemonde (voir Rose)
Rosetta (voir Rose)
Rosie (voir Rose)
Rossana (voir Rosana)
Roxana (voir Roxane)
Roxane
Roxanna (voir Roxane)
Roxanne (voir Roxane)
Roxine (voir Roxane)
Roxy (voir Roxane)
Roza (voir Rose)
Rozalia (voir Rosalie)
Rozanne (voir Rosana)
Rozella (voir Rosalie)
Rozenn (voir Rose)
Rubis (voir Ruby)
Ruby
Rut (voir Ruth)
Ruth
Ruthie (voir Ruth)
Ruthy (voir Ruth)
Rym
Ryme (voir Rym)

S

Sabi (voir Sabine)
Sabienne (voir Sabine)
Sabina (voir Sabine)
Sabine
Sabinka (voir Sabine)
Sabrina
Sabryna (voir Sabrina)
Sahila (voir Shaïly)
Sahteene (voir Satine)
Sal (voir Sally)
Salama (voir Salma)
Salima (voir Salma)
Sallie (voir Sally)
Sally
Salma
Salomé
Saloméa (voir Salomé)
Salomée (voir Salomé)
Saly (voir Sally)
Sama (voir Samantha)
Sama (voir Samia)
Samae (voir Samia)
Samah (voir Samia)
Samanta (voir Samantha)
Samantha
Samia
Samiha (voir Samia)
Samiya (voir Samia)
Sammantha (voir
Samantha)
Sana
Sanaa (voir Sana)
Sanae (voir Sana)
Sanah (voir Sana)
Sandi (voir Sandy)
Sandia (voir Sandy)
Sandie (voir Sandy)
Sandra
Sandrina (voir Sandrine)
Sandrine
Sandryne (voir Sandrine)
Sandy
Sanna (voir Sana)
Sanna (voir Suzanne)
Sara (voir Sarah)
Sarah
Sari (voir Sarah)
Sarine (voir Sarah)
Saskia
Saskya (voir Saskia)
Sateen (voir Satine)
Satheen (voir Satine)
Satine
Satyne (voir Satine)
Saundra (voir Sandra)
Saura (voir Sarah)
Savana (voir Savannah)
Savanah (voir Savannah)
Savanna (voir Savannah)
Savannah
Savinka (voir Sabine)
Saya (voir Zahia)
Scarlet (voir Scarlett)
Scarlett
Scarlette (voir Scarlett)
Secil (voir Cécile)
Ségolaine (voir Ségolène)
Ségolen (voir Ségolène)
Ségolène
Seimone (voir Simone)
Selen (voir Sélène)
Selena (voir Sélène)
Séléna (voir Sélène)
Sélène
Sélénia (voir Sélène)
Selenna (voir Sélène)
Seliha (voir Célia)
Selima (voir Salma)
Selimata (voir Salma)
Selin (voir Céline)
Sélina (voir Céline)
Seline (voir Céline)
Selya (voir Célia)
Selyna (voir Céline)
Sémiha (voir Samia)
Sena (voir Sana)
Sendrine (voir Sandrine)
Seren (voir Serena)
Serena
Séréna (voir Serena)
Serina (voir Sherin)
Serine (voir Serena)
Sérine (voir Serena)
Serine (voir Sherin)
Serrine (voir Sherin)
Servane
Servanne (voir Servane)
Seryne (voir Sherin)
Sévéra (voir Séverine)
Sévériane (voir Séverine)

Severina (voir Séverine)
Séverina (voir Séverine)
Séverine
Séveryne (voir Séverine)
Sextina (voir Sixtine)
Shaila (voir Shaïly)
Shaili (voir Shaïly)
Shaïly
Shaïma
Shanel (voir Chanel)
Shannen (voir Shannon)
Shannon (mixte)
Shannone (voir Shannon)
Shanone (voir Shannon)
Shaya (voir Zahia)
Shayma (voir Shaïma)
Shelly (voir Shaïly)
Sherin
Sherina (voir Sherin)
Sherine (voir Sherin)
Sheryl (voir Cerise)
Sheryn (voir Sherin)
Sheryne (voir Sherin)
Shirel
Shirelle (voir Shirel)
Shyrel (voir Shirel)
Shyrelle (voir Shirel)
Sia (voir Zia)
Sibel (voir Sibylle)
Sibilla (voir Sibylle)
Sibille (voir Sibylle)
Sibyl (voir Sibylle)
Sibylle
Sibylline (voir Sibylle)
Sid (voir Sidonie)
Sidel (voir Sidonie)
Sidonia (voir Sidonie)
Sidonia (voir Sidonie)
Sidonie
Sidony (voir Sidonie)
Siena (voir Sienna)
Sienna
Sigolène (voir Ségolène)
Silana (voir Soline)
Silvie (voir Sylvie)
Sima (voir Simone)
Siméone (voir Simone)
Simona (voir Simone)
Simone
Simonetta (voir Simone)
Simonette (voir Simone)
Simonette (voir Simone)
Simonne (voir Simone)
Sinda (voir Cindy)
Sindi (voir Cindy)
Sindy (voir Cindy)
Sista (voir Sixtine)
Sistina (voir Sixtine)
Sitta (voir Sidonie)
Sixte (voir Sixtine)
Sixtina (voir Sixtine)
Sixtine
Sixtinska (voir Sixtine)
Siya (voir Zia)
Smeralda (voir Esmeralda)
Sofi (voir Sophie)
Sofia (voir Sophie)
Sofie (voir Sophie)
Solaine (voir Solène)
Solana (voir Solène)
Solange
Solemnia (voir Solange)
Solemnio (voir Solange)
Solena (voir Solène)
Solène
Solenez (voir Solène)
Solenn (voir Solène)
Solenne (voir Solène)
Soline
Solvei (voir Solveig)
Solveig
Solveiga (voir Solveig)
Solvi (voir Solveig)
Solvig (voir Solveig)
Solweig (voir Solveig)
Solyane (voir Soline)
Solyne (voir Soline)
Sonia
Sonja (voir Sonia)
Sonya (voir Sonia)
Sophia (voir Sophie)
Sophie
Sounia (voir Sonia)
Stacey (voir Stacy)
Stacie (voir Stacy)
Stacy
Stecy (voir Stacy)
Stefanie (voir Stéphanie)
Stefany (voir Stéphanie)
Steffanie (voir Stéphanie)
Steffie (voir Stéphanie)
Steffy (voir Stéphanie)
Stelia (voir Stella)
Stella
Stellia (voir Stella)
Stéphanie
Stephany (voir Stéphanie)
Stephie (voir Stéphanie)
Stephy (voir Stéphanie)
Stessie (voir Stacy)
Stessy (voir Stacy)
Summer
Susette (voir Suzanne)
Susi (voir Suzie)
Susie (voir Suzie)
Suzanna (voir Suzanne)
Suzanne
Suzel (voir Suzanne)
Suzelle (voir Suzanne)
Suzette (voir Suzanne)
Suzie
Suzie (voir Suzie)
Suzony (voir Suzanne)
Suzy (voir Suzie)
Suzy (voir Suzie)
Sya (voir Zia)
Sybille (voir Sibylle)
Sybyl (voir Sibylle)
Sydonie (voir Sidonie)
Sylvaine (voir Sylvie)
Sylvana (voir Sylvie)
Sylvanie (voir Sylvie)
Sylvette (voir Sylvie)
Sylvia (voir Sylvie)
Sylviane (voir Sylvie)
Sylvianne (voir Sylvie)
Sylvie
Synda (voir Cindy)
Syndi (voir Cindy)
Syndy (voir Cindy)
Synthia (voir Cynthia)
Syrine

T

Tabatha
Tabitha (voir Tabatha)
Tahina (voir Taïna)
Tahyna (voir Taïna)
Tahys (voir Thaïs)
Taïna
Taïnaïs (voir Taïna)
Taini (voir Taïna)
Tainy (voir Taïna)
Taïs (voir Thaïs)
Taïss (voir Thaïs)
Taïssa (voir Thaïs)
Taïssia (voir Thaïs)
Taïssir (voir Thaïs)
Taïssy (voir Thaïs)
Tamar (voir Tamara)
Tamara
Tamarah (voir Tamara)
Tammara (voir Tamara)
Tammi (voir Tamara)
Tammie (voir Tamara)
Tammy (voir Tamara)
Tamra (voir Tamara)
Tana (voir Taïna)
Tanaya (voir Tania)
Tania
Tanina (voir Tania)
Tanja (voir Tania)
Tanya (voir Tania)
Tanys (voir Taïna)
Tara
Tatia (voir Tatiana)
Tatiana
Tatiane (voir Tatiana)
Tatjana (voir Tatiana)
Tatyana (voir Tatiana)
Taunia (voir Tatiana)
Taunya (voir Tatiana)
Tava (voir Octavie)
Tavie (voir Octavie)
Tayna (voir Taïna)
Tea (voir Théa)
Téa (voir Théa)
Téodora (voir Théodora)
Teresa (voir Thérèse)
Terez (voir Thérèse)
Tess
Tessa (voir Tess)
Tessia (voir Tess)
Tessie (voir Tess)
Tessy (voir Tess)
Thaina (voir Taïna)
Thaïs
Thalia
Thalie (voir Thalia)
Thamar (voir Tamara)
Thamara (voir Tamara)
Thara (voir Tara)
Thayna (voir Taïna)
Théa
Théa (voir Théa)
Thée (voir Théa)
Thelma
Théodora
Théodoria (voir Théodora)
Théodorie (voir Théodora)
Théodorine (voir Théodora)
Thérésa (voir Thérèse)
Thérèse
Thérésia (voir Thérèse)
Thereza (voir Thérèse)
Thérèze (voir Thérèse)
Tifanie (voir Tiffany)
Tifanny (voir Tiffany)
Tifanny (voir Tiphaine)
Tifenn (voir Tiphaine)
Tifenne (voir Tiphaine)
Tiffani (voir Tiffany)
Tiffani (voir Tiphaine)
Tiffanie (voir Tiffany)
Tiffanie (voir Tiphaine)
Tiffany
Tiffany (voir Tiffany)
Tiffany (voir Tiphaine)
Tilda (voir Clothilde)
Tilde (voir Clothilde)
Tina
Tine (voir Tina)
Tiphaine
Toinette (voir Antoinette)
Toinon (voir Antoinette)
Tonia
Tonina (voir Tonia)
Tonya (voir Tonia)
Tosca (voir Toscane)
Toscane
Tricia (voir Patricia)
Typhaine (voir Tiphaine)

U

Uguette (voir Huguette)
Uhaina
Uma
Uria (voir Urielle)
Uriah (voir Urielle)
Urias (voir Urielle)
Uriela (voir Urielle)
Uriell (voir Urielle)
Urielle
Ursel (voir Ursula)
Ursilla (voir Ursula)
Ursine (voir Ursula)
Ursula
Ursule (voir Ursula)
Ursulina (voir Ursula)
Ursuline (voir Ursula)
Ursy (voir Ursula)
Urzili (voir Ursula)
Urzula (voir Ursula)

V

Vaiana
Val (voir Valérie)
Vale (voir Valérie)
Valencina (voir Valentine)
Valentia (voir Valentine)
Valentiane (voir Valentine)
Valentienne (voir Valentine)
Valentina (voir Valentine)
Valentine

Valeriana (voir Valériane)
Valériane
Valérie
Valérie-Anne (voir Valériane)
Valérienne (voir Valériane)
Valérienne (voir Valérie)
Valérina (voir Valérie)
Valérine (voir Valérie)
Valeska (voir Valérie)
Vallentina (voir Valentine)
Vallie (voir Valérie)
Vanda (voir Wanda)
Vanesa (voir Vanessa)
Vanessa
Vanilla (voir Vanille)
Vanille
Vanina
Vannessa (voir Vanessa)
Vanni (voir Vanessa)
Vannie (voir Vanessa)
Vannina (voir Vanina)
Veera (voir Véra)
Veira (voir Véra)
Venda (voir Wanda)
Vénissia (voir Vénus)
Vénus
Venus (voir Vénus)
Véra
Vérana (voir Véra)
Vérane (voir Véra)
Verna (voir Véra)
Veronica (voir Véronique)
Véronik (voir Véronique)
Veronike (voir Véronique)
Véronique
Vic (voir Vicky)
Vicki (voir Vicky)
Vickie (voir Vicky)
Vicky
Victoire
Victoria
Victoriana (voir Victoria)
Victorine (voir Victoire)
Viera (voir Véra)
Vihtoriina (voir Victoire)
Vihtorina (voir Victoire)
Viktoria (voir Victoria)
Viktorie (voir Victoire)
Viktorija (voir Victoria)
Viktorina (voir Victoire)
Viktorka (voir Victoria)
Vilma (voir Wilma)
Vincente (voir Vinciane)
Vinciane
Viola (voir Violaine)
Violaine
Violène (voir Violaine)
Violeta (voir Violette)
Violetka (voir Violette)
Violetta (voir Violette)
Violette
Violine (voir Violaine)
Virgin (voir Virginie)
Virgine (voir Virginie)
Virginia (voir Virginie)
Virginie
Virginy (voir Virginie)
Vita
Vitalie (voir Vita)
Vitaline (voir Vita)
Vitorja (voir Victoria)
Vittoria (voir Victoria)
Vittoriana (voir Victoire)
Vivana (voir Viviane)
Vivia (voir Viviane)
Viviana (voir Viviane)
Viviane
Vivianne (voir Viviane)
Vivienne (voir Viviane)

W

Wanda
Wandala (voir Wanda)
Wandeline (voir Wanda)
Wandis (voir Wanda)
Wando (voir Wanda)
Wandula (voir Wanda)
Wendi (voir Wendy)
Wendie (voir Wendy)
Wendila (voir Wendy)
Wendy
Whitney
Wiktoria (voir Victoria)
Wilma
Winona
Withney (voir Whitney)
Witney (voir Whitney)
Wylma (voir Wilma)
Wynona (voir Winona)

X

Xana
Xane (voir Xana)
Xavérie (voir Xavière)
Xavérine (voir Xavière)
Xaviera (voir Xavière)
Xavieranne (voir Xavière)
Xavière
Xena
Xéna (voir Xena)
Xénia (voir Xena)
Xuan
Xuân (voir Xuan)

Y

Yacintha (voir Hyacinthe)
Yacinthe (voir Hyacinthe)
Yael
Yaël (voir Yael)
Yaëlle (voir Yael)
Yamina
Yaminah (voir Yamina)
Yamma (voir Yamina)
Yara
Yasmeen (voir Yasmina)
Yasmina
Yasmina (voir Jasmine)
Yasmine (voir Jasmine)
Yasmine (voir Yasmina)
Yassmine (voir Yasmina)
Yda (voir Ida)
Yeelen (voir Ielena)
Yeleen (voir Ielena)
Yelen (voir Ielena)
Yélèna (voir Ielena)
Yemina (voir Yamina)
Yeminah (voir Yamina)
Ylana (voir Ilana)
Ylanna (voir Ilana)
Yliana (voir Iliana)
Yllana (voir Ilana)
Ylliana (voir Iliana)
Yllona (voir Ilona)
Ylona (voir Ilona)
Ylona (voir Ilona)
Ylonna (voir Ilona)
Yman (voir Imane)
Ymane (voir Imane)
Yna (voir Hina)
Ynès (voir Inès)
Yness (voir Inès)
Ynesse (voir Inès)
Yoko
Yolaina (voir Yolaine)
Yolaine
Yolanda (voir Yolande)
Yolande
Yolène (voir Yolaine)
Yolène (voir Yolaine)
Yoline (voir Yolaine)
Yosra (voir Yousra)
Yossra (voir Yousra)
Youna (mixte)
Younen (voir Youna)
Yousra
Yousria (voir Yousra)
Youssra (voir Yousra)
Yrene (voir Irène)
Yris (voir Iris)
Ysabel (voir Isabelle)
Ysabelle (voir Isabelle)
Ysaline
Ysaline (voir Isaline)
Ysalis (voir Ysaline)
Ysaure (voir Isaure)
Ysé
Ysé (voir Ysé)
Ysea (voir Isée)
Ysee (voir Isée)
Ysee (voir Ysé)
Ysée (voir Ysé)
Yseult
Yseut (voir Yseult)
Ysis (voir Isis)
Yumi
Yuna (voir Youna)
Yusra (voir Yousra)
Yva (voir Ivy)
Yvana (voir Yvanna)
Yvane (voir Yvanna)
Yvanna
Yvannah (voir Yvanna)
Yvanne (voir Yvanna)
Yveline
Yvette (voir Yveline)
Yvona (voir Yvonne)
Yvone (voir Yvonne)
Yvonne
Yzea (voir Isée)

Z

Zahara (voir Zahra)
Zahia
Zahiya (voir Zahia)
Zahra
Zahya (voir Zahia)
Zaïa (voir Zahia)
Zaiha (voir Zahia)
Zaiya (voir Zahia)
Zarah (voir Zahra)
Zarha (voir Zahra)
Zaskia (voir Saskia)
Zaya (voir Zahia)
Zéa (voir Zoé)
Zehlda (voir Zelda)
Zéina (voir Zina)
Zelda
Zélia (voir Zélie)
Zélida (voir Zelda)
Zélie
Zelie (voir Zélie)
Zéliha (voir Zelda)
Zélina (voir Zélie)
Zéline (voir Zélie)
Zéna (voir Xena)
Zénia (voir Xena)
Zérane (voir Zita)
Zhelda (voir Zelda)
Zia
Zilda (voir Zelda)
Zina
Zita
Zite (voir Zita)
Zitella (voir Zita)
Zoa (voir Zoé)
Zoé
Zoe (voir Zoé)
Zoë (voir Zoé)
Zoée (voir Zoé)
Zoélie (voir Zoé)
Zoéline (voir Zoé)
Zoëlla (voir Zoé)
Zoey (voir Zoé)
Zohra
Zooey (voir Zoé)
Zora (voir Zohra)
Zorah (voir Zohra)
Zorra (voir Zohra)
Zorrah (voir Zohra)
Zuzanna (voir Suzanne)
Zya (voir Zia)

Les prénoms de garçons de A à Z

A
Aadel (voir Adel)
Aadil (voir Adil)
Aaron
Aarone (voir Aaron)
Aaronn (voir Aaron)
Aaronn (voir Aaron)
Aaziz (voir Aziz)
Ab-del (voir Abdel)
Abd (voir Abdel)
Abd-El (voir Abdel)
Abdel
Abdel-Aziz (voir Abdelaziz)
Abdel-Kader (voir Abdelkader)
Abdel-Malek (voir Abdelmalik)
Abdel-Malik (voir Abdelmalik)
Abdelali (voir Abdel)
Abdelaziz
Abdelazziz (voir Abdelaziz)
Abdelhaziz (voir Abdelaziz)
Abdelkader
Abdelkadir (voir Abdelkader)
Abdelkhader (voir Abdelkader)
Abdellaziz (voir Abdelaziz)
Abdelmalek (voir Abdelmalik)
Abdelmalik
Abdias
Abdou (voir Abdoulaye)
Abdoul (voir Abdoulaye)
Abdoul-Kader (voir Abdelkader)
Abdoulaye
Abdoullah (voir Abdoulaye)
Abdoullaye (voir Abdoulaye)
Abdourahmane (voir Abdoulaye)
Abdullah (voir Abdoulaye)
Abeau (voir Abel)
Abel
Abelain (voir Abel)
Abélard (voir Abel)
Abélard (voir Abel)
Abelin (voir Abel)
Abie (voir Abraham)
Aboubacar
Aboubacary (voir Aboubacar)
Aboubakar (voir Aboubacar)
Aboubakari (voir Aboubacar)
Aboubakary (voir Aboubacar)
Abraham
Abrahan (voir Abraham)
Abram (voir Abraham)
Abramo (voir Abraham)
Absalon (voir Axel)
Achil (voir Achille)
Achile (voir Achille)
Achill (voir Achille)
Achille
Achilles (voir Achille)
Achilleus (voir Achille)
Acyl (voir Achille)
Ada (voir Adda)
Adalbert (voir Albert)
Adalric (voir Aldric)
Adam
Adama (voir Adam)
Adame (voir Adam)
Adamec (voir Adam)
Adamek (voir Adam)
Adamo (voir Adam)
Adams (voir Adam)
Adams (voir Adam)
Adan (voir Adam)
Adda
Adda (voir Adda)
Addam (voir Adam)
Addam (voir Adam)
Addel (voir Adel)
Addil (voir Adil)
Addisson
Addy (voir Adam)
Addy (voir Adda)
Adeel (voir Adel)
Adel
Adelfons (voir Alphonse)
Adelmar (voir Adhémar)
Adelmard (voir Adhémar)
Adelmo (voir Adhémar)
Adelphe
Adelphos (voir Adelphe)
Adem
Adem (voir Adam)
Ademar (voir Adhémar)
Ademaro (voir Adhémar)
Ademe (voir Adem)
Aden (voir Adem)
Aden (voir Aïdan)
Adham (voir Adam)
Adhem (voir Adem)
Adhémar
Adi (voir Adda)
Adib
Adil
Adile (voir Adil)
Adille (voir Adil)
Adlâne (voir Adil)
Adlen (voir Adil)
Adlène (voir Adil)
Adolf (voir Adolphe)
Adolfo (voir Adolphe)
Adolph (voir Adolphe)
Adolphas (voir Adolphe)
Adolphe
Adolphus (voir Adolphe)
Adonis
Adrian (voir Adrien)
Adriano (voir Adrien)
Adrien
Adryen (voir Adrien)
Adyl (voir Adil)
Aedan (voir Aïdan)
Aël
Ael (voir Aël)
Aelig (voir Aël)
Aëlig (voir Aël)
Aelin (voir Abel)
Aemilius (voir Amélio)
Aengus (voir Angus)
Afreddy (voir Alfred)
Agathon
Agénor
Agnan
Agnel (voir Agnan)
Agotino (voir Augustin)
Aguistin (voir Augustin)
Agust (voir Auguste)
Agustin (voir Augustin)
Ahamadou (voir Amadou)
Ahamed (voir Ahmed)
Aharon (voir Aaron)
Aharon (voir Aaron)
Ahmad (voir Ahmed)
Ahmad (voir Amadou)
Ahmadou (voir Ahmed)
Ahmadou (voir Amadou)
Ahmed
Ahmed (voir Amadou)
Ahmet (voir Ahmed)
Ahmet (voir Amadou)
Ahmid (voir Ahmed)
Ahmid (voir Amadou)
Aïdan
Aidan (voir Aïdan)
Aidann (voir Aïdan)
Aikel (voir Achille)
Ailean (voir Alain)
Ailin (voir Alain)
Aimable (voir Aimé)
Aimad (voir Ahmed)
Aimé
Aimeri (voir Amaury)
Aimery (voir Amaury)
Aitor
Akil (voir Achille)
Akli (voir Achille)
Aksel (voir Axel)
Aksenti (voir Auxence)
Al (voir Alain)
Al (voir Ali)
Ala (voir Ali)
Alain
Alan
Aland (voir Alain)
Alane (voir Alan)
Alanig (voir Alan)
Alann (voir Alan)
Alar (voir Alaric)
Alari (voir Alaric)
Alaric
Alarick (voir Alaric)
Alarik (voir Alaric)
Alban
Albano (voir Alban)
Albans (voir Alban)
Albany (voir Alban)
Albar (voir Albert)
Albéric
Alberich (voir Albéric)
Albert
Alberti (voir Albert)
Albertini (voir Albert)
Alberto (voir Albert)
Alberto (voir Albert)
Albin (voir Alban)
Albrecht (voir Albert)
Alde (voir Aldo)
Alderic (voir Aldric)
Alderick (voir Aldric)
Aldo
Aldous (voir Aldo)
Aldred (voir Aldric)
Aldric
Aldrick (voir Aldric)
Aldrik (voir Aldric)
Aldwin
Aldwin (voir Alvin)
Aldwin (voir Baudouin)
Aldwyn (voir Aldwin)
Aldwynn (voir Aldwin)
Alec (voir Alex)
Aleck (voir Alex)
Aledbert (voir Albert)
Alejo (voir Alexis)
Aleks (voir Alex)
Aleksandar (voir Alexandre)
Aleksandre (voir Alexandre)

Aleksii (voir Alexis)
Alen (voir Alain)
Ales (voir Alexandre)
Ales (voir Ali)
Alessi (voir Alexis)
Alessio (voir Alexis)
Alex
Alexandre
Alexandro (voir Alexandre)
Alexandros
(voir Alexandre)
Alexandru (voir Alexandre)
Alexei (voir Alexis)
Alexender (voir Alexandre)
Alexian (voir Alexis)
Alexio (voir Alexis)
Alexis
Alexy (voir Alexis)
Alexy (voir Alexis)
Alf (voir Alfred)
Alfaric (voir Albéric)
Alfie (voir Alfred)
Alfons (voir Alphonse)
Alfonso (voir Alphonse)
Alfred
Alfredo (voir Alfred)
Alfy (voir Alfred)
Alhan (voir Alan)
Ali (mixte)
Alistair
Alister (voir Alistair)
Alix
Alixe (voir Alix)
Alixen (voir Alix)
Alla (voir Ali)
Allain (voir Alain)
Allan (voir Alan)
Allane (voir Alan)
Allann (voir Alan)
Allastair (voir Alistair)
Allen (voir Alain)
Alli (voir Ali)
Allin (voir Alain)
Allistair (voir Alistair)
Allix (voir Alix)
Allyn (voir Alain)
Aloi (voir Éloi)
Aloïs
Alois (voir Aloïs)
Aloïsio (voir Aloïs)
Alonso (voir Alphonse)
Alonzo (voir Alphonse)
Aloys (voir Aloïs)
Aloyse (voir Aloïs)
Aloysius (voir Aloïs)
Alphons (voir Alphonse)
Alphonse
Alphonso (voir Alphonse)
Alric (voir Alaric)
Alrik (voir Alaric)
Alvan (voir Alvin)
Alvar (voir Alvaro)
Alvaro
Alven (voir Alvin)
Alvin
Alvine (voir Alvin)
Alvino (voir Alvin)
Alvy (voir Alvin)
Alvyn (voir Alvin)
Alwin (voir Alvin)
Alwyn (voir Alvin)
Alwynn (voir Alvin)
Aly (voir Ali)
Alyx (voir Alix)
Amadéo (voir Amadeus)
Amadeu (voir Amadeus)
Amadeus
Amadio (voir Amadeus)
Amado (voir Amadeus)
Amadou
Amadou (voir Ahmed)
Amalric (voir Amaury)
Amalric (voir Amaury)
Amalrico (voir Amaury)
Amar
Amara (voir Amar)
Amari (voir Amar)
Amaro (voir Amar)
Amaru (voir Amar)
Amary (voir Amar)
Amat (voir Aimé)
Amato (voir Aimé)
Amauri (voir Amaury)
Amauric (voir Amaury)
Amaury
Amavel (voir Aimé)
Ambroise
Ambros (voir Ambroise)
Ambrose (voir Ambroise)
Ambrosio (voir Ambroise)
Amed (voir Ahmed)
Amed (voir Amadou)
Amédé (voir Amadeus)
Amédée (voir Amadeus)
Amedeo (voir Amadeus)
Amedo (voir Amadeus)
Amélien (voir Amélio)
Amelin (voir Amélio)
Amélio
Amèlio (voir Amélio)
Amid (voir Amadou)
Amiel
Amine
Amine (voir Amine)
Amir
Amire (voir Amir)
Ammar (voir Amar)
Amory (voir Amaury)
Amos
Amoz (voir Amos)
Amyn (voir Amine)
Amyne (voir Amine)
Amyr (voir Amir)
Anas
Anass (voir Anas)
Anasse (voir Anas)
Anatol (voir Anatole)
Anatole
Anatoli (voir Anatole)
Anatolii (voir Anatole)
Ancel (voir Ancelin)
Ancelin
Ancelot (voir Ancelin)
Ander (voir Anderson)
Anders (voir Anderson)
Anderson
Andor (voir André)
Andras (voir Andréa)
André
Andréa
Andrea (voir Andréa)
Andreani (voir Andréa)
Andreas (voir Andréa)
Andréas (voir Andréa)
Andrei (voir Andrew)
Andreo (voir Andrew)
Andres (voir Andréa)
Andreu (voir André)
Andrev (voir André)
Andrew
Andrieu (voir André)
Andros (voir André)
Androuchka (voir Andréa)
Andy (voir Andrew)
Anfonsa (voir Alphonse)
Anfos (voir Alphonse)
Ange
Angel (voir Ange)
Angelo (voir Ange)
Angelram
(voir Enguerrand)
Angeran (voir Enguerrand)
Anges (voir Ange)
Angi (voir Ange)
Angilram (voir Enguerrand)
Angilran (voir Enguerrand)
Angoustin (voir Augustin)
Angus
Angy (voir Ange)
Anicet
Anicetus (voir Anicet)
Anikei (voir Anicet)
Aniki (voir Anicet)
Anis (voir Anas)
Aniss (voir Anas)
Anisse (voir Anas)
Annas (voir Anas)
Anselme (voir Ancelin)
Anthon (voir Anton)
Anthone (voir Anton)
Anthoni (voir Anthony)
Anthonin (voir Antonin)
Anthonny (voir Anthony)
Anthony
Anthonyn (voir Antonin)
Antoine
Anton
Antone (voir Antoine)
Antone (voir Anton)
Antonello (voir Antoine)
Antoni (voir Anthony)
Antonin
Antonino (voir Antoine)
Antonio (voir Antoine)
Antonn (voir Anton)
Antonny (voir Anthony)
Antony (voir Anthony)
Antonyn (voir Antonin)
Antton (voir Antoine)
Antton (voir Anton)
Anycet (voir Anicet)
Anys (voir Anas)
Aodren
Aodrenn (voir Aodren)
Aoutin (voir Augustin)
Apolinaris (voir Apollinaire)
Apollinaire
Apollonius
(voir Apollinaire)
Apollos (voir Apollinaire)
Apolo (voir Apollinaire)
Apolon (voir Apollinaire)
Appolinaire
(voir Apollinaire)
Appolon (voir Apollinaire)
Archambaud
(voir Archibald)
Archibald
Archie (voir Archibald)
Archimbaut (voir Archibald)
Archy (voir Archibald)
Arcibaldo (voir Archibald)
Arend (voir Arnaud)
Argan
Argann (voir Argan)
Aria (voir Aris)
Arie (voir Aris)
Arieh (voir Aris)
Ariel
Ariel (voir Ariel)
Ariela (voir Ariel)
Ariele (voir Ariel)
Ariella (voir Ariel)
Aris
Aristée (voir Aristide)
Aristeo (voir Aristide)
Aristide
Aristido (voir Aristide)
Armael (voir Armel)
Armaël (voir Armel)
Arman (voir Armand)
Armand
Armandin (voir Armand)
Armando (voir Armand)
Armel
Armelin (voir Armel)
Armin (voir Armand)
Armon (voir Armand)
Armond (voir Armand)
Armondo (voir Armand)
Arnald (voir Arnold)
Arnaldo (voir Arnaud)
Arnaldus (voir Arnaud)
Arnaldus (voir Arnold)
Arnall (voir Arnaud)
Arnaud
Arnaudet (voir Arnaud)
Arnaudy (voir Arnaud)
Arnauld (voir Arnaud)
Arnault (voir Arnaud)
Arnd (voir Arnaud)
Arnec (voir Arnaud)
Arno (voir Arnaud)
Arnold
Arnoldo (voir Arnold)
Arnoud (voir Arnaud)
Arnould (voir Arnaud)
Aron (voir Aaron)
Arone (voir Aaron)
Aronn (voir Aaron)
Arris (voir Aris)
Arron (voir Aaron)
Arron (voir Aaron)
Arsen (voir Arsène)
Arsène

Arsenio (voir Arsène)
Arsenius (voir Arsène)
Arseno (voir Arsène)
Arsite (voir Aristide)
Art (voir Arthur)
Arthur
Arthuro (voir Arthur)
Arthus (voir Arthur)
Artu (voir Arthur)
Artur (voir Arthur)
Arturo (voir Arthur)
Artus (voir Arthur)
Arya (voir Aris)
Arys (voir Aris)
Arzel (voir Armel)
Arzhel (voir Armel)
Astola (voir Anatole)
Astolphe (voir Adolphe)
Aubain (voir Alban)
Aubain (voir Aubin)
Auban (voir Alban)
Auban (voir Aubin)
Aubéri (voir Albert)
Aubéri (voir Aubry)
Aubert (voir Albert)
Aubert (voir Aubry)
Aubertin (voir Albert)
Aubéry (voir Aubry)
Aubin
Aubrey (voir Aubry)
Aubriet (voir Albéric)
Aubriot (voir Albéric)
Aubry
Audoin (voir Baudouin)
Audrain (voir Aodren)
Audran (voir Aldric)
Audran (voir Aodren)
Audren (voir Aodren)
Audry (voir Aldric)
Aufray (voir Alfred)
Aufroy (voir Alfred)
August (voir Auguste)
Auguste
Augustin
Augusto (voir Auguste)
Aurel (voir Aurèle)
Aurèle
Aurélian (voir Aurélien)
Aureliano (voir Aurélien)
Aurélien
Aurelio (voir Aurèle)
Aurelius (voir Aurèle)
Aurian (voir Aurélien)
Auriol (voir Aurélien)
Auriole (voir Aurélien)
Aury (voir Aurélien)
Auryn (voir Aurèle)
Austin (voir Augustin)
Auxane (mixte)
Auxence
Avel (voir Abel)
Avelain (voir Abel)
Avelig (voir Abel)
Avelin (voir Abel)
Avery (voir Alfred)
Avraham (voir Abraham)
Ax (voir Axel)
Axe (voir Axel)
Axel
Axell (voir Axel)
Axil (voir Axel)
Axill (voir Axel)
Axl (voir Axel)
Ayaan (voir Aïdan)
Aydan (voir Aïdan)
Ayden (voir Aïdan)
Aylan
Aylane (voir Aylan)
Aymar (voir Adhémar)
Ayme (voir Aimé)
Aymeric (voir Eymeric)
Ayron (voir Aaron)
Azémar (voir Adhémar)
Azid (voir Aziz)
Azis (voir Aziz)
Aziz
Azziz (voir Aziz)

B

Bachar (voir Bachir)
Bachir
Bahri (voir Barry)
Bakar (voir Bachir)
Baldie (voir Archibald)
Baldo (voir Baudouin)
Baldovino (voir Baudouin)
Balduin (voir Baudouin)
Balduino (voir Baudouin)
Baldwin (voir Baudouin)
Balere (voir Valéry)
Baleri (voir Valéry)
Baltasar (voir Balthazar)
Baltazar (voir Balthazar)
Balthasar (voir Balthazar)
Balthazar
Balthazard (voir Balthazar)
Baoubakar (voir Boubacar)
Baptisin (voir Baptiste)
Baptist (voir Baptiste)
Baptista (voir Baptiste)
Baptiste
Baptyste (voir Baptiste)
Bara (voir Barry)
Barend (voir Bernard)
Bario (voir Barthélemy)
Barn (voir Barnabé)
Barnaba (voir Barnabé)
Barnabas (voir Barnabé)
Barnabé
Barnabe (voir Barnabé)
Barnaby (voir Barnabé)
Barnart (voir Bernard)
Barnay (voir Bernard)
Barnie (voir Barnabé)
Barny (voir Barnabé)
Barrie (voir Barry)
Barry
Bart (voir Barry)
Barthelemi (voir Barthélemy)
Barthélemy
Barthold (voir Berthold)
Bartholomé (voir Barthélemy)
Bartolo (voir Barthélemy)
Bartran (voir Bertrand)
Basil (voir Basile)
Basile
Basili (voir Basile)
Basilio (voir Basile)
Basilius (voir Basile)
Bastian (voir Bastien)
Bastianu (voir Bastien)
Bastien
Batholomeo (voir Barthélemy)
Batiste (voir Baptiste)
Batistin (voir Baptiste)
Batistino (voir Baptiste)
Batistoun (voir Baptiste)
Battista (voir Baptiste)
Battista (voir Baptiste)
Baudoin (voir Baudouin)
Baudouin
Bautisse (voir Baptiste)
Bautista (voir Baptiste)
Bazil (voir Basile)
Bazile (voir Basile)
Bearach (voir Barry)
Beaudoin (voir Baudouin)
Beaudouin (voir Baudouin)
Bechir (voir Bachir)
Béchir (voir Bachir)
Bekir (voir Bachir)
Belt (voir Bertrand)
Beltig (voir Bertrand)
Beltran (voir Bertrand)
Ben
Bendek (voir Benoît)
Benead (voir Benoît)
Benedek (voir Benoît)
Benedig (voir Benoît)
Benes (voir Benoît)
Benet (voir Benoît)
Benett (voir Benoît)
Benezet (voir Benoît)
Beni (voir Ben)
Beniamin (voir Benjamin)
Beniamino (voir Benjamin)
Benito (voir Benoît)
Benjamin
Benjamine (voir Benjamin)
Benjamyn (voir Benjamin)
Benji (voir Benjamin)
Benkamin (voir Benjamin)
Bennen (voir Benoît)
Benni (voir Ben)
Bennideg (voir Benoît)
Benny (voir Ben)
Benoît
Benouet (voir Benoît)
Beny (voir Ben)
Benyamin (voir Benjamin)
Berilio (voir Béryl)
Berillio (voir Béryl)
Bernabé (voir Barnabé)
Bernard
Bernardin (voir Bernard)
Bernardo (voir Bernard)
Bernat (voir Bernard)
Bernez (voir Bernard)
Bernhard (voir Bernard)
Bernt (voir Bernard)
Bernward (voir Bernard)
Bert (voir Albert)
Berthélémy (voir Barthélemy)
Berthold
Berthoud (voir Berthold)
Bertie (voir Bertrand)
Bertil
Bertil (voir Bertil)
Bertillon (voir Bertil)
Bertilon (voir Bertil)
Bertold (voir Berthold)
Bertoldo (voir Berthold)
Bertram (voir Bertrand)
Bertran (voir Bertrand)
Bertrand
Bertranda (voir Bertrand)
Bertrando (voir Bertrand)
Béryl
Bias (voir Blaise)
Biasio (voir Blaise)
Bilail (voir Bilal)
Bilal
Bilale (voir Bilal)
Bilel (voir Bilal)
Bilhal (voir Bilal)
Bilhal (voir Bilal)
Bill
Billal (voir Bilal)
Billale (voir Bilal)
Billel (voir Bilal)
Billy (voir Bill)
Bily (voir Bill)
Bixente
Bixintxo (voir Bixente)
Bizente (voir Bixente)
Bjorn (voir Bernard)
Blaez (voir Blaise)
Blagio (voir Blaise)
Blaise
Blaisian (voir Blaise)
Blaize (voir Blaise)
Blas (voir Blaise)
Blase (voir Blaise)
Blasioun (voir Blaise)
Blaze (voir Blaise)
Bleiz (voir Blaise)
Blez (voir Blaise)
Bob
Bobby (voir Bob)
Bobo (voir Bob)
Boby (voir Bob)
Boniface
Bonifacio (voir Boniface)
Bonifas (voir Boniface)
Bonifatius (voir Boniface)
Bonifaz (voir Boniface)
Boris
Borislav (voir Boris)
Borris (voir Boris)
Borromea (voir Boris)
Borromee (voir Boris)
Bortolo (voir Barthélemy)
Borya (voir Boris)
Borys (voir Boris)
Boubacar
Boubacary (voir Boubacar)
Boubakar (voir Boubacar)
Boubakari (voir Boubacar)
Boubakary (voir Boubacar)
Boubaker (voir Boubacar)
Brad (voir Bradley)

Bradan (voir Bradley)
Braden (voir Bradley)
Bradin (voir Bradley)
Bradlee (voir Bradley)
Bradleigh (voir Bradley)
Bradley
Bradlie (voir Bradley)
Bradly (voir Bradley)
Brady (voir Bradley)
Braham (voir Brahim)
Brahim
Brahim (voir Abraham)
Brahima (voir Brahim)
Brahime (voir Brahim)
Bram (voir Abraham)
Bram (voir Brahim)
Brandan (voir Brandon)
Brandon
Brandone (voir Brandon)
Brandy (voir Brandon)
Brant (voir Brandon)
Brayan (voir Bryan)
Brendan (voir Brandon)
Brendon (voir Brandon)
Brennan (voir Brandon)
Brent (voir Brandon)
Bret (voir Brett)
Brett
Bretton (voir Brett)
Brevalan (voir Brandon)
Brewal (voir Brandon)
Brewan (voir Brandon)
Brewen (voir Brandon)
Briac
Briag (voir Briac)
Brian (voir Bryan)
Briand (voir Bryan)
Brice
Briec (voir Briac)
Brieg (voir Briac)
Brieu (voir Briac)
Brieuc (voir Briac)
Brigal (voir Briac)
Brit (voir Brett)
Britt (voir Brett)
Briwal (voir Briac)
Brizh (voir Brice)
Broen (voir Bruno)
Bronne (voir Bruno)
Brooklyn (mixte)
Bru (voir Bruno)
Bruce
Brucey (voir Bruce)
Brucie (voir Bruce)
Bruneau (voir Bruno)
Brunetto (voir Bruno)
Bruno
Brunon (voir Bruno)
Brunone (voir Bruno)
Brunono (voir Bruno)
Brunot (voir Bruno)
Bryan
Bryan (voir Bryan)
Bryand (voir Bryan)
Bryann (voir Bryan)
Bryant (voir Bryan)
Bryce (voir Brice)
Bylal (voir Bilal)
Bylel (voir Bilal)

C

Caesar (voir César)
Cailbhin (voir Calvin)
Cali (voir Calixte)
Caliste (voir Calixte)
Calistu (voir Calixte)
Calix (voir Calixte)
Calixte
Calliste (voir Calixte)
Callistu (voir Calixte)
Calvin
Calvyn (voir Calvin)
Camel (voir Kamel)
Camero (voir Cameron)
Cameron
Camerone (voir Cameron)
Cameyron (voir Cameron)
Camil (voir Camille)
Camile (voir Camille)
Camilho (voir Camille)
Camilien (voir Camille)
Camill (voir Camille)
Camille
Camillo (voir Camille)
Camilo (voir Camille)
Camron (voir Cameron)
Camyl (voir Camille)
Carim (voir Karim)
Carl
Carle (voir Carl)
Carles (voir Carl)
Carlo (voir Carlos)
Carlos
Carlus (voir Carl)
Cebria (voir Cyprien)
Cécil
Cecil (voir Cécil)
Cécilien (voir Cécil)
Cécilio (voir Cécil)
Cédric
Cédrick (voir Cédric)
Cédrik (voir Cédric)
Cedrique (voir Cédric)
Cedryc (voir Cédric)
Cedryck (voir Cédric)
Cedryk (voir Cédric)
Celdric (voir Cédric)
Céleste (voir Célestin)
Celesti (voir Célestin)
Célestin
Celestino (voir Célestin)
Célestino (voir Célestin)
Célian
Celian (voir Célian)
Célien (voir Célian)
Célim (voir Salim)
Célio (voir Célian)
Celyan (voir Célian)
Césaire (voir César)
César
Cesare (voir César)
Césare (voir César)
Césarin (voir César)
Cesario (voir César)
Césario (voir César)
Chahan (voir Chahine)
Chahin (voir Chahine)
Chahine
Chain (voir Chahine)
Chaine (voir Chahine)
Chamil (voir Camille)
Charle (voir Charles)
Charlélie
Charlély (voir Charlélie)
Charles
Charles-Elie (voir Charlélie)
Charlet (voir Charles)
Charli (voir Charlie)
Charlie
Charlots (voir Charles)
Charlton (voir Charles)
Charly (voir Charlie)
Charlye (voir Charlie)
Chen (voir Kenny)
Chlodwig (voir Clovis)
Chris
Chriss (voir Chris)
Christaen (voir Christian)
Christian
Christiano (voir Christian)
Christien (voir Christian)
Christin (voir Christian)
Christo (voir Christophe)
Christobal (voir Christophe)
Christofer (voir Christopher)
Christoph (voir Christophe)
Christophe
Christopher
Christos (voir Christophe)
Christy (voir Christophe)
Chrys (voir Chris)
Chrystian (voir Christian)
Chrystophe (voir Christophe)
Chrystopher (voir Christopher)
Cipriano (voir Cyprien)
Ciprien (voir Cyprien)
Clarence
Claude
Claudien (voir Claude)
Claudin (voir Claude)
Claudino (voir Claude)
Claudio (voir Claude)
Claudius (voir Claude)
Clay (voir Clayton)
Clayton
Clemens (voir Clément)
Clément
Cliff (voir Clifford)
Clifford
Clint
Clinton (voir Clint)
Clodwig (voir Clovis)
Clotaire
Clotario (voir Clotaire)
Clothaire (voir Clotaire)
Clovis
Clovisse (voir Clovis)
Clyde
Coddy
Codie (voir Cody)
Cody
Colin
Colin (voir Colin)
Collin (voir Colin)
Collins (voir Colin)
Colyn (voir Colin)
Côme
Conan
Conn (voir Conan)
Connan (voir Conan)
Connor
Conor (voir Connor)
Conrad
Conrado (voir Conrad)
Constan (voir Constant)
Constans (voir Constant)
Constant
Constantin
Constantino (voir Constantin)
Corantin (voir Corentin)
Corenthin (voir Corentin)
Corentin
Corentyn (voir Corentin)
Corrado (voir Conrad)
Corto
Cosimo (voir Côme)
Cosma (voir Côme)
Cosme (voir Côme)
Cosmin (voir Côme)
Costanzo (voir Constantin)
Craig
Cris (voir Chris)
Cristian (voir Christian)
Cristiano (voir Christian)
Cristophe (voir Christophe)
Crys (voir Chris)
Curt (voir Conrad)
Curtis
Curtiss (voir Curtis)
Curtys (voir Curtis)
Cylian (voir Kilian)
Cyprian (voir Cyprien)
Cypriano (voir Cyprien)
Cyprien
Cyprios (voir Cyprien)
Cypris (voir Cyprien)
Cyril
Cyrile (voir Cyril)
Cyrill (voir Cyril)
Cyrille (voir Cyril)
Cyrillus (voir Cyril)

D

Daan (voir Dan)
Dafydd (voir David)
Damian (voir Damien)
Damien
Damiens (voir Damien)
Damon
Damyen (voir Damien)
Dan
Danaël (voir Daniel)
Dane (voir Dan)
Danh (voir Dan)
Dani (voir Dany)
Daniel
Danijel (voir Daniel)
Danillo (voir Daniel)
Danilo (voir Daniel)
Danis (voir Denis)

Dankrad (voir Tancrède)
Dankrade (voir Tancrède)
Dann (voir Dan)
Danny (voir Dany)
Dany
Danyl (voir Daniel)
Danyl (voir Dany)
Daren (voir Darren)
Darenn (voir Darren)
Darian (voir Darius)
Darien (voir Darius)
Daril (voir Daryl)
Dario
Daris (voir Dario)
Darius
Darrel (voir Daryl)
Darren
Darrick (voir Derek)
Darrik (voir Derek)
Darril (voir Daryl)
Darris (voir Dario)
Darryck (voir Derek)
Darryl (voir Daryl)
Daryl
Daryll (voir Daryl)
Darys (voir Dario)
Dave
Daven (voir Dave)
Davi (voir David)
David
Davide (voir David)
Davie (voir David)
Davit (voir David)
Davy (voir David)
Deidie (voir Didier)
Denez (voir Denis)
Denis
Denissio (voir Denis)
Denisso (voir Denis)
Deniz (voir Denis)
Denney (voir Denis)
Dennis (voir Denis)
Dennys (voir Denis)
Denys (voir Denis)
Deocan (voir Duncan)
Derek
Derick (voir Derek)
Derrick (voir Derek)
Deryck (voir Derek)
Desidario (voir Désiré)
Desider (voir Désiré)
Desiederio (voir Désiré)
Désir (voir Désiré)
Désirat (voir Désiré)
Désiré
Desmond
Diaz (voir Diego)
Dider (voir Didier)
Diderick (voir Didier)
Didier
Diege (voir Diego)
Diego
Diègue (voir Diego)
Dieter (voir Didier)
Dilan (voir Dylan)
Dilane (voir Dylan)
Dilhan (voir Dylan)
Dillan (voir Dylan)
Dillon (voir Dylan)
Dimitri
Dimitrios (voir Dimitri)
Dimitris (voir Dimitri)
Dimitry (voir Dimitri)
Diogo (voir Diego)
Dionis (voir Denis)
Dionisi (voir Denis)
Dionisio (voir Denis)
Dionisios (voir Denis)
Dionysius (voir Denis)
Dirk (voir Derek)
Djamal (voir Djamel)
Djamal (voir Djamel)
Djamale (voir Djamel)
Djamel
Djamele (voir Djamel)
Djamele (voir Djamel)
Djamil (voir Djamel)
Djason (voir Jason)
Djawad (voir Jawad)
Djelal (voir Jalil)
Djelali (voir Jalil)
Djibril
Djibrile (voir Djibril)
Djibrill (voir Djibril)
Djibryl (voir Djibril)
Djimmy (voir Jimmy)
Djybril (voir Djibril)
Dmitri (voir Dimitri)
Dmitry (voir Dimitri)
Dom (voir Dominique)
Domien (voir Dominique)
Domingue
(voir Dominique)
Dominick (voir Dominique)
Dominico (voir Dominique)
Dominik (voir Dominique)
Dominique
Dominixe (voir Dominique)
Don
Donasian (voir Donatien)
Donat (voir Donatien)
Donatian (voir Donatien)
Donatien
Donatio (voir Donatien)
Donnovan (voir Donovan)
Donny (voir Don)
Donovan
Donovane (voir Donovan)
Donovann (voir Donovan)
Donoven (voir Donovan)
Dony (voir Don)
Dorian
Doriand (voir Dorian)
Doriane (voir Dorian)
Doriann (voir Dorian)
Doriano (voir Dorian)
Doryan (voir Dorian)
Doryann (voir Dorian)
Doug (voir Douglas)
Douglas
Dov
Dove (voir Dov)
Drice (voir Driss)
Dris (voir Driss)
Driss
Drissa (voir Driss)
Drisse (voir Driss)
Dryce (voir Driss)
Dryss (voir Driss)
Dunc (voir Duncan)
Duncan
Dunkan (voir Duncan)
Dunnchad (voir Duncan)
Dunstan (voir Duncan)
Dunstan (voir Duncan)
Dunstin (voir Duncan)
Dylan
Dylane (voir Dylan)
Dylann (voir Dylan)
Dylhan (voir Dylan)
Dyllan (voir Dylan)

E

Earvin (voir Irvin)
Earving (voir Irvin)
Eddi (voir Eddy)
Eddie (voir Eddy)
Eddy (mixte)
Eden (mixte)
Éden (voir Eden)
Edene (voir Eden)
Edenn (voir Eden)
Edgar
Edgard (voir Edgar)
Edgardo (voir Edgar)
Edger (voir Edgar)
Edhy (voir Eddy)
Edi (voir Eddy)
Edmon (voir Edmond)
Edmond
Edmondo (voir Edmond)
Edmont (voir Edmond)
Edmund (voir Edmond)
Edmundo (voir Edmond)
Édouard
Edouard (voir Édouard)
Edouart (voir Édouard)
Eduard (voir Édouard)
Eduardo (voir Édouard)
Edvin (voir Edwin)
Edward (voir Édouard)
Edwin
Edwine (voir Edwin)
Edwy (voir Edwin)
Edwyn (voir Edwin)
Edy (voir Eddy)
Efraïm (voir Éphraïm)
Efrain (voir Éphraïm)
Eirikur (voir Éric)
Elberich (voir Albéric)
Elbert (voir Albert)
Eléazar (voir Lazare)
Eli (voir Élie)
Eliahou (voir Élie)
Élian
Eliano (voir Élian)
Élias
Elias (voir Élias)
Eliav (voir Élias)
Eliaz (voir Élias)
Élie
Elies (voir Élyes)
Élio
Elio (voir Élio)
Eliot (voir Eliott)
Eliote (voir Eliott)
Eliott
Elis (voir Élie)
Ellian (voir Élian)
Ellias (voir Élias)
Ellies (voir Élias)
Ellies (voir Élyes)
Ellio (voir Élio)
Elliot (voir Eliott)
Elliott (voir Eliott)
Ellis (voir Élie)
Elloy (voir Éloi)
Ellyes (voir Élias)
Ellyes (voir Élyes)
Éloi
Eloi (voir Éloi)
Eloïc (voir Éloi)
Elouan
Elouann (voir Elouan)
Elouarn (voir Elouan)
Elouen (voir Elouan)
Eloy (voir Éloi)
Elric (voir Aldric)
Elvin (voir Alvin)
Elvio
Elvis
Elvys (voir Elvis)
Elwin (voir Alvin)
Elwis
Elwyn (voir Alvin)
Elyan (voir Élian)
Elyas (voir Élias)
Elyass (voir Élias)
Elyasse (voir Élias)
Elyaz (voir Élias)
Elyes (voir Élias)
Élyes (voir Élias)
Elyes (voir Élyes)
Elyo (voir Élio)
Elyott (voir Eliott)
Emanuel (voir Emmanuel)
Emanuele (voir Emmanuel)
Émil (voir Émile)
Émile
Emilian (voir Émilien)
Emiliano (voir Émilio)
Émilien
Émilio
Emilion (voir Émilien)
Emilius (voir Émile)
Émille (voir Émile)
Emir
Emire (voir Emir)
Emirhan (voir Emir)
Emmanuel
Emris (voir Ambroise)
Emrys (voir Ambroise)
Emylien (voir Émilien)
Engérand
(voir Enguerrand)
Engerran (voir Enguerrand)
Engilram (voir Enguerrand)
Enguerran
(voir Enguerrand)
Enguerrand
Enio (voir Ennio)
Ennio
Enso (voir Enzo)
Enyo (voir Ennio)
Enzo

Enzzo (voir Enzo)
Éphraïm
Ephrem (voir Éphraïm)
Éric
Erich (voir Éric)
Erick (voir Éric)
Erico (voir Éric)
Erik (voir Éric)
Erkenbald (voir Archibald)
Ernest
Ernesti (voir Ernest)
Ernesto (voir Ernest)
Erno (voir Ernest)
Ernout (voir Arnaud)
Ernst (voir Ernest)
Eron (voir Aaron)
Ervan (voir Erwan)
Ervann (voir Erwan)
Ervin (voir Irvin)
Erwan
Erwan (voir Erwan)
Erwane (voir Erwan)
Eryck (voir Éric)
Eryk (voir Éric)
Esteban
Estebane (voir Esteban)
Estebann (voir Esteban)
Estefan (voir Esteban)
Esteffe (voir Étienne)
Estevan (voir Esteban)
Estève (voir Étienne)
Estheban (voir Esteban)
Estienne (voir Étienne)
Etan (voir Ethan)
Etane (voir Ethan)
Etann (voir Ethan)
Ethan
Ethane (voir Ethan)
Ethann (voir Ethan)
Étienne
Étienne (voir Étienne)
Eudelin (voir Eudes)
Eudes
Eugen (voir Eugène)
Eugène
Euxane (voir Auxane)
Evahn (voir Evan)
Evan
Evane (voir Evan)
Evann (voir Evan)
Evans (voir Evan)
Évariste
Evaristo (voir Évariste)
Even (voir Ewen)
Evenn (voir Ewen)
Evens (voir Ewen)
Evhan (voir Evan)
Ewan (voir Evan)
Ewann (voir Evan)
Ewans (voir Evan)
Ewen
Ewenn (voir Ewen)
Eymeric
Eymerick (voir Eymeric)
Eythan (voir Ethan)
Ézéchiel
Ezeckiel (voir Ézéchiel)
Ezekiel (voir Ézéchiel)
Ézéquiel (voir Ézéchiel)
Ezio
Ezzio (voir Ezio)

F

Fabiano (voir Fabien)
Fabien
Fabio (voir Fabien)
Fabiolo (voir Fabien)
Fabri (voir Fabrice)
Fabrice
Fabrician (voir Fabrice)
Fabricien (voir Fabrice)
Fabricio (voir Fabrice)
Fabrizio (voir Fabrice)
Fahrid (voir Farid)
Fareed (voir Farid)
Fares
Farès (voir Fares)
Faress (voir Fares)
Faresse (voir Fares)
Farid
Faride (voir Farid)
Farik (voir Farouk)
Faris (voir Farid)
Farouck (voir Farouk)
Farouk
Farrid (voir Farid)
Farrid (voir Farid)
Faruk (voir Farouk)
Faust (voir Faustin)
Faustin
Faustino (voir Faustin)
Fausto (voir Faustin)
Fedor (voir Théodore)
Félicien
Felip (voir Felipe)
Felipe
Felis (voir Félix)
Felise (voir Félicien)
Felise (voir Félix)
Felitch (voir Félix)
Félix
Felizian (voir Félicien)
Felizon (voir Félicien)
Feodor (voir Théodore)
Ferdi (voir Ferdinand)
Ferdie (voir Ferdinand)
Ferdinand
Ferdinando
(voir Ferdinand)
Ferid (voir Farid)
Férid (voir Farid)
Férid (voir Farid)
Fermin (voir Firmin)
Ferminxto (voir Firmin)
Fidel (voir Fidèle)
Fidèle
Fidelio (voir Fidèle)
Fidelo (voir Fidèle)
Fidelu (voir Fidèle)
Fieliks (voir Félix)
Filbert (voir Philibert)
Filemon (voir Philémon)
Filibert (voir Philibert)
Filice (voir Félix)
Filip (voir Philippe)
Filipo (voir Felipe)
Filippo (voir Felipe)
Filiz (voir Félix)
Finbar (voir Finlay)
Finlay
Finn (voir Finlay)
Finnegan (voir Finlay)
Finnian (voir Finlay)
Firmin
Firminien (voir Firmin)
Firmino (voir Firmin)
Flavian (voir Flavio)
Flavien (voir Flavio)
Flavio
Flavius (voir Flavio)
Florent
Florentin (voir Florent)
Florestan (voir Florent)
Florian
Floriano (voir Florian)
Floriant (voir Florian)
Floris (voir Florent)
Floryan (voir Florian)
Fons (voir Alphonse)
Fonso (voir Alphonse)
Fonzie (voir Alphonse)
Franc (voir Franck)
Francelin (voir François)
Franch (voir Franck)
Francis
Francisco (voir Francis)
Franciscus (voir Francis)
Franck
Francki (voir Franck)
Francky (voir Franck)
Franco (voir Franck)
François
Francy (voir Franck)
Frank (voir Franck)
Franki (voir Franck)
Franky (voir Franck)
Freddie (voir Freddy)
Freddy
Frédéric
Frederico (voir Frédéric)
Fredi (voir Freddy)
Fredo (voir Freddy)
Frido (voir Frédéric)
Friedrich (voir Frédéric)
Fritz (voir Frédéric)

G

Gérôme (voir Jérôme)
Geronimo (voir Jérôme)
Gianni (voir Nino)
Gim (voir Jim)
Gimy (voir Jimmy)
Gus (voir Augustin)
Gusta (voir Auguste)
Gustin (voir Augustin)
Gusto (voir Auguste)

H

Hada (voir Adda)
Hadama (voir Adam)
Haddi (voir Adda)
Hadel (voir Adel)
Hadi (voir Adda)
Hadil (voir Adil)
Hadile (voir Adil)
Hadrien (voir Adrien)
Hady (voir Adda)
Haim (voir Aimé)
Halan (voir Alan)
Hali (voir Ali)
Hallan (voir Alan)
Hamadou (voir Amadou)
Hamar (voir Amar)
Hamara (voir Amar)
Hamed (voir Ahmed)
Hamed (voir Amadou)
Hamet (voir Ahmed)
Hamid (voir Amadou)
Hamin (voir Amine)
Hamine (voir Amine)
Hamir (voir Amir)
Hammad (voir Amadou)
Hammadi (voir Amadou)
Hammed (voir Ahmed)
Haris (voir Aris)
Harish (voir Aris)
Harith (voir Aris)
Harmel (voir Armel)
Haron (voir Aaron)
Harone (voir Aaron)
Haroon (voir Aaron)
Harris (voir Aris)
Harrys (voir Aris)
Hartmann (voir Armand)
Haydan (voir Aïdan)
Haydan (voir Aïdan)
Haziz (voir Aziz)
Heddi (voir Eddy)
Heddy (voir Eddy)
Hedi (voir Eddy)
Hedy (voir Eddy)
Hélian (voir Élian)
Helias (voir Élias)
Helie (voir Élie)
Helies (voir Élyes)
Helio (voir Élio)
Heliot (voir Eliott)
Henzo (voir Enzo)
Heric (voir Éric)
Herick (voir Éric)
Herwan (voir Erwan)
Herwann (voir Erwan)
Hevan (voir Evan)
Hicham (voir Icham)
Hichame (voir Icham)
Hichem (voir Icham)
Hicheme (voir Icham)
Hilan (voir Ilan)
Hissa (voir Issa)
Homar (voir Omar)
Homer (voir Omer)
Homere (voir Omer)
Horacio (voir Orazio)
Hylan (voir Ilan)
Hylann (voir Ilan)

I

Iakovos (voir Jacob)
Ian (voir Yann)
Ianis (voir Yanis)
Iannis (voir Yanis)
Ibrahim (voir Abraham)
Icham
Ichame (voir Icham)
Idris

Idriss (voir Idris)
Idrisse (voir Idris)
Ignace
Ignaci (voir Ignace)
Ignacy (voir Ignace)
Ignazio (voir Ignace)
Igor
Ilan
Ilane (voir Ilan)
Ilann (voir Ilan)
Ilhan (voir Ilan)
Ilhane (voir Ilan)
Ilhann (voir Ilan)
Ilian (voir Ilyan)
Iliane (voir Ilyan)
Iliann (voir Ilyan)
Iliano (voir Ilyan)
Illan (voir Ilan)
Illane (voir Ilan)
Illian (voir Ilyan)
Illyan (voir Ilyan)
Ilyan
Ilyane (voir Ilyan)
Ilyann (voir Ilyan)
Inacio (voir Iñaki)
Iñaki
Ingvarr (voir Igor)
Ingver (voir Igor)
Ingwar (voir Igor)
Iosef (voir Joseph)
Iouri (voir Youri)
Iouri (voir Youri)
Irvin
Irvine (voir Irvin)
Irving (voir Irvin)
Irwin (voir Irvin)
Isa (voir Isaac)
Isa (voir Issa)
Isaac
Isaack (voir Isaac)
Isaak (voir Isaac)
Isac (voir Isaac)
Isack (voir Isaac)
Isaia (voir Isaïe)
Isaïah (voir Isaïe)
Isaïe
Isak (voir Isaac)
Isao
Isaya (voir Isaïe)
Isayah (voir Isaïe)
Isenhoudt (voir Isidore)
Ishac (voir Isaac)
Ishak (voir Isaac)
Ishaq (voir Isaac)
Isidor (voir Isidore)
Isidore
Isidoro (voir Isidore)
Isidoru (voir Isidore)
Ismaël
Ismael (voir Ismaël)
Ismaela (voir Ismaël)
Ismail (voir Ismaël)
Ismaïl (voir Ismaël)
Isodoros (voir Isidore)
Issa (mixte)
Issac (voir Isaac)
Isshak (voir Isaac)
Issidor (voir Isidore)
Issy (voir Isidore)
Iv (voir Yves)
Ivain (voir Yves)
Ivan (voir Yvan)
Ivar (voir Yves)
Ivelin (voir Yves)
Ivon (voir Yvon)
Ivonig (voir Yvon)
Iwan
Iwann
Iwo (voir Yvon)
Izaac (voir Isaac)
Izaak (voir Isaac)
Izac (voir Isaac)
Izak (voir Isaac)
Izhak (voir Isaac)
Izidor (voir Isidore)

J

Jabier (voir Xavier)
Jac (voir Jack)
Jack
Jacmé (voir Jack)
Jacob
Jacobe (voir Jacob)
Jacobo (voir Jacob)
Jacopo (voir Jacob)
Jacq (voir Jack)
Jacque (voir Jacques)
Jacquelin (voir Jacques)
Jacquemin (voir Jacques)
Jacques
Jahan (voir Jan)
Jahlil (voir Jalil)
Jaiden (voir Jayden)
Jaison (voir Jayson)
Jalae (voir Jalil)
Jalal (voir Jalil)
Jalel (voir Jalil)
Jalil
Jallal (voir Jalil)
Jallil (voir Jalil)
Jamal
Jamale (voir Jamal)
Jamall (voir Jamal)
Jame (voir James)
Jamel (voir Djamel)
James
Jami (voir James)
Jamil (voir Jamal)
Jammes (voir James)
Jammy (voir James)
Jams (voir James)
Jamy (voir James)
Jan
Janic (voir Janick)
Janick
Janie (voir Janick)
Janik (voir Janick)
Janis (voir Janick)
Jannic (voir Janick)
Jannick (voir Janick)
Jannik (voir Janick)
Janny (voir Jan)
Janssen (voir Janick)
Jany (voir Jan)
Jao
Jaouad (voir Jawad)
Jaques (voir Jacques)
Jarod
Jarold (voir Jarod)
Jarrod (voir Jarod)
Jason
Jauris (voir Joris)
Jawad
Jawade (voir Jawad)
Jawed (voir Jawad)
Jay
Jayden (mixte)
Jayson
Jayson (voir Jason)
Jazon (voir Jason)
Jeacob (voir Jacob)
Jeacques (voir Jacques)
Jean
Jeason (voir Jayson)
Jef (voir Jeff)
Jeferson (voir Jefferson)
Jeff
Jefferson
Jeffrey
Jeffry (voir Jeffrey)
Jelah (voir Jalil)
Jémil (voir Jamal)
Jen (voir Jan)
Jens (voir Jan)
Jérémi (voir Jérémy)
Jérémie (voir Jérémy)
Jérémy
Jeremy (voir Jérémy)
Jeri (voir Jerry)
Jeroen (voir Jérôme)
Jerolin (voir Jérôme)
Jérôme
Jerry
Jeson (voir Jayson)
Jeyson (voir Jayson)
Jhoan (voir Johan)
Jhon (voir John)
Jhonatan (voir Jonathan)
Jhonathan (voir Jonathan)
Jhony (voir Johnny)
Jibril (voir Djibril)
Jim
Jimes (voir Jim)
Jimi (voir Jimmy)
Jimmi (voir Jimmy)
Jimmy
Jimy (voir Jimmy)
Jo (voir Joey)
Joachim
Joackim
Joacquim
Joahn (voir Johan)
Joakim (voir Joachim)
Joakym
Joan (voir Johan)
Joanes (voir Johan)
Joani (voir Johan)
Joann (voir Johan)
Joannes (voir Johan)
Joanni (voir Johan)
Joanny (voir Johan)
Joany (voir Johan)
Joaquim
Joe (voir Joey)
Joé (voir Joey)
Joee (voir Joey)
Joël
Joey
Joffrey (voir Jeffrey)
Johakim
Johan (mixte)
Johane (voir Johan)
Johanes (voir Johan)
Johann (voir Johan)
Johannes (voir Johan)
Johanny (voir Johan)
Johany (voir Johan)
Johel (voir Joël)
John
Johna (voir John)
Johnatan (voir Jonathan)
Johnathan (voir Jonathan)
Johnattan (voir Jonathan)
Johnn (voir John)
Johnn (voir John)
Johnny
Johns (voir John)
Johns (voir John)
Jon (voir John)
Jona (voir Jonas)
Jonah (voir Jonas)
Jonas
Jonatan (voir Jonathan)
Jonathan
Jonathane (voir Jonathan)
Jonathann (voir Jonathan)
Jones (voir John)
Jonhatan (voir Jonathan)
Jonhy (voir Johnny)
Joni (voir Johnny)
Jonnathan (voir Jonathan)
Jonnhy (voir Johnny)
Jonny (voir Johnny)
Jony (voir John)
Joonas (voir Jonas)
Jordan
Jordane (voir Jordan)
Jordann (voir Jordan)
Jordanne (voir Jordan)
Jordany (voir Jordan)
Jordhan (voir Jordan)
Joris
Jorris (voir Joris)
Jorrys (voir Joris)
Jorys (voir Joris)
Josef (voir Joseph)
Joseph
Josh (voir Joshua)
Joshua
Josiah (voir Joshua)
Jossua (voir Joshua)
Josuah (voir Joshua)
Josue (voir Joshua)
Josué (voir Joshua)
Josuha (voir Joshua)
Jozua (voir Joshua)
Juan
Jude
Judes (voir Jude)
Jul (voir Jules)
Julano (voir Julien)
Jule (voir Jules)
Julen (voir Julien)
Jules
Julian

Juliann (voir Julian)
Juliano (voir Julian)
Julien
Julio (voir Jules)
Julius (voir Jules)
Jullian (voir Julian)
Julo (voir Jules)
Julyan (voir Julian)
Julyann (voir Julian)
Justin
Justinien (voir Justin)
Justino (voir Justin)
Jym (voir Jim)
Jymmy (voir Jimmy)

K

Kaelig (voir Kelig)
Kallisto (voir Calixte)
Kallixto (voir Calixte)
Kalvin (voir Calvin)
Kalvyn (voir Calvin)
Kamal (voir Kamel)
Kamel
Kameron (voir Cameron)
Kameron (voir Cameron)
Kamil (voir Camille)
Kamil (voir Kamel)
Kamillo (voir Camille)
Kammel (voir Kamel)
Kamyl (voir Camille)
Kaour (voir Corentin)
Kaourentin (voir Corentin)
Kaourintin (voir Corentin)
Karam (voir Karim)
Karim
Karime (voir Karim)
Karl
Karl (voir Carl)
Karlo (voir Karl)
Karlos
Karol (voir Charles)
Karym (voir Karim)
Kean (voir Keanu)
Keane (voir Keanu)
Keanu
Keevin (voir Kevin)
Kehan (voir Keanu)
Kelig
Kemel (voir Kamel)
Kemil (voir Kamel)
Ken (voir Kenneth)
Kenan (voir Kenneth)
Kendji (voir Kenji)
Kened (voir Kenneth)
Keni (voir Kenny)
Kenji
Kenjy (voir Kenji)
Kenn (voir Kenny)
Kenneth
Kenni (voir Kenny)
Kenny
Kensy (voir Kenzo)
Kent (voir Kenny)
Keny (voir Kenny)
Kenz (voir Kenny)
Kenzi (voir Kenzo)
Kenzo
Kenzy (voir Kenzo)
Kevin
Kévin (voir Kevin)
Kevine (voir Kevin)
Kevinn (voir Kevin)
Kévyn (voir Kevin)
Kewin (voir Kevin)
Keyne (voir Kenneth)
Khaled
Khalid (voir Khaled)
Khamel (voir Kamel)
Khylian (voir Kilian)
Kilian
Kilian (voir Kilian)
Kiliane (voir Kilian)
Kiliann (voir Kilian)
Killian (voir Kilian)
Killiane (voir Kilian)
Killyan (voir Kilian)
Killyann (voir Kilian)
Kilyan (voir Kilian)
Kilyane (voir Kilian)
Kilyann (voir Kilian)
Kiril (voir Cyril)
Kirill (voir Cyril)
Klement (voir Clément)
Klyde (voir Clyde)
Kody
Kollin (voir Colin)
Konan (voir Conan)
Konrad (voir Conrad)
Konstantin
(voir Constantin)
Konstantinos
(voir Constantin)
Korentin (voir Corentin)
Kosma (voir Côme)
Kosmas (voir Côme)
Kraig (voir Craig)
Kris (voir Chris)
Krish (voir Chris)
Kristian (voir Christian)
Kristof (voir Christophe)
Kristofer (voir Christopher)
Kristophe (voir Christophe)
Kristopher
(voir Christopher)
Krys (voir Chris)
Krystian (voir Christian)
Kurt (voir Conrad)
Kurtis (voir Curtis)
Kurtys (voir Curtis)
Kyle
Kylhian (voir Kilian)
Kyliane (voir Kilian)
Kyliann (voir Kilian)
Kyllian (voir Kilian)
Kylliane (voir Kilian)
Kyllian (voir Kilian)
Kyllyan (voir Kilian)
Kylyan (voir Kilian)
Kyrill (voir Cyril)

L

Ladislas
Ladislav (voir Ladislas)
Ladislaw (voir Ladislas)
Ladix (voir Ladislas)
Lamb (voir Lambert)
Lamb (voir Lambert)
Lambert
Lamberto (voir Lambert)
Lambertus (voir Lambert)
Lambrecht (voir Lambert)
Lamin (voir Lamine)
Lamine
Lamini (voir Lamine)
Lancel (voir Lancelot)
Lancelet (voir Lancelot)
Lancelot
Lancelote (voir Lancelot)
Landri (voir Landry)
Landry
Lanzel (voir Lancelot)
Lanzelet (voir Lancelot)
Lanzelot (voir Lancelot)
Laslo (voir Laszlo)
Laszlo
Launcelot (voir Lancelot)
Laurèns (voir Laurent)
Laurent
Laurenzo (voir Lorenzo)
Lawrence (voir Laurent)
Lazar (voir Lazare)
Lazard (voir Lazare)
Lazare
Lazaro (voir Lazare)
Lazarre (voir Lazare)
Lazarri (voir Lazare)
Lazhar (voir Lazare)
Lazlo (voir Laszlo)
Lazrus (voir Lazare)
Léandre
Leandro (voir Léandre)
Leandry (voir Léandre)
Leho (voir Léo)
Leni (voir Lenny)
Lenni (voir Lenny)
Lenny
Leno (voir Lenny)
Lens (voir Lenny)
Leny (voir Lenny)
Lenzo (voir Lorenzo)
Léo
Leo (voir Léo)
Leo-Paul (voir Léopold)
Léon
Léonard
Leonardo (voir Léonard)
Léonce (mixte)
Leoncio (voir Léonce)
Leonhard (voir Léonard)
Leonid (voir Léon)
Leons (voir Léonce)
Léontin (voir Léon)
Léopaul (voir Léopold)
Léopol (voir Léopold)
Léopold
Leopold (voir Léopold)
Léopoldo (voir Léopold)
Lévi (voir Levy)
Levy
Lewis
Lheo (voir Léo)
Liam
Lie (voir Lyès)
Lies (voir Lyès)
Liham (voir Liam)
Lilian
Lillian (voir Lilian)
Lilyan (voir Lilian)
Lin (voir Lino)
Lino
Lionel
Lisandro
Lisandro (voir Lysandre)
Lisandru (voir Lisandro)
Lisandru (voir Lysandre)
Lissandre (voir Lisandro)
Lissandre (voir Lysandre)
Lissandro (voir Lisandro)
Lissandro (voir Lysandre)
Livio
Liyam (voir Liam)
Lizandro (voir Lisandro)
Lizandro (voir Lysandre)
Lloris (voir Loris)
Lluis (voir Luis)
Loan
Loann (voir Loan)
Loann (voir Loan)
Logan
Logane (voir Logan)
Logann (voir Logan)
Loggan (voir Logan)
Loghan (voir Logan)
Loghann (voir Logan)
Lohan (voir Loan)
Lohann (voir Loan)
Loïc
Loïck (voir Loïc)
Loïg (voir Loïc)
Loik (voir Loïc)
Loique (voir Loïc)
Lomig
Lorenso (voir Lorenzo)
Lorenz (voir Lorenzo)
Lorenzo
Loris
Lorris (voir Loris)
Lorrys (voir Loris)
Lorys (voir Loris)
Lothaire
Lothar (voir Lothaire)
Louan (voir Elouan)
Louca (voir Lucas)
Louen (voir Elouan)
Louie (voir Louis)
Louis
Louka (voir Lucas)
Loup
Louys (voir Louis)
Lowik (voir Loïc)
Luan (voir Elouan)
Lubin
Luc
Luca (voir Lucas)
Lucas
Lucian
Luciano (voir Lucien)
Lucien
Lucka (voir Lucas)
Luckas (voir Lucas)
Lucke (voir Luc)
Ludo (voir Ludovic)
Ludovic
Ludovick (voir Ludovic)
Ludovico (voir Ludovic)

Ludovik (voir Ludovic)
Ludowic (voir Ludovic)
Luidgi (voir Luigi)
Luidji (voir Luigi)
Luiggi (voir Luigi)
Luiggi (voir Luigi)
Luiggy (voir Luigi)
Luigi
Luigy (voir Luigi)
Luis
Luiz (voir Luis)
Luk (voir Luc)
Luka (voir Lucas)
Lukas (voir Lucas)
Luke (voir Luc)
Lulu (voir Lucien)
Luther (voir Lothaire)
Lyam (voir Liam)
Lyès
Lyes (voir Lyès)
Lyham (voir Liam)
Lylian (voir Lilian)
Lyllian (voir Lilian)
Lysander (voir Lysandre)
Lysandre
Lysandre (voir Lisandro)
Lyssandre (voir Lisandro)
Lyssandre (voir Lysandre)
Lyvio(voir Livio)

M
Maati (voir Matt)
Maceo
Macéo (voir Maceo)
Maden
Madenig (voir Maden)
Madenn (voir Maden)
Maël
Mael (voir Maël)
Maëlo (voir Maël)
Mahel (voir Maël)
Mahlon (voir Malone)
Maïeul (voir Mayeul)
Mairtin (voir Martin)
Maixent
Majdi (voir Majid)
Majid
Malcolm
Malcom (voir Malcolm)
Malec (voir Malik)
Malek (voir Malik)
Malic (voir Malik)
Malick (voir Malik)
Malik
Malike (voir Malik)
Maliki (voir Malik)
Malo
Malon (voir Malone)
Malone
Malonn (voir Malone)
Malou (voir Malo)
Malyk (voir Malik)
Manfred (voir Alfred)
Mansour
Manssour (voir Mansour)
Manu
Manuel
Manuelo (voir Manuel)
Marc
Marceau
Marcel
Marcelin (voir Marcel)
Marcellin (voir Marcel)
Marcello (voir Marcel)
Marcellus (voir Marcel)
Marcelo (voir Marcel)
Marchetto (voir Marcel)
Marcial (voir Martial)
Marck (voir Marc)
Marco
Marcus
Maric (voir Romaric)
Marin
Mariné (voir Marin)
Marinho (voir Marin)
Marino (voir Marin)
Mario
Marius
Mark (voir Marc)
Marko (voir Marco)
Markus (voir Marcus)
Marley
Marlon
Marlone (voir Marlon)
Marlonn (voir Marlon)
Marouane (voir Marwan)
Marsaud (voir Marceau)
Marsault (voir Marceau)
Marso (voir Marceau)
Marteen (voir Martin)
Martial
Martian (voir Martial)
Martian (voir Martin)
Martii (voir Martin)
Martin
Martinho (voir Martin)
Martino (voir Martin)
Martyn (voir Martin)
Marvin
Marvine (voir Marvin)
Marvyn (voir Marvin)
Marvynn (voir Marvin)
Marwan
Marwane (voir Marwan)
Marwann (voir Marwan)
Marwin (voir Marvin)
Marwyn (voir Marvin)
Maryus (voir Marius)
Marziale (voir Martial)
Massimo
Mate (voir Matt)
Mateo (voir Mathéo)
Matéo (voir Mathéo)
Matéos (voir Mathéo)
Mathéo
Matheo (voir Mathéo)
Mathéo (voir Mathéo)
Mathéos (voir Mathéo)
Mathias (voir Matthias)
Mathieu (voir Matthieu)
Mathiew (voir Matthieu)
Mathis
Mathurin
Mathy (voir Matt)
Mathyas (voir Matthias)
Mathyeu (voir Matthieu)
Mathys (voir Mathis)
Mati (voir Matt)
Matias (voir Matthias)
Matieu (voir Matthieu)
Matis (voir Mathis)
Matisse (voir Mathis)
Mats (voir Matt)
Matt
Matteo (voir Mathéo)
Mattéo (voir Mathéo)
Mattheo (voir Mathéo)
Matthias
Matthieu
Matthiew (voir Matthieu)
Matthis (voir Mathis)
Matthyas (voir Matthias)
Matti (voir Matt)
Mattias (voir Matthias)
Mattieu (voir Matthieu)
Matty (voir Matt)
Mattyas (voir Matthias)
Maturin (voir Mathurin)
Maturino (voir Mathurin)
Matyas (voir Matthias)
Matys (voir Mathis)
Maurice
Mauricio (voir Maurice)
Maurizio (voir Maurice)
Max
Maxence (mixte)
Maxim (voir Maxime)
Maxime
Maximilian
(voir Maximilien)
Maximiliano
(voir Maximilien)
Maximilien
Maximo (voir Maxime)
Maximo (voir Maximilien)
Maximus (voir Maximilien)
Maxym (voir Maxime)
Maxyme (voir Maxime)
Mayeul
Mayol (voir Mayeul)
Meddhi (voire Mehdi)
Meddhy (voire Mehdi)
Meddi (voire Mehdi)
Meddy (voire Mehdi)
Medhi (voire Mehdi)
Medhy (voire Mehdi)
Medi (voire Mehdi)
Médi (voire Mehdi)
Medy (voire Mehdi)
Médy (voire Mehdi)
Mehddi (voire Mehdi)
Mehddy (voire Mehdi)
Mehdi
Mehdy (voire Mehdi)
Mehedi (voire Mehdi)
Mehedi (voire Mehdi)
Meidi (voire Mehdi)
Mel
Melchior
Mëlig (voir Maël)
Melkior (voir Melchior)
Melvil
Melville (voir Melvil)
Melvin
Melvine (voir Melvin)
Melvinn (voir Melvin)
Melvyn (voir Melvin)
Melvyne (voir Melvin)
Melvynn (voir Melvin)
Melwin (voir Melvin)
Melwyn (voir Melvin)
Merlin
Mervan (voir Marwan)
Mervyn (voir Marvin)
Merwan (voir Marwan)
Merwane (voir Marwan)
Meurisse (voir Maurice)
Mhedi (voire Mehdi)
Mhedy (voire Mehdi)
Mheidi (voire Mehdi)
Mica (voir Mika)
Micael (voir Mickaël)
Micah (voir Mika)
Micha (voir Mika)
Michael (voir Mickaël)
Michaël (voir Mickaël)
Michel
Michka (voir Mika)
Mickaël
Mickael (voir Mickaël)
Migel (voir Miguel)
Miguel
Mika
Mikaël (voir Mickaël)
Mikail (voir Mickaël)
Mike (voir Mickaël)
Mikel (voir Miguel)
Mikhael (voir Mickaël)
Mikhaïl (voir Mickaël)
Milan
Milane (voir Milan)
Milann (voir Milan)
Milano (voir Milan)
Mile (voir Milo)
Miles (voir Milo)
Milhan (voir Milan)
Milhane (voir Milan)
Milio (voir Émilio)
Millan (voir Milan)
Milo
Milos
Milovan (voir Milos)
Miquel (voir Miguel)
Mohamed
Mohammad
(voir Mohamed)
Mohammed
(voir Mohamed)
Moïse
Moises (voir Moïse)
Monir (voir Moundir)
Morgan
Morgann (voir Morgan)
Morghan (voir Morgan)
Moris (voir Maurice)
Morris (voir Maurice)
Mort (voir Mortimer)
Mortimer
Mostafa (voir Moustapha)
Mostéfa (voir Moustapha)
Moundir
Mounir (voir Moundir)
Mounire (voir Moundir)
Mousa (voir Moussa)
Moussa

Moustafa (voir Moustapha)
Moustapha
Mustafa (voir Moustapha)
Mustapha (voir Moustapha)
Myckael (voir Mickaël)
Mykael (voir Mickaël)
Mylan (voir Milan)
Mylane (voir Milan)
Mylann (voir Milan)
Myles (voir Milo)
Mylhan (voir Milan)
Mylo (voir Milo)

N
Nabel (voir Nabil)
Nabil
Nabile (voir Nabil)
Nabille (voir Nabil)
Nabyl (voir Nabil)
Nacer
Nacim (voir Nassim)
Nacime (voir Nassim)
Nadal (voir Noël)
Nader (voir Nadir)
Nadhir (voir Nadir)
Nadir
Nadire (voir Nadir)
Nadyr (voir Nadir)
Naël
Nael (voir Naël)
Nahel (voir Naël)
Nahele (voir Naël)
Nahil (voir Naël)
Nahim (voir Naïm)
Naïl (voir Naël)
Naïm
Naime (voir Naïm)
Naïme (voir Naïm)
Naimi (voir Naïm)
Narcès (voir Narcisse)
Narciso (voir Narcisse)
Narcisse
Nascimo (voir Nassim)
Naser (voir Nacer)
Nasim (voir Nassim)
Nasime (voir Nassim)
Nassar (voir Nacer)
Nasser (voir Nacer)
Nassim
Nassime (voir Nassim)
Nassir (voir Nacer)
Nassym (voir Nassim)
Natan (voir Nathan)
Natanaël (voir Nathanaël)
Natane (voir Nathan)
Nathaël (voir Nathanaël)
Nathan
Nathanaël
Nathanael (voir Nathanaël)
Nathane (voir Nathan)
Nathaniel (voir Nathanaël)
Nathann (voir Nathan)
Nattan (voir Nathan)
Natthan (voir Nathan)
Nayim (voir Naïm)
Naym (voir Naïm)
Nazim (voir Nassim)
Nazime (voir Nassim)
Nédir (voir Nadir)
Neho (voir Néo)
Neil (voir Nelson)
Nelson
Néo
Neo (voir Néo)
Nicet (voir Anicet)
Nicholas (voir Nicolas)
Nickolas (voir Nicolas)
Nicolae (voir Nicolas)
Nicolai (voir Nicolas)
Nicolas
Niels (voir Nils)
Nigel (voir Nelson)
Nikolaï (voir Nicolas)
Nikolas (voir Nicolas)
Nikolaz (voir Nicolas)
Nikos
Nil (voir Nils)
Nill (voir Nils)
Nils
Nino
Nisar (voir Nizar)
Nizar
Nizard (voir Nizar)
Nizare (voir Nizar)
Noah
Noahn (voir Noan)
Noam (voir Noah)
Noâm (voir Noah)
Noan
Noann (voir Noan)
Noé
Noe (voir Noé)
Noël
Noele (voir Noël)
Noha (voir Noah)
Noham (voir Noah)
Nohan (voir Noan)
Nohann (voir Noan)
Nohe (voir Noé)
Nohé (voir Noé)
Nohlan (voir Nolan)
Nohlann (voir Nolan)
Nolan
Nolane (voir Nolan)
Nolann (voir Nolan)
Nolhan (voir Nolan)
Nolhane (voir Nolan)
Nolhann (voir Nolan)
Nollan (voir Nolan)
Norddine (voir Nordine)
Nordin (voir Nordine)
Nordine
Noredine (voir Nordine)
Norman
Normand (voir Norman)
Normane (voir Norman)
Normann (voir Norman)
Normanno (voir Norman)
Norredine (voir Nordine)
Nourdine (voir Nordine)
Nouredine (voir Nordine)
Nourredine (voir Nordine)
Numa
Nycolas (voir Nicolas)
Nygel (voir Nelson)
Nyl (voir Nils)
Nyls (voir Nils)
Nyno (voir Nino)

O
Oan (voir Agnan)
Oanig (voir Agnan)
Obadiah (voir Abdias)
Octaaf (voir Octave)
Octave
Octavian (voir Octave)
Octavio (voir Octave)
Octavius (voir Octave)
Odon (voir Eudes)
Oengus (voir Angus)
Oktav (voir Octave)
Olaf
Olav (voir Olaf)
Oleg (voir Olaf)
Oliver (voir Olivier)
Olivier
Oliviero (voir Olivier)
Ollivier (voir Olivier)
Olof (voir Olaf)
Oluf (voir Olaf)
Omar
Omeir (voir Omer)
Omer
Oracio (voir Orazio)
Orazio
Orel (voir Aurèle)
Orell (voir Aurèle)
Orian
Orian (voir Aurélien)
Oriano (voir Orian)
Oribel (voir Aurélien)
Oriel (voir Aurèle)
Oriol (voir Aurélien)
Oryan (voir Orian)
Oscar
Oskar (voir Oscar)
Osman (voir Ousmane)
Osmane (voir Ousmane)
Otavio (voir Octave)
Ottavio (voir Octave)
Otto
Oualid (voir Walid)
Ouisam (voir Wissam)
Ouisem (voir Wissam)
Ouissam (voir Wissam)
Ouissem (voir Wissam)
Oumar (voir Omar)
Oumuïr (voir Omar)
Ousman (voir Ousmane)
Ousmane
Oussman (voir Ousmane)
Oussmane (voir Ousmane)
Ovide
Ovidio (voir Ovide)
Owen
Owenn (voir Owen)
Owens (voir Owen)

P
Pablito (voir Pablo)
Pablo
Pâchome (voir Pacôme)
Paco
Pacôme
Pacomi (voir Pacôme)
Pacomio (voir Pacôme)
Pakhôme (voir Pacôme)
Paol (voir Paolo)
Paolig (voir Paolo)
Paolino (voir Paolo)
Paolo
Paris (mixte)
Pâris (voir Paris)
Parsifal (voir Perceval)
Pascal
Pascual (voir Pascal)
Paskal (voir Pascal)
Pasqual (voir Pascal)
Patric (voir Patrick)
Patrice
Patricien (voir Patrice)
Patricio (voir Patrice)
Patrick
Patrique (voir Patrick)
Patrizio (voir Patrice)
Patxi
Paul
Paulien (voir Paulin)
Paulin
Paulino (voir Paulin)
Paulo (voir Paolo)
Pedre (voir Pedro)
Pedro
Peet (voir Pedro)
Peidro (voir Pedro)
Peire (voir Pedro)
Peitro (voir Pedro)
Per (voir Pierre)
Peran (voir Pierrick)
Perce (voir Perceval)
Perceval
Percy (voir Perceval)
Pereg (voir Pierrick)
Perig (voir Pierrick)
Peter
Petri (voir Peter)
Petro (voir Peter)
Petru (voir Peter)
Phareï (voir Pharell)
Pharell
Pharrel (voir Pharell)
Phil
Philbert (voir Philibert)
Philéas
Philémon
Philibert
Philip (voir Philippe)
Philipe (voir Philippe)
Philipos (voir Felipe)
Philipos (voir Philippe)
Philipp (voir Philippe)
Philippe
Philips (voir Philippe)
Piat (voir Pio)
Piato (voir Pio)
Piatus (voir Pio)
Pie (voir Pio)
Pierre
Pierric (voir Pierrick)
Pierrick
Pierrot (voir Pierre)
Piers (voir Pierre)
Pieter (voir Pierre)
Pietre (voir Pierre)
Pietro (voir Pierre)

Pio
Piotr (voir Pierre)
Pius (voir Pio)
Placide
Placido (voir Placide)
Pol (voir Paul)
Polin (voir Paulin)
Preston
Prince
Prosper
Prospero (voir Prosper)
Prospert (voir Prosper)
Quantin (voir Quentin)
Quentin
Quentyn (voir Quentin)
Quincey (voir Quincy)
Quincy
Quiney (voir Quincy)
Quinten (voir Quentin)
Quintino (voir Quentin)
Quinto (voir Quincy)
Quoc
Quoc-Khanh (voir Quoc)
Quorentin (voir Corentin)

R

Rached (voir Rachid)
Rachid
Rachide (voir Rachid)
Raeffel (voir Raphaël)
Rafael (voir Raphaël)
Rafaël (voir Raphaël)
Rafaele (voir Raphaël)
Rafaello (voir Raphaël)
Rafaïl (voir Raphaël)
Rafal (voir Raphaël)
Raffaello (voir Raphaël)
Raïan (voir Ryan)
Raïen (voir Ryan)
Rainer (voir Rainier)
Rainier
Ralf (voir Ralph)
Ralph
Rami
Ramon (voir Raymond)
Ramy (voir Rami)
Ramzi
Ramzy (voir Ramzi)
Randall
Randolf (voir Randall)
Randolph (voir Randall)
Randy
Ranero (voir Rainier)
Raolf (voir Raoul)
Raoul
Raoulet (voir Raoul)
Raphaël
Raphael (voir Raphaël)
Rauf (voir Raoul)
Raul (voir Raoul)
Raulin (voir Raoul)
Ray
Rayan (voir Ryan)
Rayane (voir Ryan)
Rayen (voir Ryan)
Raymond
Rayner (voir Rainier)
Reammon (voir Raymond)
Réda
Reda (voir Réda)
Redah (voir Réda)
Redan (voir Réda)
Redha (voir Réda)
Rédha (voir Réda)
Redouane (voir Réda)
Redwan (voir Réda)
Redwane (voir Réda)
Regerio (voir Régis)
Regino (voir Régis)
Régis
Regnaud (voir Renaud)
Regner (voir Rainier)
Rehm (voir Rémi)
Reichard (voir Richard)
Reichardt (voir Richard)
Reimund (voir Raymond)
Reiner (voir Rainier)
Reinie (voir René)
Remey (voir Rémi)
Remey (voir Rémi)
Rémi
Remies (voir Rémi)
Remigio (voir Rémi)
Remigius (voir Rémi)
Remigius (voir Rémi)
Remy (voir Rémi)
Rémy (voir Rémi)
Renan (voir Ronan)
Renat (voir René)
Renato (voir René)
Renatus (voir René)
Renaud
Renauld (voir Renaud)
Renault (voir Renaud)
René
Renner (voir Rainier)
Reno (voir Renaud)
Rex (voir Régis)
Rhéda (voir Réda)
Riad (voir Ryad)
Rian (voir Ryan)
Ricard (voir Richard)
Ricardo (voir Richard)
Richard
Richart (voir Richard)
Richerd (voir Richard)
Richie (voir Richard)
Rihan (voir Ryan)
Rikard (voir Richard)
Rinner (voir Rainier)
Riyan (voir Ryan)
Roan (voir Rohan)
Roann (voir Rohan)
Roar (voir Roger)
Rob (voir Robin)
Robbie (voir Robin)
Robby (voir Robin)
Robert
Robertino (voir Robert)
Roberto (voir Robert)
Roberts (voir Robert)
Robertson (voir Robert)
Robertu (voir Robert)
Robin
Robinson
Robyn (voir Robin)
Rocco
Roch
Rock (voir Roch)
Rod (voir Rodrigue)
Roddie (voir Rodrigue)
Roddy (voir Rodrigue)
Roderic (voir Rodrigue)
Rodge (voir Roger)
Rodger (voir Roger)
Rodhlann (voir Roland)
Rodhlann (voir Roland)
Rodolf (voir Rodolphe)
Rodolfo (voir Rodolphe)
Rodolphe
Rodrigo (voir Rodrigue)
Rodrigue
Rodrigues (voir Rodrigue)
Rodriguez (voir Rodrigue)
Rodrogo (voir Rodrigue)
Rody (voir Rudy)
Roerich (voir Rodrigue)
Roerick (voir Rodrigue)
Rogelio (voir Roger)
Roger
Rogerio (voir Roger)
Rohan
Roland
Rolando (voir Roland)
Rolands (voir Roland)
Roldan (voir Roland)
Roldo (voir Roland)
Rolf (voir Rodolphe)
Rolland (voir Roland)
Rolph (voir Ralph)
Rolphe (voir Ralph)
Romain
Roman
Romann (voir Roman)
Romano (voir Romain)
Romanos (voir Romain)
Romanus (voir Romain)
Romaric
Romarich (voir Romaric)
Romary (voir Romaric)
Rome (voir Romain)
Romé (voir Roméo)
Romée (voir Roméo)
Roméo
Romeo (voir Roméo)
Romin (voir Romain)
Rommen (voir Romain)
Ron (voir Ronan)
Ronaldo
Ronan
Rony (voir Ronaldo)
Rosaire (voir Rosario)
Rosalio (voir Rosario)
Rosario
Roscoe (voir Rosario)
Roselin (voir Rosario)
Rosemond (voir Rosario)
Ross
Rouven (voir Ruben)
Rouvim (voir Ruben)
Rowan (voir Rohan)
Roy
Ruben
Rubens (voir Ruben)
Rüdeger (voir Roger)
Rudi (voir Rudy)
Rudolph (voir Rodolphe)
Rudolphe (voir Rodolphe)
Rudy
Ruffin (voir Rufus)
Rufin (voir Rufus)
Rufus
Ruger (voir Roger)
Ruggerio (voir Roger)
Russ (voir Russell)
Russel (voir Russell)
Russell
Rutje (voir Roger)
Ruuben (voir Ruben)
Ryad
Ryan
Ryane (voir Ryan)
Ryhan (voir Ryan)

S

Sabir (voir Sabri)
Sabri
Sacha (mixte)
Sadi (voir Saïd)
Sadio
Saïd
Saïdou
Salamon (voir Salomon)
Salem (voir Salim)
Salim
Salime (voir Salim)
Salman (voir Salim)
Salmane (voir Salim)
Salomon
Salvador
Salvatore (voir Salvador)
Sam
Sami
Samih (voir Sami)
Samir
Samire (voir Samir)
Sammy (voir Sami)
Sampson (voir Samson)
Samson
Samuel
Samuele (voir Samuel)
Samy (voir Sami)
Samyr (voir Samir)
Sander (voir Sandro)
Sandi (voir Sandro)
Sandie (voir Sandro)
Sandro
Sandy (voir Sandro)
Sanson (voir Samson)
Sansone (voir Samson)
Sasha (voir Sacha)
Sashenka
Saufiane (voir Sofiane)
Saül
Scot (voir Scott)
Scott
Scottie (voir Scott)
Scotto (voir Scott)
Scotty (voir Scott)
Sean
Sebastani (voir Sébastien)
Sebastian (voir Sébastien)
Sébastiano (voir Sébastien)
Sébastien
Sébastin (voir Sébastien)

Sebastino (voir Sébastien)
Sedric (voir Cédric)
Sedrick (voir Cédric)
Segisfredo (voir Siegfried)
Selian (voir Célian)
Selim (voir Salim)
Selyan (voir Célian)
Selyane (voir Célian)
Sémir (voir Samir)
Serge
Sergej (voir Serge)
Sergoulig (voir Serge)
Sergueï (voir Serge)
Serguis (voir Serge)
Serj (voir Serge)
Seth
Sever (voir Séverin)
Sévère (voir Séverin)
Severi (voir Séverin)
Severian (voir Séverin)
Severiano (voir Séverin)
Séverin
Severinus (voir Séverin)
Shan (voir Shawn)
Shane (voir Shawn)
Shane (voir Shawn)
Shaune (voir Shawn)
Shawn
Shayne (voir Shawn)
Shemuel (voir Samuel)
Shimmon (voir Simon)
Shimon (voir Simon)
Shun (voir Shawn)
Sid (voir Sidy)
Sidi (voir Sidy)
Sidon (voir Sidy)
Sidy
Siegfried
Siegmund (voir Sigmund)
Sigfrid (voir Siegfried)
Sigfrido (voir Siegfried)
Sigfried (voir Siegfried)
Sigismond (voir Sigmund)
Sigmund
Silas
Silbio (voir Silvio)
Silvain (voir Sylvain)
Silvère
Silvio
Sim (voir Simon)
Siméo (voir Simon)
Simeon
Siméon (voir Simeon)
Simmer (voir Simon)
Simon
Simoun (voir Simon)
Sinclair
Sinclare (voir Sinclair)
Slimane (voir Salim)
Soan
Soane (voir Soan)
Soane (voir Soan)
Soen (voir Soan)
Sofian (voir Sofiane)
Sofiane
Sofien (voir Sofiane)
Sofien (voir Sofiane)
Sofiene (voir Sofiane)
Sofyane (voir Sofiane)
Sohane (voir Soan)
Sohann (voir Soan)
Solal
Soleiman
(voir Souleymane)
Soliman (voir Salomon)
Solomon (voir Salomon)
Sören
Soren (voir Sören)
Sostène (voir Sosthène)
Sosthène
Sosthenes (voir Sosthène)
Souleiman
(voir Souleymane)
Soulemane
(voir Souleymane)
Souleyman
(voir Souleymane)
Souleymane
Soulimane
(voir Souleymane)
Stan (voir Stanislas)
Stanek (voir Stanislas)
Stanig (voir Stanislas)
Stanis (voir Stanislas)
Stanislao (voir Stanislas)
Stanislas
Stanislaü (voir Stanislas)
Stanislaus (voir Stanislas)
Stanislav (voir Stanislas)
Stanislaw (voir Stanislas)
Stanley (voir Stanislas)
Steaven (voir Steve)
Steeve (voir Steve)
Steeven (voir Steve)
Steevy (voir Steve)
Stefan (voir Stéphane)
Stephan (voir Stéphane)
Stéphane
Stephane (voir Stéphane)
Stephen (voir Stéphane)
Steve
Steven (voir Steve)
Steward (voir Stuart)
Stewart (voir Stuart)
Stiven (voir Steve)
Stuart
Styven (voir Steve)
Sulayman (voir Salomon)
Suliman
(voir Souleymane)
Sulivan (voir Sullivan)
Sullivan
Sully (voir Sullivan)
Sullyvan (voir Sullivan)
Sulyvan (voir Sullivan)
Sven
Svend (voir Sven)
Svenn (voir Sven)
Svenning (voir Sven)
Swan (voir Swann)
Swann
Swen (voir Sven)
Sylvain
Sylvano (voir Sylvain)
Sylve (voir Silvère)
Sylver (voir Silvère)
Sylvère (voir Silvère)
Sylvian (voir Sylvain)
Sylvin (voir Sylvain)
Syma (voir Simon)
Symond (voir Simon)
Szymon (voir Simon)

T

Tahar
Taher (voir Tahar)
Tahir (voir Tahar)
Taho (voir Tao)
Tai (voir Tao)
Tancred (voir Tancrède)
Tancrède
Tangui (voir Tanguy)
Tanguy
Tankred (voir Tancrède)
Tankrede (voir Tancrède)
Tanneguy (voir Tanguy)
Tao
Tarak (voir Tarik)
Tarek (voir Tarik)
Tarick (voir Tarik)
Tarik
Tarike (voir Tarik)
Tariq (voir Tarik)
Tayson (voir Tyson)
Tébald (voir Théobald)
Ted (voir Teddy)
Teddie (voir Teddy)
Teddy
Tédore (voir Théodore)
Tedy (voir Teddy)
Teo (voir Théo)
Téo (voir Théo)
Téobald (voir Théobald)
Téodoric (voir Théodore)
Téodorick (voir Théodore)
Téodoro (voir Théodore)
Téofil (voir Théophile)
Téofilo (voir Théophile)
Téophane
(voir Théophane)
Téophile (voir Théophile)
Téotime (voir Théotime)
Térence
Terence (voir Térence)
Terrance (voir Térence)
Terrence (voir Térence)
Terry (mixte)
Terry (voir Térence)
Tery (voir Terry)
Terye (voir Terry)
Thai (voir Tao)
Thao (voir Tao)
Théo
Theo (voir Théo)
Théobald
Théobaldo (voir Théobald)
Théodebald
(voir Théobald)
Théodore
Théofil (voir Théophile)
Théophane
Théophile
Théotime
Therence (voir Térence)
Therry (voir Terry)
Théry (voir Terry)
Thibald (voir Thibault)
Thibaud (voir Thibault)
Thibault
Thibaut (voir Thibault)
Thiebaud (voir Thibault)
Thiébaut (voir Thibault)
Thierno (voir Thierry)
Thierry
Thiery (voir Thierry)
Thiméo (voir Timéo)
Thomas
Thybault (voir Thibault)
Thyméo (voir Timéo)
Tiago
Tibald (voir Thibault)
Tiber (voir Tibère)
Tibère
Tibo (voir Thibault)
Tibor (voir Tibère)
Tiburce
Tierry (voir Thierry)
Tim
Timée (voir Timéo)
Timéo
Timeo (voir Timéo)
Timo (voir Timéo)
Timothé (voir Timothée)
Timothée
Timothy (voir Timothée)
Tite (voir Titien)
Titiaan (voir Titien)
Titian (voir Titien)
Titianus (voir Titien)
Titien
Titouan
Titus (voir Titien)
Tobias
Tobie (voir Tobias)
Toby (voir Tobias)
Tom
Toma (voir Thomas)
Tomas (voir Thomas)
Tomaso (voir Thomas)
Tommaso (voir Thomas)
Toni (voir Tony)
Tonino (voir Tony)
Tonio (voir Tony)
Tonny (voir Tony)
Tony
Travis (voir Trevis)
Trevis
Trévor
Tristan
Tugdual
Tymeo (voir Timéo)
Tyson

U

Ulisse (voir Ulysse)
Ulix (voir Ulysse)
Ulysse
Ulysses (voir Ulysse)
Ulyxes (voir Ulysse)
Umbert (voir Umberto)
Umbertino
(voir Umberto)
Umberto
Uriah (voir Uriel)
Urias (voir Uriel)

Uriel
Urio (voir Uriel)
Usman (voir Ousmane)

V
Vadik (voir Vadim)
Vadim
Vahé
Vailintin (voir Valentin)
Valence (voir Valentin)
Valenti (voir Valentin)
Valentin
Valentine (voir Valentin)
Valentinien (voir Valentin)
Valentino (voir Valentin)
Valentyn (voir Valentin)
Valère
Valéri (voir Valéry)
Valérian (voir Valère)
Valériano (voir Valéry)
Valérie (voir Valéry)
Valérien (voir Valère)
Valéry
Vasili (voir Vassili)
Vassili
Vassilis (voir Vassili)
Vassily (voir Vassili)
Vianney
Vicencio (voir Vincent)
Vicentius (voir Vincent)
Vicenzan (voir Vincent)
Vicenze (voir Vincent)
Victor
Victorien (voir Victor)
Victorio (voir Victor)
Viktor (voir Victor)
Vilfrid (voir Wilfried)
Viliams (voir William)
Vincent
Vincente (voir Vincent)
Vincenz (voir Vincent)
Virgi (voir Virgile)
Virgil (voir Virgile)
Virgile
Virgilio (voir Virgile)
Virgilius (voir Virgile)
Vito (voir Victor)
Vitor (voir Victor)
Vittore (voir Victor)
Vivian (voir Vivien)
Viviano (voir Vivien)
Vivien
Vladimir
Vladislas (voir Ladislas)
Volfango (voir Wolfgang)

W
Wael
Waël (voir Wael)
Wahil (voir Wael)
Waïl (voir Wael)
Walid
Wallace
Wallid (voir Walid)
Wallis (voir Wallace)
Walter
Walterus (voir Walter)
Walther (voir Walter)
Waren (voir Warren)
Warren
Wassili (voir Vassili)
Wielfred (voir Wilfried)
Wilf (voir Wilfried)
Wilfred (voir Wilfried)
Wilfrid (voir Wilfried)
Wilfridus (voir Wilfried)
Wilfried
Wilfroy (voir Wilfried)
Wilhelm (voir Wilhem)
Wilhem
Wiliam (voir William)
Will
Willelm (voir Wilhem)
Willem (voir Wilhem)
Willen (voir Wilhem)
Willi (voir Willy)
William
Williams (voir William)
Willie (voir Willy)
Willy
Willyam (voir William)
Wilson
Winston
Wisam (voir Wissam)
Wisem (voir Wissam)
Wissam
Wissem (voir Wissam)
Wolfang
(voir Wolfgang)
Wolfango
(voir Wolfgang)
Wolfgang
Woody
Wylliam (voir William)

X
Xabier (voir Xavier)
Xan
Xander
Xandres (voir Xander)
Xaveer (voir Xavier)
Xaver (voir Xavier)
Xavier
Xidi (voir Xavier)

Y
Yacer (voir Yasser)
Yacin (voir Yacine)
Yacine (mixte)
Yanic (voir Yannick)
Yanik (voir Yannick)
Yanis
Yaniv (voir Yannick)
Yann
Yannic (voir Yannick)
Yannice (voir Yanis)
Yannick
Yannig (voir Yannick)
Yannik (voir Yannick)
Yannis (voir Yanis)
Yanniss (voir Yanis)
Yannisse (voir Yanis)
Yasin (voir Yacine)
Yasine (voir Yacine)
Yasser
Yassin (voir Yacine)
Yassine (voir Yacine)
Yassir (voir Yasser)
Ydris (voir Idris)
Ydriss (voir Idris)
Yf (voir Yves)
Ygor (voir Igor)
Ylan (voir Ilan)
Ylane (voir Ilan)
Ylann (voir Ilan)
Ylhan (voir Ilan)
Ylhann (voir Ilan)
Ylian (voir Ilyan)
Yliane (voir Ilyan)
Yliann (voir Ilyan)
Yllan (voir Ilan)
Yllian (voir Ilyan)
Yoan (voir Yoann)
Yoann (voir Yoann)
Yoanne (voir Yoann)
Yoël
Yoel (voir Yoël)
Yohan
Yohann (voir Yoann)
Yona (voir Jonas)
Yona (voir Yoni)
Yonâh (voir Jonas)
Yonatan (voir Jonathan)
Yoni
Yonie (voir Yoni)
Yonni (voir Yoni)
Yony (voir Yoni)
Yossef (voir Joseph)
Yossef (voir Youssef)
Youcef (voir Youssef)
Younes
Younes (voir Jonas)
Younès (voir Younes)
Youness (voir Jonas)
Youness (voir Younes)
Younous (voir Younes)
Youns (voir Younes)
Younsse (voir Younes)
Youri
Youry (voir Youri)
Yousef (voir Youssef)
Youssaf (voir Youssef)
Youssef
Yovan (voir Yvan)
Ysmael (voir Ismaël)
Yssa (voir Issa)
Yunus (voir Younes)
Yuri (voir Youri)
Yvan
Yvani (voir Yvan)
Yve (voir Yves)
Yvelin (voir Yves)
Yven (voir Yves)
Yves
Yvon
Yvonnic (voir Yvon)
Yvonnick (voir Yvon)
Ywan (voir Iwan)
Ywann

Z
Zacharia (voir Zacharie)
Zacharie
Zachary (voir Zacharie)
Zack (voir Zacharie)
Zackary (voir Zacharie)
Zadig
Zaho (voir Zao)
Zaid
Zaïd (voir Zaid)
Zakaria (voir Zacharie)
Zakariya (voir Zacharie)
Zakary (voir Zacharie)
Zakarya (voir Zacharie)
Zao (mixte)
Zaverio (voir Xavier)
Zayd (voir Zaid)
Zelestino (voir Célestin)
Zenio (voir Zénon)
Zeno (voir Zénon)
Zénon
Zenone (voir Zénon)
Zéphirin (voir Zéphyr)
Zéphyr
Zephyr (voir Zéphyr)
Zhao (voir Zao)
Zidan (voir Zidane)
Zidane
Zidouma (voir Zidane)
Zine (voir Zinédine)
Zine-Eddine (voir Zinédine)
Zineddine (voir Zinédine)
Zinédine
Zoltan

Notre liste

MAMAN

☆☆☆ ....

☆☆☆ ....

☆☆☆ ....

☆☆☆ ....

☆☆☆ ....

☆☆☆ ....

☆☆☆ ....

☆☆☆ ....

☆☆☆ ....

☆☆☆ ....

PAPA

☆☆☆ ....

☆☆☆ ....

☆☆☆ ....

☆☆☆ ....

☆☆☆ ....

☆☆☆ ....

☆☆☆ ....

☆☆☆ ....

☆☆☆ ....

☆☆☆ ....

PRÉNOM CHOISI

....

Merci à Guillaume, Amandine, Patricia, Cécile, Hugo, Julie,
Magali et Raphaël pour leur soutien.
Anne-Élisabeth

Bibliographie de Marie-Odile Mergnac
Encyclopédies des prénoms, Archives & Culture, 2004 et 2011
Le tour du monde des prénoms, Rue des Enfants, 2014
365 prénoms expliqués, Éditions du Chêne, 2016

Direction éditoriale : Tatiana Delesalle
Édition : Julie Cot
Direction artistique : Chloé Eve
Fabrication : Axelle Hosten

Illustrations : Muriel Douru
Auteurs : Anne-Élisabeth Le Gal ; encadrés de Marie-Odile Mergnac (sauf pp. 9, 23, 40, 53, 70, 87, 101, 116, 132, 148, 161, 175, 191, 204, 223, 237, 253, 265, 287, 303 de Anne-Élisabeth Le Gal).

Lecture-correction : Claire Fontanieu
Mise en pages : Natacha Marmouget

15/27, rue Moussorgski
75895 Paris cedex 18
Dépôt légal : janvier 2017
ISBN : 978-2-317-01745-2
MDS : 63234

Imprimé par DZS Grafik en Slovénie
Achevé d'imprimer en novembre 2016
Numéro d'édition : M17011